Naturschutzrechtliche Probleme bei der Zulassung und Planung von Windenergieanlagen auf dem Land

Europäische Hochschulschriften

European University Studies

Publications Universitaires Européennes

Reihe II **Rechtswissenschaft**

Series II Law

Série II Droit

Band/Volume **5793**

Joyce Sabrina Wilhelmina von Marschall

Naturschutzrechtliche Probleme bei der Zulassung und Planung von Windenergieanlagen auf dem Land

PL ACADEMIC RESEARCH

Bibliografische Information der Deutschen Nationalbibliothek
Die Deutsche Nationalbibliothek verzeichnet diese Publikation in der Deutschen Nationalbibliografie; detaillierte bibliografische Daten sind im Internet über http://dnb.d-nb.de abrufbar.

Zugl.: Hamburg, Bucerius Law School, Diss., 2015

H 360
ISSN 0531-7312
ISBN 978-3-631-66999-0 (Print)
E-ISBN 978-3-653-06146-8 (E-Book)
DOI 10.3726/978-3-653-06146-8

PL Academic Research ist ein Imprint der Peter Lang GmbH.
Peter Lang – Frankfurt am Main · Bern · Bruxelles · New York · Oxford · Warszawa · Wien

Diese Publikation wurde begutachtet.

www.peterlang.com

Meinem Mann Stephan

Inhaltsverzeichnis

Abkürzungsverzeichnis

aA	andere Ansicht
AbfallR	Zeitschrift für das Recht der Abfallwirtschaft (Zeitschrift)
ABl.	Amtsblatt
a.E.	am Ende
AEUV	Vertrag über die Arbeitsweise der Europäischen Union
a.F.	alte Fassung
AGEE-Stat	Arbeitsgruppe Erneuerbare Energien – Statistik
Alt.	Alternative
Amtsbl.	Amtsblatt
Anh.	Anhang
Anm.	Anmerkung
Art.	Artikel
AUR	Agrar- und Umweltrecht (Zeitschrift)
Az.	Aktenzeichen
BArtSchV	Verordnung über besonders geschützte Arten wildlebender Tiere und wildwachsender Pflanzen (Bundesartenschutzverordnung)
BauGB	Baugesetzbuch
BauNVO	Verordnung über die bauliche Nutzung der Grundstücke (Baunutzungsverordnung)
BauR	Baurecht (Zeitschrift)
Bay	Bayrisch
BayBO	Bayrische Bauordnung
BayKompV	Bayrische Kompensationsverordnung
BayNatSchG	Gesetz über den Schutz der Natur, die Pflege der Landschaft und die Erholung in der freien Natur (Bayerisches Naturschutzgesetz)
BayVBl.	Bayrische Verwaltungsblätter (Zeitschrift)
BayVerfGH	Bayrischer Verfassungsgerichtshof
BayVGH	Bayrischer Verwaltungsgerichtshof
Bbg	Brandenburgisch
BbgBO	Brandenburgische Bauordnung
Bd.	Band
Begr.	Begründer
Beil.	Beilage
BeckOK	Beck'scher Onlinekommentar
ber.	berichtigt
BfN	Bundesamt für Naturschutz

BGB	Bürgerliches Gesetzbuch
BGBl.	Bundesgesetzblatt
BImschG	Gesetz zum Schutz vor schädlichen Umwelteinwirkungen durch Luftverunreinigungen, Geräusche, Erschütterungen und ähnliche Vorgänge (Bundes-Immissionsschutzgesetz)
BImSchV	Bundesimmissionsschutzverordnung(en)
BKompV	Bundeskompensationsverordnung
Bln	Berlin
BlnBO	Bauordnung für Berlin
BMU	Bundesministerium für Umwelt, Naturschutz und Reaktorsicherheit
BNatSchG	Gesetz über Naturschutz und Landschaftspflege (Bundesnaturschutzgesetz)
BR-Drs.	Bundesratsdrucksache
Brem.	Bremisches
bspw.	beispielsweise
BT-Drs.	Bundestags-Drucksache
BUND	Bund für Umwelt und Naturschutz Deutschland
BVerfG	Bundesverfassungsgericht
BVerwG	Bundesverwaltungsgericht
BW	Baden-Württembergische
BWaldG	Gesetz zur Erhaltung des Waldes und zur Förderung der Forstwirtschaft (Bundeswaldgesetz)
BWE	Bundesverband für WindEnergie
BWLBO	Baden-Württembergische Bauordnung
CEF-Maßnahmen	vorgezogene Ausgleichsmaßnahmen (aus dem Englischen: *Measures to ensure the continued ecological functionality*)
ders.	derselbe
dies.	dieselben
DÖV	Die Öffentliche Verwaltung (Zeitschrift)
DStGB	Deutscher Städte- und Gemeindebund
DVBl.	Deutsches Verwaltungsblatt (Zeitschrift)
EAG Bau 2004	Gesetz zur Anpassung des Baugesetzbuchs an EU-Richtlinien (Europarechtsanpassungsgesetz Bau)
EEG	Gesetz für den Vorrang Erneuerbarer Energien (Erneuerbare-Energien-Gesetz)
EG	Europäische Gemeinschaften
EG	Vertrag zur Gründung der Europäischen Gemeinschaft

EnWZ	Zeitschrift für das gesamte Recht der Energiewirtschaft (Zeitschrift)
ER	EnergieRecht (Zeitschrift)
et al.	et alii (aus dem Lateinischen: und andere)
EU	Europäische Union
EuGH	Europäischer Gerichtshof
EuR	Europarecht (Zeitschrift)
EurUP	Zeitschrift für Europäisches Umwelt- und Planungsrecht (Zeitschrift)
f	folgende
ff	die folgenden
FFH	Fauna-Flora-Habitat
FFH-RL	Richtlinie 92/43/EWG des Rates zur Erhaltung der natürlichen Lebensräume sowie der wildlebenden Tiere und Pflanzen (Fauna-Flora-Habitat-Richtlinie)
FFH-VP	FFH-Verträglichkeitsprüfung
Fn.	Fußnote
FS	Festschrift
GBl.	Gesetzblatt
gem.	gemäß
GewArch	Das Gewerbearchiv (Zeitschrift)
GG	Grundgesetz für die Bundesrepublik Deutschland (Grundgesetz)
ggf.	gegebenenfalls
GK	Gemeinschaftskommentar
GVBl.	Gesetz und Verordnungsblatt
GVOBl.	Gesetz und Verordnungsblatt
HAGB-NatSchG	Hessisches Ausführungsgesetz zum Bundesnaturschutzgesetz
HBauO	Hamburgische Bauordnung
H/HE/Hess	Hessisch
HBO	Hessische Bauordnung
HLPG	Hessisches Landesplanungsgesetz
Hmb	Hamburgisch
HmbBNatSchAG	Hamburgisches Gesetz zur Ausführung des Bundesnaturschutzgesetzes
Hrsg.	Herausgeber
Hs.	Halbsatz
i.S.	im Sinne
i.S.v.	im Sinne von
i.V.m.	in Verbindung mit

jurisPR	juris PraxisReport (Zeitschrift)
JuS	Juristische Schulung (Zeitschrift)
Kap.	Kapitel
KommJur	Kommunaljurist (Zeitschrift)
KSG	Klimaschutzgesetz
KV	Kompensationsverordnung
kWh	Kilowattstunde
LANA	Bund/Länderarbeitsgemeinschaft Naturschutz, Landschaftspflege und Erholung
LaplaG	Landesplanungsgesetz
LEP	Landesentwicklungsplan
LG NRW	Gesetz zur Sicherung des Naturhaushalts und zur Entwicklung der Landschaft (Landschaftsgesetz Nordrhein-Westfalen)
LKRZ	Zeitschrift für Landes- und Kommunalrecht (Zeitschrift)
LKV	Landes- und Kommunalverwaltung (Zeitschrift)
LNatSchG RLP	Landesgesetz zur nachhaltigen Entwicklung von Natur und Landschaft (Landesnaturschutzgesetz des Landes Rheinland-Pfalz)
LNatSchG SH	Gesetz zum Schutz der Natur (Landesnaturschutzgesetz des Landes Schleswig Holstein)
LPlG/LplG	Landesplanungsgesetz
LROP	Landesraumordnungsplan
LSA	Land Sachsen-Anhalt
LSABauO	Bauordnung des Landes Sachsen-Anhalt
LWaldG	Landeswaldgesetz
MAH	Münchner Anwaltshandbuch
MBO	Musterbauordnung
ML	Niedersächsisches Ministerium für Ernährung, Landwirtschaft und Verbraucherschutz
MV	Mecklenburg-Vorpommern
MVLBauO	Landesbauordnung Mecklenburg-Vorpommern
MW	Megawatt
m.w.N.	mit weiteren Nachweisen
NABEG	Netzausbaubeschleunigungsgesetz Übertragungsnetz
NABU	Naturschutzbund Deutschland e.V.
NAGBNatSchG	Niedersächsisches Ausführungsgesetz zum Bundesnaturschutzgesetz
NatSchG	Naturschutzgesetz
NatschG LSA	Naturschutzgesetz des Landes Sachsen-Anhalt
NatSchAG M-V	Gesetz des Landes Mecklenburg-Vorpommern zur Ausführung des Bundesnaturschutzgesetzes (Naturschutzausführungsgesetz)

Nds	Niedersächsisch
NdsBauO	Niedersächsische Bauordnung
NdsVBl.	Niedersächsische Verwaltungsblätter (Zeitschrift)
NdsROG	Niedersächsisches Raumordnungsgesetz
NJW	Neue Juristische Wochenschrift (Zeitschrift)
NLT	Niedersächsischer Landkreistag
NordÖR	Zeitschrift für öffentliches Recht in Norddeutschland (Zeitschrift)
NuR	Natur und Recht (Zeitschrift)
Nr.	Nummer
NRW	Nordrhein-Westfalen
NVwZ	Neue Zeitschrift für Verwaltungsrecht (Zeitschrift)
NWBauO	Nordrhein-Westfälische Bauordnung
NWVBl.	Nordrhein-Westfälische Verwaltungsblätter (Zeitschrift)
NZBau	Neue Zeitschrift für Baurecht und Vergaberecht (Zeitschrift)
OVG	Oberverwaltungsgericht
OWiG	Gesetz über Ordnungswidrigkeiten
RdE	Recht der Energiewirtschaft (Zeitschrift)
REE	Recht der Erneuerbaren Energien (Zeitschrift)
RegBkPlG	Gesetz zur Regionalplanung und zur Braunkohlen- und Sanierungsplanung
Rn.	Randnummer
ROG	Raumordnungsgesetz
ROV	Raumordnungsverordnung
RP	Rheinland-Pfalz
Rs.	Rechtssache
Saar	Saarländische
SaarLBO	Saarländische Landesbauordnung
Sächs	Sächsische
SächsBO	Sächsische Bauordnung
SächsLPlG	Gesetz zur Raumordnung und Landesplanung des Freistaates Sachsen (Landesplanungsgesetz)
SächsNatSchG	Gesetz über Naturschutz und Landschaftspflege im Freistaat Sachsen (Sächsisches Naturschutzgesetz)
SächsVBl.	Sächsische Verwaltungsblätter (Zeitschrift)
SHLBO	Landesbauordnung für das Land Schleswig-Holstein
SNG	Gesetz zum Schutz der Natur und Heimat im Saarland - Saarländisches Naturschutzgesetz
s.o.	siehe oben
sog.	so genannte

SVR	Straßenverkehrsrecht (Zeitschrift)
TA Lärm	Technische Anleitung zum Schutz gegen den Lärm
Thür	Thüringische
ThürBO	Thüringische Bauordnung
ThürLPlG	Thüringer Landesplanungsgesetz
ThürNatG	Thüringer Gesetz für Natur und Landschaft
u.a.	unter anderem
u.ä.	und ähnliches
UBA	Umweltbundesamt
UmweltR	Umweltrecht
UmwRG	Gesetz über ergänzende Vorschriften zu Rechtsbehelfen in Umweltangelegenheiten nach der EG-Richtlinie 2003/35/EG (Umwelt-Rechtsbehelfsgesetz)
UPR	Umwelt- und Planungsrecht (Zeitschrift)
UVP	Umweltverträglichkeitsprüfung
UVPG	Gesetz über die Umweltverträglichkeitsprüfung
UVP-RL	Richtlinie 2011/92/EU des Europäischen Parlaments und des Rates über die Umweltverträglichkeitsprüfung bei bestimmten öffentlichen und privaten Projekten (UVP-Richtlinie)
v.a.	vor allem
VBlBW	Verwaltungsblätter für Baden-Württemberg
VerfGH	Verfassungsgerichtshof
VG	Verwaltungsgericht
VGH	Verwaltungsgerichtshof
vgl.	vergleiche
VO	Verordnung
Vorb.	Vorbemerkung
VR	Verwaltungsrundschau (Zeitschrift)
VRL	Richtlinie 2009/147/EG des Europäischen Parlaments und des Rates über die Erhaltung der wildlebenden Vogelarten (Vogelschutzrichtlinie)
VwGO	Verwaltungsgerichtsordnung
VwVfG	Verwaltungsverfahrensgesetz
WEA	Windenergieanlage(n)
WiVerw	Wirtschaft und Verwaltung (Zeitschrift)
z.B.	zum Beispiel
ZfBR	Zeitschrift für deutsches und internationales Bau- und Vergaberecht (Zeitschrift)
Ziff.	Ziffer
ZNER	Zeitschrift für neues Energierecht (Zeitschrift)
ZUR	Zeitschrift für Umweltrecht (Zeitschrift)

Vorwort

Die vorliegende Arbeit wurde von der Bucerius Law School Hamburg im Juni 2015 als Dissertation angenommen. Die mündliche Prüfung fand am 25. Juni 2015 in Hamburg statt. Die Arbeit befindet sich rechtlich auf dem Stand von Mitte 2015.

Mein Dank gilt zunächst meinem hochverehrten Doktorvater Herrn Professor Doktor Hermann Pünder für seine überaus angenehme und unkomplizierte Betreuung. Er stand mir jederzeit beratend zur Seite, ließ mir aber zugleich den größtmöglichen Freiraum bei der Gestaltung der Arbeit. Außerdem gilt mein Dank Herrn Professor Doktor Michael Fehling für die sehr schnelle Erstellung des Zweitgutachtens.

Außerdem danke ich der Deutschen Bundesstiftung Umwelt für die Unterstützung dieser Arbeit durch ein Stipendium. Dadurch habe ich nicht nur die Möglichkeit gehabt, mich ganz auf mein Promotionsvorhaben zu konzentrieren, sondern habe über die Stiftung auch Einblick in andere spannende wissenschaftliche Vorhaben bekommen. Ich danke insbesondere meinem Betreuer Herrn Doktor Maximilian Hempel, der mich mit Rat und Tat während meiner Förderungszeit unterstützt hat.

Für die fachliche Unterstützung danke ich auch Herrn Professor Doktor Martin Gellermann und Herrn Doktor Marcus Lau, die mir wegweisende Ratschläge gegeben haben.

Darüber hinaus möchte ich Julianna Schmid, Sebastian Schodrowski, Kornelia Maier und Katharina Lindenthal für die zum Teil wiederholte und geduldige Hilfe beim Korrekturlesen der Arbeit danken. Ich danke außerdem Frau Doktor Katharina Assheuer und Rolf Soth, deren Unterstützung maßgeblich zum Gelingen dieser Arbeit beigetragen haben.

Ganz besonderer Dank gilt meinem Ehemann Doktor Stephan von Marschall, der mich während der gesamten Promotionszeit auf vielerlei Weise unterstützt hat. Ihm widme ich diese Arbeit.

Hamburg, im September 2015 Joyce von Marschall

Einführung

1. Abschnitt: Problemstellung und Darstellung des Untersuchungsziels

Die vorliegende Arbeit beschäftigt sich mit öffentlich-rechtlichen Problemstellungen bei der Zulassung und Planung von Windenergieanlagen (im Folgenden als „*WEA*" abgekürzt) an Land, wobei der Fokus auf der Vereinbarkeit mit den Vorgaben des Naturschutzrechts liegt. Hintergrund der Untersuchung ist, dass die Windenergienutzung in Deutschland ein wesentlicher Teil der politisch gewollten und vom Gesetzgeber beschlossenen „***Energiewende***" ist. Jedoch zeigt sich in der Praxis, dass der Ausbau der Windenergie langsamer vorangeht als dies erforderlich wäre, um die vom Gesetzgeber vorgegebenen Ziele zu erreichen. Als ein wesentliches Hemmnis wird oftmals das Naturschutzrecht angesehen, dessen Bestimmungen der Zulassung von WEA entgegenstehen können. Ziel dieser Arbeit ist es zu untersuchen, inwieweit das Naturschutzrecht dem Ausbau der Windenergie[1] an Land („***Onshore-Windenergie***"[2]) tatsächlich entgegensteht und welche Möglichkeiten de lege lata und gegebenenfalls de lege ferenda bestehen, den Ausbau der Windenergie unter Beachtung der naturschutzrechtlichen Regelungen voran zu bringen.

Wegen ihrer Vorteile gegenüber Atomenergie und fossilen Energiequellen[3] haben erneuerbare Energien und insbesondere die Windenergie schon in den letzten Jahren eine immer größere Bedeutung erlangt, bevor ihr Ausbau in den letzten Jahren zum erklärten gesetzgeberischen Ziel erhoben wurde.[4] Besonders durch

---

1 Der Begriff ist gleichzusetzen mit Windkraft. Windenergie entsteht durch die kinetische Bewegungsenergie des Windes, die durch die Drehung von Rotorblättern in mechanische Energie umgewandelt wird, welche wiederum über den Generator in elektrische Energie umgewandelt wird, vgl. *Oschmann*, in: Altrock/Oschmann/Theobald, EEG, § 3, Rn. 73.

2 Auch wenn die Offshore-Windenergie ebenfalls einen relevanten Anteil für die Förderung der Energiewende leisten wird, liegt der Fokus dieser Untersuchung auf der Windenergie an Land. Hinsichtlich der Offshore-Windenergie gibt es neben den zu untersuchenden Fragestellungen noch weitere Besonderheiten. Diesen kann durch den begrenzten Umfang einer solchen Darstellung nicht hinreichend entsprochen werden.

3 Anders als bei der Atomenergie, bestehen bei der Windenergieerzeugung weder Strahlungs- noch Umweltrisiken durch eine notwendige Endlagerung. Ferner schont die Windenergie – anders als beispielsweise Kohlekraftwerke – die natürlichen Ressourcen und erzeugt Strom kohlendioxidneutral, vgl. *Oschmann*, in: Danner/Theobald, Energierecht, § 1 EEG, Rn. 18; *Scheidler*, in: DVBl. 2012, 216.

4 Aktuell spielt die Windenergienutzung in Deutschland schon eine bedeutende Rolle. Ende 2013 waren in Deutschland bereits circa 33.729 MW Windenergieleistung installiert, Vgl. Angaben auf der Internetseite des Bundesverbandes Windenergie (im

die Negativerlebnisse mit Atomenergie in Fukushima im März 2011 hat sich ein gesellschaftlicher und politischer Wandel dahingehend vollzogen, dass durch die *Energiewende* eine Neuausrichtung der Energiepolitik in Deutschland stattfinden soll. Hierunter ist die Abkehr von der Kernenergienutzung und Stromgewinnung durch fossile Energieträger zu verstehen, wobei an deren Stelle die (vollständige) Stromerzeugung durch **erneuerbare Energiequellen**[5] treten soll.[6]

Unter anderem den europarechtlichen Vorgaben[7] folgend, hat sich der Bundesgesetzgeber durch das **Erneuerbare-Energien-Gesetz** (Gesetz für den Vorrang

---

Folgenden „*BWE*"), Status des Windenergieausbaus an Land zum 31.12.2013, abrufbar unter: http://www.wind-energie.de/sites/default/files/attachments/page/statistiken/fact-sheet-onshore-statistik-jahr-2013-final.pdf (Abruf am: 09.08.2015). 2012 betrug der Anteil der erneuerbaren Energien am deutschen Energiemix 12,7 % am gesamten Endenergieverbrauch, d.h. im Hinblick auf Strom, Wärme und Kraftstoffe, vgl. Internet-Update ausgewählter Daten zur Broschüre Erneuerbare Energien in Zahlen auf der Grundlage der Daten der Arbeitsgruppe Erneuerbare Energien – Statistik (im Folgenden „*AGEE-Stat*"), S. 5, Stand Dezember 2013 abrufbar unter: http://www.lsw.de/Energieberater/ContentFiles/Mantel/Downloads/ee_in_zahlen_update_bf.pdf (Abruf am: 09.08.2015). Vgl. hierzu auch Angaben bei *Pielow*, in: Ehlers/Fehling/Pünder, Besonderes Verwaltungsrecht, Bd. 1, § 22, Rn. 9. Der Anteil der Erneuerbaren Energien betrug insgesamt 23,6 % des deutschen Brutto-Strombedarfs, siehe Internet-Update ausgewählter Daten zur Broschüre Erneuerbare Energien in Zahlen auf der Grundlage der Daten der AGEE-Stat, S. 5. Dieser Wert stellt eine Steigerung um fast zweieinhalb Prozentpunkte gegenüber 2011 dar und zeigt einen positiven Aufwärtstrend. Beachtlich ist auch der Umstand, dass Deutschland mit 29.060 MW installierter Leistung im Jahr 2013 den höchsten Stromertrag durch Windenergie in Europa hatte und im selben Jahr weltweit sogar auf Platz 3 lag, vgl. Angaben auf der Internetseite des BWE, Europa Top 10 Länder: Installierte Leistung 2013, abrufbar unter: http://www.wind-energie.de/infocenter/statistiken/international/europa-top-10-lander-installierte-leistung-2013 (Abruf am: 09.08.2015); Welt Top 5 Länder: Installierte Leistung 2013, abrufbar unter: http://www.wind-energie.de/infocenter/statistiken/international/welt-top-5-lander-installierte-leistung-2013 (Abruf am: 09.08.2015).

5 Erneuerbare Energiequellen sind insbesondere Windenergie, Photovoltaik, Wasserkraft und Biogas und bezeichnen solche Energieträger, die „*aus sich selbst in menschlichen Zeitskalen erneuernden Quellen gewonnen*" werden. Auch regenerative Energien oder Alternativenergien genannt, vgl. *Oschmann*, in: Altrock/Oschmann/Theobald, EEG, Einleitung, Rn. 26. Vgl. den abschließenden Katalog der Legaldefinition der erneuerbaren Energien in § 5 Nr. 14 EEG 2014 (Gesetz für den Vorrang Erneuerbarer Energien (EEG) vom 21.07.2014 (BGBl. I S. 1066): „*Wasserkraft einschließlich der Wellen-, Gezeiten-, Salzgradienten- und Strömungsenergie, Windenergie, solare Strahlungsenergie, Geothermie, Energie aus Biomasse einschließlich Biogas, Biomethan, Deponiegas und Klärgas sowie aus dem biologisch abbaubaren Anteil von Abfällen aus Haushalten und Industrie*".

6 Vgl. hierzu ausführlich *Heselhaus*, in: EurUP 2013, 137 ff.

7 Erste Schritte erfolgten durch die Unterzeichnung des Kyoto-Protokolls (BGBl. II 966), namentlich dem Rahmenübereinkommen der Vereinten Nationen über

Erneuerbarer Energien) deutlich für die sogenannte Energiewende ausgesprochen. So ist nach § 1 I Zweck des EEG „*insbesondere im Interesse des Klima- und Umweltschutzes eine* ***nachhaltige Entwicklung der Energieversorgung zu ermöglichen****, die volkswirtschaftlichen Kosten der Energieversorgung auch durch die Einbeziehung langfristiger externer Effekte zu verringern, fossile Energieressourcen zu schonen und die Weiterentwicklung von Technologien zur Erzeugung von* ***Strom aus Erneuerbaren Energien zu fördern***".[8] Zur Zweckerreichung hat der Bundesgesetzgeber in § 1 II EEG 2014 konkrete Zielvorgaben formuliert:[9]

> *(2) Um den Zweck des Absatzes 1 zu erreichen, verfolgt dieses Gesetz das Ziel, den Anteil des aus erneuerbaren Energien erzeugten Stroms am Bruttostromverbrauch stetig und kosteneffizient auf mindestens 80 Prozent bis zum Jahr 2050 zu erhöhen.*
>
> *Hierzu soll dieser Anteil betragen:*
> *1. 40 bis 45 Prozent bis zum Jahr 2025 und*
> *2. 55 bis 60 Prozent bis zum Jahr 2035.*

Klimaänderungen vom 11.12.1997, durch welches sich Deutschland als Vertragsstaat zur Emissionsbegrenzung- und -reduktion verpflichtete. In einem weiteren Schritt wurde im Zusammenhang mit dem Aktionsplan der Europäischen Kommission „*Eine Energiepolitik für Europa*" vom Januar 2007 (Mitteilung der Kommission (2007) 1 vom 10.01.2007, abrufbar unter: http://eur-lex.europa.eu/LexUriServ/LexUriServ.do?uri=COM:2007:0001:FIN:DE:PDF (Abruf am: 09.08.2015) seitens des Europäischen Rates im Rahmen des sog. „*20-20-20-Beschlusses*" (Europäischer Rat vom 08./09.03.2007, vgl. Schlussfolgerungen des Vorsitzes vom 02.05.2007, 7224/1/07 REV 1, Rn. 27–39) verbindliche Vorgaben dahingehend formuliert, dass die Treibhausgasemissionen der Europäischen Gemeinschaft bis 2020 um mindestens 20 % gegenüber 1990 zu reduzieren, die Energieeffizienz bis 2020 um 20 % im Vergleich zu 2005 zu steigern und den Anteil der erneuerbarer Energien bis 2020 auf 20 % zu erhöhen sind. Ausführlich dazu *Reichert/Voßwinkel*, in: „*Die Energiepolitik der Europäischen Union*", September 2010, S. 10, abrufbar unter: http://www.cep.eu/Studien/cepKompass_Energiepolitik/cep-Kompass_EU-Energiepolitik.pdf (Abruf am: 09.08.2015). Entsprechend der Vorgaben der EU-Richtlinie 2009/28/EG (Richtlinie 2009/28/EG des Europäischen Parlaments und des Rates vom 23.04.2009 zur Förderung der Nutzung von Energie aus erneuerbaren Quellen (ABl. Nr. L 140 S. 16), zuletzt geändert durch Art. 1 ÄndRL 2013/18/EU vom 13.05.2013 (ABl. Nr. L 158 S. 230) hat dies zur Folge, dass auf Grundlage der allgemein für Europa geltenden Zielbestimmungen der Anteil am Bruttoendenergieverbrauch von Energie aus erneuerbaren Quellen in Deutschland im Jahr 2020 18 % betragen soll, vgl. hierzu § 1 III EEG 2014.

8 Anm.: Hervorhebung durch die Verfasserin.

9 Das EEG ist durch das „*Gesetz zur grundlegenden Reform des Erneuerbare-Energien-Gesetzes und zur Änderung weiterer Bestimmungen des Energiewirtschaftsrechts*" novelliert worden. Die Novellierung ist am 01.08.2014 in Kraft getreten. (BR-Drs. 157/14; BT-Drs. 18/1304). Zu den Änderungen siehe *Lippert/Kindler*, in: DVBl. 2014, 1235 ff; *Schütte/Winkler*, in: ZUR 2014, 437 ff.

Im Hinblick auf die Zielsetzung des § 1 II 2 EEG hat der Gesetzgeber im aktuellen EEG 2014 eine weitere Regelung geschaffen. Gem. § 3 I Nr. 1 EEG soll zur Zielerreichung eine Steigerung der installierten Leistung der WEA an Land um 2.500 Megawatt pro Jahr (netto) erreicht werden. Der Zielkorridor für den Netto-Zubau von WEA an Land beträgt gem. § 29 I EEG 2.400 bis 2.600 Megawatt pro Jahr.

Wie an der folgenden Tabelle zu erkennen ist, besteht jedoch noch eine Diskrepanz zwischen dem Ist-Zustand und dem bis 2025 zu erreichenden Soll-Zustand hinsichtlich des gewünschten Anteils der erneuerbarer Energien von mindestens 40–45 % am Bruttostromverbrauch in Deutschland:

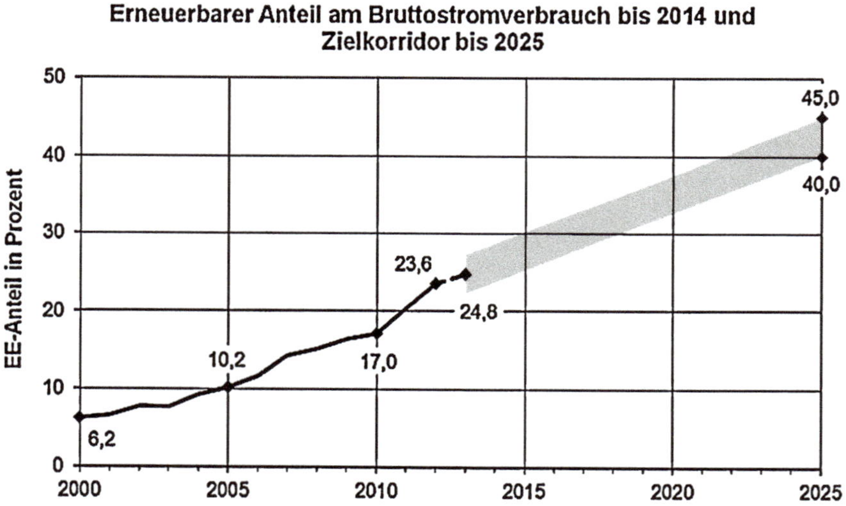

Quelle: BT-Drs. 18/1304[10]

Um die vorgenannten Ziele des EEG erreichen und somit die Energiewende unterstützen zu können, wird es als ein Teilaspekt im Rahmen eines gesamtheitlichen Energiekonzeptes für erforderlich gehalten, die Windenergie an Land als kostengünstige Stromgewinnungsmöglichkeit noch weiter auszubauen.[11] Hierzu müssen entsprechend des Bedarfs die notwendigen Flächen im Bundesgebiet zur Verfügung gestellt werden.[12] Der **Flächenbedarf** für die erneuerbaren Energien ist erheblich

10 Gesetzentwurf der Bundesregierung Entwurf eines Gesetzes zur grundlegenden Reform des Erneuerbare-Energien-Gesetzes und zur Änderung weiterer Bestimmungen des Energiewirtschaftsrechts, S. 133, Stand: 05.05.2014, abrufbar unter: https://www.clearingstelle-eeg.de/files/RegE_EEG_2014_140505.pdf (Abruf am: 09.08.2015).

11 BT-Drs. 18/1304, S. 132. Vgl. hierzu *von Seth*, in: DÖV 2011, 915.

12 Zwar fehlen konkrete Angaben dazu, welcher Flächenbedarf für die geplante Energiewende tatsächlich bestehen, vgl. *Mitschang*, in: BauR 2013, 29. Eine Berechnung

größer als bei der Stromgewinnung durch konventionelle Energiegewinnungsmöglichkeiten.[13] Im Hinblick auf WEA werden Flächen nicht nur für die Anlage als solche benötigt, sondern darüber hinaus auch für die Zufahrtsmöglichkeiten und die Kabelanbindung an die Trafostation.[14]

Aktuell ist zu beobachten, dass der Ausbau der Windenergie an Land ins Stocken gerät. Derzeit werden lediglich 0,37 % der bundesdeutschen Fläche für WEA genutzt.[15] Der verhältnismäßig geringe Flächenanteil, der durch Windenergienutzung beansprucht wird, entspricht nicht den oben dargestellten gesetzgeberischen Zielen.[16] Nachweislich steht dem weiteren Ausbau von Windenergie an Land aber nicht der Mangel an potentiell geeigneten Flächen bzw. fehlende *„Windhöffigkeit"* auf den zur Verfügung stehenden Flächen entgegen. Nach einer aktuellen Studie des Umweltbundesamtes verfügt Deutschland über ein nicht unerhebliches, bisher ungenutztes Flächenpotenzial für den weiteren Ausbau der Windenergie an Land. Hierbei wurden je nach Region unterschiedliche Potenziale ermittelt (siehe Abbildung):[17]

---

für die Zukunft ist schwierig. Denn durch die fortschreitenden technischen Möglichkeiten bei der Entwicklung von WEA, die immer größere Höhen und damit ansteigenden Stromerträge von Einzelanlagen ermöglichen, kann auf aktueller Basis kaum eine verlässliche Prognose für die nächsten 20 Jahre erstellt werden. Es kann nicht vorhergesagt werden, wie viele Anlagen notwendig sind, um die gesetzgeberischen Ziele einzuhalten. Man ist sich lediglich einig, dass der weitere Ausbau der erneuerbaren Energien notwendig ist, um die vorgenannten Ziele erreichen zu können.

13 *Köck*, in: DVBl. 2012, 3 (4). Vgl. auch Sachverständigenrat für Umweltfragen, Sondergutachten *„Wege zur 100 % erneuerbaren Stromversorgung"*, Ziff. 2.4.3, Rn. 53, abrufbar unter: http://www.umweltrat.de/SharedDocs/Downloads/DE/02_Sondergutachten/2011_07_SG_Wege_zur_100_Prozent_erneuerbaren_Stromversorgung.pdf;jsessionid=D68677C69DC3AE9EB35EF02131DA5A83.1_cid325?__blob=publicationFile (Abruf am: 09.08.2015).

14 *Gassner*, in: Landschaftsschutzrecht, Rn. 58.

15 Angabe bei *Bovet/Kindler*, in: DVBl. 2013, 488 (490) m.w.N.

16 Vgl. *Stoermer*, in: VBlBW 2013, 85.

17 Umweltbundesamt (im Folgenden *„UBA"*): *„Potenzial der Windenergie an Land – Studie zur Ermittlung des bundesweiten Flächen- und Leistungspotenzials der Windenergienutzung an Land"* (im Folgenden *„Potenzialstudie"* genannt), Stand Juni 2013, abzurufen unter: http://www.umweltbundesamt.de/daten/energie-als-ressource/potenzial-der-windenergie-an-land (Abruf am: 09.08.2015). Zu beachten ist hierbei, dass lediglich das verfügbare Flächenpotenzial unter Ausschluss bestimmter Kriterien, so z.B. bestimmter Gebietstypen, ermittelt wurde, nicht aber das technisch-ökologische Potenzial abgebildet werden konnte. Hierunter versteht man den Teil des theoretischen Flächenpotenzials, der unter Berücksichtigung von technischen wie auch ökologischen Restriktionen nutzbar ist, vgl. S. 8. Der besondere Artenschutz als ökologische Restriktion konnte nicht berücksichtigt werden, da dies nur im Einzelfall bewertet werden könne. Daher wird deutlich darauf hingewiesen, dass

	Anteil an der Gesamtfläche	Potenzialfläche [km²]	Anteil am bundesweiten Flächenpotenzial
Norden Berlin, Brandenburg, Bremen, Hamburg, Mecklenburg-Vorpommern, Niedersachsen, Sachsen-Anhalt, Schleswig-Holstein (= 38,9 % der Fläche Deutschlands)	16,4 %	22.851	46,3 %
Mitte Hessen, Nordrhein-Westfalen, Rheinland-Pfalz, Sachsen, Thüringen (= 30,7 % der Fläche Deutschlands)	10,2 %	11.200	22,7 %
Süden Baden-Württemberg, Bayern, Saarland (= 30,4 % der Fläche Deutschlands)	14,1 %	15.310	31,0 %
Deutschland gesamt	**13,8 %**	**49.361**	**100,0 %**

Quelle: Studie des UBA[18]

Da genug Fläche und Windhöffigkeit in Deutschland für mehr WEA zu Verfügung steht, werden verschiedene andere Gründe ins Feld geführt, die den zügigen Ausbau der erneuerbaren Energien an Land behindern. Es zeigt sich, dass trotz des abrupten Umdenkens in der deutschen Energiepolitik das bestehende rechtliche Rahmenwerk noch nicht auf eine zügige und vollständige Umstellung der Stromgewinnung durch erneuerbarer Energien ausgerichtet ist.[19] Hieran setzt die vorliegende Untersuchung mit Blick auf das Naturschutzrecht an. Es bestehen insbesondere Zweifel, ob neben weiteren Problemstellungen die **naturschutzrechtlichen Vorgaben** auf die Anforderungen der Energiewende abgestimmt sind und den Ausbau der Windenergie an Land mittragen können.[20] Das Naturschutzrecht wird als ein **ursächliches Hindernis für den Ausbau der Windenergienutzung** an Land gesehen.[21] Es wird diskutiert, ob Energiewende und Naturschutz *„natürliche Feinde"* seien und die Umsetzung der Umstellung auf erneuerbare Energien zu Lasten des Naturschutzes geht.[22] Als Kernproblem wird

das ermittelte Flächenpotenzial nicht die Realität abbilde, da insbesondere Aspekte des besonderen Artenschutzes nicht berücksichtigt werden konnten.

18 Potenzialstudie UBA, S. 37.

19 *Anger*, in: ZfBR-Beil. 2012, 90 (94).

20 Auch politischer Widerstand, vergütungsrechtliche Aspekte und ein noch nicht hinreichendes Stromnetz bzw. die unzureichende Netzanbindung sind aktuell besonders in der Diskussion, vgl. hierzu ausführlich *Fest*, in: NVwZ 2013, 824 ff. Hierzu wird aufgrund des begrenzten Umfangs der Untersuchung nicht weiter Stellung genommen werden. Zu der Vergütungsproblematik noch weit vor der Energiewende vgl. *Pünder*, in: NVwZ 1999, 1059 ff.

21 *Attendorn*, in: NuR 2013, 153.

22 Der Spiegel, Ausgabe vom 11.03.2013, S. 18 ff. Zu den Interessenkonflikten *Heup*, in: Erneuerbare Energien 2012, 62 ff.

das Spannungsfeld zwischen Klimaschutz und Umweltschutz bei der Planung und Zulassung von Onshore-WEA identifiziert.[23]

Gegen die Windenergienutzung an Land werden diverse **Nachteile** vor allem für naturschutzrechtlich geschützte Belange ins Feld geführt. Der Bau, aber gerade auch der Betrieb von Windenergie kann verschiedene erhebliche und nachteilige Folgen für naturschutzrechtliche Belange mit sich bringen. In den Erfurter Positionen – der Abschlusserklärung des 31. Deutschen Naturschutztages in Erfurt am 21.09.2012[24] – ist eine Mehrzahl von **möglichen erheblichen Auswirkungen** genannt.[25] So sind unter anderem die nachteilige Veränderungen des Landschaftsbildes und der Kulturlandschaft, die Zerschneidung großer zusammenhängender Landschaftsräume, das Beeinträchtigen des nationalen Biotopverbundes, des europäischen Schutzgebietssystems Natura 2000 sowie der Schutzgebiete der Nationalen Naturlandschaften zu befürchten. Ferner besteht die Gefahr von Scheuchwirkung auf Vögel, Beeinträchtigungen des Vogelzuges und Tierverlusten durch Anflug und Stromschlag. Diese Gefahren fließen in die Bewertung zur Zulässigkeit von Windenergienutzung an Land mit ein.

Ziel ist daher die Untersuchung des öffentlich-rechtlichen Rahmenwerks im Hinblick auf die Zulassung und die Planung von WEA, wobei der Schwerpunkt auf der Analyse der naturschutzrechtlichen, für Windenergie relevanten Vorgaben liegen wird. Zu überprüfen ist, ob das Naturschutzrecht die Ziele des EEG und das Voranschreiten der Energiewende unterstützt oder hemmt. Hierfür sind die unterschiedlichen Ebenen zu beleuchten, namentlich die Genehmigungs- und die Planungsebene. Einerseits sollen die rechtlichen Vorgaben überprüft werden, andererseits ist auch die Rechtsanwendung der einschlägigen Normen zu hinterfragen. Dabei soll unter anderem auch die Frage beantwortet werden, ob Zulassungs- und Planungsebene einander ergänzen können, um den naturschutzrechtlichen Belangen hinreichend Geltung verschaffen zu können, ohne dass die einzelnen Verfahren durch Doppelprüfungen aufgebläht werden. Soweit möglich, werden Vorschläge formuliert, in welchem Umfang durch vorausschauende Planung die Einzelzulassungsverfahren entlastet werden können. Hierfür wird sowohl auf die Konzentrationsflächenplanung über das Raumordnungs- als auch über das Bauleitplanungsrecht einzugehen sein.

---

23 *Hanschel*, in: Jahrbuch des Umwelt- und Technikrechts 2012, S. 87.

24 Positionspapier ist in EurUP 2012, 256 ff abgedruckt und auch im Internet abrufbar unter: http://www.bfn.de/fileadmin/MDB/documents/presse/Abschlusserklaerung.DNT.pdf (Abruf am: 09.08.2015).

25 Vgl. S. 3 des Erfurter Positionspapiers unter Ziff. I.1.

2. Abschnitt: Gegenstand der Untersuchung und Eingrenzung der Thematik

Gegenstand dieser Untersuchung sind Teilbereiche des Naturschutzrechts, die regelmäßig bei der Zulassung und Planung von Windenergieanlagen zu prüfen und stark von den Belangen der Energiewende geprägt sind. Das Naturschutzrecht selbst ist der Materie des Umweltrechts zuzuordnen.[26]

Der **Begriff des Naturschutzrechts** ist nicht durch den Gesetzgeber legaldefiniert oder sonst eindeutig festgelegt. Eine Begriffsbestimmung soll über die Definition der Teilbegriffe des Naturschutzes und der Natur erfolgen. Keiner dieser beiden Begriffe hat durch den Gesetzgeber selbst eine Konkretisierung erfahren, sondern wird in den Fachrechten wie beispielsweise dem Bundesnaturschutzgesetz[27] vorausgesetzt. In der Literatur wird **Natur** als *„der Inbegriff der Formen, Stoffe und Kräfte der materiellen Wirklichkeit“* bezeichnet, wobei sie davon unabhängig sein soll, *„ob sie belebt oder unbelebt ist, soweit sie wesensmäßig ohne menschliches Zutun entstanden ist“*.[28] Hieran anknüpfend unterfällt dem Begriff des **Naturschutzes** *„die Gesamtheit der Maßnahmen zur Erhaltung und Förderung der natürlichen Lebensgrundlagen der wild lebenden Arten und ihrer Lebensgemeinschaften sowie zur Sicherung von Landschaften und Landschaftsteilen unter natürlichen Bedingungen“*.[29]

An den vorangegangenen Definitionen zu Natur und Naturschutz zeigen sich die vielfältigen Anforderungen an das Naturschutzrecht. Um diesen Anforderungen gerecht werden zu können, erstreckt sich das Naturschutzrecht als relativ breite Materie auf mehrere Fachrechtsbereiche und wird daher als ein Querschnittsrechtsgebiet bezeichnet.[30] Dieser Untersuchung liegt ein **weites bzw. materielles Verständnis des Naturschutzrechts** zugrunde. Demnach sind alle Rechtsvorschriften dem Naturschutzrecht zuzurechnen, *„die einen irgendwie gearteten Schutz der Natur, ihrer Erscheinungen oder Bestandteile bezwecken oder zur Folge haben, auch die Bau-, Wald-, Jagd- und Fischereigesetze, soweit sie für ihren Bereich dem Naturschutz rechtliche Gestalt verleihen“*.[31]

---

26 *Schlacke/Kröger*, in: Ehlers/Fehling/Pünder, Besonderes Verwaltungsrecht, Bd. 2, § 50, Rn. 1.

27 Gesetz über Naturschutz und Landschaftspflege (Bundesnaturschutzgesetz – BNatSchG) vom 29.07.2009 (BGBl. I S. 2542).

28 *Müller-Walter*, in: Lorz/Konrad/Mühlbauer/Müller-Walter/Stöckel, Naturschutzrecht, § 1, Rn. 2; *Schlacke/Kröger*, in: Ehlers/Fehling/Pünder, Besonderes Verwaltungsrecht, Bd. 2, § 50, Rn. 43.

29 *Schlacke/Kröger*, in: Ehlers/Fehling/Pünder, Besonderes Verwaltungsrecht, Bd. 2, § 50, Rn. 44 m.w.N.; *Stöckel/Müller-Walter*, in: Erbs/Kohlhaas Strafrechtliche Nebengesetze, BNatSchG, Vorb., Rn. 1.

30 *Müller-Walter*, in: Lorz/Konrad/Mühlbauer/Müller-Walter/Stöckel, Naturschutzrecht, § 1, Rn. 6.

31 *Stöckel/Müller-Walter*, in: Erbs/Kohlhaas Strafrechtliche Nebengesetze, BNatSchG, Vorb., Rn. 2. Vgl. Übersicht bei *Erbguth/Schlacke*, in: Umweltrecht, § 10, Rn. 3 ff.

Gegenstand dieser Untersuchung sind all jene naturschutzrechtliche Vorgaben, die für die Zulassung und Planung von Windenergieanlagen als erneuerbarer Energiequelle relevant sind, das bedeutet vor allem Regelungen aus dem Bundesnaturschutzgesetz, dem Raumordnungsgesetz[32], dem Baugesetzbuch[33], der Baunutzungsverordnung[34] sowie dem Bundesimmissionsschutzgesetz[35]. In all diesen Rechtsbereichen zeigte sich die letzten Jahre eine starke gesetzgeberische Aktivität hinsichtlich der Implementierung klimaschutz- und umweltrechtlicher Vorgaben in die verschiedenen Fachgesetze. Besonders seit der 2011 beschlossenen Energiewende wurde eine Mehrzahl an gesetzlichen Neuerungen erlassen. Rahmenprogramm war das sogenannte „*Energiewende-Paket*".[36]

Auch wenn der Fokus der Untersuchung auf nationalem Recht liegt, sind die europarechtlichen Einflüsse im deutschen Naturschutzrecht auf die Nutzung der erneuerbaren Energiequellen wie der Windenergie nicht mehr wegzudenken. Für diese Untersuchung relevant sind die Fauna-Flora-Habitat-Richtlinie[37] (im Folgenden „*FFH-RL*") und die Vogelschutzrichtlinie[38] (im Folgenden „*VRL*").[39] Diese Richtlinien haben direkte Auswirkungen auf das jeweils anwendbare Fachrecht, so auch

---

32 Raumordnungsgesetz (ROG) vom 22.12.2008 (BGBl. I S. 2986).

33 Baugesetzbuch (BauGB) vom 23.09.2004 (BGBl. I S. 2414).

34 Verordnung über die bauliche Nutzung der Grundstücke (Baunutzungsverordnung - BauNVO) vom 23.01.1990 (BGBl. I S. 132).

35 Gesetz zum Schutz vor schädlichen Umwelteinwirkungen durch Luftverunreinigungen, Geräusche, Erschütterungen und ähnliche Vorgänge (Bundes-Immissionsschutzgesetz - BImSchG) in der aktuellen Fassung (BGBl. I S. 1274).

36 Zum Begriff des Energiewende-Pakets und zu den Regelungsinhalten der jeweiligen Einzelgesetze siehe *Sellner, Fellenberg*, in: NVwZ 2011, 1025 ff.

37 Richtlinie 92/43/EWG des Rates vom 21.05.1992 zur Erhaltung der natürlichen Lebensräume sowie der wildlebenden Tiere und Pflanzen (ABl. L 206 vom 22.07.1992, S. 7) zuletzt geändert durch Richtlinie 2006/105/EG des Rates vom 20.11.2006. Diese verpflichtet zur Ausweisung bestimmter Schutzgebiete. Siehe hierzu später ausführlich unten im 1. Teil, 3. Abschnitt, B. II. 1.

38 Richtlinie 79/409/EWG des Rates vom 02.04.1979 über die Erhaltung der wildlebenden Vogelarten. Änderung durch die aktuell geltende Fassung der Richtlinie 2009/147/EG (ABl. Nr. L 2010/020, S. 7). Die VRL verpflichtet die Mitgliedstaaten zur Ausweisung bestimmter Vogelschutzgebiete, vgl. *Schlacke/Kröger*, in: Ehlers/Fehling/Pünder, Besonderes Verwaltungsrecht, Bd. 2, § 50, Rn. 25.

39 Nicht näher eingegangen werden soll auf die Berner Konvention (Übereinkommen von Bern über die Erhaltung der europäischen wildlebenden Pflanzen und ihrer natürlichen Lebensräume vom 19.11.1979; genehmigt durch Beschluss 82/72/EWG des Rates vom 3.12.1981 über den Abschluss des Übereinkommens zur Erhaltung der europäischen frei lebenden Tiere und wild wachsenden Pflanzen und ihrer natürlichen Lebensräume (ABl. L 38 vom 10.2.1982); Ratifizierung durch Deutschland am 13.12.1984) und die Biodiversitäts-Konvention (Übereinkommen von Rio de Janeiro über die biologische Vielfalt vom 05.06.1992; genehmigt durch Beschluss 93/626/EWG des Rates vom 25.10.1993 über den Abschluss des Übereinkommens über die biologische Vielfalt (ABl. L 309 vom 13.12.1993, Berichtigung ABl. L 82 vom 25.03.1994). Siehe

auf das Bundesnaturschutzgesetz oder das Baugesetzbuch.[40] Im Einzelfall kann eine richtlinienkonforme Auslegung des jeweils einschlägigen Fachrechts geboten sein.[41]

Nicht nur der Bundesgesetzgeber hat sich zu den gesellschaftlichen und politischen Neuerungen mit Blick auf die Energiewende und dem erhöhten Bedarf an Klima- und Umweltschutz bekannt. Zu beobachten ist eine nicht unerhebliche Tätigkeit der Bundesländer, Regelungen zur Windenergienutzung an Land zu schaffen, beispielsweise durch die Anpassung der Bauordnungen[42] und der Landschaftsplanungsgesetze bzw. der hieraus entwickelten Landesentwicklungsprogramme. Zudem zeigt sich vermehrt, dass die Länder durch die Überarbeitung bzw. Neuaufstellung von Windenergieerlassen stark auf die Verwaltungs- und Planungstätigkeiten im Hinblick auf die Windenergie Einfluss genommen haben. Die Windenergieerlasse sind nunmehr teilweise besonders windenergiefreundlich ausgestaltet. Zwar handelt es sich hierbei nicht um formelle Gesetze, dennoch haben die Windenergieerlasse eine starke faktische Wirkung in der Praxis. Diese binden nämlich einerseits die Genehmigungsbehörden bei ihrer Entscheidung über die Einzelzulassung und haben andererseits auch als Empfehlungen für die Planungsträger eine relativ starke Bindungswirkung.[43] Eine Zusammenfassung der relevanten landesgesetzgeberischen Bestrebungen ist in der Anlage[44] zu finden.

3. Abschnitt: Gang der Untersuchung

Die Arbeit gliedert sich in fünf Teile. Zunächst werden die bei der Zulassung von WEA-relevanten naturschutzrechtlichen Fragestellungen untersucht (**1. Teil**). Hierbei sind die Facetten unterschiedlicher Schutzregimes und Rechtsgüter vor dem Hintergrund der einschlägigen rechtlichen Rahmenbedingungen und der Verwaltungspraxis auf Genehmigungsebene zu beleuchten. Es wird dabei in besonderem Maß auf die Anforderungen des Landschafts-, des Habitat- und des Artenschutzes eingegangen. Darzustellen ist, weshalb sich aus naturschutzrechtlichen Gründen die Genehmigungsverfahren für WEA in der Praxis teilweise als schwierig und langwierig

ausführlich zu den völkerrechtlichen Abkommen mit Naturschutzbezug *Schlacke/Kröger*, in: Ehlers/Fehling/Pünder, Besonderes Verwaltungsrecht, Bd. 2, § 50, Rn. 13 ff.

40 *Mitschang/Wagner*, in: DVBl. 2010, 1457.

41 *Thomas*, in: NuR 2013, 855 (856).

42 Beispielhaft sei auf die Änderung des Bauordnung in NRW verwiesen im Hinblick auf die Änderung des § 65 I, II BauO NRW (i.e. Genehmigungsfreie Vorhaben) vom 22.12.2011 (NWGVBl 2011, 729). Durch die Gesetzesänderung des BauGB zum 01.08.2014 wurde ein neuer § 249 III BauGB eingefügt, die sog. Länderöffnungsklausel (siehe hierzu sogleich im Rahmen des 1. Teils, 2. Abschnitt, B. I. 3.).

43 *Fest*, in: NVwZ 2012, 1129 (1132). Siehe hierzu auch unten ausführlicher u.a. im Rahmen des 2. Teils, 2. Abschnitt, A., C. I. 1. a) (3).

44 Ab S. 323.

erweisen und oftmals den Gegenstand gerichtlicher Überprüfung bilden.[45] Es sollen Möglichkeiten herausgearbeitet werden, wie sich auf Zulassungsebene bei der Rechtsanwendung und -auslegung die hemmende Wirkung des Naturschutzrechts für Windenergie verringern lässt.

Im Anschluss an die Untersuchung spezifischer naturschutzrechtlicher Probleme auf der Genehmigungsebene werden im zweiten und dritten Teil Überlegungen dahingehend angestellt, ob den Konflikten auf der Zulassungsebene durch eine Verlagerung auf die Planungsebene schon frühzeitig begegnet werden kann. Es wird außerdem geprüft, ob die vorhandenen Flächen im Plangebiet für die Windenergienutzung in größerem Umfang planerisch verfügbar gemacht werden können.[46] Dazu wird auf die Instrumente der überörtlichen Raumordnung und kommunalen Bauleitplanung für die planerische Steuerung von Windenergienutzung eingegangen. Es wird zudem hinterfragt, in welchem Umfang eine Konfliktverlagerung nach oben möglich und sinnvoll ist, um eine frühzeitige Abschichtung naturschutzrechtlicher Problemstellungen erreichen zu können. Insbesondere ist zu beleuchten, wie bereits auf überörtlicher Ebene durch das Raumordnungsrecht die Grundlage für eine Raumnutzung durch WEA unter Berücksichtigung des Naturschutzrechts über die sog. Konzentrationsflächenplanung geschaffen werden kann (**2. Teil**). In diesem Zusammenhang wird neben den umfangreichen Vorgaben durch die Rechtsprechung auch auf das Verhältnis zu der Bauleitplanung und der Zulassung von Einzelvorhaben eingegangen. Es schließen sich Ausführungen zur Planung von Windenergie über die engmaschigere kommunale Bauleitplanung (**3. Teil**) an, namentlich durch den Flächennutzungsplan und den Bebauungsplan. Auch über den Flächennutzungsplan hat der Plangeber die Möglichkeit der Konzentrationsflächenplanung, um der Windenergie substanziell Raum verschaffen zu können. Hierbei wird im Wesentlichen nur auf Fragen der Zulässigkeit eingegangen. Am Ende der Arbeit werden die aufgefundenen Ergebnisse zusammengefasst und übersichtlich dargestellt, wobei Vorschläge für pragmatische Lösungsansätze formuliert werden sollen (**4. Teil**).

4. Abschnitt: Methode der Untersuchung

Wie bereits dargestellt, ist Gegenstand der Untersuchung die kritische Auseinandersetzung mit der Frage, in welchem Umfang naturschutzrechtliche Belange die öffentlich-rechtliche Zulässigkeit von WEA an Land sowohl auf Zulassungs- als

45 Vgl. hierzu allein die sich hiermit befassenden Entscheidungen aus dem Jahr 2014: OVG Münster, Beschluss vom 23.07.2014, Az.: 8 B 356/14; VG Oldenburg, Beschluss vom 26.05.2014, Az.: 5 B 603/14; VGH München, Beschluss vom 28.04.2014, Az.: 22 ZB 12.1075; OVG Magdeburg, Urteil vom 13.03.2014, Az.: 2 L 215/11; OVG Lüneburg, Beschluss vom 25.02.2014, Az.:12 LA 97/13; Beschluss vom 25.02.2014, Az.: 12 LA 105/13; VG Neustadt (Weinstraße), Beschluss vom 17.02.2014, Az.: 4 L 89/14; Beschluss vom 10.02.2014, Az.: 12 ME 227/13.

46 *Bovet/Kindler*, in: DVBl. 2013, 488 (489).

auch Planungsebene beeinflussen. Bei dieser Untersuchung wird im Wesentlichen auf die in der Rechtswissenschaft anerkannten Methoden der Gesetzesauslegung, der Rechtsfortbildung und schließlich der Begriffs- und Systembildung zurückgegriffen.[47] Darüber hinaus nimmt eine umfassende Analyse der aktuellen einschlägigen Literatur und Rechtsprechung den Großteil der inhaltlichen Aufbereitung der Untersuchung ein. Die Ergebnisse sind in einem weiteren Schritt mit der behördlichen Praxis unter anderem durch die Auswertung der Windenergieerlasse der Länder zu vergleichen. Auf diese Weise soll ermittelt werden, inwieweit der gesetzliche status quo geeignet ist, den weiteren Ausbau der Windenergie zu tragen. Im Rahmen der Untersuchung wurde eine Mehrzahl von Gesprächen mit Praktikern geführt. So wurden unter anderem Anwälte, Landschaftsplaner, Verwaltungsbeamte und weitere Personen zu ihren Erfahrungen mit Windenergie befragt. Diese Befragungen zielten auf die Ermittlung praktischer Probleme, die regelmäßig bei Planung und Zulassung von WEA auftreten. Diese Untersuchung erhebt nicht den Anspruch darauf, den tatsächlichen Umgang der (kommunalen) Entscheidungsträger insbesondere bei der Einzelzulassung von WEA bzw. Windparks abbilden zu können. Dieses Vorhaben wurde bereits durch andere in Angriff genommen.[48]

---

47 Vgl. hierzu *Jachmann*, in: Maunz/Dürig, GG, Art 95, Rn. 15 ff; *Wenzel*, in: NJW 2008, 345 (346).

48 Bosch und Partner et al., Projekt „*Untersuchung von speziellen Hemmnissen im Zusammenhang mit der Umweltbewertung in der Planung und Genehmigung der Windenergienutzung an Land und Erarbeitung von Lösungsansätzen*", in Auftrag gegeben vom UBA, Projektbeschreibung abrufbar unter: http://www.hemmnisse-wind.de/projektbeschreibung (Abruf am: 09.08.2015). Diese Untersuchung richtet sich an der Fragestellung aus, was die zentralen Hemmnisse beim Ausbau der Windenergie an Land sind. Hierbei werden die unterschiedlichen Ebenen in den Blick genommen, namentlich Bundesland, (Planungs-)Region und Kommune.

1. Teil: Belange des Naturschutzrechts bei Zulassungsentscheidungen von Windenergieanlagen

Zunächst ist die Genehmigungsebene von WEA als Einzelvorhaben vor naturschutzrechtlichen Hintergrund zu untersuchen. Hierzu ist zu Beginn darzustellen, wann WEA einer Genehmigungspflicht unterliegen (**1. Abschnitt**). Sodann ist zu überprüfen, unter welchen Voraussetzungen die genehmigungspflichtige WEA genehmigungsfähig ist. Die Genehmigungsfähigkeit bestimmt sich grundsätzlich danach, ob nicht nur beim Bau, sondern auch voraussichtlich beim späteren Betrieb die einschlägigen fachrechtlichen Vorgaben eingehalten werden können.[49] Hierbei wird neben den immissionsschutz- und baurechtlichen Anforderungen (**2. Abschnitt**) ein besonderes Augenmerk auf die naturschutzrechtlichen Vorgaben (**3. Abschnitt**) gelegt. Zuletzt wird auf die Besonderheiten von WEA im Wald und des „*Repowerings*", namentlich der Ersetzung alter WEA durch neue, auf Zulassungsebene eingegangen (**4. Abschnitt**).

1. Abschnitt: Genehmigungspflichtigkeit und einschlägiges Zulassungsverfahren

Aufgrund ihrer Größe sind WEA in der Regel als bauliche Vorhaben genehmigungspflichtig. Abhängig von der Anlagengröße ist entweder eine **Baugenehmigung** oder eine **immissionsschutzrechtliche Genehmigung** erforderlich. Bei kleineren Anlagen bis zu 50 m Höhe, die nicht genehmigungsfrei sind,[50] ist nach der jeweils einschlägigen Landesbauordnung eine Baugenehmigung zu beantragen und ein

49 Praktisch relevant ist auch die Frage, inwieweit nachträgliche Betriebsbeschränkungen von WEA angeordnet werden dürfen. Dies soll aber nicht Gegenstand dieser Untersuchung, da sich diese nur mit der Zulassungsfähigkeit künftiger WEA beschäftigt.

50 Ausnahme sind die Kleinstwindkraftanlagen (=Windenergieanlagen bis zu 10 m Höhe), welche nach den Landesbauordnungen unter bestimmten Voraussetzungen genehmigungsfrei sind. Vgl. so beispielsweise gem. Art 57 I Nr. 3 b) BayBO; § 50 I BWLBO i.V.m. Nr. 3 d) Anh.; § 62 I Nr. 4 b) BlnBO; § 55 IV Nr. 1 BbgBO; § 60 II HBauO i.V.m. Nr. 3.2 Anh.; § 55 HBO i.V.m. Nr. 3.11 Anh.; § 61 I Nr. 3 b) MVLBauO; § 60 I NdsBauO i.V.m. Nr. 3.8 Anh.; § 65 I Nr. 44 b) NWBauO (Einfügung durch Gesetz vom 22.12.2011 (GV. NRW. S. 729); § 61 I Nr. 3 c) SächsBO; § 61 I Nr. 3 c) SaarLBO; § 60 I Nr. 3 b) LSABauO; § 63 I Nr. 2 a. c) ThürBO. Vgl. zu den bauordnungsrechtlichen Anforderungen ausführlicher *Bovet*, in: ZUR 2010, 9 ff; *Köck/Bovet*, in: NVwZ 2012, 153 ff.

entsprechendes Genehmigungsverfahren durchzuführen. Ab 50 m Gesamthöhe[51] bedarf eine WEA nach § 4 I BImSchG i.V.m. Nr. 1.6 Anhang zu 4. BImSchV[52] einer immissionsschutzrechtlichen Genehmigung. Die **sachliche und örtliche Zuständigkeit53** für die Entscheidung über die Zulassung richtet sich nach dem jeweiligen Landesrecht, vgl. Art 83, 84 I 1 GG.[54] Für den Fall, dass eine immissionsschutzrechtliche Genehmigung erforderlich ist, ist ein entsprechender Antrag zu stellen und die Vorgaben der 9. BImSchV einzuhalten.[55]

Bei **weniger als 20 WEA**, die höher als 50 m sind, ist gem. § 2 I Nr. 2 4. BImSchV ein **vereinfachtes Genehmigungsverfahren** nach § 19 BImSchG durchzuführen. Soweit für eine WEA eine **Umweltverträglichkeitsprüfung** (im Folgenden als „*UVP*" abgekürzt) gesetzlich vorgesehen ist, ist gem. § 2 I Nr. 1 c) 4. BImSchV ein **förmliches Genehmigungsverfahren** nach § 10 BImSchG durchzuführen. Der Regelfall bei modernen und großen WEA ist das förmliche Genehmigungsverfahren.[56] Grund hierfür ist, dass für eine UVP stets eine Beteiligung der Öffentlichkeit nach § 9 UVPG[57] angeordnet ist.

§ 3 I 1 UVPG i.V.m. Anlage 1[58] ordnet an, in welchen Fällen eine UVP durchzuführen ist.[59] Bei WEA als Einzelvorhaben ist zu differenzieren, ob diese zwingend einer UVP-Pflicht unterliegen oder ob die Einschlägigkeit der UVP-Pflicht noch vom

---

51 = Mast zuzüglich Rotor, vgl. *Scheidler*, in: VR 2012, 397. Vgl. zu der gesetzgeberischen Entwicklung und der alten Rechtslage *Gatz*, in: Windenergieanlagen in der Verwaltungs- und Gerichtspraxis, Rn. 422 ff.

52 = Vierte Verordnung zur Durchführung des Bundes-Immissionsschutzgesetzes (Verordnung über genehmigungsbedürftige Anlagen - 4._BImSchV) vom 02.05.2013 (BGBl. I 973).

53 Die sachliche Zuständigkeit bezieht sich auf die zugewiesenen Sachaufgaben, die örtliche Zuständigkeit auf den räumlichen Tätigkeitsbereich der Behörde, vgl. *Pünder*, in: Erichsen/Ehlers, Allgemeines Verwaltungsrecht, § 14, Rn. 2.

54 Zu den jeweiligen landesrechtlichen Verfahrensbestimmungen werden keine vertieften Ausführungen gemacht.

55 Auch im Falle einer Baugenehmigung stellt der Vorhabenträger einen entsprechenden Antrag unter Vorlage der jeweils erforderlichen Antragsunterlagen.

56 *Hinsch*, in: ZUR 2011, 191 (192). Zu der Bedeutung der UVP als prozedurale Aufwertung des Umweltschutzes siehe *Pünder*, in: Erichsen/Ehlers, Allgemeines Verwaltungsrecht, § 15, Rn. 46.

57 Gesetz über die Umweltverträglichkeitsprüfung (UVPG) vom 24.02.2010 (BGBl. I S. 94) in der aktuellen Fassung.

58 Liste „*UVP-pflichtige Vorhaben*".

59 Vollständigkeitshalber sei darauf hingewiesen, dass im Falle der Errichtung von WEA im Wald durch die Waldrodung auch eine UVP-Pflicht bestehen kann. Gem. Ziff. 17.2 ist im Falle der Rodung von Wald im Sinne des Bundeswaldgesetzes zum Zwecke der Umwandlung in eine andere Nutzungsart mit 10 ha oder mehr Wald UVP-pflichtig. Bei einer Rodung von 5 ha bis weniger als 10 ha Wald ist eine allgemeine Vorprüfung des Einzelfalls durchzuführen und bei 1 ha bis weniger als 5 ha Wald eine standortbezogene Prüfung des Einzelfalls.

Ergebnis einer behördlichen Vorprüfung abhängt. Die UVP-Pflichtigkeit richtet sich gem. Ziff. 1.6 der Anlage 1 zum UVPG bei Errichtung und Betrieb einer Windfarm danach, wie hoch die Anlagen sind und wie viele Anlagen genehmigt werden sollen (siehe Abbildung):

1.6	Errichtung und Betrieb einer Windfarm[60] mit Anlagen in einer Gesamthöhe von jeweils mehr als 50 Metern mit	
1.6.1	20 oder mehr Windkraftanlagen	§ 3 b I UVPG: generell UVP-pflichtig
1.6.2	6 bis weniger als 20 Windkraftanlagen	§ 3 c S. 1 UVPG: UVP-pflichtig, wenn Behörde nach allgemeiner Vorprüfung UVP im Einzelfall für erforderlich hält
1.6.3	3 bis weniger als 6 Windkraftanlagen	§ 3 c S. 2 UVPG: UVP-pflichtig, wenn Behörde nach standortbezogenen Vorprüfung UVP im Einzelfall für erforderlich hält[61]

Die in den Fällen der Ziff. 1.6.2 und 1.6.3 angeordneten Vorprüfungen dienen der Feststellung der zu erwartenden Umweltschädlichkeit eines Vorhabens.[62] So soll durch die sog. **allgemeine Vorprüfung im Einzelfall** überschlägig festgestellt werden,[63] ob erhebliche nachteilige Umweltauswirkungen zu befürchten sind, welche gem. § 3 c S. 1 UVPG i.V.m. Anlage 2 zum UVPG die Durchführung einer UVP erforderlich machen.[64] Die sog. **standortbezogene Vorprüfung im Einzelfall** ist dann durchzuführen, wenn bei kleineren Windparks nur aufgrund besonderer örtlicher Gegebenheiten gemäß den in der Anlage 2 Nr. 2 zum UVPG aufgeführten Schutzkriterien[65] erhebliche nachteilige Umweltauswirkungen zu erwarten

60 Nach der Rechtsprechung erfasst der Begriff der „*Windfarm*" drei oder mehr Windkraftanlagen, die einander räumlich so zugeordnet werden, dass sich ihre Einwirkungsbereiche überschneiden oder wenigstens berühren, vgl. BVerwG, Beschluss vom 08.05.2007, Az.: 4 B 11/07, Rn. 6 – zitiert nach *juris*; Urteil vom 30.06.2004, Az.: 4 C 9/03, Rn. 33 – zitiert nach *juris;* OVG Münster, Beschluss vom 23.07.2014, Az.: 8 B 356/14, Rn. 11 f – zitiert nach *juris.*

61 *Fellenberg/Schiller*, in: Gerstner, Kap. 2. B., Rn. 121. (Anm.: sämtliche Hervorhebungen durch die Verfasserin.)

62 *Kohls*, in: Danner/Theobald, Energierecht, XIII. B 1, Rn. 26.

63 *Kohls*, in: Danner/Theobald, Energierecht, XIII. B 1, Rn. 25.

64 Anlage 2 zum UVPG: „*Kriterien für die Vorprüfung des Einzelfalls im Rahmen einer Umweltverträglichkeitsprüfung*".

65 = Beurteilung der ökologischen Empfindlichkeit eines Gebiets, das durch ein Vorhaben möglicherweise beeinträchtigt wird, insbesondere hinsichtlich der aufgeführten Nutzungs- und Schutzkriterien unter Berücksichtigung der Kumulierung mit anderen Vorhaben in ihrem gemeinsamen Einwirkungsbereich.

sind.[66] Auch im Falle von Repowering ist unter den dargelegten Voraussetzungen eine UVP-Vorprüfung durchzuführen, wenn sich die vorhandenen auszutauschenden Altanlagen und die geplanten Neuanlagen im Hinblick auf Höhe und Leistung von Grund auf unterscheiden.[67] Denn bei Repowering gelten grundsätzlich dieselben Regeln wie für die Neuerrichtung von Anlagen.[68]

2. Abschnitt: Immissionsschutzrechtliche und baurechtliche Anforderungen im Überblick

Wie zuvor festgestellt, sind die der Untersuchung zugrunde gelegten großen und modernen WEA nach § 4 I BImSchG genehmigungspflichtig. Daher beurteilt sich die Frage der Genehmigungsfähigkeit nach § 6 BImSchG. Neben der Gewährleistung der allgemeinen immissionschutzrechtlichen Pflichten einschließlich der in § 5 BImSchG geregelten Betreiberpflichten nach § 6 I Nr. 1 BImSchG (**A.**) dürfen gem. § 6 I Nr. 2 BImSchG der Errichtung des Vorhabens oder dem Betrieb der Anlage keine *„anderen öffentlich-rechtlichen Vorschriften"* entgegenstehen (**B.** und im folgenden **3. Abschnitt**). Hierbei werden vor allem die Vorgaben des Baugesetzbuchs und des Bundesnaturschutzgesetzes an WEA beleuchtet. Sind die Voraussetzungen des § 6 I BImSchG erfüllt, hat der Vorhabenträger als Antragsteller einen gegebenenfalls auch im Klagewege durchsetzbaren Anspruch auf Erteilung einer immissionschutzrechtlichen Genehmigung, da es sich bei der Zulassungsentscheidung nach § 6 BImSchG um eine gebundene Entscheidung handelt.[69] Gem. § 12 I BImSchG kann die Genehmigung mit Nebenbestimmungen versehen werden, soweit es erforderlich ist, die Erfüllung der in § 6 BImSchG genannten Genehmigungsvoraussetzungen sicherzustellen.[70] Die Anordnung von Nebenbestimmungen hat bei den Zulassungsentscheidungen über WEA eine nicht unerhebliche praktische Relevanz, beispielsweise zur Sicherstellung der Einhaltung artenschutzrechtlicher Anforderungen.

---

66 Insoweit gesteht die Rechtsprechung der Behörde eine Einschätzungsprärogative zu, die gerichtlich nur beschränkt überprüfbar ist. Vgl. VG Minden, Beschluss vom 18.03.2014, Az.: 11 L 706/13, Rn. 30 – zitiert nach *juris*.

67 Andernfalls wäre § 3 e UVPG einschlägig.

68 OVG Lüneburg, Beschluss vom 24.07.2013, Az.: 12 ME 37/13, Rn. 24 – zitiert nach *juris*. Zum Repowering auf Zulassungsebene siehe ausführlich unten im Rahmen des 4. Abschnitts.

69 BVerwG, Urteil vom 24.11.1994, Az.: 7 C 25/93, Rn. 17 – zitiert nach *juris*; *Dietlein*, in Landmann/Rohmer, UmweltR, § 6 BImSchG, Rn. 1; *Jarass*, in: Jarass, BImSchG, § 6, Rn. 43.

70 Als keine zulässige Nebenbestimmung wurde die Anordnung eines Schlagopfermonitorings bewertet, OVG Magdeburg, Urteil vom 13.03.2014, Az.: 2 L 215/11, Rn. 35 f – zitiert nach *juris*.

A. Immissionsschutzrechtliche Anforderungen

Praktisch relevant ist, wie auch bei anderen Großvorhaben, die Einhaltung der **immissionsschutzrechtlichen Anforderungen** an WEA, die im Rahmen der Genehmigungsfähigkeit zu prüfen sind.[71] Entsprechend den Vorgaben des §§ 6 I Nr. 1 i.V.m. 5 I 1 Nr. 1 BImSchG muss eine WEA so errichtet und betrieben werden, dass schädliche Umwelteinwirkungen[72] und sonstige Gefahren, erhebliche Nachteile und erhebliche Belästigungen für die Allgemeinheit und die Nachbarschaft nicht hervorgerufen werden können. Zur Vermeidung von Immissionen[73] ist erforderlich, dass den Anforderungen des Bundesimmissionsschutzgesetzes unter anderem im Hinblick auf Lärm[74], Licht[75] und sonstigen Gefahren[76] entsprochen wird. Entscheidend ist die physikalisch-technische Beschaffenheit der WEA.[77]

---

71 Vgl. ausführlich zu den immissionsschutzrechtlichen Voraussetzungen *Scheidler*, in: VR 2012, 359 ff.

72 Legaldefiniert in § 3 I BImSchG als *„Immissionen, die nach Art, Ausmaß oder Dauer geeignet sind, Gefahren, erhebliche Nachteile oder erhebliche Belästigungen für die Allgemeinheit oder die Nachbarschaft herbeizuführen“*.

73 Legaldefiniert in § 3 II BImSchG als *„auf Menschen, Tiere und Pflanzen, den Boden, das Wasser, die Atmosphäre sowie Kultur- und sonstige Sachgüter einwirkende Luftverunreinigungen, Geräusche, Erschütterungen, Licht, Wärme, Strahlen und ähnliche Umwelteinwirkungen“*.

74 Die TA Lärm (Sechste Allgemeine Verwaltungsvorschrift zum Bundes-Immissionsschutzgesetz (Technische Anleitung zum Schutz gegen Lärm - TA Lärm) vom 26.08.1998 (GMBl S. 503) kann bei der Beantwortung der Frage, ob Lärm noch als zumutbar einzuordnen ist, auch bei WEA als Orientierungshilfe bzw. Richtwert herangezogen werden, vgl. BVerwG, Urteil vom 29.08.2007, Az.: 4 C 2/07, Rn. 12 – zitiert nach *juris*. Als normkonkretisierende Verwaltungsvorschrift entfaltet sie nicht nur gegenüber den Verwaltungsbehörden Bindungswirkung, sondern auch im gerichtlichen Verfahren. Siehe hierzu u.a. VG Magdeburg, Beschluss vom 26.11.2013, Az.: 2 B 299/13, Rn. 28 – zitiert nach *juris*; VGH München, Beschluss vom 09.02.2010, Az.: 22 CS 09.3255, Rn. 10 – zitiert nach *juris*. Ausführlicher dazu *Fehling*, in: Schneider/Theobald, Recht der Energiewirtschaft, § 8, Rn. 96; *Kloepfer*, in: Ehlers/Fehling/Pünder, Besonderes Verwaltungsrecht, Bd. 2, § 44, Rn. 35.

75 Die Licht-Schatten-Wirkung von WEA (= periodischer Schattenwurf, sog. *„Disco-Effekt“*) können als Immission eingestuft werden, vgl. VG Ansbach, Urteil vom 27.02.2013, Az.: AN 11 K 12.01962, Rn. 63 – zitiert nach *juris*. Vgl. auch *Jarass*, in: Jarass, BImSchG, § 3 Rn. 7 a.

76 Hierunter können alle auf sonstige physische Art und Weise hervorgerufenen negativen Auswirkungen wie z.B. Eisabwurf oder sonstige abfallende Teile subsumiert werden, vgl. VG Minden, Beschluss vom 13.12.2012 Az.: 11 L 529/12, Rn. 26 ff – zitiert nach *juris* unter Hinweis auf OVG Koblenz, Urteil vom 12.05.2011, Az.: 1 A 11186/08, Rn. 50 – hier zitiert nach *juris*; VG Ansbach, Urteil vom 25.01.2012, Az.: AN 11 K 11.01753, Rn. 63 – zitiert nach *juris*.

77 *Lang*, in: Berliner Kommentar zum Energierecht, Bd. 2, § 6 BImSchG, Rn. 5.

B. Baurechtliche Anforderung

Da die immissionschutzrechtliche Genehmigung gem. § 13 I BImSchG formelle Konzentrationswirkung hat,[78] schließt diese im Rahmen eines umfassenden anlagenbezogenen Prüfungsmaßstabs andere behördliche Entscheidungen mit ein. Hierzu zählen unter anderem solche des Baurechts und des Naturschutzrechts.[79] Alle relevanten Vorgaben aus anderen Fachgesetzen werden im Genehmigungsverfahren mitumfasst und somit integraler Bestandteil der immissionschutzrechtlichen Genehmigung.[80] Aus diesem Grunde ist die baurechtliche Zulässigkeit auch im Rahmen der Genehmigung nach § 6 I Nr. 2 BImSchG notwendigerweise zu prüfen, wobei sowohl auf die bauplanungsrechtlichen (**I.**) als auch auf die bauordnungsrechtlichen (**II.**) Anforderungen einzugehen ist.

I. Bauplanungsrechtliche Anforderungen

Bei WEA handelt es sich um **Anlagen mit bauplanungsrechtlicher Relevanz** und damit um Vorhaben im Sinne des § 29 I BauGB. Daher richtet sich die bauplanungsrechtliche Zulässigkeit von WEA nach den **§§ 30 ff BauGB**.[81] Soweit ein qualifizierter Bebauungsplan existiert, bemisst sich die bauplanungsrechtliche Zulässigkeit von WEA an dessen Festsetzungen (**1.**). Ist ein solcher nicht vorhanden, ist zu differenzieren, ob das Vorhaben im unbeplanten Innenbereich oder im Außenbereich liegt. Dementsprechend richtet sich die bauplanungsrechtliche Zulässigkeit

---

78 *Fellenberg/Schiller*, in: Gerstner, Kap. 2 B., Rn. 7; *Meßerschmidt*, in: Ehlers/Fehling/Pünder, Besonderes Verwaltungsrecht, Bd. 2, § 45, Rn. 20, § 46, Rn. 75 m.w.N. Vgl. auch Bayrische Hinweise zur Planung und Genehmigung von WKA vom 20.12.2011, Ziff. 3.

79 Als einer der Schwerpunkte dieser Arbeit werden die Voraussetzungen nach Naturschutzrecht als eigener Abschnitt (siehe im Folgenden den 3. Abschnitt) dargestellt. Weitere Fachentscheidungen auf dem Gebiet des Denkmalschutzes, des Luftverkehrsrechts, des Straßenrechts u.w. können bei der Genehmigungsfähigkeit von WEA ebenfalls von Bedeutung sein, sollen aber nicht Gegenstand dieser Arbeit sein. Vgl. hierzu Ausführungen bei *Scheidler*, in: VR 2012, 397 (402 ff). Zu der aktuellen Diskussion hinsichtlich der Berücksichtigung der Auswirkung von WEA auf Flugsicherungseinrichtungen vgl. ausführlich *Federwisch/Dinter*, in: NVwZ 2014, 403 ff.

80 Vgl. *Beckmann*, in: KommJur 2012, 170 (175). Ein anderes gilt, wenn sich die Genehmigungsbedürftigkeit nach dem Baugenehmigungsrecht (BauGB und jeweilige landesrechtliche Bauordnung) richtet, da in diesen Fällen keine zum § 13 BImschG vergleichbare Konzentrationswirkung der Baugenehmigung durch den Gesetzgeber vorgesehen ist. In diesen Fällen müssen – soweit erforderlich – weitere Genehmigungen, Bewilligungen, Erlaubnisse und Zustimmungen eingeholt werden.

81 Vgl. hierzu *Kment*, in: DÖV 2013, 17 (18). Siehe auch *Gatz*, in: Windenergieanlagen in der Verwaltungs- und Gerichtspraxis, Rn. 33 unter Hinweis auf die gesetzgeberische Wertung des § 35 I Nr. 5 BauGB, wonach auf die bodenrechtliche Relevanz von WEA zu schließen ist.

nach § 34 BauGB (**2.**) oder § 35 BauGB (**3.**). Gegebenenfalls muss im Zulassungsverfahren das gemeindliche Einvernehmen der Gemeinde eingeholt werden (**4.**). Es wird dargestellt, unter welchen Voraussetzungen die Gemeinde dieses Einvernehmen speziell bei WEA verweigern darf.

1. *Windenergieanlagen im Bereich eines qualifizierten Bebauungsplans gem. § 30 I BauGB*

Handelt es sich bei den geplanten WEA um ein Vorhaben, das im Bereich eines gültigen und **qualifizierten Bebauungsplans**[82] errichtet werden soll, richtet sich seine bauplanungsrechtliche Zulässigkeit zum einen nach den entsprechenden Festsetzungen gem. **§ 30 I BauGB**, wobei die Einzelheiten hierzu der BauNVO zu entnehmen sind. Zum anderen ist erforderlich, dass die Erschließung gesichert ist, § 30 I a.E. BauGB. Werden konkrete Vorgaben zur Windenergienutzung über einen qualifizierten Bebauungsplans formuliert, werden in der Regel Versorgungsflächen gem. § 9 I Nr. 12 BauGB oder Sondergebiete für die Nutzung von Windenergie gem. § 11 II 2 BauNVO ausgewiesen.[83] Diese Ausweisungen können mit der Zweckbindung „*Windfarmen*" versehen werden, wodurch eine Bündelung von WEA erreicht werden soll.[84]

2. *Windenergieanlagen im unbeplanten Innenbereich gem. § 34 BauGB*

Außerhalb des Geltungsbereichs eines Bebauungsplans richtet sich die Zulässigkeit von baulichen Vorhaben grundsätzlich nach §§ 34 oder 35 BauGB, je nachdem ob es sich um unbeplanten Innen- oder Außenbereich handelt. Im **unbeplanten Innenbereich** sind die Voraussetzungen der planersetzenden Vorschrift des **§ 34 BauGB** zu erfüllen. Hierbei ist vorrangig zu prüfen, ob das vorhandene Gebiet in einer Art bebaut ist, welches einem Gebietstyp der BauNVO entspricht. Soweit eine solche eindeutige Zuordnung möglich ist, bestimmt sich die Zulässigkeit im Folgenden nach § 34 II BauGB. Andernfalls beurteilt sich die bauplanungsrechtliche Zulässigkeit nach § 34 I BauGB. Festzustellen ist, dass WEA nur in absoluten Ausnahmefällen den Anforderungen des § 34 BauGB entsprechen können. Denn aufgrund der notwendig einzuhaltenden Abstandsflächen von WEA zur Wohnbebauung, kann sich das Vorhaben schwerlich in die Eigenart der näheren Umgebung einfügen.

---

82 Von einem qualifizierten Bebauungsplan ist auszugehen, wenn dieser mindestens Festsetzungen über die Art und das Maß der baulichen Nutzung enthält. Diese Voraussetzungen sind bei einem sog. einfachen Bebauungsplan gem. § 30 III BauGB nicht gegeben.

83 Siehe ausführlich zu den denkbaren Festsetzungsmöglichkeiten im Rahmen eines Bebauungsplans unten im Rahmen des 3. Teils, 2. Abschnitt, C. II.

84 *Beckmann*, in: KommJur 2012, 170 (171).

Daher sind die der Untersuchung zugrunde gelegten großen WEA im unbeplanten Innenbereich praktisch kaum denkbar.[85]

3. Windenergieanlagen im Außenbereich gem. § 35 BauGB

Regelfall ist die Errichtung von WEA im **Außenbereich**, wodurch sich deren Zulässigkeit am Maßstab des § 35 BauGB bemisst.[86] Der Außenbereich ist negativ zu bestimmen: § 35 BauGB findet dann Anwendung, wenn es sich weder um eine Fläche im beplanten Innenbereich gem. § 30 I, II BauGB handelt noch die Voraussetzungen des § 34 BauGB gegeben sind.[87] Soweit die WEA im Außenbereich errichtet werden sollen, sind sie gem. § 35 I Nr. 5 BauGB *„privilegiert"*.[88] Demnach ist die Windenergienutzung im Außenbereich grundsätzlich planungsrechtlich zulässig ist, soweit die Erschließung gesichert[89] ist und öffentliche Belange im Sinne des § 35 III BauGB dem Vorhaben nicht entgegenstehen. Mit der Privilegierung der WEA im Außenbereich soll der Anteil der erneuerbarer Energien an der Energieversorgung aus klimaschutz-, energie- und umweltpolitischen Gründen gesteigert und der Ausstoß von Kohlendioxid gesenkt werden.[90] Dieses gesetzgeberische Ziel entspricht den Reduzierungszielen des Kyoto-Protokolls.[91]

Bereits aus dem Wortlaut des § 35 I Nr. 5 BauGB ergibt sich, dass von der **Privilegierung** nur solche WEA erfasst sind, die der öffentlichen und nicht nur der privaten Energieversorgung dienen.[92] Dies wird bei den der Untersuchung zugrunde gelegten großen Anlagen regelmäßig der Fall sein, da der auf diese Weise erzeugte Strom in das öffentliche Netz eingespeist wird und damit der öffentlichen Energieversorgung dient.

---

85 *Fellenberg/Schiller*, in: Gerstner, Kap. 2 B., Rn. 55. Ähnlich *Hermes*, in: Schneider/Theobald, Recht der Energiewirtschaft, § 7, Rn. 177.

86 So auch *Gatz*, in: Windenergieanlagen in der Verwaltungs- und Gerichtspraxis, Rn. 33.

87 *Wickel*, in: Ehlers/Fehling/Pünder, Besonderes Verwaltungsrecht, Bd. 2, § 40, Rn. 241.

88 Denkbar wäre grundsätzlich auch das Eingreifen eines der Privilegierungstatbestände der § 35 I Nr. 1–4 BauGB, soweit die zu genehmigende WEA einer der jeweils im Außenbereich privilegierten zulässigen Anlage zugeordneten Funktion erfüllen soll und somit als Nebenanlage zu qualifizieren ist. Vgl. *Fehling*, in: Schneider/Theobald, Recht der Energiewirtschaft, § 8, Rn. 173; *Söfker*, in: Ernst/Zinkahn/Bielenberg/Krautzberger, BauGB, § 35, Rn. 58 a.

89 Hierfür ist vor allem erforderlich, dass eine Zuwegung vorhanden ist, die die Errichtung und Wartung der Anlage möglich macht, vgl. insoweit *Scheidler*, in: VR 2012, 397 (400).

90 Vgl. BT-Drs. 13/4978, S. 1, 6.

91 BVerwG, Urteil vom 13.03.2003, Az.: 4 C 4/02, Rn. 26 – zitiert nach *juris*.

92 BVerwG, Urteil vom 18.02.1983, Az.: 4 C 19/81, Rn. 14 ff – zitiert nach *juris*. Siehe *Wemdzio*, in: AUR 2012, 9 f ausführlicher zu der Frage, inwieweit WEA, die grundsätzlich der privaten Energieversorgung dienen, aber einen Überschuss produzieren, von dem Privilegierungstatbestand erfasst sein können.

In diesem Zusammenhang ist auf eine aktuelle Gesetzesänderung hinzuweisen. Durch Gesetz vom 15.07.2014[93] ist der § 249 BauGB um einen 3. Absatz erweitert worden. Durch die sog. **Länderöffnungsklausel** können die Bundesländer durch bis zum 31.12.2015 zu verkündende Landesgesetze bestimmen, dass § 35 I Nr. 5 BauGB auf Vorhaben, die der Erforschung, Entwicklung oder Nutzung der Windenergie dienen, nur dann Anwendung findet, wenn sie einen bestimmten Abstand zu den im Landesgesetz bezeichneten zulässigen baulichen Nutzungen einhalten.[94] Durch diese Neuregelung haben es die Bundesländer in der Hand, den räumlichen Geltungsbereich des Privilegierungstatbestandes zu bestimmen. Es bleibt abzuwarten, ob und in welchem Umfang die Bundesländer von dieser Möglichkeit Gebrauch machen.[95] In der Zukunft kann festgestellt werden, ob hieraus tatsächlich ein Hindernis für den weiteren Ausbau der Windenergie erwachsen wird.[96]

Als **entgegenstehende öffentliche Belange**[97] können bei WEA vor allem diejenigen des Naturschutzes und der Landschaftspflege relevant werden, § 35 III 1 Nr. 5 BauGB. Sind zwingende Vorgaben des **Naturschutzrechts** betroffen, stehen diese dem Vorhaben immer entgegen und können auch nicht im Wege einer

---

93 BGBl. I S. 954.

94 Vgl. zu den Hintergründen dieser der BauGB-Novelle 2014 *Krautzberger*, in: Ernst/Zinkahn/Bielenberg/Krautzberger, BauGB, Geleitwort zur 112. Ergänzungslieferung Januar 2014; *Krautzberger/Stüer*, in: BauR 2014, 1403 ff; *Scheidler*, in: NuR 2014, 673 ff.

95 Bayern hat bereits eine solche Regelung in die Bayrische Bauordnung aufgenommen, vgl. Art 82 Abs. 1 BayBO: „*§ 35 Abs. 1 Nr. 5 BauGB findet auf Vorhaben, die der Erforschung, Entwicklung oder Nutzung der Windenergie dienen, nur Anwendung, wenn diese Vorhaben einen Mindestabstand vom 10-fachen ihrer Höhe zu Wohngebäuden in Gebieten mit Bebauungsplänen (§ 30 BauGB), innerhalb im Zusammenhang bebauter Ortsteile (§ 34 BauGB) - sofern in diesen Gebieten Wohngebäude nicht nur ausnahmsweise zulässig sind - und im Geltungsbereich von Satzungen nach § 35 Abs. 6 BauGB einhalten.*"

96 Siehe hierzu auch Stellungnahme des BWE vom 19.03.2014 zum Entwurf eines Gesetzes zur Einführung einer Länderöffnungsklausel zur Vorgabe von Mindestabständen zwischen Windenergieanlagen und Wohnnutzungen, abrufbar unter: http://www.wind-energie.de/sites/default/files/attachments/page/planung/bwe-stellungnahme-referentenentwurf-baugb-ss249.pdf (Abruf am: 09.08.2015). Siehe hierzu auch *Lippert/Kindler*, in: DVBl. 2014, 1235 (1240).

97 Daneben käme eine Mehrzahl entgegenstehender öffentlicher Belange in Betracht, die aber aufgrund der inhaltlichen Begrenzung der Untersuchung auf umweltrechtliche Fragen nicht vertieft werden sollen. Hierzu zählt beispielsweise der ungeschriebene Belang des Gebots der Rücksichtnahme mit Blick auf die Bewohner in der Nähe der WEA. So ist im Genehmigungsverfahren zu prüfen, ob im jeweiligen Einzelfall die Drehbewegung der Rotorblätter eine optisch bedrängende Wirkung auf die Bewohner der Nachbargrundstücke haben kann. Dies kann auch eine zu beachtende schädliche Umwelteinwirkung als entgegenstehender Belang gem. § 35 III 1 Nr. 3 BauGB nebst Lärm, Schatten und Licht darstellen, vgl. hierzu *Gatz*, in: Windenergieanlagen in der Verwaltungs- und Gerichtspraxis, Rn. 205 ff.

Abwägungsentscheidung überwunden werden.[98] Hierunter fällt unter anderem das besondere Artenschutzrecht und somit das für WEA besonders relevante Tötungsverbot des § 44 BNatSchG.[99] Bauplanungsrecht und Naturschutzrecht sind an dieser Stelle miteinander verknüpft, daher gemeinsam zu prüfen und in ihrer rechtlichen Bewertung nicht zu trennen.[100] Soweit zum Zeitpunkt der Entscheidung über die Genehmigung bereits feststeht, dass ein Vorhaben gegen ein nicht durch Ausnahme oder Befreiung zu behebendes artenschutzrechtliches Verbot verstoßen wird, ist die WEA schon aufgrund des entgegenstehenden öffentlichen Belangs im Sinne des § 35 III 1 Nr. 5 BauGB bauplanungsrechtlich unzulässig.[101] § 35 III 1 Nr. 5 BauGB erfasst daneben auch das Verunstaltungsverbot im Hinblick auf die **Landschaft**, wobei nur gravierende Beeinträchtigungen als tatbestandsmäßig zu werten sind.[102] Beeinträchtigungen sind dann gravierend, wenn das Bauvorhaben die ästhetisch wertvolle Einzigartigkeit des Landschaftsbildes massiv beeinträchtigt und als belastend empfunden wird.[103]

Neben den möglichen entgegenstehenden öffentlichen Belangen hat in der Zulassungspraxis für WEA die Vorschrift des § 35 III 2, 3 BauGB besondere Wichtigkeit. Soweit das Vorhaben in einem Gebiet errichtet werden soll, für das bereits rechtsverbindlich Vorgaben für die Windenergienutzung entweder auf Raumordnungsebene oder über den Flächennutzungsplan gemacht worden sind, ist der „***Planvorbehalt***“[104] des § 35 III 2, 3 BauGB zu beachten:[105]

„Raumbedeutsame Vorhaben dürfen den Zielen der Raumordnung nicht widersprechen; öffentliche Belange stehen raumbedeutsamen Vorhaben nach Absatz 1 nicht entgegen,

---

98 *Kohls*, in: Danner/Theobald, Energierecht, XIII. B 1, Rn. 56; *Scheidler*, in: VR 2012, 397 (400 f).

99 Siehe zu den Tatbestandsvoraussetzungen ausführlich unter folgendem 3. Abschnitt, C. I.

100 BVerwG, Urteil vom Urteil vom 27.06.2013, Az.: 4 C 1/12, Rn. 5 – zitiert nach *juris;* Urteil vom 20.05.2010, Az.: 4 C 7/09, Rn. 35 – zitiert nach *juris.*

101 BVerwG, Urteil vom Urteil vom 27.06.2013, Az.: 4 C 1/12, Rn. 6 – zitiert nach *juris.* Zu den Vorgaben des Artenschutzrechts siehe ausführlich unten unter 3. Abschnitt, C.

102 Zu den Belangen der Landschaftspflege gem. § 35 III 1 Nr. 5 BauGB vgl. auch die Ausführungen zu der Zulässigkeit von WEA in Landschaftsschutzgebieten unter folgendem 3. Abschnitt, B. I.

103 OVG Münster, Urteil vom 18.11.2004, Az.: 7 A 3329/01, Rn. 40 f – zitiert nach *juris.*

104 Auch *„Planungsvorbehalt“* oder *„Darstellungsprivileg“* genannt, vgl. *Kindler/Lau*, in: NVwZ 2011, 1414 (1415).

105 Vgl. insoweit auch die folgenden Ausführungen zum Raumordnungs- und Flächennutzungsplan im 2. und 3. Teil. Hierdurch steht der Ausweisung von Konzentrationsflächen für Windenergienutzung auf Planungsebene der Nutzung von Windenergie andernorts im Gemeindegebiet außerdem *„in der Regel“* als öffentlicher Belang entgegen.

soweit die Belange bei der Darstellung dieser Vorhaben als Ziele der Raumordnung abgewogen worden sind.

Öffentliche Belange stehen einem Vorhaben nach Absatz 1 Nr. 2 bis 6 in der Regel auch dann entgegen, soweit hierfür durch Darstellungen im Flächennutzungsplan oder als Ziele der Raumordnung eine Ausweisung an anderer Stelle erfolgt ist".[106]

Durch die Vorgaben des § 35 III 3 BauGB werden die in Raumordnungsplänen festgelegten Ziele der Raumordnung[107] und die Darstellungen im Flächennutzungsplan über die allgemeinen Vorgaben hinaus auf Zulassungsebene bauplanungsrechtlich relevant.[108] Der Planvorbehalt wurde gleichzeitig mit dem Privilegierungstatbestand des § 35 I Nr. 5 BauGB zugunsten der Windenergienutzung im Jahr 1996 durch die Windenergienovelle in das Baugesetzbuch eingefügt.[109] Gesetzgeberisches Ziel war es, den nach wie vor gebotenen Außenbereichsschutz zu gewährleisten, zeitgleich aber auch eine Bündelung von WEA (insbesondere durch „*Windenergieparks*") zu erreichen.[110] Diese planerische Grundentscheidung der Standortzuweisung von WEA auf Planungsebene dient der Erhaltung des Außenbereichsschutzes, weil auf diese Weise ein räumliches Gesamtkonzept für den Raum geschaffen wird, an welchen Orten die nach § 35 I Nr. 5 BauGB privilegierten WEA zu errichten sind.[111] Somit soll der „*Gefahr eines unkoordinierten Wildwuchses*" begegnet werden,[112] um eine „*Verspargelung*" der Landschaft durch eine planvolle Errichtung zu vermeiden.[113] Bei genauer Betrachtung handelt es sich daher beim Planvorbehalt neben seinen weiteren Funktionen um ein Instrument zur Anlagenkontingentierung.[114] Der Planvorbehalt soll dem Spannungsverhältnis zwischen der vom Gesetzgeber gewollten Förderung von Windenergie einerseits und der (kommunalen) Planungshoheit andererseits begegnen und schonend in Ausgleich bringen.[115]

Aus dem Wortlaut des § 35 III 3 BauGB („*in der Regel*") ist zu schließen, dass die Ausschlusswirkung des Planvorbehalts nicht absolut gilt. Vielmehr können in **atypische Fällen** WEA auch außerhalb von ausgewiesenen Konzentrationsflächen zulässig sein.[116] Nach der Rechtsprechung des Bundesverwaltungsgerichts ist die Erteilung einer Ausnahme nur dann möglich, wenn das private Interesse an der

106 Anm.: sämtliche Hervorhebungen durch die Verfasserin.

107 Zu diesem Begriff siehe unten beim 2. Teil, 2. Abschnitt, B. I.

108 *Söfker*, in: Ernst/Zinkahn/Bielenberg/Krautzberger, BauGB, § 35, Rn. 123.

109 Gesetz vom 30.07.1996 (BGBl. I 1189).

110 Ausschussbericht, BT-Drs. 13/4978, S. 7.

111 *Mitschang*, in: BauR 2013, 29 (31); *Scheidler*, in: GewArch Beilage WiVerw Nr. 03/2011, 117 (121).

112 *Scheidler*, in: UPR 2012, 58.

113 *Scheidler*, in: KommJur 2012, 367.

114 *Gatz*, in: FS Stüer, S. 171.

115 *Tigges*, in: ZNER 2012, 127 (129).

116 *Schlarmann/Conrad*, in: VBlBW 2013, 164 (166); *Wickel*, in: Ehlers/Fehling/Pünder, Besonderes Verwaltungsrecht, Bd. 2, § 40, Rn. 256.

Errichtung einer WEA die öffentlichen Belange einer durch den Plangeber entschiedenen Konzentration von Windenergie an anderer Stelle überwiegt.[117] Hierbei darf aber nicht die zugrundeliegende raumordnungsplanerische Vorstellung unterlaufen werden.[118] Nach dem OVG Lüneburg können folgende Fallgestaltungen eine Ausnahme rechtfertigen:

> *„Die die Annahme eines Ausnahmefalles rechtfertigende Atypik kann sich beispielhaft etwa daraus ergeben, dass die Windkraftanlage wegen ihrer Größe oder wegen ihrer Funktion z. B. als einem anderen privilegierten Vorhaben zugeordnete Nebenanlage besondere Merkmale aufweist, die sie aus dem Kreis der Anlagen heraushebt, deren Zulassung der Planungsträger hat steuern wollen. Auch Bestandsschutzgesichtspunkte können von Bedeutung sein. Ist in der Nähe des vorgesehenen Standorts bereits eine zulässigerweise errichtete Windenergieanlage vorhanden, so kann dies bei der Interessenbewertung ebenfalls zum Vorteil des Antragstellers ausschlagen.“*[119]

Sollte ein bereits begonnenes Raumordnungsverfahren noch nicht abgeschlossen sein und sich ein für das Vorhaben relevantes **Ziel der Raumordnung in Aufstellung**[120] befinden, ist der § 35 III 2, 3 BauGB zwar noch nicht anwendbar.[121] Jedoch können die in Aufstellung befindlichen Ziele als sog. **unbenannte öffentliche Belange** über § 35 III 1 BauGB Beachtung finden und somit der Zulassung von WEA als privilegiertem Vorhaben entgegenstehen.[122] Dies ist aber lediglich unter strengen Voraussetzung möglich. Die Planung muss das Stadium der sog. **Verlautbarungsreife** erreicht haben.[123] Hiernach müssen nur noch die formellen Verfahrensschritte der Genehmigung, Ausfertigung und Bekanntmachung erfüllt werden, wobei die materiell-rechtliche Abwägungsentscheidung bereits abschließend getroffen wurde. Dann kann das in Aufstellung befindliche Ziel dem Vorhaben entgegengehalten werden.[124] Dabei dürfen dem Planentwurf keine Mängel anhaften, die sich als formelles

---

117 BVerwG, Urteil vom 17.12.2002, Az.: 4 C 15/01, Rn. 48 f – zitiert nach *juris*.

118 BVerwG, Urteil vom 20.05.2010, Az.: 4 C 7/09, Rn. 46 – zitiert nach *juris*; Urteil vom 17.12.2002, Az.: 4 C 15/01, Rn. 48 – zitiert nach *juris*.

119 Beschluss vom 12.10.2011, Az.: 12 LA 219/10, Rn. 12 – zitiert nach *juris*.

120 Hierbei handelt es sich um ein sonstiges Erfordernis der Raumordnung, vgl. § 3 I Nr. 4 ROG.

121 BVerwG, Urteil vom 01.07.2010, Az.: 4 C 6/09, Rn. 11 – zitiert nach *juris*; OVG Bautzen, Urteil vom 20.01.2014, Az.: 4 A 622/10, Rn. 75 – zitiert nach *juris*.

122 BVerwG, Urteil vom 27.01.2005, Az.: 4 C 5/04, Rn. 18 – zitiert nach *juris*; Urteil vom 13.03.2003, Az.: 4 C 3/02, Rn. 31 – zitiert nach *juris*; VGH München, Urteil vom 18.06.2014, Az.: 22 B 13.1358, Rn. 42 – zitiert nach *juris*; Urteil vom 17.11.2011, Az.: 2 BV 10.2295, Rn. 16 – zitiert nach *juris*.

123 OVG Berlin-Brandenburg, Beschluss vom 11.03.2014, Az.: OVG 11 S 22.13, Rn. 10 – zitiert nach *juris*.

124 *Mitschang*, in: BauR 2013, 29 (39).

oder materielles Wirksamkeitshindernis erweisen könnten.[125] Notwendig ist ein Mindestmaß an inhaltlicher Bestimmtheit: *„Das zukünftige Ziel muss bereits so eindeutig bezeichnet sein, dass es möglich ist, das Vorhaben an ihm zu messen und zu beurteilen, ob es mit ihm vereinbar wäre.“*[126] Somit ist im jeweiligen Einzelfall festzustellen, ob das Ziel geeignet ist, ohne weiteren planerischen Zwischenschritt unmittelbar auf die Zulassungsentscheidung durchzuschlagen.[127] Hieran zeigt sich, dass Ziele der Raumordnung für die Steuerung von Windenergie und somit den Ausbau von erneuerbaren Energien eine wesentliche Rolle einnehmen. Die notwendige planerische Steuerung genießt aus diesem Grund vollumfänglichen Schutz, soweit die Planung für die potentielle Windenergienutzung schon hinreichend ausgereift ist. In diesem Zusammenhang stellte das Bundesverwaltungsgericht für die geplante Windenergienutzung Folgendes fest:

> *„Lässt sich bereits zu einem früheren Zeitpunkt absehen, dass die Windkraftanlage auf einem Grundstück errichtet werden soll, das in einem Raum liegt, der für eine Windenergienutzung von vornherein tabu*[128] *ist oder aus sonstigen Gründen erkennbar nicht in Betracht kommt, so ist das insoweit in Aufstellung befindliche Ziel der Raumordnung schon in dieser Planungsphase im Baugenehmigungsverfahren berücksichtigungsfähig.“*[129]

Schließlich ist weitere Zulässigkeitsvoraussetzung für die geplante Errichtung einer WEA die Abgabe einer Rückbauverpflichtungserklärung gem. § 35 V 2, Hs. 1 BauGB.[130] Demzufolge ist die Erteilung einer Genehmigung von privilegierten Außenbereichsvorhaben wie WEA vom Erlass einer Nebenbestimmung zur Sicherstellung der Pflicht zum Rückbau[131] nach dauerhafter Aufgabe der privilegierten Nutzung abhängig.[132] Bei § 35 V 2, Hs. 1 BauGB handelt es sich um eine

---

125 OVG Berlin-Brandenburg, Beschluss vom 11.03.2014, Az.: OVG 11 S 22.13, Rn. 10 – zitiert nach *juris*.

126 *Scheidler*, in: VerwArch 2012, 587 (614).

127 BVerwG, Urteil vom 27.01.2005, Az.: 4 C 5/04, Rn. 28 – zitiert nach *juris*.

128 Zu dem Begriff der Tabuzonen siehe unten unter bei den Ausführungen zum Raumordnungsplanung unter 2. Teil, 2. Abschnitt C. I. 1. a) (1) und denjenigen zur Flächennutzungsplanung unter 3. Teil, 2. Abschnitt, B. I. 1.

129 BVerwG, Urteil vom 27.01.2005, Az.: 4 C 5/04, Rn. 30 – zitiert nach *juris*. Vgl. auch Rundschreiben Windenergie Rheinland-Pfalz vom 28.05.2013, S. 7, Ziff. B. 2.3.

130 Ausführlich zur Rechtsnatur und Ausgestaltung der Rückbauverpflichtung *Beckmann*, in: UPR 2013, 175 (176 f).

131 Der Begriff des Rückbaus ist hier umfassend zu verstehen. So sind bei einer WEA nicht nur die Anlage selbst, sondern auch die Fundamente und Nebenanlagen zu entfernen sowie der Boden zu entsiegeln, *Beckmann*, in: UPR 2013, 175.

132 BVerwG, Urteil vom 17.10.2012, Az.: 4 C 5/11, Rn. 9 – zitiert nach *juris* mit Urteilsanmerkung *Gatz*, in: jurisPR-BVerwG 4/2013 Anm. 1. *Söfker*, in: Ernst/Zinkahn/Bielenberg/Krautzberger, BauGB, § 35, Rn. 165 a spricht insoweit von der *„konstitutiven“* Bedeutung der Rückbauverpflichtung.

eigenständige bundesrechtliche Ermächtigungsgrundlage.[133] Durch die Rückbauverpflichtung sollen Beeinträchtigungen der Landschaft durch unübersehbare Fremdkörper wie WEA durch eine zeitlich begrenzte Nutzungsdauer[134] beschränkt werden.[135] Denkbare Ausgestaltung der Rückbauverpflichtung ist je nach landesrechtlicher Gestaltung gem. § 35 V 3 BauGB die Baulast, die Nebenbestimmungen zur Genehmigung, die Eintragung einer Grunddienstbarkeit nach § 1090 BGB[136] sowie die Anordnung von Sicherheitsleistung entsprechend den §§ 232 ff. BGB.[137]

4. *Erforderlichkeit des gemeindlichen Einvernehmens gem. § 36 BauGB*

Ferner ist für die bauplanungsrechtliche Zulässigkeit von Vorhaben entsprechend der jeweiligen Vorgaben der §§ 31, 33 bis 35 BauGB auch die Einholung des **gemeindlichen Einvernehmens** nach § 36 BauGB erforderlich, soweit Genehmigungsbehörde und Gemeinde nicht identisch sind.[138] Gem. § 36 I 2 BauGB ist das gemeindliche Einvernehmen nicht nur im Baugenehmigungsverfahren, sondern auch in anderen Zulassungsverfahren – wie dem immissionsschutzrechtlichen Genehmigungsverfahren – einzuholen.[139]

Streit zwischen Gemeinde und Genehmigungsbehörde kann bestehen, wenn die Gemeinde ihr Einvernehmen verweigert. Das Einvernehmen kann berechtigterweise dann verweigert werden, wenn im Falle der Festlegung von Konzentrationszonen über den Flächennutzungsplan das geplante Vorhaben gem. § 35 III 1 Nr. 1 BauGB nicht den Darstellungen des geltenden Flächennutzungsplans entspricht.[140] Grundvoraussetzung hierfür ist, dass ein Flächennutzungsplan überhaupt wirksam vorliegt und dieser Bebauungsplan entsprechende Darstellungen für die Windenergienutzung enthält.[141]

---

133 § 35 V 2 i.V.m. 3 BauGB entfaltet grundsätzlich Vorrangwirkung gegenüber Landesrecht, wobei durch diesen Anwendungsvorrang die Auferlegung einer Sicherheitsleistung auf der Grundlage einer landesrechtlichen Vorschrift nicht ausgeschlossen ist, BVerwG, Urteil vom 17.10.2012, Az.: 4 C 5/11, Rn. 25 – zitiert nach *juris*.

134 Durch die dauerhafte Nutzungsaufgabe tritt als Rechtsfolge die formelle und/ oder materielle Baurechtswidrigkeit ein und geht mit dem Verlust des passiven Bestandsschutzes einher, vgl. *Beckmann*, in: KommJur 2013, 161 (162).

135 *Beckmann*, in: UPR 2013, 175 f; *Mitschang/Reidt*, in: Battis/Krautzberger/Löhr, BauGB, § 35, Rn. 180.

136 *Scheidler*, in: GewArch Beilage WiVerw Nr. 03/2011, 117 (179); *ders.*, in: VR 2012, 397 (401).

137 *Beckmann*, in: UPR 2013, 175 (178); *Gatz*, in: jurisPR-BVerwG 4/2013 Anm. 1, D; *Mitschang/Reidt*, in: Battis/Krautzberger/Löhr, BauGB, § 35, Rn. 183.

138 *Beckmann*, in: KommJur 2012, 170 (173).

139 Siehe hierzu *Seibert*, in: Landmann/Rohmer, UmweltR, § 13 BImSchG, Rn. 80.

140 Siehe hierzu *Bringewat*, in: ZUR 2013, 535 (536).

141 OVG Münster, Beschluss vom 04.12.2006, Az.: 7 A 568/06, Rn. 55 – zitiert nach *juris*.

Bei Außenbereichsvorhaben kann das gemeindliche Einvernehmen auch aus **Gründen des Naturschutzes** verweigert werden. In der Rechtsprechung wurde in der Vergangenheit unterschiedlich beurteilt, ob sich eine Gemeinde auch auf die Belange des Naturschutzes gem. § 35 III 1 Nr. 5 BauGB[142] berufen darf und auf Grundlage dessen ihr Einvernehmen verweigern kann. Es bestanden unterschiedliche Auffassungen über die Bedeutung des § 36 II 1 BauGB, wonach das Einvernehmen nur *„aus den sich aus den §§ 31, 33, 34 und 35 ergebenden Gründen versagt werden“* darf. Zwar sind auch die Belange des Naturschutzes explizit in § 35 BauGB aufgeführt, jedoch wurde die inhaltliche Reichweite dieses Verweises als begrenzt gewertet.[143] Diese Auffassung ging von einem beschränkten gemeindlichen Prüfungsmaßstab mit der Begründung aus, dass § 36 BauGB in erster Linie die **gemeindliche Planungshoheit** schütze und keine weiteren Rechte begründe. Aus diesem Grunde war es der Gemeinde verwehrt, *„sich zum gesamtverantwortlichen Wächter des Natur- und Umweltschutzes aufzuschwingen und als solcher Belange der Allgemeinheit zu wahren, die keinen speziellen Bezug zu ihrem Selbstverwaltungsrecht, insbesondere zu ihrer Planungshoheit, aufweisen“*.[144] Daher wurde durch systematische und teleologische Auslegung des § 36 II 1 BauGB die Verweisung auf die §§ 31, 33, 34, 35 BauGB einschränkend dahingehend konkretisiert, dass die Gebietskörperschaft ihr gemeindliches Einvernehmen *„nur dann versagen darf, wenn die dort genannten Belange dem Schutz ihrer subjektiven, die Einvernehmensregelung begründenden (Planungs-) Rechte dienen und diese tatsächlich verletzt sind“*.[145]

Nunmehr hat das Bundesverwaltungsgerichtfestgestellt, dass der Gemeinde ein vollumfängliches Prüfungsrecht bei der Beurteilung der Voraussetzungen des § 35 BauGB zukommt.[146] Auf Grundlage dieses weiten Prüfungsumfangs kann die

142 *„Eine Beeinträchtigung öffentlicher Belange liegt insbesondere vor, wenn das Vorhaben [...] 5. Belange des Naturschutzes und der Landschaftspflege, des Bodenschutzes, des Denkmalschutzes oder die natürliche Eigenart der Landschaft und ihren Erholungswert beeinträchtigt [...].“*

143 So u.a. VGH München, Beschluss vom 19.07.2010, Az.: 9 CE 10.983, Rn. 9 f – zitiert nach *juris*; VGH Kassel, Beschluss vom 07.05.2009, Az.: 3 A 1523/08, Rn. 18, 20 – zitiert nach *juris*. Ebenso *Scheidler*, in: VR 2012, 397 (401). AA OVG Münster, Urteil vom 30.07.2009, Az.: 8 A 2357/08, Rn. 40 – zitiert nach *juris*; OVG Lüneburg, Urteil vom 10.01.2008, Az.: 12 LB 22/07, Rn. 42 – zitiert nach *juris*; OVG Berlin-Brandenburg, Beschluss vom 29.11.2005, Az.: OVG 2 S 115.05, Rn. 3 – zitiert nach *juris*. Ebenso *Gatz*, in: Windenergieanlagen in der Verwaltungs- und Gerichtspraxis, Rn. 576 ff. Zu dem Meinungsstand ausführlich *Dippel*, in: NVwZ 2011, 769 (771).

144 VGH München, Beschluss vom 19.07.2010, Az.: 9 CE 10.983, Rn. 9 – zitiert nach *juris*.

145 VGH Kassel, Beschluss vom 07.05.2009, Az.: 3 A 1523/08, Rn. 20 – zitiert nach *juris*.

146 BVerwG, Urteil vom 01.07.2010, Az.: 4 C 4/08, Rn. 32 – zitiert nach *juris*; Urteil vom 20.05.2010, Az.: 4 C 7/09, Rn. 34 – zitiert nach *juris*. Anders aber VG Saarland, Urteil vom 16.10.2013, Az.: 5 K 508/13, Rn. 28 f – zitiert nach *juris*, welches das vorgenannte Urteil des BVerwG an dieser Stelle anders interpretiert: *„Dass eine*

Gemeinde ihr Einvernehmen stets dann rechtmäßig versagen, wenn das Bauvorhaben aus jedweden Gründen – auch naturschutzrechtlichen – bauplanungsrechtlich unzulässig ist.[147] Diesem Ansatz ist zu folgen, denn eine solche Auffassung wird der Planungshoheit der Gemeinde in hinreichendem Maß gerecht.[148] Die kommunale Planungshoheit umfasst nämlich nicht nur die bauplanungsrechtlichen Vorgaben der §§ 31, 33, 34, 35 BauGB, sondern ist im Lichte des Art 28 II GG weit zu verstehen. Auch weitergehende planerische Vorstellungen der Gemeinde bezüglich der aktuellen und künftigen Bodennutzung sind aus diesem Grunde in die rechtliche Bewertung miteinzubeziehen. Auch aus naturschutzrechtlichen Gründen bedarf es keiner einschränkenden Auslegung des eindeutigen Wortlauts des § 36 II 1 BauGB. Durch das weite Prüfungsrecht der Gemeinde wird die Zulassungsentscheidung schon frühzeitig umfänglich auch auf weitere fachrechtliche Voraussetzungen hin überprüft. Zwar stellt ein solch weites gemeindliches Prüfungsrecht möglicherweise ein (weiteres) zeitliches Hindernis für die Zulassung von WEA dar, kann aber im Ergebnis bei Erlass einer Genehmigung zu einem rechtssicheren Zustand führen, wenn sämtliche kritischen Punkte schon frühzeitig geprüft wurden. Dadurch besteht ein geringeres Risiko der späteren Angreifbarkeit der Entscheidung durch weitere Interessenträger.

II. Bauordnungsrechtliche Anforderungen

WEA unterfallen als **bauliche Anlagen** daneben auch dem Anwendungsbereich der jeweiligen Landesbauordnung.[149] Denn es handelt sich bei WEA um mit dem Erdboden verbundene, aus Bauprodukten hergestellte Anlagen.[150] Aus diesem Grund haben WEA auch den allgemein verbindlichen Vorgaben der Landesbauordnungen

Standortgemeinde, die ihr Einvernehmen nach § 36 BauGB versagt hat, im späteren Verwaltungsprozess nach der Ersetzung des Einvernehmens sich auch auf die vorgenannten Belange des § 35 Abs. 3 BauGB stützen kann, hat das Bundesverwaltungsgericht damit begründet, dass die Versagung des Einvernehmens nicht begründet werden muss. Dieser Gesichtspunkt greift vorliegend indes nicht, weil § 36 BauGB eine Beteiligung der Nachbargemeinde nicht vorsieht." Das VG Saarland lehnt demnach weiterhinein umfängliches Prüfungsrecht der Gemeinde ab.

147 *Dirnberger*, in: Simon/Busse, BayBO, Art 67, Rn. 75; *Hofmeister*, in: BeckOK BauGB, § 36, Rn. 22.

148 So auch *Gatz*, in: Windenergieanlagen in der Verwaltungs- und Gerichtspraxis, Rn. 575; *Schoch*, in: NVwZ 2012, 777 (780).

149 *Gatz*, in: Windenergieanlagen in der Verwaltungs- und Gerichtspraxis, Rn. 51.

150 Vgl. § 2 I 1 Musterbauordnung, abrufbar unter: http://www.bauordnungen.de/Musterbauordnung_2012.PDF, Stand September 2012 (Abruf am: 09.08.2015). Die Definitionen in den jeweiligen Landesbauordnungen entsprechen der vorgenannten aus der Musterbauordnung, so beispielsweise in § 2 I 1 NWBauO, § 2 I 1 SHLBO, Art 2 I 1 BayBO.

zu genügen, wobei unter anderem auf die Einhaltung von Abstandsflächen, Erschließung, Standsicherheit, Schall- und Brandschutz zu achten ist.[151]

3. Abschnitt: Naturschutzrechtliche Anforderungen

Bei der Beurteilung der Genehmigungsfähigkeit von WEA liegt der Fokus neben den Vorgaben des Immissionsschutz- und Baurechts als weitere öffentlich-rechtliche Anforderung nach § 6 I Nr. 2 BImSchG oftmals auf den Anforderungen des Naturschutzrechts.[152] Im Genehmigungsverfahren großer baulicher Vorhaben wie WEA, vor allem in Form von Windparks, nimmt das Naturschutzrecht schon länger kein Schattendasein mehr ein, sondern ist regelmäßig für die Frage der öffentlich-rechtlichen Zulässigkeit eines solchen Vorhabens mit entscheidend. Die praktische Relevanz zeigt sich gerade durch die Vielzahl an gerichtlichen Entscheidungen und Veröffentlichungen in der Literatur.[153]

Im Folgenden sollen die für die Zulassungsfähigkeit von WEA praktisch relevanten Regelungen des Bundesnaturschutzgesetzes vor dem Hintergrund der Belange der Energiewende und dem weiteren Ausbau von Windenergie an Land überprüft werden. Zunächst sind auf die Regelungen des dritten Kapitels des BNatSchG einzugehen, die auf den allgemeinen Schutz von Natur und Landschaft gerichtet sind.

---

151 Vgl. ausführlicher *Fehling*, in: Schneider/Theobald, Recht der Energiewirtschaft, § 8, Rn. 181; *Kohls*, in: Danner/Theobald, Energierecht, XIII. B 1, Rn. 59; *Scheidler*, in: VR 2012, 397 (399 f).

152 Im Regelfall der immissionschutzrechtlichen Genehmigung für WEA sind die Einhaltung der naturschutzrechtlichen Vorgaben als weitere Genehmigungsvoraussetzung des § 6 I Nr. 2 BImSchG einzuordnen - siehe einleitend oben unter 1. Abschnitt, A. Für den Fall aber, dass bei einer WEA eine Baugenehmigung zu beantragen ist, ist gem. § 29 II BauGB unabhängig von der bauplanungsrechtlichen Zulässigkeit zu prüfen, ob die Vorgaben des BNatSchG als *„andere öffentlich-rechtliche"* Vorschrift erfüllt sind und aus diesem Grunde das Vorhaben genehmigungsfähig ist.

153 Allein im Untersuchungszeitraum (2013, 2014) ergingen eine Vielzahl von Entscheidungen zu der Zulässigkeit von WEA unter Beurteilung naturschutzrechtlicher Aspekte, siehe u.a. VGH München, Urteil vom 18.06.2014, Az.: 22 B 13.1358; VG Oldenburg, Beschluss vom 26.05.2014, Az.: 5 B 603/14; VG Augsburg, Beschluss vom 19.05.2014Az.: Au 4 S 14.242, Au 4 S 14.243; VG Minden, Beschluss vom 18.03.2014, Az.: 11 L 706/13; OVG Magdeburg, Urteil vom 13.03.2014, Az.: 2 L 215/11; OVG Lüneburg, Beschluss vom 25.02.2014, Az.: 12 LA 97/13; OVG Koblenz, Beschluss vom 16.01.2014, Az.: 1 B 11185/13.OVG; VGH Mannheim, Beschluss vom 17.12.2013, Az.: 9 A 1540/12.Z; VG Düsseldorf, Urteil vom 11.07.2013, Az.: 11 K 2057/11; VG Gera, Urteil vom 09.07.2013, Az.: 5 K 252/12; OVG Münster, Urteil vom 01.07.2013, Az.: 2 D 46/12; BVerwG, Urteil vom 27.06.2013, Az.: 4 C 1.12; OVG Magdeburg, Beschluss vom 04.06.2013, Az.: 2 L 113/11; OVG Magdeburg, Urteil vom 16.05.2013, Az.: 2 L 80/11; OVG Magdeburg, Urteil vom 16.05.2013, Az.: 2 L 106/10; OVG Magdeburg, Beschluss vom 21.03.2013, Az.: 2 M 154/12.

Die für Eingriffsvorhaben praktisch bedeutsame Eingriffsregelung nach §§ 13 ff BNatSchG ist auf ihre Anwendung bei WEA unter Berücksichtigung der Belange der Energiewende zu untersuchen (**A.**). Daraufhin sind die spezielleren naturschutzrechtlichen Bereiche der Schutzgebiete und des besonderen Artenschutzrechts in den Blick zu nehmen. Im Rahmen des Gebietsschutzes, der im vierten Kapitel unter §§ 20 ff BNatSchG geregelt ist, sollen die rechtlichen Möglichkeiten der Umsetzung von Windenergie in geschützten Bereichen wie dem Landschaftsschutzgebiet und Natura 2000-Gebiet beschrieben und auf die Vereinbarkeit mit erneuerbaren Energieprojekten wie WEA untersucht werden (**B.**). Hieran schließt sich die Auseinandersetzung mit den materiellen Vorgaben des besonderen Artenschutzrechts nach den §§ 44 ff BNatSchG im Rahmen der Zulassungsprüfung von WEA an (**C.**).

Durch die formelle Konzentrationswirkung der immissionsschutzrechtlichen Genehmigung nach § 13 BImSchG werden naturschutzrechtliche Entscheidungen aus den vorgenannten Schutzregimen nicht durch die sachnahe Naturschutzbehörde entschieden, sondern durch die für die Erteilung der Genehmigung entsprechend landesrechtlicher Regelung zuständigen Immissionsschutzbehörde.[154] Die Naturschutzbehörde wird zwar angehört, hat aber kein Anrecht auf Zustimmung oder Einvernehmen gem. §§ 20, 11 der 9. BImSchV; § 7 UVPG.

A. Vorhabenbezogene naturschutzrechtliche Eingriffsregelung gem. §§ 13 ff BNatSchG[155]

Zunächst ist auf die praktische Bedeutung und konkrete Anwendung der „***vorhabenbezogene Eingriffsregelung***“ für die Zulassungsfähigkeit von WEA entsprechend der Voraussetzungen der §§ 13 ff BNatSchG einzugehen. Die Eingriffsregelung enthält ein flächendeckendes Verschlechterungsverbot für Natur und Landschaft, wobei Mindeststandard die **Erhaltung des status quo** sein soll.[156] Ungeachtet der Bedeutung des besonderen Artenschutzrechts und des europäisch geprägten Gebietsschutzrechts gilt die Eingriffsregelung *„als das wichtigste Instrument für einen* ***flächendeckenden Mindestschutz****“*, welches *„nach wie vor von unschätzbarem Wert für den Naturschutz und die Landschaftspflege“* ist.[157] Die Eingriffsregelung beansprucht unabhängig von einer etwaigen Unterschutzstellung eines Gebiets

154 Vgl. Übersicht zu den jeweiligen landesrechtlichen Regelung hinsichtlich der sachlichen Zuständigkeit bei *Jarass*, in: Jarass, BImSchG, Einl., Rn. 47.

155 Zum Begriff *Lütkes*, in: Lütkes/Ewer, BNatSchG, § 18, Rn. 2. Vgl. Ausführungen zu der städtebaurechtlichen Eingriffsregelung im Rahmen der Bauleitplanung nach § 1a III BauGB unter 3. Teil, 2. Abschnitt, A. IV. Zur Entwicklung der Eingriffsregelung über die letzten 35 Jahre *Fischer-Hüftle*, in: NuR 2011, 753 ff. Zur Änderung der Eingriffsregelung durch das BNatSchG 2010 *Michler/Möller*, in: NuR 2011, 81 ff.

156 *Scheidler*, in: NuR 2010, 134 (135).

157 *Lau*, in: NuR 2011, 680 (681). Siehe hierzu auch *Schlacke/Kröger*, in: Ehlers/Fehling/Pünder, Besonderes Verwaltungsrecht, Bd. 2, § 50, Rn. 105.

ubiquitäre Geltung.[158] Die Eingriffsregelung ist vorrangig ein Folgenbewältigungsprogramm, das auf Vollkompensation gerichtet ist.[159]

Zur Zielerreichung sind daher potenziell naturschädigende und landschaftsverbrauchende Vorhaben, wie der geplante Bau und Betrieb von WEA, neben anderen fachrechtlichen Prüfungen auf ihre Vereinbarkeit mit der Eingriffsregelung hin zu überprüfen.[160] Hier ist der **allgemeine Schutzgedanke des § 13 BNatSchG** zu beachten,[161] wonach erhebliche Beeinträchtigung von Natur und Landschaft grundsätzlich zu vermeiden sind. § 13 BNatSchG ist eine spezialgesetzliche Konkretisierung des umweltrechtlichen Verursacherprinzips.[162]

Auf Genehmigungsebene findet die Eingriffsregelung nach den §§ 14 ff BNatSchG nur eingeschränkt Anwendung (**I.**). Soweit der Anwendungsbereich der §§ 13 ff BNatSchG eröffnet ist, ist zu prüfen, ob die WEA im Einzelfall als Eingriff zu qualifizieren ist, welcher zu einer erheblichen Beeinträchtigung gem. § 14 I BNatSchG führen kann (**II.**). Liegt eine erhebliche Beeinträchtigung vor, so wird das Rechtsfolgenregime der vorhabenbezogenen Eingriffsregelung aktiviert, welches zunächst im Überblick darzustellen ist (**III.**). Daraufhin werden die einzelnen Stufen bei der Abarbeitung der sog. Rechtsfolgenkaskade genauer erörtert. Im Falle der Unvermeidbarkeit einer erheblicher Beeinträchtigung (**IV.**) kann eine solche gegebenenfalls durch Ausgleichs- oder Ersatzmaßnahmen (**V.**) oder – soweit solche Maßnahmen nicht zur Verfügung stehen – nach durchgeführter Abwägung (**VI.**) durch Geldersatz (**VII.**) kompensiert werden. Schließlich wird die bundesgesetzgeberische Bestrebung zum Erlass einer Bundeskompensationsverordnung nebst derzeitigem Stand dargestellt (**VIII.**).

I. Anwendungsbereich und Abgrenzung zur städtebaulichen Eingriffsregelung

Gem. § 18 I BNatSchG findet die naturschutzrechtliche Eingriffsregelung nach §§ 13 ff BNatSchG keine direkte Anwendung auf Bauleitplanungsebene. Über Vermeidung von Eingriffen in Natur und Landschaft und den Ausgleich und Ersatz ist in diesen Fällen nach den Vorschriften des BauGB zu entscheiden. § 18 II BNatSchG nimmt auch Vorhaben im unbeplanten Innenbereich gem. § 34 BauGB und nach

158 *Fellenberg/Schiller*, in: Gerstner, Kap. 2 B., Rn. 104; *Lütkes*, in: Lütkes/Ewer, BNatSchG, § 15, Rn. 5.

159 *Lütkes*, in: Lütkes/Ewer, BNatSchG, § 15, Rn. 5.

160 *Scheidler*, in: NuR 2010, 134 (135).

161 Diese Norm wird als allgemeiner Grundsatz im Sinne des Art 72 III 1 Nr. 2 GG verstanden, weshalb weit überwiegend angenommen wird, dass dieser nicht Gegenstand der Abweichungsbefugnis der Länder sein kann; vgl. *Fehling*, in: Schneider/Theobald, Recht der Energiewirtschaft, § 8, Rn. 49; *Köck/Wolf*, in NVwZ 2008, 353 (356); *Lau*, in: NuR 2011, 680 (681); *Michler/Möller*, in: NuR 2011, 81 (82); *Scheidler*, in: UPR 2010, 134 (136).

162 *Kuschnerus*, in: NVwZ 1996, 235 (238); *Scheidler*, in: UPR 2010, 134 (135).

§ 33 BauGB vom Anwendungsbereich der §§ 14–17 BNatSchG aus.[163] Hintergrund des § 18 BNatSchG ist, dass eine vorausgehende verbindliche Planung stattgefunden haben soll, durch welche die Eingriffsproblematik bereits frühzeitig abgearbeitet werden konnte und somit kein Bedürfnis für einen weitere Prüfung besteht.[164]

Daher ist der für WEA praktisch relevante Anwendungsfall der vorhabenbezogenen Eingriffsregelung nach § 18 II 2 BNatSchG die Prüfung der Zulässigkeit von WEA als Außenbereichsvorhaben gem. § 35 BauGB.[165] In diesen Fällen hat der Vorhabenträger den Anforderungen der Eingriffsregelung der §§ 13 ff BNatSchG zu genügen und – soweit erforderlich – Ausgleich oder Ersatz zu leisten. Gem. § 17 I BNatSchG ist im Wege des *„Huckepackverfahrens“* jeweils diejenige Behörde zur Entscheidung über den naturschutzrechtlichen Eingriff nach §§ 13 ff BNatSchG berufen, die nach anderen Rechtsvorschriften für das behördliche Zulassungsverfahren zuständig ist (s.o.).[166]

II. Eingriff und Erheblichkeit der Beeinträchtigung[167]

Der naturschutzrechtliche Eingriffsbegriff setzt sich aus zwei Teilelementen zusammen.[168] § 14 I BNatSchG definiert den **Eingriff** in Natur und Landschaft als

---

163 Die Einzelheiten der §§ 14 ff BNatSchG können Gegenstand einer abweichenden landesgesetzlichen Regelung sein, vgl. *Fehling*, in: Schneider/Theobald, Recht der Energiewirtschaft, § 8, Rn. 49. Siehe *Franzius*, in: ZUR 2010, 346 (350) ausführlich zu den landesrechtlichen Ausgestaltungen.

164 *Gellermann*, in: Landmann/Rohmer, UmweltR, BNatSchG, § 18, Rn. 14. Zum Verhältnis der naturschutzrechtlichen Eingriffsregelung zum Baurecht *Scheidler*, in: ZfBR 2011, 228 ff. Zu der Kritik an der Einbeziehung von § 34 BauGB über den § 18 BNatSchG siehe unten ausführlich im Rahmen des 3. Teils, 2. Abschnitt, A. IV.

165 Selbiges gilt gem. § 18 II 2 BNatSchG für Bebauungspläne, soweit sie eine Planfeststellung ersetzen.

166 BT-Drs. 16/2274, S. 59. Siehe auch *Gellermann*, in: Landmann/Rohmer, UmweltR, BNatSchG, § 17, Rn. 4.

167 Die Ausführungen zu der naturschutzfachlichen Eingriffsregelung sollen sich in dieser Untersuchung auf die wesentlichen Aspekte für die Zulassungsfähigkeit von WEA beschränken, da bereits in der Vergangenheit ausführlich zu den Vorgaben und dem Inhalt der §§ 13 ff BNatSchG im Allgemeinen Stellung genommen worden ist. Vgl. so u.a. *Berchter*, in: Die Eingriffsregelung im Naturschutzrecht: Defizite und Möglichkeiten zur Effektivierung des Gesetzesvollzugs, Hamburg, 2006; *Schmidt-Siegmann*, in: Die naturschutzrechtliche Eingriffsregelung in der baden-württembergischen Verwaltungspraxis, Freiburg, 2008; *Tegeler*, in: Die Eingriffsregelung als Instrument zum Erhalt und zur Entwicklung von naturnahen Flächen: anhand ausgewählter Beispiele von Kompensations- und Ausgleichsmaßnahmen im Landkreis Harburg, Hamburg, 2008.

168 *Koch*, in: Kerkmann, Naturschutzrecht in der Praxis, § 4, Rn. 16. Anders *Lau*, in: NuR 2011, 680 (681), der folgende drei Tatbestandselemente differenziert: den Grundflächenbezug, die Verletzungshandlung und die Möglichkeit bestimmter Verletzungsfolgen.

–	*Veränderungen der Gestalt oder Nutzung von Grundflächen [...],*
–	*die die Leistungs- und Funktionsfähigkeit des Naturhaushalts oder das Landschaftsbild erheblich beeinträchtigen*[169] *können.*

Der Gesetzgeber unterscheidet diese beiden Teilelemente dahingehend, dass er ersteres als den „*Anknüpfungstatbestand*" und zweiteres als den „*Folgetatbestand*" benennt.[170] Um eine unerwünschte Verwechslung mit der gebräuchlichen juristischen Unterscheidung zwischen Tatbestand und Rechtsfolge zu vermeiden, wird in der Literatur auch zwischen „*Eingriffsmodalität*" und „*Beeinträchtigungspotenzial*" unterschieden.[171]

Zweckrichtung der Eingriffsregelung ist der Schutz der Vielfalt, Eigenart und Schönheit der Landschaft, vgl. auch § 1 III Nr. 4 BNatSchG.[172] Demnach sind solche Beeinträchtigungen tatbestandsmäßig, die das optisch wahrnehmbare Erscheinungsbild einer Landschaft, das sich aus dem Zusammenspiel aller Landschaftselemente ergibt, durch das geplante Vorhaben nachteilig beeinflussen.[173] Entscheidend hierfür ist, dass das Vorhaben von einem für die Schönheiten der natürlich gewachsenen Landschaft aufgeschlossenen Durchschnittsbetrachter als nachteilig empfunden wird und die Beeinträchtigung erheblich und dauerhaft (nachhaltig) ist.[174]

Ob das jeweilige Einzelvorhaben aber auch als **erhebliche Beeinträchtigung** des Landschaftsbildes im Sinne der Eingriffsregelung zu qualifizieren ist, ist anhand einer Bewertung der Umstände im Einzelfall zu entscheiden.[175] Hierbei ist zu berücksichtigen, ob mit hinreichender Wahrscheinlichkeit die Ziele des § 1 BNatSchG durch die WEA nachteilig berührt werden.[176] In Blick zu nehmen sind insbesondere die tatsächlich in Anspruch genommene Fläche und die von den Rotorblättern überstrichene Fläche. Im Hinblick auf optische Beeinträchtigungen bejaht die Rechtsprechung die Erheblichkeit regelmäßig dann, „*wenn das Vorhaben als Fremdkörper in Erscheinung tritt und einen negativ prägenden Einfluss auf das Landschaftsbild hat*".[177] Hiervon ist bei WEA aufgrund der „*Verspargelung der Landschaft*" und deren

169 Anm.: Hervorhebung durch die Verfasserin.

170 BT-Drs. 14/6378, S. 47.

171 *Koch*, in: Kerkmann, Naturschutzrecht in der Praxis, § 4, Rn. 16.

172 BT-Drs. 7/886, S. 28.

173 *Gatz*, in: Windenergieanlagen in der Verwaltungs- und Gerichtspraxis, Rn. 310.

174 BVerwG, Urteil vom 27.09.1990, Az.: 4 C 44/87, Rn. 35 – zitiert nach *juris*.

175 BVerwG, Beschluss vom 08.02.1991, Az.: 4 B 10/91, Rn. 8 – zitiert nach *juris*; VGH Mannheim, Urteil vom 20.04.2000, Az.: 8 S 318/00, Rn. 23 – zitiert nach *juris*. In diesem Sinne wohl auch OVG Lüneburg, Urteil vom 16.12.2009, Az.: 4 LC 730/07, Rn. 41 – zitiert nach *juris*. Ebenso *Lau*, in: NuR 2011, 680 (683) m.w.N.

176 *Schlacke/Kröger*, in: Ehlers/Fehling/Pünder, Besonderes Verwaltungsrecht, Bd. 2, § 50, Rn. 98.

177 VGH Mannheim, Urteil vom 20.04.2000, Az.: 8 S 318/00, Rn. 23 – zitiert nach *juris*; Beschluss vom 14.11.1991, Az.: 10 S 1143/90, Rn. 2 – zitiert nach *juris*.

durchschnittlicher erheblicher Höhe regelmäßig auszugehen.[178] Als ungeeigneter Bewertungsmaßstab hinsichtlich der Einschlägigkeit der Erheblichkeit der Beeinträchtigung ist die bloße Orientierung an dem Maß der erzeugten Energie durch eine WEA einzuordnen.[179]

Nicht pauschal zu beantworten ist die Frage, welche Bedeutung die geplante Errichtung von WEA in einer stark durch Bebauung vorbelasteten Umgebung (insbesondere durch Hochspannungsleitungen oder großen Industriebetrieben) bei der Bewertung der Erheblichkeit hat.[180] Zutreffend ist die **Vorbelastung** des Gebiets auf Ebene der Tatbestandsmäßigkeit zu beachten.[181] Zwei Fallkonstellationen sind hierbei zu unterscheiden. Denkbar ist erstens, dass die Schäden für das Landschaftsbild bereits so gravierend sind, dass das Hinzutreten einer (weiteren) baulichen Anlage wie einer WEA keine offensichtliche Verschlechterung am Landschaftsbild mehr herbeiführen kann und für sich gesehen nicht als erheblich im Sinne der Eingriffsregelung zu werten ist. Somit ist eine erhebliche Beeinträchtigung nur dann anzunehmen, wenn das Landschaftsbild noch weiter nennenswert verschlechtert werden kann. Entscheidend ist hierbei, ob die Vorbelastung als so gravierend einzuordnen ist, dass *„ohnehin nichts mehr zu retten ist.“*[182] Beim Repowering ist demnach regelmäßig keine erhebliche Beeinträchtigung zu bejahen, da die Landschaft schon zuvor durch die Altanlagen beeinträchtigt wurde. Werden die Altanlagen durch neue WEA ausgetauscht, verändert sich das vorhandene Landschaftsbild nicht mehr gravierend. Zweitens sind Fallgestaltungen denkbar, in denen die Neuerrichtung einer WEA für sich gesehen zwar als unerheblich im Sinne der Eingriffsregelung einzustufen wäre, aber im Zusammenspiel mit der bisherigen

---

178 *Weidemann/Krappel*, in: DÖV 2011, 19 (24); *Wemdzio*, in: AUR 2012, 9 (13). Ebenso *Gatz*, in: Windenergieanlagen in der Verwaltungs- und Gerichtspraxis, Rn. 311, aber dahingehend eine Einschränkung vornimmt, dass dies nur gilt, soweit WEA im bisher *„unberührten“* Außenbereich errichtet werden soll. Hinzuweisen ist auf die Vorgabe im Rundschreiben Windenergie Rheinland-Pfalz vom 28.05.2013, S. 6, Ziff. B. 2.2, wonach aus diesem Grunde immer mindestens drei Anlagen im räumlichen Verbund errichtet werden sollen.

179 So *Lütkes*, in: Lütkes/Ewer, BNatSchG, § 14, Rn. 17.

180 OVG Schleswig, Urteil vom 20.07.1995, Az.: 1 L 38/94, Rn. 22 – zitiert nach *juris*; VGH München, Urteil vom 04.11.1981, Az.: 8 B 1306/79, Ls. 1, FHOeffR 33 Nr. 8942.

181 *Gatz*, in: Windenergieanlagen in der Verwaltungs- und Gerichtspraxis, Rn. 311; *Lau*, in: NuR 2011, 680 (683). AA *Stöckel/Müller-Walter*, in: Erbs/Kohlhaas, Strafrechtliche Nebengesetze, BNatSchG, § 15, Rn. 42, die diesen Aspekt nicht auf Tatbestandsebene, sondern erst bei der Abwägung nach § 15 IV BNatSchG für relevant halten.

182 *Gatz*, in: Windenergieanlagen in der Verwaltungs- und Gerichtspraxis, Rn. 311 mit Hinweis auf die Rechtsprechung des VGH München, Urteil vom 04.11.1981, Az.: 8 B 1306/79. AA *Lau*, in: NuR 2011, 680 (683), der davon ausgeht, dass eine Verschlechterung immer noch möglich ist.

Gebietsnutzung bzw. -bebauung als erheblich zu werten ist. In diesen Fällen ist die Summationswirkung der Vorbelastung zusammen mit der Wirkung der Neuanlage entscheidend und somit bringt das beantragte Vorhaben *„das Fass also gleichsam zum Überlaufen.“*[183]

Die Anlage eines Windparks unterfällt somit grundsätzlich dem Eingriffsbegriff des § 14 I BNatSchG.[184] Denn durch WEA wird zumindest die Gestalt der Grundflächen als äußeres Erscheinungsbild[185] verändert und damit einhergehend das maßgeblich über optische Eindrücke bestimmte Landschaftsbild beeinträchtigt.[186] Die tatbestandsmäßige Veränderung bzw. Beeinträchtigung ergibt sich vor allem durch die Überbauung der Gebietsfläche mit Fundamenten und Erschließungsanlagen, der Größe der Anlage sowie der Beleuchtung und der Rotorbewegungen.[187] Unabhängig von der Einzelfallbewertung, existieren landesgesetzliche Regelungen, die explizit von der Eingriffsqualität von WEA ausgehen.[188]

III. Rechtsfolgen der Eingriffsregelung im Überblick

Da der geplante Bau und Betrieb einer WEA in der Regel als Eingriff im Sinne der §§ 13 ff BNatSchG zu werten ist, findet das umfängliche Rechtsfolgenregime der Eingriffsregelung Anwendung. Die Bewältigung dessen kann eine nicht unerhebliche Erschwernis in der Praxis darstellen,[189] wobei sich zeigt, dass die Abarbeitung der Eingriffsregelung – anders als beispielsweise die Anforderungen des Artenschutzrechts – keine übermäßig praktischen großen Probleme verursacht.

---

183 *Lau*, in: NuR 2011, 680 (683). AA *Mühlbauer*, in: Lorz/Konrad/Mühlbauer/Müller-Walter/Stöckel, Naturschutzrecht, § 17, Rn. 3.

184 Urteil vom 13.12.2011, Az.: 4 C 3/01, GewArch 2002, 251–252. Ebenso *Scheidler*, in: Immissionsschutz 2013, 21 (25); *Weidemann/Krappel*, in: DÖV 2011, 19 (24). Ähnlich *Kohls*, in Danner/Theobald, Energierecht, XIII. B 1, Rn. 72.Vgl. so auch im Rundschreiben Windenergie Rheinland-Pfalz vom 28.05.2013, S. 31, Ziff. F. 2.

185 Dem Begriff der Grundfläche unterfällt die Prägung durch geomorphologische Erscheinungen wie Berge, Hügel, Täler, fließende oder stehende Gewässer, aber auch durch charakteristischen Pflanzenbestände wie Wälder, Schilf- und Röhrichtbestände, Hochstaudenfluren, Heiden und Grünländereien sowie Baumreihen, Büsche, Hecken, Baumgruppen oder typische Einzelbäume. Vgl. *Gellermann*, in: Landmann/Rohmer, UmweltR, § 14, Rn. 5 und ausführlich *Lau*, in: NuR 2011, 680 (681 f).

186 Darüber hinaus können auch andere sinnliche Eindrücke wie Geräusche und Gerüche prägend sein, vgl. *Lau*, in: NuR 2011, 680 (682).

187 *Fellenberg/Schiller*, in: Gerstner, Kap. 2 B., Rn. 105. Ähnlich *Gatz*, in: Windenergieanlagen in der Verwaltungs- und Gerichtspraxis, Rn. 310.

188 Vgl. § 4 I Nr. 4 LG NRW i.V.m. § 2 BauO NRW.

189 So *Gatz*, in: Windenergieanlagen in der Verwaltungs- und Gerichtspraxis, Rn. 312.

Die §§ 14 ff BNatSchG enthalten folgendes **gestuftes Rechtsfolgensystem**:[190]

1.	**Stufe:** Vermeidung, § 15 I BNatSchG (siehe unter **IV.**) ➔ wenn nicht möglich, dann
2.	**Stufe:** Realkompensation durch Ausgleichs- und Ersatzmaßnahmen, § 15 II BNatSchG (siehe unter **V.**) ➔ wenn nicht möglich, dann
3.	**Stufe:** Naturschutzrechtliche Abwägung, § 15 V BNatSchG (siehe unter **VI.**)
4.	**Stufe:** ggf. Ersatzgeldzahlung, § 15 VI BNatSchG (siehe unter **VII.**)

Grundsätzlich gilt der Vorrang der Natural- bzw. Realrestitution vor finanzieller Kompensation, sofern der Eingriff vermeidbar ist.[191]

IV. Unvermeidbarkeit der Beeinträchtigung

Liegt ein Eingriff im Sinne des § 14 BNatSchG vor, so besteht gem. § 15 I BNatSchG grundsätzlich die Pflicht für den Verursacher, eine vermeidbare Beeinträchtigung zu unterlassen. Als **Verursacher** gilt derjenige, der durch sein Verhalten allein- oder mitursächlich den Eintritt einer relevanten Umweltbeeinträchtigung verursacht.[192] Die Vorgabe des § 15 I BNatSchG stellt eine Ergänzung und Konkretisierung des allgemeinen Vermeidungsgebots des § 13 I BNatSchG dar.[193] Das Vorhaben soll zu jeder Zeit, d.h. sowohl während des Baus als auch während des Betriebs, so umweltschonend wie möglich umgesetzt werden.[194]

Entscheidend ist, ob der Eingriff als **vermeidbar** einzuordnen ist. Ein Eingriff ist gem. § 15 I 2 BNatSchG vermeidbar, wenn zumutbare Alternativen existieren, durch welche der mit dem Eingriff verfolgte Zweck auch am gleichen Ort ohne oder mit geringerer Beeinträchtigung für Natur und Landschaft erreicht werden kann. **Zumutbare Alternativen** beim Bau und Betrieb von WEA existieren kaum. Das Vermeidungsgebot bemisst sich am Verhältnismäßigkeitsgrundsatz, so dass nicht alle denkbaren Alternativen Berücksichtigung im Rahmen der Eingriffsregelung finden müssen.[195] Zwar käme als Vermeidungsmaßnahme grundsätzlich die Verkleinerung eines Vorhabens in Betracht.[196] Eine Verkleinerung einer WEA ist

---

190 Sog. *„Rechtsfolgenkaskade"*, vgl. *Eckhardt/Henning*, in: NuR 2013, 694 (696). Vgl. Differenzierung bei *Franzius*, in: ZUR 2010, 346 (347); *Gassner*, in: NuR 2011, 685 (687); *Koch*, in: Kerkmann, Naturschutzrecht in der Praxis, § 4, Rn. 27; *Scheidler*, in: UPR 2010, 134 (137); *Wemdzio*, in: AUR 2012, 9 (13).

191 *Ekardt/Henning*, in: NuR 2013, 694 (695).

192 *Weisensee*, in: NuR 2013, 789 (790) m.w.N.

193 *Weidemann/Krappel*, in: DÖV 2011, 19 (24).

194 *Gellermann*, in: Landmann/Rohmer, UmweltR, BNatSchG, § 15, Rn. 4; *Scheidler*, in: UPR 2010, 134 (137); *Wemdzio*, in: AUR 2012, 9 (13).

195 BVerwG, Urteil vom 19.03.2003, Az.: 9 A 33/02, Rn. 52 – zitiert nach *juris*.

196 Als grundsätzlich denkbare Alternative genannt von *Weidemann/Krappel*, in: DÖV 2011, 19 (24). Ablehnend *Gatz*, in: Windenergieanlagen in der Verwaltungs- und Gerichtspraxis, Rn. 313.

kaum hinnehmbar, weil bei einer geringeren Höhe oder kleinerem Rotorblatt der Stromertrag geringer und eine solche Anordnung als unverhältnismäßig einzuordnen wäre. Nur wenn gleichwertige Ausgestaltungsalternativen zur Verfügung stünden, sind diejenigen zu wählen, die die geringsten Beeinträchtigungen für Natur und Landschaft darstellen und durch welche die Folgen des Eingriffs minimiert werden können.[197] Gerade bei WEA folgt die Alternativlosigkeit oftmals aus den Umständen, dass deren Rotorbewegung nicht beeinflussbar ist, die Anlagen nur auf bestimmten geeigneten Flächen errichtet werden können und solche Flächen vor allem im Hinblick auf die tatsächlich vorhandene Windhöffigkeit[198] nur in sehr begrenztem Umfang vorliegen. Daher werden Alternativen regelmäßig nicht zur Verfügung stehen. Nicht notwendig zur Erfüllung des Vermeidungsgebots ist der Verzicht auf das ursprünglich geplante Vorhaben oder die Durchführung eines anderen Projekts, denn das naturschutzrechtliche Vermeidungsgebot gilt nur für das konkret geplante Vorhaben.[199]

Im Ergebnis sind WEA demnach regelmäßig als unvermeidbare Beeinträchtigung zu qualifizieren. Die Unvermeidbarkeit hat der Eingriffsverursacher nach § 15 I 3 BNatSchG zu begründen.[200]

V. Realkompensation durch Ausgleichs- und Ersatzmaßnahmen

Im Falle der Unvermeidbarkeit der Beeinträchtigung ist der Verursacher nach § 15 II 1 BNatSchG verpflichtet, unvermeidbare Beeinträchtigungen durch Maßnahmen des Naturschutzes und der Landschaftspflege auszugleichen. Zunächst sind die allgemeinen Anforderungen an Ausgleichsmaßnahmen und Ersatzmaßnahmen (**1.**) aufzuzeigen. So werden die Möglichkeiten von Ausgleich und Ersatz für WEA diskutiert (**2.**). In diesem Zusammenhang wird auf die Möglichkeit der *„Ökokontierung"* eingegangen (**3.**).

---

197 BVerwG, Urteil vom 16.12.2004, Az.: 4 A 11/04, Rn. 21 – zitiert nach *juris*. Siehe ebenso BT-Drs. 16/12 274, S. 57. Aus der Literatur vgl. *Gellermann*, in: Landmann/Rohmer, UmweltR, BNatSchG, § 15, Rn. 4, 5; *Wemdzio*, in: AUR 2012, 9 (14).

198 Vgl. Rundschreiben Windenergie Rheinland-Pfalz vom 28.05.2013, S. 6, Ziff. B. 2.2, wonach von einer hohen_Windhöffigkeit beim aktuellen Stand der Technik auszugehen ist, wenn eine mittlere jährliche Windgeschwindigkeit von ca. 5,8 m/s – 6,0 m/s in 100 m über Grund erreicht wird. Hierbei sind Anlagentyp, Turmhöhe, Rauigkeit und Höhe des Standorts in die Bewertung miteinzubeziehen.

199 BVerwG, Beschluss vom 03.03.2005, Az.: 9 B 10/05, Rn. 14 – zitiert nach *juris*.

200 *Stöckel/Müller-Walter*, in: Erbs/Kohlhaas, Strafrechtliche Nebengesetze, § 15 BNatSchG, Rn. 7. Nach der gesetzgeberischen Vorstellung soll diese Pflicht die Beachtung und Umsetzung des Vermeidungsverbots in der Praxis stärken, BT-Drs. 16/12247, S. 57. Nach *Lau*, in: NuR 2011, 762 (763) handelt es sich bei dieser Vorschrift um ein lex specialis zu § 39 VwVfG.

1. *Gesetzliche Anforderungen an Ausgleichsmaßnahmen und Ersatzmaßnahmen*

Durch die Orientierung der Eingriffsregelung am **Kompensations- und Äquivalenzprinzip** bestimmen sich Art und Ausmaß der durchzuführenden Maßnahmen danach, ob ein sachlich begründbarer Zusammenhang zwischen Maßnahme und Eingriff vorhanden ist.[201] Dies gilt sowohl für die Ausgleichs- als auch die Ersatzmaßnahmen, die von der gesetzgeberischen Wertung her gleichberechtigt nebeneinander stehen.[202]

Gem. § 15 II 2 BNatSchG ist eine Beeinträchtigung dann ausgeglichen, wenn und sobald die beeinträchtigten Funktionen des Naturhaushalts[203] in gleichartiger Weise wiederhergestellt sind und das Landschaftsbild landschaftsgerecht wiederhergestellt oder neu gestaltet ist. Materiell-rechtlich ist ein **Ausgleich** zu bejahen, wenn ein Zustand geschaffen wird, *„der in gleicher Art, mit gleichen Funktionen und ohne Preisgabe wesentlicher Faktoren des optischen Beziehungsgefüges den vor dem Eingriff vorhandenen Zustand in weitestmöglicher Annäherung fortführt"*.[204] Diese **Gleichartigkeit** ist dann anzunehmen, wenn die konkret beeinträchtigte ökologische Funktion ausgeglichen wird.[205] Ausgleichsmaßnahmen sind am Ort des Eingriffs durchzuführen, denn diese zielen auf *„Naturalrestitution im Hinblick auf die tragenden ökologischen Funktionen einer Grundfläche ab."*[206]

In der Praxis gestaltet es sich zum Teil schwierig, die **Ersatzmaßnahme** zutreffend von der Ausgleichsmaßnahme abzugrenzen. Durch den Vergleich mit dem Wortlaut des § 15 II 2 BNatSchG zeigt sich, dass der örtliche Anwendungsbereich der Ausgleichsmaßnahme enger bzw. der räumliche Einsatzbereich der Ersatzmaßnahmen weiter ist. Denn nach § 15 II 3 BNatSchG ist eine Beeinträchtigung dann ersetzt *„wenn und sobald die beeinträchtigten Funktionen <u>in dem betroffenen Naturraum</u> in gleichwertiger Weise hergestellt sind und das Landschaftsbild landschaftsgerecht neu gestaltet wird."*[207] Anders als die Ausgleichsmaßnahme muss die Ersatzmaßnahme nicht gleichartig, sondern nur **gleichwertig** wirken.[208] Die

---

201 *Eckhardt/Henning*, in: NuR 2013, 694 (696); *Lau*, in: NuR 2011, 762 (763).

202 *Fehling*, in: Schneider/Theobald, Recht der Energiewirtschaft, § 8, Rn. 52; *Gellermann*, in: Landmann/Rohmer, Umweltrecht, § 15, Rn. 7; *ders.*, in: NVwZ 2010, 73 (76). AA *Stöckel/Müller-Walter*, in: Erbs/Kohlhaas Strafrechtliche Nebengesetze, § 15 BNatSchG, Rn. 10, welche vom Vorrang der Ausgleichsmaßnahme ausgehen.

203 Vgl. Legaldefinition in § 7 I Nr. 2 BNatSchG zum Naturhaushalt als: *„die Naturgüter Boden, Wasser, Luft, Klima, Tiere und Pflanzen sowie das Wirkungsgefüge zwischen ihnen"*.

204 BVerwG, Urteil vom 27.09.1990, Az.: 4 C 44/87, Rn. 36 – zitiert nach *juris.*

205 *Fellenberg/Schiller*, in: Gerstner, Kap. 2 B., Rn. 108.

206 *Lütkes*, in: Lütkes/Ewer, BNatSchG, § 15, Rn. 17.

207 Anm.: Hervorhebung durch die Verfasserin.

208 *Schlacke/Kröger*, in: Ehlers/Fehling/Pünder, Besonderes Verwaltungsrecht, Bd. 2, § 50, Rn. 107; *Stöckel/Müller-Walter*, in: Erbs/Kohlhaas, Strafrechtliche Nebengesetze § 15, Rn. 24.

Ersatzmaßnahme hat vergleichsweise niedrigere Anforderungen an den funktionalen Zusammenhang und den räumlichen Bezugspunkt.[209] Eine Ersatzmaßnahme ist folglich auch in größerer räumlicher Entfernung zu dem Eingriffsvorhaben bzw. -ort zulässig.[210] Jedoch ist nicht alles, was sich positiv auf das Landschaftsbild im Allgemeinen auswirkt, als tauglicher Ersatz zu werten. Entscheidend ist vielmehr, dass eine räumliche und funktionelle Beziehung zwischen dem Eingriffsort und der Durchführung der Maßnahme besteht.[211]

Für die Ausführung, Unterhaltung und Sicherung der Ausgleichs- und Ersatzmaßnahmen ist der Verursacher (bzw. dessen Rechtsnachfolger) selbst verantwortlich, § 15 IV 3 BNatSchG. Bei der Auswahl steht dem Vorhabenträger **kein Wahlrecht** zwischen Ausgleichs- und Ersatzmaßnahme zu, ebenso wenig hat der Gesetzgeber einer Maßnahme den Vorrang vor einer anderen eingeräumt.[212] Daher erfolgt die Auswahl durch die Behörde im Rahmen einer Einzelfallentscheidung danach, welche Maßnahme den der Eingriffsregelung zugrunde liegenden Prinzipien am besten gerecht werden kann, ohne den Vorhabenträger unverhältnismäßig zu belasten.[213] Hierbei kommt der entscheidenden Behörde eine **naturschutzrechtliche**

---

209 So auch *Fehling*, in: Schneider/Theobald, Recht der Energiewirtschaft, § 8, Rn. 52 m.w.N.

210 *Ekardt/Henning*, in: NuR 2013, 694 (697); *Gatz*, in: Windenergieanlagen in der Verwaltungs- und Gerichtspraxis, Rn. 316; *Kohls*, in: Danner/Theobald, Energierecht, XIII. B 1, Rn. 73. Es wird sogar vorgeschlagen, dass sich der Naturraum auf eine Größe von bis zu 4–5 Landkreisen erstrecken kann, *Lütkes*, in: Lütkes/Ewer, § 15, Rn. 25.

211 BVerwG, Urteil vom 23.08.1996, Az.: 4 A 29.95, Rn. 19 – zitiert nach *juris*. Ebenso *Eckhardt/Henning*, in: NuR 2013, 694 (697); *Gatz*, in: Windenergieanlagen in der Verwaltungs- und Gerichtspraxis, Rn. 317.

212 *Hendler/Brockhoff*, in: NVwZ 2010, 733 (735); *Lau*, in: NuR 2011, 762 (763); *Lütkes*, in: Lütkes/Ewer, BNatSchG, § 15, Rn. 29. *Gellermann*, in: NVwZ 2010, 73 (76) noch differenzierend, nun aber *ders.*, in: Landmann/Rohmer, UmweltR, § 15 BNatSchG, Rn. 20 ebenso wie die Vorgenannten.

213 *Gellermann*, in: Landmann/Rohmer, UmweltR, BNatSchG, § 15, Rn. 20; *Lütkes*, in: Lütkes/Ewer, BNatSchG, § 15, Rn. 29 mit Hinweis auf BVerwG, Beschluss vom 11.11.2008, Az.: 9 A 52.07, Rn. 6 – zitiert nach *juris*: *„Eine planfestgestellte naturschutzrechtliche Ausgleichs- oder Ersatzmaßnahme muss wegen der enteignungsrechtlichen Vorwirkungen, die sie gegenüber dem in Anspruch genommenen Grundeigentümer entfaltet, neben den naturschutzrechtlichen Eingriffsvoraussetzungen dem Grundsatz der Verhältnismäßigkeit (Übermaßverbot) genügen, also geeignet und erforderlich sein; außerdem dürfen die mit ihr verbundenen nachteiligen Folgen für den betroffenen Grundeigentümer nicht außer Verhältnis zum beabsichtigten Erfolg stehen"*. Zur sog. ökologischen Verhältnismäßigkeit *Winter*, in: ZUR 2013, 387 ff.

Einschätzungsprärogative zu.[214] Diese Einschätzungsprärogative begründet das Bundesverwaltungsgericht zu Recht wie folgt:

> *„Die Ausgestaltung des naturschutzrechtlichen Kompensationsmodells weist hinsichtlich der Auswahl zwischen grundsätzlich gleich geeigneten Kompensationsmaßnahmen, der naturschutzfachlichen Abstimmung der Kompensationsmaßnahmen untereinander sowie der Berücksichtigung etwaiger multifunktionaler Kompensationswirkungen in erheblichem Umfang Elemente einer planerisch abwägenden Entscheidung auf.“*[215]

Solange die Wahl der Methode zur Ermittlung, Bewertung und Quantifizierung der Eingriffs- und Ausgleichswirkungen naturschutzfachlich als vertretbar bewertet werden kann, ist die Auswahl der gerichtlichen Überprüfbarkeit entzogen.[216] Notwendig ist, dass die Umsetzung der aus der naturschutzrechtlichen Eingriffsregelung folgenden Vermeidungs-, Ausgleichs-, Abwägungs- und Ersatzpflichten nachvollziehbar ist, d.h. ein ausreichendes Maß an Quantifizierung sowohl der Eingriffswirkungen als auch der Kompensationsmaßnahmen gegeben ist.[217]

2. Taugliche Ausgleichs- und Ersatzmaßnahmen im Rahmen der Zulassung von Windenergieanlagen

In der Praxis zeigt sich, dass im Einzelfall nur begrenzt Möglichkeiten für Ausgleichs- oder Ersatzmaßnahmen vorhanden sind, welche die gesetzlich vorgesehene Aufgabe erfüllen können.[218] Denn bei WEA handelt es sich vorrangig um einen Eingriff in das Landschaftsbild und somit muss der Ausgleich auch an diesem Schutzgut erfolgen. Weder eine alternative Farbgestaltung der WEA noch eine Eingrünung der Landschaft können dahingehend Ausgleich schaffen, dass das Landschaftsbild am Eingriffsort landschaftsgerecht wiederhergestellt werden kann. Aufgrund des großen Rotorblatts und der stattlichen Höhen einzelner WEA kann über deren

---

214 *Eckhardt/Henning*, in: NuR 2013, 694 (696); *Lütkes*, in: Lütkes/Ewer, BNatSchG, § 15, Rn. 39.

215 BVerwG, Urteil vom 06.11.2012, Az.: 9 A 17/11, Rn. 145 – zitiert nach *juris* unter Hinweis auf das Urteil des BVerwG vom 9.06.2004, Az.: BVerwG 9 A 11.03, BVerwGE 121, 72 (84).

216 VGH Mannheim, Urteil vom 02.11.2006, Az.: 8 S 1269/04, Rn. 33 – zitiert nach *juris*. Zur nachträglichen Überprüfbarkeit von Ausgleichs- und Ersatzmaßnahmen sei auf die Dissertation von *Zeidler* unter dem Titel *„Methodische Grundlagen für Nachkontrollen von Ausgleichs- und Ersatzmaßnahmen“* hingewiesen, 1. Auflage, Berlin 2008.

217 BVerwG, Urteil vom 06.11.2012, Az.: 9 A 17/11, Rn. 145 – zitiert nach *juris*.

218 *Gatz*, in: Windenergieanlagen in der Verwaltungs- und Gerichtspraxis, Rn. 314, 318; *Scheidler*, in: UPR 2010, 134 (137); *Wemdzio*, in: AUR 2012, 9 (14). Auch im Windenergieerlass Baden-Württemberg vom 31.05.2012 unter Ziffer 5.6.4.1.1 ist der Hinweis enthalten, dass eine Realkompensation der Beeinträchtigung des Landschaftsbildes durch eine Windenergieanlage in der Regel nicht möglich sein wird und somit regelmäßig Ersatz in Geld zu leisten ist.

negative Wirkungen für die Landschaft nur in seltenen Fällen hinweggeholfen werden. Gerade in den Fällen, in denen ein Windpark auf einem bislang von jedweder Bebauung freigehaltenen Standort errichtet wird, ist durch die Intensität des baulichen Vorhabens regelmäßig davon auszugehen, dass keine Möglichkeit zum Ausgleich bzw. Ersatz besteht.[219]

Eine grundsätzliche Verneinung von Ersatz- und Ausgleichsmöglichkeiten für alle Fallgestaltungen wäre aber nicht sachgerecht und naturschutzrechtlich nicht geboten. So ist der **Abbau oder Rückbau das Landschaftsbild störender baulicher Anlagen** an anderer Stelle, die eine landschaftsgerechte Neugestaltung des Landschaftsraums bewirken könnten, als taugliche Kompensationsmaßnahmen im Falle der Neuerrichtung von WEA einzuordnen.[220] Insoweit ist die Überlegung interessant, durch den Rückbau von nicht mehr benötigten Freileitungen oder dem Ausbau von Erdkabeln im Falle der Neuerrichtung von WEA Ersatz leisten zu können.[221] Durch den Rückgang der *„Verdrahtung"* der Landschaft durch den Rückbau der Freileitungen kann möglicherweise die *„Verspargelung"* der Landschaft durch WEA ausgeglichen werden und somit taugleichen Ausgleich darstellen.[222] Anders ist die Kombination von Rückbau und Neuverlegung von Erdkabeln zu werten. Denn auch die Neuverlegung muss sich aber auch an der Eingriffsregelung messen lassen, da eine solche Maßnahme selbst einen schwerwiegenden Eingriff in die Natur und Landschaft darstellt. Somit mag zwar der Eingriff durch WEA real kompensiert worden sein, jedoch fehlt es dann an einer Kompensationsmöglichkeit für die Verlegung der Erdkabel. Ein solches Vorgehen entspräche nicht dem Schutzzweck der vorhabenbezogenen Eingriffsregelung, wonach ein schützenswerter Mindeststandard erhalten bleiben soll. Daher handelt es sich bei der Verlegung von Erdkabeln um keine taugliche Ausgleichsmaßnahme im Sinne der naturschutzrechtlichen Eingriffsregelung.

Als mögliche Ausgleichs- bzw. Ersatzmaßnahme für WEA kommt der **Rückbau älterer Anlagen im Wege des Repowerings** in Betracht, durch den zum einen der Rückgang der Verspargelung der Landschaft bewirkt werden kann.[223] Somit kann die erwünschte Kompensation erzielt werden und daher tauglichen Ersatz

---

219 Vgl. VGH Mannheim, Urteil vom 20.04.2000, Az.: 8 S 318/00, Ls. 1 – zitiert nach *juris.*

220 VG Lüneburg, Urteil vom 20.09.2007, Az.: 2 A 569/06, Rn. 19 – zitiert in *juris.*

221 Bei den abzubauenden Anlagen muss es sich nicht zwingend um WEA handeln. Diese Möglichkeit ist sowohl im Windenergieerlass des Landes Baden-Württemberg vom 09.05.2012, Ziff. 5.6.4.1.1, als auch im Leitfaden WKA Hessen vom 29.11.2012 vorgesehen, S. 46, Ziff. 7.4.

222 Ausführlich *Weisensee,* in: NuR 2013, 789 (791 ff). Dies wird auch im Windenergieerlass des Landes Baden-Württemberg vom 09.05.2012, Ziff. 5.6.4.1.1 vorgeschlagen.

223 *Wemdzio,* in: AUR 2012, 9 (14). Ähnlich wohl auch *Weidemann/Krappel,* in: DÖV 2011, 19 (25). Ebenfalls im Leitfaden WKA Hessen vom 29.11.2012 vorgeschlagen, S. 46, Ziff. 7.4.

darstellen.[224] Die landschaftsgerechte Neugestaltung kann auch erreicht werden,[225] wenn die Anzahl von Neuanlagen durch die Errichtung von effizienteren Anlagen verringert wird.[226]

Gegebenenfalls können auch artenschutzrechtlichen Schutz- und Vermeidungsmaßnahmen[227] im Rahmen der Eingriffsregelung als Ausgleichs- und Ersatzmaßnahme herangezogen und berücksichtigt werden, soweit die Schutz und Vermeidungsmaßnahmen die vorhandenen spezifischen Aufgaben erfüllen können.[228] Vorteil eines Vorgehens ist, dass nicht nur den Anforderungen der Eingriffsregelung, sondern auch denjenigen des Artenschutzrechts entsprochen werden kann.

Nicht abschließend geklärt ist, in welchem **zeitlichen Zusammenhang** die Ausgleichs- bzw. Ersatzmaßnahme zum Eingriff durchzuführen ist. Das Gesetz gibt lediglich vor, dass gem. § 15 V BNatSchG Ausgleich und Ersatz in **angemessener Frist** erreicht sein müssen. Es fehlt eine verbindliche Aussage des Gesetzgebers, ob die Maßnahmen zwingend vor oder mit dem Eingriff verlangt werden können oder ob auch eine zeitlich nachgelagerte Durchführung noch zulässig ist.[229] Die Rechtsprechung stellt vorrangig auf die Möglichkeit der Zweckerreichung ab:

> *„Im Regelfall genügt es, wenn die festgesetzten Ausgleichs- und Ersatzmaßnahmen angemessene Zeit nach der Vornahme der Eingriffe abgeschlossen werden; der Zeitrahmen ist aber enger, wenn andernfalls die Gefahr besteht, dass der mit der Kompensation verfolgte Zweck verfehlt wird."*[230]

Aufgrund des Umstandes, dass bei WEA ohnehin nur sehr begrenzt Ausgleichs- und Ersatzmöglichkeiten zur Verfügung stehen, ist im Regelfall davon auszugehen, dass diese zeitnah verbunden mit dem Eingriff durchgeführt werden müssen, so z.B. der Rückbau anderer Anlagen bereits vollzogen sein muss. Auf diese Weise wird dem Sinn und Zweck der Eingriffsregelung, d.h. dem Vorrang der Kompensation, entsprochen.[231]

---

224 So erkannte das VG Schleswig den Abbau von sechs Windenergieanlagen gegenüber dem Eingriff durch die Errichtung von vier größeren Windenergieanlagen als eine Teilkompensation an, Urteil vom 18.08.2009, Az.: 1 A 5/08, Rn. 51 – zitiert nach *juris*.

225 Vgl. hierzu die Anforderungen des OVG Münster, Urteil vom 15.08.1985, Az.: 7 A 1140/84, RdE 1986, 83 (84).

226 OVG Schleswig, Urteil vom 18.08.2009, Az.: 1 A 5/08, 50 ff – zitiert nach *juris*. Siehe auch BT-Drs. 16/12274, S. 57. Vgl. ebenfalls *Guckelberger*, in: Frenz/Müggenborg, BNatSchG, § 15, Rn. 53.

227 Vgl. ausführlich zu diesen Maßnahmen im Folgenden bei den Ausführungen zum Artenschutz unter C.

228 *Fellenberg*, in: Kerkmann, Naturschutzrecht in der Praxis, § 7, Rn. 66.

229 Vgl. zur Problemstellung *Fischer-Hüftle/Schumacher*, in: Schumacher/Fischer-Hüftle, BNatSchG, § 15, Rn. 77 f; *Lau*, in: NuR 2011, 762 (765).

230 BVerwG, Beschluss vom 16.03.1999, Az.: 4 BN 17.98, Ls. 2 – zitiert nach *juris*.

231 *Sparwasser/Wöckel*, in: NVwZ 2004, 1189 (1193): *„Ausgleich bzw. Ersatz müssen so schnell wie nach den konkreten Umständen möglich erfolgen."*

3. Ökokontierung

Auch wenn im konkreten Einzelfall keine tauglichen Ausgleichs- und Ersatzmaßnahmen zur Verfügung stehen, hat der Gesetzgeber eine für die Zulassungsfähigkeit von WEA realistische Alternative über die Möglichkeit der Bevorratung von Kompensationsmaßnahmen nach § 16 BNatSchG geschaffen. So kann der Vorhabenträger bereits realisierte und in ein sog. **Ökokonto** aufgenommene Maßnahmen als **zulässige Ausgleichs- oder Ersatzmaßnahmen** einbringen. Die Zulässigkeit der Bevorratung von vorgezogenen Ausgleichs- und Ersatzmaßnahmen gründet auf dem Prinzip eines „*Sparkontos*".[232]

Maßnahmen können nach ihrer Durchführung in einem Ökokonto „*geparkt*" und somit quasi gespart werden,[233] um so in einem späteren Genehmigungsverfahren für WEA eingebracht werden.[234] Der Vorhabenträger hat sogar einen Rechtsanspruch auf Anerkennung bereits durchgeführter Maßnahmen, soweit die rechtlichen Vorgaben des § 16 I BNatSchG eingehalten wurden.[235] Demnach müssen u.a. die Voraussetzungen des § 15 II BNatSchG erfüllt sein,[236] die Maßnahmen freiwillig, also ohne rechtliche Verpflichtung durchgeführt[237] und dafür keine öffentlichen Fördermittel in Anspruch genommen wurden. Die Bevorratung in einem Ökokonto richtet sich gem. § 16 II BNatSchG nach Landesrecht.

Die Heranziehung bereits durchgeführter Maßnahmen im Rahmen eines Ökokontos bietet eine **alternative Realkompensationsmöglichkeit** bei der Zulassung von WEA. Statt den Weg der vorschnellen Ersatzgeldzahlung zu beschreiten,[238] ist es aus Naturschutzgesichtspunkten geboten, Ausgleich und Ersatz zumindest gezielt zu fördern. Dies ist im Falle der Ökokontierung dadurch möglich, dass Vorhabenträger schon frühzeitig und umfassender planen können, Maßnahmen durchführen (lassen) und solche in einem späteren Verfahren berücksichtigt werden können. Auch in den Fällen von Windenergienutzung ist die Ökokontierung bereits aus dem Grunde praktisch sinnvoll, als in der Praxis teilweise nicht nur ein Windpark von einem Betreiber geplant und umgesetzt wird, sondern mehrere. Ein Vorhabenträger kann somit durch die Möglichkeit der Ökokontierung das jeweilige

---

232 Auch sog. „*Banking*" Prinzip genannt, vgl. *Eckhardt/Henning*, in: NuR 2013, 694 (695); *Ohms*, in: Frenz/Müggenborg, BNatSchG, § 16, Rn. 1.

233 Alternativ nennt das Gesetz noch Flächenpools und andere Maßnahmen, § 16 II BNatSchG.

234 Zu den Einzelheiten und landesrechtlichen Besonderheiten ausführlich *Eckhardt/Henning*, in: NuR 2013, 694 (700).

235 *Eckhardt/Henning*, in: NuR 2013, 694 (699); *Gellermann*, in: Landmann/Rohmer, UmweltR, § 16 BNatSchG, Rn. 3.

236 Vgl. Aufzählung zulässiger „*Ökokonten-Maßnahmen*" beispielsweise in § 2 der Ökokontenverordnung des Landes Baden-Württemberg vom 19.12.2010 (GBl. S. 1189) i.V.m. Anlage 1.

237 OVG Schleswig, Urteil vom 01.07.2011, Az.: 1 KS 20/10, Rn. 45 – zitiert nach *juris*. Vgl. hierzu auch WKA Erlass Schleswig-Holstein vom 26.11.2012, Ziff. 4.1.

238 Siehe hierzu sogleich.

Genehmigungsverfahren beschleunigen. Er kann auf die bereits geparkten Maßnahmen verweisen und die ersparten Punkte einsetzen, wodurch keine weiteren Kompensationsmaßnahmen durchzuführen sind.

Daneben bietet die Ökokontierung erkennbar **naturschutzrechtliche Vorteile**. Denn die positiven Wirkungen für den Ökohaushalt können schon frühzeitig – also auch schon vor dem Eingriff in die Landschaft – eintreten. Es besteht kein Problem durch Zeitverzögerungen und die Maßnahmen können besser geplant werden, sowohl im Hinblick auf die Wahl des Ortes als auch des tatsächlich notwendigen Umfangs.[239] Es können somit nicht nur punktuelle Maßnahmen, die möglicherweise weniger effektiv sind, umgesetzt werden. Vielmehr können umfangreichere Maßnahmen durchgeführt werden, die dem Naturhaushalt von größerem Nutzen sind und den Anteil von Realkompensationen erhöhen.[240] Somit ist zu fordern, dass von der Ökokontierung in der Praxis weitreichender Gebrauch gemacht wird.

Es haben sich private Unternehmen etabliert, die aufgrund eine behördlichen Anerkennung[241] Ökokonto-Maßnahmen für Vorhabenträger planen und durchführen. Neben dem geringeren Aufwand kann die Beauftragung solcher Stellen für die Vorhabenträger aus einem weiteren Grunde vorteilhaft sein. In manchen Bundesländern ist die Übernahme der Verursacherpflichten aus § 15 II BNatSchG ausdrücklich geregelt und der Vorhabenträger somit für die Zukunft insoweit aus der Verantwortung genommen wird.[242]

VI. Abwägung

Soweit ein Eingriff weder vermieden noch real kompensiert werden kann,[243] ist das Vorhaben gem. § 15 V Hs. 1 BNatSchG zunächst unzulässig. Dieses Verbot kann aber durch eine **naturschutzrechtliche Abwägungsentscheidung** im Einzelfall überwunden werden, nämlich wenn nicht *„die Belange des Naturschutzes und der Landschaftspflege bei der Abwägung aller Anforderungen an Natur und Landschaft anderen Belangen im Range vorgehen“*, § 15 V Hs. 2 BNatSchG. Die Abwägung ist nachrangig zur Vermeidung und zur Realkompensation.[244] Dem Ergebnis der Abwägungsentscheidung kommt demzufolge ein besonderes Gewicht zu, da sich dadurch entscheidet, ob die WEA schließlich zulassungsfähig ist.

---

239 Vgl. hierzu auch *Eckhardt/Henning*, in: NuR 2013, 694 (702).

240 *Ohms*, in: Frenz/Müggenborg, BNatSchG, § 16, Rn. 1.

241 Vgl. beispielsweise § 11 Ökokontoverordnung des Landes Baden-Württemberg, § 5 Kompensationsverordnung des Landes Hessen vom 01.09.2005 (GVBl. I 2005, 624).

242 So ist in § 5 I Kompensationsverordnung des Landes Hessen die Übernahme der Verursacherpflichten durch die zertifizierte Agentur vorgesehen. Die Übernahme der Kompensationsverpflichtung hat ohne Bedingungen zu erfolgen, sie kann nicht widerrufen werden und ist der Genehmigungsbehörde anzuzeigen, § 5 VI.

243 *Fehling*, in: Schneider/Theobald, Recht der Energiewirtschaft, § 8, Rn. 179.

244 *Ekardt/Henning*, in: NuR 2013, 694 (697).

Hierbei handelt es sich durch den Abgleich bzw. die Gewichtung zweier Größen, d.h. den Belangen des Naturschutzes und Landschaft einerseits und den weiteren Belangen andererseits, um eine „***bipolare Abwägung***".[245] Die Abwägung ist nicht nur bei Ermessensentscheidungen, sondern auch im Rahmen der gebundenen Entscheidung über die Erteilung einer immissionschutzrechtlichen Genehmigung nach § 6 I BImSchG durchzuführen. Insoweit ist auf Tatbestandsseite der Zulassungsvoraussetzungen für eine WEA das wertende Element ergänzend zu prüfen.[246] Diese Abwägungsentscheidung ist gerichtlich voll überprüfbar.[247]

In die Abwägung sind nicht nur öffentliche, sondern möglicherweise auch relevante private Belange miteinzustellen, um einen hinreichenden Grundrechtsschutz zu gewährleisten.[248] Folgende Aspekte können in der Abwägung im Einzelfall trotz der grundsätzlich zu verhindernden Verunstaltung des Landschaftsbildes[249] für die Windenergienutzung streiten:[250]

– die Bindung der Anlagen an eine hinreichende Windhöffigkeit,
– die Privilegierung der Windkraftnutzung nach § 35 I 1 Nr. 5 BauGB,
– die gesetzgeberische Wertung des § 1 III Nr. 4 BNatSchG („*dem Aufbau einer nachhaltigen Energieversorgung insbesondere durch zunehmende Nutzung erneuerbarer Energien kommt eine besondere Bedeutung zu*"),
– die gesetzgeberische Wertung des § 1 II EEG (weiträumiger Ausbau der erneuerbaren Energien),
– die privaten Belange, soweit diese auch im öffentlichen Interesse liegen.

Hieran wird deutlich, welche Rolle die Belange der Energiewende nunmehr einnehmen. So wird sogar angenommen, dass zu den „*Anforderungen an Natur und Landschaft*" nach § 15 V BNatSchG auch die vermehrte Aufstellung von WEA

---

245 BVerwG, Urteil vom 17.01.2007, Az.: 9 C 1/06, Rn. 22 – zitiert nach *juris*; *Fellenberg/Schiller*, in: Gerstner, Kap. 2 B., Rn. 110; *Gassner*, in: NuR 2011, 685 (687). Vgl. ausführlicher zu den Anforderungen: *Guckelberger*, in: Frenz/Müggenborg, BNatSchG, § 15, Rn. 92.

246 *Attendorn*, in: NuR 2013, 153 (154); *Lütkes*, in: Lütkes/Ewer, BNatSchG, § 15, Rn. 71.

247 BVerwG, Urteil vom 13.12.2001, Az.: 4 C 3/01, Rn. 17 – zitiert nach *juris*; VG Stuttgart, Urteil vom 03.03.2009, Az.: 5 K 860/08, Rn. 27 – zitiert nach *juris*.

248 *Fischer-Hüftle/Schumacher*, in: Schumacher/Fischer-Hüftle, § 15, Rn. 133; *Wemdzio*, in: AUR 2012, 9 (14).

249 Vgl. insoweit auch § 35 III 1 Nr. 5 BauGB, wobei in diesem Zusammenhang auf die Maßstäbe der naturschutzrechtliche Abwägungsentscheidung nach Eingriffsregelung abzustellen, so *Weidemann/Krappel*, in: DÖV 2011, 19 (24). Zu dem zu vermeidenden Wertungswiderspruch *Gatz*, in: Windenergieanlagen in der Verwaltungs- und Gerichtspraxis, Rn. 320 f.

250 *Attendorn*, in: NuR 2013, 153 (154); *Fellenberg/Schiller*, in: Gerstner, Kap. 2 B., Rn. 115 m.w.N.; *Fischer-Hüftle*, in: Schumacher/Fischer-Hüftle, BNatSchG, § 15, Rn. 134; *Weidemann/Krappel*, in: DÖV 2011, 19 (24 f).

zählt.[251] Im jeweiligen Einzelfall kann der Windenergienutzung jedenfalls ein solches Gewicht zukommen, dass sich diese im Einzelfall gegenüber den durch die Eingriffsregelung geschützten Interessen durchzusetzen vermag. Dem Schutz von Natur und Landschaft ist über die Staatszielbestimmung[252] des § 20 a GG aber weiterhin ein besonderer Rang eingeräumt, so dass ein pauschales Zurücktreten dieser Interessen nicht gewollt ist. Um dem Schutzzweck der Eingriffsregelung zu entsprechen, ist daher eine sorgfältige Abwägung im Einzelfall unter Berücksichtigung der widerstreitenden Interessen geboten.

In der Praxis zeigt sich, dass die Abwägung oftmals zugunsten der WEA ausfällt. Auch die Rechtsprechung geht davon aus, dass selbst bei schweren Beeinträchtigungen von Natur und Landschaft die Abwägung zugunsten des Eingriffs ausfallen kann:

> *„Die Eingriffsregelung kennt keine unantastbaren Gebiete. Sie verbietet es nicht, selbst Landschaftsteile von überragendem ökologischen Wert für andere Zwecke in Anspruch zu nehmen. Sie macht Eingriffe lediglich davon abhängig, dass für die mit ihnen verbundenen Beeinträchtigungen ein Ausgleich geschaffen wird. Sie erschwert die Inanspruchnahme von Natur und Landschaft freilich insofern mittelbar, als sie so konzipiert ist, dass der Ausgleichsbedarf mit der Schwere des Eingriffs wächst. Ist ein Vollausgleich möglich, so nimmt sie jedoch selbst schwere Beeinträchtigungen des Naturhaushalts oder des Landschaftsbildes in Kauf.“*[253]

Zu beachten ist, dass diese Ausführungen nur für die Abwägungsentscheidung im Rahmen der Eingriffsregelung nach § 14 ff BNatSchG gelten. In anderen fachrechtlichen Bereichen wie dem Landschafts-, Habitat- und Artenschutzrecht kann die jeweilige Abwägung im Ergebnis anders ausfallen. Denn jedes Fachrecht ist für sich zu beurteilen und stellt andere und zum Teil strengere Anforderungen an die Prüfung der Tatbestandsvoraussetzungen und an die gegebenenfalls durchzuführende Abwägung.[254]

VII. Ersatzzahlung

Fällt die Abwägung zugunsten der WEA als Vorhaben aus, hat der Vorhabenträger **Ersatzzahlung** gem. § 15 VI 1 BNatSchG zu leisten. Hierdurch wird trotz Unvermeidbarkeit der Beeinträchtigung und fehlender Ausgleichs- oder Ersatzmöglichkeiten der Eingriff nach § 15 V BNatSchG zugelassen und aus diesem Grunde genehmigungsfähig. Ziel der Ersatzzahlung ist die Wahrung des umweltrechtlichen

---

251 *Attendorn*, in: NuR 2013, 153 (154).

252 Als *„Staatszielbestimmungen“* werden all jene Verfassungsnormen bezeichnet, die den drei Staatsgewalten die Erfüllung oder Beachtung bestimmter Aufgaben vorschreiben, vgl. *Erbguth/Schlacke*, in: Umweltrecht, § 4, Rn. 5.

253 BVerwG, Urteil vom 31.01.2002, Az.: 4 A 15/01, Rn. 100 – zitiert nach *juris*.

254 Siehe dazu im Folgenden insbesondere unter B. I. 2., B. II. 3. und 4., C. II., IV. und V.

Verursacherprinzips.[255] Grundsätzlich ist die Ersatzzahlung als *ultima ratio* konzipiert, das heißt erst nach Prüfung und Ablehnung von Vermeidung und Realkompensation heranzuziehen.[256] Weit überwiegend wird vor allem in der Verwaltungspraxis angenommen, dass Eingriffe in das Landschaftsbild in der Regel nicht real kompensierbar sind und daher ohnehin nur eine Ersatzzahlung in Betracht kommt.[257]

Die Ersatzzahlung, die Ausgleich für real nicht kompensierbare Beeinträchtigungen leistet, bemisst sich an den **hypothetischen durchschnittlichen Kosten** für nicht durchgeführte Ausgleichs- oder Ersatzmaßnahmen, § 15 VI 2 BNatSchG.[258] Hierbei handelt es sich um eine Sonderabgabe eigener Art.[259] Soweit die hypothetischen Kosten nicht feststellbar sind, ist bei der **Berechnung** die **Dauer und Schwere des Eingriffs** unter Berücksichtigung der dem Verursacher daraus erwachsenden Vorteils zugrunde zu legen, § 15 VI 3 BNatSchG. Die Zahlung ist gem. § 15 VI 4 BNatSchG regelmäßig im Vorfeld zum Eingriff zu leisten. Das Geld ist in der Folge zweckgebunden für Maßnahmen des Naturschutzes und der Landschaftspflege möglichst in dem betroffenen Naturraum zu verwenden, für die gem. § 15 VI 7 BNatSchG nicht bereits nach anderen Vorschriften eine rechtliche Verpflichtung besteht.[260] Notwendig ist daher, dass die Maßnahme praktisch, real und unmittelbar wirkt und gerade nicht nur als Mittel zum Zwecke der allgemeinen Umweltbildung herangezogen wird.[261]

VIII. Entwurf einer Bundeskompensationsverordnung

1. Zielsetzung einer Bundeskompensationsverordnung und aktueller Stand

Nunmehr sind gesetzgeberische Bestrebungen dahingehend vorhanden,[262] dass von der Ermächtigungsgrundlage des § 15 VII BNatSchG Gebrauch gemacht wird und

---

255 *Franzius*, in: ZUR 2010, 346 (347); *Scheidler*, in: UPR 2010, 134 (138); *Wemdzio*, in: AUR 2012, 9 (15).

256 *Eckhardt/Henning*, in: NuR 2013, 694 (698).

257 Vgl. so beispielsweise Leitfaden WKA Hessen vom 29.11.2012, S. 46, Ziff. 7.4. und das Rundschreiben Windenergie Rheinland-Pfalz vom 28.05.2013, S. 31, Ziff. F. 2.

258 In Hessen bemisst sich diese an den Vorgaben der Kompensationsverordnung vom 01.09.2005 (GVBl. I S. 444) in der aktuellen Fassung. In Schleswig-Holstein findet sich die Berechnungsmethode im WKA Erlass unter Ziff. 4.2. In Bayern ist ebenfalls eine Berechnungsmethode in den Hinweisen zur Planung und Genehmigung von WKA vom 20.12.2011 unter Ziff. 9.3.3 vorgesehen. In Baden-Württemberg bemisst sich die Berechnung an den Maßstäben der Verordnung über die Ausgleichsabgabe nach dem Naturschutzgesetz (Ausgleichsabgabeverordnung - AAVO) vom 01.12.1977 (GBl. 1977, 704).

259 *Fehling*, in: Schneider/Theobald, Recht der Energiewirtschaft, § 8, Rn. 52.

260 Vgl. hierzu auch *Gellermann*, in: Landmann/Rohmer, UmweltR, § 15 BNatSchG, Rn. 40.

261 *Gellermann*, in: Landmann/Rohmer, UmweltR, § 15 BNatSchG, Rn. 40.

262 Aktueller Entwurf vom 19.04.2013. Zu diesem Entwurf vergleiche *Schütte/Wittrock*, in: ZUR 2013, 259 ff; *dies.*, in: ZUR 2013, 504 ff.

eine *„Verordnung über die Kompensation von Eingriffen in Natur und Landschaft (**Bundeskompensationsverordnung** - BKompV)“* erlassen werden soll.[263] Ziel ist es, bundesweit einheitliche Standards und Vorgehensweisen bei der Eingriffsbewältigung zu schaffen, die zu mehr Transparenz, Planungssicherheit, Verfahrensbeschleunigung, vergleichbaren Investitionsbedingungen und zu geringerer Flächeninanspruchnahme führen sollen. Somit soll auch den neuen Herausforderungen der Energiewende hinsichtlich des weiteren Ausbaus der erneuerbaren Energien und des notwendigen Netzausbaus Rechnung getragen werden.[264] Unter der aktuellen Rechtslage ist zu beobachten, dass in der Praxis eine Vielzahl unterschiedlicher gesetzlicher und untergesetzlicher Normen (beispielsweise Verwaltungsvorschriften, Erlasse und Leitfäden) sowohl auf Landesebene[265] als auch auf kommunaler Ebene zur Eingriffsregelung existieren. Um eine einheitliche Rechtsanwendung gewährleisten und der offensichtlichen Rechtszersplitterung begegnen zu können, wurde ein Vorschlag für eine Bundeskompensationsverordnung formuliert.

Der Erlass der BKompV wird noch immer kontrovers diskutiert. Um dennoch den Erlass der Verordnung zu erreichen, wurde in der Sitzung der Bund/Länder-Arbeitsgemeinschaft Naturschutz, Landschaftspflege und Erholung (im Folgenden als *„LANA“* abgekürzt) am 20.03.2014 beschlossen, ein gemeinsames *„Planspiel“* zu diesem Entwurf durchzuführen. Dieses hat am 25./26. September 2014 stattgefunden.[266] Ungeachtet dessen wurde die Bundeskompensationsverordnung noch immer nicht verabschiedet.

2. Inhalt des aktuellen Entwurfs der Bundeskompensationsverordnung

Zum Zeitpunkt der Untersuchung befindet sich der Entwurf der Bundeskompensationsordnung noch im laufenden Verfahren. Kurz ist auf den aktuellen Inhalt dieses Verordnungsentwurfs aufgrund seiner großen Bedeutung für die Praxis einzugehen. Der Entwurf der Bundeskompensationsverordnung ist in fünf Abschnitte gegliedert und enthält sieben Anlagen. Inhaltlich sind umfassende Aussagen getroffen

---

263 Abrufbar auf der Homepage des Bundesministeriums für Umwelt, Naturschutz, Bau und Reaktorsicherheit (im Folgenden *„BMU“*) unter http://www.bmu.de/service/publikationen/downloads/details/artikel/entwurf-verordnung-ueber-die-kompensation-von-eingriffen-in-natur-und-landschaft-bundeskompensationsverordnung-bkompv-1/, Stand 23.04.2013 (Abruf am: 09.08.2015).

264 S. 2 der Begründung zum Entwurf einer Bundeskompensationsverordnung.

265 So ist beispielsweise auf die Kompensationsverordnung des Land Bayerns hinzuweisen (BayKompV) vom 14.08.2013 (GVBl Nr. 15, Seite 517 ff.) sowie auf die Kompensationsverordnung des Landes Hessen (KV) vom 01.09.2005 (GVBl. I 2005, 624) hinzuweisen. Vgl. ferner die Übersicht zu den unterschiedlichen landesrechtlichen Ausgestaltungen zur Eingriffsregelung ausführlich bei *Mühlbauer*, in: Lorz/Konrad/Mühlbauer/Müller-Walter/Stöckel, Naturschutzrecht, § 13 BNatSchG, Rn. 5.

266 Informationen abrufbar auf der Seite von Bosch & Partner unter http://www.bbn-online.de/fileadmin/AK_Landschaftsplanung/140901_Planspiel.pdf (Abruf am: 09.08.2015).

worden. Im ersten Abschnitt sind allgemeine Regelungen zum Anwendungsbereich der Eingriffsregelung und zu den Anforderungen an die Kompensation enthalten. Im Anschluss daran werden im zweiten Abschnitt Maßgaben zur Ermittlung des Kompensationsbedarfs formuliert. Hieran schließt sich der dritte Abschnitt mit Regelungen zum Ausgleich und Ersatz von Beeinträchtigungen an. Im vierten Abschnitt werden Vorgaben zu den Voraussetzungen und der Höhe der Ersatzzahlung gemacht.

In den Anlagen zur BKompV sind wichtige Vorgaben für die planerische Praxis zu finden, so beispielsweise zu der Bestandserfassung und -bewertung (Anlage 1), zur Feststellung der Schwere der zu erwartenden Beeinträchtigungen (Anlage 3), zu den Anforderungen an den Ausgleich und den Ersatz mindestens erheblicher Beeinträchtigungen des Landschaftsbildes und erheblicher Beeinträchtigungen besonderer Schwere sonstiger Schutzgüter (Anlage 5). Ob nun die BKompV tatsächlich erlassen wird, bleibt abzuwarten. Sollte dies der Fall sein, so darf mit Interesse verfolgt werden, welche Auswirkungen die Verordnung auf die planerische Praxis haben wird. Es wird darauf hingewiesen, dass der Entwurf lediglich für die vorhabenbezogene naturschutzrechtliche Eingriffsregelung, nicht aber für die städtebauliche Eingriffsregelung gilt.

IX. Fazit

Soweit die zu genehmigende WEA (im Regelfall) im Außenbereich liegt, beansprucht die naturschutzrechtliche vorhabenbezogene Eingriffsregelung umfassend Geltung. Der Gesetzgeber hat in den §§ 14 ff BNatSchG ein mehrstufiges Folgenbewältigungsprogramm vorgesehen, von dem in der Praxis bei der Zulassung von Windenergie nur beschränkt Gebrauch gemacht wird. Zu beobachten ist die vorschnelle Anordnung von Ersatzgeldern in der Verwaltungspraxis unter der Annahme, dass für WEA keine Ausgleichs- oder Ersatzmöglichkeiten zur Verfügung stehen. Ein solches Vorgehen ist nicht zu begrüßen und naturschutzrechtlich bedenklich. Ein solcher Ansatz entspricht nicht der Zielrichtung der Eingriffsregelung und unterläuft den gesetzgeberisch vorgesehenen Vorrang der Natural- bzw. Realrestitution gegenüber der Ersatzzahlung. Auch wenn die Realkompensationsmöglichkeit bei WEA in der Praxis überwiegend verneint wird, bestehen nach der hier vertretenen Auffassung (wenn auch nur beschränkte) reale Möglichkeiten zum Ausgleich und Ersatz auch beim Bau und Betrieb von WEA. Soweit eine Ausgleichs- oder Ersatzmöglichkeit vorhanden ist, ist eine entsprechende Maßnahme aufgrund des Kompensationsgedankens zeitnah durchzuführen.

Aufgrund der Schwierigkeiten konkreter Kompensationsmaßnahmen im Einzelfall sollte in der Praxis aufgrund der erkennbaren Vorteile in umfassenderen Maße auf die Möglichkeit der Ökokontierung zurückgegriffen werden. Erst wenn die vorgenannten Möglichkeiten geprüft und abgelehnt wurden, darf nach einer Abwägung, die in der Regel zugunsten von WEA ausfällt, auf die Möglichkeit der Ersatzzahlung zurückgegriffen werden. Aktuell bestimmt sich die Berechnung und Höhe nach der jeweils einschlägigen landesrechtlichen Vorgabe. In diesem Zusammenhang darf mit Neugier verfolgt werden, ob sich der begrüßenswerte aktuelle Entwurf zu einer Bundeskompensationsverordnung durchsetzt. Das Verfahren ist derzeit noch nicht abgeschlossen und es bleibt abzuwarten, ob die Bundesländer die gesetzgeberische Bestrebung mittragen werden, welche in der Rechtsanwendung mehr Klarheit schaffen könnte.

B. Schutzgebiete

Nach der Untersuchung der Eingriffsregelung, die eine *„flächendeckende Grundsicherung von Natur und Landschaft vorsieht"*,[267] sind in einem nächsten Schritt die konkreteren Schutzinstrumentarien des Bundesnaturschutzgesetzes zu beleuchten. Zunächst sind die für Windenergie in der Praxis relevanten Regelungen des 4. Kapitels (*„Schutz bestimmter Teile von Natur und Landschaft"*) des Bundesnaturschutzgesetzes in den Blick zu nehmen. Hierbei ist zu untersuchen, ob die Vorgaben der §§ 20–36 ff BNatSchG geeignet sind, den weiteren Ausbau von Windenergie an Land mitzutragen oder ob der aktuelle Rechtszustand und die Rechtsanwendung ein Hindernis für den Ausbau der Onshore-Windenergie darstellen. Zu prüfen ist auch, ob weiteres Flächenpotenzial für die Windenergienutzung in geschützten Landschaftsteilen wie dem Landschaftsschutzgebiet oder den Natura 2000-Gebieten vorhanden ist, auf welches im Rahmen von Einzelzulassungen für WEA zurückgegriffen werden könnte.

Nur wenn der überörtliche bzw. kommunale Plangeber Landschaftsschutzgebiete bzw. Natura 2000-Gebiete nicht als Tabuzonen über die Wirkung des Planvorbehalts gem. § 35 III 3 BauGB für die Windenergienutzung verbindlich ausgeschlossen hat,[268] kommt die Genehmigung einer WEA in einem solchen Schutzgebiet im Einzelfall in Frage. Die Genehmigungsbehörde prüft hierfür das positive Vorliegen der jeweiligen Zulassungsvoraussetzungen. Zunächst sind daher die Möglichkeiten der Einzelzulassung von WEA in einem **Landschaftsschutzgebiet** darzustellen (**I.**). Weitere wichtige Schutzgebietskategorie, die auf ihre Vereinbarkeit mit Windenergie zu überprüfen ist, ist das **Natura 2000-Gebiet** als geschützter Teil von Natur und Landschaft (**II.**). In der Untersuchung werden die weiteren Kategorien des § 20 II BNatSchG außer Acht gelassen. Insbesondere kann im Naturschutzgebiet[269] als

---

267 *Gellermann*, in: Hansmann/Sellner, Umweltrecht, Kap. 10, Rn. 70.

268 Zu der Festlegung von Tabuzonen in Landschaftsschutzgebieten bzw. Natura 2000-Gebieten siehe unten bei Raumordnung unter 2. Teil, 2. Abschnitt, C. I. 1. a) (4) und der Flächennutzungsplanung unter 3. Teil, 2. Abschnitt, B. I. 1.

269 Naturschutzgebiete haben vergleichsweise eine geringe praktische Bedeutung. Deutschland hat insgesamt 8589 Naturschutzgebiete. Die Naturschutzgebietsfläche beträgt insgesamt 1.341.396 ha, wobei dies nur 3,8 % der Gesamtfläche der BRD entspricht. Diese Zahlen sind auf der Homepage des Bundesamtes für Naturschutz (im Folgenden als *„BfN"* abgekürzt) unter http://www.bfn.de/0308_nsg.html abrufbar, Stand 06.05.2014 (Abruf am: 09.08.2015).

strengste Form des Natur- und Landschaftsschutzes[270] WEA aufgrund des gesetzgeberisch angeordneten absoluten Veränderungsverbotes gem. § 23 II BNatSchG[271] nicht zugelassen werden.[272]

I. Landschaftsschutz

Landschaftsschutzgebiete haben eine erhebliche praktische Bedeutung: Ende 2012 waren 8.210 Landschaftsschutzgebiete mit einer Gesamtfläche von ca. 10,2 Mio. ha ausgewiesen. Dies entspricht 28,4 % des Bundesgebietes.[273] In einzelnen Bundesländern fällt der Anteil sogar noch höher aus: In Nordrhein-Westfalen liegt der prozentuale Anteil von Landschaftsschutzgebieten sogar bei 46,5 % des Landesgebiets.[274] Da diese Schutzgebietskategorie nach §§ 20 II Nr. 4, 26 BNatSchG vergleichsweise weniger strenge Voraussetzungen hinsichtlich der Einzelzulassung von Vorhaben hat, als beispielsweise das Naturschutzgebiet nach §§ 20 II Nr. 1, 23 BNatSchG,[275] ist eine genaue Überprüfung geboten, inwieweit hier noch weitere Ausbaumöglichkeiten von Windenergie bestehen. Denn durch seine vielfältigen Regelungsmöglichkeiten als ***„flexible Schutzgebietskategorie“***,[276] wird in dem Landschaftsschutzgebiet weiteres Ausbaupotenzial für die Windenergienutzung an Land gesehen.[277] Es ist anzunehmen, dass das Landschaftsschutzgebiet als bisher noch weitgehend ungenutzte Flächenressource herangezogen werden kann, um den Ausbau der erneuerbaren Energien hinsichtlich der dargestellten Belange der Energiewende mit zu ermöglichen. Auch die aktuelle Potenzialstudie des Umweltbundesamtes bezieht bis zu 25% der Landschaftsschutzgebiete in ihre Berechnung mit ein.[278]

---

270 *Gellermann*, in: Landmann/Rohmer, UmweltR, BNatSchG, § 23, Rn. 1.

271 *„Alle Handlungen, die zu einer Zerstörung, Beschädigung oder Veränderung des Naturschutzgebiets oder seiner Bestandteile oder zu einer nachhaltigen Störung führen können, sind nach Maßgabe näherer Bestimmungen verboten. Soweit es der Schutzzweck erlaubt, können Naturschutzgebiete der Allgemeinheit zugänglich gemacht werden“*.

272 *Scheidler*, in: SächsVBl. 2012, 1 (2).

273 Diese Zahlen sind auf der Homepage BfN abrufbar unter: http://www.bfn.de/0308_lsg.html, Stand 08.04.2014 (Abruf am: 09.08.2015).

274 Angaben bei *Fest*, in: NVwZ 2012, 1129 (1133).

275 *Scheidler*, in: SächsVBl. 2012, 1.

276 *Heugel*, in: Lütkes/Ewers, BNatSchG, § 26, Rn. 2.

277 Es sei darauf hingewiesen, dass in der Potenzialstudie des UBA die Heranziehung von Landschaftsschutzgebieten bis zu 25 % als grundsätzlich möglich erachtet wird, wobei die Einzelzulassung jeweils eine Einzelfallentscheidung unter Berücksichtigung der jeweiligen Aspekte sein soll. Hintergrund der Einbeziehung ist die Annahme, dass Landschaftsschutzgebiete regelmäßig sehr großflächig ausgewiesen werden und daher nicht zwingend für eine Nutzung durch Windenergie ungeeignet sind, vgl. S. 23 f.

278 Potenzialstudie des UBA, S. 23.

Vor der Darstellung der Zulassungsfähigkeit von WEA sind auf die materiellen Voraussetzungen nach § 26 I BNatSchG für die Ausweisung eines Landschaftsschutzgebietes einzugehen (**1.**). In einem weiteren Schritt wird sodann Stellung dazu genommen, ob der Bau und Betrieb von WEA den Verbotstatbestand des § 26 II BNatSchG verwirklicht und dadurch *„andere öffentlich-rechtliche Vorschriften"* im Sinne des § 6 I Nr. 2 BImSchG der Genehmigungsfähigkeit der WEA entgegenstehen (**2.**). Sollte der Tatbestand des § 26 II BNatSchG bei erneuerbaren Energieprojekten wie der Windenergie einschlägig sein, wird darauf eingegangen, ob Alternativen zur Ablehnung dieser Vorhaben bestehen (**3.**). Diskutiert werden verschiedene Gestaltungsmöglichkeiten im Hinblick auf bestehende Schutzgebietsverordnungen. Zu prüfen ist, ob durch Anpassungen bzw. Veränderungen die Windenergienutzung im Landschaftsschutzgebiet rechtssicher ermöglicht werden kann. Soweit dennoch der Verbotstatbestand des § 26 II BNatSchG einschlägig ist und eine Ausnahmemöglichkeit nicht vorgesehen ist, verbleibt dem Vorhabenträger als letztes Mittel die Beantragung einer Befreiung nach § 67 BNatSchG. Deren strenge Voraussetzungen sind schließlich vor dem Hintergrund der Energiewende darzustellen (**4.**).

1. Voraussetzung der Unterschutzstellung eines Landschaftsschutzgebiets

Das Landschaftsschutzgebiet ist in dem Katalog des § 20 II Nr. 4 BNatSchG als Schutzgebietskategorie vorgesehen. Materiell-rechtlich richten sich die Anforderungen an ein Landschaftsschutzgebiet nach den §§ 20 II Nr. 4, 22, 26 BNatSchG.[279] Das Gesetz sieht für das Landschaftsschutzgebiet weder eine bestimmte Größenordnung vor, noch werden besondere Anforderungen an die Beschaffenheit eines unterschutzzustellenden Gebiets formuliert.[280] Gesetzlich normiert sind aber die zulässigen Schutzzwecke für ein Landschaftsschutzgebiet, die in § 26 I Nr. 1 bis Nr. 3 BNatSchG aufgeführt sind. Hiernach können gem. § 26 I Nr. 1 BNatSchG solche Gebiete, in denen ein besonderer Schutz von Natur und Landschaft erforderlich ist, rechtsverbindlich als Landschaftsschutzgebiete festgesetzt werden. Ein **besonderes Schutzbedürfnis** liegt nach der gesetzgeberischen Vorstellung dann vor, wenn die Unterschutzstellung *„zur Erhaltung, Entwicklung oder Wiederherstellung der Leistungs- und Funktionsfähigkeit des Naturhaushalts*[281] *oder der Regenerationsfähigkeit und nachhaltigen Nutzungsfähigkeit der Naturgüter, einschließlich des Schutzes von Lebensstätten*[282] *und Lebensräumen bestimmter wild lebender Tier- und Pflanzenarten [...]"* erforderlich ist. Die Schwelle der Erforderlichkeit ist nicht erst

279 BayVerfGH, Urteil vom 27.09.2013, Az.: Vf. 15-VII-12, Rn. 68 – zitiert nach *juris*. Vgl. auch die Ausführungen bei *Scheidler*, in: NuR 2011, 848 (849).

280 *Heugel*, in: Lütkes/Ewers, BNatSchG, § 26, Rn. 3.

281 Vgl. Legaldefinition des § 7 I Nr. 2 BNatSchG zum Naturhaushalt als: *„die Naturgüter Boden, Wasser, Luft, Klima, Tiere und Pflanzen sowie das Wirkungsgefüge zwischen ihnen"*.

282 Vgl. Legaldefinition des § 7 II Nr. 5 BNatSchG zur Lebensstätte als: *„regelmäßiger Aufenthaltsort der wild lebenden Individuen einer Art"*.

dann überschritten, wenn die Schutzmaßnahmen zur Erreichung des Schutzzwecks unabweisbar oder zwingend geboten erscheinen. Es ist bereits ausreichend, dass die Unterschutzstellung vernünftigerweise geboten ist.[283] Zusammenfassend lässt sich festhalten, dass das Landschaftsschutzgebiet dem Erhalt bestimmter Funktionen und Eigenschaften dient.[284] So können auch Ziele des Arten- und Biotopschutzes taugliche Schutzgüter sein.

Zur wirksamen Festsetzung eines Landschaftsschutzgebiets ist nach dem Bundesverwaltungsgericht ein **formeller, nach außen wirkender, allgemein verbindlicher Rechtsakt** notwendig.[285] Die Schutzerklärung hat den inhaltlichen Vorgaben nach § 22 I 2 BNatSchG zu genügen, d.h. die Erklärung muss Bestimmungen zum Schutzgegenstand und einen konkreten Schutzzweck[286] enthalten. Ferner sind die zur Erreichung des Schutzzwecks notwendigen Gebote und Verbote zu schaffen, und, soweit erforderlich, die Pflege-, Entwicklungs- und Wiederherstellungsmaßnahmen vorzusehen. Regelmäßig wird hierzu auf die Form der Rechtsverordnung oder Satzung zurückgegriffen, aber auch die Unterschutzstellung durch Gesetz ist denkmöglich. Die Unterschutzstellung durch Verwaltungsakt i.S.d. § 35 VwVfG ist praktisch nicht umsetzbar, da der Adressatenkreis in der Regel kaum überschaubar ist und so die Sicherstellung der Erreichung des Schutzzwecks kaum erreicht werden kann.[287]

2. Verbotene Handlungen

Anders als im Naturschutzgebiet, in dem nach § 23 II BNatSchG ein absolutes Veränderungsverbot angeordnet ist, sind in einem Landschaftsschutzgebiet nicht jegliche Veränderungen unzulässig.[288] Nach § 26 II BNatSchG sind nach Maßgabe der Schutzgebietserklärung nur solche Handlungen verboten, die

– *den Charakter des Gebietes verändern (Alt. 1) oder*
– *dem besonderen Schutzzweck zuwiderlaufen (Alt. 2).*

283 BVerwG, Beschluss vom 18.07.1997, Az.: 4 BN 5/97, Rn. 6 – zitiert nach *juris.*

284 Vgl. hierzu *Scheidler*, in: SächsVBl. 2012, 1 (2).

285 Beschluss vom 03.06.2010, Az.: 4 B 54/09, Rn. 12 – zitiert nach *juris;* Beschluss vom 29.01.2007, Az.: 7 B 68/06, Rn. 13 – zitiert nach *juris.* Ebenso OVG Lüneburg, Urteil vom 22.11.2012, Az.: 12 LB 64/11, Rn. 66 – zitiert nach *juris.* Vgl. hierzu *Schlacke/Kröger*, in: Ehlers/Fehling/Pünder, Besonderes Verwaltungsrecht, Bd. 2, § 50, Rn. 127.

286 Die Schutzzwecke spielen auch bei der Beurteilung der Zulässigkeit von WEA in Natura 2000-Gebieten eine besondere Rolle, vgl. im Folgenden bei der Darstellung des Habitatschutzes unter II. 3.

287 Vgl. *Kerkmann*, in: Kerkmann, Naturschutzrecht in der Praxis, § 5, Rn. 4.

288 Aus diesem Grunde werden die Verbote nach § 26 II BNatSchG als „*relative*“ Verbote bezeichnet, vgl. *Gellermann*, in: Landmann/Rohmer, UmweltR, BNatSchG, § 26, Rn. 15; *Hendrikschė*, in: GK-BNatSchG, § 26, Rn. 21.

Mit Blick auf die zweite Alternative des **§ 26 II Alt. 2 BNatSchG** ist die Windenergienutzung in Landschaftsschutzgebieten nur dann zulässig, wenn **kein Widerspruch zum Schutzzweck** anzunehmen ist.[289] Entscheidend ist demnach, wie der Normgeber den Schutzzweck definiert hat.[290] Eine pauschale Beurteilung der Genehmigungsfähigkeit von WEA in Landschaftsschutzgebieten ist aufgrund der unterschiedlich ausgestalteten Schutzzwecke in den Schutzerklärungen nicht möglich.[291] Oftmals wird in der Praxis mit einem Landschaftsschutzgebiet die Erhaltung der Vielfalt, Eigenart, Schönheit und kulturhistorische Bedeutung der Landschaft bezweckt.[292] In diesen Fällen sind WEA mangels Vereinbarkeit mit dem Schutzzweck unzulässig. Dies gilt gerade dann, wenn die Ausweisung des Landschaftsschutzgebiets den Schutz bestimmter Tierarten bezweckt, wie z.B. bestimmter Vogel- und Fledermausarten, die erfahrungsgemäß durch den Betrieb von WEA gefährdet werden.[293] Dadurch ist ein konkreter Anknüpfungspunkt in der Schutzerklärung gegeben, an welchem die Zulässigkeit einer WEA im Einzelfall zu prüfen ist.

Ein anderes gilt bei dem Verbot des § 26 II Alt. 1 BNatSchG. Danach ist eine WEA im Landschaftsschutzgebiet zulässig, wenn dieses gem. § 26 II Alt. 1 BNatSchG konkrete Vorhaben **den Charakter des Gebietes nicht verändert**. Wenn man denjenigen Stimmen in der Literatur folgt, die annehmen, dass all solche Veränderungen verboten sind, *„die das Typische des Landschaftsbildes tangieren, d.h. den das Landschaftsbild bestimmenden Charakter ...* [verändern[294]], *mit der Folge einer erkennbar nachteiligen Veränderung (Beeinträchtigung) des Erscheinungsbildes“*,[295]

---

289 OVG Berlin-Brandenburg, Urteil vom 24.02.2011, Az.: OVG 2 A 2.09, Rn. 63 – zitiert nach *juris*.

290 Beispielhaft sei § 2 der Verordnung über das Landschaftsschutzgebiet *„Auenverbund Fulda“* vom 01.12.1995 (Staatsanzeiger für das Land Hessen 1996 S. 287) genannt, wonach der Schutzzweck wie folgt formuliert ist:
„1 Zweck der Unterschutzstellung ist die Erhaltung der Funktionsfähigkeit des Naturhaushalts sowie die Sicherung der Fulda einschließlich ihrer Zuflüsse mit ihren durch Überflutung gekennzeichneten Auen als eine für Hessen typische Flußlandschaft.
2 Der Schutz dient insbesondere den im Wechsel von Hoch- und Niedrigwasser geprägten Lebensgemeinschaften entlang der Gewässer.
3 Schutzziel ist die Erhaltung der durch die unterschiedlichen Durchfeuchtungsstufen bestimmten Wiesen- und Ufervegetationstypen sowie die weitgehende Wiederherstellung naturnaher Gewässerabschnitte durch die Umwandlung von Ackerland in Grünland und die Extensivierung der Grünlandnutzung.“

291 Anders aber die (zu) pauschale Vorgabe im Rundschreiben Windenergie Rheinland-Pfalz vom 28.05.2013, S. 36 f, Ziff. F. 6. Hiernach ist die erforderliche Genehmigung in Landschaftsschutzgebieten regelmäßig zu erteilen, da das öffentliche Interesse an der Erzeugung und Versorgung der Gesellschaft mit erneuerbaren Energien in der Regel andere, in die Abwägung einzustellende Belange überwiegt.

292 *Scheidler*, in: SächsVBl. 2012, 1 (3) m.w.N.

293 *Scheidler*, in: SächsVBl. 2012, 1 (4).

294 Anm.: Einfügung durch die Verfasserin.

295 *Scheidler*, in: SächsVBl. 2012, 1 (4).

können WEA unabhängig von der Frage des konkreten Schutzzwecks in Landschaftsschutzgebieten nie zulässig sein. Denn mit ihnen geht vor allem im Falle der erstmaligen Errichtung einer WEA eine Nutzungsänderung der Landschaft einher, die der bisherigen Nutzung widerspricht und eine verbotene Veränderung darstellt. Demzufolge wäre Windenergienutzung in Landschaftsschutzgebieten und somit auf fast 30 % des Bundesgebietes grundsätzlich ausgeschlossen. Ob dies tatsächlich naturschutzrechtlich gerechtfertigt ist, ist zu bezweifeln. Denn festzustellen ist, dass in der Vergangenheit großzügig Landschaftsschutzgebiete ohne vertiefte Prüfung der tatsächlichen Schutzwürdigkeit ausgewiesen worden sind.[296] Durch diese Pauschalausweisung durch die Länder[297] wären große Teile von möglicherweise für Windenergie geeigneten Flächen für eine entsprechende Nutzung unzugänglich, folgte man der vorgenannten Auffassung.

Ein solcher Schwarz-Weiß-Ansatz und die Annahme der grundsätzlichen Unzulässigkeit von Windenergie in Landschaftsschutzgebieten werden aber nicht mehr den aktuellen Entwicklungen in der Gesellschaft und der Rechtspolitik gerecht. Wenn der Windenergie substanziell Raum verschafft werden soll und offensichtlich erhebliche Kapazitäten bisher ungenutzt geblieben sind, kann die Heranziehung von großflächig ausgewiesenen Landschaftsschutzgebieten für Windenergie nicht zwingend ausgeschlossen sein.

Um den Erfordernissen der Energiewende durch den weiteren Ausbau von Windenergie Rechnung zu tragen, sollte der Versuch unternommen werden, die konfligierenden Ziele von Landschaftsschutz und Klimaschutz in Ausgleich zu bringen und rechtliche Lösungen auszuarbeiten. Unterschiedliche **Lösungsvorschläge** sind denkbar. Zunächst wäre es möglich, den Begriff der Veränderung im Sinne des § 26 BNatSchG bei der Rechtsanwendung weiter auszulegen. Rechtssicherheit und -klarheit entsteht aber nur dann, wenn die höchstrichterliche Rechtsprechung eine **weite Auslegung** des Tatbestandes der Gebietscharakterveränderung durch die Behörden bestätigt. Einen vergleichbaren Weg der erweiternden Auslegung, ist der VGH München gegangen.[298] Das Gericht verneinte die Verunstaltung des Landschaftsbildes nach § 35 III 1 Nr. 5 BauGB mit der Begründung, dass eine **Verunstaltung** durch WEA nur dann vorläge, wenn

> *„das Bauvorhaben dem Orts- oder Landschaftsbild in ästhetischer Hinsicht grob unangemessen ist und auch von einem für ästhetische Eindrücke offenen Betrachter als belastend empfunden wird (vgl. BVerwG vom 18.3.2003 BRS 66 Nr. 103). An diesem Grundsatz müssen sich auch die im Außenbereich privilegierten Vorhaben messen lassen. Allerdings ist eine Verunstaltung des Landschaftsbildes wegen der erhöhten Durchsetzungsfähigkeit privilegierter Vorhaben nur im Ausnahmefall anzunehmen, etwa dann, wenn es sich um*

296 *Fest*, in: NVwZ 2012, 1129 (1133).

297 Die Unterschutzstellung der Gebiete ist kompetenzrechtlich den Ländern zugewiesen, § 22 II BNatSchG.

298 VGH München, Urteil vom 01.10.2007, Az.: 15 B 06.2356, Rn. 20 – zitiert nach *juris*.

eine wegen ihrer Schönheit und Funktion besonders schutzwürdige Umgebung oder um einen besonders groben Eingriff in das Landschaftsbild handelt."[299]

Das Gericht nimmt überzeugend an, dass vielerorts eine WEA als störend oder beeinträchtigend wirken kann. Der VGH München kommt aber zu folgendem Schluss:

> „*Das allein kann indes nicht dazu führen, dass dieser Belang der Errichtung von Windkraftanlagen entgegensteht. Denn dann wäre die Nutzung von Windenergie an dafür ansonsten geeigneten Standorten in einer Weise eingeschränkt, die nicht mehr im Einklang mit der gesetzlichen Privilegierung stünde. [...] Allerdings ist auch insoweit das besondere Gewicht der Privilegierung zu berücksichtigen. Es ist nicht erkennbar, dass das Vorhaben die natürliche Eigenart der Landschaft in einer Weise beeinträchtigt, die über das hinausgeht, was für die Errichtung von Windkraftanlagen typisch ist.*"[300]

Davon ausgehend, dass eine Verunstaltung im Sinne des § 35 III 1 Nr. 5 BauGB eine besonders gravierende Beeinträchtigung ist, schließt dieser Begriff im Wege eines erst-recht-Schlusses die Veränderung nach § 26 II Alt. 1 BNatSchG mit ein. Aus diesem Grunde können die Grundgedanken des vorgenannten Urteils auch Anwendung auf den Landschaftsschutz finden. Folglich ist auch bei der Auslegung des Tatbestandsmerkmals der Gebietsveränderung durch eine WEA im Landschaftsschutzgebiet die im Außenbereich geltende gesetzgeberische Privilegierung von Windenergie zu beachten.[301] Daraus ergibt sich, dass Vorhaben wie WEA grundsätzlich im Außenbereich anzusiedeln sind, wodurch sie Teil der Landschaft werden und vom Gesetzgeber nicht per se als unzulässig bewertet werden. Daher ist besonders sorgfältig zu prüfen, ob eine nachteilige Veränderung des Gebietscharakters vorliegt, der über das für WEA Typische hinausgeht. Ein pauschaler Ausschluss von WEA in Landschaftsschutzgebieten ist im Hinblick auf die beschlossene Energiewende kaum haltbar. Zumindest ist eine sorgfältige Einzelfallentscheidung

---

299 VGH München, Urteil vom 01.10.2007, Az.: 15 B 06.2356, Rn. 20 – zitiert nach *juris* (Anm.: Hervorhebung durch die Verfasserin).

300 VGH München, Urteil vom 01.10.2007, Az.: 15 B 06.2356, Rn. 21 – zitiert nach *juris* (Anm.: sämtliche Hervorhebung durch die Verfasserin). Siehe auch aktuelle Entscheidung des VGH München, Urteil vom 18.06.2014, Az.: 22 B 13.1358, Rn. 39 – zitiert nach *juris*: „*Maßgebliches Kriterium ist die grobe Unangemessenheit der strittigen Anlage in ästhetischer Hinsicht, die nur im Ausnahmefall anzunehmen ist, wenn entweder die Umgebung besonders schutzwürdig oder der Eingriff besonders grob ist. Im vorliegenden Fall ist eine zwar schutzwürdige, reizvolle, kleinteilige, von über die Baumwipfel hinausreichenden vertikalen technischen Anlagen weitgehend unberührte Landschaft gegeben; diese kann aber nicht als einzigartig im Sinne von topographischen oder kulturhistorischen Alleinstellungsmerkmalen gewertet werden. Der Eingriff ist vergleichsweise zurückhaltend, weil die strittige Windkraftanlage solitär und nicht auf einer herausragenden Erhebung errichtet werden soll und durch die hügelige Landschaft ganz oder teilweise verdeckt werden würde.*"

301 *Fest*, in: NVwZ 2012, 1129 (1133).

geboten.[302] Hierfür ist gerade auch der konkrete Grad der Beeinträchtigung durch die WEA und das Maß der Schutzwürdigkeit des Landschaftsbildes und die Berücksichtigung der Schutzerklärung festzustellen und zu gewichten.[303]

Vorteil einer weiten Auslegung ist die sofortige Anwendung im jeweiligen Zulassungsverfahren. Nachteilig ist aber, dass ein solches Vorgehen nicht allgemeinverbindlich ist, d.h. eine homogene Rechtsanwendung durch die jeweiligen Entscheidungsträger zunächst nicht zu erwarten ist. Außerdem kann nur die erste Alternative des § 26 II BNatSchG weit ausgelegt werden, wohingegen ein solches Vorgehen bei konkret formulierten Schutzzwecken nach § 26 II Alt. 2 BNatSchG nicht möglich sein wird.

Um eine einheitliche Grundlage für die Rechtsanwendung zu schaffen, könnte der § 26 BNatSchG im Hinblick auf beide Tatbestandsalternativen geändert werden. Durch eine solche **Gesetzesänderung oder -erweiterung** können konfligierende Belange wie der Landschaftsschutz einerseits und beispielsweise die Belange der Energiewende andererseits durch eine flexiblere Rechtslage besser in Ausgleich gebracht und eine rechtssicherere Anwendung ermöglicht werden. Denkbar wäre entweder die inhaltliche Veränderung der Norm zu einem „*Regelfall*“ oder dessen inhaltliche Modifikation mithilfe des Wortes „*erheblich*“. So könnte der Wortlaut der § 26 II BNatSchG wie folgt geändert werden:

Alt 1: „*In einem Landschaftsschutzgebiet sind [...] in der Regel alle Handlungen verboten, die den Charakter des Gebiets verändern oder dem besonderen Schutzzweck zuwiderlaufen.*“
Alt 2: „*In einem Landschaftsschutzgebiet [...] alle Handlungen verboten, die den Charakter des Gebiets erheblich verändern oder dem besonderen Schutzzweck zuwiderlaufen.*“

Schließlich könnte auch noch über die Schaffung einer **ausdrücklichen Ausnahmemöglichkeit** im Rahmen des § 26 BNatSchG, die über die Befreiungsmöglichkeit des § 67 BNatSchG hinausginge, die Zielerreichung der Energiewende unterstützt werden. Vergleichsweise könnte man auf die Regelungsinhalte der Ausnahmetatbestände des § 34 III BNatSchG[304] oder § 45 VII BNatSchG[305] zurückgreifen.

3. Anpassung der Schutzgebietsverordnungen

Statt bzw. neben einer erweiternden Auslegung des § 26 II BNatSchG oder Gesetzesänderungen bzw. -erweiterungen, sind mögliche Alternativen die **Anpassung bzw. Modifikation** der vorhandenen den Landschaftsschutzgebieten zugrundeliegenden

302 Ebenfalls eine pauschale Verneinung von Windenergie im Landschaftsschutzgebiet ablehnend *Attendorn*, in: NuR 2013, 153 (156); *Gatz*, in: Windenergieanlagen in der Verwaltungs- und Gerichtspraxis, Rn. 303.

303 *Gatz*, in: Windenergieanlagen in der Verwaltungs- und Gerichtspraxis, Rn. 305.

304 Siehe hierzu sogleich ausführlich beim Habitatschutz unter II. 4.

305 Siehe hierzu im Folgenden beim Artenschutz unter C. IV.

Schutzgebietsverordnungen. Auch so könnte eine rechtssichere Grundlage für die Windenergienutzung in Landschaftsschutzgebieten geschaffen werden.[306] Hierbei sind die jeweiligen landesrechtlichen Besonderheiten zu beachten, da sich gem. § 22 II BNatSchG Form und Verfahren der Unterschutzstellung und somit auch die Anpassung der Schutzerklärung nach Landesrecht richten.[307] Die verfahrensrechtliche Zuständigkeit zur Unterschutzstellung und damit auch zur Änderungsmöglichkeit divergiert von Bundesland zu Bundesland. Teilweise sind die kommunalen Entscheidungsträger selbst,[308] teilweise aber auch die Naturschutzbehörden[309] zuständig.

Soweit die Schutzerklärung als Rechtsverordnung ausgestaltet ist, wäre zur Legalisierung von WEA in Landschaftsschutzgebieten eine Änderung der Landschaftsschutzverordnung insbesondere durch die **Überarbeitung der Schutzzwecke** durch den Verordnungsgeber denkbar. Eine mögliche Änderung wäre außerdem die **Verkleinerung des Landschaftsschutzgebietes** durch die Herausnahme bestimmter, für WEA geeigneter Flächen. Dadurch wäre das Verbot des § 26 II BNatSchG nicht mehr anwendbar und der Landschaftsschutz stünde der Zulassung von WEA nicht mehr entgegen.[310] Ein solches Vorgehen wurde auch von dem BayVerfGH als Möglichkeit vorgeschlagen:[311]

> *„Um den Gemeinden auch in Landschaftsschutzgebieten die Steuerungsmöglichkeit des § 5 II b, § 35 III Satz 3 BauGB bei der Errichtung von Windkraftanlagen zu eröffnen, bietet sich als fachgerichtlich anerkannter Weg die teilweise oder vollständige Aufhebung der Schutzgebietsverordnung als ‚actus contrarius' an."*

Problematisch hieran ist die Alles-oder-Nichts-Wirkung: Durch die (Teil-)Aufhebung eines Landschaftsschutzgebiets würde dessen Wirkung auch für andere schützenswerte Belange entfallen. Ein solches Vorgehen geht möglicherweise zu stark zu Lasten des Naturschutzes und der Landschaftspflege und begünstigt die Windenergienutzung einseitig.[312] Alternativ böte sich als weniger einschneidende Möglichkeit die **Integration von Zonierungskonzepten** mit abgestuften Schutzzwecken in die

---

306 Vgl. hierzu auch *Fischer-Hüftle*, in: BayVBl. 2012, 709 (711 ff).

307 Vgl. Übersicht zu den Ausweisungsformen in den verschiedenen Bundesländern nebst gesetzlicher Regelung und zuständigen Behörden (z.B. oberste Naturschutzbehörde) bei *Kerkmann*, in: Kerkmann, Naturschutzrecht in der Praxis, § 5 Rn. 6.

308 So z.B. in Bayern gem. Art 51 BayNatSchG, wonach die Landkreise und kreisfreien Gemeinden für den Erlass von Rechtsverordnungen über Landschaftsschutzgebiete nach § 26 BNatSchG zuständig sind.

309 So z.B. in Hessen gem. § 12 II Nr. 2 Ausführungsgesetz zum BundesnaturschutzG, wonach in diesen Fällen die Obere Naturschutzbehörde zuständig ist.

310 *Fischer-Hüftle*, in: BayVBl. 2012, 709 (711).

311 BayVerfGH, Urteil vom 27.09.2013, Az.: Vf. 15-VII-12, Rn. 81 – zitiert nach *juris*. In diese Richtung wohl auch VG Oldenburg (Oldenburg), Beschluss vom 26.05.2014, Az.: 5 B 603/14, Rn. 36 – zitiert nach *juris*.

312 *Fischer-Hüftle*, in: BayVBl. 2012, 709 (712).

Schutzerklärungen an, vgl. 22 I 3 BNatSchG.[313] Das Landschaftsschutzgebiet kann demnach in Zonen mit einem entsprechend dem jeweiligen Schutzzweck abgestuften Schutz gegliedert werden, wobei auch die für den Schutz notwendige Umgebung einbezogen werden kann. Hierdurch kann der Verordnungsgeber unterschiedliche Zonen bestimmen, wobei bestimmte Gebietsteile innerhalb des jeweiligen Landschaftsschutzgebiets für die Windenergienutzung freigegeben werden, es im Übrigen aber beim bisherigen Schutz bleibt.[314] Der Verordnungsgeber überprüft bei der Ausarbeitung eines Zonierungskonzepts die möglicherweise überholte Unterschutzstellung des Gebietes und kann die Schutzerklärung an die aktuellen Entwicklungen anpassen. Notwendig ist hierbei, dass sich der Verordnungsgeber die unterschiedlichen berührten Belange bewusst vor Augen führt und eine gerechte Gewichtung der betroffenen Interessen im Rahmen einer Abwägung durchführt. Hierbei sind die Aspekte des Einzelfalls zu berücksichtigen, so beispielsweise die Windhöffigkeit des Gebiets, die Schutzrichtung der Verordnung und die potenzielle Beeinträchtigung des Gebietes durch die Errichtung von WEA. Über die einfache Zonierung kann der Verordnungsgeber dann bestimmte Teilbereiche für die Windenergienutzung aus dem Anwendungsbereich der Verbote der Schutzerklärung ausnehmen, wodurch die WEA auf diesen Gebietsteilen im Landschaftsschutzgebiet rechtlich zulässig sind.[315] Im Übrigen könnte das restliche Gebiet über die Schutzerklärung ausdrücklich über ein Verbot von Windenergie freigehalten werden. Fischer-Hüftle formuliert folgenden Vorschlag, wie er in eine Schutzerklärung mitaufgenommen werden könnte:

> „*§ [...] Windenergieanlagen*
> (1) *Von den Beschränkungen dieser Verordnung ist ferner ausgenommen die Windenergienutzung durch immissionsschutzrechtlich genehmigungspflichtigen Windenergieanlagen auf den in den Karten [...] gesondert eingetragenen Flächen [...].*
> (2) *Im übrigen Geltungsbereich dieser Verordnung ist die Windenergienutzung verboten.*“[316]

Die **Vorteile** eines solchen Vorgehens sind deutlich erkennbar. Die grundsätzliche Unterschutzstellung der Landschaft bleibt unangetastet, wobei dennoch flexibel auf

---

313 So auch *Fischer-Hüftle*, in: BayVBl. 2012, 709 (712); *Söfker*, in: ZfBR 2013, 13 (15). Vgl. insoweit auch die Vorschläge von Bosch & Partner im Auftrag des BfN im Abschlussbericht zum Forschungsvorhaben „*Vernetzung der Forschung zu den Auswirkungen von Erneuerbaren Energien auf Natur und Landschaft*“ vom 20.12.2013, S. 11, abrufbar unter: http://www.energiewende-naturvertraeglich.de/index.php?id=1091 (Abruf am: 09.08.2015). In diese Richtung wohl auch Windenergieerlass des Landes Baden-Württemberg vom 09.05.2012, Ziff. 4.2.3.1.

314 BayVerfGH, Urteil vom 27.09.2013, Az.: Vf. 15-VII-12, Rn. 81 – zitiert nach *juris*. Auch in den Bayrischen Hinweisen zur Planung und Genehmigung von WKA vom 20.12.2011 wird auf diese Möglichkeit hingewiesen und als Empfehlung an die Hand gegeben, vgl. S. 34.

315 *Fischer-Hüftle*, in: BayVBl. 2012, 709 (712 ff) nebst Ausführungen zur denkbaren rechtstechnischen Umsetzung.

316 *Fischer-Hüftle*, in: BayVBl. 2012, 709 (715).

unterschiedlichen Belange Rücksicht genommen werden kann. So wird in hinreichendem Maß der Landschaftspflege und dem Naturschutz auf der einen Seite Rechnung getragen, wobei auf der anderen Seite der naturschutzverträgliche Ausbau der Windenergie und somit die Belange der Energiewende berücksichtigt werden können. Durch den Ausbau von Zonierungskonzepten wird der vorschnelle Weg über die Befreiung nach § 67 BNatSchG[317] verhindert und somit einer ungewollten praktischen Ausweitung des Anwendungsbereichs wirksam begegnet.[318] Sicherlich stellt die Aufstellung eines Zonierungskonzepts einen erheblichen Mehraufwand dar und ist aufgrund des nicht unerheblichen zeitlichen Aufwandes vor zukünftigen Zulassungsverfahren für WEA durchzuführen. Dieser Aufwand ist jedoch in Anbetracht der Gewichtigkeit der berührten Interessen geboten.

Die Überarbeitung von Schutzerklärungen und die Entwicklung von Zonierungskonzepten spielt aber nicht nur für die Einzelzulassung eine Rolle, sondern hat auch Relevanz für eine etwaige Raum- oder Bauleitplanung bei der Frage der Auswahl von Tabuzonen.[319] Denn eine rechtswirksame Schutzerklärung ist bei der Bauleitplanung als höherrangiges Recht zu beachten, vgl. §§ 6 II, 10 II BauGB.[320]

4. *Befreiung gem. § 67 BNatSchG*

Eine Ausnahmemöglichkeit für die Verbote bei Landschaftsschutzgebieten ist im BNatSchG selbst nicht vorgesehen. So kann auch nicht auf die Ausnahmemöglichkeit des § 29 II BNatSchG zurückgegriffen werden.[321] Es verbleibt letztlich – soweit keine Befreiungsmöglichkeit in der Schutzerklärung des Landschaftsschutzgebiets selbst vorgesehen ist – nur die Möglichkeit einer **Befreiung** nach § 67 BNatSchG.[322] Eine solche kann nur unter strengen Voraussetzungen und auf entsprechenden Antrag hin erteilt werden.[323] Denkbar ist die Erteilung einer Befreiung nach § 67 I Nr. 1 BNatSchG, wenn eine solche aus Gründen des **überwiegenden öffentlichen Interesses**, einschließlich solcher sozialer und wirtschaftlicher Art, notwendig ist.

---

317 Siehe hierzu sogleich unter 4.

318 *Mühlbauer*, in: Lorz/Konrad/Mühlbauer/Müller-Walter/Stöckel, Naturschutzrecht, § 22 BNatSchG, Rn. 2. Entsprechende Empfehlung findet sich auch in den Bayrischen Hinweise zur Planung und Genehmigung von WKA vom 20.12.2011, Ziff. 9.2.3.

319 Vgl. hierzu noch im Folgenden ausführlich unter anderem im Rahmen der Konzentrationsflächenplanung auf Raumordnungsebene unter 2. Teil, 2. Abschnitt, C. I. 1. a) (4).

320 *Scheidler*, in: NuR 2011, 848 (849) m.w.N.

321 *Gatz*, in: Windenergieanlagen in der Verwaltungs- und Gerichtspraxis, Rn. 300.

322 *Gatz*, in: Windenergieanlagen in der Verwaltungs- und Gerichtspraxis, Rn. 303; *Hünnekens*, in: Johlen/Oerder, MAH Verwaltungsrecht, § 11, Rn. 100 ff; *Söfker*, in: ZfBR 2013, 13 (15). Anders *Mühlbauer*, in: Lorz/Konrad/Mühlbauer/Müller-Walter/Stöckel, Naturschutzrecht, § 22 BNatSchG, Rn. 2, der eine Befreiungsmöglichkeit grundsätzlich aufgrund des Verstoßes gegen die Schutzerklärung bei WEA verneint.

323 Siehe hierzu die ausführliche Darstellung beim Habitatschutz unter II. 5. und beim Artenschutz unter C. V.

Grundsätzlich ist der Betrieb von WEA vor dem Hintergrund der Zustimmung zum Kyoto-Protokoll, der Privilegierung dieser Anlagen über § 35 BauGB und den Vorgaben des EEG als relevantes **öffentliches Interesse** im Sinne dieses Befreiungstatbestandes zu werten.[324] Auch in der Rechtsprechung ist der hohe Stellenwert der Windenergie im Rahmen der Befreiungsmöglichkeit inzwischen anerkannt. So führte beispielsweise das VG Aachen hierzu aus:

> *„Grundsätzlich handelt es sich bei dem öffentlichen Interesse, das mit der Errichtung von Windenergieanlagen verfolgt wird, um ein in diese Abwägung mit hohem Gewicht einzustellendes qualifiziertes öffentliches Interesse. Die Nutzung der Windenergie dient der Nutzung regenerativer Energiequellen und letztlich der Reduktion von Treibhausgasen und damit einem wichtigen umweltpolitischen Ziel [...].“*[325]

Auch in der Verwaltungspraxis finden die Belange der Energiewende verstärkt Beachtung. So heißt es zum Verhältnis zum Landschaftsschutz im hessischen Leitfaden zur Berücksichtigung der Naturschutzbelange bei der Planung und Genehmigung von Windkraftanlagen, dass

> *„mit der Entscheidung für die Energiewende neue, höchst gewichtige Anforderungen der Allgemeinheit an Natur und Landschaft (§ 2 III BNatSchG) erwachsen sind. Der Errichtung von Windkraftanlagen kommt im Hinblick auf den Aufbau einer nachhaltigen Energieversorgung auch naturschutzrechtlich ein entscheidendes Gewicht zu (§ 1 III Nr. 4, 2 Hs. BNatSchG).“*[326]

Überwiegend ist ein Interesse im Sinne des § 67 BNatSchG immer dann, wenn dieses die mit den naturschutzrechtlichen Ge- oder Verboten verfolgten Belange überwindet.[327] Im vorliegenden Fall ist das qualifizierte öffentliche Interesse an WEA mit den Schutzzielen des Landschaftsschutzes und dem Interesse an der dauerhaften Sicherung der Leistungs- und Funktionsfähigkeit des Naturhaushalts und der Vielfalt, Eigenart und Schönheit sowie des Erholungswerts von Natur und Landschaft im Einzelfall abzuwägen. Aufgrund ihrer Wertigkeit können sich die Belange des Landschaftsschutzes auch weiterhin durchsetzen.[328] Zu prüfen ist daher, ob die konkrete WEA auch unter Berücksichtigung der Zwecke, die die Schutzverordnung selbst im Auge hat, aus Gründen des Gemeinwohls geboten erscheint und keine alternativen Lösungen erkennbar sind.[329]

Nur wenn das der Fall sein sollte, kann die WEA als Einzelvorhaben über eine Befreiung zugelassen werden. Die Erteilung einer Befreiung nach § 67 BNatSchG

---

324 *Attendorn*, in: NuR 2013, 153 (161).

325 VG Aachen, Urteil vom 07.05.2012, Az.: 6 K 1140/10, Rn. 79 – zitiert nach *juris*.

326 Vom 29.11.2012, S. 29, Ziff. 4.3. (Anm.: Hervorhebung durch die Verfasserin).

327 *Attendorn*, in: NuR 2013, 153 (161).

328 VG Aachen, Urteil vom 07.05.2012, Az.: 6 K 1140/10, Rn. 81 ff – zitiert nach *juris*.

329 Vgl. zu den Befreiungsmöglichkeiten beim Habitatschutz im Folgenden unter II. 5. und beim Artenschutz unter C. VI.

darf aber nicht zum Regelfall bei der Zulassung von WEA in Landschaftsschutzgebieten werden. Aus vorgenannten Gründen hat daher eine kritische Überprüfung der Landschaftsschutzverordnungen dahingehend zu erfolgen, ob nicht viel mehr eine Änderung geboten ist, dass in der Schutzerklärung oder dem § 26 BNatSchG selbst etwaige Ausnahme- oder Befreiungsregelungen in Landschaftsschutzgebieten geregelt werden. Daneben besteht eine weitere Anpassungsmöglichkeit der Schutzerklärungen über die Schaffung von Zonierungskonzepte mit abgestuftem Schutzniveau. Erst wenn diese Möglichkeiten ausgeschöpft wurden, soll auf die Befreiung als ultima ratio zurückgegriffen werden.

5. *Fazit*

Festzuhalten ist, dass Windenergie in Landschaftsschutzgebieten nach aktueller Rechtslage nicht per se ausgeschlossen sein muss. Durch den hohen Gebietsanteil von Landschaftsschutzgebieten in Deutschland ist es vor dem Hintergrund der Energiewende kaum vertretbar, diese Gebiete vollständig von Windenergie freizuhalten. Bei der Anwendung der Verbote des § 26 II BNatSchG sind daher die aktuellen Entwicklungen und die Anforderungen an die Energiewende zu beachten. Eine zu strenge Handhabung des § 26 BNatSchG würde andernfalls ein großes Hemmnis für den weiteren Ausbau von Windenergie darstellen, ohne dass dies naturschutzrechtlich zwingend geboten ist.

Um das räumliche Bedürfnis der Energiewende zu unterstützen, kommen verschiedene Lösungswege in Betracht. So könnte der Verbotstatbestand des § 26 II BNatSchG unter Berücksichtigung der Privilegierung und Bedeutung von Windenergie an Land weiter ausgelegt werden. Ein solcher Ansatz kann den Ausbau von erneuerbaren Energien nur beschränkt unterstützen, da er nicht allgemein für alle Entscheidungsträger gilt und nur bei einem Teil des Verbotstatbestandes möglich ist. Um die notwendige Allgemeinverbindlichkeit zu schaffen wäre es nach der hier vertretenen Ansicht notwendig, dass das Bundesnaturschutzgesetz durch den Bundesgesetzgeber geändert werden würde. Durch die Anpassung des Wortlauts des § 26 BNatSchG könnte größere Rechtssicherheit geschaffen werden. In Frage kommt hierfür die Modifikation des Verbotstatbestandes entweder durch die Ausgestaltung als Regelfall oder durch die Integration einer Erheblichkeitsschwelle in den § 26 II BNatSchG. Ferner könnte eine Ausnahme im § 26 BNatSchG vergleichbar zu der habitatschutzrechtlichen oder artenschutzrechtlichen Ausnahmen nach §§ 34 III, 45 VII BNatSchG geschaffen werden.

Daneben können die Schutzgebietserklärungen durch die lokalen Entscheidungsträger selbst geändert bzw. angepasst werden, um die Windenergienutzung im Schutzgebiet zu ermöglichen. Aus naturschutzrechtlicher Sicht nicht unbedenklich ist die Variante der (Teil-)Aufhebung von Landschaftsschutzgebieten. Stattdessen sollten flexible Zonierungskonzepte ausgearbeitet und in die bestehenden Schutzerklärungen integriert werden, um ein abgestuftes Schutzsystem zu schaffen. Flankierend zu einer möglichen Änderung des bundesgesetzlichen Tatbestandes wäre ein solches Vorgehen im Hinblick auf die notwendige Berücksichtigung konfligierender

Belange eine gute Möglichkeit, die Belange der Energiewende einerseits und der Belange des Naturschutzes andererseits hinreichend berücksichtigen zu können. Im Zuge dessen könnte sich der Verordnungsgeber noch einmal kritisch mit den teilweise veralteten Schutzgebietsverordnungen befassen, um diese auf den aktuellen Stand zu bringen. Vorteil ist die flexible Ausgestaltung und die Allgemeinverbindlichkeit. Außerdem kann so auch der ungewollte Rückgriff auf die Befreiung nach § 67 BNatSchG vermieden werden, die ohnehin nur in sehr begrenzten Ausnahmefällen erteilt werden darf. Nachteilig ist der nicht unerhebliche Aufwand, solche Zonierungskonzepte ausarbeiten zu können, so dass nicht zu erwarten ist, dass dies zeitnah geschehen kann.

II. Habitatschutz

Im Rahmen der Genehmigungsfähigkeit von WEA und vor dem Hintergrund der notwendigen Bereitstellung weiterer Flächen für erneuerbare Energien stellt sich in der Praxis häufig die Frage, ob die Errichtung und der Betrieb dieser baulichen Anlagen in oder in der Nähe von „***Natura 2000-Gebieten***" rechtlich zulässig ist. Natura 2000-Gebiete dienen auf europarechtlicher Grundlage dem Habitatschutz.[330] Unter **Habitatschutz** ist der Schutz von Lebensräumen bedrohter Tier- und Pflanzenarten zu verstehen. Der Begriff des Habitatschutzes ist von dem Begriff Natura 2000 mit umfasst und wird in der Praxis mit diesem oftmals gleichgesetzt.[331] In Deutschland sind derzeit ca. 15 % der Landesfläche als Natura 2000-Gebiete gemeldet.[332] Die vorhandene Dichte solcher Gebiete in Deutschland ist als relativ hoch anzusehen.[333]

In der Vergangenheit hatte sich gezeigt, dass die auf Natura 2000-Gebiete anzuwendenden Vorgaben Schwierigkeiten für den Ausbau von Verkehrsinfrastrukturvorhaben mit sich brachten. Es wird nun befürchtet, dass auch bei Zulassungsverfahren für erneuerbare Energieprojekte wie WEA das *„FFH-Schutzregime*

330 Namentlich zur Einhaltung der Vorgaben der FFH-RL, vgl. Art 3 I 1: *„Es wird ein kohärentes europäisches ökologisches Netz besonderer Schutzgebiete mit der Bezeichnung „Natura 2000" errichtet. Dieses Netz besteht aus Gebieten, die die natürlichen Lebensraumtypen des Anhangs I sowie die Habitate der Arten des Anhang II umfassen, und muss den Fortbestand oder gegebenenfalls die Wiederherstellung eines günstigen Erhaltungszustandes dieser natürlichen Lebensraumtypen und Habitate der Arten in ihrem natürlichen Verbreitungsgebiet gewährleisten."*

331 Verwaltungsvorschrift zur Anwendung der nationalen Vorschriften zur Umsetzung der Richtlinien 92/43/EWG (FFH-RL) und 2009/147/EG (V-RL) zum Habitatschutz (*„VV-Habitatschutz"*), Runderlass des nordrhein-westfälischen Ministeriums für Umwelt und Naturschutz, Landwirtschaft und Verbraucherschutz vom 13.04.2010, III 4 - 616.06.01.18, Ziff. 1.1.

332 Angaben auf der Webseite des BMU abrufbar unter: http://www.bmub.bund.de/themen/natur-arten-tourismussport/naturschutz-biologische-vielfalt/natura-2000/gebiete/; Stand: 01.09.2014 (Abruf am: 09.08.2015).

333 *Kohls*, in: Danner/Theobald, Energierecht, XIII. B 1, Rn. 65.

zum zentralen Konfliktfeld in Genehmigungsverfahren" werden könnte.[334] Im Folgenden sollen die zentralen Fragen des Habitatschutzes für die Errichtung und den Betrieb von WEA behandelt werden, wobei zu überprüfen ist, ob die gesetzlichen Grundlagen einerseits und die Handhabung der habitatschutzrechtlichen Vorgaben durch die Verwaltung und Rechtsprechung andererseits den Ausbau erneuerbarer Energien in diesen Schutzgebieten mittragen können.

Nach der Erörterung des Begriffs „*Natura 2000*" (**1.**) werden die Vorgaben des § 34 BNatSchG als lex specialis zu § 33 BNatSchG hinsichtlich der besonderen Zulassungsvoraussetzungen und Prüfungsanforderungen an WEA als gebietsrelevante Vorhaben in Natura 2000-Gebieten beleuchtet.[335] Dabei werden zunächst der Ablauf der sog. FFH-Prüfungen und die einzelnen Prüfungsschritte dargestellt (**2.**). Darauf folgt eine Auseinandersetzung mit den maßgeblichen Kriterien, die zur Unzulässigkeit eines Vorhabens nach § 34 II BNatSchG führen können (**3.**). Trotz der Einschlägigkeit des Verbotstatbestandes kann die WEA als Projekt über eine Ausnahme zugelassen werden, soweit deren Voraussetzungen gem. § 34 III–V BNatSchG vorliegen (**4.**). Sollte dies nicht der Fall sein, ist die Möglichkeit der Erteilung einer Befreiung nach § 67 BNatSchG zu untersuchen (**5.**), um letztlich so der WEA als Vorhaben zur Zulassung zu verhelfen.

1. „Natura 2000"

Zunächst ist kurz auf die inhaltliche Reichweite des Begriffs Natura 2000 einzugehen (**a**). Im Zusammenhang mit der Begriffsbestimmung von Natura 2000 ist der Unterschied zu faktischen Vogelschutzgebieten und potenziellen Natura 2000-Gebieten und die rechtlichen Folgen aufzuzeigen (**b**).

a) Allgemeines

Der Schutz des Gebietstyps Natura 2000 ist keine Erfindung des deutschen Gesetzgebers, sondern geht zurück auf die unionsrechtlichen Vorgaben des Art 3 I FFH-RL. Demnach ist ein kohärentes europäisches ökologisches Netz besonderer Schutzgebiete mit der Bezeichnung „***Natura 2000***" zu errichten. Nach Art 3 I 2 FFH-RL besteht Natura 2000 aus Gebieten, die die natürlichen Lebensraumtypen des Anhangs I sowie die Habitate der Arten des Anhangs II umfassen. Als „***Habitat einer Art***" wird in der FFH-RL ein durch spezifische abiotische und biotische Faktoren bestimmter Lebensraum bezeichnet, in dem eine bestimmte Art in einem der Stadien ihres Lebenskreislaufs vorkommt, vgl. Art 1 f).

Die europarechtlichen Vorgaben haben Niederschlag in § 31 BNatSchG gefunden, wonach Bund und Länder zur Erfüllung der sich aus den FFH-RL und VRL ergebenden

---

334 *Meßerschmidt*, in: NuR 2013, 168 (169).

335 Es ist der Vollständigkeit halber darauf hinzuweisen, dass in manchen abweichende Vorschriften in manchen Bundesländern existieren, beispielsweise in den § 48 d LG NRW, § 23 LNatSchG SH, § 27 LNatSchG RLP.

Verpflichtungen zum Aufbau und Schutz des zusammenhängenden europäischen ökologischen Netzes Natura 2000 verpflichtet sind. Hieran wird die enge Verzahnung von Unionsrecht und deutschem Recht beim Habitatschutz deutlich.

Bei **Natura 2000-Gebiete** handelt es sich gem. § 7 I Nr. 8 BNatSchG um Gebiete von gemeinschaftlicher Bedeutung und Europäische Vogelschutzgebiete. **Gebiete von gemeinschaftlicher Bedeutung** sind *„die in die Liste nach Artikel 4 II Unterabsatz 3 FFH-RL aufgenommenen Gebiete, auch wenn ein Schutz im Sinne des § 32 Absatz 2 bis 4 noch nicht gewährleistet ist"*. Die vorgenannten Gebiete werden auch ***„FFH-Gebiete"*** genannt.[336] Als **Europäische Vogelschutzgebiete** werden in § 7 I Nr. 7 BNatSchG all solche Gebiete bezeichnet, die in Art. 4 I, II VRL aufgeführt sind und bei denen ein Schutz im Sinne des § 32 II–IV BNatSchG bereits gewährleistet ist.

Natura 2000 ist ein eigenständiger Begriff, der selbst keine Aussage über die einschlägige Schutzkategorie trifft. Nach § 32 II BNatSchG sind die zu schützenden Gebietsbestandteile entsprechend der jeweiligen Erhaltungszielen zu geschützten Teilen von Natur und Landschaft im Sinne des § 20 II BNatSchG zu erklären. Hierbei kann auf die **katalogisierten Typen der § 20 ff BNatSchG,**[337] je nach Schutzbedürftigkeit des betroffenen Gebiets, zurückgegriffen werden.[338] Im Rahmen einer Einzelfallentscheidung erfolgt die Zuordnung des unter Schutz zu stellenden Gebiets zu einer bestimmten Kategorie entsprechend dessen Schutzbedürftigkeit.[339] Aufgrund des hohen Stellenwerts der europäischen Vorgaben hinsichtlich der zu schützenden Lebensraumtypen bzw. Habitate wird überwiegend auf die strengen Schutzgebietstypen zurückgegriffen, namentlich auf das Naturschutzgebiet gem. § 23 BNatSchG, den Nationalpark gem. § 24 I–III BNatSchG oder das Nationale Naturmonument gem. § 24 IV BNatSchG.[340] Eine solche Zuordnung ist aber nicht zwingend gesetzlich vorgesehen. Die Rechtsprechung hält neben der Heranziehung der vorgenannten Gebietskategorien auch das Landschaftsschutzgebiet für ein Natura 2000-Gebiet geeignet[341] und – im Vergleich zu einem Naturschutzgebiet – im Einzelfall sogar für ausreichend.[342] Soweit das Natura 2000-Gebiet als Naturschutzgebiet oder Nationalpark ausgewiesen ist, ist aufgrund des absoluten Veränderungsverbots eine WEA nicht zulassungsfähig.[343] Genehmigungsfähig sind WEA daher nur bei einer Ausweisung als Landschaftsschutzgebiet, soweit man der

---

336 *Wolf*, in: GK-BNatSchG, § 34, Rn. 2.

337 Vgl. hierzu bereits die Ausführungen beim Landschaftsschutz oben unter I. 1.

338 *Schlacke/Kröger*, in: Ehlers/Fehling/Pünder, Besonderes Verwaltungsrecht, Bd. 2, § 50, Rn. 139.

339 *Gellermann*, in: Landmann/Rohmer, UmweltR, BNatSchG, § 32, Rn. 10. Zum dreistufigen Verfahren zur Unterschutzstellung siehe ausführlich *Schlacke/Kröger*, in: Ehlers/Fehling/Pünder, Besonderes Verwaltungsrecht, Bd. 2, § 50, Rn. 137 ff.

340 *Gellermann*, in: Landmann/Rohmer, UmweltR, BNatSchG, § 32, Rn. 10.

341 VGH Kassel, Urteil vom 21.08.2009, Az.: 11 C 318/08, Rn. 40 f – zitiert nach *juris*.

342 OVG Lüneburg, Urteil vom 20.05.2009, Az.: 7 KS 28/07, Rn. 83 – zitiert nach *juris*.

343 Siehe insoweit schon Ausführungen oben unter I. 1. bei Landschaftsschutzgebieten.

hier vertretenen Auffassung folgt, dass WEA im Landschaftsschutzgebiet nicht per se ausgeschlossen sind.[344]

b) Faktische Vogelschutzgebiete und potenzielle Natura 2000-Gebiete

Mangels Unterschutzstellung sind faktische Vogelschutzgebiete und potenzielle Natura 2000-Gebiete nicht durch nationales Recht geschützt. Gemeinsam ist diesen beiden Gebietstypen, dass eine Unterschutzstellung (bisher) fehlt. Als **faktisches Vogelschutzgebiet**[345] gelten *„sämtliche avifaunistisch*[346] *wertvollen Areale, die ein Mitgliedstaat unter Verletzung seiner Pflichten aus Art 4 I, II VRL*[347] *nicht zum besonderen Vogelschutzgebiet erklärt hat.*" Überwiegend wird angenommen, dass das FFH-Schutzregime auf faktische Vogelschutzgebiete keine Anwendung findet[348] und somit auch keine Pflicht zur Durchführung einer FFH-Verträglichkeitsprüfung[349] aktiviert wird. Jedoch sind faktische Vogelschutzgebiete nicht schutzlos gestellt, sondern unterliegen aufgrund der fehlenden erforderlichen Erklärung zu besonderen Schutzgebieten bis zu ihrer Unterschutzstellung sogar der strengen Regelung des Art 4 VRL.[350] Andernfalls könnten die in der VRL genannten Schutzziele nicht erreicht werden, wenn die Mitgliedstaaten die Verpflichtungen aus Art 4 I VRL nur dann zu beachten hätten, wenn zuvor ein besonderes Schutzgebiet ausgewiesen worden wäre.[351] Daher findet die VRL auch in solchen Gebieten unmittelbar Anwendung, die der Mitgliedstaat nicht nach Art 4 I VRL zum Schutzgebiet erklärt hat, die jedoch die besonderen Anforderungen an ein Schutzgebiet im Sinne des Art 4 I 4 VRL erfüllen.[352]

---

344 *Meßerschmidt*, in: NuR 2013, 168 (170). Siehe bereits Ausführungen unter I.

345 Im Jahr 2013 waren 740 Vogelschutzgebiete gemeldet. Diese machen einen Meldeanteil der terrestrischen Fläche von 11,2 % aus. Diese Angaben sind auf der Homepage des BfN zu finden, Stand: 31.10.2013, abrufbar unter: http://www.bfn.de/fileadmin/MDB/documents/themen/natura2000/gebiete/meldestand_spa_31102013.pdf (Abruf am: 09.08.2015).

346 Unter *„Avifauna"* versteht man die Gesamtheit aller in einer Region vorkommenden Vogelarten.

347 = sog. Schutzmaßnahmen.

348 *Stöckel/Müller-Walter*, in: Erbs/Kohlhaas, Strafrechtliche Nebengesetze, § 34 BNatSchG, Rn. 5.

349 Siehe hierzu sogleich.

350 BVerwG, Urteil vom 01.04.2004, Az.: 4 C 2/03, Rn. 19 – zitiert nach *juris*. Vgl. auch *Gellermann*, in Landmann/Rohmer, UmweltR, BNatSchG, Vorb. §§ 31 ff, Rn. 14; *Hermes*, in: Schneider/Theobald, Recht der Energiewirtschaft, § 7, Rn. 90; *Schlacke/Kröger*, in: Ehlers/Fehling/Pünder, Besonderes Verwaltungsrecht, Bd. 2, § 50, Rn. 147.

351 EuGH, Urteil vom 02.08.1993, Rs.: C-355/90, Rn. 22 – zitiert nach *juris*.

352 Das BVerwG hat sich der vorgenannten Rechtsprechung des EuGH angeschlossen, Urteil vom 01.04.2004, Az.: 4 C 2/03, Rn. 38 – zitiert nach *juris*; Urteil vom

Ähnlich verhält es sich mit den **potenziellen Natura 2000-Gebieten**. Hierbei handelt es sich um solche, die aufgrund der Einschlägigkeit der Kriterien von FFH-RL oder der VRL der Kommission hätten mitgeteilt werden müssen, dies aber unterlassen wurde.[353] Durch die fehlende Unterschutzstellung fallen potenzielle Natura 2000-Gebiete zwar nicht in den Anwendungsbereich des nationalen Rechts, aber dafür unter das noch strengere Schutzregime der FFH-RL. Dadurch ist jeder erhebliche Eingriff unzulässig.[354] Diese Problematik hat weitgehend an Brisanz verloren,[355] da die Bemühungen um den Aufbau des Netzes Natura 2000 weit fortgeschritten sind und sogar als abgeschlossen gelten.[356]

2. *FFH-Prüfungen*

Ohne bereits an dieser Stelle auf die konkreten materiellen Anforderungen des Habitatschutzes an WEA einzugehen, ist zunächst allgemein darzustellen, wann eine Pflicht zur Durchführung der FFH-Prüfungen, d.h. die FFH-Vorprüfung und die FFH-Verträglichkeitsprüfung, besteht (**a**). Im Anschluss daran sind die einzelnen Stufen des Prüfungsablaufs darzustellen. Erste Stufe ist die FFH-Vorprüfung (**b**). Deren Verhältnis zur FFH-Verträglichkeitsprüfung und ihr beschränkter Prüfungsumfang werden beleuchtet. Je nach Ausgang dieser Vorprüfung ist die FFH-Verträglichkeitsprüfung durchzuführen. Hierbei wird zu den Kernaspekten und der Bedeutung der FFH-Verträglichkeitsprüfung Stellung genommen (**c**).

a) Prüfungspflicht

Gem. § 34 I BNatSchG sind Projekte vor ihrer Zulassung oder Durchführung auf ihre Verträglichkeit mit den Erhaltungszielen eines Natura 2000-Gebiets obligatorisch zu überprüfen, wenn sie einzeln oder im Zusammenwirken mit anderen Projekten oder Plänen geeignet sind, das Gebiet erheblich zu beeinträchtigen, und nicht unmittelbar der Verwaltung des Gebiets dienen. Diese Prüfung wird als sog. **FFH-Verträglichkeitsprüfung** (im Folgenden als „***FFH-VP***“ abgekürzt) bezeichnet.

Die Pflicht zur Durchführung einer FFH-VP entstammt nicht originär dem Bundesrecht, sondern ergibt sich bereits aus dem unionsrechtlich angeordneten

---

15.01.2004, Az.: 4 A 11/02, Rn. 26 f – zitiert nach *juris*; Urteil vom 19.05.1998, Az.: 4 C 11/96, Rn. 30 – zitiert nach *juris*.

353 *Hünnekens*, in: Johlen/Oerder, MAH Verwaltungsrecht, § 11, Rn. 135.

354 *Gellermann*, in: Hansmann/Sellner, UmweltR, Kap. 10, Rn. 96; *Stüer* in: Stüer, Bau- und Fachplanungsrecht, Kap. D., Rn. 3114.

355 So u.a. *Gellermann*, in Landmann/Rohmer, UmweltR, BNatSchG, Vorb. §§ 31 ff, Rn. 22; *Hermes*, in: Schneider/Theobald, Recht der Energiewirtschaft, § 7, Rn. 90.

356 Anfang 2014 waren 4.606 FFH-Gebiete gemeldet, welche einen Meldeanteil der terrestrischen Fläche von 9,3 % ausmachen. Diese und weitere Angaben auf der Internetseite des BfN, Stand: 03.01.2014, abrufbar unter: http://www.bfn.de/fileadmin/MDB/documents/themen/natura2000/gebiete/meldestand_ffh_03012014.pdf. (Abruf am: 09.08.2015)

Vorsorgegrundsatz, vgl. Art 6 III FFH-RL.[357] Zuständig für die Prüfung ist diejenige Behörde, die über die Zulassung des Einzelvorhabens entscheidet.[358] Bei der FFH-VP handelt es sich um eine unselbständige Ergänzung des notwendig durchzuführenden immissionschutzrechtlichen Zulassungsverfahrens für WEA.[359]

Die Überprüfung eines Vorhabens im Hinblick auf seine FFH-Verträglichkeit hat jedoch nur dann zu erfolgen, soweit eine solche noch nicht (im erforderlichen Umfang) auf Bebauungsplanebene durchgeführt worden ist. Denn gem. § 34 VIII BNatSchG gilt § 34 I–VII BNatSchG nicht für Vorhaben in Gebieten mit Bebauungsplänen nach § 30 BauGB und während der Planaufstellung nach § 33 BauGB.[360] Denn bei Aufstellung eines Bebauungsplans ist gem. § 1 a IV BauGB grundsätzlich eine FFH-VP durchzuführen.[361] In qualifiziert beplanten Gebieten gem. § 30 BauGB müssen in Genehmigungsverfahren WEA demnach nicht auf ihre Vereinbarkeit mit den für ein Natura 2000-Gebiet geltenden Erhaltungszielen und Schutzzwecken nochmals kontrolliert werden.[362] Auf diese Weise sollen unnötige Doppelprüfungen vermieden werden. Notwendig für den Verzicht auf eine FFH-VP ist, dass sich der Plangeber im Rahmen der Aufstellung eines Bebauungsplans tatsächlich mit den habitatschutzrechtlichen Fragestellungen beschäftigt haben muss.[363] Handelt es sich aber bei den geplanten WEA um ein Vorhaben, das im (seltenen Fall des) unbeplanten Innenbereich nach § 34 BauGB oder im (Regelfall des) Außenbereich gem. § 35 BauGB errichtet werden soll, so ist eine FFH-VP notwendigerweise durchzuführen.[364]

---

357 *Wemdzio*, in: NuR 2012, 459. Siehe auch Art 191 II AEUV. Hierzu *Kloepfer*, in: Ehlers/Fehling/Pünder, Besonderes Verwaltungsrecht, Bd. 2, § 44, Rn. 45, 46. Die §§ 33 ff BNatSchG setzen die in Art 6 II–IV FFH-RL normierten Schutzpflichten um, vgl. *Schlacke/Kröger*, in: Ehlers/Fehling/Pünder, Besonderes Verwaltungsrecht, Bd. 2, § 50, Rn. 143.

358 So wird dies teilweise durch einen Rückschluss aus dem Wortlaut des § 34 VI BNatSchG gefolgert, vgl. *Gellermann*, in: Landmann/Rohmer, UmweltR, § 34 BNatSchG, Rn. 12; *Wolf*, in: GK-BNatSchG, § 34, Rn. 5. Nunmehr auch ausdrücklich das BVerwG, Urteil vom 19.12.2013, Az.: 4 C 14/12, Rn. 34 – zitiert nach *juris*; Urteil vom 10.04.2013, Az.: 4 C 3.12, Rn. 11 – zitiert nach *juris*.

359 Siehe zur Genehmigungsbedürftigkeit nach BImSchG oben im Rahmen des 1. Abschnitts. Vgl. hierzu *Scheidler*, in: GewArch Beilage WiVerw Nr. 03/2011, 117 (167); *Stöckel/Müller-Walter*, in: Erbs/Kohlhaas, Strafrechtliche Nebengesetze, BNatSchG, § 34, Rn. 8.

360 Vgl. hierzu ausführlicher im Folgenden unter 3. Teil, 2. Abschnitt, C. III.

361 Ein anderes folgt auch nicht aus § 36 I Nr. 2 BNatSchG. Vgl. so auch *Gellermann*, in: Landmann/Rohmer, UmweltR, BNatSchG, § 36, Rn. 8.

362 *Gellermann*, in: Landmann/Rohmer, UmweltR, BNatSchG, § 34, Rn. 53.

363 Ebenso *Gellermann*, in: Landmann/Rohmer, UmweltR, BNatSchG, § 34, Rn. 53.

364 *Gellermann*, in: Landmann/Rohmer, UmweltR, BNatSchG, § 34, Rn. 55; *Stöckel/Müller-Walter*, in: Erbs/Kohlhaas Strafrechtliche Nebengesetze, BNatSchG, § 34, Rn. 35.

Voraussetzung der Anwendbarkeit des § 34 I BNatSchG ist das Vorliegen eines **Projekts**. Der Begriff ist weder im BNatSchG[365] noch in den zugrundeliegenden Richtlinien definiert,[366] erhält seine inhaltlichen Konturen aber über die Umweltverträglichkeitsrichtlinie.[367] Vom Begriff des Projekts werden demnach in erster Linie „*die Errichtung und Änderung von baulichen oder sonstigen Anlagen sowie die Durchführung von sonstigen in Natur und Landschaft eingreifenden Maßnahmen*" erfasst.[368] WEA unterfallen aufgrund ihrer Größe und Intensität unproblematisch dem Projektbegriff, wenn sie im geschützten Gebiet liegen.[369]

Sollen WEA außerhalb des Schutzgebiets (z.B. in Rand- oder Pufferzonen) liegen, können sie auch dann von dem Projektbegriff der Vorschrift umfasst sein, wenn sie geeignet sind, nachteilig die Schutzobjekte in erheblichem Umfang zu beeinflussen,[370] sei es durch die Anlage selbst oder im Zusammenwirken mit weiteren Faktoren, wie z.B. anderen Projekten.[371] An dieser Stelle ist der Anwendungsbereich des Natura 2000-Rechts im Verhältnis zum Artenschutzrecht abzugrenzen. Eine **Abgrenzung** ist dann erforderlich, in denen WEA zwar außerhalb eines Schutzgebiets errichtet werden sollen, aber dennoch die Möglichkeit der negativen Beeinträchtigung der Erhaltungsziele des Schutzgebiets besteht.[372] Praktisch relevant ist beispielswese der Fall, dass WEA zwar nicht in, aber in der Nähe eines der vorgenannten Gebiete errichtet werden soll und bestimmte streng geschützte Vögel oder Fledermäuse – aus dem jeweiligen Schutzgebiet stammend – durch den Betrieb einer WEA verletzt oder getötet werden könnten. In solchen Fällen ist fraglich, ob die Vorgaben des Habitatschutzes oder des Artenschutzes Anwendung finden.

---

365 Zur alten Legaldefinition des § 10 I Nr. 11 BNatSchG 2002 und dessen Aufhebung in 2008 siehe ausführlich *Gatz,* in: Hoppenberg/de Witt, Handbuch des öffentlichen Baurechts, Band 3, Kap. Z V, Rn. 90 f.

366 Zur Definitionslücke *Frenz,* in NVwZ 2011, 275 (276).

367 Vgl. Art 1 II UVP-RL (Richtlinie 2011/92/EU des Europäischen Parlaments und des Rates vom 13.12.2011 über die Umweltverträglichkeitsprüfung bei bestimmten öffentlichen und privaten Projekten (ABl. 2012 Nr. L 26 S. 1). Vgl. hierzu auch *Frenz,* in: Frenz/Müggenborg, BNatSchG, § 34, Rn. 19 ff; *Gellermann,* in: Hansmann/Sellner, Umweltrecht, Kap. 10, Rn. 91; *Wolf,* in: GK-BNatSchG, § 34, Rn. 3.

368 *Ewer,* in: Lütkes/Ewer, BNatSchG, § 34, Rn. 4; *Frenz,* in: Frenz/Müggenborg, BNatSchG, § 34, Rn. 24; *Wolf,* in: GK-BNatSchG, § 34, Rn. 3.

369 *Scheidler,* in: DVBl. 2012, 216 (218); *Weidemann/Krappel,* in: DÖV 2011, 19 (25); *Wemdzio,* in: NuR 2012, 459.

370 Sog. Umgebungsschutz, vgl. *Hünnekens,* in: Johlen/Oerder, MAH Verwaltungsrecht, § 11, Rn. 131.

371 *Wemdzio,* in: NuR 2012, 459; *ders.*, in: AUR 2012, 9 (15).

372 *Anger,* in: ZfBR-Beil. 2012, 90 (91); *de Witt,* in: Hoppenberg/de Witt, Handbuch des öffentlichen Baurechts, Band 3, Kap. Z III, Rn. 14; *Fellenberg,* in: Naturschutzrecht in der Praxis, § 7, Rn. 7 ff. Keine klare Abgrenzung bei *Gatz,* in: Hoppenberg/de Witt, Handbuch des öffentlichen Baurechts, Band 3, Kap. Z V, Rn. 110.

Grundsätzlich geht die Rechtsprechung davon aus, dass sich der Schutzbereich des § 34 BNatSchG auf das jeweilige Gebiet beschränkt.[373] Als **Gebiet** gilt nach europäischem Verständnis *„ein geographisch definierter Bereich mit klar abgegrenzter Fläche“*, vgl. Art 1 j) FFH-RL. Hieraus schließt das Bundesverwaltungsgericht, dass die Ausdehnung des Gebietsschutzes auf Folgewirkungen von Beeinträchtigungen gebietsexterner Flächen über die Gebietsgrenzen unzulässig ist.[374] Dieser Grundsatz beansprucht keine Allgemeingültigkeit, sondern es sind dann Ausnahmen zu machen, wenn Beeinträchtigungen von Austauschbeziehungen verschiedener Gebiete, z.B. durch Unterbrechung von Flugrouten und Wanderkorridoren, zu beobachten sind. Solche Beeinträchtigungen unterfallen dem Habitatschutz.[375] So bejahte das OVG Magdeburg in Fällen, in denen die beantragten WEA innerhalb eines Flugkorridors zwischen zwei geschützten Gebieten mit ständigen Austauschbewegungen liegen sollten, die Anwendbarkeit des Habitatschutzrechts. Dies wurde als Beeinträchtigung im Sinne des § 34 BNatSchG gewertet, da auch die Funktion eines Gebiets Teil des Netzes Natura 2000 sei.[376] Eine solche Einordnung dient der Erhaltung eines umfassenden Gebietsschutzes. Nicht vom Habitatschutz erfasst ist aber die bloße Erschwerung der Erreichung des Natura 2000-Gebiets für die geschützten Tiere. Der restriktiven Rechtsprechung des OVG Münster ist zu folgen, da andernfalls der Gebietsschutz ausufern würde und

> *„es zu einem überzogenen, der Abwägung mit anderen geschützten Belangen kaum noch zugänglichen Gebietsschutz vor Projekten* [käme[377]], *die ausschließlich mittelbare Auswirkungen auf den Bestand bzw. die Erhaltung der in den Schutzgebieten geschützten Arten haben könnten.“*[378]

Hintergrund der notwendigen Abgrenzung sind die erheblichen Unterschiede zwischen Habitat- und Artenschutz sowohl auf Tatbestands- als auch Rechtsfolgenseite.[379] So sind die Anforderungen an die artenschutzrechtliche Prüfung andere

373 BVerwG, Urteil vom 14.04.2010, Az.: 9 A 5/08, Rn. 32 – zitiert nach *juris.*

374 BVerwG, Urteil vom 14.04.2010, Az.: 9 A 5/08, Rn. 32 – zitiert nach *juris.*

375 BVerwG, Urteil vom 14.04.2010, Az.: 9 A 5/08, Rn. 33 – zitiert nach *juris*; Urteil vom 17.01.2007, Az.: 9 A 20/05, Rn. 36 – zitiert nach *juris*; OVG Lüneburg, Urteil vom 17.10.2013, Az.: 12 KN 277/11, Rn. 51 – zitiert nach *juris*; VG Arnsberg, Urteil vom 22.11.2012, Az.: 7 K 2633/10, Rn. 61 f – zitiert nach *juris.* So wohl auch *Gatz*, in: Hoppenberg/de Witt, Handbuch des öffentlichen Baurechts, Band 3, Kap. Z V, Rn. 102.

376 OVG Magdeburg, Beschluss vom 21.03.2013, Az.: 2 M 154/12, Rn. 26 – zitiert nach *juris.* Ebenfalls befürwortend: *Meßerschmidt*, in: NuR 2013, 168 (172).

377 Anm.: Einfügung durch die Verfasserin.

378 OVG Münster, Urteil vom 03.08.2010, Az.: 8 A 4062/04, Rn. 126 – zitiert nach *juris.*

379 *De Witt*, in: Hoppenberg/de Witt, Handbuch des öffentlichen Baurechts, Band 3, Kap. Z III, Rn. 14.

als an die FFH-Verträglichkeitsprüfung, bei der ein streng formalisiertes Verfahren vorgesehen ist.[380] Das OVG Bautzen führt hierzu aus:

> *„Bei den Anforderungen an die Ermittlungstiefe einer Bestandsaufnahme besteht ein Unterschied zwischen Habitat- und Artenschutz. Art und Umfang der artenschutzrechtlichen Bestandsaufnahme werden zwar auch durch die Vorgaben der Habitat-Richtlinie gesteuert. Das strenge Schutzregime gilt sowohl für den Habitatschutz (Art. 3 bis 11 FFH-RL), d.h. für die besonderen Schutzgebiete des kohärenten europäischen ökologischen Netzes Natura 2000 (Art. 1 Buchst. l, Art. 3 FFH-RL), als auch für den allgemeinen Artenschutz (Art. 12 bis 16 FFH-RL). Die für den Habitatschutz geltenden Anforderungen können jedoch nicht unbesehen und unterschiedslos auf den allgemeinen Artenschutz übertragen werden. Ein den Anforderungen des Art. 6 Abs. 3 und 4 FFH-RL vergleichbares formalisiertes Prüfungsverfahren kennt der allgemeine Artenschutz nicht.“*[381]

Durch die Eröffnung des Anwendungsbereichs des FFH-Schutzregimes auch für mittelbare Beeinträchtigungen würden die Zulassungsverfahren von WEA noch weiter erschwert werden, wenn neben der artenschutzrechtliche Prüfung auch die FFH-VP durchzuführen ist. Daher sollte nur sehr restriktiv auf die geltenden Schutznormen für Natura 2000-Gebiete auch auf außerhalb liegende Projekte zurückgegriffen werden. Dies bedeutet aber nicht automatisch, dass die beiden Schutzregimes nicht im Einzelfall nebeneinander Anwendung finden und kumulativ geprüft werden können.[382] Bei Genehmigungsverfahren für WEA ist es gerade keine Seltenheit, dass sich diese Vorhaben sowohl an artenschutzrechtlichen als auch habitatschutzrechtlichen Vorgaben messen lassen müssen.

b) FFH-Vorprüfung

Erster Schritt zur Feststellung in Bezug auf das konkrete Projekt ist daher zunächst die **FFH-Vorprüfung**, das sog. ***„Screening“***.[383] Ob überhaupt die FFH-VP durchzuführen ist, entscheidet sich danach, wie das Ergebnis der FFH-Vorprüfung ausfällt. Durch diese ist zunächst nur abzuschätzen, ob erhebliche Beeinträchtigungen des Schutzgebiets ernstlich zu befürchten sind.[384] Es gilt auf dieser Ebene die Frage zu beantworten, ob erhebliche Beeinträchtigungen der Schutzziele des Natura 2000-Gebietes zweifelsfrei ausgeschlossen werden können und das Vorhaben bereits aus diesem Grunde auch ohne die Durchführung einer FFH-VP genehmigungsfähig ist.[385] Eine vertiefte und

---

380 *Fellenberg*, in: Naturschutzrecht in der Praxis, § 7, Rn. 7; *Heugel*, in: Lütkes/Ewer, § 44, Rn. 53.

381 Urteil vom 15.12.2011, Az.: 5 A 195/09, Rn. 532 – zitiert nach *juris*.

382 *De Witt*, in: Hoppenberg/de Witt, Handbuch des öffentlichen Baurechts, Band 1, Kap. E, Rn. 609; *Fellenberg*, in: Naturschutzrecht in der Praxis, § 7, Rn. 7 f.

383 *Wemdzio*, in: AUR 2012, 9 (15); *Wolf*, in: GK-BNatSchG, § 34, Rn. 6.

384 BVerwG, Beschluss vom 26.11.2007, Az.: 4 BN 46/07, Rn. 11 – zitiert nach *juris*.

385 *Stöckel/Müller-Walter*, in: Erbs/Kohlhaas, Strafrechtliche Nebengesetze, § 34 BNatSchG, Rn. 1.

formalisierte Prüfung ist hierfür nicht notwendig.[386] Das Screening dient nur als „***Grobfilter***“[387] bei der Frage, ob offensichtlich erhebliche Beeinträchtigungen durch das Vorhaben zu besorgen sind.[388] Ist beispielsweise erkennbar, dass es mehrerer Sachverständigengutachten zur vollständigen Ermittlung des zu beurteilenden Sachverhalts bedarf oder kann eine überschlägige Prüfung aufgrund der Umstände des Einzelfalls nicht zu einem offensichtlichen Ausschluss FFH-VP führen, fällt das Ergebnis des Screenings negativ aus und die Durchführung einer FFH-VP ist notwendig.

In der Literatur wird der Umgang der Behörden und der Rechtsprechung mit der Vorprüfung kritisch beobachtet. Das Bundesverwaltungsgericht hat es in der Vergangenheit als ausreichend erachtet, dass die FFH-Vorprüfung auf einzelne Gebiete und Arten beschränkt wurde, um die ernstliche Besorgnis bei der erheblichen Beeinträchtigung des Schutzgebietes auszuschließen.[389] Dadurch wird die Durchführung der umfassenden gegebenenfalls daran anschließenden FFH-VP quasi ins Ermessen der Behörde gestellt und bietet so gewisse Entscheidungsspielräume. Dies ist vor dem Hintergrund des Art 6 III FFH-RL nicht unbedenklich.[390] Das unionsrechtliche Vorsorgeprinzip fordert – anders als das Bundesverwaltungsgericht – keine ernstlichen Befürchtungen. Ausreichend für die Notwendigkeit einer FFH-VP ist bereits die bloße Möglichkeit der Beeinträchtigung.[391]

Im Falle einer überschlagsmäßigen, aber unvollständigen Abarbeitung bei der Frage der Erheblichkeit der Beeinträchtigung auf Ebene der Vorprüfung verbleibt kein hinreichender Anwendungsbereich für die umfassendere und genauere FFH-VP. Somit ist eine gewisse Umgehungsgefahr durch die Einschränkung des Prüfungsmaßstabs des Screenings deutlich erkennbar.[392] Auf diese Weise könnten Vorhaben ohne FFH-VP zugelassen werden, ohne dass die erforderliche Gewissheit besteht, dass eine erhebliche Beeinträchtigung nicht auszuschließen ist.[393] Um die-

---

386 BVerwG, Urteil vom 14.07.2011, Az.: 9 A 12/10, Rn. 89 – zitiert nach *juris*. Zu beachten ist, dass dieses Urteil zwar zur alten Rechtslage, nämlich dem BNatSchG 2007 erging. Jedoch sind die §§ 42, 43 BNatSchG a.F. inhaltlich in die §§ 44, 45 BNatSchG durch die Neufassung des BNatSchG (Art. 1 des Gesetzes vom 29.07.2009 (BGBl. I 2542) – BNatSchG 2010) übernommen worden. Aus diesem Grunde sind die rechtlichen Erwägungen der Rechtsprechung aus dieser Zeit insbesondere zu den Verbotsnormen des § 42 BNatSchG a.F. auch auf die aktuelle Rechtslage übertragbar, vgl. *Beier*, in: DVBl. 2012, 149. Siehe hierzu auch *Gellermann*, in: NuR 2012, 34.

387 *Lau*, in: Der Naturschutz in der Bauleitplanung, Rn. 26.

388 Zu den unterschiedlichen Prüfungsmaßstäben auch OVG Greifswald, Beschluss vom 10.07.2013, Az.: 3 M 111/13, Rn. 12 ff – zitiert nach *juris*. In der Praxis kann es vorkommen, dass aufgrund des Fehlens eines festgelegten Prüfungsmaßstabs die Behörden ihre anfänglichen Anforderungen nachträglich erweitern.

389 BVerwG, Beschluss vom 26.11.2007, Az.: 4 BN 46/07, Rn. 11 – zitiert nach *juris*.

390 *Gellermann*, in: NuR 2009, 8 (10).

391 *Meßerschmidt*, in: NuR 2013, 168 (173).

392 *Gellermann*, in: NuR 2009, 8 (10); *Meßerschmidt*, in: NuR 2013, 168 (173).

393 *Gellermann*, in: NuR 2009, 8 (10).

se Gefahr zu beseitigen ist es aber nicht notwendig, bei der Vorprüfung und der FFH-VP denselben Prüfungsmaßstab anzuwenden. Hierdurch würde das Genehmigungsverfahren durch unnötige Doppelprüfungen unnötig aufgebläht werden und noch mehr Zeit und Geld in Anspruch nehmen. Die zeitliche Umsetzung von großen Vorhaben würde sich erheblich verzögern und dadurch zu einer unverhältnismäßigen Belastung für Vorhabenträger führen.

Dennoch besteht eine gewisse Notwendigkeit, diesen uneinheitlichen Umgang mit der Vorprüfung zu kontrollieren und rechtssicherer zu gestalten. Denkbar ist eine minimale Formalisierung des Verfahrens vor allem aus Rechtssicherheitsgründen. Zur Lösung dieses Problems könnte man die Entwicklung eines Punktekatalogs im Rahmen einer Verwaltungsvorschrift ausgerichtet auf die Besonderheiten bei Errichtung und Betrieb von WEA andenken. Nach den durch eine Vielzahl an gesammelten Erfahrungen mit Windenergie gibt es eine Mehrzahl bekannter Problemstellungen, die bereits in der Vorprüfung überprüft werden können. Dieser Punktekatalog müsste dann im Rahmen der FFH-Vorprüfung abgearbeitet werden. Sind bestimmte Einzelaspekte nicht einschlägig und bestehen daher im konkreten Einzelfall keine vernünftigen Zweifel an der Unerheblichkeit der Beeinträchtigung, ist die FFH-VP nicht durchzuführen und es liegt kein Verstoß gegen unionsrechtliche Vorgaben vor. So kann vermieden werden, dass durch eine zu knappe und selektive Prüfung die sonst notwendige FFH-VP umgangen wird.

Auf Ebene der FFH-Vorprüfung wird zudem unterschiedlich beurteilt, ob bereits Kompensationsmaßnahmen insoweit berücksichtigt werden dürfen, wenn das Ergebnis der Vorprüfung dadurch positiv ausfallen und somit eine FFH-VP entbehrlich werden würde.[394] Den Stimmen in der Literatur, die beim summarischen Screening solche Maßnahmen nicht berücksichtigen wollen, ist zu folgen.[395] Denn Kompensationsmaßnahmen sind gesamtheitlich in ihrer Wirkweise zu bewerten. Diese umfassende Bewertung ist gerade die spezifische Aufgabe der FFH-VP ist. Demnach bietet das Screening hierfür nicht den geeigneten Rahmen, um die erforderliche positive Wirkprognose unter Berücksichtigung aller entscheidungserheblichen Informationen abgeben zu können. Daher ist es aufgrund des Schutzzwecks nicht geboten, Kompensationsmaßnahmen schon in diesem Rahmen durchzuführen.

c) FFH-Verträglichkeitsprüfung

Soll das geplante Vorhaben in einem Natura 2000-Gebiet errichtet werden, so ist im Falle eines negativen Ergebnisses des Screenings die **FFH-Verträglichkeitsprüfung** nach §§ 34 ff BNatSchG durchzuführen, d.h. das Vorhaben auf seine Verträglichkeit mit den Erhaltungszielen von Schutzgebieten zu überprüfen. Dasselbe kann

394 Befürwortend VGH Kassel, Urteil vom 05.07.2007, Az.: 4 N 867/06, Rn. 40 – zitiert nach *juris.*

395 *Gellermann*, in: NuR 2009, 9 (10); *Krautzberger/Wagner*, in: Ernst/Zinkahn/Bielenberg/Krautzberger, BauGB, § 1 a, Rn. 211; *Meßerschmidt*, in: NuR 2013, 168 (174); *Wolf*, in: GK-BNatSchG, § 34, Rn. 6.

nach der Rechtsprechung auch dann gelten, wenn die WEA in räumlicher Nähe zu einem Natura 2000-Gebiet liegt und von außen erheblich auf dieses einwirken könnte.[396] Die FFH-VP zielt auf eine sorgfältige Bestandsaufnahme ab,[397] um eine komplexe Wirkungsprognose erstellen zu können.[398] Der Gesetzgeber hat weder konkrete Vorgaben für die Ausgestaltung der FFH-VP gemacht noch genaue Aussagen über den Prüfungsablauf selbst getroffen.[399] Nach der Rechtsprechung muss die FFH-VP lediglich in einem solchen Umfang erfolgen, durch welchen die Einwirkungen eines Projekts bestimmt und bewertet werden können. Die Methodenwahl muss die für die Verträglichkeitsprüfung allgemein maßgeblichen Standards der „***besten einschlägigen wissenschaftlichen Erkenntnisse***“ einhalten.[400]

Nach der Rechtsprechung ist es auf Ebene des ersten Schrittes – namentlich der Bestandsaufname – zulässig, mit „***Worst-Case-Annahmen***“ zu operieren, sofern hierdurch ein Ergebnis erzielt wird, das hinsichtlich der untersuchten Fragestellung auf der „*sicheren Seite*“ liegt.[401] Unter einer Worst-Case-Annahme versteht man in diesem Zusammenhang, dass ein Vorkommen einer bestimmten Art auch ohne Untersuchung unterstellt wird.[402] Nicht gänzlich unproblematisch ist die fehlende Eignung eines solchen Maßstabs, Rechtsunsicherheit beseitigen zu können.[403]

Nach der **Bestandserfassung**, worunter man unter anderem die Zuordnung konkreter Lebensräume zu den Lebensraumtypen der FFH-RL versteht, sind in einem zweiten Schritt die **projektbedingten Einwirkungen zu ermitteln und naturschutzfachlich zu bewerten**.[404] Aufgrund der fehlenden normativen Vorgaben

396 BVerwG, Urteil vom 17.01.2007, Az.: 9 A 20/05, Rn. 77 – zitiert nach *juris*; Urteil vom 19.05.1998, Az.: 4 A 9.97, Rn. 66 – zitiert nach *juris*; VG München, Urteil vom 27.03.2012, Az.: M 1 K 11.5898, Rn. 31 – zitiert nach *juris*.

397 U.a. durch Geländebegehung, Erfassung des Arten-Inventars, Auswertung der zur Verfügung stehenden Literatur.

398 Differenziert werden kann zwischen den baubezogenen, den anlagenbezogenen und den betriebsbezogenen Wirkungen, vgl. *Lau*, in: UPR 2010, 169 (170).

399 BVerwG, Urteil vom 12.03.2008, Az.: 9 A 3/06, Rn. 73 – zitiert nach *juris*; *Kerkmann*, in: Kerkmann, Naturschutzrecht in der Praxis, § 8, Rn. 151. Vgl. Vorschläge zu den relevanten Anforderungen von *Gatz*, in: Hoppenberg/de Witt, Handbuch des öffentlichen Baurechts, Band 3, Kap. Z V, Rn. 102 m.w.N.

400 BVerwG, Urteil vom 06.11.2013, Az.: 9 A 14/12, Rn. 45 – zitiert nach *juris*; Urteil vom 28.03.2013, Az.: 9 A 22/11, Rn. 41 – zitiert nach *juris*; Urteil vom 06.11.2012, Az.: 9 A 17.11, Rn. 35 – zitiert nach *juris*; EuGH, Urteil vom 07.09.2004, Rs. C-127/02, Rn. 54 – zitiert nach *juris*. Zu der nach der Rechtsprechung anerkannten Einschätzungsprärogative siehe unten unter 3. e).

401 BVerwG, Urteil vom 06.11.2013, Az.: 9 A 14/12, Rn. 51 – zitiert nach *juris*; Urteil vom 12.08.2009, Az.: 9 A 64.07, Rn. 38 – zitiert nach *juris*; Urteil vom 17.01.2007, Az.: 9 A 20.05, Rn. 64 – zitiert nach *juris*.

402 Vgl. Leitfaden WKA Hessen, S. 31, Ziff. 5.1.2.

403 Entsprechend dem Leitfaden WKA Hessen, S. 31, Ziff. 5.1.2 sind diese nach Möglichkeit zu vermeiden.

404 BVerwG, Urteil vom 12.03.2008, Az.: 9 A 3/06, Rn. 68 – zitiert nach *juris*.

durch den Gesetzgeber und der eher formelhaften Vorgaben der Rechtsprechung haben einige Bundesländer eigene Empfehlungen erarbeitet, die in das von der LANA als Empfehlung beschlossene Arbeitspapier mit dem Titel *„Anforderungen an die Prüfung der Erheblichkeit von Beeinträchtigungen der Natura 2000-Gebiete gemäß § 34 BNatSchG im Rahmen einer FFH-Verträglichkeitsprüfung (FFH-VP)"* eingeflossen sind.[405] Daneben dient die Auslegungshilfe der EU-Kommission zu Art 6 IV FFH-RL in der Praxis als Hilfestellung bei der Beurteilung.[406] Im Hinblick auf die besondere Gefährdungssituation bestimmter Tierarten, wie beispielsweise dem Rotmilan und dem Abendsegler, durch den Bau und Betrieb von WEA werden ferner diverse Arbeitspapiere[407] zur Bestimmung der Erheblichkeit im Einzelfall herangezogen.[408] Diese Arbeitspapiere stellen überwiegend auf die Distanz zwischen Vorhaben und Gebiet ab und geben konkrete und pauschale Abstandsempfehlungen zu Brutplätzen oder Natura 2000-Gebieten vor.[409] Diese Empfehlungen werden kontrovers beurteilt: Naturschützer bewerten sie als unzureichend, Vorhabenträger hingegen als zu streng.[410] Es ist zu bemängeln, dass die Arbeitspapiere teilweise viel zu hohe Anforderungen enthalten, die abgearbeitet werden müssen, obwohl offensichtlich ist, dass bestimmte Punkte im Einzelfall nicht einschlägig sein können. Hierdurch werden die Verfahren unnötig aufgebläht und verteuert. Als Anhaltspunkt sind die Vorgaben der Arbeitspapiere aus ökologischer Sicht sicherlich geeignet, jedoch sollten sich die Behörden bei der Vorgabe des Prüfungsumgangs stärker an dem konkreten Sachverhalt bzw. an der Sachlage orientieren.

In der Literatur wird die FFH-VP mit Blick auf die geplante Durchsetzung des gewollten Ausbaus erneuerbarer Energien als *„Hindernis und Entschleunigungsinstrument"* beurteilt, da die Durchführung dieser Verträglichkeitsprüfung zeitaufwändig und mit nicht unerheblichen Kosten für den Vorhabenträger verbunden ist.[411] Zwar könnte vor dem Hintergrund der Energiewende und neben weiteren

405 Stand: 04./05.03.2004, abrufbar unter: http://www.natura2000.munlv.nrw.de/fachdoku/richtlinie/ffh_vp_050304.pdf (Abruf am: 09.08.2015).

406 Auslegungsleitfaden der EU-Kommission zu Art 6 IV FFH-RL, Stand: Januar 2007, abrufbar unter: http://ec.europa.eu/environment/nature/natura2000/management/docs/art6/guidance_art6_4_de.pdf (Abruf am: 09.08.2015).

407 So beispielsweise *„Tierökologischen Abstandskriterien für die Errichtung von Windenergieanlagen in Brandenburg"* (*„TAK"*) (Stand: 15.10.2012) des Ministeriums für Landwirtschaft, Umweltschutz und Raumordnung Brandenburg, abrufbar unter: http://www.mugv.brandenburg.de/sixcms/media.php/4055/tak_anl1.pdf (Abruf am: 09.08.2015) oder VV-Habitatschutz des Landes NRW.

408 OVG Lüneburg, Urteil vom 12.11.2008, Az.: 12 LC 72/07, Rn. 67 f – zitiert nach *juris*

409 Beispielsweise Mindestabstand der WEA von 500 m zu Natura 2000-Gebiet.

410 *Fest*, in: NVwZ 2012, 1129 (1133).

411 *Meßerschmidt*, in: NuR 2013, 168 (169).

Aspekten das *„Erneuerbaren-Energien-Privileg"*[412] des § 1 S. 3[413] NABEG[414] mit ins Feld geführt werden, um Vorhaben aus dem Sektor der erneuerbaren Energien wie WEA von der FFH-VP freizustellen. Hierdurch wäre ein schnellerer und weiträumigerer Ausbau denkbar. Diese Idee scheitert bereits an den zwingenden unionsrechtlichen Vorgaben.[415] Der EuGH geht in ständiger Rechtsprechung davon aus, dass die Ausklammerung bestimmter Projekte aus der FFH-VP richtlinienwidrig und dadurch unzulässig ist.[416] Daher sind die rechtlichen Vorgaben einzuhalten und eine FFH-VP – soweit erforderlich – bei WEA grundsätzlich durchzuführen, wobei die Bedeutung erneuerbarer Energien gegebenenfalls bei der Erteilung einer Ausnahme berücksichtigt werden kann.[417]

3. Unzulässigkeit des Projekts gem. § 34 II BNatSchG

Die Unzulässigkeit einer WEA aus habitatschutzrechtlichen Gründen beurteilt sich zunächst nach den Ergebnissen der FFH-VP und dem vorgeschalteten Screening. Ersteres ist für den Entscheidungsträger bindend, so dass an dieser Stelle kein behördlicher Ermessensspielraum besteht.[418] Über die FFH-VP ist der *„Gegenbeweis"* zu führen, dass trotz der durch die FFH-Vorprüfung festgestellten Bedenken hinsichtlich der geplanten WEA keine erheblichen Beeinträchtigungen zu erwarten sind.[419]

Überwiegend wird angenommen, dass WEA in Natura 2000-Gebieten nicht per se unzulässig sind,[420] sondern nur dann, wenn positiv die Voraussetzungen des § 34 II BNatSchG erfüllt sind.[421] Daher ist eine sorgfältige Einzelfallbeurteilung auf Zulassungsebene geboten, soweit nicht bereits auf Raumordnungs- oder

---

412 Zu diesem Begriff *Meßerschmidt*, in: NuR 2013, 168 (169).

413 *„Die Realisierung der Stromleitungen, die in den Geltungsbereich dieses Gesetzes fallen, ist aus Gründen eines überragenden öffentlichen Interesses erforderlich."*

414 Netzausbaubeschleunigungsgesetz Übertragungsnetz (NABEG) vom 28.07.2011 (BGBl. I 1690), zuletzt geändert durch Art. 4 Drittes G zur Neuregelung energiewirtschaftsrechtlicher Vorschriften vom 20.12.2012 (BGBl. I 2730).

415 *Meßerschmidt*, in: NuR 2013, 168 (169).

416 EuGH, Urteil vom 04.03.2010, Rs.: C-241/08, Rn. 51 ff – zitiert nach *juris*; Urteil vom 10.01.2006, Rs.: C-98/03, Rn. 40 – zitiert nach *juris*; Urteil vom 06.04.2000, Rs.: C-256/98.

417 Siehe dazu im Folgenden unter 4.

418 *Schumacher/Schumacher*, in: Schumacher/Fischer-Hüftle, § 34, Rn. 78.

419 *Wolf*, in: GK-BNatSchG, § 34, Rn. 7.

420 *Attendorn*, in: NuR 2013, 153 (155). Daher wird auch auf Planungsebene FFH-Schutzgebiet nicht zwingend als harte Tabuzone eingeordnet, vgl. u.a. OVG Koblenz, Urteil vom 16.05.2013, Az.: 1 C 11003/12, Rn. 43 – zitiert nach *juris*. Siehe zu der Einordnung von Tabuzonen auch 2. Teil, 2. Abschnitt, C. I. 1. a) (4). AA *Scheidler*, in: DVBl. 2012, 216 (219), der von der generellen Unzulässigkeit in Brutrevieren, Rastflächen, Hauptvogelfluglinien ausgeht sowie in Gebieten, in denen der Schutz von Fledermäusen bezweckt wird.

421 *Scheidler*, in: DVBl. 2012, 216 (218).

Bauleitplanungsebene ein Ausschluss von WEA durch Tabuzonen aus habitatschutzrechtlichen Gründen erfolgt ist.[422]

Gem. § 34 II BNatSchG ist die WEA als bauliches Vorhaben grundsätzlich unzulässig, wenn die FFH-VP zu dem Ergebnis kommt, dass das Projekt zu erheblichen Beeinträchtigungen des Gebiets in seinen für die Erhaltungsziele oder den Schutzzweck maßgeblichen Bestandteilen führen kann[423]. Zunächst wird die inhaltliche Reichweite des Begriffs der Beeinträchtigung erörtert, wobei auch auf den Begriff der Erhaltungsziele ausgegangen wird (**a**). Darauf folgt die Darstellung des aktuellen Meinungsstands, wann von der Erheblichkeit der Beeinträchtigung auszugehen ist (**b**). Dabei orientiert sich die Beurteilung der Erheblichkeit maßgeblich am aktuellen Erhaltungszustand des Gebiets (**c**). Stellung genommen wird auch zu dem von der Rechtsprechung entwickelten Bagatellvorbehalt (**d**) und die Einräumung einer naturschutzfachlichen Einschätzungsprärogative für die Genehmigungsbehörde (**e**).

a) Beeinträchtigung der Erhaltungsziele

Um den Verbotstatbestand des § 34 II BNatSchG zu erfüllen, müsste es sich bei der geplanten Bau und Betrieb von WEA zunächst einmal um eine Beeinträchtigung im Sinne dieser Vorschrift handeln. Der Wortlaut des § 34 II BNatSchG („*erheblichen Beeinträchtigungen des Gebiets in seinen für die Erhaltungsziele oder den Schutzzweck maßgeblichen Bestandteilen*") lässt verschiedene Auslegungsmöglichkeiten zu, was der relevante Bezugspunkt für die grundsätzlich zu vermeidende **Beeinträchtigung** sein kann.[424] Hierzu werden verschiedene Auffassungen vertreten.[425] Denkbare Bezugspunkte sind das Gebiet, die Erhaltungsziele, die maßgeblichen Bestandteile oder kumulativ alle drei zusammen. Aufgrund der praktischen Schwierigkeiten, eine klare Abgrenzung der Einwirkungen auf ein Gebiet treffen zu können, ist es nach der hier vertretenen Ansicht geboten, auf die Beeinträchtigung der **Funktionalität des Schutzgebietes** und der **Erhaltungsziele** abzustellen.[426] Dem Begriff der **Beeinträchtigung** unterfällt daher die „*Einwirkung auf ein Natura 2000-Gebiet [...], die sich unter Berücksichtigung der Erhaltungsziele und des Schutzzwecks nachteilig auf den geschützten Lebensraum oder die geschützte Art auswirkt.*"[427]

---

422 BVerwG, Beschluss vom 07.02.2011, Az.: 4 B 48/10, Rn. 6 – zitiert nach *juris;* Urteil vom 12.03.2008, Az.: 9 A 3/06, Rn. 68 – zitiert nach *juris;* Urteil vom 17.01.2007, Az.: 9 A 20/05, Rn. 43 – zitiert nach *juris.*

423 Bei § 34 II BNatSchG handelt es sich um ein präventives Verbot mit Erlaubnisvorbehalt, vgl. *Schlacke/Kröger*, in: Ehlers/Fehling/Pünder, Besonderes Verwaltungsrecht, Bd. 2, § 50, Rn. 145 m.w.N.

424 *Meßerschmidt*, in: NuR 2013, 168 (172).

425 Vgl. *Scheidler*, in: NuR 2011, 848 (853); *Schumacher/Schumacher*, in: Schumacher/Fischer-Hüftle, § 34, Rn. 51.

426 So auch *Meßerschmidt*, in: NuR 2013, 168 (173).

427 *Ewer*, in: Lütkes/Ewer, BNatSchG, § 34, Rn. 7.

Anknüpfungspunkt für die Frage der Beeinträchtigung ist auch der Begriff der **Erhaltungsziele**. Diese sind in § 7 I Nr. 9 BNatSchG als diejenigen Ziele definiert, die im Hinblick auf die Erhaltung oder Wiederherstellung eines günstigen Erhaltungszustands eines natürlichen Lebensraumtyps von gemeinschaftlichem Interesse, einer in Anhang II der FFH-RL oder in Artikel 4 II oder Anhang I der VRL aufgeführten Art für ein Natura 2000-Gebiet festgelegt sind. Durch das Abstellen auf die Erhaltungsziele wird deutlich, dass nicht der Gebietsschutz im Allgemeinen bezweckt ist, sondern der konkrete Schutz der Lebensräume bestimmter Tier- und Pflanzenarten.[428]

Zur Bestimmung der konkreten Erhaltungsziele ist daher – soweit vorhanden[429] – die Schutzerklärung des jeweiligen Gebiets zu überprüfen.[430] Entweder finden die in der Schutzerklärung ausdrücklichen Verbote Anwendung oder Verbote sind durch die Auslegung der Schutzzwecke zu ermitteln.[431] Jedoch kann gem. § 34 I 2 BNatSchG die Schutzerklärung als Maßstab für die Verträglichkeit nur dann einbezogen werden, wenn hierbei die jeweiligen Erhaltungsziele bereits miteinbezogen wurden. Alte Schutzgebietserklärungen, die noch nicht an die europäischen Vorgaben angepasst wurden, dürfen daher bei der Beurteilung nicht herangezogen werden.[432]

Von einer Beeinträchtigung durch WEA ist unter anderem durch Lärmbeeinträchtigungen und Flächen- und Bestandsverlusten[433] in oder in der Nähe eines Natura 2000-Gebiets grundsätzlich auszugehen. Dies bedeutet aber nicht zwingend, dass die Beeinträchtigung erheblich ist. Die Erheblichkeit ist vielmehr in einem weiteren Schritt festzustellen (siehe hierzu sogleich).

b) Erheblichkeit

Es lässt sich feststellen, dass die zentrale Hürde für WEA in Natura 2000-Gebieten in der Praxis die Bestimmung der **Erheblichkeit** der Beeinträchtigung ist. Dieser Begriff ist weder in der FFH-RL noch im Bundesnaturschutzgesetz selbst definiert, so dass Konkretisierungsbedarf besteht.[434] Es handelt sich um einen **unbestimmten**

---

428 Vgl. *Lau*, in: Der Naturschutz in der Bauleitplanung, Rn. 22.

429 Dies ist insbesondere dann der Fall, wenn Altverordnungen bisher noch nicht an die Vorgaben von Natura 2000 angepasst sind. Dann können sie nicht zur Bestimmung der Erhaltungsziele herangezogen werden, sondern hierfür eignen sich dann nur die Erhaltungsziele nach dem Netz Natura 2000. Vgl. VG Arnsberg, Urteil vom 22.11.2012, Az.: 7 K 2633/10, Rn. 57 – zitiert nach *juris*. Ebenso *Frenz*, in: Frenz/Müggenborg, BNatSchG, § 34, Rn. 40.

430 *Gatz*, in: Hoppenberg/de Witt, Handbuch des öffentlichen Baurechts, Band 3, Kap. Z V, Rn. 100; *Gellermann*, in: Landmann/Rohmer, UmweltR, BNatSchG, § 34, Rn. 22; *ders.*, in: NuR 2009, 8 (10).

431 *Wemdzio*, in: NuR 2012, 159.

432 *Lau*, in: Der Naturschutz in der Bauleitplanung, Rn. 23.

433 *Bönsel/Hönig*, in: NuR 2007, 796 (798).

434 *Meßerschmidt*, in: NuR 2013, 168 (170). Vgl. Übersicht zu den zu beachtenden europäischen Vorgaben beim Habitatschutz *Reidt*, in: NVwZ 2010, 8 (9 f).

Rechtsbegriff,[435] der der Auslegung bedarf.[436] Unbestimmte Rechtsbegriffe stehen zwischen der Bindung an Recht und Gesetz und der Ermessensermächtigung der Exekutive.[437] Da zur fachgerechten Beurteilung dieser Frage ornithologische Kriterien maßgeblich sind, die zu treffende Entscheidung prognostische Elemente enthält und überdies naturschutzfachlich allgemein anerkannte standardisierte Maßstäbe sowie rechenhaft handhabbare Verfahren fehlen, gesteht die Rechtsprechung der zuständigen Behörde eine naturschutzfachliche Einschätzungsprärogative zu.[438]

Entsprechend der behördlichen Beurteilung über das Vorleigen der Erheblichkeit entscheidet sich, wann eine FFH-VP durchzuführen und ob bei deren negativen Ergebnis das Vorhaben unzulässig ist. Aufgrund ihrer wichtigen Funktion handelt es sich bei der FFH-VP um eine *„Stellschraube“*[439] bei der Genehmigungsprüfung. Durch die Handhabung der Verwaltung und Rechtsprechung bei der Anwendung und Auslegung der Erheblichkeit besteht in gewissen Rahmen die Möglichkeit *„das Schutzregime in FFH-Gebieten strikt zu fassen, aber auch flexibilisieren und lockern zu können.“*[440]

Die Rechtsprechung hat versucht, diesen heftig umstrittenen Begriff im Lichte des Unionsrechts mit Blick auf § 6 III 1 FFH-RL zufriedenstellend auszulegen und dadurch Rechtssicherheit zu schaffen.[441] Nach der Rechtsprechung des Bundesverwaltungsgerichts ist *„jede Beeinträchtigung von Erhaltungszielen erheblich und muss als Beeinträchtigung des Gebiets als solchem gewertet werden.“*[442] Im Umkehrschluss bedeutet dies, dass nach der vorgenannten Rechtsprechung die Unerheblichkeit nur dann zu bejahen ist, wenn kein Erhaltungsziel nachhaltig berührt wird.[443]

---

435 *Jestaedt*, in: Erichsen/Ehlers, Allgemeines Verwaltungsrecht, § 11, Rn. 33 f; *Meßerschmidt*, in: NuR 2013, 168 (170).

436 *Geiger*, in: SVR 2009, 41 (42); *Jestaedt*, in: Erichsen/Ehlers, Allgemeines Verwaltungsrecht, § 11, Rn. 25.

437 *Meßerschmidt*, in: NuR 2013, 168 (170).

438 VG Oldenburg (Oldenburg), Beschluss vom 26.05.2014, Az.: 5 B 603/14, Rn. 45 – zitiert nach juris unter Hinweis auf BVerwG, Urteil vom 21.06.2006, Az.: 9 A 28.05, BVerwGE 126, 166; Urteil vom 12.03.2008, Az.: 9 A 3.06, NuR 2008, 633; Nds. OVG, Urteil vom 28.11.2007, Az.:12 LC 72/07 - juris. Zu der naturschutzfachlichen Einschätzungsprärogative siehe sogleich unter e).

439 *Meßerschmidt*, in: NuR 2013, 168 (170).

440 *Meßerschmidt*, in: NuR 2013, 168 (170).

441 *Gellermann*, in: Landmann/Rohmer, UmweltR, BNatSchG, § 34, Rn. 21 m.w.N. *Gatz*, in: Hoppenberg/de Witt, Handbuch des öffentlichen Baurechts, Band 3, Kap. Z V, Rn. 93 sieht nunmehr die Problemstellung bzgl. des Inhalts des Begriffs der Erheblichkeit als gelöst an.

442 BVerwG, Urteil vom 17.01.2007, Az.: 9 A 20/05, Rn. 41 – zitiert nach *juris*; EuGH, Urteil vom 26.05.2011, Rs.: C-538/09, Rn. 39 – zitiert nach *juris*. In diesem Sinne auch OVG Münster, Urteil vom 01.12.2011, Az.: 8 D 58/08.AK, Rn. 568 – zitiert nach *juris*.

443 BVerwG, Urteil vom 17.01.2007, Az.: 9 A 20/05, Rn. 41 – zitiert nach *juris* unter Hinweis auf Schlussanträge der Generalanwältin Kokott zur Herzmuschelfischerei (Rs. C-127/02, Slg. 2004, I-7405, Nr. 85). Kritisch zu dieser Bezugnahme unter

Ob diese Definition des Bundesverwaltungsgerichts aus dem zitierten Urteil zur Westumfahrung Halle tatsächlich für die Praxis geeignet ist und Rechtssicherheit schafft, ist zweifelhaft. Bei genauer Betrachtung hat eine solche Auslegung des Begriffs der Erheblichkeit kaum Erklärungswert für den Rechtsverkehr. Dieser Ansatz differenziert nicht hinreichend zwischen den Merkmalen der Beeinträchtigung und Erheblichkeit und stellt diese einander gleich. Die Rechtsprechung konstruiert dadurch faktisch eine Umkehr der Beweislast, denn die Unaufklärbarkeit der Risikolage geht zu Lasten des Vorhabenträgers.[444] Darüber hinaus geht der EuGH nunmehr gar so weit, dass das Fehlen von verlässlichen und aktualisierten Daten über die Vogelwelt im jeweiligen Gebiet einer Projektzulassung entgegensteht.[445] Bisher hat das Bundesverwaltungsgericht diesen sehr weitgehenden Ansatz des EuGH nicht eingeschränkt.

An die schwammige Auslegung des Begriffs der Erheblichkeit schließt sich noch ein weiteres praktisches Problem an. Überwiegend wird davon ausgegangen, dass eine erhebliche Beeinträchtigung nicht positiv festgestellt werden muss. Denn schon der Wortlaut des § 34 II BNatSchG („*führen kann*") zeigt, dass bereits die Möglichkeit einer solchen Beeinträchtigung zur Unzulässigkeit des Vorhabens führt.[446] Teilweise kann dies für den Vorhabenträger in der Praxis eine zusätzlich hohe Hürde darstellen und die Auslegung und Handhabung des Begriffs der Erheblichkeit für die Genehmigungsfähigkeit der WEA möglicherweise entscheidend sein. Das OVG Münster führt hierzu aus:

> *„Der insoweit erforderliche Wahrscheinlichkeitsgrad ist dann erreicht, wenn anhand objektiver Umstände eine derartige Beeinträchtigung nicht ausgeschlossen werden kann."*[447]

Um die harten Grenzen der hohen Beweislast zu Gunsten der Praxistauglichkeit und Förderung der erneuerbaren Energien aufzuweichen, ist eine Einschränkung der Auslegung des Begriffs der Erheblichkeit auf „*vernünftige Zweifel*" geboten.[448] Andernfalls sind die Hürden für Vorhaben zu hoch. Hierbei ist es notwendig, anhand des einschlägigen Fachwissens und Sachverstands auf bisher anerkannte Fallgruppen zurückzugreifen bzw. neue Erkenntnisse festzuhalten. Zwar kann nicht jeder Einzelfall genau erfasst werden. Jedoch zeigen sich gewisse regelmäßig auftretende Problemfälle. So hat das Bundesamt für Naturschutz in der Vergangenheit ein Forschungs- und Entwicklungsvorhaben in Auftrag gegeben, durch welches konkrete Hinweise zur Ermittlung erheblicher Beeinträchtigungen im Sinne des

Würdigung der aktuellen Rechtsprechung des EuGH (Urteil vom 11.04.2013, Rs. C-258/11) *Beier*, in: DVBl. 2013, 1497 (1500).

444 Vgl. so *Meßerschmidt*, in: NuR 2013, 168 (173) zur Rechtsprechung des EuGH.

445 EuGH, Urteil vom 11.09.2012, Rs.: C-43/10, Rn. 7 – zitiert nach *juris*.

446 *Gellermann*, in: Landmann/Rohmer, UmweltR, BNatSchG, § 34, Rn. 20.

447 OVG Münster, Urteil vom 27.07.2010, Az.: 8 A 4062/04, Rn. 128 – zitiert nach *juris*.

448 So auch *Meßerschmidt*, in: NuR 2013, 168 (173).

§ 34 BNatSchG erarbeitet werden sollten.[449] Im Jahr 2007 wurden daraufhin Fachkonventionsvorschläge von Lambert und Trautner veröffentlicht.[450] Diese sind grundsätzlich geeignet, Anhaltspunkte für eine zutreffende naturschutzfachliche Bewertung der Erheblichkeit abgeben zu können. Zu berücksichtigen ist aber, dass diese Vorschläge nun schon einige Jahre alt sind und teilweise (zu) hohe Sicherheitszuschläge vorsehen.[451] Die Ergebnisse der Fachkonventionsvorschläge haben sich in der Praxis als taugliches Hilfsmittel erwiesen, sollten aber vor dem Hintergrund der Energiewende kritisch überprüft werden. Ferner entbindet die Heranziehung der Vorschläge nicht von einer kritischen Einzelfallprüfung.

c) Günstiger Erhaltungszustand

Bei der Beurteilung der Beeinträchtigung der Erhaltungsziele des FFH-Gebiets stellt das Bundesverwaltungsgericht auf den **günstigen Erhaltungszustand der geschützten Lebensräume und Arten** als geeignetes Bewertungskriterium ab.[452] Hierbei wird auf die Legaldefinition des Art 1 e) FFH-RL zurückgegriffen, wonach ein Erhaltungszustand dann als günstig zu bewerten ist, wenn u.a. „*ein natürliches Verbreitungsgebiet sowie die Flächen, die er in diesem Gebiet einnimmt, beständig sind oder sich ausdehnen können*". Hieran ist zu erkennen, dass diejenigen Faktoren, von denen eine nachhaltige Bestandssicherung des Lebensraumtyps abhängt, als bedeutsam einzuordnen sind.[453] Die Entscheidungsbehörde hat zu prüfen, ob ein günstiger Erhaltungszustand trotz Durchführung des Vorhabens stabil bleiben wird.[454] Der Begriff der **Stabilität** stammt aus der Ökosystemforschung und bezeichnet die Fähigkeit, nach einer Störung wieder zum ursprünglichen Gleichgewicht zurückkehren zu können.[455] Ein günstiger Erhaltungszustand muss grundsätzlich

---

449 Vgl. Angaben auf der Homepage des BfN, Prüfung der FFH-Verträglichkeit, Stand: 15.08.2012, abrufbar unter: http://www.bfn.de/0306_ffhvp.html (Abruf am: 09.08.2015).

450 *Lambrecht/Trautner* in: Fachinformationssystem und Fachkonventionen zur Bestimmung der Erheblichkeit im Rahmen der FFH-VP – Endbericht zum Teil Fachkonventionen, Schlussstand Juni 2007, abrufbar unter: http://www.bfn.de/fileadmin/MDB/images/themen/eingriffsregelung/BfN-FuE_FFH-FKV_Bericht_und_Anhang_Juni_2007.pdf (Abruf am: 09.08.2015).

451 *Wemdzio*, in: NuR 2012, 459 (462).

452 BVerwG, Urteil vom 17.01.2007, Az.: 9 A 20/05, Rn. 43 – zitiert nach *juris*.

453 *Ewer*, in: Lütkes/Ewer, BNatSchG, § 34, Rn. 8.

454 Auslegungsleitfaden der EU-Kommission zu Art 6 IV FFH-RL, Stand: Januar 2007, S. 28, 39.

455 BVerwG, Urteil vom 17.01.2007, Az.: 9 A 20/05, Rn. 43 – zitiert nach *juris*. Hierbei handelt es sich nach Ansicht von *Beier*, in: DVBl. 2013, 1497 (1500) um die von dem EuGH geforderten „*Dauerhaftigkeit*".

stabil bleiben, ein bestehender schlechter Erhaltungszustand darf sich nicht weiter verschlechtern.[456]

Zu beachten ist in diesem Zusammenhang, dass bei der Bestimmung des günstigen Erhaltungszustandes nicht nur die Belastung durch das Einzelvorhaben, sondern die Belastung des gesamten betroffenen Gebiets festzustellen ist. Das bedeutet, dass etwaige Vorbelastungen zwingend bei der Bewertung des günstigen Erhaltungszustandes miteinzubeziehen sind.[457] Soweit schon die Vorbelastung die Belastungsgrenze ausschöpft oder diese überschreitet, läuft grundsätzlich jede Zusatzbelastung durch die **Summationswirkung**[458] mit anderen Projekten dem Erhaltungsziel zuwider und ist deshalb als erheblich einzustufen.[459] Die Belastungsgrenze orientiert sich am Erhaltungszustand des Gebiets: Je schlechter der Erhaltungszustand ist, desto höher sind die Anforderungen an die Zusatzbelastungen.[460] Eine solche Gesamtbewertung ist aber nur dann möglich, wenn die möglichen Auswirkungen der einzelnen Projekte, soweit diese mittels einer FFH-VP festgestellt wurden, auch tatsächlich absehbar sind.[461] Dies kann bei WEA beispielsweise dann der Fall sein, wenn erst durch das Wechselspiel mehrerer Anlagen die Auswirkungen auf das Natura 2000-Gebiet als erheblich eingestuft werden.

In begrenztem Umfang können **Schutz- und Schadensvermeidungsmaßnahmen**[462] bei der Beurteilung des günstigen Erhaltungszustands und folglich der Erheblichkeit miteinbezogen werden.[463] Diese Maßnahmen zielen auf die Beseitigung bzw. Minimierung der negativen Auswirkungen auf ein Gebiet ab, welche voraussichtlich mit der Durchführung des Projekts entstehen[464] und setzen somit schon an der Tatbestandsmäßigkeit an. Grundsätzlich ist die Zulässigkeit von Schutz- und Schadensvermeidungsmaßnahmen schon auf dieser Ebene und nicht erst im Rahmen

---

456 BVerwG, Urteil vom 03.05.2013, Az.: 9 A 16/12, Rn. 28 – zitiert nach *juris*; Urteil vom 06.11.2012, Az.: 9 A 17.11, Rn. 35 – zitiert nach *juris*.

457 BVerwG, Beschluss vom 10.11.2009, Az.: 9 B 28/09, Rn. 6 – zitiert nach *juris*.

458 *Schumacher/Schumacher*, in: Schumacher/Fischer-Hüftle, BNatSchG, § 34, Rn. 70.

459 BVerwG, Urteil vom 14.04.2010, Az.: 9 A 5/08, Rn. 92 f – zitiert nach *juris*; Beschluss vom 10.11.2009, Az.: 9 B 28/09, Rn. 6 – zitiert nach *juris*.

460 *Frenz*, in: Frenz/Müggenborg, BNatSchG, § 34, Rn. 47.

461 *Schumacher/Schumacher*, in: Schumacher/Fischer-Hüftle, BNatSchG, § 34, Rn. 71.

462 Auch „*Schadensminderungs- oder Schadensbegrenzungsmaßnahmen*" genannt, vgl. *Ewer*, in: Lütkes/Ewer, BNatSchG, § 34, Rn. 33.

463 Bejahend BVerwG, Urteil vom 03.05.2013, Az.: 9 A 16/12, Rn. 28 – zitiert nach *juris*; Urteil vom 28.03.2013, Az.: 9 A 22/11, Rn. 41 – zitiert nach *juris*; Urteil vom 17.01.2007, Az.: 9 A 20/05, Rn. 45 – zitiert nach *juris*. Ebenso im Schrifttum *Ewer*, in: Lütkes/Ewer, BNatSchG, § 34, Rn. 33; *Frenz*, in: Frenz/Müggenborg, BNatSchG, § 34, Rn. 43; *Meßerschmidt*, in: NuR 2013, 168 (174); *Wolf*, in GK-BNatSchG, § 34, Rn. 11.

464 Auslegungsleitfaden der EU-Kommission zu Art 6 IV FFH-RL, Stand: Januar 2007, Anm. 1.4.1., S. 11.

einer Ausnahme zu bejahen.[465] Das Bundesverwaltungsgericht[466] stützt sich hierbei auf den Leitfaden der Kommission zum strengen Schutzsystem für Tierarten von gemeinschaftlichem Interesse im Rahmen der FFH-Richtlinie 92/43/EWG.[467] Dieser Rechtsprechung ist zu folgen, da die Ziele des europarechtlich geprägten Habitatschutzes können trotz des Eingriffs schnellstmöglich erreicht werden, soweit der günstige Erhaltungszustand der geschützten Lebensraumtypen und Arten stabil bleibt.[468] Es macht keinen Unterschied, ob die Unerheblichkeit von Beginn an vorlag oder erst später durch diese Maßnahmen eingetreten ist.[469]

Die Möglichkeit der Anerkennung der vorgenannten Maßnahmen ist nicht ausdrücklich in der zugrundeliegenden europarechtlichen Vorgabe vorgesehen. Davon ausgehend, dass diese Maßnahmen weder contra legem sind noch dem Schutzzweck der FFH-Richtlinie zuwider laufen, wird aus Rechtssicherheitsgründen eine klarstellende Änderung des maßgeblichen Art 6 III 1 FFH-RL vorgeschlagen. Die Möglichkeit von Schadensbegrenzungsmaßnahmen soll somit ausdrücklich in den Wortlaut der Norm aufgenommen werden. Folgende Änderung wird vorgeschlagen:

> *„Pläne oder Projekte, die nicht unmittelbar mit der Verwaltung des Gebietes in Verbindung stehen oder hierfür nicht notwendig sind, die ein solches Gebiet jedoch einzeln oder in Zusammenhang mit anderen Plänen und Projekten selbst unter Einbeziehung von Schadensbegrenzungsmaßnahmen vor Ort erheblich beeinträchtigen könnten, erfordern einen Prüfung auf Verträglichkeit mit den für dieses Gebiet festgelegten Erhaltungszielen“.*[470]

Eine solche Änderung bietet sicherlich die größere Rechtsanwendungssicherheit, ist aber nach der hier vertretenen Ansicht nicht zwingend notwendig. Durch die Einbeziehung der Maßnahmen in der Verwaltungspraxis und der Anerkennung durch das Bundesverwaltungsgericht besteht keine erkennbare Rechtsunsicherheit, die zwingend beseitigt werden müsse. Daher ist eine weite Auslegung des Art 6 FFH-RL ausreichend.

Im Hinblick auf die inhaltliche Reichweite der in diesem Rahmen zulässigen Schadensbegrenzungsmaßnahmen ist eine **Abgrenzung zu den Kohärenzsicherungsmaßnahmen** notwendig, welche im Rahmen der Ausnahme durchzuführen sind.[471]

---

465 BVerwG, Urteil vom 28.03.2013, Az.: 9 A 22/11, Rn. 43 ff – zitiert nach *juris.*

466 BVerwG, Urteil vom 28.03.2013, Az.: 9 A 22/11, Rn. 44 – zitiert nach *juris.*

467 Stand: Februar 2007, abrufbar unter: http://ec.europa.eu/environment/nature/conservation/species/guidance/pdf/guidance_de.pdf (Abruf am: 09.08.2015).

468 *Ewer*, in: Lütkes/Ewer, BNatSchG, § 34, Rn. 33; *Gatz*, in: Hoppenberg/de Witt, Handbuch des öffentlichen Baurechts, Band 3, Kap. Z V, Rn. 109.

469 BVerwG, Urteil vom 17.01.2007, Az.: 9 A 20/05, Rn. 53 – zitiert nach *juris.*

470 Vgl. *Frenz*, in: Frenz/Müggenborg, BNatSchG, § 34, Rn. 57 (Anm.: Hervorhebung durch die Verfasserin).

471 Vgl. VGH Kassel, Beschluss vom 02.01.2009, Az.: 11 B 368/08, Rn. 194 – zitiert nach *juris*: *„Die Kompensation vorhabensbedingter Verluste von Lebensraumflächen geschützter Tierarten durch Schaffung geeigneter Ausweichhabitate innerhalb des FFH-Gebiets, die den günstigen Erhaltungszustand der betroffenen Art gewährleistet,*

Denn die Schadensbegrenzungsmaßnahme vermeidet schon die Tatbestandsmäßigkeit des § 34 II BNatSchG, so dass gar keine FFH-VP durchzuführen ist. Die Kohärenzsicherungsmaßnahme hingegen besitzt eine andere Zielrichtung und Wirkweise, da sie gem. § 34 V BNatSchG für die Erteilung einer Ausnahme notwendig sein kann. Somit wird diese erst nach Durchführung einer FFH-VP angeordnet, soweit eine Ausnahme zu erteilen ist. Der Unterschied zwischen diesen Instrumentarien zeigt sich in der praktischen Umsetzung. Beispielsweise muss die Schadensvermeidungs- bzw. Schadensbegrenzungsmaßnahme am Vorhabenort durchgeführt werden, um die Erheblichkeit der Beeinträchtigung vermeiden zu können. Die Kohärenzsicherungsmaßnahme kann auch an einem anderen als den Eingriffsort stattfinden und wirken.[472] Ohne hinreichende Differenzierung drohen die Grenzen der einzelnen Regelungsinstrumente zu verwischen.[473] Dies ist im Hinblick auf die unterschiedlichen Rechtsfolgen nicht unbedenklich und daher zu vermeiden.

Grundsätzlich ist aber gewisse Vorsicht bei der Einbeziehung von Schadensvermeidungs- bzw. Schadensbegrenzungsmaßnahmen bei der Beurteilung der Erheblichkeit der Beeinträchtigung geboten. Denn zum einen wirken solche Maßnahmen regelmäßig zeitverzögert, zum anderen kann der Erfolg nur prognostiziert werden und ist nicht mit *„jeden vernünftigen Zweifel ausschließenden Sicherheit"* vorherzusagen.[474] In diesem Zusammenhang wird in der Praxis regelmäßig ein **Monitoring** als Überwachungsmaßnahme durchgeführt, um möglichen wissenschaftlichen Unsicherheiten begegnen und weitere Erkenntnisse zu gewinnen zu können. Daneben kann die Durchführbarkeit des Vorhabens besser gesteuert werden. Das Monitoring allein kann aber nicht ausreichend sein, sondern ist nur als Teil eines **gesamtheitlichen Risikomanagements** zu sehen.[475] Durch das Monitoring kann der Vorhabenträger den Nachweis führen, dass sein Schutzkonzept den Eintritt eines ökologischen Schadens wirksam verhindern wird und sein Vorhaben aus habitatschutzrechtlicher Sicht genehmigungsfähig ist.[476] Es entbindet aber nicht von der Durchführung der Schadensverhinderungsmaßnahmen selbst.

---

stellt eine Schadensvermeidungs- bzw. -minderungsmaßnahme und keine Kohärenzmaßnahme dar".

472 Zu den Kohärenzsicherungsmaßnahmen siehe unten unter 4. c).

473 *Meßerschmidt*, in: NuR 2013, 176 (174); *Wolf*, in: GK-BNatSchG, § 34, Rn. 11.

474 BVerwG, Urteil vom 12.03.2008, Az.: 9 A 3/06, Rn. 94 – zitiert nach *juris*. In diesem Sinne auch *Wolf*, in: GK-BNatSchG, § 34, Rn. 12. Vgl. auch Schlussanträge der Generalanwältin Kokott zu Rs. C-239/04, Rn. 97 – zitiert nach *juris*.

475 BVerwG, Urteil vom 12.03.2008, Az.: 9 A 3/06, Rn. 105 – zitiert nach *juris*. *Ewer*: in Lütkes/Ewer, BNatSchG, § 34, Rn. 8.

476 BVerwG, Beschluss vom 23.11.2007, Az.: 9 B 38.07, Rn. 22 – zitiert nach *juris*.

d) Bagatellvorbehalt

Aufgrund der ohnehin schon vorhandenen hohen Hürden für Vorhabenträger nimmt die Rechtsprechung entgegen eigener anfänglicher Skepsis[477] bei einem guten Erhaltungszustand der geschützten Lebensraumtypen und Arten trotz möglicher Zielunverträglichkeit einen **Bagatellvorbehalt** bei Flächenverlusten an.[478] Diese Bagatellgrenze findet seine Rechtfertigung im Verhältnismäßigkeitsgrundsatz,[479] der sowohl im nationalen Recht als auch auf europarechtlicher Ebene Geltung beansprucht. Die Bagatellgrenze widerspricht auch nicht dem Sinn und Zweck der FFH-VP, wonach lediglich die Erhaltung und Wiederherstellung eines günstigen Erhaltungszustands erreicht werden soll.[480] Denn dieser bleibt weiterhin bestehen.

Im Einzelfall ist durch die Genehmigungsbehörde aus naturschutzfachlicher Sicht zu beurteilen, ob eine Bagatelle vorliegt.[481] Das Bundesverwaltungsgericht stellte hierzu fest:

> „*Wann eine Einwirkung Bagatellcharakter hat, ist eine zuvörderst naturschutzfachliche Frage.*"[482]

Bislang konnte keine abschließende Antwort gegeben werden, wann eine solche Bagatelle vorliegt bzw. die **Grenze zur Erheblichkeit** doch überschritten ist. Aus der Rechtsprechung lassen sich nur Anhaltspunkte für einzelne Fallgruppen entnehmen. Eine zweifelsfreie Einordnung, ob und in welchem Umfang ein Vorhaben dem Bagatellvorbehalt unterfällt, kann nicht gelingen.[483] Beispielsweise wurde einen Flächenverlust von 1 % als Bagatelle eingeordnet.[484] In anderen Fallgestaltungen kann der Wert aber größer oder kleiner sein. Als Entscheidungshilfe wird hierzu unter anderem der Endbericht von Lambrecht/Trautner[485] zur Bestimmung der Erheblichkeit im Rahmen der FFH-VP herangezogen.[486] In diesem Endbericht werden

---

477 BVerwG, Urteil vom 17.01.2007, Az.: 9 A 20/05, Rn. 50 – zitiert nach *juris*.

478 Kritisch zur Annahme von Bagatellschwellen für Flächenverlusten von Bagatellschwellen innerhalb von natürlichen Lebensräumen/Habitaten eines Schutzgebiets *Gatz*, in: Hoppenberg/de Witt, Handbuch des öffentlichen Baurechts, Band 3, Kap. Z V, Rn. 94.

479 BVerwG, Urteil vom 14.04.2010, Az.: 9 A 5/08, Rn. 93 – zitiert nach *juris*; Beschluss vom 10.11.2009, Az.: 9 B 28/09, Rn. 8 – zitiert nach *juris*; Urteil vom 12.03.2008, Az.: 9 A 3/06, Rn. 124 – zitiert nach *juris*.

480 *Meßerschmidt*, in: NuR 2013, 176 (175).

481 BVerwG, Beschluss vom 10.11.2009, Az.: 9 B 28/09, Rn. 8 – zitiert nach *juris*.

482 BVerwG, Urteil vom 14.04.2010, Az.: 9 A 5/08, Rn. 93 – zitiert nach *juris*.

483 *Frenz*, in: Frenz/Müggenborg, BNatSchG, § 34, Rn. 51; *Schumacher/Schumacher*, in: Schumacher/Fischer-Hüftle, BNatSchG, § 34, Rn. 64.

484 BVerwG, Urteil vom 12.03.2008, Az.: 9 A 3/06, Rn. 126 – zitiert nach *juris*.

485 *Lambrecht/Trautner* in: Fachinformationssystem und Fachkonventionen zur Bestimmung der Erheblichkeit im Rahmen der FFH-VP – Endbericht zum Teil Fachkonventionen, Schlussstand Juni 2007.

486 BVerwG, Urteil vom 13.05.2009, Az.: 9 A 73/07, Rn. 50 – zitiert nach *juris*.

Orientierungswerte angegeben, welche das zulässige Verhältnis von Flächenverlust zum gesamten FFH-Gebiet wiedergeben. Soweit die vorgegebenen Werte des Endberichts nicht überschritten werden, geht die Rechtsprechung von der Unerheblichkeit der Beeinträchtigung aus.[487] Diese Orientierungswerte können aber nur dann herangezogen werden, wenn es sich um einen vollständigen und direkten Flächenentzug handelt, nicht aber bei einer anderweitigen Beeinträchtigung der Flächen.[488] Darüber hinaus ist, wie bereits dargelegt, nicht abschließend geklärt, ob diese Orientierungswerte unter Berücksichtigung der Energiewende überhaupt noch volle Geltung beanspruchen können.

Kritisch zu sehen ist die Verwendung des unbestimmten Rechtsbegriffs der „*Bagatelle*" zur Eingrenzung eines anderen unbestimmten Rechtsbegriffs, namentlich der „*Erheblichkeit*", ohne hierbei feste Leitlinien vorzugeben. Ein solches Vorgehen vermag kaum Rechtsanwendungssicherheit zu schaffen. Denn es verbleibt die offene Frage, ob schon der Flächenverlust ab einer gewissen Größenordnung die Erheblichkeit auslöst, oder ob es letztlich nur auf die Beständigkeit der Art ankommt.[489] Dies kann nicht allgemeingültig beurteilt werden, weil einzelne Bestandteile von Natura 2000-Gebieten unterschiedliche Erheblichkeitsschwellen haben und die negativen Folgen unterschiedliche Wirkungen haben können.[490] Im Ergebnis muss es aber bei einer Einzelfallbetrachtung bleiben, die zwar in der Rechtsanwendung nicht zur Rechtssicherheit führt. Naturschutzfachlich ist es derzeit nicht möglich eine Vielzahl von Fällen prognostisch zusammenfassen zu können, da zu viele Einzelaspekte miteinzubeziehen sind. Gerade die Wechselbeziehung bzw. -wirkung zwischen Flächenverlust und Beeinträchtigung kann nicht für eine allgemein vorherbestimmt werden.

e) Einschätzungsprärogative

Problematisch ist, dass zur fachgerechten Beurteilung der Einschlägigkeit des habitatschutzrechtlichen Verbotstatbestandes nach § 34 BNatSchG ornithologische Kriterien maßgeblich sind, die zu treffende Entscheidung prognostische Elemente enthält und überdies naturschutzfachlich allgemein anerkannte standardisierte Maßstäbe sowie rechenhaft handhabbare Verfahren fehlen.[491] Aus praktischer Sicht der Entscheidungsträger besteht daher zutreffend die Notwendigkeit eines Beurteilungsspielraums aufgrund der vorhandenen Erkenntnislücken bei der Biologie und

---

487 VGH München, Urteil vom 30.09.2009, Az.: 8 A 05.40050, Rn. 61 – zitiert nach *juris*.

488 VG Regensburg, Urteil vom 19.04.2012, Az.: RN 2 K 11.127, Rn. 79 – zitiert nach *juris*.

489 So angedeutet in BVerwG, Urteil vom 12.03.2008, Az.: 9 A 3/06, Rn. 125 – zitiert nach *juris*.

490 *Schumacher/Schumacher*, in: Schumacher/Fischer-Hüftle, BNatSchG, § 34, Rn. 65.

491 VG Oldenburg (Oldenburg), Beschluss vom 26.05.2014, Az.: 5 B 603/14, Rn. 45 – zitiert nach *juris*. Dasselbe gilt für die Wirksamkeit der Kohärenzsicherungsmaßnahme gem. § 34 BNatSchG, s.u. unter 4. c).

der Ökosystemforschung.[492] Aus diesen Gründen erkennt die Rechtsprechung der Verwaltung in beschränkten Fällen eine **naturschutzfachliche Einschätzungsprärogative** zu:

> „*Angesichts der Vielzahl von Arten, die in wechselnden Zusammensetzungen in einem Lebensraum bestimmten Typs vorkommen können, ist bei der konkreten Zuordnungsentscheidung mehr als Plausibilität und Stimmigkeit nicht erreichbar. Deshalb ist es unabweisbar, die gerichtliche Kontrolle insoweit zurückzunehmen und der Behörde eine fachliche Einschätzungsprärogative zuzuerkennen. Entsprechendes trifft für die Bestandsbewertung zu.*“[493]

Die naturschutzfachliche Einschätzungsprärogative findet Anwendung für die **Erfassung von Lebensraumtypen** und bei der **Bewertung des Erhaltungszustandes** der geschützten Lebensräume. Es handelt sich um eine vergleichsweise enge naturschutzfachliche Einschätzungsprärogative, bei der das Gericht nur die Plausibilität und Stimmigkeit einer solchen fachlichen Verwaltungsentscheidung überprüfen kann.[494] Hierin ist keine vollständige Anerkennung einer Einschätzungsprärogative zu sehen.[495] In der Literatur wird kritisch gesehen, dass durch die Anerkennung der Einschätzungsprärogative die Genehmigungsentscheidung in Bezug auf die Beurteilung des Vorhandenseins der Erheblichkeit der gerichtlichen Überprüfbarkeit entzogen wird.[496] Da aber – anders als bei der artenschutzrechtlichen naturschutzfachlichen Einschätzungsprärogative – nicht die gesamte Entscheidung von der Einschätzungsprärogative erfasst ist,[497] sondern nur bestimmte Teilaspekte, ist das „*Kernstück der Verträglichkeitsprüfung, die Beurteilung der Auswirkungen des Vorhabens auf die habitatschutzrechtlichen Schutzgüter*“ unter Einfluss der unionsrechtlichen Vorgaben und Rechtsprechung gerichtlich voll überprüfbar.[498] Demnach ist die beschränkte naturschutzfachliche Einschätzungsprärogative im Habitatschutzrecht zulässig, soweit die Anwendung fachwissenschaftlich vertretbar ist, d.h. beispielsweise ein fundiertes, nachvollziehbares Sachverständigengutachten

---

492 *Lau*, in: UPR 2010, 169, (170).

493 BVerwG, Urteil vom 12.03.2008, Az.: 9 A 3/06, Rn. 74 – zitiert nach *juris*. Siehe auch BVerwG, Urteil vom 06.11.2013, Az.: 9 A 14/12, Rn. 93 – zitiert nach *juris*; Beschluss vom 28.12.2009, Az.: 9 B 26.09, Rn. 12 – zitiert nach *juris*.

494 *Frenz*, in: Frenz/Müggenborg, BNatSchG, § 34, Rn. 45.

495 *Lau*, in: UPR 2010, 169 (170); *Meßerschmidt*, in: NuR 2013, 168 (176). AA *Frenz*, in: Frenz/Müggenborg, BNatSchG, § 34, Rn. 45.

496 *Meßerschmidt*, in: NuR 2013, 168 (176) merkt hierzu Folgendes an: „*Die Justiziabilität des Erheblichkeitskriteriums wird daher zunehmend löchrig.*“ Auch kritisch *Gellermann*, in: Landmann/Rohmer, UmweltR, BNatSchG, § 34, Rn. 21.

497 Siehe hierzu ausführlich unten unter C. II. 3.

498 *Nolte*, in: jurisPR-BVerwG 9/2014 Anm. 3 unter C.

die Grundlage der Entscheidung unter Heranziehung aktueller Forschungsergebnisse ist.[499]

4. *Ausnahme gem. §§ 34 III–V BNatSchG*

Soweit der Verbotstatbestand des § 34 II BNatSchG einschlägig ist, verbleibt die Möglichkeit einer **Ausnahme** nach § 34 III–V BNatSchG. Liegen deren Voraussetzungen vor, kann die WEA als Vorhaben im Wege einer „***Abweichungsprüfung***"[500] zugelassen werden.[501]

Wie bereits dargestellt, ist ein pauschaler Ausschluss von WEA in geschützten Landschaftsteilen wie dem Landschaftsschutzgebiet und Natura 2000-Gebiet abzulehnen.[502] In diesen Fällen ist aber eine sorgfältige Prüfung der Voraussetzungen der Ausnahmemöglichkeit, die kumulativ vorliegen müssen,[503] vorzunehmen und eine Abwägung durchzuführen. Die Merkmale der habitatschutzrechtlichen Ausnahme, welche die Vorgaben des Art. 6 IV FFH-RL umsetzt, sind ebenso wie der Tatbestand der vorgenannten zugrundeliegenden europäischen Norm eng auszulegen.[504] Hintergrund ist die effektive Wahrung des strikten Vermeidungsgebots.[505]

Die Abweichungsprüfung vollzieht sich in mehreren Schritten. Ausgangspunkt für die mögliche Erteilung einer Ausnahme sind die Vorgaben des § 34 III BNatSchG, wonach abweichend von § 34 II BNatSchG ein Vorhaben dann zugelassen werden darf, soweit es:

1.	*aus zwingenden Gründen des überwiegenden öffentlichen Interesses, einschließlich solcher sozialer oder wirtschaftlicher Art, notwendig ist und*
2.	*zumutbare Alternativen, den mit dem Projekt verfolgten Zweck an anderer Stelle ohne oder mit geringeren Beeinträchtigungen zu erreichen, nicht gegeben sind.*

499 Vergleichbares gilt für die Anerkennung der naturschutzfachlichen Einschätzungsprärogative bei der Entscheidung über die Kohärenzsicherungsmaßnahmen. Die Entscheidung über die Anordnung muss nachvollziehbar offengelegt werden und die zugrundeliegenden Erwägungen müssen naturschutzfachlich begründbar sein, vgl. BVerwG, Beschluss vom 02.10.2014, Az.: 7 A 14/12, Rn. 43 – zitiert nach *juris*; Urteil vom 12.03.2008, Az.: 9 A 3/06, Rn. 202 – zitiert nach *juris.*

500 *Fellenberg/Schiller*, in: Gerstner, Kap. 2 B., Rn. 98.

501 *Kohls*, in: Danner/Theobald, Energierecht, XIII. B 1, Rn. 65.

502 *Attendorn*, in: NuR 2013, 153 (156). AA *Scheidler*, in: DVBl. 2012, 216, (218 f).

503 *Schumacher/Schumacher*, in: Schumacher/Fischer-Hüftle, § 34, Rn. 82.

504 EuGH, Urteil vom 20.09.2007, Rs.: C-304/05, Rn. 81 f – zitiert nach *juris.*

505 BVerwG, Urteil vom 27.01.2000, Az.: 4 C 2/99, Rn. 36, 40 – zitiert nach *juris.* Ebenso *Attendorn*, in: NuR 2013, 153 (156); *Gatz*, in: Hoppenberg/de Witt, Handbuch des öffentlichen Baurechts, Band 3, Kap. Z V, Rn. 111; *Schumacher/Schumacher*, in: Schumacher/Fischer-Hüftle, § 34, Rn. 81; *Stöckel/Müller-Walter*, in: Erbs/Kohlhaas, Strafrechtliche Nebengesetze, § 34 BNatSchG, Rn. 16.

In einem ersten Schritt werden die zwingenden Gründe des überwiegenden öffentlichen Interesses dargestellt, die für die Genehmigungsfähigkeit von WEA ins Feld geführt werden können (**a**). Danach sind die in einem zweiten Schritt zu prüfenden zumutbare Alternativen zu beleuchten (**b**). Im Anschluss wird in einem dritten Schritt geprüft, ob und in welchem Umfang gesetzlich vorgesehene Kohärenzsicherungsmaßnahmen durchzuführen sind (**c**). Schließlich ist aufzuzeigen, dass bei der Entscheidung über eine Ausnahme nach § 34 III–V BNatSchG bestimmten Naturschutzvereinigungen ein Mitwirkungsrecht zusteht (**d**).

a) Zwingende Gründe des überwiegenden öffentlichen Interesses

Im Rahmen der Abweichungsprüfung ist zunächst erforderlich, dass für das Vorhaben **zwingende Gründe des überwiegenden öffentlichen Interesses** ins Feld geführt werden kann. Der Tatbestand des § 34 III Nr. 1 BNatSchG kann in die folgenden drei Einzelmerkmale unterteilt werden:[506]

– Gründe des öffentlichen Interesses,
– die zwingend sind
– und (das Bestands- und Kohärenzinteresse des Schutzregimes) überwiegen.

Entscheidend ist, ob der Bau und Betrieb von WEA überhaupt als **Gründe des öffentlichen Interesses** im Rahmen der Ausnahmevorschrift zu werten sind. Weder der europäische noch der nationale Gesetzgeber hat hierzu eine ausdrückliche Regelung geschaffen, so dass der Regelungsgehalt der Begrifflichkeit nicht abschließend geklärt ist. Zwar kann aus dem Regelungszusammenhang des § 34 Absatz III zu Absatz IV BNatSchG grundsätzlich geschlossen werden, dass zu den beachtlichen öffentlichen Interessen auch die maßgeblich günstigen Auswirkungen des Projekts auf die Umwelt zu zählen sind.[507] Solche Auswirkungen im Sinne dieser Vorschrift liegen aber nur dann vor, wenn die Auswirkungen unmittelbar eintreten und direkt die Umweltsituation verbessern.[508] Daher wird vertreten, dass WEA als Anlagen zur Erzeugung erneuerbarer Energie nicht von dem Tatbestand erfasst werden. Solche Stromerzeugungsanlagen seien zwar aus Klimaschutzgründen sinnvoll, hätten aber keine direkten Auswirkungen auf die Umwelt im Sinne einer Kompensationswirkung, d.h. der direkte Ausgleich des Eingriffs erfolgt nicht durch die positive Folge.[509]

Darüber hinaus gibt der Wortlaut des § 34 III BNatSchG vor, dass **soziale oder wirtschaftliche Anforderungen** berücksichtigt werden können. Hieraus ergibt

506 *Attendorn*, in: NuR 2013, 153 (156).
507 *Gatz*, in: Hoppenberg/de Witt, Handbuch des öffentlichen Baurechts, Band 3, Kap. Z V, Rn. 112.
508 *Wolf*, in: GK-BNatSchG, § 34, Rn. 15.
509 *Gatz*, in: Hoppenberg/de Witt, Handbuch des öffentlichen Baurechts, Band 3, Kap. Z V, Rn. 112; *ders.*, in: Windenergieanlagen in der Verwaltungs- und Gerichtspraxis, Rn. 258; *Wolf*, in: GK-BNatSchG, § 34, Rn. 15.

sich keine feste Leitlinie, welche Projekte hierunter fallen. Feststeht, dass rein private Interessen nicht zu berücksichtigen sind.[510] Handelt es sich aber um bauliche Vorhaben, die zumindest **auch den öffentlichen Interessen** dienen, so wird die Möglichkeit der Eröffnung des Anwendungsbereichs der Abweichungsmöglichkeit grundsätzlich befürwortet. Dadurch können auch private Projekte im Wege einer Ausnahme legalisiert werden.[511] Eine solche Doppelrelevanz ist bei WEA vor dem Hintergrund der Energiewende und der gesetzgeberischen Wertung insbesondere des § 1 III Nr. 4 BNatSchG für WEA nunmehr zu bejahen. Zwar werden diese von Privaten zuvörderst mit Gewinnerzielungsabsicht errichtet und betrieben. Darüber hinaus dienen die WEA aber auch der Förderung *„der allgemeinen Ziele der langfristigen Energiepolitik"*[512] der Landes-, Bundes- und EU-Gesetzgeber, die sich in den entsprechenden Regelungen wiederspiegeln.[513] Der Ausbau des Sektors der erneuerbaren Energien ist daher wegen seiner Langfristigkeit[514] und Erzielung legitimer und öffentlicher Interessen[515] ein tragfähiges öffentliches Interesse im Sinne des Ausnahmetatbestandes, welchem im Wege der Abwägung ein besonderes Gewicht zukommt.[516]

Ferner muss zur Bejahung des Ausnahmetatbestands das öffentliche Interesse auch als **zwingend** eingeordnet werden. Dieser Begriff ist ebenfalls auslegungsbedürftig. Aus der Verwendung des Begriffs selbst wird geschlossen, dass nur besonders schwerwiegende öffentliche Belange als Ausnahmegründe in Betracht kommen können.[517] Die Rechtsprechung ordnet die überwiegenden öffentlichen Gründe dann als zwingend ein, wenn die zu genehmigende Fallgestaltung von einem durch Vernunft und Verantwortungsbewusstsein geleiteten staatlichen Handeln getragen

---

510 EU-Kommission, Auslegungsleitfaden zu Art 6 IV FFH-RL, Stand: Januar 2007, S. 8.

511 *Schumacher/Schumacher*, in: Schumacher/Fischer-Hüftle, BNatSchG, § 34, Rn. 84.

512 EU Kommission, Auslegungsleitfaden zu Art 6 IV FFH-RL, Stand: Januar 2007, S. 9 ff.

513 Vgl. Darstellung in der Einführung.

514 *Ewer*, in: Lütkes/Ewer, BNatSchG, § 34, Rn. 51.

515 Vgl. *Gärditz*, in: DVBl. 2010, 214 (217). Grundsätzlich dem auch folgend *Gatz*, in: Hoppenberg/de Witt, Handbuch des öffentlichen Baurechts, Band 3, Kap. Z V, Rn. 112. Dieser spricht sich für eine sehr restriktive Handhabung aus und lehnt eine Ausnahmemöglichkeit für WEA tendenziell ab.

516 *Attendorn*, in: NuR 2013, 153 (157); *ders.*, in: Kurzgutachten vom 03.06.2012 zum Thema: *„Möglichkeiten und Notwendigkeiten zur Berücksichtigung der Erfordernisse der Energiewende bei der Anwendung ausgewählter Regelungen des Wasser- und des Naturschutzrechts"*, S. 3, abrufbar unter: http://www.bezreg-arnsberg.nrw.de/themen/a/arnsberger_energie_dialoge/do_rechtsgutachten/kurzgutachten.pdf (Abruf am 09.08.2015). Ebenso *Ewer*, in: Lütkes/Ewer, BNatSchG, § 34, Rn. 50; *Kerkmann*, in: Kerkmann, Naturschutzrecht in der Praxis, § 8, Rn. 215.

517 *Stöckel/Müller-Walter*, in: Erbs/Kohlhaas, Strafrechtliche Nebengesetze, § 34 BNatSchG, Rn. 18.

wird.[518] Dies bedeutet aber nicht, dass unausweichliche Sachzwänge vorhanden sein müssen.[519] Vor dem Hintergrund der ambitionierten und deutlichen Zielsetzungen der Energiewende, kann auch dieses Kriterium bejaht werden, da

> *„die Belange des Klimaschutzes und der regenerativen Energieerzeugung, konkret in ihrer durch die Energiewende-Legislation gewonnenen Gestalt, vernünftig und von Verantwortungsbewusstsein getragen sind [...].“*[520]

Hinzuweisen ist in diesem Zusammenhang auf die aktuelle Verwaltungspraxis in Hessen. Im Leitfaden WKA Hessen wird die rechtswirksame Festsetzung von Vorranggebieten in Regional- oder Flächennutzungsplänen[521] für Windenergie als ein zwingendes öffentliches Interesse gewertet, welches sogar als alternativlos gesehen wird.[522] Begründet wird dieser Ansatz damit, dass die notwendige Alternativenprüfung bereits im Rahmen des Planungsprozesses auf Ebene der Raumordnung bzw. Bauleitplanung abgearbeitet werden soll. Ein solcher Ansatz ist nach der hier vertretenen Ansicht grundsätzlich zu befürworten, da auf diese Weise die erkennbaren Konflikte nach oben verlagert werden. Aus naturschutzrechtlicher Sicht ist es dennoch erforderlich, dass der Entscheidungsträger demnach in die Prüfung einsteigt und die potentiell betroffenen Belange überprüft. Denn zwischenzeitlich kann sich die Situation am geplanten Vorhabenort verändert haben bzw. der der Planung zugrundeliegende Sachverhalt könnte fehlerhaft bewertet worden sein. Aus diesem Grunde ist es Aufgabe der Genehmigungsbehörde überschlägig zu überprüfen, ob die aktuelle ökologische Situation eine Ausnahme tragen kann. Hierbei kann die vorhandene überörtliche bzw. kommunale Planung als Indiz herangezogen werden.

Soweit **prioritäre natürliche Lebensraumtypen**[523] oder **prioritäre Arten**[524] betroffen sind, werden an die zwingenden Gründe des überwiegenden öffentlichen Interesses nach § 34 III Nr. 1 BNatSchG in § 34 IV 1 BNatSchG besondere

---

518 BVerwG, Urteil vom 06.11.2012, Az.: 9 A 17/11, Rn. 66 – zitiert nach *juris*; Urteil vom 09.06.2010, Az.: 9 A 20/08, Rn. 55 – zitiert nach *juris*; Urteil vom 09.07.2009, Az.: 4 C 12/07, Rn. 13 – zitiert nach *juris;* Urteil vom 12.03.2008, Az.: 9 A 3/06, Rn. 153 – zitiert nach *juris;* Urteil vom 27.01.2000, Az.: 4 C 2/99, Rn. 39 – zitiert nach *juris*; OVG Lüneburg, Urteil vom 20.05.2009, Az.: 7 KS 28/07, Rn. 96 – zitiert nach *juris*. Ebenso *Füßer/Lau*, in: NuR 2012, 448 (450 ff); *Kerkmann*, in: Kerkmann, Naturschutzrecht in der Praxis, § 8; Rn. 215.

519 BVerwG, Urteil vom 06.11.2012, Az.: 9 A 17/11, Rn. 66 – zitiert nach *juris*. So auch *Attendorn*, in: NuR 2013, 153 (157).

520 *Attendorn*, in: NuR 2013, 153 (157).

521 Zur Konzentrationsflächenplanung siehe ausführlich unten im 2. Teil und 3. Teil jeweils im 2. Abschnitt.

522 Leitfaden WKA Hessen vom 29.11.2012, S. 8 f.

523 Gem. § 7 I Nr. 5 BNatSchG: *„die in Anhang I der Richtlinie 92/43/EWG mit dem Zeichen (*) gekennzeichneten Lebensraumtypen“*.

524 Gem. § 7 II Nr. 11 BNatSchG: *„die in Anhang II der Richtlinie 92/43/EWG mit dem Zeichen (*) gekennzeichneten Tier- und Pflanzenarten“*.

Anforderungen gestellt. Es können nur solche Interessen geltend gemacht werden, die im Zusammenhang mit der Gesundheit des Menschen, der öffentlichen Sicherheit, einschließlich der Verteidigung und des Schutzes der Zivilbevölkerung oder den maßgeblich günstigen Auswirkungen des Projekts auf die Umwelt stehen. In diesen Fällen ist eine Berücksichtigung der relevanten Belange nur möglich, soweit im Vorfeld eine Stellungnahme der Kommission eingeholt wurde, § 34 IV 2 BNatSchG. Wie bereits ausgeführt, können WEA nicht den Ausnahmegrund der maßgeblich günstigen Auswirkungen auf die Umwelt in Anspruch nehmen und sind daher in Schutzgebieten von prioritären natürlichen Lebensraumtypen bzw. prioritären Arten nicht ausnahmefähig und daher unzulässig.[525]

Die zutreffende **Ermittlung des Abwägungsmaterials** ist notwendige Grundlage einer ordnungsgemäßen Abwägungsentscheidung, die der vollen gerichtlichen Kontrolle unterliegt.[526] Daher sind die zwingenden Gründe des überwiegenden öffentlichen Interesses möglichst genau zu beschreiben und zu belegen, so dass ihr Gewicht gegenüber dem Interesse am Gebietsschutz zutreffend ermittelt werden kann.[527] Erst wenn zwingende Gründe des öffentlichen Interesses festgestellt wurden, ist im Wege einer Abwägung zu prüfen, ob diese auch als überwiegend bewertet werden können.[528]

Bei WEA werden regelmäßig vor allem der Habitatschutz und die Belange der erneuerbaren Energien durch die Gebietsnutzung mit WEA konfligieren. Bei der Abwägung von widerstreitenden Belangen genießt keines der geschützten Interessen einen pauschalen Vorrang.[529] Auch nach der Energiewende kann nichts anderes gelten, da sonst die naturschutzrechtlich geschützten Interessen bei erneuerbaren Energieprojekten dauerhaft unterlaufen würden. Nur wenn im Einzelfall der Vorrang der betroffenen Integritätsinteressen gegenüber dem Naturschutz positiv festgestellt werden kann, fällt die Abwägung zugunsten der WEA aus. Hierbei dürfen WEA als Mittel zur Förderung des Klimaschutzziels wohl nunmehr als hochrangig einzustufen sein, da der Klimaschutz als rechtlich besonders schützenswert und von *„faktisch fundamentaler Bedeutung für die Lebensgrundlage des Menschen“*[530] gesehen wird. Dies macht eine genaue Prüfung der habitatschutzrechtlichen Vorgaben im Einzelfall im Hinblick auf die Voraussetzungen für eine Ausnahme nicht entbehrlich.

b) Zumutbare Alternativen

Weitere Voraussetzung gem. § 34 III Nr. 2 BNatSchG für eine Ausnahmeerteilung ist, dass **keine zumutbaren Alternativen** vorhanden sind. Durch diese Norm wurde

525 Vgl. *Gatz*, in: Windenergieanlagen in der Verwaltungs- und Gerichtspraxis, Rn. 259.
526 BVerwG, Urteil vom 09.07.2009, Az.: 4 C 12/07, Rn. 22 – zitiert nach *juris*.
527 OVG Lüneburg: Urteil vom 20.05.2009, Az.: 7 KS 28/07, Rn. 101 – zitiert nach *juris*.
528 *Füßer/Lau*, in: NuR 2012, 488 (452 ff); *Louis*, in: NuR 2012, 385 (393).
529 BVerwG, Urteil vom 09.07.2009, Az.: 4 C 12/07, Rn. 16 – zitiert nach *juris*.
530 *Attendorn*, in: NuR 2013, 153 (158).

Art. 6 IV FFH-RL umgesetzt, so dass der Begriff der Alternative im Lichte des nach Art. 4 FFH-RL begründeten Schutzregimes zu sehen ist.[531] Diese Alternativenprüfung bildet das *„Kernstück der Abweichungsprüfung"* des § 34 III BNatSchG.[532] Hierfür wird ein Dreischritt vorgeschlagen.

In einem **ersten Schritt** sind **Alternativen** zu ermitteln, durch die das Projektziel auf anderem Wege als dem geplanten erreicht werden könnte. In den Blick zu nehmen sind potenzielle Alternativen, wie beispielsweise eine andere Art der Ausführung oder ein anderer Standort.[533] Ein anderer Standort als Alternative kommt aber dann nicht in Betracht, wenn entweder faktisch keine anderen Grundstücke zur Verfügung stehen oder das Projekt bei Ausweichen auf andere Flächen wirtschaftlich nicht realisierbar wäre,[534] insbesondere nicht genügend Windhöffigkeit vorhanden ist. Ferner steht ein anderer Standort auch dann nicht als Alternative zur Verfügung, wenn auch auf dem anderen Gebiet ebenfalls naturschutzrechtliche nicht zu lösende Konflikte prognostiziert werden.[535] Keine Alternative ist ein faktisch vollkommen anderes Projekt. Auch die Nichtverwirklichung als *„Null-Variante"* kann bereits entsprechend ihres Wortlauts keine Alternative im Sinne dieser Vorschrift sein.[536]

Soweit eine Alternativ gefunden wurde, ist in einem **zweiten Schritt** zu prüfen, ob die Alternative **weniger beeinträchtigend** für das Natura 2000-Schutzkonzept ist. Dies wird beispielsweise dann der Fall sein, wenn sich das geplante Vorhaben an einem nach dem Schutzkonzept der FFH-RL günstigeren Standort oder mit geringerer Eingriffsintensität durchführen lässt.[537]

Schließlich ist als **dritter Schritt** zu prüfen, ob diese Alternativen dem Vorhabenträger noch **zumutbar** sind, d.h. dass er seine verfolgten Ziele in naturverträglicher Art und Weise realistisch verwirklichen kann. Ein Ermessensspielraum besteht insoweit nicht, da Art 6 IV FFH-RL bzw. § 34 III Nr. 2 BNatSchG aufgrund seines Ausnahmecharakters ein strikt zu beachtendes Vermeidungsgebot enthält.[538] Grundsätzlich sind daher auch Abstriche von konkreten Planungsziel durch den Vorhabenträger hinzunehmen, die maßgeblich von seinem Gewicht und dem Grad seiner Erreichbarkeit im jeweiligen Einzelfall abhängen.[539] Nur gewichtige *„naturschutzexterne"*

---

531 BVerwG, Urteil vom 06.11.2013, Az.: 9 A 14/12, Rn. 74 – zitiert nach *juris*.

532 *Fellenberg/Schiller*, in: Gerstner, Kap. 2 B., Rn. 99.

533 BVerwG, Urteil vom 06.11.2013, Az.: 9 A 14/12, Rn. 74 – zitiert nach *juris*; *Halama*, in: NVwZ 2001, 506 (511).

534 BVerwG, Urteil vom 03.06.2010, Az.: 4 B 54/09, Rn. 9 – zitiert nach *juris*.

535 BVerwG, Urteil vom 06.11.2013, Az.: 9 A 14.12, R. 74 – zitiert nach *juris*; Urteil vom 12.03.2008, Az.: 9 A 3/06, Rn. 171 f – zitiert nach *juris*.

536 *Hösch*, in: UPR 2010, 7 (13).

537 *Stöckel/Müller-Walter*, in: Erbs/Kohlhaas, Strafrechtliche Nebengesetze, § 34 BNatSchG, Rn. 20 mit Hinweis auf BVerwG, Urteil vom 17.05.2002, Az.: 4 A 28/01.

538 BVerwG, Urteil vom 06.11.2013, Az.: 9 A 14/12, Rn. 74 – zitiert nach *juris*; Urteil vom 06.11.2012, Az.: 9 A 17/11, Rn. 70 – zitiert nach *juris*.

539 BVerwG, Urteil vom 06.11.2013, Az.: 9 A 14/12, Rn. 74 – zitiert nach *juris*; Beschluss vom 01.04.2009, Az.: 4 B 61.08, Rn. 62 – zitiert nach *juris*.

Gründe können es danach rechtfertigen, eine Alternativlösung auszuschließen.[540] Der Grundsatz der Verhältnismäßigkeit beansprucht aber auch hier Geltung.[541] Niemand kann bei der Verwirklichung eines Vorhabens zu unverhältnismäßigen Opfern gezwungen werden.[542] Denn ist es ist dem Vorhabenträger nicht zuzumuten, auf verfolgte Teilziele zu verzichten.[543]

In der Praxis wird sich oftmals die wichtige Frage stellen, ab wann **finanzielle Mehraufwendungen** noch als verhältnismäßig eingeordnet werden können. Grundsätzlich ist anerkannt, dass der Vorhabenträger übermäßig belastet ist, wenn das Vorhaben nur unter Aufwendung erheblicher finanzieller Mittel möglich wäre, die nicht mehr in Verhältnis zu den Vorteilen des Naturschutzes stehen.[544] Pauschale Aussagen, wann dies der Fall sein wird, lassen sich schwerlich treffen. Zum Teil wird vertreten, dass die Zumutbarkeitsschwelle bei einem wirtschaftlichen Mehraufwand von 10 % der Gesamtinvestitionskosten überschritten ist.[545] Feste Grenzen können aber nicht vorgegeben werden, sondern jeder Fall ist für sich zu beurteilen. Neben finanziellen Aspekten als beachtliche naturschutzexterne Gründe[546] können hierbei in die Verhältnismäßigkeit auch Aspekte des Klimaschutzes miteingestellt werden.[547]

c) Kohärenzsicherungsmaßnahmen

Soweit die vorgenannten Voraussetzungen erfüllt sind, ist weiteres Tatbestandsmerkmal einer Ausnahme die Durchführung von **Kohärenzsicherungsmaßnahmen** nach § 34 V BNatSchG. Diese Kohärenzsicherungsmaßnahmen sind auf der Tatbestandsseite anzusiedeln und nicht nur Rechtsfolge der Ausnahmeentscheidung.[548] Abzugrenzen sind sie zu den sogenannten allgemeinen „*Standard-Maßnahmen*“,

---

540 BVerwG, Urteil vom 06.11.2012, Az.: 9 A 17/11, Rn. 70 – zitiert nach *juris.*

541 BVerwG, Urteil vom 12.03.2008, Az.: 9 A 3/06, Rn. 172 – zitiert nach *juris*; Urteil vom 09.06.2010, Az.: 9 A 20/08.

542 BVerwG, Urteil vom 17.05.2002, Az.: 4 A 28/01, Rn. 37 – zitiert nach *juris.*

543 BVerwG, Urteil vom 09.07.2009, Az.: 4 C 12/07, Rn. 33 – zitiert nach *juris;* Beschluss vom 16.07.2007, Az.: 4 B 71/06, Rn. 42 – zitiert nach *juris.* AA wohl *Gatz,* in: Hoppenberg/de Witt, Handbuch des öffentlichen Baurechts, Band 3, Kap. Z V, Rn. 115, der Alternativprojekte grundsätzlich als zumutbare Alternative einordnet, soweit sie eine konkrete Chance auf Realisierung haben.

544 Anders aber *Gatz,* in: Hoppenberg/de Witt, Handbuch des öffentlichen Baurechts, Band 3, Kap. Z V, Rn. 116, der davon ausgeht, dass sich der Vorhabenträger nicht auf höhere Kosten berufen könne und ihm solche objektiv zumutbar sind.

545 *Füßer/Lau,* in: NuR 2012, 448 (454 f).

546 BVerwG, Urteil vom 17.05.2002, Az.: 4 A 28/01, Rn. 36 – zitiert nach *juris.*

547 *Attendorn,* in: NuR 2013, 153 (158).

548 BVerwG, Urteil vom 06.11.2012, Az.: 9 A 17/11, Rn. 82 – zitiert nach *juris*; Urteil vom 17.01.2007, Az.: 9 A 20/05, Rn. 148 – zitiert nach *juris.* Siehe auch *Gassner,* in: Landschaftsschutzrecht, Rn. 121 mit Hinweis auf EuGH, Urteil vom 13.12.2007, Rs.: C-418/04.

vgl. § 32 III 3 BNatSchG bzw. Art 6 I FFH-RL, welche zum Schutz und für das Management der für Natura 2000 ausgewiesenen Gebiete erforderlich sind.[549]

Die Ausgestaltung der konkret durchzuführenden Kohärenzsicherungsmaßnahmen hat sich funktionsbezogen an der jeweiligen Beeinträchtigung auszurichten, derentwegen sie ergriffen wird.[550] Sie müssen die beeinträchtigten Lebensräume und Arten in vergleichbaren Dimensionen erfassen. Daher haben sich die Kohärenzsicherungsmaßnahmen auf dieselbe biogeographische Region im gleichen Mitgliedstaat zu beziehen und Funktionen vorzusehen, die mit den Funktionen, aufgrund derer die Auswahl des ursprünglichen Gebiets begründet war, vergleichbar sind.[551] Die Kohärenzsicherungsmaßnahmen müssen nicht zwingend am Ort des Eingriffs durchgeführt werden.[552]

Als Kohärenzsicherungsmaßnahme sind unter anderem solche Maßnahmen zulässig, die der Wiederherstellung oder Verbesserung des in Anspruch genommenen Lebensraums dienen. In Betracht kommen auch die Neuanlage von Lebensraum und die Beantragung eines anderen Gebiets zur Eingliederung in das Netz Natura 2000.[553] Ausreichend für die Eignung einer Kohärenzsicherungsmaßnahme ist es, wenn nach aktuellem wissenschaftlichen Erkenntnisstand eine **hohe Wahrscheinlichkeit** ihrer Wirksamkeit besteht, wobei die Rechtsprechung der Behörde auch bei dieser Entscheidung eine **naturschutzfachliche Einschätzungsprärogative** zugesteht.[554] Somit ist die Auswahl der jeweils zu überprüfenden Kohärenzsicherungsmaßnahme auf eine bloße Vertretbarkeitskontrolle beschränkt:

> *„Anders als bei der Schadensvermeidung und -minderung geht es bei der Kohärenzsicherung typischerweise darum, Lebensräume oder Habitate wiederherzustellen oder neu zu entwickeln. Dieser Prozess ist in aller Regel mit Unwägbarkeiten verbunden. Deshalb lässt sich der Erfolg der Maßnahme nicht von vornherein sicher feststellen, sondern nur prognostisch abschätzen. Würde man gleichwohl die Gewissheit des Erfolgseintritts fordern, müsste eine positive Abwägungsentscheidung regelmäßig am Kohärenzerfordernis scheitern. Das widerspräche dem Regelungszweck des Art. 6 Abs. 4 Unterabs. 1 FFH-RL. Schon mit Rücksicht auf den prognostischen Charakter der Eignungsbeurteilung verfügt die Planfeststellungsbehörde bei der Entscheidung über Kohärenzsicherungsmaßnahmen*

---

549 BVerwG, Urteil vom 06.11.2012, Az.: 9 A 17/11, Rn. 82 – zitiert nach *juris*.

550 BVerwG, Urteil vom 06.11.2012, Az.: 9 A 17/11, Rn. 82 – zitiert nach *juris*.

551 EU-Kommission, in: Natura 2000 - Gebietsmanagement - Die Vorgaben des Artikels 6 der Habitat-Richtlinie 92/43/EWG, 2000, S. 53.

552 BVerwG, Urteil vom 06.11.2012, Az.: 9 A 17/11, Rn. 82 – zitiert nach *juris* unter Hinweis auf den Auslegungsleitfaden der EU-Kommission zu Art 6 IV FFH-RL, Stand: Januar 2007, S. 11.

553 BVerwG, Urteil vom 12.03.2008, Az.: 9 A 3/06, Rn. 199 – zitiert nach *juris*; OVG Lüneburg, Urteil vom 20.05.2009, Az.: 7 KS 28/07, Rn. 124 – zitiert nach *juris*. *Attendorn*, in: NuR 2013, 153 (158).

554 BVerwG, Urteil vom 06.11.2013, Az.: 9 A 14/12, Rn. 94 – zitiert nach *juris*; Urteil vom 06.11.2012, Az.: 9 A 17/11, Rn. 83 – zitiert nach *juris*; Urteil vom 12.03.2008, Az.: 9 A 3/06, Rn. 202 – zitiert nach *juris*.

über eine naturschutzfachliche Einschätzungsprärogative. Das Gericht hat seine Prüfung insoweit auf eine Vertretbarkeitskontrolle zu beschränken."[555]

Streit besteht darüber, wann Kohärenzmaßnahmen vorgenommen werden müssen. So wird in Teilen gefordert, dass diese Maßnahmen zwingend zeitlich vor dem Eingriff durchgeführt werden müssen.[556] Die zeitliche Vorverlagerung ist aber aus habitatschutzrechtlichen Gründen nicht zwingend. Vielmehr ist durch eine Gesamtbetrachtung festzustellen, ob der Schutzzweck der Kohärenzsicherung auch erreicht werden kann, wenn die Maßnahmen bis spätestens vor Vollendung des Vorhabens durchgeführt wurden.[557] So kommt es entscheidend darauf an, ob sichergestellt ist, dass das Gebiet unter dem Aspekt des beeinträchtigten Erhaltungsziels nicht irreversibel geschädigt wird.[558] Es ist folglich als ausreichend zu erachten, wenn die Kohärenzsicherungsmaßnahmen rechtzeitig bis zur Vollendung des Vorhabens getroffen werden, soweit die Erhaltungsziele weiterhin gewahrt sind.

d) Mitwirkungsrecht anerkannter Naturschutzvereinigung

Vor der Erteilung einer Ausnahme nach § 34 III BNatSchG ist einer nach § 3 des Umwelt-Rechtsbehelfsgesetzes vom Bundesland anerkannten Naturschutzvereinigung die Möglichkeit der Mitwirkung einzuräumen, nämlich durch die Gelegenheit zur Stellungnahme und zur Einsicht in die einschlägigen Sachverständigengutachten. Dieses Mitwirkungsrecht leitet sich aus dem § 63 II Nr. 5 BNatSchG her. Zwar ist nach dem Wortlaut des § 63 II Nr. 5 BNatSchG eine solche Beteiligungsverpflichtung nur für die Fälle notwendig, in denen die „*[...] Erteilung von Befreiungen von Geboten und Verboten von [...] Natura 2000 Gebieten*"[559] im Raum steht. Die Norm findet jedoch auch dann Anwendung, wenn die Befreiung durch eine andere Entscheidung wie beispielsweise der immissionsschutzrechtlichen Genehmigung eingeschlossen oder ersetzt werden soll. Zweck dieser Norm ist es, dass die Behörden durch eine „*Sachverstandspartizipation*" bei ihrer Entscheidung unterstützt werden.[560]

Wenn aus dem eindeutigen Wortlaut des § 63 II Nr. 5 BNatSchG durch die Verwendung des Fachterminus der „*Befreiung*" teilweise gefolgert wird, die Mitwirkung sei auf Befreiungsentscheidungen im Sinne des § 67 BNatSchG zu beschränken und die Vorschrift des § 34 III BNatSchG als Ausnahme nicht in den Anwendungsbereich

---

555 BVerwG, Urteil vom 06.11.2013, Az.: 9 A 14/12, Rn. 94 – zitiert nach juris zu einem Planfeststellungsbeschluss. *Wendt*, in: jurisPR-UmwR 4/2014 Anm. 1 diskutiert, ob dieser Entscheidung eine Verdichtung der Prüfungsintensität zu entnehmen ist. Zur der naturschutzfachlichen Einschätzungsprärogative siehe oben bei 3. e).

556 So *Kohls*, in: Danner/Theobald, Energierecht, XIII. B 1, Rn. 68.

557 *Attendorn*, in: NuR 2013, 153 (159); *Kohls*, in: Danner/Theobald, Energierecht, XIII. B 1, Rn. 68.

558 BVerwG, Urteil vom 12.03.2008, Az.: 9 A 3/06, Rn. 200 – zitiert nach *juris*; Urteil vom 17.01.2007, Az.: 9 A 20/05, Rn. 148 – zitiert nach *juris*.

559 Anm.: Hervorhebung durch die Verfasserin.

560 BVerwG, Urteil vom 10.04.2013, Az.: 4 C 3/12, Rn. 24 – zitiert nach *juris*.

miteinzubeziehen, überzeugt dies nicht. Vor dem Hintergrund der besonderen Schutzbedürftigkeit der Natura 2000-Gebiete wird weit überwiegend sowohl in der Literatur als auch in der Rechtsprechung davon ausgegangen, dass nicht der Wortlaut der Norm entscheidend sei, sondern man sich vielmehr am *telos* und der Schutzrichtung zu orientieren habe.[561] Hierbei ist zu berücksichtigen, dass sich der Bundesgesetzgeber für eine Stärkung der Mitwirkungs- und Klagerechte von bestimmten Vereinigungen ausgesprochen hat. Aus diesem Grunde ist der Begriff der *„Befreiung"* weiter als der Anwendungsbereich des § 67 BNatSchG zu verstehen. Dementsprechend ist der Auslegung der Befreiung nach § 63 II Nr. 5 BNatSchG ein materielles Verständnis zugrunde zu legen, wonach auch die Fälle der Ausnahme nach § 34 III BNatSchG erfasst sind.[562] Vor dem Hintergrund, dass diese Norm auf die Umsetzung der Vorgaben des Art 6 III 2 FFH-RL zurückgeht,[563] ist eine extensive und demnach auch die habitatschutzrechtliche Ausnahme umfassende Auslegung des Begriffs der Befreiung zu befürworten.[564] Auch das Bundesverwaltungsrecht folgt diesem Weg und bejaht die Möglichkeit, dass über die Beteiligungsmöglichkeit im Rahmen der habitatschutzrechtlichen Abweichungsentscheidung die erforderlichen Informationen durch die Naturschutzbehörden ergänzt werden können.[565] Folglich kann eine solche Vereinigung schon während des laufenden Verfahrens ihr *„voll ausgebildetes Recht auf Beteiligung am Verfahren"*[566] sogar über die Leistungsklage und gegebenenfalls im einstweiligen Rechtschutz über § 123 VwGO gerichtlich durchsetzen.[567]

5. Keine Befreiung gem. § 67 BNatSchG

Neben der Ausnahmemöglichkeit nach § 34 III BNatSchG findet die Befreiung nach § 67 BNatSchG in der Regel keine Anwendung.[568] Neben der umfassend geregelten Ausnahmemöglichkeit des § 34 III BNatSchG, der eine Umsetzung europarechtlicher Vorschriften darstellt, sind hinausgehende Befreiungen grundsätzlich unzulässig.[569] Die eingeschränkte Befreiungsmöglichkeit ist verfassungsrechtlich mit Blick auf Art. 14 GG unbedenklich, da der Eigentumsschutz hinreichend durch die

---

561 *Fischer-Hüftle*, in: Schumacher/Fischer-Hüftle, § 63, Rn. 27; *Gassner*, in: NuR 2013, 785 (786); *Heselhaus*, in: Frenz/Müggenborg, BNatSchG, § 63, Rn. 26; *Leppin*, in: Lütkes/Ewer, § 63, Rn. 33; *Schlacke*, in: GK-BNatSchG, § 63, Rn. 46.

562 *Heselhaus*, in: Frenz/Müggenborg, BNatSchG, § 63, Rn. 25.

563 Vgl. BT-Drs. 14/6378, S. 60.

564 So auch *Gellermann*, in: Landmann/Rohmer, UmweltR, BNatSchG, § 63, Rn. 26.

565 BVerwG, Urteil vom 19.12.2013, Az.: 4 C 14/12, Rn. 27 – zitiert nach *juris*; Urteil vom 10.04.2013, Az.: 4 C 3/12, Rn. 24 – zitiert nach *juris* mit Urteilsanmerkung *Gatz*, in: jurisPR-BVerwG 15/2013 Anm. 2.

566 BVerwG, Urteil vom 31.10.1990, Az.: 4 C 7/88, Rn. 32 – zitiert nach *juris*.

567 *Leppin*, in: Lütkes/Ewer, § 63, Rn. 34.

568 *Fischer-Hüftle*, in: Schumacher/Fischer-Hüftle, BNatSchG, § 67, Rn. 6; *Hünnekens*, in: Johlen/Oerder, MAH Verwaltungsrecht, § 11, Rn. 129.

569 Vgl. *Stöckel/Müller-Walter*, in: Erbs/Kohlhaas, Strafrechtliche Nebengesetze, § 34 BNatSchG, Rn. 17.

Ausnahmemöglichkeit des § 34 III BNatSchG gewährleistet wird. Nur in extremen Ausnahmefällen aus Gründen des überwiegenden öffentlichen Interesses kann eine solche gewährt werden gem. § 67 I Nr. 1 BNatSchG.[570]

6. *Fazit*

Die Untersuchung des europarechtlich geprägten Habitatschutzrechts zeigt, dass auch Natura 2000-Gebieten in Teilen für die Windenergienutzung grundsätzlich herangezogen werden können. Dies gilt aber nicht, wenn für den Natura 2000-Schutz auf die strengen Gebietskategorien wie beispielsweise das Naturschutzgebiet zurückgegriffen wird und demnach ein absolutes Veränderungsverbot gilt. Soweit eine strengere Unterschutzstellung nicht notwendig ist, reicht die Unterschutzstellung eines Natura 2000-Gebietes durch die flexiblere Gebietskategorie des Landschaftsschutzgebiets. Wie bereits unter I. ausführlich dargestellt, kann Windenergienutzung im Landschaftsschutzgebiet unter bestimmten Voraussetzungen stattfinden.

Neben den allgemeinen Voraussetzungen des jeweiligen Schutzgebietes sind die speziellen Vorgaben der § 34 ff BNatSchG einzuhalten. Dieser Normbereich gilt nur für bereits unter Schutz gestellte Bereiche, nicht aber bei bisher nicht erfolgter Unterschutzstellung. Aber selbst wenn schutzwürdige Gebietsteile bislang noch nicht vom nationalen Schutzrecht erfasst sind, sind faktische Vogelschutzgebiete und potenzielle Natura 2000-Gebieten nicht schutzlos gestellt. Solche bisher noch nicht erfassten, aber nach europäischen Verständnis schützenswerte Gebiete nehmen sogar den noch strengeren Schutz der VRL bzw. FFH-RL in Anspruch und sind daher möglicherweise nicht für die Windenergienutzung rechtlich zugänglich.

Der Anwendungsbereich des Habitatschutzrechts ist aufgrund seiner strengen Vorgaben vor allem hinsichtlich des Erfordernisses einer FFH-VP klar vom Artenschutzrecht abzugrenzen. Denn durch eine Ausweitung des Anwendungsbereichs ist zu befürchten, dass die § 34 ff BNatSchG ein weiteres und nicht notwendiges Hemmnis für die Genehmigungsfähigkeit von WEA darstellt. Denn im Falle der Anwendbarkeit des Habitatschutzrechts ist in der Regel der gesamte Prüfungsablauf einer FFH-VP nebst Screening als unselbstständiger Teil des immissionschutzrechtlichen Genehmigungsverfahrens durchzuführen und erzeugt somit einen nicht unerheblichen Aufwand. Aus diesem Grunde ist die Auslegung der jeweiligen fachrechtlichen Tatbestände entscheidend dafür, ob das Genehmigungsverfahren möglicherweise unnötig aufgebläht wird.

Bei der Handhabung des Screenings ist festzustellen, dass mangels formalisierter Anforderungen eine gewisse Missbrauchsgefahr durch die Verwaltungspraxis besteht. Soweit nur punktuell geprüft wird, kann die umfangreiche und umfängliche FFH-VP vermieden werden. Auch wenn nicht zu unterstellen ist, dass ein solches Vorgehen absichtlich betrieben wird, sollte dieser Gefahr zumindest durch die Festlegung gewisser Standards bzw. Vorgaben begegnet werden. Zwar führt ein

570 So *Attendorn*, in: NuR 2013, 153 (156).

umfangreicheres Screening zu einem größeren Aufwand bei der Zulassungsprüfung. Dieser Mehraufwand ist aber aus naturschutzfachlicher Sicht geboten und aus diesem Grunde auch bei erneuerbaren Energieprojekten hinzunehmen. Im Rahmen des Screenings sind Kompensationsmaßnahmen noch nicht miteinzubeziehen, da die summarische Prüfung nicht geeignet ist, die Komplexität dieser Maßnahmen hinreichend berücksichtigen zu können.

Soweit das Ergebnis des Screenings negativ ausfällt, ist eine FFH-VP durchzuführen. Auch wenn kein streng formalisiertes Verfahren vom Gesetzgeber vorgegeben ist, lässt sich die FFH-VP grundsätzlich in zwei Schritte einteilen. Erster Schritt ist die sorgfältige Bestandserfassung und -bewertung der von dem Projekt betroffenen maßgeblichen Gebietsbestandteile. Zweiter Schritt ist die Ermittlung und naturschutzfachliche Bewertung der Einwirkungen. Hierbei zeigt sich, dass eine pauschale Bewertung aufgrund der ökologischen Wägbarkeiten nicht möglich ist. Aus diesem Grunde räumt die Rechtsprechung den Entscheidungsträgern eine naturschutzfachliche Einschätzungsprärogative ein und erlaubt sogar Worst-Case-Annahmen. Ein solches Vorgehen ist vor dem Hintergrund der Förderung von Windenergie praktisch sinnvoll, birgt aber gewisse Risiken aus naturschutzfachlicher Sicht. Aktuell sind aufgrund der unzureichenden ökologischen Erkenntnisse schwerlich Alternativen denkbar.

Das Ergebnis der FFH-VP ist entscheidend dafür, ob eine WEA aus habitatschutzrechtlichen Gründen genehmigungsfähig ist. Unzulässig ist eine WEA nach § 34 II BNatSchG dann, wenn dieses Vorhaben zu erheblichen Beeinträchtigungen des Gebiets in seinen für die Erhaltungsziele oder den Schutzzweck maßgeblichen Bestandteilen führt. Sämtliche Tatbestandsmerkmale bedürfen der Auslegung. In der Praxis zeigen sich diverse Schwierigkeiten bei der Bestimmung der Einschlägigkeit der einzelnen Voraussetzungen. Da die Auslegung der einzelnen Merkmale wie beispielsweise der Erheblichkeit entscheidend für die Zulassungsfähigkeit von WEA ist, ist die Rechtsanwendung ein äußerst wichtiger Faktor für die Umsetzungen von Vorhaben. Festzustellen ist, dass es bisher noch nicht gelungen ist, das Merkmal der Erheblichkeit durch Auslegung und Rechtsanwendung rechtssicher zu bestimmen. Es zeigt sich, dass die Auslegungsansätze der europäischen und nationalen Gerichte noch viele offene Fragen und Hindernisse in sich bergen. Es verbleibt daher bei einer Einzelfallprüfung unter Berücksichtigung anerkannter Arbeitspapiere, wobei in der Auslegung der Rückgriff auf eine Zweifelsvermutung geboten erscheint.

Da bei der Bewertung der Einschlägigkeit maßgeblich auf den günstigen Erhaltungszustand abgestellt wird, ist es praktisch und naturschutzfachlich sinnvoll, Schadensvermeidungs- bzw. Schadensbegrenzungsmaßnahmen schon frühzeitig durchzuführen. Ein solches Vorgehen ist auch für die Förderung von Windenergie ratsam und erleichtert die Rechtsanwendung. Hierdurch kann der status quo eines günstigen Erhaltungszustands gesichert und somit eine FFH-VP-Pflicht vermieden werden. Dabei kann das Interesse an der Umsetzung eines erneuerbaren Energienprojekts bestmöglich neben der Erfüllung naturschutzrechtlicher Vorgaben hinreichend Beachtung finden. Es bietet sich sogar an, die zugrundeliegende europarechtliche Vorgabe entweder anzupassen oder diese extensiv auszulegen. Die Schadensvermeidungs- bzw. Schadensbegrenzungsmaßnahmen sollten von einem Monitoring flankiert werden, wodurch eine gewisse Überwachung und Nachvollziehbarkeit im Rahmen eines gesamtheitlichen Risikomanagements gewährleistet werden kann.

Soweit ein guter Erhaltungszustand bejaht werden kann, nimmt die Rechtsprechung bei Flächenverlusten trotz Zielunverträglichkeit eine gewisse Bagatellgrenze an. Hierbei handelt es sich um eine Einzelfallentscheidung, für die es bisher keine pauschalen Richtwerte gibt. Zwar überzeugt die Befürwortung eines Bagatellvorbehalts grundsätzlich vor dem Hintergrund des Verhältnismäßigkeitsgrundsatzes und der anerkannten Notwendigkeit des Ausbaus erneuerbarer Energien. Ohne konkretere Anhaltspunkte besteht aber Rechtsunsicherheit, wann eine solche anzunehmen ist. Zwar kann auf einschlägige Arbeitspapiere zurückgegriffen werden. Diese Empfehlungen können aber nicht die Komplexität der Wechselbeziehungen und -wirkungen bei Flächenverlusten wiedergeben. Daher muss es bei einer Einzelfallbeurteilung und somit bei einer gewissen Rechtsanwendungsunsicherheit verbleiben. Aktuell ist man noch nicht in der Lage, Prognosen für eine Vielzahl von Fällen pauschal bestimmen zu können.

Sollte der Verbotstatbestand des § 34 II BNatSchG eröffnet sein, kann unter den Voraussetzungen der § 34 III–V BNatSchG eine Ausnahme erteilt werden. Vor dem Hintergrund der Energiewende können WEA das Tatbestandsmerkmal des zwingenden öffentlichen Interesses erfüllen, auch wenn der Bau und Betrieb solche Anlagen in Teilen privaten Interessen dienen. Trotz der besonderen Wertigkeit der Windenergie als Segment der erneuerbaren Energien darf eine Ausnahme nicht vorschnell erteilt werden. Es besteht nach aktueller Rechtslage kein Vorrang der erneuerbaren Energien gegenüber den habitatschutzrechtlich geschützten Interessen. Soweit prioritäre natürliche Lebensraumtypen oder prioritäre Arten betroffen sind, sind WEA aufgrund der besonderen Bedeutung der vorgenannten Schutzgüter grundsätzlich nicht im Wege einer Ausnahme zuzulassen. Liegen taugliche Ausnahmegründe vor, so sind noch zumutbare Alternativen zu prüfen. Die Zumutbarkeit bemisst sich am Verhältnismäßigkeitsgrundsatz und kann auch durch finanzielle Mehraufwendungen überschritten werden. Schließlich sind im Rahmen der Ausnahme gegebenenfalls Kohärenzsicherungsmaßnahmen durchzuführen, die nach der hier vertretenen Ansicht nicht zwingend vor dem Eingriff durchzuführen sind. Ausreichend ist es, wenn das beeinträchtigte Erhaltungsziel nicht irreversibel geschädigt wird.

C. Artenschutz

Bei der Entscheidung über die Genehmigungsfähigkeit von WEA sind neben der Einhaltung der speziellen Vorschriften für den Gebietsschutz (oben bei **B.**) oftmals auch die Vorgaben des Artenschutzrechts als andere öffentlich-rechtliche Anforderung gem. § 6 I Nr. 2 BImSchG und bei Außenbereichsvorhaben als möglicher entgegenstehender Belang des Naturschutzes i.S.d. § 35 III 1 Nr. 5 BauGB zu beachten.[571]

571 Vergleiche hierzu bereits die Ausführungen oben im Rahmen des 2. Abschnitts, B. I. 3.

Das in den §§ 37 ff BNatSchG geregelte Artenschutzrecht[572] enthält ein **dreistufiges Schutzsystem.**[573] Auf der untersten Stufe wird ein **allgemeiner Grundschutz** für alle wild lebenden Arten gem. § 39 BNatSchG gewährt.[574] Auf der Ebene des allgemeinen Artenschutzes müssen sich Eingriffe am Maßstab der Eingriffsregelung gem. §§ 15 ff BNatSchG messen lassen. Sodann ist innerhalb des § 44 BNatSchG zwischen unterschiedlichen Schutzniveaus zu differenzieren.[575] Bei § 44 BNatSchG handelt es sich um die zentrale Schutznorm des **besonderen Artenschutzrechts**, die auf den Schutz gefährdeter Tier- und Pflanzenarten gerichtet ist.[576] Dabei handelt es sich um ein „*wesentliches Teilelement*" in der Gesamtschau der engen Verzahnung von völkerrechtlichen, unionsrechtlichen und nationalen Artenschutzregelungen.[577] Diese Norm diente vor allem der Umsetzung der Zielvorgaben der FFH-RL[578] und VRL.[579] § 44 I Nr. 1, 3, 4 BNatSchG legt auf der zweiten Stufe ein erhöhtes Schutzniveau für **besonders geschützte Arten** fest. Das BNatSchG selbst enthält keinen eigenen Katalog, beispielsweise in Form eines Anhangs, welche Arten unter besonderen Schutz gestellt sind, sondern nimmt in § 7 II Nr. 13 BNatSchG Bezug auf andere Regelwerke. Danach sind all jene Arten als besonders geschützt einzuordnen, die

– in den Anhängen A und B der Europäischen Artenschutzverordnung[580],
– in Anhang IV der FFH-RL genannten Tier- und Pflanzenarten,
– europäischen Vogelarten nach Art 1 VRL, und
– Tier- und Pflanzenarten, die von der Artenschutz-Verordnung oder von der Bundesartenschutzverordnung[581]

572 Das Artenschutzrecht gehört zu den abweichungsfesten Regelungsmaterien des Bundesnaturschutzgesetzes, Art. 72 III Nr. 2 GG.

573 *De Witt/Geismann*, in: Artenschutzrechtliche Verbote in der Fachplanung, Rn. 7; *Lütkes*, in: Lütkes/Ewer, BNatSchG, § 37, Rn. 26.

574 *De Witt/Geismann*, in: Artenschutzrechtliche Verbote in der Fachplanung, Rn. 11.

575 Gemeinsam mit § 45 BNatSchG beruht der § 44 BNatSchG in der aktuellen Fassung auf den Änderungen des BNatSchG im Wege der „*kleinen Novelle*" vom 12.12.2007 (BGBl. I 2873), welche aufgrund des EuGH-Urteils vom 10.01.2006 (Az.: C-98/03, Kommission/Deutschland) erforderlich geworden war.

576 *Schüttel/Gerbig*, in: GK-BNatSchG, § 44, Rn. 1.

577 *Gellermann*, in: Landmann/Rohmer, UmweltR, BNatSchG, § 44, Rn. 3.

578 Vgl. Art 12, 13 FFH-RL.

579 Vgl. Art 5 VRL.

580 Verordnung (EG) Nr. 338/97 des Rates vom 09.12.1996 über den Schutz von Exemplaren wildlebender Tier- und Pflanzenarten durch Überwachung des Handels (ABl. Nr. L 61 S. 1, ber. ABl. 1997 Nr. L 100 S. 72 und Nr. L 298 S. 70), zuletzt geändert durch Art. 1 ÄndVO (EU) 1158/2012 vom 27.11.2012 (ABl. Nr. L 339 S. 1).

581 Im Folgenden „*BArtSchV*", welche auf Grundlage des § 54 I BNatSchG erlassen wurde.

genannt sind. Ein besonders hoher Schutz wird auf der dritten Stufe nur den **streng geschützten Arten** im Rahmen des Störungsverbotes gem. § 44 I Nr. 2 BNatSchG zuteil. Streng geschützte Arten sind Teilmenge der besonders geschützten Arten, d.h. auch immer von deren Anwendungsbereich erfasst.[582] Als streng geschützt gelten nach § 7 II Nr. 14 BNatSchG die folgenden Arten:

- die in Anhang A Europäischen Artenschutzverordnung aufgeführten Arten;
- die in Anhang IV der FFH-RL entsprechend gekennzeichneten Arten;
- die in Anlage 1 Spalte 3 der BArtSchV ausgewiesenen Arten.

Insgesamt unterfallen ca. 2.600 Arten dem Schutzbereich des besonderen Artenschutzes,[583] wobei 480 dieser Arten sogar streng geschützt sind.[584] Das besondere Artenschutzrecht hat hohe praktischen Relevanz für die Zulassungsfähigkeit von WEA als baulichen Großvorhaben.[585] Durch die Höhe und der sich bewegenden Rotorblättern dieser baulichen Anlagen wird weit überwiegend davon ausgegangen, dass letale und non-letale Gefahren für bestimmter europäischen Vogelarten[586] und Fledermausarten[587] als besonders bzw. streng geschützte Arten verursacht werden.[588] Manche Vogel- und Fledermausarten,[589] wie z.B. der Rotmilan, der Schwarzstorch oder auch der Abendsegler, die kaum oder kein Meideverhalten gegenüber WEA zeigen, kollidieren immer wieder mit diesen Anlagen, werden dadurch verletzt und

582 *De Witt*, in: Hoppenberg/de Witt, Handbuch des öffentlichen Baurechts, Band 3, Kap. Z III, Rn. 17; *de Witt/Geismann*, in: Artenschutzrechtliche Verbote in der Fachplanung, Rn. 10.

583 *Gellermann*, in: Landmann/Rohmer, UmweltR, BNatSchG, § 44, Rn. 5 m.w.N.

584 *Fellenberg*, in: Naturschutzrecht in der Praxis, § 7, Rn. 26 mit Hinweis auf das Wissenschaftliches Informationssystem zum Internationalen Artenschutz – Artenschutzdatenbank des BfN, abrufbar unter: www.wisia.de (Abruf am: 09.08.2015).

585 *Fellenberg/Schiller*, in: Gerstner, Kap. 2 B., Rn. 67.

586 Hierunter fallen auch der Rotmilan (MILVUS MILVUS) und der Schwarzstorch (CICONIA NIGRA).

587 Fledermäuse (MICROCHIROPTERA, alle Arten) sind in Anhang IV der FFH-RL aufgeführt.

588 *Fest*, in: Errichtung von WEA, S. 253.Nunmehr gibt es Ansätze in der Rechtsprechung, die eine Erhöhung der Lebensgefahr für bestimmte Vogelarten durch WEA pauschal verneint, vgl. VG Minden, Urteil vom 10.03.2010, Az.: 11 K 53/09, Rn. 101 – zitiert nach *juris*. Siehe hierzu auch Leitfaden WKA Hessen, S. 33, Ziff. 5.3.1.

589 Vgl. hierzu *Rodrigues/Bach/Dubourg-Savage/Goodwin/Harbusch*, Leitfaden für die Berücksichtigung von Fledermäusen bei Windenergieprojekten, EUROBATS Publication Series No. 3 (deutsche Fassung), 2008, abrufbar unter: http://www.eurobats.org/sites/default/files/documents/publications/publication_series/pubseries_no3_german.pdf (Abruf am: 09.08.2015).

verenden in Folge dessen.[590] Neben den vorgenannten (möglichen) Lebensgefahren geht auch der Lebensraum von angesiedelten geschützten Tiere verloren. Denn nicht nur durch den Bau der WEA, sondern auch durch die Immissionen (Schall- und Schattenwurf) und die optische Wirkung (Drehbewegung und Störwirkung) meiden Tiere zum Teil dauerhaft das Umfeld der Anlagen, wodurch zunächst vorhandener Lebensraum für diese wegfällt.[591]

Die Anforderungen des Artenschutzrechts sind insbesondere neben denjenigen des Habitatschutzrechts[592] und neben der naturschutzrechtlichen Eingriffsregelung nach § 13 ff BNatSchG[593] zu prüfen.[594] Dem Artenschutz und der Eingriffsregelung ist gemein, dass beide unabhängig von einem bestimmten Gebietsschutz – und somit anders als der Habitatschutz – Geltung beanspruchen. Die Eingriffsregelung stellt nur einen *„bundesweiten Mindestflächenschutz"* dar, der Artenschutz hingegen zielt im Anwendungsbereich konkreter und weit umfassender auf den Schutz bestimmter Tier- und Pflanzenarten sowie auf den Schutz von Lebensstätten und Biotopen ab.[595] Auch Artenschutz und Habitatschutz stehen als eigenständige Instrumente nebeneinander und sind im Genehmigungsverfahren jeweils selbstständig zu prüfen, wobei inhaltliche Überschneidungen auch bei Zulassungsverfahren von WEA denkbar sind.[596] Das Bundesverwaltungsgericht führt hierzu aus: *„Es handelt sich um Normenkreise, die sich überschneiden, aber nicht vollständig decken."*[597]

Ob die WEA als bauliches Vorhaben den artenschutzrechtlichen Anforderungen genügt und somit aus diesem Grunde genehmigungsfähig ist, ist im Rahmen einer speziellen Prüfung zu untersuchen, dem sog. **Artenschutzfachbeitrag**.[598] Bei der Frage der Genehmigungsfähigkeit ist in einem ersten Schritt festzustellen, ob die Voraussetzungen der Zugriffsverbote nach § 44 I BNatSchG durch den Bau bzw. den Betrieb der beantragten WEA erfüllt sein können. Daher sind zunächst vertieft die einzelnen relevanten Varianten des § 44 I BNatSchG darzustellen (**I.**). In diesem Zusammenhang wird sodann zum einen auf die erforderliche Sachverhaltsermittlung,

---

590 Beispielhaft: Auswirkungen von Windenergieanlagen auf Vögel und Fledermäuse im Land Brandenburg, Stand: 19.11.2014, abrufbar unter: http://www.lugv.brandenburg.de/cms/detail.php/bb1.c.312579.de (Abruf am: 09.08.2015).

591 *Hinsch*, in: ZUR 2011, 191 (192).

592 Siehe zur Abgrenzung insoweit schon unter B. II. 2. c).

593 Vgl. Ausführungen unter A. I.

594 *De Witt*, in: Hoppenberg/de Witt, Handbuch des öffentlichen Baurechts, Band 3, Kap. Z III, Rn. 14.

595 *Fellenberg*, in: Naturschutzrecht in der Praxis, § 7, Rn. 10.

596 *De Witt*, in: Hoppenberg/de Witt, Handbuch des öffentlichen Baurechts, Band 3, Kap. Z III, Rn. 14; *Fellenberg*, in: Naturschutzrecht in der Praxis, § 7, Rn. 11; *Hinsch*, in: ZUR 2011, 191 (198).

597 BVerwG, Urteil vom 16.03.2006, Az.: 4 A 1075/04, Rn. 558 – zitiert nach *juris*.

598 *Fellenberg/Schiller*, in: Gerstner, Kap. 2 B., Rn. 67. Zu den Besonderheiten in der anwaltlichen Praxis vgl. *Hünnekens*, in: Johlen/Oerder, MAH Verwaltungsrecht, § 11, Rn. 146 f.

zum anderen auf die durch die Rechtsprechung anerkannte naturschutzfachliche Einschätzungsprärogative eingegangen, wobei zu der Kritik aus der Literatur Stellung genommen wird (**II.**). Im Anschluss daran sind die Voraussetzungen des Privilegierungstatbestands des § 44 V BNatSchG zu beleuchten (**III.**). Liegen diese vor, ist die WEA bereits auf Grundlage dessen zulassungsfähig. Greift die Legalausnahme nicht, so verbleibt schließlich die Möglichkeit der Erteilung einer Ausnahme nach § 45 VII BNatSchG (**IV.**) oder einer Befreiung nach § 67 BNatSchG (**V.**), auf deren Voraussetzungen zuletzt einzugehen ist.

I. Zugriffsverbote gem. § 44 I BNatSchG

Aufgrund ihrer Relevanz für die Genehmigungsfähigkeit von WEA liegt der Fokus der Untersuchung auf einzelnen Tatbeständen der Zugriffsverbote des § 44 I BNatSchG, die dem besonderen Artenschutzrecht zuzuordnen sind. Hiernach ist es unter anderem verboten,

1.	*wild lebenden Tieren der besonders geschützten Arten nachzustellen, sie zu fangen, zu verletzen oder zu töten*[599] *oder ihre Entwicklungsformen aus der Natur zu entnehmen, zu beschädigen oder zu zerstören,* (siehe **1.**)
2.	*wild lebende Tiere der europäisch geschützten Arten und der europäischen Vogelarten während der Fortpflanzungs-, Aufzucht-, Mauser-, Überwinterungs- und Wanderungszeiten erheblich zu stören; eine erhebliche Störung liegt vor, wenn sich durch die Störung der Erhaltungszustand der lokalen Population einer Art verschlechtert,* (siehe **2.**)
3.	*Fortpflanzungs- oder Ruhestätten der wild lebenden Tiere der besonders geschützten Arten aus der Natur zu entnehmen, zu beschädigen oder zu zerstören, [...]* (siehe **3.**).

Im Vergleich zu den in der FFH-RL und VRL enthaltenen Zugriffs-, Beeinträchtigungs- und Störungsverbote sind bei der Fassung der Verbotstatbestände des § 44 I BNatSchG *„überschießende Tendenzen"* vorhanden.[600] Denn anders als auf europäischer Ebene sind die nationalen Verbotstatbestände unabhängig von etwaigem absichtlichem Handeln einschlägig, d.h. auch jede zufällige und ungewollte Beeinträchtigung der Schutzgüter kann nach § 44 I BNatSchG tatbestandsmäßig sein.[601] Die Übererfüllung der unionsrechtlichen Pflichten durch den deutschen Gesetzgeber ist nicht zu beanstanden, da das auf europäische Richtlinien zurückgehende Artenschutzrecht nur einen Mindeststandard vorsieht und weitergehende

599 Aufgrund der Relevanz für die Anlagenzulassung von WEA soll sich die Ausarbeitung auf die Tatbestandsalternative des Tötens beschränken.
600 *Gellermann*, in: Landmann/Rohmer, UmweltR, BNatSchG, § 44, Rn. 3.
601 *Frenz/Lau*, in: Frenz/Müggenborg, BNatSchG, Vorb. § 44 f, Rn. 11 f.

nationale Regelungen daher grundsätzlich zulässig sein können.[602] Aus diesen Gründen ist die Einbeziehung auch unabsichtlicher Handlungen aufgrund der hohen Schutzwürdigkeit der Schutzgüter in Anlehnung an die Rechtsprechung des EuGH[603] zu befürworten.[604]

Die einzelnen Tatbestände der Zugriffsverbote des § 44 I BNatSchG haben die weitere Gemeinsamkeit, dass sie **erfolgs- bzw. ergebnisorientiert** sind.[605] Diese sind demnach als erfüllt anzusehen, wenn der tatbestandliche Erfolg eingetreten ist. Die Erfolgsabhängigkeit der Normen begegnet in der Praxis einigen Bedenken, da bisher noch nicht hinreichend wissenschaftlich belegt bzw. abschließend geklärt ist, welche Wirkzusammenhänge bei WEA existieren. So fehlen beispielsweise bisher konkrete Nachweise, inwieweit der Betrieb von WEA kausal für die Tötung gefährdeter Tierarten ist.[606] Eine weitere Gemeinsamkeit ist der räumliche Geltungsbereich: alle Zugriffsverbote sind bei Vorhaben sowohl im Außenbereich als auch im (beplanten) Innenbereich anwendbar.[607] Schließlich ist noch darauf hinzuweisen, dass gem. §§ 69 II, 71 BNatSchG die Zugriffsverbote des § 44 I BNatSchG bußgeld- bzw. strafbewehrt sind.

1. Tötungsverbot gem. § 44 I Nr. 1 BNatSchG

a) Auslegung und Anwendung der Tatbestandsvariante

Bei WEA ist zunächst die vierte Variante des § 44 I Nr. 1 BNatSchG des Tötens wild lebender Tiere der besonders geschützten Arten praktisch äußerst relevant und dadurch besonders intensiv in Rechtsprechung und Literatur diskutiert. Das **Tötungsverbot**, welches vor allem durch den Betrieb von WEA durch Kollisionen geschützter Tierarten eröffnet sein kann,[608] zielt auf den **Individuenschutz** und untersagt den direkten Zugriff auf wild lebende Tiere der besonders geschützten Arten in Form des Tötens.[609]

Ein **Töten** im Sinne der Norm liegt vor, wenn *„unmittelbar auf das Leben eines Tieres zugegriffen wird.“*[610] Weder Vorsatz noch Fahrlässigkeit oder sonstiges

---

602 *Gellermann*, in: Landmann/Rohmer, UmweltR, BNatSchG, § 44, Rn. 6.

603 Demnach wurde mit Blick auf Art 12 I d) FFH-RL die Einbeziehung unabsichtlicher Handlungen keineswegs als unverhältnismäßig beurteilt, vgl. EuGH, Urteil vom 10.01.2006, Az.: Rs. C-98/03, Rn. 55 – zitiert nach *juris* (Kommission/Deutschland).

604 *Frenz/Lau*, in: Frenz/Müggenborg, BNatSchG, Vorb. § 44 f, Rn. 12 f.

605 *Gellermann*, in: Landmann/Rohmer, UmweltR, BNatSchG, § 44, Rn. 6.

606 *Hinsch*, in: ZUR 2011, 191 (192).

607 *Gellermann*, in: Landmann/Rohmer, UmweltR, BNatSchG, § 44, Rn. 6.

608 Darüber hinaus werden Fledermäuse auch infolge der Druckeinwirkung hinter der WEA oder durch technische Bauteile verenden, vgl. *Hentschel*, in: Umweltschutz bei Errichtung und Betrieb von Windkraftanlagen, S. 566.

609 *Fellenberg/Schiller*, in: Gerstner, Kap. 2 B., Rn. 72.

610 *Lau*, in: der Naturschutz in der Bauleitplanung, Rn. 170; *ders.*: in: Frenz/Müggenborg, BNatSchG, § 44, Rn. 9. Anders *Brandt*, in: ER 2013, 192 (194), der auf die *„transitive Komponente“* abstellt.

zielgerichtetes Handeln ist für die Tatbestandsmäßigkeit des Tötungstatbestandes erforderlich.[611] Nicht überzeugend ist die Ansicht Brandts, wonach durch ein anderes Verständnis des Begriffs des Tötens im Sinne einer *„transitiven Herbeiführung des Todes eines Lebewesens“* die Annahme einer subjektiven Komponente notwendig sei.[612] Andernfalls sei der Tötungstatbestand nicht einschlägig. Hierfür sollen systematische Erwägungen streiten. Einem solchen Ansatz ist nicht zu folgen. Der Gesetzgeber differenziert an anderer Stelle im Bundesnaturschutzgesetz, nämlich bei der Ahndung des Handelns, welche Kategorie subjektiver Merkmale eine Person bei der Tötung eines Tieres einer besonders geschützten Tieres aufweist und knüpft hieran unterschiedliche Folgen. Anders als der § 44 I BNatSchG, der keinen Hinweis auf die Notwendigkeit einer subjektiven Komponente enthält, findet sich insoweit eine mittelbare Differenzierung bei § 69 II Nr. 1 BNatSchG. Hiernach liegt eine Ordnungswidrigkeit vor, wenn entgegen des § 44 I Nr. 1 BNatSchG ein wild lebendes Tier getötet wird.[613] Durch die Anwendbarkeit des Gesetzes über Ordnungswidrigkeiten[614] folgt für die vorgenannte Tatbestandsvariante, dass nur vorsätzliches Handeln, d.h. auch Handeln mit bedingtem Vorsatz, mit einem Bußgeld geahndet werden darf gem. § 10 OWiG.[615] Dadurch wird deutlich, dass sich der Gesetzgeber sehr wohl mit der Frage der Notwendigkeit einer subjektiven Komponente auseinandergesetzt hat, diese aber lediglich im Falle der Ahndung einer Ordnungswidrigkeit für erforderlich hält und demnach im Rahmen des Tötungstatbestandes das Vorliegen der objektiven Komponente des Erfolgseintritts für ausreichend erachtet.[616] Somit sprechen systematische Erwägungen gegen die Ansicht Brandts. Beim Tötungsverbot ist demnach nicht auf subjektive Merkmale abzustellen.

Grundsätzlich geht die Rechtsprechung davon aus, dass eine populationsbezogene Relativierung des strengen Individuenschutzes nicht möglich ist.[617] Praktische Folge dessen wäre auf den ersten Blick, dass WEA aus artenschutzrechtlichen Gründen

---

611 So auch *Gellermann*, in: NuR 2009, 85 (86); *Müller-Walter*, in: Lorz/Konrad/Mühlbauer/Müller-Walter/Stöckel, Naturschutzrecht, § 44 BNatSchG, Rn. 10 m.w.N.

612 *Brandt*, in: ER 2013, 192 (194).

613 Es ist darauf hinzuweisen, dass im Falle der Tötung eines Tiers einer streng geschützten Art das vorsätzliche Handeln sogar als Straftat geahndet wird gem. § 71 I Nr. 1 BNatSchG.

614 Gesetz über Ordnungswidrigkeiten (OWiG) in der Fassung vom 19.02.1987 (BGBl. I 602).

615 *„Als Ordnungswidrigkeit kann nur vorsätzliches Handeln geahndet werden, außer wenn das Gesetz fahrlässiges Handeln ausdrücklich mit Geldbuße bedroht.“* (Anm.: Hervorhebung durch die Verfasserin.)

616 In diesem Sinne auch *Müller-Walter*, in: Lorz/Konrad/Mühlbauer/Müller-Walter/Stöckel, Naturschutzrecht, § 44 BNatSchG, Rn. 10.

617 BVerwG, Urteil vom 14.07.2011, Az.: 9 A 12/10, Rn. 118 – zitiert nach *juris;* Urteil vom 16.03.2006, Az.: 4 A 1075/04, Rn. 558 f – zitiert nach *juris*; OVG Lüneburg, Beschluss vom 18.04.2011, Az.: 12 ME 274/10, Rn. 5 – zitiert nach *juris*. AA *Brandt*, in: ER 2013, 192 (194), der einen etwaigen Populationsbezug nicht vollkommen ablehnt.

aufgrund der Einschlägigkeit des Tötungsverbots quasi immer unzulässig wäre. Das artenschutzrechtliche Verbot verkäme somit zu einem *„unverhältnismäßigem Planungshindernis"*.[618] Eine solch strenge und ausnahmslose Gesetzesauslegung würde zu unbilliger Härte führen. Dem Umstand geschuldet, dass Kollisionen einzelner Tiere beim Betrieb von WEA nie vollständig ausgeschlossen werden können, ist die Notwendigkeit eines praxisgerechten Ausgleichs der widerstreitenden Interessen anerkannt. Aus diesem Grunde wird in der Rechtsprechung bereits auf Tatbestandsebene eine **Einschränkung** des strengen Tötungsverbots bei Eingriffsvorhaben wie WEA vorgenommen. Hierbei werden die Interessen des Naturschutzes einerseits und der öffentlichen Interessen an der Energiewende und der privaten Interessen des Vorhabenträgers andererseits im Rahmen einer Verhältnismäßigkeitsprüfung gegeneinander abgewogen.[619] Nach dem Bundesverwaltungsgericht sind in Folge dessen von § 44 I Nr. 1 BNatSchG solche Tötungen nicht erfasst, die als **unvermeidbar und betriebsbedingt** einzuordnen sind.[620] Das bedeutet, dass es sich bei der Verwirklichung des **allgemeinen Lebensrisikos** lediglich um ein sozialadäquates hinnehmbares Risiko handelt,[621] das auch nach der gesetzgeberischen Vorstellung nicht dem Tötungsverbot des § 44 I BNatSchG unterfällt.[622]

Entscheidend ist nach der Rechtsprechung für die Zulässigkeit der WEA, ob die Grenze zu einem **signifikant erhöhten Risiko** kollisionsbedingter Verluste einzelner Exemplare überschritten ist.[623] Dies ist dann nicht der Fall, wenn das Handeln *„unter der Gefahrenschwelle in einem Risikobereich bleibt, der [...] im Naturraum immer verbunden ist, vergleichbar dem ebenfalls stets gegebenen Risiko, dass einzelne Exemplare einer Art im Rahmen des allgemeinen Naturgeschehens Opfer einer anderen Art werden"*.[624] Diesem Ansatz ist zu folgen, da Deutschland keine reine Naturlandschaft ist und somit ein Nebeneinander von Tier und Mensch auf engen Raum gegeben ist und grundsätzlich ein gewisses Grundrisiko für die Tierwelt besteht.

---

618 BVerwG, Urteil vom 12.03.2008, Az.: 9 A 3/06, Rn. 219 – zitiert nach *juris.*

619 *Fellenberg*, in: Naturschutzrecht in der Praxis, § 7, Rn. 4; *Gellermann*, in: Landmann/Rohmer, UmweltR, BNatSchG, § 44, Rn. 9.

620 BVerwG, Urteil vom 14.07.2011, Az.: 9 A 12/10, Rn. 99 – zitiert nach *juris;* Urteil vom 09.07.2008, Az.: 9 A 14/07, Rn. 91 – zitiert nach *juris.* Dieser Rechtsprechung folgen unter anderem VG Düsseldorf, Urteil vom 11.07.2013, Az.: 11 K 2057/11; OVG Magdeburg, Urteil vom 16.05.2013, Az.: 2 L 80/11; OVG Magdeburg, Urteil vom 19.01.2012, Az.: 2 L 124/09; OVG Bautzen, Urteil vom 15.12.2011 - 5 A 195/09; OVG Schleswig, Urteil vom 01.07.2011, Az.: 1 KS 20/10.

621 *Fellenberg/Schiller*, in: Gerstner, Kap. 2 B., Rn. 72.

622 BT-Drs. 16/5100, S. 11 und 16/12274, S. 119; BR-Drs. 16/12274, S. 66.

623 BVerwG, Urteil vom 06.11.2012, Az.: 9 A 17/11, Rn. 98 – zitiert nach *juris;* Urteil vom 12.03.2008, Az.: 9 A 3/06, Rn. 219 – zitiert nach *juris.*

624 BVerwG, Urteil vom 09.07.2008, Az.: 9 A 14/07, Rn. 91 – zitiert nach *juris*; OVG Magdeburg, Urteil vom 16.05.2013, Az.: 2 L 80/11, Rn. 21 – zitiert nach *juris.*

Über diese ungeschriebene, aber praktisch äußerst relevante Einschränkung wird der *„Exemplarbezug"* des artenschutzrechtlichen Tötungsverbots aufgeweicht[625] und so der strenge Individuenschutz des § 44 I Nr. 1 BNatSchG relativiert.[626] Nach der Rechtsprechung des VG Hannover sind zwei Faktoren für ein signifikant erhöhtes Tötungsrisiko entscheidend:

> *„Es muss sich erstens um eine Tierart handeln, die aufgrund ihrer artspezifischen Verhaltensweisen gerade im Bereich des Vorhabens ungewöhnlich stark von dessen Risiken betroffen ist. Zweitens muss sich die Tierart häufig - sei es zur Nahrungssuche oder beim Zug - im Gefährdungsbereich des Vorhabens aufhalten."*[627]

Vom positiven Vorliegen des relevanten Tötungsrisikos und der Einschlägigkeit des Tötungsverbots wird zudem in der Rechtsprechung immer dann ausgegangen, wenn ein WEA-Standort als **übermäßig schlagopferträchtig** qualifiziert wird.[628] Dies soll beispielsweise dann der Fall sein, wenn WEA im Bereich von Niststätten oder regelmäßigen Aktionsräumen (wie Hauptflugrouten oder bevorzugte Jagdrouten) errichtet werden sollen.[629] In diesen Fällen ist eine deutliche Steigerung des Tötungsrisikos für bestimmte Tierarten anzunehmen, das über das alltägliche Risiko hinausgeht, wonach ein Individuum durch das allgemeine Naturgeschehen getötet werden kann.[630] Auch **Vorbelastungen** des Gebietes sind bei der Bewertung miteinzubeziehen.[631] Wird ein bestehender Windpark um zusätzliche WEA erweitert, ist aufgrund der bereits vorhandenen Vorbelastung nicht mit hinreichender Wahrscheinlichkeit davon auszugehen, dass ein zusätzliches Gefährdungsrisiko für die lokal vorhandenen und geschützten Arten hinzutritt und somit der Tatbestand des Tötungsverbot berührt sein kann.[632]

---

625 *Kratsch*, in: Schumacher/Fischer-Hüftle, BNatSchG, § 44, Rn. 16.

626 *Fellenberg*, in: Naturschutzrecht in der Praxis, § 7, Rn. 79.

627 VG Hannover, Urteil vom 22.11.2012, Az.: 12 A 2305/11, Rn. 39 – zitiert nach *juris*.

628 *Hinsch*, in: ZUR 2011, 191 (193).

629 BVerwG, Urteil vom 12.03.2009, Az.: 9 A 3/06, Rn. 219 – zitiert nach *juris*; OVG Magdeburg, Urteil vom 16.05.2013, Az.: 2 L 106/10, Rn. 21 – zitiert nach *juris* mit Urteilsanmerkung *Nebel*, in: jurisPR-UmwR 1/2013 Anm. 5; VG Halle, Urteil vom 24.03.2011, Az.: 4 A 46/10, Rn. 33 – zitiert nach *juris*. Ebenso Stimmen in der Literatur wie *Gellermann*, in: Landmann/Rohmer, UmweltR, BNatSchG, § 44, Rn. 9; *Hinsch*, in ZUR 2011, 191 (193). Vgl. insbesondere Rechtsprechung des VG Hannover, Urteil vom 22.11.2012, Az.: 12 A 2305/11, Rn. 58 – zitiert nach *juris*, welches bei Zwergfledermäusen und Abendseglern die Tatbestandsmäßigkeit des Tötungsverbots ablehnt, wenn die Anlagen nicht im Bereich bedeutender Jagdhabitate oder Flugrouten stehen.

630 *Gatz*, in: DVBl. 2009, 737 (744); *Wemdzio*, in: NuR 2012, 459 (466). Das OVG Magdeburg bezeichnete dies als einen *„Anfangsverdacht"* für eine signifikante Erhöhung des Tötungsrisikos, vgl. Urteil vom 16.05.2013, Az.: 2 L 80/11, Rn. 23 – zitiert nach *juris*.

631 *Hinsch*, in ZUR 2011, 191 (193).

632 VG Minden, Urteil vom 13.01.2010, Az.: 11 K 352/09, Rn. 100 – zitiert nach *juris*.

Die Frage des Tötungsrisikos ist grundsätzlich eine **Einzelfallentscheidung**, wobei oftmals auf konkrete Abstandsempfehlungen zurückgegriffen wird. Das OVG Magdeburg bejahte beispielsweise die besondere Schlagopferträchtigkeit bei WEA für den Rotmilan, wenn

> *„der Abstand der Windenergieanlage weniger als 1.000 m beträgt, es sei denn es liegen zuverlässige Erkenntnisse darüber vor, dass sich in einer größeren Entfernung als 1.000 m ein oder mehrere für den Rotmilan attraktive, nicht nur kurzzeitig bzw. zeitweise zur Verfügung stehende Nahrungshabitate befinden und die Windenergieanlagen dort oder innerhalb eines Flugkorridors dorthin liegen".*[633]

Ähnlich hat auch der VGH Kassel einen Sachverhalt beurteilt, wonach neben dem Ausschlussbereich von 1.000 m um einen Rotmilanhorst auch ein Nahrungshabitat für mehrere Rotmilanpaare im Prüfbereich von 6.000 m um das Vorhaben zu einem signifikant erhöhten Tötungsrisiko gem. § 44 I Nr. 1 BNatSchG führen kann.[634]

Die Annahme gewisser **Schutzabstände** zwischen Horst und WEA ist fachwissenschaftlich, d.h. unter Berücksichtigung ökologischer Erkenntnisse, grundsätzlich vertretbar und kann der Rechtssicherheit dienlich sein. Unproblematisch zu sehen ist die Heranziehung pauschaler Schutzabstände in den Fällen, in denen eine gewisse Standorttreue zu verzeichnen ist. So sind manche Arten des Rotmilans so standorttreu, dass sie Jahr für Jahr dasselbe Gebiet aufsuchen und als Brutstätte wählen.

Anders mag die Beurteilung dann auszufallen, wenn es sich um Arten handelt, die nicht zwingend jedes Jahr zu demselben Gebiet zurückkehren, sondern im Wege einer Horstwanderung einen neuen Standort wählen. Dasselbe gilt, wenn jeweils zwischen den Generationen unterschiedliche Verhaltensweisen zu beobachten sind. Auch wenn Vögel einer älteren Generation ein konkretes Horstgebiet über Jahre in Besitz genommen hatten, bedeutet dies nicht zwingend, dass sich die Jungvögel für selbiges entscheiden. Deren Wahl kann sich je nach Attraktivität des jeweiligen Gebietes richten. Hieran zeigt sich, dass sich das Tötungsrisiko naturschutzfachlich nur in begrenztem Maße zutreffend für die Zukunft bestimmen lässt und die Festlegung von pauschalen Kriterien zur Beurteilung nur bedingt geeignet ist.

Aufgrund der Besonderheiten jeder Tierart, die sich auch mit naturschutzfachlichen Sachverstand nicht immer rechtssicher bestimmen lassen, kann nur in begrenztem Umfang das möglicherweise vorhandene Risiko für die Art anhand der Einhaltung der empfohlenen Abstandsregelungen bestimmt werden.[635] Zwar ist dies

---

633 OVG Magdeburg, Beschluss vom 21.03.2013, Az.: 2 M 154/12, Rn. 31 – zitiert nach *juris*; Urteil vom 19.01.2012, Az.: 2 L 124/09, Rn. 94 – zitiert nach *juris*; Urteil vom 26.10.2011, Az.: 2 L 6/09, Rn. 77 – zitiert nach *juris*. (Anm.: Hervorhebung durch die Verfasserin.)

634 Beschluss vom 17.12.2013, Az.: 9 A 1540/12.Z, Rn. 11 – zitiert nach *juris*.

635 Z.B. durch Windenergieerlasse, siehe dazu bereits oben unter B. II. 3. Bspw. beträgt der empfohlene Mindestabstand zwischen Brutplatz bzw. Revierzentrum des Rotmilans und WEA 1.000 m. Vgl. hierzu auch Übersicht bei *Fellenberg/Schiller*, in: Gerstner, Kap. 2 B., Rn. 85.

ein anwendungssicherer und einfacher Bewertungsansatz, der auch ohne weiteres gerichtlich überprüfbar ist. Aufgrund der dargestellten praktischen Unwägbarkeiten dürfen die pauschalen Schutzangaben aber nur indiziell herangezogen werden.[636] Hierbei ist nicht außer Acht zu lassen, dass Hintergrund dieser Empfehlungen die anerkannte Schutzwürdigkeit und Notwendigkeit zur Erhaltung bestimmter seltener Arten ist. Aus diesem Grunde werden sie häufig mit nicht unerheblichen Sicherheitszuschlägen versehen, die nicht zwingend die realen Schutzbedürfnisse wiederspiegeln. Die ungeprüfte Anwendung der pauschalen Vorgaben würde daher zu unverhältnismäßigen und rechtlich nicht gerechtfertigten Ergebnissen führen. Daher ist im konkreten **Einzelfall**, gegebenenfalls unter Berücksichtigung der Abstandsempfehlungen, – soweit erforderlich – ein **Sachverständiger** zur Begutachtung heranzuziehen.[637]

Soweit sich das Risiko durch die geplante Lage der WEA nach vorgenannten Kriterien in signifikanter Weise feststellbar erhöht hat, ist die Verwirklichung des Verbotstatbestandes noch nicht zwingend zu bejahen. Denn es wird von der Rechtsprechung und Teilen der Literatur als möglich erachtet, durch das Ergreifen von **artgerechten Vermeidungsmaßnahmen** das spürbar erhöhte Risiko auf ein Normalmaß abzusenken und somit den Ausschluss des Tötungsverbots bereits auf Tatbestandsebene herbeizuführen.[638] Vergleichbar zum Habitatschutzrecht sind solche Maßnahmen im Rahmen eines gesamtheitlichen Schutzkonzepts geeignet, gesteigerte Kollisionsrisiken auszuschließen.[639] Die Einbeziehung von Vermeidungsmaßnahmen ist nach der hier vertretenen Auffassung vor dem Hintergrund des Vorsorgegrundsatzes umfänglich zu bejahen. Denn es ist einer der Schutzzwecke des Artenschutzrechts, schon frühzeitig Schäden an geschützten Rechtsgütern zu vermeiden. So kommt bei WEA beispielsweise die Anordnung von Abschaltzeiten zur Verringerung des Kollisionsrisikos für streng geschützten Fledermäuse in Betracht.[640] Ferner wird auch die landwirtschaftliche Gestaltung des umliegenden

636 So auch *Hinsch*, in ZUR 2011, 191 (194).

637 Zur Sachverhaltsermittlung siehe sogleich unter II 1.

638 BVerwG, Urteil vom 06.11.2012, Az.: 9 A 17/11, Rn. 125 – zitiert nach *juris*; Urteil vom 14.04.2010, Az.: 9 A 5/08, Rn. 80 – zitiert nach *juris*; Urteil vom 09.07.2008, Az.: 9 A 14/07, Rn. 91 – zitiert nach *juris*. Ebenso *Fellenberg*, in: UPR 2012, 321 (327); *Gatz*, in: Hoppenberg/de Witt, Handbuch des öffentlichen Baurechts, Band 3, Kap. Z V, Rn. 122; *Gellermann*, in: Landmann/Rohmer, UmweltR, BNatSchG, § 44, Rn. 9; *Heugel*, in: Lütkes/Ewer, BNatSchG, § 44, Rn. 8; *Hinsch*, in: ZUR 2011, 191 (196). Siehe auch LANA, Hinweise zu zentralen unbestimmten Rechtsbegriffen des Bundesnaturschutzgesetzes, S 5.

639 BVerwG, Urteil vom 14.04.2010, Az.: 9 A 5/08, Rn. 116 – zitiert nach *juris*.

640 OVG Magdeburg, Beschluss vom 04.06.2013, Az.: 2 L 113/11, Rn. 12 – zitiert nach *juris*; Urteil vom 16.05.2013, Az.: 2 L 106/10, Rn. 18 – zitiert nach *juris*. Die Rechtsnatur der Festsetzung dieser Abschaltzeiten wird in der Rechtsprechung unterschiedlich beurteilt. So werden diese teilweise nicht als isoliert anfechtbare Nebenbestimmung, sondern als Inhaltsbestimmung der Genehmigung angesehen

Gebiets zu einer WEA zum Schutz bestimmter Vögle als Vermeidungsmaßnahme angedacht,

> *„um nach dem Flüggewerden der jungen Greifvögel eine Nutzung des Umfelds der Windenergieanlagen möglichst unattraktiv zu gestalten. Diese Maßnahme könne mit einer Attraktivitätssteigerung durch die Schaffung von Stoppeläckern im weiteren Abstand zu den Anlagen verbunden werden.“*[641]

Bei der Auswahl der Vermeidungsmaßnahmen ist stets der **Verhältnismäßigkeitsgrundsatz** zu beachten: „*Vermeidungsmaßnahmen sind kein Selbstzweck, sondern müssen in einem Verhältnis zu dem erzielbaren Erfolg gesetzt werden.*“[642] Daher sind diese an den Umständen des Einzelfalls zu bemessen, welche die Wirkungen der WEA für die betroffene Art und die möglichen Risikoreduzierungswirkungen der Maßnahme miteinschließen.[643]

Als nicht ausreichend wird die bloße Überwachung durch ein **Monitoring** erachtet. Denn ein Monitoring als Überwachungsmaßnahme kann das Risiko nicht senken, da es nicht die Tötung selbst und daher den aus artenschutzrechtlichen Gründen unerwünschten Erfolg verhindern kann. Durch das Monitoring ist lediglich die schnelle Entdeckung des Tatbestandserfolges möglich.[644] Das Monitoring ist ungeachtet dessen wichtiger Teil eines gesamtheitlichen Schutzkonzeptes.[645] Gerade bei den gefährdeten Fledermäusen wird das Gondelmonitoring aus naturschutzfachlicher Sicht als besonders wichtig angesehen. Hierunter versteht man die akustische Aktivitätserfassung an der Gondel einer WEA, durch die eine präzise Einschätzung der Fledermausaktivität im Jahresverlauf in relevanter Höhe ermöglicht werden soll.[646] Beispielhaft sei die von

---

und damit als integraler Bestandteil der selbigen, vgl. OVG Berlin-Brandenburg, Beschluss vom 15.03.2012, Az.: 11 S 72.10, Rn. 4 – zitiert nach *juris*. AA aber das VG Halle, welches diese Festsetzung als Auflage mit eigenständiger Regelungswirkung und daher als isoliert anfechtbar bewertet, Urteil vom 24.03.2011, Az.: 4 A 46/10, Rn. 16 – zitiert nach *juris*; Urteil vom 23.11.2010, Az.: 4 A 34/10, Rn. 26, 33 – zitiert nach juris. Der Rechtsprechung des VG Halle folgend VG Hannover, Urteil vom 22.11.2012, Az.: 12 A 2305/11, Rn. 32 – zitiert nach *juris*.

641 OVG Münster, Urteil vom 30.07.2009, Az.: 8 A 2357/08, Rn. 174 – zitiert nach *juris*. Vgl. hierzu auch die Vorgaben im Leitfaden WKA Hessen vom 29.11.2012, S. 15.

642 *Fellenberg*, in: Naturschutzrecht in der Praxis, § 7, Rn. 85.

643 *Fellenberg*, in: Naturschutzrecht in der Praxis, § 7, Rn. 85.

644 OVG Berlin-Brandenburg, Beschluss vom 15.03.2012, Az.: 11 S 72.10, Rn. 3 – zitiert nach *juris*; OVG Lüneburg, Beschluss vom 18.04.2011, Az.: 12 ME 274/10, Rn. 10 – zitiert nach *juris*. Hierzu auch *Gellermann*, in: Landmann/Rohmer, UmweltR, BNatSchG, § 44, Rn. 9 m.w.N.

645 Vgl. Rechtsprechung des OVG Magdeburg, Urteil vom 13.03.2014, Az.: 2 L 215/11, Ls., wonach § 44 I Nr. 1 BNatSchG i. V. m. § 12 I 1 BImschG keine Ermächtigungsgrundlage für die Auflage eines Schlagopfermonitorings für den Fledermausschutz darstellt.

646 Vgl. Fachliche Erläuterungen von *Behr/Rudolph* zum Windkrafterlass Bayern, Fledermäuse – Fragen und Antworten im Auftrag des Bayerischen Landesamtes für

WEA als besonders gefährdeter geltende Fledermausart des Abendseglers genannt. Bei dieser Art, die eine Kopfrumpflänge von 50 bis 100 Millimeter aufweist und deren Flugaktivität in der Nacht stattfindet, lässt sich anhand der einschlägigen ökologischen Erkenntnisse im Vorfeld kaum untersuchen bzw. vorhersagen, welche Aktivität diese Fledermausart während des geplanten Betriebs einer WEA aufweisen wird.[647] Daher ist eine konkrete Prognose der potenziellen oder aktuellen Schlagopfer kaum möglich. Durch das Gondelmonitoring können aber die tatsächlichen Begebenheiten erfasst und auf der Basis der aufgefundenen Ergebnisse die Abschaltzeiten zutreffend an die Aktivitätszeiträume angepasst werden.

b) Populationsbezug und Kritik an der Signifikanztheorie

Im Vergleich zu § 44 I Nr. 2 BNatSchG enthält das Tötungsverbot keinen textlichen Bezug zu dem Begriff der lokalen Population. Nach der Rechtsprechung liegt eine signifikant erhöhte Tötungsgefahr i.S.d. Tötungsverbotes nur dann vor, wenn sich diese Gefahr *„spürbar"* auf die vorhandene Population auswirkt.[648] Somit findet bei der Prüfung des Tötungsverbots trotz des klaren Wortlauts des § 44 I Nr. 1 BNatSchG über die Verknüpfung mit dem Begriff der Signifikanz eine Bewertung der lokalen Population statt.[649] Die Rechtsprechung verhält sich hier widersprüchlich. Denn einerseits bekennen sich die Gerichte deutlich zum Individuenschutz des Tötungsverbots, weichen diesen Ansatz andererseits quasi durch die Hintertür durch Hinzufügung eines weiteren – ungeschriebenen – Tatbestandsmerkmals der ***„Signifikanz"*** auf. Bei genauer Betrachtung zeigt sich, dass auf diese Weise die Schwelle der Betroffenheit des Tötungsverbots erheblich relativiert wird.[650]

Zwar kann im Grundsatz ein solcher Ansatz befürwortet werden, da so eine praktische Konfliktlösung möglich ist und die artenschutzrechtliche Grundaufgabe

---

Umwelt, April 2013, S. 10, abrufbar unter: http://www.naturschutzplanung.de/docs/FAQ_Fledermaeuse_Windkrafterlass_Bayern_2013_Lauris.pdf (Abruf am: 09.08.2015).

647 Vgl. Vortrag vom 17.10.2012 von *Kaminsky* unter dem Title *„Gondelmonitoring in der Praxis"* im Rahmen der Fachtagung Fledermausschutz an Windkraftanlagen am der TLUG Jena, abrufbar unter: http://www.tlug-jena.de/imperia/md/content/tlug/abt1/v-referate/2012/31_2012/kaminsky_gondelmonitoring_tlug.pdf (Abruf am: 09.08.2015).

648 VG Minden, Urteil vom 10.03.2010, Az.: 11 K 53/09, Rn. 101 – zitiert nach *juris.*

649 BVerwG, Urteil vom 14.07.2011, Az.: 9 A 12/10, Rn. 97 f – zitiert nach *juris*; Urteil vom 09.06.2010, Az.: 9 A 20/08, Rn. 45 – zitiert nach *juris*; Urteil vom 12.03.2008, Az.: 9 A 3/06, Rn. 219 – zitiert nach *juris*; VGH München, Urteil vom 18.06.2014, Az.: 22 B 13.1358, Rn. 43 – zitiert nach *juris*; OVG Bautzen, Urteil vom 15.12.2011, Az.: 5 A 195/09, Rn. 554 – zitiert nach *juris*; OVG Münster, Urteil vom 30.07.2009, Az.: 8 A 2357/08, Rn. 175 – zitiert nach *juris*. Vgl. hierzu auch *Hinsch*, in: ZUR 2011, 191 (194).

650 *Hinsch*, in: ZUR 2011, 191 (194).

des § 37 BNatSchG durch eine solche Auslegung weiterhin erfüllt werden kann.[651] Aus praktischer Sicht insbesondere zur Förderung des Ausbaus von erneuerbaren Energien vermag dieser Ansatz zu überzeugen, rechtstheoretisch aber nicht. Der sog. **Signifikanztheorie** des Bundesverwaltungsgerichts fehlt es an einer rechtsdogmatisch sauberen Herleitung und birgt Hindernisse in der Rechtsanwendung.[652]

Zunächst ist festzustellen, dass die Heranziehung des Begriffs der Signifikanz unpassend ist und nicht auf die Fallgestaltungen des Tötungsverbotes angewendet werden kann. In der Statistik wird der Begriff der Signifikanz als eine Überzufälligkeit und die daraus folgende Nachweisbarkeit eines Unterschieds beschrieben. Etwas ist bereits dann signifikant, wenn es nur kleine, aber feststellbare Unterschiede bestehen, so lange der Stichprobenumfang eine hinreichende Größe hat.[653] Den Fehler der Rechtsprechung bei der Verwendung des Begriffs im Rahmen des artenschutzrechtlichen Tötungsverbotes wird zutreffend wie folgt dargestellt:

> *„Im Grunde handelt es sich um nicht zielführende Bemühungen, einem im Grunde geradezu irreführenden Begriff einen brauchbaren Bedeutungsgehalt zukommen zu lassen, was aber letztlich nicht weiterführt: Ob etwas besonders viel ist oder nicht, lässt sich nur sagen, wenn die Basisgröße feststeht; wann sich etwas in einer anderen Größenordnung bewegt, kann nur ermittelt werden, wenn die Basis bekannt ist; nennenswert ist etwas nur dann, wenn man weiß, wann etwas vernachlässigt werden darf.“*[654]

Bei der Bestimmung der Einschlägigkeit des Tötungsverbots kann mangels hinreichender ökologischer Erkenntnisse keine bestimmte Bezugsgröße bzw. Grundlagenbasis festgelegt werden, von welcher aus ein feststellbarer Unterschied nachzuweisen wäre. Auch die Rechtsprechung sieht sich nicht in der Lage feste Rahmenvorgaben zu formulieren, wann die Grenze zur Signifikanz überschritten sein soll. Das OVG Magdeburg hat in diesem Sinne negativ feststellt, dass bei 1–2 toten Fledermäusen pro Jahr an einer WEA das Tötungsverbot noch nicht einschlägig sei.[655] Darüber hinaus zieht das Gericht formelhaft weitere unbestimmte Begriffe zur vergeblichen Konkretisierung heran, wann die Grenze zum Tötungsverbot überschritten ist. Die sei insbesondere der Fall, wenn „*besonders viele Schlagopfer*“ festgestellt werden können, „*deutlich mehr als nur einzelne Individuen*“ betroffen sein sollen und der Standort „*in einem erhöhten Maße schlagopferträchtig*“ sei.[656] Es zeigt sich, dass die Rechtsprechung keine rechtssicheren Aussagen statuieren kann und lediglich theoretische Andeutungen formuliert.

---

651 So auch *Hinsch*, in: ZUR 2011, 191 (194).

652 *Brandt*, in: NuR 2013, 482 (483).

653 *Brandt*, in: NuR 2013, 482 (483); *ders.*, in: ER 2013, 192 (195).

654 *Brandt*, in: NuR 2013, 482 (483).

655 OVG Magdeburg, Beschluss vom 04.06.2013, Az.: 2 L 113/11, Rn. 8 – zitiert nach *juris*.

656 Vgl. so u.a. OVG Magdeburg, Beschluss vom 04.06.2013, Az.: 2 L 113/11, Rn. 7 – zitiert nach *juris*; Urteil vom 16.05.2013, Az.: 2 L 80/11, Rn. 23 – zitiert nach *juris*.

Bei genauer Betrachtung kann die Signifikanztheorie eigentlich nur in zwei Idealfallgruppen Anwendung finden.[657] Dies ist erstens die sog. Rastplatzsituation, d.h. dass eine bestimmte Tierart nachweisbar immer wieder denselben Bereich auf sucht. Werden an einem solchen Ort bzw. in dessen unmittelbarer Nähe WEA aufgestellt, so ist davon auszugehen, dass ein signifikant erhöhtes Tötungsrisiko für das Tier besteht. Die zweite Fallgruppe kann am Beispiel des Rotmilans festgemacht werden. Dieses Tier bewegt sich regelmäßig mit einer Wahrscheinlichkeit von 80 % in einer Nähe von 4,5 km zu seinem Horst, so dass hier eine erhöhte Flugaktivität zu verzeichnen ist. Auch in diesen Fällen kann von der Signifikanz des Tötungsrisikos ausgegangen werden, wenn eine WEA in diesem Bereich errichtet werden soll. Außerhalb der beiden genannten Fallgruppen ist davon auszugehen, dass nicht mit dem Begriff der Signifikanz operiert werden kann, sondern eine Einzelfallprüfung geboten ist.

Da der Wortlaut des § 44 I Nr. 1 BNatSchG eindeutig ist und die Verwendung des Begriffs der Signifikanz fehlerhaft ist,[658] kann den Gerichten der Vorwurf gemacht werden kann, dass sie gegen den Gewaltenteilungsgrundsatz verstoßen. Denn die Signifikanztheorie beeinflusst maßgeblich die Reichweite des Tötungstatbestandes in der Rechtsanwendungspraxis und umgeht die gesetzgeberische Entscheidung. Dies ist vor allem problematisch, als dass die Rechtsprechung eine rechtsdogmatische Begründung für diesen Ansatz schuldig bleibt.[659] Denkbar wäre zwar eine analoge Anwendung des Populationsbezuges in § 44 I Nr. 2 BNatSchG, indes wäre eine solche aufgrund der offensichtlich nicht vorhandenen planwidrigen Regelungslücke rechtlich nicht haltbar.[660]

Neben der fehlenden rechtsdogmatischen Herleitung führt die Signifikanzrechtsprechung auch nicht zwingend zu einer erhöhten Rechtsanwendungssicherheit. Vielmehr zeigt sich in der Praxis, dass Unsicherheit bei der Handhabung dieser Vorgaben auf Grundlage der aktuellen Rechtslage besteht. Die Signifikanztheorie kann kaum als feste Leitlinie bezeichnet werden, die im Stande ist, in der Praxis Rechtssicherheit herbeizuführen. Denn jeder Betriebsstandort einer WEA hat seine eigenen ökologischen und geografischen Besonderheiten, z.B. die Größe der ansässigen Population der gefährdeten Art und der aktuelle Erhaltungszustand. Um Rechtsstreitigkeiten und Unklarheiten zu vermeiden, sollte eine effektive Problemlösung angestrebt werden. Statt des angeblichen Individuenbezugs könnte sich die Rechtsprechung für den Populationsbezug bei der Bewertung des Tötungstatbestands aussprechen. In der Literatur wurden Vorschläge formuliert, wie beispielsweise

657 Vgl. *Gellermann*, in: NuR 2014, 597 (601 f).

658 Ähnlich *Philipp*, in: NVwZ 2008, 593 (596) noch zur alten Rechtslage. Die alte Norm wurde jedoch insoweit in den neuen § 44 BNatSchG übertragen, so dass ihre Ausführungen auch heute noch Geltung beanspruchen (s.o.).

659 *Brandt*, in: ER 2013, 192 (195).

660 *Hinsch*, in: ZUR 2011, 191 (194).

mit Hilfe von quantitativen Risikoanalysen[661] oder über Habitatmodellierungen[662] das Tötungsrisiko bewertet werden kann. Abschließend bleibt festzuhalten, dass es aktuell an konkreten Daten und Kriterien fehlt,[663] um beurteilen zu können, ob ein relevantes, vorhabenbedingtes Risiko besteht und somit die Signifikanzschwelle überschritten wird.[664]

An dieser Stelle zeigt sich, dass es anhand der aktuellen Rechtslage für die Gerichte äußerst schwer ist, einen praktikablen und rechtssicheren Zustand zu schaffen. Nicht der – sicherlich aus praktischer Sicht zuzustimmenden – Rechtsprechung allein ist der Vorwurf zu machen. Vielmehr wäre es Aufgabe des Gesetzgebers, dass dieser möglicherweise durch eine Gesetzesänderung den Belangen aus der Praxis begegnet und nicht durch eine zu strenge Gesetzgebung bauliche Großvorhaben be- bzw. verhindert.

2. *Störungsverbot gem. § 44 I 1 Nr. 2 BNatSchG*

Neben dem Tötungsverbot kann durch den Betrieb von WEA möglicherweise ausgehende Scheuchwirkung auch das **Störungsverbot** des § 44 I 1 Nr. 2 BNatSchG verwirklicht sein.[665] Dieses ist auf die Verhinderung erheblicher Störungen streng geschützter Arten i.S.d. § 7 II Nr. 14 BNatSchG und europäischer Vogelarten nach Art 1 VRL zu bestimmten **sensiblen Zeiten**, namentlich den Fortpflanzungs-, Aufzucht-, Mauser-, Überwinterungs- und Wanderzeiten, gerichtet.[666] Insoweit unterscheidet sich das Störungsverbot von den anderen Zugriffsverboten des § 44 I BNatSchG, da dieses nur streng geschützte, nicht aber besonders geschützte Arten im Tatbestand erfasst.

Die Schutzwürdigkeit der geschützten Phasen rechtfertigt sich durch deren Aufgabe. Diese sensiblen Zeiten sind für die Arterhaltung von besonderer Bedeutung, da die geschützten Tiere währenddessen regelmäßig störanfälliger sind.[667] Diese

661 Vgl. Vorschläge von *Brandt/Spangenberger*, RATUBS Nr. 1/11, „*Windenergieanlagen und Rotmilane – Anforderungen an die Bewertung des Tötungsrisikos*“, abrufbar unter: https://www.tu-braunschweig.de/Medien-DB/recht/ratubs_1_2011_text.pdf (Abruf am: 09.08.2015).

662 Vgl. Untersuchung von *Steinborn/Reichenbach/Timmermann* unter dem Titel „*Windkraft – Vögel – Lebensräume, Ergebnisse einer siebenjährigen Studie zum Einfluss von Windkraftanlagen und Habitatparametern auf Wiesenvögel*“, Februar 2013, Inhaltsverzeichnis abrufbar unter: http://www.arsu.de/sites/default/files/windkraft-voegel-lebensraeume_inhalt.pdf (Abruf am: 09.08.2015).

663 Siehe hierzu noch ausführlicher im Folgenden unter II.

664 So auch *Fellenberg*, in: UPR 2012, 321 (327).

665 *Fellenberg/Schiller*, in: Gerstner, Kap. 2 B., Rn. 83; *Hinsch*, in: ZUR 191 (195).

666 Siehe sogleich Übersicht zu den geschützten Zeiträumen.

667 *Schüttel/Gerbig*, in: GK-BNatSchG, § 44, Rn. 19. So sind die Tiere in den genannten Zeiten aufgrund besonderer Umstände schutzwürdig, so u.a. in den Fällen, in denen normale Aktivitäten in der Winterzeit oder Mauserphase weit mehr Energie als normal bedürfen und die Tiere so in Gefahr geraten können.

Phasen sind artenspezifisch anhand biologischer, ökologischer und verhaltensbezogener Kriterien für den jeweiligen Einzelfall zu bestimmen.[668] Das Störungsverbot lehnt sich an die unionsrechtlichen Vorgaben der Art 12 I b) FFH-RL[669] und Art 5 d) VRL[670] an.[671] Daher hat das Störungsverbot **vorbeugenden Schutzcharakter**, so dass eine Schädigung frühzeitig vermieden werden soll.[672] Das deutsche Störungsverbot ist, anders als die Vorgängerregelung,[673] nicht mehr auf den Schutz bestimmter Orte, sondern auf den Schutz streng geschützter Arten in bestimmten Zeiträumen gerichtet und enthält aufgrund der gesetzgeberischen Bestrebung zur vollständigen und umfänglichen Regelung auch die Mauserzeit. Soweit der Wortlaut des § 44 I Nr. 2 BNatSchG auf eine abschließende Regelung hindeutet, ist dies vor dem Hintergrund der hohen Wertigkeit der Schutzgüter nicht hinreichend. Beim Vergleich mit den unionsrechtlichen Vorgaben,[674] die durch die Verwendung des Wortes „*insbesondere*" offensichtlich nicht abschließend sind, zeigt sich, dass aus Sicht des europäischen Gesetzgebers Störungen denkbar sind, die zwar nicht in eine der genannten Kategorien fallen, aber dennoch verbotsrelevant sein können. Hierbei müssen vergleichbar intensiv die Überlebenschancen oder der Reproduktionserfolg gefährdet sein. Daher ist der § 44 I Nr. 2 BNatSchG dahingehend unionsrechtskonform auszulegen, dass auch die deutsche Aufzählung nicht abschließend ist und insbesondere weitere schützenswerte Perioden von dem Tatbestand umfasst sein können. Die praktische Relevanz wird aber aufgrund der umfassenden nationalen Regelung als gering eingestuft.[675]

---

668 *Kratsch*, in: Schumacher/Fischer-Hüftle, BNatSchG, § 44, Rn. 20; *Schüttel/Gerbig*, in: GK-BNatSchG, § 44, Rn. 20.

669 Verboten ist hiernach „*jede absichtliche Störung dieser Arten, insbesondere während der Fortpflanzungs-, Aufzucht-, Überwinterungs- und Wanderungszeiten*". (Anm.: Hervorhebung durch die Verfasserin.)

670 Verboten ist hiernach das absichtliche Stören, „*insbesondere während der Brut- und Aufzuchtzeit, sofern sich diese Störung auf die Zielsetzung dieser Richtlinie erheblich auswirkt*". (Anm.: Hervorhebung durch die Verfasserin.)

671 BT-Drs. 16/5100, S. 14.

672 *Kratsch*, in: Schumacher/Fischer-Hüftle, BNatSchG, § 44, Rn. 21.

673 Vgl. § 43 I Nr. 3 BNatSchG 2002.

674 Vgl. Art 12 I b) FFH-RL und Art 5 VRL.

675 *Fellenberg*, in: Kerkmann, Naturschutzrecht in der Praxis, § 7, Rn. 92; *Lau*, in: Frenz/Müggenborg, BNatSchG, § 44, Rn. 15.

Übersicht: geschützte Zeiträume nach § 44 I Nr. 2 BNatSchG[676]

Geschützter Zeitraum	**Zeitlich umfasste Aktivitäten**
Fortpflanzung	Phase der Paarbildung, der Balz, der Verpaarung und des Nestbaus nebst dessen Wahl
Aufzucht	Phase zwischen der Ablage eines Eis bzw. der Geburt und der Erreichung der selbstständigen Überlebensfähigkeit des Jungtieres
Mauser	Phase des hormonell gesteuerten Abwerfens und dem Neuwachstum des Gefieders bei Vögeln
Überwinterung	Phase, in der die Tiere inaktiv sind und in einem Schlaf-, Starre- oder Ruhezustand verweilen
Wanderung	Phase, in der periodisch und regelmäßig durch jahreszeitliche Veränderung oder Veränderung des Futterangebots bedingt Tiere von einem Gebiet zu einem anderen migrieren, wobei dies natürlicher Teil ihres Lebenszyklus ist

a) Störung

Umstritten ist, welche Handlungen unter den Begriff der **Störung** fallen. So wird die Störung im Sinne des § 44 I Nr. 2 BNatSchG zum Teil als *„jede unmittelbare Einwirkung auf ein Tier, die eine Verhaltensänderung des Tieres bewirkt“* verstanden.[677] Hierunter sollen in erster Linie zwanghafte Einwirkungen fallen.[678] Diese Ansätze allein können zur Bestimmung der Reichweite des Störungsbegriffs kaum als aussagekräftig und dadurch für die praktische Anwendung als geeignet beurteilt werden. Auch der Ansatz, wonach unter Störung *„jede negative Einwirkung auf die psychische Verfassung eines Tieres zu verstehen ist“*,[679] muss sich dem Vorwurf der fehlenden Nachweisbarkeit ausgesetzt sehen. Daher ist in einem weiteren Schritt die Tatbestandsmäßigkeit des Vorhabens unter Berücksichtigung von Wahrscheinlichkeiten zu bestimmen. Entscheidend ist die Wirkung des Vorhabens, durch welche die psychische Verfassung des Tieres potenziell negativ beeinflusst werden kann.[680] So sollen alle solche Handlungen von dem Begriff erfasst werden, die bei den Tieren

676 Vgl. hierzu *Kratsch*, in: Schumacher/Fischer-Hüftle, BNatSchG, § 44, Rn. 20 m.w.N; *Lau*, in: Frenz/Müggenborg, BNatSchG, § 44, Rn. 15; *Schüttel/Gerbig*, in: GK-BNatSchG, § 44, Rn. 20.

677 *Lau*, in: Frenz/Müggenborg, BNatSchG, § 44, Rn. 11.

678 *Heugel*, in: Lütkes/Ewer, BNatSchG, § 44, Rn. 12.

679 *Müller-Walter*, in: Lorz/Konrad/Mühlbauer/Müller-Walter/Stöckel, Naturschutzrecht, § 44 BNatSchG, Rn. 15.

680 *Fellenberg/Schiller*, in: Gerstner, Kap. 2 B., Rn. 73.

Reaktionen wie Flucht, Unruhe oder Ähnliches hervorrufen können.[681] Diese Reaktionen können bei WEA sowohl durch den Bau als auch durch den Betrieb bewirkt werden.[682] Regelmäßig werden solche Beunruhigungs- und Scheuchwirkungen durch Schattenwurf, Licht, Erschütterung, akustische Reize wie Lärm oder Schall sowie durch Zerschneidung oder eine etwaige Trennung- und Barrierewirkung der Lebensräume verursacht.[683]

Aufgrund der Weite des Tatbestands und der sich teilweise überschneidenden Kreise der Schutzgüter, ist eine Abgrenzung zu dem anderen artenschutzrechtlichen Verbot nach § 44 I Nr. 3 BNatSchG einerseits und zum Habitatschutz andererseits notwendig,[684] da die Rechtsgüter und die Tatbestandsvoraussetzungen und die rechtliche Bewertung der einschlägigen Verbote unterschiedlich sind.

Aus diesem Grund kritisiert die Literatur die Rechtsprechung des Bundesverwaltungsgerichts,[685] wonach unter den Störungsbegriff auch diejenigen nachteiligen Veränderungen eines Habitats, wie beispielsweise eine relevante Trennwirkung, subsumiert werden, die sogar außerhalb der üblichen Anwesenheitszeiträume der geschützten Art eintreten.[686] Diese Kritik, welche auf der systematischen Differenzierung des Gesetzes zwischen Lebensstättenschutz gem. § 44 I Nr. 3 BNatSchG einerseits und dem Störungsverbot nach § 44 I Nr. 2 BNatSchG andererseits fußt, vermag zu überzeugen. Denn eine tatbestandliche Abgrenzung ist anhand der wissenschaftlichen Untersuchungsmöglichkeiten denkbar und notwendig. Eine Störung wirkt sich direkt beim Tier aus, die Beschädigung oder Zerstörung einer Lebensstätte liegt hingegen dann vor, wenn diese in ihrer Substanz geschädigt ist.[687] Praktisch vorstellbar ist zwar die mittelbare Betroffenheit der Lebensstätte z.B. durch die Lärmemissionen von WEA. Hält sich das Tier nicht in der Lebensstätte auf, so ist für die rechtliche Bewertung entscheidend, ob es diese aufgrund der Störung verlassen hat.[688] Sollte dies der Fall sein, so kommt nur das Störungsverbot, nicht aber

---

681 *Kratsch*, in: Schumacher/Fischer-Hüftle, BNatSchG, § 44, Rn. 21. AA *Müller-Walter*, in: Lorz/Konrad/Mühlbauer/Müller-Walter/Stöckel, Naturschutzrecht, § 44 BNatSchG, Rn. 15, der eine Fluchtreaktion für die Tatbestandsmäßigkeit nicht für ausreichend und notwendig erachtet.

682 *Hinsch*, in: ZUR 2011, 191 (195).

683 LANA, Hinweise zu zentralen unbestimmten Rechtsbegriffen des Bundesnaturschutzgesetzes, S. 5.Vgl. hierzu u.a. *Fellenberg/Schiller*, in: Gerstner, Kap. 2 B., Rn. 74; *Heugel*, in: Lütkes/Ewer, BNatSchG, § 44, Rn. 11; *Kratsch*, in: Schumacher/Fischer-Hüftle, BNatSchG, § 44, Rn. 21; *Lau*, in: Frenz/Müggenborg, BNatSchG, § 44, Rn. 11.

684 *Schüttel/Gerbig*, in: GK-BNatSchG, § 44, Rn. 22.

685 *Gellermann*, in: NuR 2009, 85 (87); *Louis*, in: NuR 2009, 91 (95); *Müller-Walter*, in: Lorz/Konrad/Mühlbauer/Müller-Walter/Stöckel, Naturschutzrecht, § 44 BNatSchG, Rn. 18; *Schüttel/Gerbig*, in: GK-BNatSchG, § 44, Rn. 22.

686 Urteil vom 14.04.2010, Az.: 9 A 5/08, Rn. 114 – zitiert nach *juris*; Urteil vom 09.07.2008, Az.: 9 A 14/07, Rn. 105 – zitiert nach *juris*.

687 *Schüttel/Gerbig*, in: GK-BNatSchG, § 44, Rn. 22.

688 *Schüttel/Gerbig*, in: GK-BNatSchG, § 44, Rn. 22.

der Verbotstatbestand des § 44 I Nr. 3 BNatSchG zum Tragen. Das Störungsverbot ist demnach nur in den Fällen einschlägig, in denen die vertriebene Art streng geschützt im Sinne des BNatSchG ist, die vorgenannte Störwirkung eingetreten und diese Störung als erheblich zu qualifizieren ist (hierzu sogleich). Durch das Fehlen entsprechender Tatbestandsmerkmale im § 44 I Nr. 3 BNatSchG kann zutreffend zum Lebensstättenschutz abgegrenzt werden.

b) Erheblichkeit

Für die Einschlägigkeit dieses Verbotes muss die festgestellte Störung auch **erheblich** sein. Durch dieses Tatbestandsmerkmal wird der weite Anwendungsbereich des Tatbestandsmerkmals der Störung beschränkt und stellt somit ein gewisses Korrektiv für die praktische Handhabung dar.[689] Entsprechend der Legaldefinition des § 44 I Nr. 2, Hs. 2 BNatSchG ist von der Erheblichkeit auszugehen, wenn sich durch die Störung der Erhaltungszustand der lokalen Population verschlechtert. Bei dieser tatbestandlichen Einschränkung handelt es sich um eine *„in die Verbotsbestimmung integrierte Ausnahme"*, die aber nicht den Individuenbezug des Störungsverbots aushebelt.[690]

Weder die Verschlechterung des Erhaltungszustandes noch der Begriff der lokalen Population sind im deutschen Gesetz selbst definiert. Hinweise zu der Reichweite des Begriffs des Erhaltungszustandes lassen sich in § 1 i) FFH-RL finden: Hiernach wird der **Erhaltungszustand** einer Art definiert *„als die Gesamtheit der Einflüsse, die sich langfristig auf die Verbreitung und die Größe der Populationen der betreffenden Arten in dem in Artikel 2 bezeichneten Gebiet auswirken können"*. Nach dem gesetzgeberischen Willen ist eine **Verschlechterung** des Erhaltungszustandes dann zu bejahen, *„wenn die Überlebenschancen, der Bruterfolg oder die Reproduktionsfähigkeit vermindert werden"*, wobei die Beurteilung und Untersuchung artspezifisch und für den jeweiligen Einzelfall zu erfolgen hat.[691]

Den Begriff der **lokalen Population** hat der Gesetzgeber aus der Stralsund-Entscheidung des Bundesverwaltungsgerichts übernommen, wobei das Gericht diesen bei der Urteilsbegründung nur verwandt, nicht aber definiert hat.[692] Somit ist sich dem Begriff der lokalen Population über die Legaldefinitionen der nationalen Regelung anzunähern. Das Bundesnaturschutzgesetz enthält in § 7 II Nr. 6 BNatSchG eine Definition zur **Population** im Allgemeinen, nach der es sich um eine biologisch oder geografisch abgegrenzte Zahl von Individuen einer Art handelt. Mangels Hinweis auf einen etwaigen Lokalitätsbezug in der vorgenannten Definition, dient diese lediglich als erster Anhaltspunkt für eine genauere Begriffsbestimmung.

---

689 *Fellenberg/Schiller*, in: Gerstner, Kap. 2 B., Rn. 75.

690 *Hinsch*, in: ZUR 2011 191 (Fn. 70).

691 BT-Drs. 16/5100, S. 11.

692 BVerwG, Urteil vom 21.06.2006, 9 A 28/05, Rn. 44 – zitiert nach *juris*. Vgl. auch *de Witt*, in: Hoppenberg/de Witt, Handbuch des öffentlichen Baurechts, Band 3, Kap. Z III, Rn. 28.

Teilweise wird vertreten, dass die lokale Population über administrative Grenzen bestimmt werden könne.[693] Dieser Ansatz ist abzulehnen: Zwar ist ein solcher sicherlich praktisch gut handhabbar, kann aber nicht den Bedürfnissen des Artenschutzes gerecht werden. Denn administrative Grenzen wie Gemeinde- oder Kreisgrenze sind vom Menschen frei wähl- und veränderbar. So könnten der Anwendungsbereich des artenschutzrechtlichen Störungsverbots maßgeblich beeinflusst und dadurch willkürlich nach der jeweiligen Interessenlage bestimmt werden. Daher sind ein artspezifischer Bezug und eine naturschutzfachliche Ausrichtung bei der Bestimmung der Begrifflichkeit zu fordern.[694]

Einem solchen Ansatz folgt auch der Gesetzgeber, nach dessen Willen von einer lokalen Population *„diejenigen (Teil-) Habitate und Aktivitätsbereiche der Individuen einer Art, die in einem für die Lebens(-raum)ansprüche der Art ausreichenden räumlich-funktionalen Zusammenhang stehen"* umfasst sein sollen.[695] Unklar für den Rechtsanwender ist bei dieser Definition, wie und wonach sich der ausreichend räumlich-funktionale Zusammenhang bestimmen soll. Daher wird in Teilen der Literatur der Begriff der lokalen Population zustimmungswürdig noch konkreter gefasst.[696] So ist unter einer lokalen Population die Gesamtheit der Individuen einer Art zu verstehen, die sich während bestimmter Phasen des jährlichen Zyklus anhand ihrer Habitatansprüche in einem abgrenzbaren Raum aufhalten.[697]

Die Heranziehung vor allem **räumlicher Kriterien** bei der Bestimmung der lokalen Population ist dem Umstand geschuldet, dass eine Abgrenzung verschiedener Populationen aufgrund genetischer oder biologischer Merkmale nur in besonderen Ausnahmefällen möglich ist.[698] Die gemeinsame Räumlichkeit kann zwar ein deutliches Indiz für die Zugehörigkeit zu einer lokalen Population sein, kann die Realität aber dennoch nicht immer ausreichend abbilden. Bei Tieren mit hohen Aktionsradien kann deren Beweglichkeit eine besondere Hürde bei der Zugehörigkeitsfeststellung darstellen. Die LANA stellt daher auch auf die Interaktionen der Individuen einer Art ab, so auch auf die Fortpflanzungs- und andere

---

693 So *Fellenberg*, in: Kerkmann, Naturschutzrecht in der Praxis, § 7, Rn. 101 für Arten, die einen großen Aktionsradius aufweisen oder flächig verbreitet sind; ebenso *Heugel*, in: Lütkes/Ewer, BNatSchG, § 44, Rn. 14.

694 *Lau*, in: Frenz/Müggenborg, BNatSchG, § 44, Rn. 13 f.

695 BT-Drs. 16/5100, S. 11. Ebenso *Gatz*, in: Hoppenberg/de Witt, Handbuch des öffentlichen Baurechts, Band 3, Kap. Z V, Rn. 125; *Müller-Walter*, in: Lorz/Konrad/Mühlbauer/Müller-Walter/Stöckel, Naturschutzrecht, § 44 BNatSchG, Rn. 16. Ähnlich das VG Oldenburg (Oldenburg), Beschluss vom 26.05.2014, Az.: 5 B 603/14, Rn. 55 – zitiert nach *juris*.

696 *Dolde*, in: NVwZ 2008, 121 (123); *Gellermann*, in: Hansmann/Sellner, Umweltrecht, Kap. 10, Rn. 123; *Kratsch*, in: Schumacher/Fischer-Hüftle, BNatSchG, § 44, Rn. 26; *Schüttel/Gerbig*, in: GK-BNatSchG, § 44, Rn. 25.

697 Wie beispielsweise die Brut-, Rast- oder Überwinterungszeit, vgl. *Kratsch*, in: Schumacher/Fischer-Hüftle, BNatSchG, § 44, Rn. 26.

698 *Heugel*, in: Lütkes/Ewer, BNatSchG, § 44, Rn. 14.

Verhaltensbeziehungen, welche als prägend für die Zugehörigkeit zu einer lokalen Population beurteilt werden.[699]

Daher wurden unter Berücksichtigung artspezifischer Besonderheiten wie Verteilungsmuster, Sozialstruktur, individuellem Raumanspruch und Mobilität der jeweiligen Art folgende pragmatische Kriterien und Typen formuliert:[700]

Verbreitung/Mobilität der Art	**Bestimmung der Population**
Arten mit gut abgrenzbaren örtlichen Vorkommen, wie z.B. bei – Punktueller Verbreitung (z.B.: Wochenstuben von Fledermäusen, Brutkolonien von Vögeln) – Zerstreuter Verbreitung – Lokalen Dichtezentren (z.B. Steinkauz, Mittelspecht, Kiebitz und Feldlerche)	➔ Orientierung an kleinräumigen Landschaftseinheiten, wie z.B.: – Waldgebieten – Bachläufe – Grünlandkomplexe
Arten mit einer flächigen Verbreitung (z.B. Haussperling, Kohlmeise, Buchfink)	➔ Orientierung an einer naturräumlichen Landschaftseinheit
Revierbildende Arten mit großen Aktionsräumen (z.B. Mäusebussard, Turmfalke, Waldkauz, Schwarzspecht)	
Seltene Arten mit großen Raumansprüchen (z.B. Schwarzstorch oder Wolf)	➔ Orientierung am einzelnen Brutpaar oder Rudel

Die Einschlägigkeit dieser Kriterien können indiziell Auskunft über die aktuelle Bewertung der lokalen Population geben. Es zeigt sich aus naturfachlicher Sicht ein Defizit dahingehend, dass sich durch räumliche und zeitliche Verschiebungen die Populationen variieren können und somit eine aktuelle Bestandsaufnahme nur begrenzt Aussagekraft für die Zukunft haben kann. Gerade durch die Veränderung von Nahrungshabitaten und die Neuwahl von Brutstandorten können sich die lokalen Populationen von Jahr zu Jahr verändern. Es scheint daher kaum möglich, rechtssicher für die Zukunft das Vorhandensein einer lokalen Population bestimmen zu können.

In der Praxis bereitet aber nicht nur die Einordnung der lokalen Population, sondern vor allem die Bestimmung der **Erheblichkeitsschwelle** Probleme. Denkbar wäre es, unter den Begriff der erheblichen Störung nur die tatsächliche Verschlechterung des Erhaltungszustandes zu subsumieren. Einer solchen Auslegung ist entgegengehalten, dass diese im Anwendungsbereich viel zu eng ist. Vielmehr ist ein prognostischer Maßstab anzulegen. Auch an dieser Stelle bietet es sich an, mit

699 LANA, Hinweise zu zentralen unbestimmten Rechtsbegriffen des Bundesnaturschutzgesetzes, S. 6.

700 *Kratsch*, in: Schumacher/Fischer-Hüftle, BNatSchG, § 44, Rn. 26; LANA, Hinweise zu zentralen unbestimmten Rechtsbegriffen des Bundesnaturschutzgesetzes, S. 6.

Wahrscheinlichkeitsmaßstäben zu operieren.[701] So ist es ausreichend, dass die Verschlechterung des Erhaltungszustandes nicht unwahrscheinlich ist. Hierbei kann die *„je-desto-Formel"* herangezogen werden: Je seltener oder stärker gefährdet die Art oder je kleiner die Population ist, der das betroffene Tier angehört, desto geringer sind die an die Wahrscheinlichkeit gestellten Anforderungen der Verschlechterung des Erhaltungszustandes.[702] Anders fällt die Beurteilung möglicherweise aus, wenn es sich um eine verbreitete Art oder eine große Population handelt.[703] Diesem Ansatz ist zu folgen, da durch die fehlende Feststellbarkeit des Störungserfolges kaum mit ausreichender Sicherheit die relevante Beschädigung nachgewiesen werden kann. Denn eine konkrete Bestimmung, ob das Tier durch die WEA in den verbotsrelevanten Angstzustand durch die Beeinträchtigung versetzt wurde, kann anhand wissenschaftlicher Methoden nicht hinreichend sicher festgestellt werden, wodurch der Störungstatbestand aus ex post Sicht regelmäßig leerliefe. Eine Beurteilung am Maßstab von Wahrscheinlichkeiten unter Berücksichtigung der Schutzwürdigkeit der Art oder Population im jeweiligen Einzelfall überzeugt daher.

Hieraus folgt, dass bei Vergrämung, Vertreibung oder Verdrängung einzelner Individuen die Störung nicht erheblich ist, solange die Tiere problemlos in andere, störungsfreie Raumbestandteile ausweichen können.[704] Durch eine erfolgreiche ***„Eigenkompensation"*** ist die Erheblichkeit der Störung ausgeschlossen.[705] Die Rechtsprechung bejaht auch hier die Möglichkeit von **Kompensationsmaßnahmen**, soweit diese Maßnahmen zur Vermeidung der Verschlechterung des Erhaltungszustandes der Population dienen.[706] Nach einer Stimme in der Literatur verstößt diese Rechtsprechung gegen *„den von der Gesetzesbindung geprägten Aufgabenbereich der Gerichtsbarkeit"*.[707] Argumentiert wird mit systematischen Argumenten: Ein Abgleich der unionsrechtlichen Vorgabe des Art 12 FFH-RL[708] und der bundesgesetzgeberischen Entscheidung zeigt, dass nur in § 44 V 3 BNatSchG verbotsvermeidende Kompensationsmöglichkeiten vorgesehen sind. Nach dieser

701 *Gellermann*, in: Landmann/Rohmer, UmweltR, BNatSchG, § 44, Rn. 12; *Lau*, in: Frenz/Müggenborg, BNatSchG, § 44, Rn. 12.

702 *Gellermann*, in: Landmann/Rohmer, UmweltR, BNatSchG, § 44, Rn. 12; ders., in: NuR 2014, 597 (603). Ähnlich wohl OVG Berlin-Brandenburg, Beschluss vom 11.08.2009, Az.: 11 S 58/08, Rn. 8 – zitiert nach *juris*.

703 BVerwG, Urteil vom 12.03.2008, Az.: 9 A 3/06, Rn. 258 – zitiert nach *juris*.

704 *Gellermann*, in: Landmann/Rohmer, UmweltR, BNatSchG, § 44, Rn. 12.

705 VGH Kassel, Urteil vom 21.02.2008, Az.: 4 N 869/07, Rn. 44 – zitiert nach *juris*. *Hinsch*, in: ZUR 2011 191 (195); *Lau*, in: Frenz/Müggenborg, BNatSchG, § 44, Rn. 12.

706 BVerwG, Urteil vom 06.11.2012, Az.: 9 A 17/11, Rn. 125 – zitiert nach *juris*; Urteil vom 18.03.2009, Az.: 9 A 39/07, Rn. 88 – zitiert nach *juris*; Urteil vom 12.03.2008, Az.: 9 A 3/06, Rn. 237 – zitiert nach *juris*. Zustimmend *Lau*, in: Frenz/Müggenborg, BNatSchG, § 44, Rn. 12.

707 *Gellermann*, in: Landmann/Rohmer, UmweltR, BNatSchG, § 44, Rn. 12. Ebenfalls kritisch zum Populationsbezug *Philipp*, in: NVwZ 2008, 593 (596).

708 *Gellermann*, in: NuR 2009, 85 (87).

Auffassung habe der Gesetzgeber offenbar bewusst darauf verzichtet hat, eine entsprechende Freistellungsmöglichkeit vom Störungsverbot zu regeln.[709]

Die Kritik ist jedoch unberechtigt. So zeigt der Wortlaut des § 44 I Nr. 2 BNatSchG selbst, dass die Bewertung des Erhaltungszustandes der Population trotz des vorrangig bezweckten Individuenschutzes bei der Frage der Erheblichkeit der Störung miteinzubeziehen ist. Bleibt der Erhaltungszustand durch die Kompensationsmaßnahme trotz der Errichtung einer WEA ähnlich günstig wie zuvor, ist schon der Tatbestand begrifflich nicht eröffnet. Auch **Schutzgesichtspunkte** sprechen für die Berücksichtigung solcher Maßnahmen auf Tatbestandsebene, durch welche frühzeitig die Abwendung artenschutzrechtlich bedenklicher Beeinträchtigungen erreicht werden kann. Ein solches Ergebnis steht im Einklang mit den Schutzzwecken der europäischen Richtlinien und gerade nicht im Widerspruch zu diesen.[710] Auch die Rechtsprechung geht von der unionsrechtlichen Vereinbarkeit dieser Norm aus.[711] In den Urteilen wird zur Begründung unter anderem auf die Hinweise im Leitfaden der Europäischen Kommission zum Artenschutz[712] Bezug genommen, welche beim Störungsverbot ausdrücklich die Bewertung der Population miteinbeziehen.[713] Darüber hinaus differenzieren die Gerichte zutreffend zwischen den einzelnen Verbotstatbeständen des Art 12 FFH-RL

---

709 *Heugel*, in: Lütkes/Ewer, BNatSchG, § 44, Rn. 47.

710 AA *Gellermann*, in: NuR 2007, 783 (785), der schon in dem Populationsbezug einen Widerspruch zu Art 12 FFH-RL sieht, wonach die artenschutzrechtlichen Verbote seines Erachtens einen Individuenbezug aufweisen müssten.

711 Ständige Rechtsprechung des BVerwG: Urteil vom 12.08.2009, Az.: 9 A 64/07, Rn. 89 – zitiert nach *juris*; Urteil vom 18.03.2009, Az.: 9 A 39/07; Rn. 68 – zitiert nach *juris*; Urteil vom 09.07.2008, Az.: 9 A 14/07, Rn. 98 – zitiert nach *juris*. Der Rechtsprechung des BVerwG folgend: OVG Münster, Urteil vom 18.01.2013, Az.: 11 D 70/09.AK, Rn. 256 f – zitiert nach *juris*. Auch von der unionsrechtlichen Vereinbarkeit ausgehend *Gatz*, in: Hoppenberg/de Witt, Handbuch des öffentlichen Baurechts, Band 3, Kap. Z V, Rn. 124; *Müller-Walter*, in: Lorz/Konrad/Mühlbauer/Müller-Walter/Stöckel, Naturschutzrecht, § 44 BNatSchG, Rn. 16.

712 Europäische Kommission, Leitfaden zum strengen Schutzsystem für Tierarten von gemeinschaftlichem Interesse im Rahmen der FFH-Richtlinie 92/43/EWG, Stand: Februar 2007, Kap. II. 3. 2., abrufbar unter: http://www.am.lt/VI/files/0.766182001201187883.pdf (Abruf am: 09.08.2015).

713 Siehe unter Kap. II.3.2.a) (37): *„Auch wenn Störungen (z. B. Lärm, Lichtquelle) nicht unbedingt die körperliche Unversehrtheit von einzelnen Tieren direkt beeinträchtigen, so können sie sich doch indirekt nachteilig auf die* ***Art*** *auswirken [...] Somit sind die Intensität, Dauer und Frequenz der Störungswiederholung entscheidende Parameter für die Beurteilung der Auswirkungen von Störungen auf eine Art. Verschiedene Arten sind unterschiedlich empfindlich oder reagieren unterschiedlich auf dieselbe Art von Störung, was bei jedem wirkungsvollen Schutzsystem zu berücksichtigen ist. [...] Ein artspezifischer Ansatz ist auch hier erforderlich, um den Begriff ‚Störung' im Einzelnen zu definieren."*

und argumentieren überzeugend mit dem Wortlaut des Art 12 b) FFH-RL[714], worin auf die Störung der *„Art“* verwiesen wird.[715]

So besteht kein vernünftiger Zweifel daran, dass die Norm selbst und die Auslegung durch die Verwaltung und Gerichte mit den gemeinschaftsrechtlichen Vorgaben der FFH-RL und der VRL in Einklang stehen.[716] Ein umfassender Schutz kann durch Kompensationsmaßnahmen gewährleistet werden, ohne dass unnötige praktische Hemmnisse zu überwinden wären. Es wäre übermäßige Förmelei, wenn man den Vorhabenträger durch die Eröffnung des Verbotstatbestandes erst auf die Möglichkeiten der Legalausnahme des § 44 V BNatSchG verweisen würde, die im Ergebnis ohnehin die ähnliche Zielrichtung und Wirkung haben.

Entscheidend für die Anerkennung von Kompensationsmaßnahmen ist, dass diese schon frühzeitig durchgeführt werden, um den Schutzzweck des § 44 I Nr. 2 BNatSchG zu erreichen. Die Maßnahmen müssen artspezifisch ausgestaltet und eine positive Prognose über die funktional wirksame Wahrung oder Verbesserung des derzeitigen Erhaltungszustands vorhanden sein.[717] Beispiel für eine besonders praxisrelevante Kompensationsmaßnahme ist die Anordnung bestimmter Abschaltzeiten bei WEA, wodurch unter anderem die Störungen von Flugkorridoren zu Wanderungszeiten vermieden werden.[718]

3. Schutz von Fortpflanzungs- und Ruhestätten gem. § 44 I Nr. 3 BNatSchG

Beim Betrieb einer WEA können möglicherweise auch die Tatbestandsvarianten der artenschutzrechtlichen Zugriffsverbote in Form des **Zerstörungs- und Beschädigungsverbot von Fortpflanzungs- und Ruhestätten** von Tieren besonders geschützter Arten i.S.d. § 7 II Nr. 13 BNatSchG nach § 44 I Nr. 3 BNatSchG einschlägig sein.[719] Bei diesem Verbot steht nicht der Individuenschutz im Vordergrund, sondern der Schutz bestimmter Lebensräume, welche durch konkrete Funktionen, d.h. der Fortpflanzung oder Ruhe, geprägt sind.[720]

---

714 Vgl. Art 12 I b) FFH-RL: *„[...] jede absichtliche Störung dieser Arten, insbesondere während der Fortpflanzungs-, Aufzucht-, Überwinterungs- und Wanderungszeiten [...]“.*

715 Ebenso *de Witt*, in: Hoppenberg/de Witt, Handbuch des öffentlichen Baurechts, Band 3, Kap. Z III, Rn. 30.

716 BVerwG, Urteil vom 12.08.2009, Az.: 9 A 64/07, Rn. 69 – zitiert nach *juris*. Ebenso in der Literatur *Lütkes*, in: NVwZ 2008, 598 (600); *Schüttel/Gerbig*, in: GK-BNatSchG, § 44, Rn. 28, die grds. den Ansatz der Rechtsprechung für nachvollziehbar befinden, aber eine Vorlage an den EuGH nach Art 267 II, III AEUV für erforderlich halten.

717 Vgl. Leitfaden WKA Hessen vom 29.11.2012, S. 16.

718 *Hinsch*, in: ZUR 2011 191 (196).

719 Anders *Gatz*, in: Hoppenberg/de Witt, Handbuch des öffentlichen Baurechts, Band 3, Kap. Z V, Rn. 127, der die Tatbestandsvariante des Nr. 3 nur bei der Errichtung von WEA als einschlägig erachtet, nicht aber den Betrieb von WEA als tatbestandsmäßig bewertet.

720 *Heugel*, in: Lütkes/Ewer, BNatSchG, § 44, Rn. 17; *Hinsch*, in: ZUR 2011, 191 (194).

a) Schutzbereiche

Wie auch bei den anderen Tatbestandsvarianten des § 44 I BNatSchG besteht bei dem Verbot nach § 44 I Nr. 3 BNatSchG mangels Begriffsbestimmungen im Bundesnaturschutzgesetz bzw. der FFH-RL oder VRL keine hinreichende Sicherheit über die inhaltliche Reichweite des Tatbestands. So ist nicht abschließend geklärt, welche Lebensstätten geschützter Tierarten hiervon erfasst sind, wie weit der Einzugsbereich dieser Stätten reicht und ob sich der Schutz auf bestimmte Zeiträume beschränkt.

Zunächst kann als Ausgangspunkt zur Bestimmung der verbotsrelevanten geschützten Stätten im Sinne dieser Norm die Definitionen der LANA herangezogen werden.[721] **Fortpflanzungsstätten** werden hierin definiert als *„alle Orte im Gesamtlebensraum eines Tieres, die im Verlauf des Fortpflanzungsgeschehens benötigt werden."* Hierunter fallen unter anderem Balzplätze, Paarungsgebiete, Neststandorte, Brutplätze oder -kolonien und auch Nester i.S.d. Art 5 b) VRL.[722] **Ruhestätten** werden nach der LANA als *„alle Orte, die ein Tier regelmäßig zum Ruhen oder Schlafen aufsucht oder an die es sich zu Zeiten längerer Inaktivität zurückzieht"* verstanden. Beispielhaft werden folgende Bereiche als verbotsrelevant genannt, so unter anderem Schlaf-, Mauser- und Rastplätze, Sonnplätze, Schlafbaue oder -nester, Verstecke und Schutzbauten. An der beispielhaften Aufzählung wird deutlich, dass sich die relevanten Schutzbereiche inhaltlich nicht abschließend festzulegen sind. Denn jede Tierart hat eigene ökologische Strategien und Verhaltensweisen, so dass die naturschutzfachliche Bewertung je nach Einzelfall unterschiedlich ausfällt.[723] Als erforderlich wird es erachtet, dass die geschützten Lebensstätten von den Tieren tatsächlich genutzt werden. Die potenzielle Nutzbarkeit ist grundsätzlich nicht ausreichend und wird nicht von dem Zerstörungsverbot des § 44 I Nr. 3 BNatSchG erfasst.[724] Irrelevant für die Einschlägigkeit des Tatbestands ist es, ob diese Fortpflanzungs- oder Ruhestätten

721 LANA, Hinweise zu zentralen unbestimmten Rechtsbegriffen des Bundesnaturschutzgesetzes, S 7.

722 So auch *de Witt*, in: Hoppenberg/de Witt, Handbuch des öffentlichen Baurechts, Band 3, Kap. Z III, Rn. 31; *Gatz*, in: Hoppenberg/de Witt, Handbuch des öffentlichen Baurechts, Band 3, Kap. Z V, Rn. 126; *Schlacke/Kröger*, in: Ehlers/Fehling/Pünder, Besonderes Verwaltungsrecht, Bd. 2, § 50, Rn. 166.

723 OVG Bautzen, Urteil vom 15.12.2011, Az.: 5 A 195/09, Rn. 573 – zitiert nach *juris*. Vgl. hierzu auch Europäische Kommission, Leitfaden zum strengen Schutzsystem für Tierarten von gemeinschaftlichem Interesse im Rahmen der FFH-Richtlinie 92/43/EWG, Stand: Februar 2007, Kap. II. 3. 4. b). Ebenso *Gatz*, in: Hoppenberg/de Witt, Handbuch des öffentlichen Baurechts, Band 3, Kap. Z V, Rn. 126. Vgl. auch *de Witt*, in: Hoppenberg/de Witt, Handbuch des öffentlichen Baurechts, Band 3, Kap. Z III, Rn. 32, nach welchem der Begriff der Lebensstätte artspezifisch zu bestimmen ist.

724 BVerwG, Urteil vom 12.03.2008, Az.: 9 A 3/06, Rn. 222 – zitiert nach *juris*. Vgl. hierzu *Kratsch*, in: Schumacher/Fischer-Hüftle, BNatSchG, § 44, Rn. 34, der eine Ausnahme von der Regel in den Fällen bejaht, in denen das Gebiet bisher nicht kartiert wurde.

natürlich sind oder von Menschenhand geschaffen worden sind, wie z.B. Nisthilfen oder Fledermauskästen.[725]

Vom Schutzbereich nicht erfasst sind Nahrungs- und Jagdbereiche[726] sowie Flugrouten und Wanderkorridore[727], soweit ihnen ein spezifischer Bezug zu den geschützten Stätten fehlt.[728] Nunmehr wird weit überwiegend die Einbeziehung von Überwinterungsplätzen als Ruhestätte in den Schutzbereich der Norm befürwortet.[729] Für diesen Ansatz streitet der Umstand, dass die Tiere diese Lokalität für einen nicht unerheblichen und bestimmbaren Zeitraum aufsuchen, um dort ihre Winterruhe zu verbringen. Demnach ist auch die Überwinterungsstätte vom Schutzbereich des § 44 I 1 Nr. 3 BNatschG erfasst.

Problematisch ist daneben die zutreffende Festlegung der **räumlichen Reichweite** des jeweiligen Schutzbereichs. Auf europarechtlicher Ebene wird einen räumlich extensiven Ansatz verfolgt, wodurch den artspezifischen Verhaltensweisen und Raumansprüchen der geschützten Tierarten Rechnung getragen werden soll.[730] Anders aber das Bundesverwaltungsgericht, das hierbei einen **restriktiven Ansatz** verfolgt.[731] Nach der vorgenannten Rechtsprechung ist der Schutzbereich zwar eng

725 *Kratsch*, in: Schumacher/Fischer-Hüftle, BNatSchG, § 44, Rn. 32; *Lau*, in: Frenz/Müggenborg, BNatSchG, § 44, Rn. 12.

726 Zur alten Rechtslage BVerwG, Urteil vom 09.07.2008, Az.: 9 A 14/07, Rn. 100 – zitiert nach *juris*; Urteil vom 21.06.2006, Az.: 9 A 28/05, Rn. 33 – zitiert nach *juris*. Vgl. zur alten Rechtslage *de Witt*, in: Hoppenberg/de Witt, Handbuch des öffentlichen Baurechts, Band 3, Kap. Z III, Rn. 34. Siehe auch *Kratsch*, in: Schumacher/Fischer-Hüftle, BNatSchG, § 44, Rn. 36, der die Übertragung der Rechtsprechung auch auf die aktuelle Rechtslage befürwortet.

727 BVerwG, Beschluss vom 08.03.2007, Az.: 9 B 19/06, Rn. 8 – zitiert nach *juris*. Ebenso *de Witt*, in: Hoppenberg/de Witt, Handbuch des öffentlichen Baurechts, Band 3, Kap. Z III, Rn. 34.

728 BVerwG, Urteil vom 12.03.2008, Az.: 9 A 3/06, Rn. 222 – zitiert nach *juris*.

729 Vgl. zur Rechtsprechung des BVerwG, Urteil vom 11.01.2001, Az.: 4 C 6/00, Rn. 15 – zitiert nach *juris* ohne weitere Begründung, weshalb die Überwinterungsplätze nicht vom Lebensstättenschutz erfasst sein sollen. VG Schleswig, Urteil vom 30.01.2013, Az.: 1 A 17/12, Rn. 48 – zitiert nach *juris*. Aus der Literatur u.a. *Gellermann*, in Landmann/Rohmer, UmweltR, BNatSchG, § 44, Rn. 16; *de Witt*, in: Hoppenberg/de Witt, Handbuch des öffentlichen Baurechts, Band 3, Kap. Z III, Rn. 34. Siehe auch LANA, Hinweise zu zentralen unbestimmten Rechtsbegriffen des Bundesnaturschutzgesetzes, S. 8.

730 Vgl. Ausführungen des OVG Bautzen, Urteil vom 15.12.2011, Az.: 5 A 195/09, Rn. 573 f – zitiert nach *juris* unter Hinweis auf Europäische Kommission, Leitfaden zum strengen Schutzsystem für Tierarten von gemeinschaftlichem Interesse im Rahmen der FFH-Richtlinie 92/43/EWG, Stand: Februar 2007, Kap. II. 3.4. b). Vgl. auch EuGH, Schlussanträge der Generalanwältin Kokott vom 20.01.2011 in der Rs. C-383/09, Rn. 33 – zitiert nach *juris*.

731 BVerwG, Urteil vom 18.03.2009, Az.: 9 A 39/07, Rn. 69 – zitiert nach *juris*; Urteil vom 13.05.2007, Az.: 9 A 73/07, Rn. 91 – zitiert nach *juris*.

zu bestimmen, jedoch relativiert das Gericht das Ergebnis auf Ebene des § 44 V 2 BNatSchG durch eine weite Auslegung des räumlichen Zusammenhangs.[732] Die Beibehaltung des engen Ansatzes der nationalen Gerichte ist vor dem Hintergrund zu befürworten, dass andernfalls die Grenze zwischen Arten- und Gebietsschutz unzulässig verwischt wird und Unsicherheiten bei der Rechtsanwendung zu befürchten sind.[733] Entscheidend ist, ob das gesamtheitliche Funktionsziel des Artenschutzes erreicht werden kann.[734] Hiervon ist durch das des Zusammenspiels der verschiedenen artenschutzrechtlichen Verbote in Gesamtschau mit § 44 V 2 BNatSchG und dem Habitatschutzes auszugehen, wodurch ein ausreichender Schutz gewährleistet ist.[735]

Um eine praktische Handhabung bei der Abgrenzung der räumlichen Reichweite von Fortpflanzung- und Ruhestätten zu erreichen, wird von der LANA folgende Differenzierung vorgeschlagen:[736]

Besonderheiten der Art	Abgrenzung
- Vergleichsweiser geringer Aktionsradius - Überschneidende Fortpflanzungs- oder Ruhestätten	➔ Miteinbeziehung des weiteren Umfelds ➔ Bildung ökologisch-funktionaler Einheiten ➔ gegebenenfalls größeres Areal bis zu dem Gesamtlebensraum einer Tierart
- Große Raumansprüche/Aktionsradius (z.B. Fledermaus)	➔ kleinere, klar abgrenzbare Örtlichkeiten innerhalb des weiträumigen Gesamtlebensraums (z.B. Quartier)

732 BVerwG, Urteil vom 13.05.2009, Az.: 9 A 73/07, Rn. 90 – zitiert nach *juris;* Urteil vom 18.03.2009, Az.: 9 A 37/07, Rn. 70 – zitiert nach *juris. Heugel,* in: Lütkes/Ewer, BNatSchG, § 44, Rn. 17. Siehe zu den Voraussetzungen des § 44 V 2 BNatSchG im Folgenden unter III.2.

733 D*e Witt,* in: Hoppenberg/de Witt, Handbuch des öffentlichen Baurechts, Band 3, Kap. Z III, Rn. 32; *Schüttel/Gerbig,* in: GK-BNatSchG, § 44, Rn. 34. Vgl. auch *Gellermann,* in Landmann/Rohmer, UmweltR, BNatSchG, § 44, Rn. 16, 18, der darauf hinweist, dass letztlich über ein Verfahren nach Art 267 AEUV (Vertrag über die Arbeitsweise der Europäischen Union) der EuGH über diese Frage zu entscheiden habe. Ferner *Lau,* in Müggenborg/Frenz, BNatSchG, § 44, Rn. 17.

734 OVG Bautzen, Urteil vom 15.12.2011, Az.: 5 A 195/09, Rn. 573 – zitiert nach *juris.*

735 *Schüttel/Gerbig,* in: GK-BNatSchG, § 44, Rn. 34 unter Hinweis darauf, dass der § 44 V 2 BNatSchG selbst die enge Auslegung durch die Differenzierung zwischen geschädigter Lebensstätte und Funktion im Gesamtraum vornimmt. Vgl. ebenso *Gellermann,* in: NuR 2007, 783 (786).

736 LANA, Hinweise zu zentralen unbestimmten Rechtsbegriffen des Bundesnaturschutzgesetzes, S 8. Vgl. auch Europäische Kommission, Leitfaden zum strengen Schutzsystem für Tierarten von gemeinschaftlichem Interesse im Rahmen der FFH-Richtlinie 92/43/EWG, Stand Februar 2007, Kap. II. 3. 4. b). Siehe hierzu *Kratsch,* in: Schumacher/Fischer-Hüftle, BNatSchG, § 44, Rn. 30.

Beispiele für Fortpflanzungs- und Ruhestätten bestimmter artenschutzrechtlich geschützter Tierarten sind folgende:[737]

Art	Abgrenzung
Wolf	Fortpflanzungsstätte ist die Wurfhöhle und nähere Umgebung; Ruhestätte ist die Wurfhöhle und sonstige regelmäßige Aufenthaltsorte des Rudels
Schwarzstorch	Fortpflanzungs- (und Ruhe-) -stätte ist der Horst(-baum)
Mäusebussard	Fortpflanzungs- (und Ruhe-) -stätte ist der Horst(-baum)
Fledermäuse	Fortpflanzungsstätte sind die Wochenstuben (Baumhöhle, Dachstuhl eines Hauses); Ruhestätte z.B. Eiskeller zur Überwinterung

Bei der Bestimmung der **zeitlichen Schutzdauer** der Fortpflanzungs- und Ruhestätten wird je nach Standorttreue der Arten eine unterschiedliche Bewertung vorgenommen. So spielt eine wichtige Rolle, ob diese dauerhaft in Anspruch genommen werden oder nicht.[738] Handelt es sich um nicht standorttreue Arten, ist eine Zerstörung der geschützten Stätten außerhalb der Nutzungszeiten in der Regel nicht tatbestandsmäßig i.S.d. § 44 I Nr. 3 BNatSchG.[739] Anders hingegen bei standorttreuen Tierarten: Soweit die geschützten Tierarten regelmäßig zu den Fortpflanzungs- oder Ruhestätten zurückkehren, unterfallen diese Räume auch dem besonderen Artenschutz, selbst wenn sie aktuell nicht besetzt sind.[740] Der Schutz erlischt erst dann, wenn die Lebensstätte endgültig aufgegeben wird.[741] Bei der Beurteilung ist eine artenschutzrechtliche Prognose anzustellen, die in der Praxis gewisse Schwierigkeiten bereitet. Schon frühzeitig muss das relevante Gebiet ausfindig gemacht und beobachtet werden, um festzustellen, wann welche Individuen einer Art die Stätten für welche Dauer aufsuchen.

737 LANA, Hinweise zu zentralen unbestimmten Rechtsbegriffen des Bundesnaturschutzgesetzes, S 7. Europäische Kommission, Leitfaden zum strengen Schutzsystem für Tierarten von gemeinschaftlichem Interesse im Rahmen der FFH-Richtlinie 92/43/EWG, Stand: Februar 2007, Kap. II. 3. 4. b).

738 BVerwG, Urteil vom 21.06.2006, Az.: 9 A 28/05, Rn. 33 – zitiert nach *juris*. Ebenso LANA, Hinweise zu zentralen unbestimmten Rechtsbegriffen des Bundesnaturschutzgesetzes, S 8. Vgl. auch *Kratsch*, in: Schumacher/Fischer-Hüftle, BNatSchG, § 44, Rn. 41.

739 *De Witt*, in: Hoppenberg/de Witt, Handbuch des öffentlichen Baurechts, Band 3, Kap. Z III, Rn. 36.

740 *Kratsch*, in: Schumacher/Fischer-Hüftle, BNatSchG, § 44, Rn. 33.

741 *Heugel*, in: Lütkes/Ewer, BNatSchG, § 44, Rn. 17.

b) Beschädigung/Zerstörung

Als relevante **Beschädigung** im Sinne dieser Norm werden nicht nur substanzverletzende Beeinträchtigungen,[742] sondern all jene Einwirkungen auf die geschützten Stätten gewertet, die zu einer Verminderung des Fortpflanzungserfolgs bzw. der Ruhemöglichkeit führen.[743] Unter einer **Zerstörung** ist der vollständige Verlust der ökologischen Funktionalität der Fortpflanzungsstätte zu verstehen.[744]

Nicht abschließend geklärt ist, ob ein Taterfolg eingetreten sein muss, d.h. die Beeinträchtigung die Grenze der Substanzverletzung überschritten hat. Die Rechtsprechung verfolgt insoweit einen restriktiven Ansatz, um einer sonst zu befürchtenden „*Entgrenzung*" des Verbotstatbestandes entgegenzuwirken.[745] Demnach ist entscheidend, ob auf die Lebensstätte körperlich eingewirkt wurde und sich dies nachteilig auf deren Funktion auswirkt.[746] Anders aber Stimmen in der Literatur, die über die substanzverletzende Einwirkung hinaus auch „*jede Einwirkung, die zu einer Minderung der ökologischen Funktionalität der betroffenen Stätte führt*" als Tathandlung im Sinne des § 44 I Nr. 3 BNatSchG fassen.[747] Somit sollen auch mittelbare Einwirkungen, wie graduelle und indirekte Beeinträchtigungen als Folge hiervon erfasst werden.[748] Eine solche weite Auslegung sei aus unionsrechtlicher Sicht geboten.[749] Für diese Ansicht streiten zwar praktische Erwägungen und die Notwendigkeit eines umfänglichen Schutzkonzepts der artenschutzrechtlichen Verbote. Denn eine tatbestandlich relevante Substanzverletzung der Lebensstätten ist naturschutzfachlich schwer zu beurteilen und kaum rechtssicher feststellbar. Eine genaue Bestimmung, ob die Fortpflanzungs- und Ruhestätte in der Zukunft nicht mehr genutzt wird, lässt sich aber nur über die Annahme von **Wahrscheinlichkeiten** treffen, wobei fraglich bleiben wird, ob die Tiere nicht doch zurückkehren. Problematisch ist an dieser Auslegung, dass eine saubere Differenzierung zu den anderen Zugriffsverboten und zum Habitatschutzrecht nicht gelingen kann. Diese ist aber vor dem Hintergrund der jeweiligen unterschiedlichen Rechtsfolgen erforderlich.[750] Demnach ein restriktiver Ansatz geboten, d.h. entscheidend ist die Wahrscheinlichkeit nachteiliger Folgen für die Funktion der geschützten Lebensstätte.

---

742 *De Witt*, in: Hoppenberg/de Witt, Handbuch des öffentlichen Baurechts, Band 3, Kap. Z III, Rn. 37.

743 *Heugel*, in: Lütkes/Ewer, BNatSchG, § 44, Rn. 18.

744 *Heugel*, in: Lütkes/Ewer, BNatSchG, § 44, Rn. 18.

745 BVerwG, Urteil vom 14.07.2011, Az.: 9 A 12/10, Rn. 135 – zitiert nach *juris*.

746 *Lau*, in: Müggenborg/Frenz, BNatSchG, § 44, Rn. 18.

747 *De Witt/Geismann*, Artenschutzrechtliche Verbote in der Fachplanung, Rn. 29; *Gellermann*, in: Hansmann/Sellner, Umweltrecht, Kap. 10, Rn. 124; *ders.*, in: Landmann/Rohmer, UmweltR, BNatSchG, § 44, Rn. 20; *ders.*, in: NuR 2012, 34 (36); *Hinsch*, in: ZUR 2011, 191 (195).

748 *Heugel*, in: Lütkes/Ewer, BNatSchG, § 44, Rn. 18.

749 *Gellermann*, in: NuR 2012, 34 (36).

750 Vgl. auch *Schüttel/Gerbig*, in: GK-BNatSchG, § 44, Rn. 30 unter Hinweis auf Rn. 23 f.

Durch den Bau bzw. den Betrieb einer WEA können vor allem die Handlungen des Beschädigens und der Zerstörung den Verbotstatbestand des § 44 I 1 Nr. 3 BNatSchG verwirklichen. Der Bau der WEA selbst beansprucht wenig Raum, so dass die Baumaßnahme regelmäßig nur geringe Probleme in der Praxis im Hinblick auf das Beschädigungs- bzw. Zerstörungsverbot aufwerfen wird. Zur Vermeidung der Einschlägigkeit kann hier eine Bauzeitenbeschränkung z.B. während der Brutzeit angeordnet werden.[751] Auch bei der Prüfung der Zulässigkeit des geplanten Betriebs einer WEA ist in der Regel nicht von der Tatbestandsmäßigkeit dieser Verbotsnorm auszugehen. Denn die Betriebswirkungen sind nicht als relevante Zerstörung oder Beschädigung einzuordnen, sondern unterfallen dem Störungsverbot des § 44 I 1 Nr. 2 BNatSchG durch die reine Beunruhigungswirkung.[752] Diese ist nicht vom Lebensstättenschutz der Nr. 3 erfasst.[753] Aufgrund der unterschiedlichen Rechtsgüter (streng geschützte vs. besonders geschützte Arten) ist der Tatbestand zu § 44 I Nr. 2 BNatSchG abzugrenzen.[754] Der Tatbestand des Störungsverbots ist zwar weiter, aber enger in der Auswahl der geschützten Rechtsgüter.

4. Fazit

Bei den Zugriffsverboten nach § 44 I BNatSchG zeigen sich in der Praxis diverse Anwendungsschwierigkeiten. So kann das Zugriffsverbot in Form des Tötungsverbots nach § 44 I Nr. 1, Var. 4 BNatSchG in der Praxis oftmals ein Hindernis für die Genehmigungserteilung einer WEA sein. Das Tötungsverbot zielt auf den Individuenschutz und ist einer populationsbezogenen Relativierung nach allgemeiner Meinung nicht zugänglich.

Grundsätzlich unterfällt dem Begriff des Tötens der unmittelbare Zugriff auf das Leben des Tieres, wobei es nicht auf das Vorliegen einer subjektive Komponente ankommt. Bei genauer Betrachtung würde ein solch strenges Verständnis dazu führen, dass bei jeder vorhersehbaren Tötung eines Tieres eine WEA aus artenschutzrechtlichen Gründen unzulässig wäre. Ein solch strenger Ansatz wäre eine unbillige Härte für den Rechtsanwender. Um einen gerechten Ausgleich zu schaffen, ist nach dem Bundesverwaltungsgericht das Tötungsverbot dahingehend einzuschränken, dass unvermeidbare und betriebsbedingte Tötungen, durch welche sich das allgemeine Lebensrisiko verwirklicht, nicht von § 44 I Nr. 1 BNatSchG erfasst sind. Tatbestandsrelevant ist danach nur ein über ein allgemeines Lebensrisiko hinausgehendes signifikant erhöhtes Tötungsrisiko. Von einem solchen ist immer dann auszugehen, wenn der avisierte Standort für eine WEA als übermäßig schlagopferträchtig angesehen wird. Bei bestimmten Tierarten wird eine erhöhte Kollisions- und Tötungsgefahr angenommen, ist aber naturfachlich nicht unumstritten. Für die

---

751 *Hinsch*, in: ZUR 2011, 191 (195).

752 *Hinsch*, in: ZUR 2011, 191 (195).

753 *Hinsch*, in: ZUR 2011, 191 (195); *Lau*, in: Müggenborg/Frenz, BNatSchG, § 44, Rn. 18.

754 Siehe vorherige Ausführungen bei I. 2.

Beurteilung des signifikant erhöhten Tötungsrisikos wird in der Praxis oftmals auf Abstandsempfehlungen aus Arbeitspapieren bzw. Windenergieerlassen zurückgegriffen. Diese sind nach der hier vertretenen Auffassung mit einer gewissen Vorsicht zu genießen, da sie nur beschränkt die aktuellen ökologischen Begebenheiten vor Ort abbilden können. Auf Ebene der Tatbestandsmäßigkeit des Tötungsverbots ist die Möglichkeit der Durchführung von artgerechten Vermeidungsmaßnahmen anzuerkennen, um das signifikante erhöhte Tötungsrisiko auf ein allgemeines Lebensrisiko abzusenken und so die Einschlägigkeit des Tötungsverbots abzuwenden. Der dargestellten Signifikanzrechtsprechung des Bundesverwaltungsgerichts ist mit einigen Bedenken zu begegnen. Aus praktischer Sicht – vor allem für die Umsetzung von erneuerbaren Energieprojekten wie Windenergie an Land – ist dieser Ansatz zwar zu begrüßen und auch als notwendig zu erachten. Nicht überzeugend ist aber die rechtstheoretische Herleitung. Ferner ist die Verwendung des Begriffs der Signifikanz unbrauchbar und unzureichend. Er führt zu weiterer Unsicherheit in der Rechtsanwendung. An dieser Stelle wird deutlich, dass ökologischen Problemstellungen nicht ohne weiteres über strikte Verbote begegnet werden kann. Es zeigt sich, dass selbst über eine erweiternde Auslegung des Tatbestandsmerkmals des Tötens keine zufriedenstellenden Ergebnisse erreicht werden. An dieser Stelle ist der Gesetzgeber gefordert, Rechtssicherheit zu schaffen.

Auch bei der Auslegung des für die Beurteilung der Zulässigkeit von WEA relevanten Störungsverbotstatbestandes des § 44 I Nr. 2 BNatSchG zeigen sich gewisse Schwierigkeiten für die Praxis. Das Störungsverbot umfasst diejenigen sensiblen Zeiten, in denen Tiere besonders störanfällig sind. Zwar ist der Wortlaut des deutschen Gesetzes dahingehend abschließend, als dass er nur die Fortpflanzungs-, Aufzucht-, Mauser, Überwinterungs- und Wanderzeiten nennt. Diese Begrenzung ist aber im Abgleich mit der unionsrechtlichen Vorgabe als unzureichend anzusehen und die Norm dahingehend unionsrechtskonform auszulegen, dass neben den genannten Zeiträume auch weitere schützenswerte Perioden vom Tatbestand des Störungsverbotes umfasst sein können.

Nicht abschließend geklärt werden kann, welche menschlichen Verhaltensweisen als Störung im Sinne des § 44 I Nr. 2 BNatSchG zu qualifizieren sind. Auch hierbei zeigen sich erneut die Schwierigkeiten bezüglich der Nachweisbarkeit des Eintritts einer verbotsrelevanten Störung. Beim Störungstatbestand ist dieser Umstand ebenfalls den ökologischen Besonderheiten und bisher noch nicht hinreichenden wissenschaftlichen Erkenntnissen geschuldet. Daher sollte bei der Annahme einer Störung mit Wahrscheinlichkeiten operiert werden. Bei einer gesamtheitlichen Betrachtung zeigen sich fließende Übergänge von dem Störungsverbot und den anderen Tatbeständen der Zugriffsverbote nach § 44 I BNatSchG und dem Habitatschutzrecht. Aufgrund der tatbestandlichen Unterschiede und der verschiedenen Rechtsfolgen ist eine hinreichende Differenzierung in der Rechtsanwendung notwendig.

Der Wortlaut des § 44 I Nr. 2 BNatSchG gibt vor, dass die Störung erheblich sein muss. Dies ist dann der Fall, wenn sich der Erhaltungszustand der lokalen Population verschlechtert. Beim Erhaltungszustand ist eine artspezifische Einzelfallbewertung der potentiellen Verminderung der Überlebenschancen, des Bruterfolgs oder

der Reproduktionsfähigkeit vorzunehmen. Zur Feststellung einer lokalen Population ist auf die verfügbaren biologischen Kenntnisse bezüglich der artspezifischen Einzelheiten der jeweils zu betrachtenden Arten zurückzugreifen. Im Einzelfall ist nach dem Verteilungsmuster, der Sozialstruktur, des individuellen Raumanspruchs und der Mobilität der jeweiligen Art über das Vorliegen einer lokalen Population zu entscheiden. Bei der Frage der inhaltlichen Reichweite der Erheblichkeit ist mit Wahrscheinlichkeitsmaßstäben zu arbeiten, um den Störungstatbestand nicht leer laufen zu lassen. Denn eine treffgenaue Bewertung, wann sich der Erhaltungszustand verschlechtert, kann nicht gelingen. Auch im Rahmen dieses Zugriffsverbots ist es zulässig, die Tatbestandsmäßigkeit durch Kompensationsmaßnahmen abzuwenden. Die Anordnung solcher Maßnahmen verstößt nicht gegen die artenschutzrechtlichen Vorgaben, da sie zur Zielerreichung der Erhaltung eines stabilen Erhaltungszustands vorteilhaft und somit sinnvoll sind, soweit die Maßnahmen schon frühzeitig durchgeführt werden.

Beim Zerstörungs- und Beschädigungsverbot von Fortpflanzungs- und Ruhestätten von Tieren besonders geschützter Arten nach § 44 I Nr. 3 BNatSchG zeigen sich – wie schon bei den anderen Varianten der Zugriffsverbote – diverse Abgrenzungsschwierigkeiten bei der Bestimmung des Tatbestandes. Es gelingt nicht, die Fortpflanzungs- bzw. Ruhestätte pauschal für eine Vielzahl an Fällen zu definieren. Diese sind vielmehr artspezifisch zu bestimmen, wobei eine restriktive Auslegung der geschützten Bereiche sowohl in räumlicher als auch zeitlicher Sicht geboten ist. So kann zutreffend zwischen den habitatschutz- und artenschutzrechtlichen Verboten unterschieden werden. Schließlich ist es nicht erforderlich, dass die Beschädigung nachweisbar die Grenze der Substanzverletzung überschritten hat. Auch an dieser Stelle streiten die fehlende Nachweisbarkeit eines konkreten Schadenseintritts und die hohe Wertigkeit der Schutzgüter für eine weite Auslegung des Tatbestandes.

II. Sachverhaltsermittlung und Einschätzungsprärogative

Wie an einigen Punkten in der vorangegangen Darstellung deutlich wurde, ist eine zutreffende und abschließende Beantwortung der Frage, ob die vorgenannten Zugriffsverbote einschlägig sind, auf Grundlage der zur Verfügung stehenden ökologischen Erkenntnisse selten möglich. Daher stellt dies in der Praxis eines der zentralen Problemfelder auf dem Weg zur Zulassung einer WEA dar. Grundsätzlich ist für die Beurteilung über die Zulassungsfähigkeit einer WEA – wie auch in anderen öffentlich-rechtlichen Verfahren – eine Entscheidungsgrundlage durch hinreichende Sachverhaltsermittlung zu schaffen (**1.**). Im Folgenden wird darauf eingegangen, welche Probleme sich in der Praxis auftun. Als Folge der Schwierigkeiten bei der Sachverhaltsermittlung und Beurteilung der aufgefundenen Ergebnisse, gesteht die Rechtsprechung den Behörden eine naturschutzrechtliche Einschätzungsprärogative zu (**2.**). Deren Inhalt und Reichweite ist in der Folge zu beleuchten. In diesem Zusammenhang ist auch auf die Kritik der Literatur an der Gewährung einer naturschutzfachlichen Einschätzungsprärogative einzugehen (**3.**).

1. Sachverhaltsermittlung

Gem. § 24 I 1 VwVfG ermittelt die Behörde den Sachverhalt von Amts wegen und hat dabei gem. § 24 II VwVfG alle für den Einzelfall bedeutsamen, auch die für die Beteiligten günstigen Umstände zu berücksichtigen. Somit gilt hier der Untersuchungsgrundsatz.[755] Gem. § 24 I 2 Hs. 1 VwVfG bestimmt die Behörde Art und Umfang der Beweismittel.[756] Für die Artenschutzprüfung ist kein formalisiertes Verfahren vorgesehen.[757] Ebenso fehlt es an einer untergesetzlichen Maßstabsbildung beispielsweise durch eine Durchführungsverordnung oder normkonkretisierende Verwaltungsvorschriften.[758] Maßgeblich sind die vorhandenen ökologischen Erkenntnisse. Entsprechend des individuenbezogenen Schutzansatzes des Artenschutzrechts sind auf Grundlage der vorhandenen Erkenntnisse solche **Ermittlungen** durchzuführen, die eine Beurteilung der Einschlägigkeit der Verbotstatbestände ermöglichen.[759] Die Untersuchungstiefe hängt dabei vor allem von den naturräumlichen Gegebenheiten im konkreten Einzelfall ab.[760]

Die Behörde bedient sich der Beweismittel, die sie nach pflichtgemäßem Ermessen zur Ermittlung des Sachverhalts für erforderlich hält gem. § 26 I VwVfG. Bei den Zulassungsverfahren für WEA wertet die Behörde regelmäßig die **vorhandenen einschlägigen Erkenntnisse** aus, wie z.B. Datenbanken, Register und vorhandene Literatur. Die Behörde kann ferner Auskünfte jeglicher Art einholen gem. § 26 I S. 2 Nr. 1 VwVfG. Als zulässig erachtet werden Anfragen bei den Fachbehörden oder bei ehrenamtlichen Naturschützern, soweit diese über das erforderliche Wissen verfügen.[761] Ferner sind Ortsbegehungen und methodisch hinreichende Bestandserfassungen durchzuführen.[762] In der Praxis zeigt sich, dass schon teilweise eine ausreichende Datengrundlage fehlt, auf die zurückgegriffen werden kann bzw. anderweitig vorhandenes Wissen dem Entscheidungsträger nicht bekannt ist.

---

755 *Pünder*, in: Erichsen/Ehlers, Allgemeines Verwaltungsrecht, § 14, Rn. 24.

756 *Pünder*, in: Erichsen/Ehlers, Allgemeines Verwaltungsrecht, § 14, Rn. 24.

757 VGH München, Urteil vom 18.06.2014, Az.: 22 B 13.1358, Rn. 44 – zitiert nach *juris*; *Heugel*, in: Lütkes/Ewer, BNatSchG, § 44, Rn. 53; *Hinsch*, in: ZUR 2011, 191 (193).

758 BVerwG, Urteil vom 21.11.2013, Az.: 7 C 40/11, Rn. 16 – zitiert nach *juris*; VGH München, Urteil vom 18.06.2014, Az.: 22 B 13.1358, Rn. 44 – zitiert nach *juris*.

759 BVerwG, Urteil vom 21.11.2013, Az.: 7 C 40/11, Rn. 20 – zitiert nach *juris*; Beschluss vom 13.03.2008, Az.: 9 VR 10/07, Rn. 33 – zitiert nach *juris*; VGH München, Urteil vom 18.06.2014, Az.: 22 B 13.1358, Rn. 44 – zitiert nach *juris;* OVG Berlin-Brandenburg, Beschluss vom 15.03.2012, Az.: 11 S 72.10, Rn. 12 f – zitiert nach *juris*. Vgl. auch *Gellermann*, in: Landmann/Rohmer, UmweltR, BNatSchG, § 44, Rn. 22.

760 BVerwG, Beschluss vom 13.03.2008, Az.: 9 VR 10/07, Rn. 33 f – zitiert nach *juris*; Beschluss vom 18.06.2007, Az.: 9 VR 13/06, Rn. 22 – zitiert nach *juris*; Urteil vom 21.06.2006, Az.: 9 A 28/05, Rn. 49 – zitiert nach *juris*; *de Witt*, in: Handbuch des öffentlichen Baurechts, Kap. E., Rn. 603; *Schifferdecker*, in: NuR 2014, 692 (696).

761 *Gellermann*, in: Landmann/Rohmer, UmweltR, BNatSchG, § 44, Rn. 22.

762 BVerwG, Urteil vom 09.07.2008, Az.: 9 A 14/07, Rn. 59 – zitiert nach *juris*. Siehe auch *Fellenberg*, in: Kerkmann, Naturschutzrecht in der Praxis, § 7, Rn. 180.

Vor allem Verbreitungs- und Populationsdaten der durch WEA möglicherweise gefährdeten Arten sind noch nicht in zureichendem Maße vorhanden. Daher müssen die Bestrebungen in der Zukunft dahingehen, dass solche durch weitergehende Ermittlungen verfügbar gemacht werden. In der Praxis ist dahingehend Konsens vorhanden, dass standardisierte Datenerfassungsmethoden zu etablieren sind, die Rechtssicherheit bei der Anwendung der naturschutzrechtlichen Normen bieten können.[763]

Da im Verwaltungsverfahren der Freibeweis gilt, können sämtliche Erkenntnismittel herangezogen werden, die dem Nachweis der Richtigkeit der zu ermittelnden Tatsache dienen kann.[764] Demzufolge ist es auch zulässig, die **Kenntnisse von ehrenamtlichen Mitarbeitern von Naturschutzverbänden** und anderen Privaten in stärkerem Umfang in einen Datenpool miteinzubeziehen. Diese Personen verfügen oftmals durch langjährige Beobachtungen über Wissen bezüglich des status quo, das den Entscheidungsträgern zum Zeitpunkt der Entscheidungsfindung nicht bekannt ist. So könnten langfristige ökologische Veränderungen und Bewegungen besser Berücksichtigung finden. Selbst das Bundesverwaltungsgericht hat die Heranziehung von ehrenamtlichen Mitarbeitern bei der Sachverhaltsermittlung als zulässig erachtet und hält diese nicht zwingend für weniger geeignet als Sachverständige:

> *„Die Aufgabe der naturschutzfachlichen Erfassung und Kartierung von Arten kann auch von ehrenamtlichen Mitarbeitern geleistet werden, sofern sie sich als sachkundig erweisen. Bestandserfassungen bedürfen nicht zwingend der Heranziehung eines als Sachverständigen ausgebildeten und anerkannten Gutachters. Auch eine langjährige Befassung im Rahmen ehrenamtlicher naturschutzfachlicher Tätigkeit kann die notwendige Sachkunde vermitteln, um Beobachtungen vor Ort vornehmen und über den Befund berichten zu können. Das zeigt auch die Praxis der Naturschutzverbände und -vereinigungen, die regelmäßig mit ehrenamtlichen Mitarbeitern zusammenarbeiten und die mit ihrem Sachverstand in ähnlicher Weise wie Naturschutzbehörden die Belange des Naturschutzes und der Landschaftspflege in das Verfahren einbringen und als Verwaltungshelfer angesehen werden (vgl. nur Urteile vom 12. Dezember 1996 - BVerwG 4 C 19.95 - BVerwGE 102, 358 <361> und vom 14. Juli 2011 - BVerwG 9 A 12.10 - BVerwGE 140, 149 Rn. 19).“*[765]

Im Rahmen der Sachverhaltsermittlung ist es nicht erforderlich, ein lückenloses **Arteninventar** zu erstellen, d.h. Stichproben können im Einzelfall angemessen

763 Vgl. Abschlussbericht vom 20.12.2013 zum Forschungsvorhaben zum Thema *„Vernetzung der Forschung zu den Auswirkungen von Erneuerbaren Energien auf Natur und Landschaft im Hinblick auf den EEG-Erfahrungsbericht“* von Bosch & Partner im Auftrag des BfN, S. 11.

764 *Pünder*, in: Erichsen/Ehlers, Allgemeines Verwaltungsrecht, § 14, Rn. 25.

765 BVerwG, Urteil vom 27.06.2013, Az.: 4 C 1/12, Rn. 12 – zitiert nach *juris* zu der Frage, inwieweit ehrenamtliche Mitarbeiter bei der Sachverhaltsermittlung mitwirken dürfen und deren aufgefundene Ergebnisse im Genehmigungsverfahren berücksichtigt werden dürfen. Kritisch hierzu *Brandt*, in: ER 2013, 192 (196).

sein.[766] Als ausreichend wird es erachtet, im Untersuchungsraum besonders Repräsentanten von bedeutsamen Tierarten festzustellen und für die Bewertung bestimmte Indikationsgruppen heranzuziehen. Hierbei sind Rückschlüsse auf die Tierarten anhand der vorgefundenen Vegetationsstrukturen (und vorhandenen Literaturnachweise) methodisch zulässig.[767] Anderes gilt, wenn Anhaltspunkte für das Vorhandensein besonders seltener Arten vorliegen. Stichproben reichen bei konkreten naturschutzrechtlichen Bedenken nicht mehr aus, sondern es sind umfassende Ermittlungen anzustellen.[768] Um aber den Untersuchungsaufwand sinnvoll einzugrenzen und Ermittlungsunsicherheiten begegnen zu können, ist es zulässig, wenn die Behörde mit Prognosewahrscheinlichkeiten, Schätzungen und – sofern der Sachverhalt dadurch angemessen erfasst werden kann – mit **Worst-Case-Annahmen** arbeitet.[769] Denn auch die hinreichende Sachverhaltsermittlung ist durch den **Verhältnismäßigkeitsgrundsatz** begrenzt, so dass nur die erforderlichen Mittel aufzuwenden sind.[770]

Die Ermittlungspflichten treffen in erster Linie die Behörde und nicht den Vorhabenträger. Dieser hat lediglich an der Aufklärung durch die Genehmigungsbehörde mitzuwirken.[771] Das Mitwirkungserfordernis ist Ausdruck des § 10 I 2 BImSchG, wonach der Vorhabenträger als Antragsteller die erforderlichen Antragsunterlagen nebst artenschutzrechtlicher Bestandsaufnahme einzureichen hat.[772] Der Vorhabenträger muss hierbei nicht positiv den Nachweis darüber führen, dass naturschutzrechtliche Verbote nicht einschlägig sind. Ihn trifft nur die Darlegungslast dahingehend, dass es zumindest unwahrscheinlich ist, dass die artenschutzrechtlichen Verbotstatbestände eröffnet sind.[773] Dennoch wird der Vorhabenträger in der Praxis oftmals eigene Sachverständigengutachten mit Antragstellung einreichen.[774] Denn dieser sichert sich in der Regel im Vorfelde im Hinblick auf die Investitionssicherheit von WEA ab, ob das Vorhaben überhaupt zulassungsfähig sein kann.

---

766 BVerwG, Urteil vom 09.07.2009, Az.: 4 C 12/07, Rn. 44 – zitiert nach *juris.*

767 BVerwG, Beschluss vom 18.09.2008, Az.: 4 BN 21/08, Rn. 3 – zitiert nach *juris.*

768 BVerwG, Beschluss vom 18.09.2008, Az.: 4 BN 21/08, Rn. 3 – zitiert nach *juris. De Witt*, in: Handbuch des öffentlichen Baurechts, Kap. E, Rn. 604.

769 BVerwG, Urteil vom 12.08.2009, Az.: 9 A 64/07, Rn. 38 – zitiert nach *juris*; Beschluss vom 13.03.2008, Az.: 9 VR 10.07, Rn. 30, 34 – zitiert nach *juris*; OVG Münster, Urteil vom 18.01.2013, Az.: 11 D 70/09.AK, Rn. 256 – zitiert nach *juris. Fellenberg*, in: Kerkmann, Naturschutzrecht in der Praxis, § 7, Rn. 184.

770 *Gellermann*, in: Landmann/Rohmer, UmweltR, BNatSchG, § 44, Rn. 22. Vgl. auch *Pünder*, in: Erichsen/Ehlers, Allgemeines Verwaltungsrecht, § 14, Rn. 25.

771 *Hinsch*, in: ZUR 2011, 191 (192).

772 *Hinsch*, in: ZUR 2011, 191 (192) m.w.N.

773 *Louis*, in: NuR 2009, 91 (99).

774 Zutreffend kritisch zu den privat veranlassten Gutachten *Gellermann*, in: NuR 2014, 597 (603).

2. *Naturschutzfachliche Einschätzungsprärogative*

Trotz durchgeführter Sachverhaltsermittlung verbleiben oftmals Zweifel an der Einschlägigkeit der artenschutzrechtlichen Verbotstatbestände, da häufig nicht abschließend geklärt werden kann, welche Tiere im Eingriffsbereich tatsächlich vorkommen bzw. sich regelmäßig darin aufhalten. In der Praxis ist es zudem nur schwer möglich festzustellen, inwieweit geschützte Tiere durch die Realisierung von WEA tatsächlich einem signifikant erhöhten Tötungsrisiko ausgesetzt bzw. inwieweit geschützte Lebensstätten tatsächlich beeinträchtigt sind.[775]

Mit der Begründung, dass zur fachgerechten Beurteilung dieser Frage auf ökologische und ornithologische Kriterien zurückgegriffen wird, dass die zu treffende Entscheidung prognostische Elemente enthält und dass überdies naturschutzfachlich allgemein anerkannte standardisierte Maßstäbe und rechenhaft handhabbare Verfahren fehlen, spricht die Rechtsprechung der zuständigen Entscheidungsbehörde eine **naturschutzfachliche Einschätzungsprärogative** zu.[776] Dieser Ansatz wird unter anderem mit dem Fehlen näherer normkonkretisierender Maßstäbe begründet.[777] Denn es gibt weder ein zu der FFH-VP vergleichbares formalisiertes Verfahren für eine artenschutzrechtliche Verträglichkeitsprüfung noch eine untergesetzliche Maßstabsbildung, wie sie in anderen Bereichen des Umweltrechts mittels Durchführungsverordnungen oder normkonkretisierender Verwaltungsvorschriften erfolgt ist.[778]

Die Annahme einer Einschätzungsprärogative ist keine neue Erfindung der Rechtsprechung, sondern das Bundesverwaltungsgericht[779] greift auf seine für das

---

775 So auch das OVG Magdeburg, Urteil vom 16.05.2013, Az.: 2 L 80/11, Rn. 22 – zitiert nach *juris*: *„Gerade die Bewertung, wann ein – bestehendes – Tötungs- oder Verletzungsrisiko ‚signifikant' erhöht ist, lässt sich nicht im strengen Sinn ‚beweisen', sondern unterliegt einer wertenden Betrachtung"*. Zu der Problemstellung vgl. auch *Gellermann*, in: Landmann/Rohmer, UmweltR, BNatSchG, § 44, Rn. 23.

776 BVerwG, Urteil vom 14.04.2010, Az.: 9 A 5/08, Rn. 113 – zitiert nach *juris*; Urteil vom 12.08.2009, Az.: 9 A 64/07, Rn. 38 – zitiert nach *juris*; Urteil vom 17.01.2007, Az.: 9 C 1/06, Rn. 24 – zitiert nach *juris* noch für den Fall eines Planfeststellungsbeschlusses. Der höchstrichterlichen Rechtsprechung u.a. folgend VG Oldenburg, Beschluss vom 26.05.2014, Az.: 5 B 603/14, Rn. 49 – zitiert nach *juris*; OVG Münster, Beschluss vom 06.11.2012, Az.: 8 B 441/12, Rn. 31 – zitiert nach *juris;* OVG Lüneburg, Beschluss vom 18.04.2011, Az.: 12 ME 274/10, Rn. 6 – zitiert nach *juris.* Dasselbe gilt für die Plangeber hinsichtlich der Frage der prognostischen Annahme der Einschlägigkeit der Zugriffsverbote auf Planungsebene, vgl. OVG Münster, Urteil vom 19.07.2013, Az.: 10 D 107/11.NE, Rn. 87 – zitiert nach *juris.*

777 VG Hannover, Urteil vom 22.11.2012, Az.: 12 A 2305/11, Rn. 42 – zitiert nach *juris.*

778 BVerwG, Urteil vom 21.11.2013, Az.: 7 C 40/11, Rn. 16 – zitiert nach *juris.*

779 BVerwG, Urteil vom 27.06.2013, Az.: 4 C 1/12, Rn. 14 – zitiert nach *juris* mit Urteilsanmerkung von *Gatz*, in: jurisPR-BVerwG 21/2013 Anm. 5; OVG Münster, Beschluss vom 06.11.2012, Az.: 8 B 441/12, Rn. 31 f – zitiert nach *juris.*

Planfeststellungsverfahren entwickelten Grundsätze[780] zur naturschutzfachlichen Einschätzungsprärogative zurück und wendet diese nun auch auf das immissionsschutzrechtliche Genehmigungsverfahren von WEA an.[781] Das Zugeständnis einer naturschutzfachlichen Einschätzungsprärogative ist nicht bereits deshalb ausgeschlossen, weil eine immissionsschutzrechtliche Genehmigung gemäß § 6 I BImSchG als gebundene Entscheidung zu erteilen ist.[782] Denn die naturschutzfachliche Einschätzungsprärogative spielt bei der Beurteilung der Tatbestandsmäßigkeit eine Rolle und wirkt sich nicht auf die Rechtsfolge aus.[783]

Diese Einschätzungsprärogative umfasst Zweierlei, nämlich erstens die **Erfassung des Bestands der geschützten Arten** und zweitens die **Bewertung der Gefahren**, denen die Exemplare der geschützten Arten bei Realisierung des zur Genehmigung stehenden Vorhabens ausgesetzt sein würden.[784] Nicht notwendig ist es nach Ansicht des Bundesverwaltungsgerichts, dass sich die zuständige Behörde abschließend Sicherheit darüber verschafft, ob relevante Beeinträchtigungen im Sinne der Verbotstatbestände sicher ausgeschlossen sind.[785] Die Genehmigungsbehörde kann sich hierbei auf ihre Einschätzungsprärogative berufen, die sich auf eine **Vertretbarkeitskontrolle** beschränkt.[786] So bejaht die Rechtsprechung die Überprüfbarkeit von Zulassungsentscheidungen nur in den Fällen, in denen sich die fachliche Einschätzung nicht an dem gegenwärtigen Forschungs- oder Kenntnisstand orientiert.[787] Dies soll dann der Fall sein, wenn die behördenseitige

780 BVerwG, Urteil vom 14.04.2010, Az.: 9 A 5/08, Rn. 113 – zitiert nach *juris*; Urteil vom 12.08.2009, Az.: 9 A 64/07, Rn. 38 – zitiert nach *juris*; Urteil vom 09.07.2008, Az.: 9 A 14/07, Rn. 65 – zitiert nach *juris*; Urteil vom 21.06.2006, Az.: 9 A 28/05, Rn. 44 – zitiert nach *juris*.

781 Nun ausdrücklich auch für den Fall der immissionsschutzrechtlichen Genehmigung von WEA nun durch BVerwG, Urteil vom 27.06.2013, Az.: 4 C 1/12, Rn. 14 f – zitiert nach *juris*; Urteil vom 21.11.2013, Az.: 7 C 40/11, Rn. 15 f – zitiert nach *juris* mit Urteilsanmerkung von *Nolte*, in: jurisPR-BVerwG 9/2014 Anm. 3 und *Spieler*, in: jurisPR-UmwR 3/2014 Anm. 2.

782 VG Hannover, Urteil vom 22.11.2012, Az.: 12 A 2305/11, Rn. 44 – zitiert nach *juris*.

783 Vgl. VG Hannover, Urteil vom 22.11.2012, Az.: 12 A 2305/11, Rn. 44 – zitiert nach *juris*: *„Das Bestehen eines strikten Rechtsanspruchs steht jedoch nicht in Frage, wenn der zuständigen Behörde in Bezug auf die tatbestandlichen Voraussetzungen des Artenschutzrechts eine naturschutzfachliche Einschätzungsprärogative eingeräumt wird. Sie erhält damit keinen auf der Ebene der Rechtsfolge angesiedelten Ermessensspielraum, ob sie die Genehmigung bei dem Vorliegen der Tatbestandsvoraussetzungen erteilt oder nicht.“*

784 BVerwG, Urteil vom 27.06.2013, Az.: 4 C 1/12, Rn. 14 – zitiert nach *juris*; Urteil vom 09.07.2008, Az.: 9 A 14.07, Rn. 65 – zitiert nach *juris*; VG Hannover, Urteil vom 22.11.2012, Az.: 12 A 2305/11, Rn. 41 – zitiert nach *juris*.

785 BVerwG, Urteil vom 09.07.2009, Az.: 4 C 12/07, Rn. 17 – zitiert nach *juris*.

786 BVerwG, Urteil vom 09.07.2008, Az.: 9 A 14/07, Rn. 66 – zitiert nach *juris*; OVG Lüneburg, Urteil vom 12.11.2008, Az.: 12 LC 72/07, Rn. 75 – zitiert nach *juris*.

787 *Hinsch*, in: ZUR 2011, 191 (193).

Bewertung des Sachverhalts im Vergleich zum allgemein anerkannten Stand der Wissenschaft als nicht mehr vertretbar eingeordnet werden kann.[788] Hierbei kann überprüft werden, ob das Ergebnis auf einem Bewertungsverfahren beruht, das sich als unzulängliches oder ungeeignetes Mittel erweist, um den gesetzlichen Anforderungen gerecht zu werden.[789]

3. Kritik an der naturschutzfachlichen Einschätzungsprärogative[790]

In der Literatur wird der von der Rechtsprechung eingeräumten behördlichen naturschutzfachlichen Einschätzungsprärogative und der daran anschließenden Vertretbarkeitskontrolle durch die Gerichte mit erheblicher Kritik begegnet.[791] Die Ablehnung dieser Einschätzungsprärogative setzt an mehreren Punkten an.

Zunächst wird die unzureichende gerichtliche Überprüfbarkeit der Einschätzungsprärogative als **verfassungsrechtlich** bedenklich angesehen. Vor dem Hintergrund, dass die Zugriffsverbote unbestimmte Rechtsbegriffe enthalten und diese nach den §§ 69 II, 71 I BNatSchG bußgeld- bzw. strafbewehrt sind, sei in besonderem Maße dem **Bestimmtheitserfordernis** des Art 103 II GG Rechnung zu tragen.[792] Aufgrund der teilweise äußerst unterschiedlichen Handhabung bei der Beurteilung der Verbotstatbestände nach § 44 I BNatSchG in der Entscheidungspraxis werden durch die Anerkennung einer naturschutzfachlichen Einschätzungsprärogative ernstliche Zweifel an der erforderlichen Bestimmtheit vorgebracht.

Neben der fehlenden erforderlichen Bestimmtheit wird die naturschutzfachliche Einschätzungsprärogative unter einem weiteren Punkt als rechtlich nicht haltbar

---

788 BVerwG, Urteil vom 12.08.2009, Az.: 9 A 64.07, Rn. 38 – zitiert nach *juris;* Urteil vom 09.07.2008, Az.: 9 A 14/07, Rn. 65 f – zitiert nach *juris.* So u.a. auch OVG Magdeburg, Beschluss vom 04.06.2013, Az.: 2 L 113/11, Rn. 12 – zitiert nach *juris;* Urteil vom 16.05.2013, Az.: 2 L 80/11, Rn. 22 – zitiert nach *juris*; VG Hannover, Urteil vom 22.11.2012, Az.: 12 A 2305/11, Rn. 42 – zitiert nach *juris.* Zustimmend *Fellenberg,* in: Kerkmann, Naturschutzrecht in der Praxis, § 7, Rn. 183; *Heugel,* in: Lütkes/Ewer, BNatSchG, § 44, Rn. 54; *Lau,* in: Müggenborg/Frenz, BNatSchG, § 44, Rn. 6; *Philipp,* in: NVwZ 2008, 593 (596 f).

789 OVG Münster, Beschluss vom 06.11.2012, Az.: 8 B 441/12, Rn. 31 – zitiert nach *juris.*

790 Diese Kritik bezieht sich vorrangig auf die für die auf dem Gebiet des Artenschutzrechts eingeräumte Einschätzungsprärogative. Nur begrenzt schließt diese die habitatschutzrechtliche naturschutzfachliche Einschätzungsprärogative ein, siehe hierzu bereits die Ausführungen oben unter B. II. 3. e). Vgl. insoweit auch *Gassner,* in: DVBl. 2012, 1479 (1480 f); *Lau,* in: UPR 2010, 169 f; *Meßerschmidt,* in: NuR 2013, 168 (176 f).

791 *Brandt,* in: NuR 2013, 482 (483 ff); *ders.,* in: ER 2013, 192 (195 f); *Gassner,* in: NuR 2013, 324 (325); *Gellermann,* in: Landmann/Rohmer, UmweltR, BNatSchG, § 44, Rn. 24; *ders.,* in: NuR 2014, 597 ff; *ders.* in: NuR 2009, 85 (90). AA *de Witt,* Handbuch des öffentlichen Baurechts, Kap. E, Rn. 604, der diese Einschätzungsprärogative nicht nur für verfassungsrechtlich zulässig, sondern sogar für notwendig hält.

792 *Gellermann,* in: Landmann/Rohmer, UmweltR, BNatSchG, § 44, Rn. 24 m.w.N.

und sogar als verfassungswidrig beurteilt.[793] Unter Bezugnahme auf einen Beschluss des Bundesverfassungsgerichts[794] wird in der Literatur das **Fehlen einer gesetzgeberischen Anordnung** für eine solche Einschätzungsprärogative im Bundesnaturschutzgesetz dahingehend bewertet, dass eine notwendigerweise ausdrücklich angeordnete Ermächtigungsgrundlage fehlt. Diese sei aber für die Zubilligung ein der Behörde solch weitläufigen, kaum kontrollierbaren Vorrecht unverzichtbar. So lautet der Orientierungssatz des Bundesverfassungsgerichts, auf den Bezug genommen wird, wie folgt:

> *„Von Gerichten nicht oder nur eingeschränkt überprüfbare Letztentscheidungsbefugnisse über Rechte des Einzelnen dürfen der vollziehenden Gewalt nur aufgrund eines Gesetzes eingeräumt werden. Dabei hat auch der Gesetzgeber, wenn er die gerichtliche Kontrolle zurücknehmen will, zu berücksichtigen, dass die letztverbindliche Normauslegung und die Kontrolle der Rechtsanwendung im Einzelfall grundsätzlich den Gerichten vorbehalten ist. Deren durch Art 19 IV garantierte Effektivität darf auch der Gesetzgeber nicht durch zu zahlreiche oder weitgreifende Beurteilungsspielräume für ganze Sachbereiche oder gar Rechtsgebiete aushebeln. Die Freistellung der Rechtsanwendung von gerichtlicher Kontrolle bedarf stets eines hinreichend gewichtigen, am Grundsatz eines wirksamen Rechtsschutzes ausgerichteten Sachgrunds.“*[795]

Durch die fehlende gesetzliche Anordnung einer naturschutzfachlichen Einschätzungsprärogative sei eine unzulässige Kompetenzverschiebung zu befürchten, die nicht mit dem **Gewaltenteilungsgrundsatz** des Art 20 II GG vereinbar sei.[796] Verfassungsrechtliche Bedenken werden in der Literatur ferner hinsichtlich einer möglichen Verletzung der **Rechtsweggarantie** des Art 19 IV GG durch die fehlende umfänglicher Überprüfbarkeit der behördlichen Entscheidungen vorgebracht.[797]

Bisher hatte die Rechtsprechung, das Bundesverwaltungsgericht allen voran, sich zwar immer wieder auf die naturschutzfachliche Einschätzungsprärogative verwiesen, blieb aber lange Zeit eine Herleitung dieser Rechtsfigur im konkreten Anwendungsfall schuldig. Dies hat das Bundesverwaltungsgericht mit Urteil vom 21.11.2013 nachgeholt und somit eine grundlegende Entscheidung gefällt.[798] Zunächst verweist das Gericht auf die ständige Rechtsprechung zur naturschutzfachlichen Einschätzungsprärogative im Artenschutzrecht, die auch im immissionsschutzrechtlichen Genehmigungsverfahren für WEA gelte. Bei diesen Zulassungsverfahren ist eine behördliche Beurteilung außerrechtlicher Fragestellungen notwendig, für die

---

793 So *Gassner*, in: NuR 2013, 324 (325).

794 Beschluss vom 31.05.2011, Az.: 1 BvR 857/07, Orientierungssatz 2d) – zitiert nach *juris*.

795 Beschluss vom 31.05.2011, Az.: 1 BvR 857/07, Orientierungssatz 2d) – zitiert nach *juris* (Anm.: Hervorhebung durch die Verfasserin).

796 *Brandt*, in: NuR 2013, 482 (485); *ders.*, in: ER 2013, 192 (195).

797 *Brandt*, in: NuR 2013, 482 (483).

798 Az.: 7 C 40/11. Siehe hierzu auch die Anmerkungen von *Nolte*, in: jurisPR-BVerwG 9/2014 Anm. 3 und *Spieler*, in: jurisPR-UmwR 3/2014 Anm. 2.

weithin allgemein anerkannte fachwissenschaftliche Maßstäbe und standardisierte Erfassungsmethoden fehlen und bei der sich die ökologische Wissenschaft bisher nicht als eindeutiger Erkenntnisgeber erwiesen hat. Dadurch fehle es den Gerichten an der auf besserer Erkenntnis beruhenden Befugnis, „*eine naturschutzfachliche Einschätzung der sachverständig beratenden Zulassungsbehörde als ‚falsch' und ‚nicht rechtens' zu beanstanden.*"[799]

Im Anschluss daran nimmt das Bundesverwaltungsgericht zu der Behauptung der fehlenden gesetzlichen Ermächtigung Stellung. Es sieht sich selbst und die Instanzgerichte nach Art 19 IV 1 GG grundsätzlich in der Pflicht, Verwaltungstätigkeiten in tatsächlicher und rechtlicher Hinsicht vollständig zu prüfen, wobei in bestimmten Fallgestaltungen den Entscheidungsträgern gewisse Beurteilungsspielräume zukämen, so auch im Artenschutzrecht. Hierbei bezieht es sich auf den oben genannten Beschluss des Bundesverfassungsgericht, wonach es weder der Verwaltung noch den Gerichten überlassen werden könne, ohne gesetzliche Grundlage durch die Annahme behördlicher Letztentscheidungsrechte die Grenzen zwischen Gesetzesbindung und grundsätzlich umfassender Rechtskontrolle der Verwaltung zu verschieben.[800] Im Folgenden begründet das Bundesverwaltungsgericht ausführlich das Vorhandensein einer gesetzlichen Ermächtigung für die naturschutzfachliche Einschätzungsprärogative:

> „*Den gesetzlichen Regelungen, die die Beachtung der artenschutzrechtlichen Verbote des § 44 I BNatSchG als Voraussetzung für den Erlass [...] immissionsschutzrechtlicher Anlagengenehmigungen normieren, ist im Wege der Auslegung eine Einschätzungsprärogative der Zulassungsbehörden zu entnehmen. [...] Der Gesetzgeber hat dabei für die Prüfung, welche Anforderungen an die Art und den Umfang der artenschutzrechtlichen Bestandsaufnahme sowie die Erfassung und Bewertung der vorhabenbedingten Einwirkungen zu stellen sind, keine weiteren gesetzlichen Vorgaben festgelegt [...] Damit verweist das Gesetz die Behörden gezielt auf die Erkenntnisse der ökologischen Wissenschaft und Praxis als Orientierungshilfe. Vor dem Hintergrund, dass ökologische Fragestellungen noch in weitem Umfang keine eindeutigen, in den einschlägigen Fachkreisen allgemein anerkannten Antworten gefunden haben, kann dies nur als Ermächtigung verstanden werden, die artenschutzrechtliche Prüfung in Würdigung des jeweiligen naturschutzfachlichen Meinungsstandes eigenverantwortlich vorzunehmen. Damit hat der Gesetzgeber den Zulassungsbehörden, soweit anerkannte naturschutzfachliche Maßstäbe fehlen, eine sachlich gerechtfertigte Einschätzungsprärogative eingeräumt, der - mangels vollständig determinierender Handlungs- und Kontrollmaßstäbe - eine Beschränkung der gerichtlichen Kontrolle korrespondiert.*"[801]

799 BVerwG, Urteil vom 21.11.2013, Az.: 7 C 40/11, Rn. 14 – zitiert nach *juris*. So auch VG Hannover, Urteil vom 22.11.2012, Az.: 12 A 2305/11, Rn. 42 – zitiert nach *juris*.

800 BVerwG, Urteil vom 21.11.2013, Az.: 7 C 40/11, Rn. 15 – zitiert nach *juris*.

801 BVerwG, Urteil vom 21.11.2013, Az.: 7 C 40/11, Rn. 16 – zitiert nach *juris* (Anm.: sämtliche Hervorhebungen durch die Verfasserin).

Diese Begründung kann grundsätzlich überzeugen. Der § 44 I BNatSchG enthält eine Mehrzahl an unbestimmten Rechtsbegriffen, die auslegungsfähig und -bedürftig sind. Der Weg über eine Auslegung des § 44 I BNatSchG steht weder im Widerspruch zu dem Schutzzweck des strengen Artenschutzrechts noch zu dem gesetzgeberischen Willen.[802] Das Bundesverwaltungsgericht setzt sich auch mit der Kritik aus der Literatur auseinander und hält folgendes entgegen:

> *„Dieser Auslegung kann nicht entgegengehalten werden, bei straf- oder bußgeldbewehrten Verboten sei kein Raum für eine behördliche Einschätzungsprärogative, weil eine solche dem besonderen Bestimmtheitserfordernis des Art. 103 II GG zuwiderlaufe. Die Verbote des § 44 I BNatSchG sind zwar gemäß § 69 II BNatSchG bußgeld- und nach Maßgabe von § 71 BNatSchG strafbewehrt. Der vorgenannte Einwand verkennt aber den eingeschränkten Anwendungsbereich der Einschätzungsprärogative. Sie bezieht sich nicht auf die Funktion des § 44 I BNatSchG als Sanktionsnorm für Handlungen, die einen der Verbotstatbestände dieser Norm erfüllen, sondern auf dessen Funktion als Genehmigungs- bzw. Planfeststellungsvoraussetzung. Die Zulassungsbehörde hat bei der Prüfung der Verbotstatbestände eine vorausschauende Risikoermittlung und -bewertung zu leisten. Dabei werden ihr [...] Einschätzungen und Beurteilungen auch zu Fragen abverlangt, die in der Fachwissenschaft ungeklärt oder umstritten sind. Nur für diese spezifische Verwaltungsaufgabe ist die Beurteilungsermächtigung eingeräumt, die dementsprechend nicht in § 44 I BNatSchG als solchem, sondern in § 44 I BNatSchG in Verbindung mit den Zulassungsregelungen des Planfeststellungs- und Genehmigungsrecht ihre Grundlage hat."*[803]

Der Einwand der fehlenden hinreichenden Bestimmtheit hat eine gewisse Berechtigung, die durch das Bundesverwaltungsgericht nicht vollständig aus dem Weg geräumt werden konnte. Denn durch die Verlagerung der Beurteilung auf die Verwaltung sind je nach Bundesland und Region ungleiche Handhabungen in der Zulassungspraxis von WEA festzustellen. So bestehen erhebliche Unterschiede u.a. aufgrund der jeweiligen Bereitschaft, lokal die Windenergienutzung auszubauen, so

---

802 Hierzu bezieht sich das Gericht auf die historische Entwicklung der Zugriffsverbote, Rn. 16: *„Ursprünglich waren derartige Zulassungsakte von der Geltung der artenschutzrechtlichen Verbote weitgehend ausgenommen; nach § 43 IV BNatSchG 2002 galten die Verbote des § 42 I, II BNatSchG 2002 für den Fall, dass die dem Verbotstatbestand unterfallenden Handlungen bei der Ausführung eines nach § 19 BNatSchG 2002 zugelassenen Eingriffs vorgenommen wurden, nur insoweit, als die Schutzgüter der Verbotstatbestände absichtlich beeinträchtigt wurden. Unter dem Eindruck des Urteils des Europäischen Gerichtshofs vom 10.01.2006, Az.: Rs. C-98/03 - (Slg. 2006, I-53) hob der Gesetzgeber diese Ausnahmeregelung im Zuge der Novellierung des Bundesnaturschutzgesetzes durch das Änderungsgesetz vom 12.12.2007 (BGBl I S. 2873) auf mit der Folge, dass nunmehr die Zulassungsbehörden die Beachtung der Verbote bei der Verwirklichung zulassungsbedürftiger Vorhaben uneingeschränkt gewährleisten müssen."*

803 BVerwG, Urteil vom 21.11.2013, Az.: 7 C 40/11, Rn. 17 – zitiert nach *juris* (Anm.: sämtliche Hervorhebungen durch die Verfasserin).

dass auch die Ausübung der Einschätzungsprärogative uneinheitlich ausfällt. Dieser Umstand kann nicht unbeachtlich sein, denn auch wenn die naturschutzfachliche Einschätzungsprärogative zunächst nur für die Tatbestandsmäßigkeit des § 44 I BNatSchG gilt, hat dies zumindest mittelbar mögliche Folgen für die Einschlägigkeit des Ordnungswidrigkeits- bzw. den Straftatbestand. Gefolgt werden kann dem Bundesverwaltungsgericht dahingehend, dass diese Gefahr die Auslegungsmöglichkeit im Hinblick auf den § 44 I BNatSchG und die Annahme einer naturschutzfachlichen Einschätzungsprärogative unberührt lässt. Ein anderes muss aber dann gelten, wenn tatsächlich ein Verfahren wegen einer möglichen Ordnungswidrigkeit bzw. Straftat geführt werden würde.

Besonders positiv hervorzuheben ist die nun deutliche Aussage hinsichtlich der späteren Kontrollmöglichkeiten durch das Gericht:

> *„Für eine Einschätzungsprärogative ist aber kein Raum, soweit sich für die Bestandserfassung von Arten, die durch ein immissionsschutzrechtlich genehmigungspflichtiges Vorhaben betroffen sind, eine bestimmte Methode oder für die Risikobewertung ein bestimmter Maßstab durchgesetzt hat und gegenteilige Meinungen nicht mehr als vertretbar angesehen werden können. Die Behörde muss also im Genehmigungsverfahren stets den aktuellen Stand der ökologischen Wissenschaft - gegebenenfalls durch Einholung fachgutachtlicher Stellungnahmen - ermitteln und berücksichtigen. Ob sie diesem Erfordernis genügt, unterliegt in einem sich anschließenden gerichtlichen Verfahren der Überprüfung. Die behördliche Einschätzungsprärogative bezieht sich mithin nicht generell auf das Artenschutzrecht als solches, sondern greift nur dort Platz, wo trotz fortschreitender wissenschaftlicher Erkenntnisse weiterhin ein gegensätzlicher Meinungsstand fortbesteht und es an eindeutigen ökologischen Erkenntnissen fehlt. Auch im Umfang ihres Einschätzungsvorrangs ist die Behörde überdies nicht von gerichtlicher Kontrolle freigestellt. Der Vorrang führt zwar zu einer Beschränkung gerichtlicher Kontrolldichte. Das Gericht bleibt aber verpflichtet zu überprüfen, ob im Gesamtergebnis die artenschutzrechtlichen Untersuchungen sowohl in ihrem methodischen Vorgehen als auch in ihrer Ermittlungstiefe ausreichten, um die Behörde in die Lage zu versetzen, die Voraussetzungen der artenschutzrechtlichen Verbotstatbestände sachgerecht zu prüfen.*“[804]

Soweit in der Vergangenheit der Eindruck herrschte, dass sich die Gerichte selbst nicht in der Lage sähen, ökologische Bewertungen zu überprüfen, hat das Bundesverwaltungsgericht dem eine Absage erteilt. So verfügt die immissionsschutzrechtliche Genehmigungsbehörde ebenso wenig wie das überprüfende Gericht selbst über das notwendige naturschutzfachliche Wissen und ist daher auf Stellungnahmen und Sachverständigengutachten angewiesen. Der Entscheidungsträger ist selbst nicht in der Lage, eine zutreffendere und fachlich versiertere abschließende Bewertung der naturschutzfachlichen Fragestellung vornehmen zu können, als das zu überprüfende Gericht. Denn oftmals hat der Vorhabenträger seinen Antragsunterlagen zur

---

804 BVerwG, Urteil vom 21.11.2013, Az.: 7 C 40/11, Rn. 19 f – zitiert nach *juris* (Anm.: sämtliche Hervorhebungen durch die Verfasserin).

Zulassung ornithologische Gutachten beigefügt, die den Ausschluss von Risiken für bestimmte Vogelarten durch den Betrieb dokumentieren sollen. Das hat zur Folge, dass sich die Behörde fremdes und zum Teil wohl auch interessengesteuertes Wissen aneignet, um dies zu seiner Entscheidungsgrundlage zu machen. Dieser Vorgang ist nach der Aussage des Bundesverwaltungsgerichts ausdrücklich voll überprüfbar. Aus dem Amtsermittlungsgrundsatz gem. § 86 I VwGO folgt, dass das Gericht gegebenenfalls eigene Ermittlungen anstellt und beispielsweise eigene Sachverständigengutachten einholt,[805] soweit Zweifel an der Richtigkeit der Einschätzung des behördenseitlichen Gutachtens bestehen.[806] Das Gericht ist nämlich nicht an die behördliche Einschätzung gebunden.[807] Somit ist auch der Rechtschutzgarantie des Art 19 IV GG Genüge getan.

In diesem Zusammenhang zeigt sich erneut die besondere Wichtigkeit von S**achverständigengutachten** in den Zulassungsverfahren von Windenergieprojekten. Der Forderung aus der Literatur,[808] dass an die **Qualifikation der Gutachter** und die **Qualität der Gutachten** strenge Maßstäbe anzulegen sind, kann vollumfänglich gefolgt werden. Die wissenschaftliche Absicherung der behördlichen Entscheidung sollte oberste Maxime sein. Sowohl in der Rechtsprechung als auch in der Literatur ist man sich einig, dass die notwendigen naturschutzfachlichen Erkenntnisse fehlen. Somit wird deutlich, dass die Anerkennung einer Einschätzungsprärogative somit nur das Symptom bekämpft, welches in den Genehmigungsverfahren zu Tage tritt, nicht aber die *„Krankheit“*. Wenn es gelänge, eine naturschutzfachliche Absicherung auf Grundlage ausreichender Erkenntnisse zu schaffen, können entsprechende Entscheidungsbefugnisse der Behörde zugewiesen werden, welche in der Folge gerichtlich nur eingeschränkt überprüfbar sind. Daher ist an die Verwaltung und die Wissenschaft die Forderung zu stellen, dass noch weit intensiver auf eine praktische Lösung zu den fehlenden naturschutzfachlichen Erkenntnissen hinzuwirken ist. Die Herausarbeitung von Standards durch umfassende naturschutzfachliche Erkenntnisse ist vorrangiges Ziel.

4. Fazit

Zur Schaffung einer Entscheidungsgrundlage sind behördenseitig zunächst umfangreiche Untersuchungen und Sachverhaltsermittlungen durchzuführen, an denen der Vorhabenträger gegebenenfalls mitzuwirken hat. Hierzu ist auf alle verfügbaren Mittel zurückzugreifen, sogar auf die Kenntnisse von ehrenamtlichen Naturschützern. Nicht notwendig und praktisch kaum umsetzbar, ist die Erstellung eines vollständigen Arteninventars. Nach der Rechtsprechung ist es sogar möglich, auf

805 Zur Bedeutung von Sachverständigengutachten im Verwaltungsverfahren ausführlich *Wemdzio*, in: NuR 2012, 19 ff.

806 *Gassner*, in: DVBl. 2012, 1479 (1482); *Gellermann*, in: Landmann/Rohmer, UmweltR, BNatSchG, § 44, Rn. 24; ders., in: NuR 2014, 597 (602).

807 *Pünder*, in: Erichsen/Ehlers, Allgemeines Verwaltungsrecht, § 14, Rn. 25.

808 *Brandt*, in: ER 2013, 192 (196).

Grundlage von Worst-Case-Annahmen die Entscheidung über die artenschutzrechtliche Zulässigkeit für eine WEA zu fällen.

Trotz dieses Vorgehens verbleiben in der Praxis oftmals Unsicherheiten bei der Bewertung der Einschlägigkeit der Zugriffsverbote. Daher gesteht die Rechtsprechung den Entscheidungsträgern, sowohl für die Sachverhaltsermittlung als auch für die Bestimmung der Einschlägigkeit der Zugriffsverbote, eine naturschutzfachliche Einschätzungsprärogative zu. Diese wird damit begründet, dass die zu treffende Genehmigungsentscheidung prognostische Elemente enthält und überdies naturschutzfachlich allgemein anerkannte standardisierte Maßstäbe und rechenhaft handhabbare Verfahren fehlen. So muss sich die Entscheidungsbehörde keine abschließende Sicherheit darüber verschaffen, ob relevante Beeinträchtigungen im Sinne der Zugriffsverbote des besonderen Artenschutzrechts sicher ausgeschlossen sind. Sie kann sich hierbei auf ihre Einschätzungsprärogative berufen. Nach der höchstrichterlichen Rechtsprechung beschränkt sich die Möglichkeit der gerichtlichen Überprüfung bei der Anwendung der naturschutzfachlichen Einschätzungsprärogative auf eine Vertretbarkeitskontrolle. Die Entscheidung ist dann unvertretbar, wenn sich die fachliche Einschätzung nicht an dem gegenwärtigen Forschungs- oder Kenntnisstand orientiert.

Die Annahme einer gerichtlich nur sehr beschränkt überprüfbaren naturschutzfachlichen Einschätzungsprärogative stehen seitens der Literatur erhebliche Bedenken entgegen. Diesen ist das Bundesverwaltungsgericht in einer aktuellen Entscheidung entgegengetreten. Das Gericht hat nun erstmals rechtlich die naturschutzfachliche Einschätzungsprärogative hergeleitet. Durch die Auslegung des § 44 I BNatSchG liegt die notwendige gesetzliche Ermächtigung für die Entscheidungsträger vor. Durch die nun ausdrückliche Notwendigkeit der Überprüfung der Ausübung der Einschätzungsprärogative ist keine untragbare Rechtsschutzverkürzung vor dem Hintergrund des Art 19 IV GG für den Bürger zu befürchten. Hierzu ist es oftmals notwendig, dass das Gericht eigene Sachverständigengutachten einholt. An die Qualifikation der Gutachter und die angelegten Maßstäbe sind angesichts der Wertigkeit der Schutzgüter hohe Anforderungen zu stellen. Oberste Aufgabe in den kommenden Jahren ist es, die fehlenden Erkenntnisse, die für eine naturschutzfachliche Beurteilung erforderlich sind, zu generieren und zur Verfügung zu stellen.

III. Privilegierungen gem. § 44 V BNatSchG

Auch wenn auf den ersten Blick das Zugriffsverbot des § 44 I BNatSchG einschlägig sein mag, hat die Behörde in einem nächsten Schritt zu prüfen, ob nicht eine für WEA relevante Privilegierung[809] unter den Voraussetzungen des § 44 V BNatSchG greifen könnte. Diese Norm beschränkt die artenschutzrechtlichen Zugriffsverbote

---

809 Auch „*Legalausnahme*" oder „*Tatbestandsausschluss*" genannt, vgl. *Müller-Walter*, in: Lorz/Konrad/Mühlbauer/Müller-Walter/Stöckel, Naturschutzrecht, § 44 BNatSchG, Rn. 7. Zur Normhistorie des § 44 V BNatSchG ausführlich *Lau*, in: SächsVBl. 2012, 101 (103).

in ihrer Reichweite,[810] wodurch in den gesetzlich bestimmten Fällen der Verbotstatbestand trotz Einschlägigkeit der Voraussetzungen des § 44 I BNatSchG dennoch nicht eröffnet ist. Aufgrund seiner Rechtsfolge hat der § 44 V BNatSchG erhebliche praktische Relevanz, denn über diese Legalausnahme ist das Vorhaben auch ohne Ausnahme oder Befreiung gem. §§ 45 VII, 67 BNatSchG aus naturschutzrechtlichen Gründen als zulässig zu bewerten.[811]

Für die Freistellung von bestimmten Zugriffsverboten müssen die jeweiligen Voraussetzungen des § 44 V BNatSchG vorliegen. Über das Einfallstor des § 44 V 1 BNatSchG (**1.**) werden zunächst die Verbotstatbestände bei bestimmten Vorhaben auf einen aus Unionsrecht folgenden Mindestschutzstandard reduziert und der Anwendungsbereich der S. 2–5 eröffnet.[812] Die zusätzlichen und strengen Voraussetzungen des § 44 V 2 BNatSchG finden Anwendung bei Tierarten, die einem besonderen Schutzmaßstab unterliegen (**2.**). In diesem Zusammenhang können mit Hilfe des Instruments der sog. vorgezogenen Ausgleichsmaßnahmen nach § 44 V 3 BNatSchG (**3.**) die Voraussetzungen des S. 2 erfüllt werden. Schließlich sieht das Gesetz im § 44 V 5 BNatSchG (**4.**) eine echte Privilegierung bei nur nach nationalem Recht geschützten Tierarten vor, welche im Überblick darzustellen ist.

1. Erfasste Eingriffe und Vorhaben

§ 44 V 1 BNatSchG begrenzt die Zugriffsverbote des § 44 I Nr. 1 und Nr. 3 BNatSchG einerseits im Hinblick auf die nach § 15 BNatSchG zulässigen Eingriffe und andererseits hinsichtlich der in § 18 II 1 BNatSchG aufgeführten baulichen Vorhaben, soweit die weiteren Voraussetzungen der Sätze 2–5 einschlägig sind. Hintergrund dieser Regelung ist, dass bei baulichen Vorhaben andernfalls der strenge individuenbezogene Schutz der Zugriffsverbote fast immer entgegenstünde und eine solche Zulassungsblockade nicht gewollt ist.[813]

Wie bereits dargestellt bemisst sich die Zulässigkeit von WEA regelmäßig an den Vorgaben der Eingriffsregelung nach § 14 ff BNatSchG, wodurch der Anwendungsbereich der Privilegierungsnorm des § 44 V BNatSchG eröffnet sein kann.[814] Hierfür müssen WEA als **zulässige Eingriffe in Natur und Landschaft** einzuordnen sein, d.h. das konkrete Vorhaben muss die Vorgaben des § 15 BNatSchG erfüllen.[815] WEA als Eingriffe können über das Artenschutzrecht nur privilegiert werden, wenn sie eine nicht vermeidbare nachteilige Folge sind, die durch Ausgleichs- oder Ersatzmaßnahme kompensiert oder gegebenenfalls durch Ersatzgeld abgegolten

---

810 *Gellermann*, in: Landmann/Rohmer, UmweltR, BNatSchG, § 44, Rn. 37.
811 *Gellermann*, in: Landmann/Rohmer, UmweltR, BNatSchG, § 44, Rn. 42.
812 *Fellenberg/Schiller*, in: Gerstner, Kap. 2 B., Rn. 78.
813 *Fellenberg/Schiller*, in: Gerstner, Kap. 2 B., Rn. 78.
814 *Hinsch*, in: ZUR 2011, 191 (196).
815 Siehe zu den Voraussetzungen der vorhabenbezogenen naturschutzrechtlichen Eingriffsregelung ausführlich oben unter A.

wurden.[816] Das Bundesverwaltungsgericht stellte in diesem Zusammenhang fest, dass nur bei einer vollständigen und korrekten Anwendung des § 15 BNatSchG die Privilegierung nach § 44 V BNatSchG einschlägig sein kann.[817] Gellermann fasst dies unter der Faustformel zusammen: „*Wer die Eingriffsregelung nicht ehrt, ist der artenschutzrechtlichen Privilegierung nicht wert.*“[818] Hierdurch wird die Eingriffsregelung faktisch aufgewertet.[819] Selbst kleinste Fehler in der Rechtsanwendung der § 14 ff BNatSchG haben erhebliche Auswirkungen und führen zum Versagen der Privilegierung.

Daneben können auch **Vorhaben im Sinne des § 18 II 1 BNatSchG** die Privilegierung in Anspruch nehmen, soweit diese nach den Vorschriften des BauGB zulässig sind. Zulässige Vorhaben sind entsprechend des Hinweises in § 44 V 1 BNatSchG auf § 18 II BNatSchG solche mit bauplanungsrechtlicher Relevanz nach § 29 BauGB, die im Bereich eines qualifizierten Bebauungsplans nach § 30 BauGB oder im Innenbereich (§ 34 BauGB) liegen oder deren Zulässigkeit sich während der Planaufstellung nach § 33 BauGB beurteilt. Im Vergleich zu den nach § 15 BNatSchG zulässigen Vorhaben müssen sich diese nicht an der vorhabenbezogenen Eingriffsregelung messen lassen. Bei den Vorhaben nach §§ 30, 33 BauGB werden die relevanten Problemstellungen gem. § 1 a III BauGB in der Regel bereits auf Ebene der planerischen Abwägung über die städtebauliche Eingriffsregelung berücksichtigt werden.[820] Diese Norm zielt auf die Vermeidung unnötiger Doppelprüfungen und die Konzentration naturschutzrechtlicher Prüfungen ab.[821] Für die Rechtfertigung der Privilegierung der nach dem Baugesetzbuch zulässigen Vorhaben spricht, dass sie im Rahmen ihrer Ausführung durch Planung und Zulassungsbedürftigkeit einer zeitlich vorgelagerten behördlichen Prüfung unterlagen. Im

816 *Gellermann*, in: Landmann/Rohmer, UmweltR, BNatSchG, § 44, Rn. 38; *Heugel*, in: Lütkes/Ewer, BNatSchG, § 44, Rn. 43.

817 Zur alten, aber vergleichbaren Rechtslage vgl. BVerwG, Urteil vom 14.07.2011, Az.: 9 A 12/10, Rn. 117 f – zitiert nach *juris*; Urteil vom 11.01.2001, Az.: 4 C 6/00, NVwZ 2001, 1040 (1041 f).

818 *Gellermann*, in: NuR 2012, 34 (36).

819 *Gellermann*, in: NuR 2012, 34 (36); *Lau*, in: SächsVBl. 2012, 101 (103). AA *Fellenberg*, in: UPR 2012, 321 (322), der Mängel bei der Rechtsanwendung der Eingriffsregelung als unschädlich für die Anwendung der Privilegierung ansieht.

820 Siehe S. 1: „*Die Vermeidung und der Ausgleich voraussichtlich erheblicher Beeinträchtigungen des Landschaftsbildes sowie der Leistungs- und Funktionsfähigkeit des Naturhaushalts in seinen in § 1 Abs. 6 Nr. 7 Buchstabe a bezeichneten Bestandteilen (Eingriffsregelung nach dem Bundesnaturschutzgesetz) sind in der Abwägung nach § 1 Abs. 7 zu berücksichtigen.*“ Vgl. auch *Gellermann*, in: Landmann/Rohmer, UmweltR, BNatSchG, § 44, Rn. 38. Zur Abgrenzung der vorhabenbezogenen zur städtebaulichen Eingriffsregelung oben unter A. I. Im Übrigen zur städtebaulichen Eingriffsregelung siehe unten unter 3. Teil, 2. Abschnitt, IV.

821 *Stöckel/Müller-Walter*, in: Erbs/Kohlhaas, Strafrechtliche Nebengesetze, § 44 BNatSchG, Rn. 47.

Rahmen des Planungsverfahrens war hinreichend Raum für konfliktvermeidende und -mindernde Maßnahmen.[822]

Teile der Literatur kritisieren die Einbeziehung von Vorhaben nach § 34 BauGB in den Anwendungsbereich von § 44 V 1 BNatSchG.[823] Denn in diesen Fällen ist gerade keine notwendige vorherige Prüfung vorgesehen, die auch die artenschutzrechtlichen Fragestellungen miteinschließt. Daher wird die Bezugnahme auf § 34 BauGB als *„Fremdkörper“* in der Regelung gesehen, da nur auf Antrag Maßnahmen nach § 15 BNatSchG angeordnet werden können,[824] aber keine von vornherein verpflichtende Prüfung vorgesehen ist.[825] Aus diesem Grunde wird eine einschränkende Auslegung des § 44 V 1 BNatSchG befürwortet, wonach Vorhaben im unbeplanten Innenbereich nach § 34 BauGB nicht von der Privilegierung erfasst sein sollen.[826]

Dieser Ansatz überzeugt vor dem Hintergrund der Zielrichtung der Legalausnahme. Unter Berücksichtigung des ursprünglichen gesetzgeberischen Willens wird deutlich, dass nach Sinn und Zweck der Regelung des § 44 V BNatSchG die Privilegierung nur solchen Vorhaben zugutekommen soll, bei deren Planung eine auf die Aufrechterhaltung der ökologischen Funktionalität von Fortpflanzungs- und Ruhestätten gerichtete Prüfung durchgeführt worden ist.[827] Hieraus folgt, dass der Anwendungsbereich des § 44 V 1 BNatSchG dahingehend teleologisch zu reduzieren ist, dass solche Vorhaben nach § 34 BauGB auszuklammern sind, bei denen eine entsprechende frühzeitige Prüfung nicht stattgefunden hat. Anzuwenden ist die Privilegierung jedoch dann, wenn ein Antrag nach § 18 IV 2 BNatSchG[828] gestellt und daher das Vorliegen der Tatbestandvoraussetzungen der Eingriffsregelung bei dem Innenbereichsvorhaben nach § 34 BauGB geprüft worden ist.

---

822 *Heugel*, in: Lütkes/Ewer, BNatSchG, § 44, Rn. 42; *Lau*, in: Frenz/Müggenborg, BNatSchG, § 44, Rn. 36 m.w.N; *Schüttel/Gerbig*, in: GK-BNatSchG, § 44, Rn. 50.

823 *Lau*, in: Frenz/Müggenborg, BNatSchG, § 44, Rn. 36; *Müller-Walter*, in: Lorz/Konrad/Mühlbauer/Müller-Walter/Stöckel, Naturschutzrecht, § 44 BNatSchG, Rn. 47; *Philipp*, NVwZ 2008, 593 (594 f); *Stöckel/Müller-Walter*, in: Erbs/Kohlhaas, Strafrechtliche Nebengesetze, § 44 BNatSchG, Rn. 47.

824 Vgl. § 18 IV BNatSchG.

825 *Gellermann*, in: Landmann/Rohmer, UmweltR, § 44 BNatSchG, Rn. 39.

826 *Lau*, in: Frenz/Müggenborg, BNatSchG, § 44, Rn. 36. AA *Dolde*, in NVwZ 2008, 121 (124); *Schink* BauR 2013, 861 (866).

827 BT-Drs. 16/5100, S. 8.

828 *„Ergeben sich bei Vorhaben nach § 34 des Baugesetzbuches im Rahmen der Herstellung des Benehmens nach Absatz 3 Anhaltspunkte dafür, dass das Vorhaben eine Schädigung im Sinne des § 19 Absatz 1 Satz 1 verursachen kann, ist dies auch dem Vorhabenträger mitzuteilen. Auf Antrag des Vorhabenträgers hat die für die Erteilung der Zulassung zuständige Behörde im Benehmen mit der für Naturschutz und Landschaftspflege zuständigen Behörde die Entscheidungen nach § 15 zu treffen, soweit sie der Vermeidung, dem Ausgleich oder dem Ersatz von Schädigungen nach § 19 Absatz 1 Satz 1 dienen; […].“*

2. *Begrenzte Modifikation gem. § 44 V 2 BNatSchG*

Für die Zulassungsfähigkeit von WEA praktisch relevant ist die Freistellung vom Verbotstatbestand hinsichtlich des Lebensstättenschutzes und des Tötungsverbots, soweit im zweiten Fall die Beeinträchtigungen unvermeidbar sind. Denn nach § 44 V 2 BNatSchG liegt ein Verstoß bei bestimmten Tierarten[829] *„gegen das Verbot des Absatzes 1 Nr. 3 und im Hinblick auf damit verbundene unvermeidbare Beeinträchtigungen wild lebender Tiere auch gegen das Verbot des Absatzes Nummer 1 nicht vor, soweit die ökologische Funktion der von dem Eingriff oder Vorhaben betroffenen Fortpflanzungs- oder Ruhestätten im räumlichen Zusammenhang weiterhin erfüllt werden."*[830] Der Verbotstatbestand nach § 44 I Nr. 2 BNatSchG, d.h. das Störungsverbot, ist nicht vom Anwendungsbereich der Legalausnahme nach § 44 V BNatSchG erfasst.

Bei der Prüfung des Vorliegens der Tatbestandsmerkmale des § 44 V BNatSchG ist zunächst eine Entscheidungsgrundlage zu schaffen, so dass auch hierfür eine ausreichende Sachverhaltsermittlung im Vorfeld stattzufinden hat.[831] Die Prüfung der Voraussetzungen des § 44 V 2 – 4 BNatSchG wird als *„spezielle artenschutzrechtliche Prüfung"* bezeichnet.[832] Zu prüfen ist zunächst, ob die **ökologische Funktion** der von dem Eingriff oder Vorhaben betroffenen Fortpflanzungs- oder Ruhestätten **im räumlichen Zusammenhang weiterhin erfüllt** ist, wobei dieses Kriterium sowohl für die Freistellung vom Verbot des § 44 I Nr. 1 BNatSchG als auch für § 44 I 1 Nr. 3 BNatSchG gilt. Nach dem gesetzgeberischen Willen darf an der ökologischen Gesamtsituation des von dem Vorhaben betroffenen Bereichs mit Blick auf seine geschützte Funktion **keine Verschlechterung** eintreten.[833] Dies ist auch dann der Fall, wenn trotz der Einwirkung auf die geschützte Fortpflanzungs- oder Ruhestätte der Fortpflanzungserfolg bzw. die Ruhemöglichkeiten der betroffenen Population nicht vermindert werden.[834] Durch diese ökologisch-funktionale Betrachtungsweise wird der individuenbezogene Ansatz nur gelockert bzw. eingeschränkt, nicht aber hin zum Populationsbezug aufgehoben und steht damit auch mit unionsrechtlichen Vorgaben in Einklang.[835]

---

829 Hierunter fallen die in Anhang IV a) FFH-RL aufgeführten Tierarten, europäische Vogelarten oder Arten nach BArtSchVO.

830 Anm.: Hervorhebungen durch die Verfasserin.

831 Siehe hierzu oben unter III. 1.

832 Zu den Einzelheiten der *„saP"* vgl. *Kratsch*, in: Schumacher/Fischer-Hüftle, BNatSchG, § 44, Rn. 65 f. Siehe auch Leitfaden WKA Hessen vom 29.11.2012, S. 30 f, Ziff. 5.1 zum schrittweisen Vorgehen (Relevanzprüfung und Bestandserfassung).

833 BT-Drs. 16/5100, S. 12.

834 *Lau*, in: Frenz/Müggenborg, BNatSchG, § 44, Rn. 38.

835 BVerwG, Urteil vom 18.03.2009, Az.: 9 A 39/07, Rn. 67 – zitiert nach *juris*. Vgl. auch *Fellenberg*, in: Kerkmann, Naturschutzrecht in der Praxis, § 7, Rn. 123 unter Hinweis auf BVerwG, Urteil vom 09.07.2008, Az.: 9 A 14/07, Rn. 98 – hier zitiert nach *juris*. AA *de Witt/Geismann*, in: Artenschutzrechtliche Verbote in der Fachplanung, Rn. 32; *Dolde*, in: NVwZ 2008, 121 (124), die von einem populationsbezogenen Ansatz ausgehen.

Aufgrund des Umstandes, dass der Verlust einzelner Stätten immer eine Verschlechterung bedeutet, erklärt sich dieser funktionsorientierte Ansatz bei der Bewertung unter Einbeziehung des gesamten durch die lokale Population in Anspruch genommenen Bereichs.[836] Denn nur dann, wenn **keine Einbußen für den Reproduktionserfolg** aufgrund der Verlagerung der Lebensstätte anzunehmen sind, wird die ökologische Funktion erhalten.[837] So soll dies beispielsweise dann der Fall sein, wenn in einem Waldabschnitt mit Baumhöhlen als Wochenstubenquartiere einer Fledermausart auch im Falle der Betroffenheit einiger Bäume ein Ausweichen auf andere Bäume möglich ist.[838] Diesem Ansatz kann aus Schutzgesichtspunkten auch gefolgt werden, denn die Zielfunktion des besonderen Artenschutzrechts bleibt gewahrt und das Verbot nach § 44 I BNatSchG ist als nicht einschlägig zu beurteilen.[839]

Eine zutreffende Bewertung der Voraussetzungen der Privilegierung gestaltet sich in der Praxis regelmäßig schwierig. Die Beurteilung, ob die Anforderungen des § 44 V 2 BNatSchG gewahrt sind, bemisst sich anhand naturschutzfachlicher Kriterien, wobei auch hier der Behörde ein Beurteilungsspielraum zugesprochen wird.[840] Jede Tierart hat einen anderen Aktionsradius und legt unterschiedliche Verhaltensweisen an den Tag. Die LANA hält es daher zum Beispiel nicht für möglich, mit ausreichender Sicherheit im Vorfeld festzustellen zu können, ob ein Fledermausquartier, das von einem Vorhaben wie einer WEA betroffen ist, seine ökologische Funktion behält oder verliert, wenn potenziell ein anderes gleich geeignetes Quartier in der Nähe besteht.[841]

Weitere Voraussetzung für die Freistellung vom Tötungsverbot des § 44 I 1 Nr. 1 BNatSchG ist, dass die **Beeinträchtigung unvermeidbar** ist, d.h. keine Möglichkeit mehr besteht, den Eingriff durch Vermeidungsmaßnahmen gem. § 44 V 2 Alt. 2 BNatSchG so zu gestalten, dass der Eingriff in dieses Verbot unterbleiben oder minimiert werden kann.[842] Eine Vermeidbarkeit wird in den Fallgestaltungen bejaht, wenn und soweit im Vorfeld Ausweichmöglichkeiten geschaffen wurden oder diese schon vorhanden sind, so dass keine Verschlechterung an der ökologischen Gesamtsituation eintreten wird. Hierunter fällt aber nicht die Möglichkeit der vorgezogenen Ausgleichsmaßnahmen nach § 44 V 3 BNatSchG.[843] Eine taugliche Vermeidungsmaßnahme ist im Falle der funktionellen Identität zu bejahen, eine vorgezogene

---

836 *Gellermann*, in: Landmann/Rohmer, UmweltR, § 44 BNatSchG, Rn. 42; *Lau*, in: Frenz/Müggenborg, BNatSchG, § 44, Rn. 38.

837 *Fellenberg*, in: Kerkmann, Naturschutzrecht in der Praxis, § 7, Rn. 123.

838 OVG Münster, Urteil vom 18.01.2013, Az.: 11 D 70/09. AK, Rn. 320 – zitiert nach *juris*.

839 BVerwG, Urteil vom 18.03.2009, Az.: 9 A 39/07, Rn. 67 – zitiert nach *juris*.

840 *Lau*, in: Frenz/Müggenborg, BNatSchG, § 44, Rn. 38. Ausführlich zur Kritik an der naturschutzfachlichen Einschätzungsprärogative bereits oben unter II. 3.

841 LANA, Hinweise zu zentralen unbestimmten Rechtsbegriffen des Bundesnaturschutzgesetzes, S. 11.

842 *Stöckel/Müller-Walter*, in: Erbs/Kohlhaas, Strafrechtliche Nebengesetze, § 44 BNatSchG, Rn. 54.

843 Sogleich im Folgenden unter 3.

Ausgleichsmaßnahme hingegen im Falle der funktionellen Gleichartigkeit.[844] Eine solche Abgrenzung ist tauglich und notwendig. Denn entscheidend ist die rechtliche Bewertung dieser Frage vor dem Hintergrund, dass die Vermeidbarkeit zur Unanwendbarkeit des § 44 V BNatSchG führt und dadurch eine Privilegierung daher ausscheidet. Wie bereits im Rahmen der Eingriffsregelung aufgezeigt, ist bei WEA in der Regel von der Unvermeidbarkeit auszugehen.[845] Somit können diese baulichen Vorhaben grundsätzlich die Privilegierung hinsichtlich des Tötungsverbots unter den weiteren Voraussetzungen des § 44 V BNatSchG in Anspruch nehmen.

3. Vorgezogene Ausgleichsmaßnahmen

Aufgrund des Umstandes, dass für die betroffenen Tierarten oftmals nicht ohne Weiteres Ausweichmöglichkeiten zur Verfügung stehen und somit die ökologische Funktion der betroffenen Fortpflanzungs- oder Ruhestätten beeinträchtigt ist, haben die **vorgezogenen Ausgleichsmaßnahmen** hohe praktische Relevanz im Rahmen eines Zulassungsverfahren für WEA. Die vorgezogenen Ausgleichsmaßnahmen können im Rahmen der Privilegierung angeordnet werden gem. § 44 V 3 BNatSchG, soweit sie erforderlich sind. **Erforderlich** sind vorgezogenen Ausgleichsmaßnahmen immer dann, wenn sie der Sicherung der **Erhaltung der ökologischen Funktion im räumlich-funktionalen Zusammenhang** dienen. Beispielhaft ist von der Erforderlichkeit auszugehen, wenn Ersatzhabitate zum Erhalt der lokalen Population gar nicht, oder nicht in hinreichendem Umfang oder ausreichender Nähe zum Eingriffs- bzw. Vorhabensort zur Verfügung stehen.[846]

Inhaltlich ist der Begriff der vorgezogenen Ausgleichsmaßnahme zurückzuführen auf den von der Kommission verwendeten Begriff der **CEF-Maßnahmen** („*Measures to ensure the continued ecological functionality*").[847] In der Literatur wird zu Recht Kritik am nationalen Gesetzgeber für die textliche Fassung des § 44 V BNatSchG geübt, vor allem für die Verwendung des Begriffs der Vorziehung der Ausgleichsmaßnahme.[848] In der Literatur wird daher vorzugsweise der Begriff der ***„funktionserhaltenden Maßnahme"*** als Alternative vorgeschlagen.[849] Denn als vorgezogene Ausgleichsmaßnahmen werden solche Maßnahmen gewertet, *„die die Wahrung der*

---

844 *Stöckel/Müller-Walter*, in: Erbs/Kohlhaas, Strafrechtliche Nebengesetze, § 44 BNatSchG, Rn. 54.
845 Vgl. Ausführungen im Rahmen der Eingriffsregelung im Rahmen der Unvermeidbarkeit der Beeinträchtigung oben unter A. IV.
846 *Schüttel/Gerbig*, in: GK-BNatSchG, § 44, Rn. 56.
847 Vgl. EU-Kommission, Leitfaden zum strengen Schutzsystem für Tierarten von gemeinschaftlichen Interesse im Rahmen der FFH-Richtlinie 92/43/EWG, Stand: Februar 2007, Ziff. II. 3. 4, Rn. 72 ff. (Anm.: Hervorhebung durch die Verfasserin).
848 *Schmidt-Eichstaedt*, in: UPR 2011, 401 (405).
849 *Lau*, in: Frenz/Müggenborg: BNatSchG, § 44, Rn. 42. *De Witt/Geismann*, in: Artenschutzrechtliche Verbote in der Fachplanung, Rn. 33 ziehen den Begriff der Vermeidungsmaßnahme heran, wobei sie dadurch aber verkennen, dass dieser andere Maßnahmen erfassen kann, als dies bei den vorgezogenen Ausgleichsmaßnahmen

ökologischen Funktion der von einem Eingriff betroffenen Fortpflanzungs- und Ruhestätten [...] weiterhin sicherstellen."[850] Die Maßnahmen müssen artspezifisch ausgewählt werden und frühzeitig durchgeführt werden, so dass sie der Erfüllung ihrer Aufgabe, namentlich der Wahrung der Kontinuität der Lebensstätte, dienen können.[851]

Neben den Kritikpunkten an der Fassung des Wortlauts ist das Vorgehen mancher Behörden zu missbilligen, wonach teilweise bedingungslos eine zeitliche Vorverlagerung der vorgezogenen Ausgleichsmaßnahme gegenüber dem Eingriff gefordert wird.[852] Ein solches Vorgehen ist wie oben schon ausgeführt aus Schutzzwecksgesichtspunkten nicht notwendig und im Einzelfall für den Vorhabenträger sogar unverhältnismäßig. Zwar ist grundsätzlich davon auszugehen, dass eine sofortige Durchführung zur notwendigen Gewährleistung der Kontinuität der Lebensstätte angezeigt ist, so dass die gerügte Verwaltungspraxis in der Regel keiner Beanstandung unterliegt.[853] Es sind aber Fälle denkbar, in denen eine sofortige Umsetzung entbehrlich sein könnte, so beispielsweise, wenn die betroffene Art in den Herbst und Wintermonaten sich ohnehin nicht in der Fortpflanzungsstätte aufhält und der Eingriff in dieser Zeit erfolgen soll. In solchen Fällen ist eine Ausnahme von dem Grundsatz der sofortigen Durchführung zu machen, da die Kontinuität trotzdem gewährleistet ist, wenn im neuen Jahr solche Maßnahmen durchgeführt werden und somit der Schutzzweck der Norm ohne weiteres erfüllt wird.[854]

Nach der LANA können unter den folgenden Voraussetzungen vorgezogenen Ausgleichsmaßnahmen im Rahmen der Privilegierung angeordnet werden, wenn:[855]

1.	die betroffene Lebensstätte aufgrund der Durchführung mindestens die gleiche Ausdehnung und/oder eine gleiche oder bessere Qualität hat und die betroffene Art diese Lebensstätte während und nach dem Eingriff oder Vorhaben nicht aufgibt <u>oder</u>
2.	die betroffene Art eine in räumlichem Zusammenhang neu geschaffene Lebensstätte nachweislich angenommen hat oder ihre zeitnahe Besiedlung unter Berücksichtigung der besten einschlägigen wissenschaftlichen Erkenntnisse mit einer hohen Prognosesicherheit attestiert werden kann.

im Sinne dieser Vorschrift der Fall sein kann, vgl. Wortlaut des § 15 II BNatSchG und § 1 a III BauGB.

850 *Lau*, in: Frenz/Müggenborg: BNatSchG, § 44, Rn. 42.

851 *Gellermann*, in: Landmann/Rohmer, UmweltR, § 44 BNatSchG, Rn. 44; *Lau*, in: Frenz/Müggenborg: BNatSchG, § 44, Rn. 42; *Stöckel/Müller-Walter*, in: Erbs/Kohlhaas, Strafrechtliche Nebengesetze, § 44 BNatSchG, Rn. 58; BT-Drs. 16/5100, S. 12.

852 *Schmidt-Eichstaedt*, in: UPR 2011, 401 (405).

853 VGH Kassel, Urteil vom 25.06.2009, Az.: 4 C 1347/08, Rn. 52 – zitiert nach *juris*. Vgl. auch *Lau*, in: Frenz/Müggenborg: BNatSchG, § 44, Rn. 42.

854 *Schmidt-Eichstaedt*, in: UPR 2011, 401 (407).

855 Hinweise zu zentralen unbestimmten Rechtsbegriffen des Bundesnaturschutzgesetzes, S. 12.

Es ist in der Praxis nur in begrenztem Maße möglich, eine konkrete Wirkungsprognose hinsichtlich der durchzuführenden vorgezogenen Ausgleichsmaßnahmen abzugeben. Aus diesem Grunde sind im Falle von verbleibenden Unsicherheiten Worst-Case-Betrachtungen zulässig. Gegebenenfalls kann ein projektbegleitendes Monitoring angeordnet werden, welches Teil eines entsprechenden Risikomanagements sein soll.[856] Ein Monitoring umfasst beispielsweise die Bestandserfassung und Prüfung der Besiedlung und Aufrechterhaltung geschaffener oder verbesserter Ausweich- und Ersatzlebensräume.[857]

4. Echte Privilegierung gem. § 44 V 5 BNatSchG

Beachtlich ist, dass Tiere, die nicht zu den „*Verantwortungsarten*“[858] zählen, also nur durch nationales Recht geschützt sind und dadurch keinem gesonderten Schutzstatus unterfallen, über den § 44 V 5 BNatSchG unter Berücksichtigung der Vorgaben des § 44 V 1 BNatSchG ohne das Hinzutreten weiterer Voraussetzungen nicht mehr von den artenschutzrechtlichen Zugriffsverboten erfasst sind. Aus diesem Grund handelt es sich bei § 44 V 5 BNatSchG um eine echte Privilegierung.[859] Die Berücksichtigung des „*Integritätsinteresses*“ der lediglich national geschützten Arten kann demnach nur noch über entsprechendes Fachrecht erfolgen (so z.B. über § 35 III BauGB).[860]

Die Grenze dieser Legalausnahme ist nach dem gesetzgeberischen Willen der absichtliche Eingriff, wobei dies auch schon bei der vorangegangenen Gesetzeslage galt (§ 43 IV BNatSchG 2002).[861] Demnach können solche Eingriffe nicht legal sein, die ohne weiteres hätten vermieden werden können, ohne die Durchführung des Eingriffs bzw. des Vorhabens zu verhindern. Das Bundesverwaltungsgericht legt diese Norm restriktiv im Lichte des Art. 12 I a) FFH-RL aus.[862] Im Anwendungsbereich

---

856 LANA, Hinweise zu zentralen unbestimmten Rechtsbegriffen des Bundesnaturschutzgesetzes, S. 12. Vgl. auch die Hinweise des Ministeriums für Umwelt und Arbeitsschutz, in: Leitfaden zur Beachtung artenschutzrechtlicher Belange beim Ausbau der Windenergienutzung im Saarland betreffend die besonders relevanten Artengruppen der Vögel und Fledermäuse, Stand: Juni 2013, S. 16 ff, abrufbar unter: http://www.saarland.de/dokumente/thema_naturschutz/Leitfaden_Artenschutz_Windenergie_Schlussfassung_19Juni2013.pdf (Abruf am: 09.08.2015).

857 Ministerium für Umwelt und Arbeitsschutz, Leitfaden zur Beachtung artenschutzrechtlicher Belange beim Ausbau der Windenergienutzung im Saarland betreffend die besonders relevanten Artengruppen der Vögel und Fledermäuse, Stand: Juni 2013, S. 22.

858 *Gellermann*, in: Landmann/Rohmer, UmweltR, § 44 BNatSchG, Rn. 40.

859 *Heugel*, in: Lütkes/Ewer, BNatSchG, § 44, Rn. 52; *Schüttel/Gerbig*, in: GK-BNatSchG, § 44, Rn. 53.

860 *Gellermann*, in: Landmann/Rohmer, UmweltR, § 44 BNatSchG, Rn. 40.

861 BT-Drs. 16/5100, S. 12.

862 BVerwG, Urteil vom 14.07.2011, Az.: 9 A 12/10, Rn. 119 – zitiert nach *juris*. Siehe hierzu auch *Stöckel/Müller-Walter*, in: Erbs/Kohlhaas Strafrechtliche Nebengesetze, BNatSchG, § 44, Rn. 57.

des § 44 V 5 BNatSchG sind alle absichtlichen Formen des Fangs oder der Tötung verboten, wobei Absicht im unionsrechtlichen Sinne zu verstehen ist, d.h. dass die Tötung gewollt oder zumindest billigend in Kauf genommen wurde.[863]

5. Fazit

Praktisch bedeutsam ist im Falle der Einschlägigkeit der Tatbestandsmerkmale eines Zugriffsverbots nach § 44 I Nr. 1 oder Nr. 3 BNatSchG die Möglichkeit der Legalausnahme nach § 44 V BNatSchG. Über die Rechtsfolge dieser Privilegierung kann die WEA als Vorhaben auch ohne Ausnahme oder Befreiung gem. §§ 45 VII, 67 BNatSchG aus naturschutzrechtlichen Gründen zulässig sein. Der Anwendungsbereich der Privilegierung ist nur dann eröffnet, wenn es sich um Vorhaben handelt, welche die Vorgaben der Eingriffsregelung nach § 14 ff BNatSchG erfüllt oder unter die in § 18 II 1 BNatSchG aufgeführten baulichen Vorhaben fallen. Kritisch ist die Bezugnahme im § 18 II 1 BNatSchG auf Vorhaben nach § 34 BauGB in diesem Kontext zu sehen. Im Vergleich zu den anderen genannten Varianten ist bei § 34 BauGB mangels Planungsverfahren nicht zwingend eine Umweltprüfung nebst Abarbeitung artenschutzrechtlicher Fragestellungen erfolgt. Daher ist aus Schutzzwecksgesichtspunkten der Tatbestand des § 44 V 1 BNatSchG dahingehend teleologisch zu reduzieren, dass Vorhaben nach § 34 BauGB nicht vom Anwendungsbereich der Privilegierung erfasst sind, soweit mangels Antrags keine frühzeitige Prüfung umweltrechtlicher Belange stattgefunden hat.

Auf Grundlage einer hinreichenden Sachverhaltsermittlung ist mittels einer speziellen artenschutzrechtlichen Prüfung festzustellen, ob die Voraussetzungen für die Privilegierung vorliegen. Notwendig ist eine positive Prognose dahingehend, ob die ökologische Funktion der von dem Eingriff oder Vorhaben betroffenen Fortpflanzungs- oder Ruhestätten im räumlichen Zusammenhang weiterhin erfüllt ist. In der Praxis zeigt sich auch hier die Schwierigkeit, positiv feststellen zu können, ob die Voraussetzungen aus naturschutzfachlicher Sicht gegeben sind.

Im Rahmen der Privilegierung können gem. § 44 V 3 BNatSchG vorgezogene Ausgleichsmaßnahmen zur Sicherung der Erhaltung der ökologischen Funktion im räumlich-funktionalen Zusammenhang angeordnet werden, soweit diese erforderlich sind. Um nicht den Eindruck zu erwecken, dass die vorgezogenen Ausgleichsmaßnahmen zwingend vor dem Eingriff erfolgen müssen, sondern die Erhaltung der Funktion entscheidend ist, sind sie zutreffender als funktionserhaltende Ausgleichsmaßnahmen zu bezeichnen. Auch an dieser Stelle zeigen sich die Prognoseschwierigkeiten

863 Vgl. Hinweis auf das Urteil des EuGH vom 18.05.2006, Rs. C-221/04, Rn. 71 – zitiert nach juris: „*Das Tatbestandsmerkmal der Absichtlichkeit in Artikel 12 Absatz 1 Buchstabe a der Richtlinie kann nur verwirklicht sein, wenn nachgewiesen ist, dass der Handelnde den Fang oder die Tötung eines Exemplars einer geschützten Tierart gewollt oder zumindest in Kauf genommen hat.*“ (Anm.: Sämtliche Hervorhebungen durch die Verfasserin.)

in der Praxis hinsichtlich des Nachweises über die Wirksamkeit von vorgezogenen Ausgleichsmaßnahmen.

Im Rahmen der echten Privilegierung des § 44 V 5 BNatSchG sind Zugriffe auf Arten, die nur durch nationales Recht geschützt sind und dadurch keinem gesonderten Schutzstatus unterfallen, nicht nach § 44 I BNatSchG tatbestandsmäßig, wenn es sich um Eingriffsvorhaben bzw. Vorhaben i.S.d. § 18 II 1 BNatSchG handelt. Grenze ist hier nach allgemeiner Ansicht absichtliches Handeln bzw. billigende Inkaufnahme.

IV. Ausnahme gem. § 45 VII BNatSchG

Ist ein Verbot des § 44 I BNatSchG einschlägig und das Vorhaben somit grundsätzlich unzulässig, besteht noch die Möglichkeit der Erteilung einer **Ausnahme**, um die WEA als bauliches Vorhaben zu legalisieren.[864] Eine solche kann nach den Voraussetzungen des § 45 VII BNatSchG im Wege einer Einzelfallentscheidung erteilt werden. Zunächst muss hierfür einer der Ausnahmegründe nach S. 1 Anwendung finden. Eine Ausnahme kann dann erteilt werden, wenn dies insbesondere aus den folgenden Gründen im Einzelfall als notwendig erachtet wird, namentlich:

1.	*zur Abwendung erheblicher land-, forst-, fischerei-, wasser- oder sonstiger erheblicher wirtschaftlicher Schäden* (**1.**),
4.	*im Interesse der Gesundheit des Menschen, der öffentlichen Sicherheit, einschließlich der Verteidigung und des Schutzes der Zivilbevölkerung, oder der maßgeblich günstigen Auswirkungen auf die Umwelt* (**2.**) oder
5.	*aus anderen zwingenden Gründen des überwiegenden öffentlichen Interesses einschließlich solcher sozialer oder wirtschaftlicher Art* (**3.**).

Soweit einer der Ausnahmegründe des § 45 VII 1 BNatSchG einschlägig ist, ist im Folgenden nach § 45 VII 2 BNatSchG (**4.**) zu prüfen, ob *„zumutbare Alternativen nicht gegeben sind und sich der Erhaltungszustand der Populationen einer Art nicht verschlechtert, soweit nicht Artikel 16 I FFH-RL weiter gehende Anforderungen enthält."*

Es handelt sich bei einer Entscheidung über § 45 VII BNatSchG um einen Fall des **intendierten Ermessens**, d.h. wegen der ausführlichen Regelungen zu den Ausnahmevoraussetzungen in der Norm selbst ist bei deren positivem Vorliegen die Ausnahme regelmäßig zu gewähren.[865] Die gesetzliche Ermesseneinräumung hat lediglich die Aufgabe, dass die Verwaltung die artenschutzrechtliche Ausnahme im

864 Anders *Gatz*, in: Hoppenberg/de Witt, Handbuch des öffentlichen Baurechts, Band 3, Kap. Z V, Rn. 129, der die Hürden des Ausnahmetatbestands für WEA als *„unüberwindlich"* bezeichnet. *Ders.*, in: Windenergieanlagen in der Verwaltungs- und Gerichtspraxis, Rn. 293.

865 VG Freiburg, Urteil vom 17.02.2009, Az.: 3 K 805/08, Rn. 47 – zitiert nach *juris*. *Lau*, in: Frenz/Müggenborg: BNatSchG, § 45, Rn. 13.

Einzelfall auf Grundlage sachgerechter Kriterien verweigern kann.[866] Zu beachten ist, dass eine Ausnahme nach § 45 VII BNatSchG nach Ansicht des Bundesverwaltungsgerichts sogar noch nachträglich erteilt werden kann.[867] Oftmals werden bei Zulassungsverfahren für WEA die artenschutzrechtliche und der habitatschutzrechtliche Ausnahmevorschrift in einem Verfahren parallel geprüft.[868]

1. Ausnahmegrund gem. § 45 VII 1 Nr. 1 BNatSchG

§ 45 VII Nr. 1 BNatSchG bietet die Möglichkeit der Erteilung einer Ausnahme von den Zugriffsverboten, wenn dies der **Abwendung sonstiger erheblicher wirtschaftlicher Schäden** dient. **Wirtschaftliche Schäden** im Sinne dieser Vorschrift sind keine reinen Vermögensschäden.[869] Wurde in der Vergangenheit teilweise angenommen, dass ein existenzielles Interesse der Allgemeinheit durch die Betroffenheit eines bestimmten Zweiges der Volkswirtschaft in der jeweiligen Region vorliegen müsse,[870] wird nunmehr lediglich gefordert, dass eine Beeinträchtigung oder Verschlechterung der wirtschaftlichen Grundlage einzelner Betriebe eingetreten sein muss, um die Einschlägigkeit dieses Ausnahmegrundes bejahen zu können.[871]

Darüber hinaus, muss der Schaden als **erheblich** eingestuft werden können. Dies soll dann der Fall sein, wenn es sich um einen grundrechtsrelevanten Eingriff handelt und dadurch Schäden am eingerichteten und ausgeübten Gewerbebetrieb möglich erscheinen.[872] Ein solcher kann im Einzelfall nur dann angenommen werden, wenn der jeweilige Betriebsinhaber und dessen Betrieb schwer und unerträglich betroffen sind, auch wenn alles Erdenkliche versucht wurde, um eine solche Folge abzuwenden.[873] Nicht nur vor dem Hintergrund des zu gewährleistenden Grundrechtschutzes, sondern auch im Hinblick auf die *„unionsrechtliche Verbürgung des Eigentums“*, kann in dem vorgenannten Fall eine Ausnahme notwendig sein.[874]

---

866 VG Freiburg, Urteil vom 17.02.2009, Az.: 3 K 805/08, Rn. 47 – zitiert nach *juris.*

867 BVerwG, Beschluss vom 29.08.2008, Az.: 9 VR 18.08, Rn. 4 – zitiert nach *juris.*

868 *Kratsch*, in: Schumacher/Fischer-Hüftle, BNatSchG, § 45, Rn. 39 unter Hinweis auf den Leitfaden der EU-Kommission, Leitfaden zum strengen Schutzsystem für Tierarten von gemeinschaftlichem Interesse im Rahmen der FFH-Richtlinie 92/43/EWG, Stand: Februar 2007, Ziff. 1. 2. 3. b), Rn. 42, wonach die gleichzeitige Anwendung von Ausnahmen gemäß Art 6 III, IV Art 16 für die sowohl in Anhang II als auch in Anhang IV aufgelisteten Tierarten betrifft, praktisch durchführbar und unter Schutzgesichtspunkten für sinnvoll erachtet wird.

869 VG Hannover, Urteil vom 27.04.2010, Az.: 4 A 6036/08, Rn. 46 – zitiert nach *juris.*

870 BVerwG, Urteil vom 18.06.1997, Az.: 6 C 3/97, Rn. 28 – zitiert nach *juris*; VG Schleswig, Urteil vom 12.06.2002, Az.: 1 A 229/00, Rn. 23 – zitiert nach *juris.*

871 *Gellermann*, in: Landmann/Rohmer, UmweltR, § 45 BNatSchG, Rn. 20; *Lau*, in: Frenz/Müggenborg: BNatSchG, § 45, Rn. 14.

872 *Lau*, in: Frenz/Müggenborg: BNatSchG, § 45, Rn. 14.

873 OVG Bautzen, Urteil vom 28.05.2009, Az.: 1 B 700/06, Rn. 18 – zitiert nach *juris.*

874 *Gellermann*, in: Landmann/Rohmer, UmweltR, § 45 BNatSchG, Rn. 20 m.w.N.

Die Überschreitung der Erheblichkeitsschwelle bei einem Vorhabenträger von WEA ist nur in besonderen (und in der Praxis wohl sehr seltenen) Fällen denkbar. Denn das Verbot der Errichtung einzelner Anlagen oder eines Windparks wird nur in Extremsituationen zu solch gravierenden wirtschaftlichen Nachteile eines Einzelnen führen, wodurch die Grenze des Art 14 GG überschritten wäre.[875] Nur im Einzelfall können daher beispielsweise bereits getätigte Investitionen von erheblichem Ausmaß den Ausnahmegrund § 45 VII 1 Nr. 1 BNatSchG erfüllen.[876]

2. Ausnahmegrund gem. § 45 VII 1 Nr. 4 BNatSchG

Eine weitere Ausnahmemöglichkeit ist auch in den Fällen denkbar, in denen diese **im Interesse der maßgeblichen günstigen Auswirkungen auf die Umwelt** läge. Der Ausnahmegrund des§ 45 VII 1 Nr. 4 BNatSchG entspricht den Vorgaben des § 34 IV 1 BNatSchG.[877] Vom Vorliegen dieses Ausnahmegrundes ist auszugehen, wenn sich das zu bewilligende Vorhaben auf die Natur oder sonstige Umweltbelange positiv auswirkt.[878] Grundvoraussetzung hierfür ist, dass sich der Zustand der Umwelt **unmittelbar** und **nachweislich** durch das Vorhaben verbessert.[879] Diese Voraussetzung wird man bei WEA nicht bejahen können: Zwar sind erneuerbare Energieprojekte ökologisch sinnvoll, verbessern aber nur mittelbar den Zustand der Umwelt und fallen daher nicht in den Anwendungsbereich dieses Ausnahmetatbestandes.[880]

3. Ausnahmegrund gem. § 45 VII 1 Nr. 5 BNatSchG

Praktisch tatsächlich relevant für die Zulassungspraxis für WEA ist somit schließlich der Tatbestand des § 45 VII 1 Nr. 5 als Ausnahme zu den Zugriffsverboten des besonderen Artenschutzrechts.[881] Näher beleuchtet wird die Ausnahmeerteilung auf Grundlage anderer **zwingender Gründe (a) des überwiegenden öffentlichen Interesses einschließlich solcher sozialer oder wirtschaftlicher Art (b).**[882] Der § 45 VII 1 Nr. 5 enthält eine Öffnungsklausel für nicht ausdrücklich benannte zwingende Gründe, die aber in ihrer Gewichtigkeit und Bedeutung zu den anderen

---

875 Zu dieser Ausnahmemöglichkeit aus wirtschaftlichen Gründen auch LANA, Hinweise zu zentralen unbestimmten Rechtsbegriffen des Bundesnaturschutzgesetzes, S. 14.

876 *Schüttel/Gerbig*, in: GK-BNatSchG, § 45, Rn. 22.

877 Siehe zum habitatschutzrechtlichen Ausnahmetatbestand Ausführungen oben unter B. II. 4. a).

878 *Lau*, in: Frenz/Müggenborg: BNatSchG, § 45, Rn. 17.

879 *Schumacher/Schumacher*, in: Schumacher/Fischer-Hüftle, BNatSchG, § 34, Rn. 99.

880 *Schumacher/Schumacher*, in: Schumacher/Fischer-Hüftle, BNatSchG, § 34, Rn. 99.

881 *Schmidt-Eichstaedt*, in: UPR 2011, 401 (403).

882 So auch *Attendorn*, in: NuR 2013, 153 (161). Insoweit sei indiziell auf die Ausführungen zur Ausnahme im Habitatschutzrecht unter B. II. 4. a) verwiesen.

Gründen unter Nr. 1 – Nr. 4 vergleichbar sein müssen.[883] Zuletzt wird der Meinungsstand zur Reichweite dieses Ausnahmegrundes im Falle der Betroffenheit europäischer Vogelarten skizziert (**c**).

a) Zwingende Gründe

Zwingend sind Gründe immer dann, wenn sie *„einem durch Vernunft und Verantwortungsbewusstsein geleiteten staatlichen Handeln entsprechen.*"[884] Nach der Rechtsprechung des Bundesverwaltungsgerichts unterfällt diesem Begriff nicht vorrangig ein bestimmter Sachzwang oder eine unvermeidbare Notsituation. Vielmehr soll die öffentliche Zweckerreichung gesichert werden.[885] Bei diesem Tatbestandsmerkmal legt das Bundesverwaltungsgericht ausdrücklich einen nicht so hohen Maßstab an die Gründe an, wie bei den Ausnahmen von den habitatschutzrechtlichen Regelungen.[886] Die positiven Auswirkungen müssen für den verfolgten Zweck zumindest nachgewiesen sein, um den gesetzlichen Anforderungen zu genügen.[887] Dieses Merkmal fügt die Kriterien der Geeignetheit und der Erforderlichkeit zusammen.[888] Hinsichtlich der geplanten Energiewende, die sowohl aus national als auch aus europäischer gesetzgeberischer Sicht gewollt und beschlossen ist, ist im Falle des geplanten Baus und Betriebs von WEA dieses Kriterium regelmäßig als gegeben anzusehen.[889] So streitet vor allem das Gemeinwohlinteresse des Klimaschutzes für die Annahme eines zwingenden Grundes.[890]

---

883 *Lütkes*, in: Lütkes/Ewer, in: BNatSchG, § 45, Rn. 44.

884 BVerwG, Urteil vom 27.01.2000, Az.: 4 C 2/99, Rn. 39 – zitiert in *juris*; VGH Kassel, Urteil vom 17.06.2008, Az.: 11 C 2706/07, Ziff. 14.4.3. Das vorgenannte Urteil des BVerwG ist zwar zum Habitatschutzrecht ergangen, jedoch sind die genannten Aussagen auch auf das Artenschutzrecht und eine Ausnahme hiernach anwendbar, als dass das BVerwG festgestellt hat, dass an das Artenschutzrecht keine strengeren Maßstäbe im Vergleich zum Habitatschutz angelegt werden, vgl. Urteil vom 12.03.2008, Az.: 9 A 14/07, Rn. 125 – zitiert nach *juris*.

885 BVerwG, Urteil vom 27.01.2000, Az.: 4 C 2/99, Rn. 39 – zitiert nach *juris*.

886 BVerwG, Urteil vom 09.07.2008, Az.: 9 A 14/07, Rn. 122, 125 – zitiert nach *juris*.

887 OVG Koblenz, Urteil vom 09.07.2008, Az.: 8 C 10399/08, Rn. 129 – zitiert nach *juris*.

888 *Lau*, in: Frenz/Müggenborg: BNatSchG, § 45, Rn. 18.

889 Ähnlich *Fischer-Hüftle*, in: BayVBl. 2012, 709 (713), der die Energiegewinnung als einen solchen zwingenden Grund des überwiegenden öffentlichen Interesses einordnet.

890 In diesem Sinne auch *Attendorn*, in: Kurzgutachten vom 03.06.2012 zum Thema: *„Möglichkeiten und Notwendigkeiten zur Berücksichtigung der Erfordernisse der Energiewende bei der Anwendung ausgewählter Regelungen des Wasser- und des Naturschutzrechts*", S. 3.

b) Überwiegende öffentliche Interessen

Öffentliche Interessen können alle denkbaren öffentlichen Interessen sein, die dem Allgemeinwohl dienen, ausschließlich privater Belange.[891] Grundsätzlich sind rein politische Ziele, denen räumliche, zeitliche und sachlich-funktionale Konkretisierung fehlen, keine hinreichende Grundlage für die Erteilung einer Genehmigung.[892] Der Betrieb von WEA auch durch einen privaten Vorhabenträger ohne Beteiligung öffentlicher Stellen kann nunmehr aufgrund der beschlossenen Energiewende zumindest als ein auch-öffentliches Interesse, das nach dem Verständnis dieser Norm auch zwingend ist, eingeordnet werden, und so von dem Ausnahmetatbestand erfasst sein.[893]

Um eine Ausnahme zu rechtfertigen, muss dieses Interesse auch **überwiegend** sein. Notwendig ist zunächst eine vergleichbare Gewichtigkeit zu den in Nr. 4 aufgezählten geschützten Interessen und darüber hinaus ein Überwiegen im Einzelfall gegenüber den betroffenen Belangen des Artenschutzes.[894] Es hat demnach eine **bipolare Abwägung** der konfligierenden Interessen zu erfolgen.[895] Hierbei ist die tatsächliche Betroffenheit der Schutzgüter mit in die Betrachtung einzubeziehen. Geboten ist eine einzelfallbezogene Abwägungsbegründung, wobei pauschale Verweise, z.B. auf den Umweltschutz, nur ergänzend herangezogen werden sollen.[896] Aufgrund der vergleichsweise geringeren Gewichtung des Artenschutzrechts zum Habitatschutzrecht wird davon ausgegangen, dass die zu erfüllenden Anforderungen an dieser Stelle weniger hoch sind, als bei der Ausnahme nach § 34 III Nr. 1 BNatSchG.[897]

Unterschiede zwischen der Rechtsprechung und der Verwaltungspraxis sind dahingehend festzustellen, ob generell eine artenschutzrechtliche Ausnahme für den geplanten Bau und Betrieb von WEA als ein Segment der erneuerbaren Energien möglich ist. Die Rechtsprechung lehnt regelmäßig das Vorliegen eines überwiegenden Grundes im Sinne des § 45 VII 1 Nr. 5 BNatSchG im Rahmen eines Zulassungsverfahrens für WEA ab. So führte noch vor der Energiewende das OVG Münster im Jahr 2007 folgendes aus:

---

891 *Lau*, in: Frenz/Müggenborg: BNatSchG, § 45, Rn. 18; LANA, Hinweise zu zentralen unbestimmten Rechtsbegriffen des Bundesnaturschutzgesetzes, S. 15.

892 *Lau*, in: Frenz/Müggenborg: BNatSchG, § 45, Rn. 18.

893 AA *Schmidt-Eichstädt*, in: UPR 2010, 401 (407), der WEA als *„normale Investitionsvorhaben"* einordnet, die überwiegenden im privaten wirtschaftlichen Interesse stehen.

894 LANA, Hinweise zu zentralen unbestimmten Rechtsbegriffen des Bundesnaturschutzgesetzes, S. 16.

895 Zum vergleichbaren habitatschutzrechtlichen Ausnahmegrund siehe BVerwG, Urteil vom 09.07.2009, Az.: 4 C 12/07, Rn. 13 f – zitiert nach *juris*.

896 *Lau*, in: Frenz/Müggenborg: BNatSchG, § 45, Rn. 19.

897 *Lau*, in: Frenz/Müggenborg: BNatSchG, § 45, Rn. 19.

„Überwiegende Gründe des Gemeinwohls sind auch in Ansehung der Ausführungen des Klägers dazu, dass Windkraftanlagen einen Beitrag zum Klimaschutz leisten, nicht ersichtlich. Zwar besteht ein durch die Regelungen des Gesetzes über den Vorrang erneuerbarer Energien (EEG) dokumentiertes Interesse des Gesetzgebers an der Nutzung der Windkraft; daraus folgt aber nicht, dass überwiegende Gründe die Errichtung einer Windkraftanlage gerade in diesem landschaftsrechtlich sichergestellten Bereich erfordern.“[898]

Auch das VG Halle nahm 2010 eine solch ähnlich ablehnende Haltung ein und verneinte einen zwingenden Grund des überwiegenden öffentlichen Interesses für ein Ausnahme vom Tötungsverbot des Rotmilans, ungeachtet dessen, dass *„die Windkraftnutzung auch dem Klimaschutz und der Schonung der natürlichen Ressourcen dient.“*[899] Hieran hat sich aber auch nach 2011 nicht viel verändert. Die Rechtsprechung hält in der Regel weiter daran fest, dass das mit der Errichtung von WEA verbundene Interesse an der Energiegewinnung nicht als zwingender Grund des überwiegenden öffentlichen Interesses anzusehen ist.[900]

Dieser Rechtsprechung kann und wird in der Verwaltungspraxis so nicht gefolgt. Die Auswertung der praktisch bedeutsamen Windenergieerlasse der Länder zeigt, dass je nach Einzelfall das Vorliegen eines überwiegenden öffentlichen Interesses im Falle der Zulassung von WEA nunmehr bejaht wird. Wie schon im Rahmen des Habitatschutzrechts dargestellt,[901] nimmt die Verwaltungspraxis in Hessen ein zwingendes öffentliches Interesse in all jenen Fällen an, in denen über die Raumordnung bzw. Bauleitplanung bereits Vorranggebiete für Windenergie ausgewiesen worden sind.[902] In Bayern wird ebenfalls grundsätzlich vom Vorliegen eines öffentlichen Interesses im Hinblick auf den Aufbau einer nachhaltigen Energieversorgung unter Hinweis auf die Vorgabe des § 1 III Nr. 4 Alt. 2 BNatSchG ausgegangen.[903] Zwingend soll das tatbestandliche Interesse jedoch nur dann sein, wenn nachgewiesen wird, dass die WEA an dem konkreten Standort einen bestimmten Stromertrag erzielen kann. Erforderlich ist hierfür mindestens 60 % des Referenzertrages nach Anlage 3 zum EEG 2012.

Die Handhabung in der Praxis ist zu begrüßen und vor dem Hintergrund der Energiewende auch als notwendig zu beurteilen. So ist das Interesse an einer kontinuierlichen Energieversorgung je nach Einzelfallgestaltung als überwiegendes

898 Urteil vom 13.12.2007, Az.: 8 A 2810/04, Rn. 207 – zitiert nach *juris*. Dieses Urteil ist zwar zum Landschaftsschutz ergangen, aber hinsichtlich der Prüfung von überwiegenden Gründen auch im Rahmen der artenschutzrechtlichen Ausnahmeprüfung indiziell heranzuziehen.

899 VG Halle, Urteil vom 19.08.2010, Az.: 4 A 9/10, Rn. 56 – zitiert nach *juris*.

900 VG Cottbus, Urteil vom 07.03.2013, Az.: 4 K 6/10, Rn. 85 – zitiert nach *juris*.

901 Vgl. hierzu bereits die Ausführungen oben unter B. II. 4. a).

902 Leitfaden WKA Hessen vom 29.11.2012, S. 8 f.

903 Hinweise zur Planung und Genehmigung von WKA vom 20.12.2011 unter Ziff. 9.4.4.

öffentliches Interesse einzuordnen.[904] Die Bedeutung des Klimawandels und die einhergehenden negativen erheblichen Folgen sind nicht mehr außer Acht zu lassen und haben in die Beurteilung der Genehmigungsfähigkeit von WEA miteinzufließen. Durch den Ausbau der regenerativen erneuerbaren Energien kann dem Klimawandel aktiv entgegengetreten werden, um erhebliche Schäden am Ökosystem zu vermeiden.[905] Auch aus Sicht der EU-Kommission ist für den Fall der Zulassung von Windparks die Ausnahmemöglichkeit von den artenschutzrechtlichen Verboten grundsätzlich bei positiven Vorliegen der Tatbestandsvoraussetzungen vor dem Hintergrund des Klimawandels anerkannt.[906]

Soweit eine hinreichende Ermittlung der Entscheidungsgrundlage für die Erteilung einer Ausnahme nicht möglich sein sollte, sei es aus Erkenntnis- oder Prognoseunsicherheiten, kann gegebenenfalls mit **Worst-Case-Annahmen** gearbeitet werden.[907] Auf diesem Wege können hilfsweise die qualitativ und quantitativ in Rechnung zu stellenden Beeinträchtigungen und ihre Erheblichkeit unterstellt und der Abwägung zugrunde gelegt werden.[908] Diese Praxis kann bei der besonderen Gefährdungslage bestimmter Vogel- und Fledermausarten durch WEA zu Lasten der Vorhabenträger gehen, da dann eine Ausnahme möglicherweise nicht erteilt wird. Dadurch wäre die WEA als Vorhaben – vorbehaltlich einer Befreiung nach § 67 BNatSchG – unzulässig und daher nicht genehmigungsfähig.

c) Reichweite des Ausnahmetatbestands bei der Betroffenheit europäischer Vogelarten

In Teilen der Literatur wird kritisiert, dass die Ausnahmemöglichkeit nach § 45 VII 1 Nr. 5 BNatSchG auch die Fälle der Betroffenheit von europäischen Vogelarten erfasst, obwohl es an einem entsprechenden Rechtfertigungsgrund in der unionsrechtlichen Vorgabe des Art 9 I VRL fehlt.[909] Das Bundesverwaltungsgericht deutete zwar Zweifel an der unionsrechtlichen Vereinbarkeit wegen des offensichtlichen Unterschieds zwischen den fehlenden Abweichungsvoraussetzungen nach VRL und der Freistellung im nationalem Ausnahmetatbestand an, traf aber selbst keine abschließende Aussage und vermied so eine Vorlage an den EuGH.[910]

---

904 *Schüttel/Gerbig*, in: GK-BNatSchG, § 45, Rn. 32.

905 *Hinsch*, in: ZUR 2011, 191 (196). Siehe hierzu auch *Attendorn*, in: NuR 2013, 153 (161), der den Klimaschutz als gleichrangiges Ziel einordnet.

906 EU-Kommission, Leitfaden zur Entwicklung der Windenergie gemäß den Naturschutzvorschriften der EU, S. 18 f, Stand Oktober 2010, Übersetzung ins Deutsche, Dezember 2012, abrufbar unter: http://ec.europa.eu/environment/nature/natura2000/management/docs/Wind_farms_de.pdf. (Abruf am: 09.08.2015)

907 BVerwG, Beschluss vom 17.07.2008, Az.: 9 B 15/08, Rn. 24 – zitiert nach *juris*.

908 BVerwG, Beschluss vom 17.07.2008, Az.: 9 B 15/08, Rn. 24 – zitiert nach *juris*; Urteil vom 17.01.2007, Az.: 9 A 20/05, Rn. 64 – zitiert nach *juris*.

909 Vgl. zu der jüngeren Rechtsprechung des EuGH *Lau*, in: NuR 2013, 685 f.

910 Urteil vom 12.03.2008, Az.: 9 A 3/06, Rn. 262 – zitiert nach *juris*.

Statt Kritik an der nationalen Norm zu üben, fordern Teile der Literatur aufgrund der fehlenden ausdrücklichen Parallelisierung der Tatbestände auf nationaler und unionsrechtlicher Ebene, dass Art 9 I VRL um einen ungeschriebenen Rechtfertigungsgrund erweitert werden müsse. Somit sollen gewichtige Interessen des Allgemeinwohls eine Ausnahme begründen können.[911] Eine solche Auslegung sei auch in Anbetracht der Vorgaben des Art 2 VRL geboten, wonach *„den wirtschaftlichen und freizeitbedingten Erfordernissen“* Rechnung getragen werden muss.[912] Eine solche Interpretation lehnt sich an die Rechtsprechung des EuGH[913] zur habitatschutzrechtlichen Vorschrift an.

Dieser Ansatz überzeugt, da auf diese Weise in besonderen Ausnahmefällen weitere wichtige Belange des gemeinen Wohls berücksichtigt werden können.[914] Zwar hatte der EuGH in der Vergangenheit den Katalog der Ausnahmegründe als abschließend bewertet.[915] Diese Vorgabe wird vor dem Hintergrund, dass der EuGH selbst Freizeitaktivitäten wie die Jagd als Ausnahmegrund i.S.d. VRL anerkannt hat,[916] als nicht zu streng gesehen und eine extensive Auslegung des Art 9 I VRL als rechtlich möglich erachtet.[917] Denn wenn schon für private Interessen eine Ausnahme vorgesehen ist, dann muss dies erst recht auch für höherrangige Allgemeininteressen gelten. Auch die VRL hat keinen absoluten Geltungsanspruch, sondern findet ihre Grenzen in der Abwägung mit besonders hochrangigen Allgemeingütern. Art 9 I VRL darf in diesen Situationen nicht zur unüberwindbaren Hürde auf Genehmigungsebene verkommen, sondern muss auch aus Gründen der Verhältnismäßigkeit die zwingenden Gründe des überwiegenden öffentlichen Interesses mitberücksichtigen. Hieraus folgt, dass selbst bei einer möglichen Beeinträchtigung europäischer Vogelarten durch den geplanten Betrieb von WEA die Erteilung einer Ausnahme nach § 45 VII 1 Nr. 5 BNatSchG unionsrechtlich nicht zu beanstanden ist, wenn die vorgenannten Tatbestandsmerkmale erfüllt sind.

---

911 *Dolde*, in: NVwZ 2008, 121 (125); *Gellermann*, in: Landmann/Rohmer, UmweltR, § 45 BNatSchG, Rn. 24; *Schüttel/Gerbig*, in: GK-BNatSchG, § 45, Rn. 30. Ähnlich OVG Münster, Beschluss vom 23.03.2007, Az.: 11 B 916/06, Rn. 79 – zitiert nach *juris*.

912 *Dolde*, in: NVwZ 2008, 121 (125).

913 EuGH, Urteil vom 28.02.1991, Rs. C-57/89 (Kommission/Deutschland).

914 So auch *Lau*, in: NVwZ 2011, 461 (467); *Lütkes*, in: NVwZ 2008, 598 (602); *Philipp*, in: NVwZ 2008, 593 (597). Nach *de Witt*, in: Hoppenberg/de Witt, Handbuch des öffentlichen Baurechts, Band 3, Kap. Z III, Rn. 51 ist dies jedenfalls dann der Fall, wenn die Voraussetzungen für eine Enteignung nach Art 14 III GG vorlägen.

915 EuGH, Urteil vom 07.03.1996, Rs.: C-118/94, Rn. 21 – zitiert nach *juris*.

916 EuGH, Urteil vom 16.10.2003, Rs.: C-182/02, Rn. 11 – zitiert nach *juris*.

917 *De Witt*, in: Hoppenberg/de Witt, Handbuch des öffentlichen Baurechts, Band 3, Kap. Z III, Rn. 51; *Gellermann*, in: Landmann/Rohmer, UmweltR, § 45 BNatSchG, Rn. 24; *Schüttel/Gerbig*, in: GK-BNatSchG, § 45, Rn. 30.

4. Weitere Voraussetzungen gem. § 45 VII 2 BNatSchG

Als weitere Voraussetzung neben dem positiven Vorliegen einer der vorgenannten Ausnahmegründe ist die Einhaltung der Tatbestandsmerkmale des § 45 VII 2 BNatSchG zu prüfen. Eine Ausnahme ist nur dann zu erteilen, wenn zusätzlich zum Ausnahmegrund nach S. 1 zumutbare Alternativen (**a**) nicht gegeben sind und sich der Erhaltungszustand der Populationen einer Art nicht verschlechtert (**b**), soweit nicht Art 16 I FFH-RL weiter gehende Anforderungen enthält.

a) Zumutbare Alternativen

Die Notwendigkeit der Prüfung von zumutbaren Alternativen stellt gerade bei der Zulassung einer Ausnahme im Fall einer WEA oftmals das „*Nadelöhr*" der Erteilung dar.[918] Jeder Einzelfall muss für sich beurteilt und eine Abwägung der betroffenen Interessen durchgeführt werden.[919]

Erster Schritt ist die Prüfung, ob überhaupt eine **Alternative** zu dem geplanten Vorhaben existiert. Der Begriff der Alternative leitet sich aus dem Europarecht ab und geht über ein allgemeingültiges Vermeidungsgebot hinaus.[920] Bei der Alternativenprüfung nach § 45 VII 2 BNatSchG handelt es sich nicht um eine Ermessensentscheidung, so dass diese gerichtlich voll überprüfbar ist.[921] Soweit eine zumutbare Alternative gegeben ist, gilt ein strenges Vermeidungsgebot, das nicht im Wege der Abwägung überwunden werden kann.[922] Ausreichend zur Feststellung von Alternativen ist eine **Grobanalyse**. Hierfür ist keine erschöpfende und vertiefte Prüfung notwendig.[923] Folgende Anforderungen werden nach der LANA an eine mögliche **Alternative** gestellt:[924]

– **Eignung**: durch die Alternative müssen die mit dem Vorhaben angestrebten Ziele jeweils im Wesentlichen in vergleichbarer Weise verwirklicht werden können
– **Erforderlichkeit**: es sind keine Alternativen vorhanden, um den mit dem Projekt verfolgten Zweck an anderer Stelle ohne oder mit geringeren Beeinträchtigungen zu erreichen

918 *Fellenberg/Schiller*, in: Gerstner, Kap. 2 B., Rn. 81.

919 *Schüttel/Gerbig*, in: GK-BNatSchG, § 45, Rn. 38.

920 LANA, Hinweise zu zentralen unbestimmten Rechtsbegriffen des Bundesnaturschutzgesetzes, S. 15.

921 BVerwG, Urteil vom 09.06.2010, Az.: 9 A 20/08, Rn. 57 – zitiert nach *juris*; Urteil vom 12.03.2010, Az.: 9 A 3/06, Rn. 169 – zitiert nach *juris*.

922 *Lütkes*, in: Lütkes/Ewer, BNatSchG, § 45, Rn. 48.

923 BVerwG, Urteil vom 12.03.2008, Az.: 9 A 3/06, Rn. 171 – zitiert nach *juris*.

924 LANA, Hinweise zu zentralen unbestimmten Rechtsbegriffen des Bundesnaturschutzgesetzes, S. 15. Nach dem VGH Kassel entsprechen diese den Anforderungen, die im Rahmen der habitatschutzrechtlichen Abweichungsprüfung entscheidungserheblich sind, vgl. Urteil vom 21.08.2009, Az.: 11 C 318/08, Rn. 692 – zitiert nach *juris*.

Die aufgefundene Alternative muss auch **zumutbar** sein, also das Kriterium der Ausgewogenheit erfüllt sein.[925] Diese inhaltliche Anforderung ist Ausfluss des (gemeinschaftsrechtlichen) Verhältnismäßigkeitsgrundsatzes.[926] Im Anwendungsbereich der habitatschutzrechtlichen Ausnahme wurden seitens der Rechtsprechung diverse Anhaltspunkte formuliert, wann eine zumutbare Alternative vorliegt.[927] Diese Vorgaben können auch auf das Artenschutzrecht übertragen werden, da nach überwiegender Ansicht an die artenschutzrechtliche Ausnahmeprüfung jedenfalls keine strengeren Anforderungen zu stellen sind, als an die habitatschutzrechtliche.[928] Von der Zumutbarkeit ist im Einzelfall also immer dann auszugehen, wenn das Vorhabensziel durch die Alternative genauso gut erreicht werden kann, die durch die Ausnahme verursachten Nachteile außer Verhältnis zu den angestrebten Vorhabenszielen stehen und die Alternative einen angemessenen Ausgleich der widerstreitenden Interessen leistet.[929] Dem Vorhabenträger könnte eine andere Ausführung des Vorhabens als ursprünglich geplant zugemutet werden, solange er seine konkret verfolgten Ziele noch erreichen kann. Hierbei hat der Vorhabenträger gewisse Abstriche in Kauf zu nehmen, so beispielsweise finanzieller Art.[930] Das bedeutet, dass sich der Vorhabenträger möglicherweise sogar auf alternative Standorte innerhalb des geplanten Einzugsgebiets oder auf andere Ausführungsvarianten und/oder Vermeidungs- oder Verminderungsmaßnahmen verweisen lassen muss.[931] Nicht verlangt werden kann aber, das Vorhaben an einem ganz anderen Ort durchführen zu müssen.[932] Bei WEA wird es oftmals an einer solchen Alternative fehlen, da es in der Regel ganz konkret auf die jeweiligen örtlichen Besonderheiten und die Windhöffigkeit ankommt.

Unzumutbar sind die **Null-Variante**[933] oder so stark abweichende System- oder Konzeptalternativen, wodurch dem Vorhabenträger quasi ein ***„aliud“*** aufgedrängt

925 LANA, Hinweise zu zentralen unbestimmten Rechtsbegriffen des Bundesnaturschutzgesetzes, S. 15.

926 BVerwG, Urteil vom 12.03.2008, Az.: 9 A 3/06, Rn. 172 – zitiert nach *juris*. *De Witt*, in: Hoppenberg/de Witt, Handbuch des öffentlichen Baurechts, Band 3, Kap. Z III, Rn. 54.

927 BVerwG, Beschluss vom 01.04.2009, Az.: 4 B 62/08, Rn. 45 – zitiert nach *juris*; Urteil vom 09.07.2008, Az.: 9 A 14/07, Rn. 122 – zitiert nach *juris*. Siehe hierzu ausführlich oben unter B. II. 4. b).

928 BVerwG, Urteil vom 12.03.2008, Az.: 9 A 3/06, Rn. 240 – zitiert nach *juris*; *de Witt*, in: Hoppenberg/de Witt, Handbuch des öffentlichen Baurechts, Band 3, Kap. Z III, Rn. 52; *Schüttel/Gerbig*, in: GK-BNatSchG, § 45, Rn. 38.

929 LANA, Hinweise zu zentralen unbestimmten Rechtsbegriffen des Bundesnaturschutzgesetzes, S. 15.

930 *De Witt*, in: Hoppenberg/de Witt, Handbuch des öffentlichen Baurechts, Band 3, Kap. Z III, Rn. 53; *Lau*, in: Müggenborg/Frenz, BNatSchG, § 45, Rn. 21.

931 *Schüttel/Gerbig*, in: GK-BNatSchG, § 45, Rn. 36.

932 VG Saarlouis, Urteil vom 19.09.2007, Az.: 5 K 58/06, Rn. 102 – zitiert nach *juris*.

933 Hierunter ist zu verstehen, dass das Vorhaben gar nicht errichtet wird. Vgl. hierzu auch schon die Ausführungen beim Habitatschutz oben unter B. II. 4. b).

würde.[934] Ebenfalls keine zumutbare Alternative im Sinne dieser Vorschrift ist die Verwirklichung des Vorhabens an einem anderen Ort, an welchem sich mit Sicherheit weitere bzw. andere naturschutzrechtliche (beispielsweise habitatschutzrechtliche) Problemstellungen ergeben würden, die im Ergebnis ebenfalls auf eine Zulassungssperre für das Vorhaben hinauslaufen würden.[935] Ferner kann bei WEA die Frage nach der Unzumutbarkeit aus wirtschaftlichen Gründen praktisch erheblich sein. Feste Obergrenzen hierzu gibt es nicht. In Anlehnung an die Rechtsprechung der Zumutbarkeitsgrenze bei der Eingriffsregelung[936] wird in der Literatur ein Mehraufwand von mind. 10 % der Gesamtinvestitionskosten als unzumutbar eingestuft.[937] Aus praktischer Sicher vermögen prozentuale Grenzen sicherlich ihre Vorteile haben und Rechtssicherheit bieten. Dennoch können diese nicht jedem Einzelfall Rechnung tragen, so beispielsweise, wenn es sich um eine betroffene Art handelt, die sehr selten und somit besonders schutzwürdig ist. In solchen Situationen können bei WEA-Laufzeiten von bis zu 20 Jahren ein Mehr von 10 % des Investitionsvolumens im Vergleich nicht so schwer ins Gewicht fallen. Daher sollte auch bei der Beurteilung der Zumutbarkeit sinnvollerweise auf die je-desto-Formel zurückgegriffen werden:

> *„Je höher die Schutzbedürftigkeit und Repräsentanz der betroffenen Arten ist und je höher der Grad der Beeinträchtigung, desto höhere Mehraufwendungen können zumutbar sein.“*[938]

Zusammenfassend lässt sich festhalten, dass nicht jede Alternative zumutbar sein muss, jedoch die Anforderungen an die Ausnahme als ultima ratio als nicht unerheblich einzustufen sind. Eine *„billige Flucht in die Ausnahme“* ist nämlich nicht zulässig.[939] Zuvor sind alle realistisch zur Verfügung stehenden Möglichkeiten auszuschöpfen. Denn eine Ausnahme stellt im Verwaltungsrecht grundsätzlich den atypischen Fall dar und darf nicht als Allheilmittel eingesetzt werden und so zwingendes Recht zum *„soft law“* aufweichen.[940] Festzuhalten ist, dass, wie auch schon beim Habitatschutzrecht, im Falle der Zulassung von WEA nur in seltenen Fällen zumutbare Alternativen zur Verfügung stehen. Somit ist dieses Tatbestandsmerkmal regelmäßig als erfüllt anzusehen.

---

934 BVerwG, Urteil vom 17.01.2007, Az.: 9 A 20/05, Rn. 143 – zitiert nach *juris*; OVG Koblenz, Urteil vom 08.07.2009, Az.: 8 C 10399/08, Rn. 232 – zitiert nach *juris*. *Schüttel/Gerbig*, in: GK-BNatSchG, § 45, Rn. 36, 39.

935 BVerwG, Urteil vom 12.03.2008, Az.: 9 A 3/06, Rn. 240 – zitiert nach *juris*.

936 OVG Lüneburg, Urteil vom 16.12.2009, Az.: 4 LC 730/07, Rn. 59 – zitiert nach *juris*.

937 *Lau*, in: Müggenborg/Frenz, BNatSchG, § 45, Rn. 22. Sich gegen feste Grenzen aussprechend *Fellenberg*, in: Kerkmann, Naturschutzrecht in der Praxis, § 7, Rn. 153.

938 *Fellenberg*, in: Kerkmann, Naturschutzrecht in der Praxis, § 7, Rn. 153.

939 *Lau*, in: Müggenborg/Frenz, BNatSchG, § 45, Rn. 24.

940 Zu den Begrifflichkeiten der Befreiung, Ausnahme und Abweichung ausführlich *Gassner*, in: NuR 2013, 785 (786).

b) Keine Verschlechterung des Erhaltungszustands der Population

Neben dem Fehlen einer zumutbaren Alternative ist weitere Voraussetzung, dass sich der **Erhaltungszustand der Population einer Art nicht verschlechtert**,[941] soweit nicht der Art 16 I FFH-RL weitergehende Anforderungen enthält. Anders als im Rahmen der Tatbestandsmäßigkeit der Zugriffsverbote des § 44 I BNatSchG ist nicht allein auf die lokale Population abzustellen, sondern auf das gesamte natürliche Verbreitungsgebiet einer Art.[942] Das BNatSchG definiert die **Population** in § 7 II Nr. 6 BNatSchG als *„eine biologisch oder geografisch abgegrenzte Zahl von Individuen einer Art“*. Die Auswirkungen auf die lokale Population können aber indiziell in die Gesamtbeurteilung miteinfließen.[943] Entscheidend ist nach dem Bundesverwaltungsgericht für die Bejahung der Ausnahme, ob die Population als solche in ihrem natürlichen Verbreitungsgebiet, das über das Plangebiet hinausreicht, als lebensfähiges Element erhalten bleibt.[944]

Wann von einer Verschlechterung des Erhaltungszustandes auszugehen ist, ist im Einzelfall zu bestimmen. Als **Erhaltungszustand** eines natürlichen Lebensraum ist die Gesamtheit der Einwirkungen zu verstehen, die Lebensraum und Arten beeinflussen und sich langfristig auf die natürliche Verbreitung, Struktur und Funktionen sowie das Überleben auswirken können, vgl. Art 1 i) 1 FFH-RL. Zu differenzieren ist bei der Beurteilung zwischen Populationen, die sich aktuell in einem ungünstigen Erhaltungszustand befinden und denjenigen, deren Erhaltungszustand als *„günstig“* bezeichnet werden kann. Als **günstig** wird der Erhaltungszustand gem. Art 1 i) 2 FFH-RL gewertet, wenn:

- aufgrund der Daten über die Populationsdynamik der Art anzunehmen ist, dass diese Art ein lebensfähiges Element des natürlichen Lebensraumes, dem sie angehört, bildet und langfristig weiterhin bilden wird, und
- das natürliche Verbreitungsgebiet dieser Art weder abnimmt noch in absehbarer Zeit vermutlich abnehmen wird und
- ein genügend großer Lebensraum vorhanden ist und wahrscheinlich weiterhin vorhanden sein wird, um langfristig ein Überleben der Populationen dieser Art zu sichern.

941 Zum Vergleich: Im Habitatschutzrecht ist der Erhaltungszustand des Lebensraums entscheidend, siehe oben B. II. 3. c).

942 Sog. biogeografische Region, vgl. LANA, Hinweise zu zentralen unbestimmten Rechtsbegriffen des Bundesnaturschutzgesetzes, S. 16. Siehe auch BVerwG, Urteil vom 19.06.2010, Az.: 9 A 20/08, Rn. 53 – zitiert nach *juris*. *Fellenberg/Schiller*, in: Gerstner, Kap. 2 B., Rn. 82; *Lütkes*, in: Lütkes/Ewer, BNatSchG, § 45, Rn. 56.

943 *Lütkes*, in: Lütkes/Ewer, BNatSchG, § 45, Rn. 56.

944 BVerwG, Urteil vom 12.03.2010, Az.: 9 A 3/06, Rn. 249 – zitiert nach *juris*; Urteil vom 16.03.2006, Az.: 4 A 1075/04, Rn. 572 – zitiert nach *juris*.

Soweit der Erhaltungszustand der lokalen Population als günstig bewertet werden kann, ist davon auszugehen, dass keine negativen Auswirkungen für den Erhaltungszustand der Population im Allgemeinen zu befürchten sind.[945] In diesen Fällen kann eine Ausnahme regelmäßig erteilt werden. Kritischer zu bewerten ist der Fall, wenn sich die Population in einem **ungünstigen** Erhaltungszustand befindet. Im Umkehrschluss ist im Falle der negativen Betroffenheit der lokalen Population eine weiträumigere Betrachtung anzulegen, um die Ausnahmefähigkeit des Vorhabens zu überprüfen. Von einer **Verschlechterung** ist dann auszugehen, wenn:[946]

– sich die Größe oder das Verbreitungsgebiet der betroffenen Population verringert, oder
– die Größe oder Qualität ihres Habitats deutlich abnimmt, oder
– sich ihre Zukunftsaussichten deutlich verschlechtern.

Auch an dieser Stelle kann wieder die Verbreitung der Art Indiz für den Erhaltungszustand sein. Soweit es sich um eine häufige bzw. weit verbreitete Art handelt, werden kleinräumige Beeinträchtigungen einzelner Tiere oder lokaler Populationen im Regelfall nicht zu einer nach dieser Vorschrift relevanten Verschlechterung des Erhaltungszustandes führen. Anders hingegen bei einer seltenen Art, bei der schon die Beeinträchtigung von Individuen zu einer Verschlechterung des Erhaltungszustands führen kann und somit eine Ausnahmeerteilung nicht mehr möglich ist.[947] Nur vorübergehende Verschlechterungen reichen noch nicht zur Versagung der Ausnahme, solange mit großer Sicherheit davon ausgegangen werden kann, dass sich die Population erholen wird und wieder eine entsprechende Größe wie zuvor haben wird. Der Verlust eines einzelnen Reviers ist daher nicht zwingend gleichzusetzen mit der Verschlechterung des Erhaltungszustands, so lange die Population als *„lebensfähiges Element“* erhalten bleibt.[948] Fehlt es an gesicherten Erkenntnissen

---

945 BVerwG, Urteil vom 12.03.2008, Az.: 9 A 3/06, Rn. 249 – zitiert nach *juris*; VGH Kassel, Beschluss vom 02.01.2009, Az.: 11 B 368/08, Rn. 68 – zitiert nach *juris*; *Lütkes*, in: Lütkes/Ewer, BNatSchG, § 45, Rn. 56 unter Hinweis auf EU-Kommission, Leitfaden zum strengen Schutzsystem für Tierarten von gemeinschaftlichem Interesse im Rahmen der FFH-Richtlinie 92/43/EWG, Stand: Februar 2007, Kap. III. 2. 3. b), Ziff. 49 ff.

946 LANA, Hinweise zu zentralen unbestimmten Rechtsbegriffen des Bundesnaturschutzgesetzes, S. 16; *Kratsch*, in: Schumacher/Fischer-Hüftle, BNatSchG, § 45, Rn. 46.

947 Zur Abgrenzung vgl. LANA, Hinweise zu zentralen unbestimmten Rechtsbegriffen des Bundesnaturschutzgesetzes, S. 16; vgl. auch EU-Kommission, Leitfaden zum strengen Schutzsystem für Tierarten von gemeinschaftlichem Interesse im Rahmen der FFH-Richtlinie 92/43/EWG, Stand: Februar 2007, Kap. III. 2. 3. b), Ziff. 51.

948 BVerwG, Beschluss vom 17.04.2010, Az.: 9 B 5/10, Rn. 10 – zitiert nach *juris*.

über den Erhaltungszustand, so ist im Zweifel von einem ungünstigen Erhaltungszustand auszugehen.[949]

In der Vergangenheit war in diesem Zusammenhang der zweite Halbsatz des § 45 VII 2 BNatSchG Gegenstand heftiger Diskussion in Literatur und Rechtsprechung. Ungeklärt war die materielle Wirkung der Bezugnahme auf den Art 16 I FFH-RL, soweit der Erhaltungszustand als ungünstig zu bewerten ist. Ausgangspunkt war eine Entscheidung des EuGH zum finnischen Wolf.[950] In der deutschen Übersetzung dieses Urteils war ein Passus enthalten, wonach nur *„außergewöhnliche Umstände"* eine Ausnahme nach Art 16 I FFH-RL rechtfertigen könnten und darüber hinaus der Nachweis geführt werden könne, dass sich der günstige Erhaltungszustand nicht weiter verschlechtere *„oder"* die Wiederherstellung eines günstigen Erhaltungszustands nicht behindert werde. Unklar war, ob eine artenschutzrechtliche Ausnahme nur unter solch strengen Voraussetzungen erteilt werden könne bzw. ob in der Praxis diese Voraussetzungen überhaupt erfüllt werden können und somit eine Ausnahmeerteilung denkbar ist.[951]

Das Bundesverwaltungsgericht hat zu diesem Problem Stellung genommen und sowohl die Verwendung der Worte *„außergewöhnliche Umstände"* als auch des Wortes *„oder"* im vorgenannten Kontext als Übersetzungsfehler eingeordnet.[952] Hieraus folgt, dass eine Ausnahme von den Verboten des besonderen Artenschutzrechts grundsätzlich auch in den Fällen erteilt werden kann, in denen sich die Populationen der betreffenden Art schon vor dem Eingriff in einem **ungünstigen Erhaltungszustand** befinden. Es ist ausreichend, wenn der Nachweis darüber erbracht werden kann, dass der betreffende Eingriff/das Vorhaben weder den Erhaltungszustand der Populationen weiter verschlechtert noch die Wiederherstellung eines günstigen Erhaltungszustands behindert.[953] Es wird angenommen, dass es des zweiten Halbsatzes als sogenannter *„Angstklausel"* wohl nicht bedurft hätte, weil der Art 16 I FFH-RL keine weitergehenden Anforderungen zu den Voraussetzungen des ersten Halbsatzes des § 45 VII 2 BNatSchG enthält.[954]

Um entsprechend eine sachgerechte Beurteilung über die Tatbestandsvoraussetzungen des § 45 VII BNatSchG treffen zu können, ist daher in einem **ersten Schritt** eine **Bestandsaufnahme** durchzuführen. Die Behörde hat zu prüfen, wie der status quo des Erhaltungszustands der betroffenen Arten und Lebensräume zum Zeitpunkt

949 BVerwG, Urteil vom 14.04.2010, Az.: 9 A 5/08, Rn. 140 – zitiert nach *juris*.

950 EuGH, Urteil vom 14.06.2007, Rs. C-342/05 (Kommission/Finnland).

951 Zur Problematik *Lau*, in: Müggenborg/Frenz, BNatSchG, § 45, Rn. 25 f unter Hinweis auf *Steeck*, in: NuR 2010, 4 ff; *ders.*, in NVwZ 2011, 461 (466 f).

952 BVerwG, Beschluss vom 17.04.2010, Az.: 9 B 5/10, Rn. 8 f – zitiert nach *juris*; Urteil vom 14.04.2010, Az.: 9 A 5/08, Rn. 141 – zitiert nach *juris*.

953 BVerwG, Beschluss vom 17.04.2010, Az.: 9 B 5/10, Rn. 8 – zitiert nach *juris*. *Lau*, in NVwZ 2011, 461 (466).

954 *Lütkes*, in: Lütkes/Ewer, BNatSchG, § 45, R. 62.

der Entscheidung ist.[955] In einem **zweiten Schritt** ist eine **Prognose** dahingehend anzustellen, ob und wie sich der Erhaltungszustand der betroffenen Art durch das Vorhaben verändert. Hierbei muss jeder Einzelfall anhand artspezifischer Kriterien für sich beurteilt werden.[956] Eine schematische oder pauschale Beantwortung dieser Fragen verbietet sich. Insoweit wird der Behörde ein gewisser **Beurteilungsspielraum** zugestanden.[957] Die elementare Frage ist, ob die Population der betroffenen Art als solche in ihrem natürlichen Verbreitungsgebiet weiterhin erhalten bleibt.[958]

In diesem Zusammenhang können zur Sicherstellung des Ausbleibens einer Verschlechterung des Erhaltungszustands **artenschutzrechtliche Ausgleichsmaßnahmen** angeordnet werden.[959] In welchem Umfang auf solche kompensatorische Maßnahmen zurückgegriffen werden kann, ist aufgrund der fehlenden ausdrücklichen Regelung im Vergleich zum Habitatschutzrecht (nämlich den Kohärenzsicherungsmaßnahmen) nicht abschließend geklärt.[960] Insoweit kann sich an die Rechtsprechung des EuGH angelehnt werden, wonach das Gericht auch ohne ausdrückliche Ermächtigungsgrundlage die Durchführung solcher Maßnahmen als zulässig erachtete.[961] Denn solange der Zweck der Vorschrift, d.h. die Sicherung des Erhaltungszustands, erreicht werden kann, ist eine solche Anordnung auch aus Schutzgesichtspunkten sinnvoll. Außerdem stellt die Anordnung von Ausgleichsmaßnahmen für den Vorhabenträger das mildere Mittel im Vergleich zu der Versagung einer Genehmigung (vorbehaltlich einer Befreiungserteilung) dar. Eine ausdrückliche Aufnahme in das Gesetz würde sicherlich Wertungswidersprüche vermeiden und Rechtsklarheit schaffen. Hierbei kann sich der Gesetzgeber an der gesetzlichen Anordnung der Kohärenzsicherungsmaßnahmen nach § 34 BNatSchG orientieren.[962]

Materiell sind die vorgenannten Maßnahmen zu den vorgezogenen Ausgleichsmaßnahmen nach § 44 V BNatSchG abzugrenzen. Die vorgezogenen Ausgleichsmaßnahmen müssen einen Bezug zur Lebensstätte bzw. zur lokalen Population aufweisen.[963] Anders hingegen die Ausgleichsmaßnahmen auf Ebene der Ausnahme nach § 45 VII BNatSchG, welche einen großflächigeren Einsatzbereich haben können, aber schon vor oder spätestens zum Beeinträchtigungszeitpunkt durchzuführen

955 VGH Mannheim, Urteil vom 07.08.2009, Az.: 5 S 2348/08, Rn. 39, 84 – zitiert nach *juris.*

956 *Lütkes*, in: Lütkes/Ewer, BNatSchG, § 45, Rn. 57.

957 BVerwG, Urteil vom 12.03.2010, Az.: 9 A 3/06, Rn. 242 – zitiert nach *juris*; Beschluss vom 13.03.2008, Az.: 9 VR 9/07, Rn. 45 – zitiert nach *juris.*

958 BVerwG, Urteil vom 12.03.2010, Az.: 9 A 3/06, Rn. 242 – zitiert nach *juris.*

959 Auch *„populationsstützende Maßnahmen"*, vgl. *Fellenberg/Schiller*, in: Gerstner, Kap. 2 B., Rn. 82 oder *„artenschutzspezifische Kompensationsmaßnahmen"* genannt, vgl. *Fellenberg*, in: Kerkmann, Naturschutzrecht in der Praxis, § 7, Rn. 161.

960 Bejahend *Kratsch*, in: Schumacher/Fischer-Hüftle, BNatSchG, § 45, Rn. 49; *Lau*, in: Müggenborg/Frenz, BNatSchG, § 45, Rn. 29.

961 EuGH, Urteil vom 28.02.1991, Rs.: C-57/89, Rn. 25 f, NVwZ 1991, 559 f.

962 Vgl. oben bei B. II. 4. c).

963 Siehe zu den CEF-Measures oben unter III. 3.

sind.[964] Die artenschutzrechtlichen Ausgleichsmaßnahmen müssen nicht notwendigerweise der lokalen Population zugutekommen, sondern der Population in der biogeografischen Region insgesamt.[965] Zur Kontrolle der Wirksamkeit können die Ausgleichsmaßnahmen im Rahmen der Ausnahme durch die Anordnung eines **Monitorings** zur Überwachung im Rahmen eines gegebenenfalls umfassenden Risikomanagements begleitet werden.[966]

5. Fazit

Auch wenn der Tatbestand eines Zugriffsverbots nach § 44 I BNatSchG eröffnet ist, der nicht über die Einschlägigkeit der Privilegierung nach § 44 V BNatSchG legalisiert werden kann, verbleibt die Möglichkeit der Erteilung einer Ausnahme nach § 45 VII BNatSchG im Rahmen des immissionschutzrechtlichen Genehmigungsverfahrens. Diese Norm enthält einige Ausnahmegründe, die aber nicht alle auf WEA als bauliche Vorhaben Anwendung finden. In der Praxis kommt regelmäßig nur der Ausnahmegrund des § 45 VII 1 Nr. 5 BNatSchG in Betracht, um WEA im Falle der artenschutzrechtlichen Zugriffsverbote dennoch im Einzelfall zulassen zu können. Voraussetzung hierfür ist das Vorliegen anderer zwingender Gründe des überwiegenden öffentlichen Interesses einschließlich solcher sozialer oder wirtschaftlicher Art. Bei WEA ist das Vorliegen eines solch gewichtigen Grundes im öffentlichen Interesse nach der hier vertretenen Ansicht in der Regel zu bejahen, weil diese Anlagen der Unterstützung der Energiewende dienen und dadurch einem durch Vernunft und Verantwortungsbewusstsein geleiteten staatlichen Handeln entsprechen.

Beim Abgleich der unionsrechtlichen Vorgabe des Art 9 VRL und dem Ausnahmetatbestand des § 45 VII 1 Nr. 5 BNatSchG zeigt sich ein Unterschied dahingehend, dass die nationale Ausnahme auch im Falle der Beeinträchtigung von europäischen Vogelarten greift, die europarechtliche Ausnahme hingegen nicht. Bisher hat sich die Rechtsprechung noch nicht zu einer eindeutigen rechtlichen Bewertung dieser inhaltlichen Diskrepanz durchgerungen. Nach der hier vertretenen Ansicht schadet dies nicht dem Anwendungsbereich der nationalen Norm. Vielmehr ist der Art 9 VRL vor dem Hintergrund der aktuellen Rechtsprechung des EuGH auszulegen und ggf. sogar inhaltlich dahingehend anzupassen, dass aus Gründen der Verhältnismäßigkeit auch zwingende Gründe des überwiegenden öffentlichen Interesses als taugliche Ausnahmegründe ins Feld geführt werden können. Demnach ist selbst bei der möglichen Beeinträchtigung europäischer Vogelarten durch den geplanten Betrieb von WEA eine Ausnahmeerteilung unionsrechtlich nicht zu beanstanden, wenn die vorgenannten Tatbestandsmerkmale des § 45 VII 1 Nr. 5 BNatSchG erfüllt sind.

---

964 *Kratsch*, in: Schumacher/Fischer-Hüftle, BNatSchG, § 45, Rn. 50.

965 *De Witt*, in: Hoppenberg/de Witt, Handbuch des öffentlichen Baurechts, Band 3, Kap. Z III, Rn. 60; *Fellenberg*, in: Kerkmann, Naturschutzrecht in der Praxis, § 7, Rn. 161.

966 *Fellenberg*, in: Kerkmann, Naturschutzrecht in der Praxis, § 7, Rn. 162.

Neben der Einschlägigkeit eines Ausnahmegrundes nach § 45 VII 1 BNatSchG ist es erforderlich, dass keine zumutbaren Alternativen zu dem Vorhaben existieren und sich der Erhaltungszustand der Population einer Art nicht verschlechtert. Diese Vorgaben müssen sich in besonderer Maße an den unionsrechtlichen Vorgaben ausrichten. Bei der Prüfung der zumutbaren Alternativen ist festzustellen, dass es sich hierbei nicht um eine Ermessensentscheidung handelt, sondern die Prüfung auf Tatbestandsebene ansetzt und somit voll gerichtlich überprüfbar ist. Bei der Prüfung der Zumutbarkeit ist auf die zum Habitatschutzrecht entwickelten Vorgaben zurückzugreifen. Die Frage der Zumutbarkeit bemisst sich am Verhältnismäßigkeitsgrundsatz, so dass dem Vorhabenträger nicht auferlegt werden kann, gänzlich anderes Vorhaben durchführen zu müssen, um die Vorgaben erfüllen zu können. Die Anforderungen an die Zumutbarkeit müssen noch im Verhältnis zu realen und wirtschaftlichen Begebenheiten bei der Projektausführung stehen und dabei die artenschutzrechtlichen Belange hinreichend beachten. Nur in Ausnahmefällen können wirtschaftliche Mehrbelastungen die Grenze zur Unzumutbarkeit überschreiten. Eine billige Flucht in die Ausnahme ist nämlich aufgrund der Wertigkeit der artenschutzrechtlichen Schutzgüter unzulässig.

Neben dem Fehlen einer zumutbaren Alternative darf sich gem. § 45 VII 2 BNatSchG der Erhaltungszustand der Population einer Art nicht verschlechtern. Hierbei ist das gesamte natürliche Verbreitungsgebiet einer Art in die Bewertung miteinzubeziehen. Zu differenzieren ist, ob der Erhaltungszustand vor dem Eingriff als günstig oder ungünstig einzuordnen ist. Im ersten Fall kann regelmäßig eine Ausnahme nach § 45 VII BNatSchG erteilt werden. Bei einem vorherigen ungünstigen Erhaltungszustand ist eine großräumige Betrachtung geboten, wobei diverse Einzelaspekte mit in die rechtliche Bewertung einfließen und eine sorgfältige Bestandsaufnahme geboten ist. Nach einer Klarstellung durch das Bundesverwaltungsgericht ist nun geklärt, dass selbst bei einem ungünstigen Erhaltungszustand eine Ausnahme erteilt werden kann, soweit der Nachweis darüber erbracht wird, dass das zu genehmigende Vorhaben weder den Erhaltungszustand der Populationen weiter verschlechtert noch die Wiederherstellung eines günstigen Erhaltungszustands behindert. Grundlage für eine Ausnahmeerteilung ist demnach eine positive Prognose hinsichtlich der weiteren Entwicklung des Erhaltungszustandes, wobei auch hier dem Entscheidungsträger einen gewissen Beurteilungsspielraum zugestanden wird.

Um das Ausbleiben der Verschlechterung des Erhaltungszustands sicherzustellen, kann es nach der hier vertretenen Ansicht zulässig und geboten sein, artenschutzrechtliche Ausgleichsmaßnahmen anzuordnen. Zwar fehlt es an einer ausdrücklichen Anordnung. Dies ist soweit unschädlich, als dass durch die Durchführung der vorgenannten Maßnahme der Zweck der Norm erreicht werden kann und andernfalls das Vorhaben nicht ausnahmefähig und somit unzulässig wäre. An dieser Stelle ist für die Rechtsanwendungssicherheit eine Erweiterung des Wortlauts des § 45 VII BNatSchG durch den Gesetzgeber geboten, der die Möglichkeit von den artenschutzrechtlichen Ausgleichsmaßnahmen ausdrücklich vorsieht. Diese Maßnahmen sind nicht mit den vorgezogenen Ausgleichsmaßnahmen gleichzusetzen, sondern können einen weiteren Einsatzbereich haben und sind vor oder mit dem Eingriff durchzuführen.

V. Befreiung gem. § 67 BNatSchG

Verbleiben keine weiteren Möglichkeiten, d.h. der Verbotstatbestand ist eröffnet, eine Privilegierung oder vorgezogene Ausgleichsmaßnahme hilft nicht weiter und eine Ausnahme ist nicht möglich, ist in letzter Instanz an die Erteilung einer **Befreiung** nach § 67 BNatSchG zu denken. Durch den Rückschluss aus dem Wortlaut des § 67 I 2 BNatSchG ergibt sich, dass eine Befreiung von den Zugriffsverboten nur über Absatz II möglich wäre.[967]

Nach § 67 II BNatSchG kann auf Antrag eine Befreiung von den Verboten des § 44 I BNatSchG erteilt werden, *„wenn die Durchführung der Vorschrift im Einzelfall zu einer unzumutbaren Belastung führen würde"*. Eine solche Befreiung gilt als ultima ratio und kommt nur dann in Betracht, wenn sich im Rahmen einer Abwägung mit den naturschutzrechtlich geschützten Belangen die Durchsetzung der Zugriffsverbote wegen ihrer *„Besonderheit und Schwere als unangemessen erweist"*.[968] Nach der Rechtsprechung sind diese Voraussetzungen in Ansehung der Gegebenheiten des Einzelfalls und der ihn prägenden Umstände als gegeben anzusehen, wenn die Folgen der Zugriffsverbote als *„nicht gerechtfertigt"*, *„unbillig"* oder *„unangemessen"* erscheinen.[969] Die als Ermessensentscheidung ausgestaltete Norm ist *„eine Ausgestaltung des allgemeinen verfassungsrechtlichen Verhältnismäßigkeitsgebots."*[970] Die Regelung zielt darauf ab, dass im Einzelfall das Interesse an einer Durchsetzung des gesetzlichen Verbots mit dem Interesse an der Ermöglichung bzw. Fortdauer der Nutzung abgewogen werden kann.[971]

Ob bei einem Verstoß gegen die artenschutzrechtlichen Verbote die Befreiung nach § 67 BNatSchG überhaupt erteilt werden kann, ist nicht abschließend geklärt. In Teilen der Literatur und Rechtsprechung wird angenommen, dass der Befreiung neben der Ausnahme nach § 45 VII BNatSchG keine eigenständige Rolle zukommen kann.[972] Begründet wird dieser Ansatz damit, dass überwiegende öffentliche Interessen durch die Neufassung des Befreiungstatbestandes ausschließlich über

---

967 *„Im Rahmen des Kapitels 5 gilt Satz 1 nur für die §§ 39 und 40, 42 und 43."*

968 *Heugel*, in: Lütkes/Ewer, BNatSchG, § 67, Rn. 12.

969 VG Halle, Urteil vom 19.08.2010, Az.: 4 A 9/10, Rn. 56 – zitiert nach *juris*.

970 *Attendorn*, in: NuR 2013, 153 (161) m.w.N.

971 OVG Magdeburg, Urteil vom 19.01.2012, Az.: 2 L 124/09, Rn. 111 – zitiert nach *juris* unter Hinweis auf BT-Drs. 16/5100, S. 13.

972 *De Witt*, in: Hoppenberg/de Witt, Handbuch des öffentlichen Baurechts, Band 3, Kap. Z III, Rn. 65; *Hinsch*, in: ZUR 2011, 191 (197); *Pauli*, in BauR 2008, 759 (769). Vgl. hierzu auch *Gatz*, in: Windenergieanlagen in der Verwaltungs- und Gerichtspraxis, Rn. 294, der die Anwendbarkeit der Befreiungsmöglichkeit auf WEA grundsätzlich ablehnt.

die Ausnahme zu berücksichtigen sind.[973] Überzeugender ist aber die vermittelnde Ansicht, wonach anders als im noch strengeren Habitatschutzrecht die Befreiung grundsätzlich im Artenschutzrecht noch neben der Ausnahmemöglichkeit anwendbar ist, aber nur in atypischen Fällen greift.[974] Denn es können denkbar Situationen auftreten, in denen über die Ausnahmemöglichkeit des § 45 VII BNatSchG ein Grundrechtseingriff des Vorhabenträgers zu befürchten ist, der zumindest im Wege der Verhältnismäßigkeit berücksichtigt werden muss.[975]

Tatbestandlich ist eine **Abwägung** der widerstreitenden Interessen durchzuführen. Zwar enthält der Wortlaut des § 67 II BNatSchG anders als der Absatz I Nr. 2 die Abwägung mit naturschutzrechtlichen Belange nicht ausdrücklich als Voraussetzung. Dennoch ist davon auszugehen, dass eine solche Abwägung auch beim zweiten Absatz durchzuführen ist.[976] Überzeugend begründet wird dies mit dem in jedem Falle zu berücksichtigenden Schutzregime der artenschutzrechtlichen Verbote und dem vergleichbaren Schutzzweck dieser Befreiungsalternative.[977] Schließlich enthält die Entscheidung über die Zumutbarkeit notwendigerweise auch die Bestimmung und Gewichtung entgegenstehender Interessen, die bei einer Abwägungsentscheidung entsprechend berücksichtigt werden müssen.

Die konfligierenden Interessen werden im Rahmen der Einzelfallentscheidung über die Befreiung einander gegenübergestellt und im Wege der praktischen Konkordanz möglichst in schonenden Ausgleich gebracht. Regelmäßig werden aber die grundrechtlich geschützten Interessen des Vorhabenträgers, wie z.B. die Baufreiheit aus Art 14 GG aufgrund der Sozialbindung des Eigentums hinter den artenschutzrechtlich geschützten Interessen zurücktreten. Denn selbst wenn geschützte Interessen betroffen sind, wird der Eingriff regelmäßig gerechtfertigt und verhältnismäßig sein. Auch in der Rechtsprechung wird die Befreiungsmöglichkeit nach § 67 BNatSchG bei WEA nicht pauschal abgelehnt, sondern eine Einzelfallbetrachtung

---

973 OVG Münster, Beschluss vom 21.02.2011, Az.: 8 A 1837/09, Rn. 19, 67 – zitiert nach *juris*. So auch *de Witt*, in: Hoppenberg/de Witt, Handbuch des öffentlichen Baurechts, Band 3, Kap. Z III, Rn. 65, der die Möglichkeit der Befreiung nur bei privaten Vorhaben anerkennt, die sich nicht auf ein überwiegendes öffentliches Interesse berufen können.

974 *Dolde*, in: NVwZ 2007, 7 (9); *Fellenberg*, in: Kerkmann, Naturschutzrecht in der Praxis, § 7, Rn. 168. WA *Gellermann*, in: Hansmann/Sellner, Umweltrecht, Kap. 10, Rn. 129; *ders.*, in: NVwZ 2010, 73 (78). Gellermann bejaht die Befreiungsmöglichkeit nur bei national geschützten Arten, nicht aber bei europäisch geschützten Arten. Seiner Ansicht nach enthalten die zugrundeliegenden europäischen Richtlinien keinen Befreiungstatbestand im Falle unzumutbarer Belastung, so dass entsprechend der europarechtskonformen Auslegung der nationalen Vorschrift diese Vorschrift unangewendet bleiben müsse.

975 *Attendorn*, in: NuR 2013, 153 (162).

976 *Stöckel/Müller-Walter*, in: Erbs/Kohlhaas, Strafrechtliche Nebengesetze, § 67 BNatSchG, Rn. 8.

977 *Heugel*, in: Lütkes/Ewer, BNatSchG, § 67, Rn. 13.

nebst Abwägung durchgeführt. So führt das OVG Magdeburg zur Befreiungsmöglichkeit einer WEA aus:

> *„Von einer unzumutbaren Belastung kann nur bei einer erheblichen Beeinträchtigung der Interessen des betroffenen Bürgers, insbesondere bei Eingriffen in Freiheit und Eigentum gesprochen werden; betriebswirtschaftliche Erwägungen, betriebliche Erschwernisse oder entgangene Gewinnmöglichkeiten genügen nicht. [...] Insoweit kann es nicht als unzumutbare Belastung angesehen werden, wenn ein Windenergieanlagenbetreiber an einem bestimmten Ort sein Vorhaben zur Errichtung von Windenergieanlagen nicht verwirklichen kann.“*[978]

4. Abschnitt: Besonderheiten von Windenergieanlagen im Wald und des Repowerings auf Zulassungsebene

A. Besonderheiten von Windenergieenergieanlagen im Wald

Die Windenergienutzung im Wald wird durch den technischen Fortschritt der modernen WEA vor allem aufgrund ihrer durchschnittlichen Höhe von mehr als 100 m grundsätzlich für möglich gehalten.[979] Aufgrund des Umstandes, dass Deutschland über einen hohen Waldanteil von ca. 30 % verfügt, der bisher kaum für Windenergie genutzt wurde, wird hierin großes Potenzial gesehen.[980] Auf der Suche nach weiteren Ausbaumöglichkeiten für Windenergie wird nun – anders als noch vor einigen Jahren – die Heranziehung von Waldflächen im Allgemeinen befürwortet.[981] Die veränderte Bereitschaft von Windenergie im Wald zeigt sich auch in den entsprechenden neuen Regelungen in den Windenergieerlassen der Länder.[982]

978 OVG Magdeburg, Urteil vom 19.01.2012, Az.: 2 L 124/09, Rn. 111 – zitiert nach *juris*.

979 Vgl. hierzu auch *Lietz*, in: UPR 2010, 54, die für Windenergie im Wald eine Mindesthöhe von 80–100 m fordert.

980 Der Waldanteil ist in den verschiedenen Bundesländern unterschiedlich hoch: in Schleswig-Holstein beträgt er ca. 10 %, in Rheinland-Pfalz 42 %, vgl. Potenzialstudie des UBA, S. 24. In NRW beträgt der Anteil 26 %, vgl. Leitfaden - Rahmenbedingungen für Windenergieanlagen auf Waldflächen in Nordrhein-Westfalen, S. 5.

981 U.a. *Gatz*, in: Windenergieanlagen in der Verwaltungs- und Gerichtspraxis, Rn. 387; *Scheidler*, in: KommJur 2012, 367 (371).

982 Vgl. u.a. den Leitfaden - Rahmenbedingungen für Windenergieanlagen auf Waldflächen in Nordrhein-Westfalen, 2012, sowie Ziff. 8.2.1.4 im Windenergieerlass NRW vom 11.07.2011; die bayrischen Hinweise zur Planung und Genehmigung von WKA vom 20.12.2011 unter Ziff. 10.1.; das Rundschreiben Windenergie Rheinland-Pfalz vom 28.05.2013, S. 44, Ziff. G. 4.8. Restriktiver soll die Handhabung mit Windenergie im Wald Baden-Württemberg gehandhabt werden, vgl. Windenergieerlass vom 09.05.2012, Ziff. 4.2.3.3. Strenger auch die Handhabung im Land Mecklenburg-Vorpommern, welches aufgrund seiner Waldarmut Windenergie grundsätzlich vollständig ausschließt, vgl. Hinweise zur Festlegung

Soweit bestimmte Waldflächen auf Raumordnungs- oder Flächennutzungsplanebene nicht als Tabuzone qualifiziert wurden, ist über die Zulässigkeit von WEA an dem Standort im Wald *„normal“* anhand des einschlägigen Fachrechts zu entscheiden. Schon die Errichtung der WEA im Wald kann zu Nutzungskonflikten mit Flora und Fauna führen, beispielsweise durch die Zerstörung von Aktions- und Lebensräumen.[983] Hierdurch sind die **Verbote aus dem Landschaftsschutz-, Habitatschutz- und Artenschutzrecht** tangiert.[984] Aber auch der Betrieb von WEA selbst ist aufgrund der möglichen Auswirkungen auf Tier und Landschaft auf die Vereinbarkeit mit dem entsprechenden Fachrecht zu überprüfen. Darüber hinaus ist der Bau einer WEA im Wald auch als Eingriff im Sinne des § 14 ff BNatSchG zu qualifizieren und somit dem Rechtsfolgenregime der **Eingriffsregelung** unterworfen.[985] Da bisher keine ausreichenden naturschutzfachlichen Erkenntnisse dahingehend vorliegen, welche Auswirkungen WEA im Wald tatsächlich auf das Ökosystem haben, ist eine besonders gründliche Sachverhaltsermittlung vor dem Bau und Betrieb zu fordern.[986] Gegebenenfalls ist eine FFH-VP durchzuführen.

Darüber hinaus sind auch die speziellen Anforderungen des jeweiligen Waldgesetzes zu erfüllen, wobei sowohl die Normen des **Bundeswaldgesetzes**[987] als auch die **jeweiligen landesrechtlichen Ausgestaltungen** zu prüfen sind. Unter **Wald** versteht man jede mit Forstpflanzen bestockte Grundfläche, wobei gem. § 2 I BWaldG hierunter auch kahlgeschlagene oder verlichtete Grundflächen, Waldwege, Waldeinteilungs- und Sicherungsstreifen, Waldblößen und Lichtungen, Waldwiesen, Wildäsungsplätze, Holzlagerplätze sowie weitere mit dem Wald verbundene und ihm dienende Flächen zu fassen sind.[988] Um solche Grundflächen für Windenergie nutzen zu können, ist in der Regel eine **Waldumwandlung** durchzuführen, die

---

von Eignungsgebieten für Windenergieanlagen vom 22.05.2012, S. 7, Ziff. V. Zu dem planungsrechtlichen Aspekt der Windenergienutzung von Waldflächen siehe noch ausführlich unten unter 2. Teil, 2. Abschnitt, C. I. 1. a) (5).

983 *Lietz*, in: UPR 2010, 54.

984 Vgl. hierzu die ausführlichen vorangegangenen Ausführungen unter B. und C.

985 *Endres*, in: BWaldG Kommentar, § 9, Rn. 13. Siehe ausführlich zur naturschutzrechtlichen Eingriffsregelung die Ausführungen A.

986 Vgl. hierzu auch Positionspapier des BfN zu *„Windkraft über Wald“*, S. 6: *„Insgesamt müssen die Erheblichkeitsbewertung der Eingriffe, die Prüfung von Vermeidungsmöglichkeiten und die Festlegung der zu leistenden Kompensation der Komplexität von Waldökosystemen räumlich, zeitlich und funktional in besonders sorgfältiger Weise gerecht werden.“*, 2011, abrufbar unter: http://www.bfn.de/fileadmin/MDB/documents/themen/erneuerbareenergien/bfn_position_wea_ueber_wald.pdf (Abruf am: 09.08.2015).

987 Gesetz zur Erhaltung des Waldes und zur Förderung der Forstwirtschaft (BWaldG) vom 02.05.1975 (BGBl. I 1037) in der aktuellen Fassung.

988 Vgl. insoweit den Negativkatalog des § 2 II BWaldG, wonach auch in der Flur oder im bebauten Gebiet gelegene kleinere Flächen, die mit einzelnen Baumgruppen, Baumreihen oder mit Hecken bestockt sind oder als Baumschulen verwendet werden, nicht als Wald gelten.

genehmigungsbedürftig ist, § 9 I 1 BWaldG.[989] Eine solche Genehmigung ist im Falle von WEA aufgrund des regelmäßig durchzuführenden immissionsschutzrechtlichen Genehmigungsverfahrens von der formellen Konzentrationswirkung des § 13 BImSchG umfasst, soweit die WEA auf dem Waldgrundstück errichtet und betrieben werden sollen.[990] Materiell-rechtlich ist unter einer Waldumwandlung die Überführung des Waldes in eine andere, nichtforstliche Nutzungsart zu verstehen, vgl. auch § 9 I 1 BWaldG.[991] Nicht erforderlich ist hierfür die Beseitigung des Baumbestandes.[992] Für eine andere, nichtforstliche Nutzungsart kann es schon ausreichen, dass die Nutz-, Schutz-, Erholungs- und Lebensraumfunktionen der umliegenden Wälder durch die Windenergienutzung beeinträchtigt werden kann.[993] Dadurch verliert die Waldfläche ihre Eigenschaft als Wald im Sinne des § 2 I BWaldG.[994] In die Genehmigungsprüfung sind aber nicht nur der jeweilige Standort, sondern auch die Flächen für Zuwegung, Nebenanlagen u.ä. miteinzubeziehen.[995] Je nach Bundesland sind unterschiedliche Voraussetzungen für die Waldumwandlung vorgesehen.[996]

Grundsätzlich ist bei der Entscheidung über eine Waldumwandlung eine **Abwägung** der privaten mit den öffentlichen Interessen durchzuführen. Hierbei gilt

---

989 *Endres*, in: BWaldG Kommentar, § 9, Rn. 11, 13; *Lietz*, in: UPR 2010, 54 (57).

990 *Geßner/Genth*, in: NuR 2012, 161 (163); *Jarass*, in: Jarass, BImSchG, § 13, Rn. 9. Ein anderes gilt in den Fallgestaltungen, in denen die WEA auf einem angrenzenden Grundstück betrieben werden soll. Durch die Waldumwandlungsgenehmigung wird zwar grundsätzlich eine der Zulässigkeitsvoraussetzungen für die Errichtung und den Betrieb von WEA geschaffen. Es fehlt aber an der Einschlägigkeit der Voraussetzung des § 13 BImSchG, wonach ein unmittelbarer Bezug der Waldumwandlungsgenehmigung zu der Errichtung und dem Betrieb einer Anlage auf einem anderen Betriebsgrundstück erforderlich ist und somit von einer „*Freigabewirkung*“ für dieses Vorhaben gesprochen werden kann, vgl. OVG Lüneburg, Beschluss vom 29.08.2013, Az.: 4 ME 76/13, Rn. 22 – zitiert nach *juris*.

991 OVG Lüneburg, Beschluss vom 28.03.2012, Az.: 1 LA 55/10, Rn. 12 – zitiert nach *juris*; Urteil vom 01.04.2008, Az.: 4 LC 59/07, Rn. 31 f – zitiert nach *juris*.

992 *Endres*, in: BWaldG Kommentar, § 9, Rn. 9.

993 Vgl. die bayrischen Hinweise zur Planung und Genehmigung von WKA vom 20.12.2011 unter Ziff. 10.2.

994 *Geßner/Genth*, in: NuR 2012, 161 (162).

995 *Gatz*, in: Windenergieanlagen in der Verwaltungs- und Gerichtspraxis, Rn. 387. Ausführlich *Endres*, in: BWaldG Kommentar, § 9, Rn. 11.

996 Vgl. u.a. § 9 II LWaldG Baden-Württemberg: „*Bei der Entscheidung über einen Umwandlungsantrag sind die Rechte, Pflichten und wirtschaftlichen Interessen des Waldbesitzers sowie die Belange der Allgemeinheit gegeneinander und untereinander abzuwägen. Die Genehmigung soll versagt werden, wenn die Umwandlung mit den Zielen der Raumordnung und Landesplanung nicht vereinbar ist oder die Erhaltung des Waldes überwiegend im öffentlichen Interesse liegt, insbesondere wenn der Wald für die Leistungsfähigkeit des Naturhaushalts, die forstwirtschaftliche Erzeugung oder die Erholung der Bevölkerung von wesentlicher Bedeutung ist.*“ Vgl. hierzu § 8 II LWaldG Brandenburg, § 15 III, IV LWaldG Mecklenburg-Vorpommern, § 14 I 2 LWaldG Rheinland-Pfalz, § 6 I 2 LWaldG Berlin.

zu prüfen, ob die Erhaltung des Waldes im überwiegenden öffentlichen Interesse steht und dadurch eine Waldumwandlung rechtlich unzulässig ist, vgl. die bundesgesetzliche Regelung des § 9 I 2, 3 BWaldG.[997] Der Bau und Betrieb von WEA liegt oftmals nicht nur im privaten, sondern, wie bereits ausführlich dargestellt, auch im öffentlichen Interesse.[998] Denn diese Anlagen dienen der öffentlichen Energieversorgung und haben mittelbar klimaschützende Wirkung.[999] Im Einzelfall können die Interessen an der Leistungsfähigkeit des Naturhaushalts, die forstwirtschaftliche Erzeugung oder die Erholung der Bevölkerung somit hinter die Belange der Energiewende zurücktreten.[1000]

Soweit die Abwägung zugunsten der WEA ausgefallen ist und eine Waldumwandlung genehmigt werden kann, ist in der Regel eine Ersatzaufforstung als **Ausgleichsmaßnahme** anzuordnen, um die nachteiligen Wirkungen einer Umwandlung für die Schutz- oder Erholungsfunktionen des Waldes auszugleichen, vgl. unter anderem landesrechtliche Regelungen wie § 8 III LWaldG Brandenburg, § 9 III LWaldG Baden-Württemberg. Eine solche ist immer dann notwendig, wenn – wie bei der Windenergienutzung – eine dauerhafte Waldumwandlung geplant ist.[1001]

B. Besonderheiten des Repowerings

Die aktuelle Diskussion bezüglich des Ausbaus der Windenergie umfasst nicht nur eine quantitative Komponente durch die Aufstockung der Anzahl von WEA, sondern auch eine qualitative Komponente[1002] durch das **Repowering**, namentlich die Ersetzung alter Anlagen durch neue, höhere und damit leistungsstärkere WEA.[1003] Das Repowering hat aktuell eine erhebliche praktische Relevanz.[1004] Im Jahr 2012

997 Vorbehaltlich abweichender landesrechtlicher Vorgaben. Vgl. insoweit die Einzelerläuterungen bei *Lietz*, in: UPR 2010, 54 (58 f).

998 *Lietz*, in: UPR 2010, 54 (58 f).

999 Vgl. hierzu schon ähnliche Ausführungen zu den jeweiligen Abwägungsentscheidungen bei Landschaftsschutz-, Habitatschutz- und Artenschutzrecht.

1000 *Gatz*, in: Windenergieanlagen in der Verwaltungs- und Gerichtspraxis, Rn. 389.

1001 *Geßner/Genth*, in: NuR 2012, 161 (164).

1002 *Tigges*, in: ZNER 2012, 127 (128).

1003 Die Untersuchung beschränkt sich auf einige wenige Aspekte des Repowerings. Ausführlichere Darstellungen sind u.a. in folgenden Veröffentlichungen enthalten: *Abeling*, in: Kommunale Handlungsmöglichkeiten beim Ausbau der Windenergie - unter besonderer Berücksichtigung des Repowering, 2012; *Neddermann*, in: Repowering von Windenergieanlagen - kommunale Handlungsmöglichkeiten: Ersetzen von Altanlagen durch moderne Windenergieanlagen als Chance für die gemeindliche Entwicklung, 2009; *Schomerus*, in: Repowering - Hindernisse und Lösungsmöglichkeiten, 2010.

1004 Vgl. auch Deutscher Städte- und Gemeindebund (im Folgenden „*DStGB*") Dokumentation Nr. 111 „*Kommunale Handlungsmöglichkeiten beim Ausbau der Windenergie – unter besonderer Berücksichtigung des Repowering*", Stand: September

war über die Hälfte der 22.000 WEA in Deutschland älter als zehn Jahre.[1005] Ein Großteil der veralteten Anlagen könnten ausgetauscht werden, wodurch der Stromertrag erhöht werden könnte. Denn durch den technischen Fortschritt ist es nun möglich, weit mehr Strom mit einer einzelnen WEA zu produzieren als noch vor 20 Jahren (siehe Abbildung):

Leistungssteigerung der Windenergieanlagen

	1980	1985	1990	1995	2000	2005	2010	heute
Nennleistung in kW	30	80	250	600	1.500	3.000	6.075	7.500
Rotordurchmesser in m	15	20	30	46	70	90	126	126
Nabenhöhe in m	30	40	50	78	100	105	117	135
Jahresenergieertrag in kWh*	35.000	95.000	400.000	1.250.000	3.500.000	6.900.000	ca. 15.000.000	ca. 20.000.000

In nur 20 Jahren wurde der Ertrag einer Windenergieanlage um das 100-fache gesteigert. Mit den größten heute erhältlichen Anlagen wird dieser Wert noch einmal um den Faktor 6 vervielfacht.

Quelle: www.wind-fgw.de, Herstellerangaben

Quelle: BWE[1006]

Im Hinblick auf die Belange der Umwelt kann das Repowering von Nutzen sein. So werden durch die Ersetzung von Altanlagen durch leistungsstärkere Neuanlagen die Umwelteinwirkungen in Teilen reduziert.[1007] Neue Anlagen haben eine geringere Störwirkung durch erhöhte Laufruhe und geringere Drehzahl und schonen somit Mensch und Tier. Im Rahmen des Repowering wäre durch den höheren Stromertrag auch eine Reduktion der Gesamtanzahl von WEA ohne Gefährdung der Ziele der Energiewende denkbar. Somit wird einerseits der „*Verspargelung*" der Landschaft entgegengewirkt, andererseits das Landschaftsbild durch ein Bereinigen bzw. „*Aufräumen*" positiv gestaltet bzw. entlastet.[1008] Ein weiterer Vorteil des Repowering ist dahingehend zu erkennen, dass Fehler bei der bisherigen Planung korrigiert oder zwischenzeitlich aufgetretenen Konflikten beispielsweise artenschutzrechtlicher Art sinnvoll begegnet werden kann.[1009]

Es sind grundsätzlich drei verschiedene Fallgestaltungen des Repowerings zu differenzieren, wobei auch Mischformen denkbar sind:[1010]

2012, S. 19 ff und DStGB Dokumentation Nr. 94 „*Repowering von Windenergieanlagen - Kommunale Handlungsmöglichkeiten*", Stand: September 2009, S. 24 ff.

1005 BWE, „*Repowering von Windenergieanlagen*", S. 3, Stand April 2012, abrufbar unter: http://www.wind-energie.de/sites/default/files/download/publication/repowering-von-windenergieanlagen/repoweringbroschuere_2012_web.pdf (Abruf am: 09.08.2015).

1006 BWE, „*Repowering von Windenergieanlagen*", S. 13, Fn. zuvor.

1007 *Kindler/Lau*, in: NVwZ 2011, 1414 (1418). Vgl. hierzu auch den Windenergieerlass NRW vom 11.07.2011, Ziff. 4.9.

1008 *Battis/Krautzberger/Mitschang/Reidt*, in: NVwZ 2011, 897 (903).

1009 *Kindler/Lau*, in: NVwZ 2011, 1414 (1418).

1010 Vgl. *Mitschang/Schwarz/Kluge*, in: UPR 2012, 401 (406).

– Ersetzung der Altanlage durch eine Neuanlage am selben Standort[1011]
– Standortreduzierung: Ersetzung mehrerer Altanlagen an Einzelstandorten durch Neuanlagen nebst Rückbau anderer Anlagenstandorte
– Flächenbündelung: Rückbau mehrerer, verstreut im Gebiet liegender Altanlagen und Konzentration der Neuanlagen auf ein bestimmtes Gebiet, beispielsweise durch Anlage eines Windparks[1012]

Nun ist für den Vorhabenträger, der bereits einen Standort beansprucht, besonders wichtig, ob und inwieweit auch die neuen Anlagen an dem vorhandenen Standort errichtet und betrieben werden dürfen. Hier steht der Vorhabenträger vor dem Problem, dass er sich nicht auf Bestandsschutz berufen kann, sondern es ist ein weiteres umfangreiches und vollumfängliches Genehmigungsverfahren durchzuführen. Hieraus folgt, dass die WEA an den bisher dargestellten fachrechtlichen Vorgaben zu messen ist, d.h. sämtliche öffentlich-rechtlichen Voraussetzungen sind einzuhalten. Denn nur die Altanlagen genießen passiven Bestandsschutz.[1013] Der Bestandsschutz entfällt durch den Rückbau und kann nicht auf die Neuanlage übertragen werden. Demnach spielt auch eine Rolle, ob die neuen Anlagen in ausgewiesenen Konzentrationsflächen nach § 35 III 3 BauGB liegen würden. Sollte dies nicht der Fall sein, so ist die Anlage bereits aus diesem Grunde unzulässig.[1014] Nur in besonderen Ausnahmefällen kann außerhalb ausgewiesener Konzentrationsflächen ein Vorhaben genehmigt werden, beispielsweise wenn der zur Genehmigung gestellte Standort das gesamträumliche Planungskonzept der Gemeinde nicht in Frage stellt.[1015] Es muss sich um eine vom Plangeber so nicht vorhergesehene (atypische) Fallkonstellation handeln,[1016] was bei WEA nur in wenigen Ausnahmefällen anzunehmen sein wird. Bei der Prüfung einer Ausnahmesituation ist das vorhandene Planwerk im Vorfelde sorgfältig zu untersuchen. Bei Konzentrationszonen mit Wirkung des § 35 III 3 BauGB, die über die Raumordnungsplanung ausgewiesen worden sind,[1017]

1011 Sogenanntes *„standorttreues Repowering"*, vgl. *Schmidt-Eichstädt*, in: ZfBR 2013, 639 (640).

1012 Der Abbau der Altanlagen an ungeeigneten bzw. planerisch nunmehr ungewünschten Standorten durch das gezielte Anlegen eines neuen Standorts an anderer Stelle wird unter das Schlagwort des *„standortverlagernden Repowerings"* gefasst, vgl. *Schmidt-Eichstädt*, in: ZfBR 2013, 639 (640).

1013 *Fellenberg/Schiller*, in: Gerstner, Kap. 2 B., Rn. 146.

1014 Vgl. *Seiferth/Samp*, in: EnWZ 2014, 106 (110).

1015 BVerwG, Urteil vom 26.04.2007, Az.: 4 CN 3/06, Rn. 17 – zitiert nach *juris*.

1016 BVerwG, Urteil vom 26.04.2007, Az.: 4 CN 3/06, Rn. 17 – zitiert nach *juris* mit Hinweis auf Urteil vom 17.12.2002, Az.: 4 C 15/01, Rn. 49 – zitiert nach *juris*. Siehe hierzu bereits die Ausführungen oben im Rahmen des 2. Abschnitts, B. I. 3.

1017 Vgl. hierzu im Folgenden die Darstellung zu der Konzentrationsflächenplanung auf Raumordnungsebene unter 2. Teil, 2. Abschnitt, C.

kann gegebenenfalls zur Legalisierung der Repowering-Anlagen ein Zielabweichungsverfahren nach § 6 II ROG durchgeführt werden.[1018]

Eine Ausnahmemöglichkeit wurde in Schleswig-Holstein im aktuellen WKA Erlass für solche Fälle geschaffen, in denen Repowering außerhalb von Eignungsgebieten für Windenergie stattfinden soll.[1019] Unter Ziff. 2.6. werden konkrete Vorgaben dazu gemacht, wann Repowering in Ausnahmefällen auch ohne Zielabweichungsverfahren möglich ist. Neben weiteren engen Voraussetzungen sind die Altanlangen innerhalb eines räumlich-funktionalen Zusammenhangs zu ersetzen, wobei die Anzahl der Anlagen deutlich verringert wird, d.h. mindestens die Hälfte der bisherigen Anlagen betragen.

1018 *Seiferth/Samp*, in: EnWZ 2014, 106 (110).
1019 Vom 26.11.2012.

2. Teil: Belange des Naturschutzrechts bei der Planung von Windenergieanlagen durch das Raumordnungsrecht

Um den aufgezeigten räumlichen Bedürfnissen der Energiewende gerecht werden zu können, bedarf es neben der zuvor dargestellten notwendigen Anpassung der Genehmigungspraxis einer vorausschauenden Planung bei der Ausweisung erforderlicher Flächen für die Windenergienutzung.[1020] Als einer der tragenden Pfeiler für den weiteren Ausbau von Windenergie in Deutschland ist neben der Bauleitplanung das Raumordnungsrecht zu sehen.[1021]

Nach der Überprüfung der konkreten naturschutzrechtlichen Probleme auf Zulassungsebene wird daher nun die Planung von WEA über das Raumordnungsrecht untersucht. Zunächst wird ein allgemeiner und kurzer Überblick der Grundbegriffe des Raumordnungsrechts und der Bedeutung der Raumordnungsplanung für die Windenergienutzung gegeben (**1. Abschnitt**). Im Anschluss daran werden vertieft materielle Fragestellungen auf Raumordnungsebene in Zusammenhang mit der Planung von WEA vor naturschutzrechtlichem Hintergrund dargestellt (**2. Abschnitt**). Hierbei soll unter anderem geprüft werden, inwieweit die im 1. Teil aufgezeigten naturschutzrechtlichen Problemstellungen auf Zulassungsebene bereits frühzeitig auf Planungsebene abgearbeitet werden können und durch eine Abschichtung möglicherweise eine Vereinfachung der Genehmigungsverfahren für WEA erreicht werden kann. Daher ist es unverzichtbar, die in besondere Maße durch die Rechtsprechung geprägten materiellen Vorgaben vertieft darzustellen, die die raumordnungsrechtlichen Festsetzungen in Bezug auf die künftige Windenergienutzung zu erfüllen haben.

1. Abschnitt: Bedeutung der Raumordnungsplanung für die Windenergienutzung

A. Grundbegriffe und Aufgabe des Raumordnungsrechts

Unter **Raumordnung** ist die überörtliche, zusammenfassende und übergeordnete Planung und Ordnung des Raumes zu verstehen.[1022] Das Raumordnungsrecht ist

1020 Konkrete Angaben, in welchem Umfang Flächen für die Nutzung durch erneuerbare Energien bereitgestellt werden müssten, liegen nicht vor, vgl. *Mitschang*, in: BauR 2013, 29.

1021 Vgl. *von Seht*, in: DÖV 2011, 915 (918). Ausführlich zur Bauleitplanung siehe den 3. Teil.

1022 BVerfG, Gutachten vom 16.06.1954, Az.: 1 PBvV 2/52, BVerfGE 3, 407 (425).

kompetenzrechtlich[1023] sowohl dem Bund gem. § 17 ff ROG[1024] als auch den Ländern zugewiesen. Raumordnungsplanung auf Landesebene kann zum einen über den **landesweiten Raumordnungsplan** für ein Landesgebiet (§ 8 I 1 Nr. 1 ROG), zum anderen über die **Regionalpläne1025** (§ 8 I 1 Nr. 2 ROG) erfolgen. Die Regionalpläne sind gem. § 8 II 1 ROG aus dem landesweiten Raumordnungsplan zu entwickeln.[1026] Denn bei der Regionalplanung nach § 8 I 1 Nr. 2 ROG wird nur ein Teil eines Bundeslandes beplant. Der zu beplanende Bereich hat aber einen solchen Umfang, dass er nicht der Bauleitplanung unterliegt und somit nicht in den Planungsbereich der Kommunen fällt.[1027]

Im Raumordnungsplan sind gem. § 7 I 1 ROG für einen bestimmten Planungsraum und einen regelmäßig mittelfristigen Zeitraum **Ziele und Grundsätze der Raumordnung** zur Entwicklung, Ordnung und Sicherung des Raumes, insbesondere zu den Nutzungen und Funktionen des Raums, festzulegen.[1028] Solche Festlegungen können gem. § 7 I 2 ROG auch über räumliche oder sachliche Teilpläne getroffen werden, wovon in der Praxis zur Steuerung von Windenergienutzung im Plangebiet zum Teil auch Gebrauch gemacht wird.[1029]

Aufgabe der Raumordnung gem. § 1 I 1 ROG ist es, raumbedeutsame Planungen und Maßnahmen zu entwickeln, zu ordnen und zu sichern. WEA unterfallen als raumbedeutsame Maßnahmen regelmäßig dem Anwendungsbereich des Raumordnungsrechts.[1030] Entsprechend der gesetzgeberischen **Leitvorstellung** des § 1 II ROG sind die durch Windenergienutzung tangierten ökologischen Belange neben ökonomischen und sozialen Belangen im Rahmen einer nachhaltigen Raumordnung zu beachten.[1031] Aus dem Wortlaut des § 1 II ROG folgt, dass alle relevanten Belange grundsätzlich gleichwertig nebeneinander stehen.[1032] Auf welche Weise die ökologischen, ökonomischen und sozialen Belange bei der Windenergieplanung im Rahmen einer notwendigen Abwägung in schonenden Ausgleich gebracht werden können, ist im Folgenden zu untersuchen.

1023 Die Raumordnung ist Gegenstand der konkurrierenden Gesetzgebung, vgl. Art 74 I Nr. 31 GG.

1024 Sog. Bundesraumordnung, vgl. *Dörr/Yamato*, in: Ehlers/Fehling/Pünder, Besonderes Verwaltungsrecht, Bd. 2, § 38, Rn. 3.

1025 D.h. die Raumordnungspläne für die Teilräume des Landes.

1026 Sog. Entwicklungsgebot.

1027 *Battis*, in: Battis/Krautzberger/Löhr, BauGB, § 1, Rn. 37 m.w.N.

1028 Ausführlich zu den Zielen und Grundsätzen der Raumordnung sogleich unter 2. Abschnitt, B.

1029 *Mitschang*, in: BauR 2013, 29 (36).

1030 Vgl. zum Begriff der Raumbedeutsamkeit sogleich unter 2. Abschnitt, A.

1031 Vgl. *Scheidler*, in: NVwZ 2010, 19 (20).

1032 *Runkel*, in: Spannowsky/Runkel/Goppel, ROG, § 1, Rn. 95.

B. Relevanz des Raumordnungsrechts bei der Planung von Windenergie

Über das Raumordnungsrecht kann gezielt eine sog. Konzentrationsflächenplanung betrieben werden. Das bedeutet, dass nach dem Auffinden potenziell geeigneter Flächen für die Windenergienutzung im Plangebiet entsprechende Flächen durch die Ausweisung als Konzentrationszonen rechtlich für zukünftige WEA zur Verfügung gestellt werden. Im Rahmen der Konzentrationsflächenplanung sind möglicherweise konfligierende Nutzungen aufeinander abzustimmen und in schonenden Ausgleich zu bringen, um so dem Koordinierungs- und Vorsorgeauftrag[1033] des § 1 I 2 ROG[1034] gerecht werden zu können. Hierbei ist zu berücksichtigen, dass sich der Gesetzgeber nunmehr ausdrücklich dafür ausgesprochen hat, dass auch über das Raumordnungsrecht den **Erfordernissen des Klimaschutzes** Rechnung zu tragen ist.[1035] Hierunter fallen all solche Maßnahmen, die dem Klimawandel entgegenwirken, sowie solche, die der Anpassung an den Klimawandel dienen, vgl. den **Grundsatz** des § 2 II Nr. 6 S. 6 ROG.[1036] Als eine solche Maßnahme ist auch der Ausbau von erneuerbaren Energien zu sehen. Demnach ist die Windenergienutzung vom Anwendungsbereich des Grundsatzes der Raumordnung erfasst und nimmt auf diese Weise einen Platz unter den relevanten Abwägungsbelangen ein.

In der praktischen Rechtsanwendung ist festzustellen, dass die Vielzahl an Problemen durch die mögliche Betroffenheit unterschiedlicher Belange selbst im Wege einer vorausschauenden Planung kaum gelöst werden können.[1037] So sind die räumlichen Auswirkungen von WEA auf Landschaft, Umwelt und Mensch als nicht unerheblich zu werten. Der Gebietsraum wird durch die Errichtung und den dauerhaften Betrieb von WEA als erhebliche Beeinträchtigung des Landschaftsbildes gewertet.[1038] Daneben werden durch WEA raumstrukturelle und -funktionelle Veränderungen zum Teil auch mit Wirkung zu Lasten von Nachbargemeinden verursacht. Ferner können auch technische Probleme beim Flugverkehr oder bei Radaranlagen durch den Einfluss von WEA eintreten. Bei einer Vielzahl von berührten Belangen sind

---

1033 Zu den Begrifflichkeiten *Runkel*, in: Spannowsky/Runkel/Goppel, ROG, § 1, Rn. 82 ff.

1034 „*Dabei sind*
1. unterschiedliche Anforderungen an den Raum aufeinander abzustimmen und die auf der jeweiligen Planungsebene auftretenden Konflikte auszugleichen,
2. Vorsorge für einzelne Nutzungen und Funktionen des Raums zu treffen."

1035 Aufnahme durch das Raumordnungsgesetz vom 22.12.2008 (BGBl. I 2986).

1036 Zu dem Begriff des Grundsatzes der Raumordnung und seiner Bindungswirkung siehe sogleich unter 2. Abschnitt, B. II.

1037 Siehe hierzu *Spannowsky*, in: NuR 2013, 773 (774 f).

1038 *Mitschang/Schwarz/Kluge*, in: UPR 2012, 401. Siehe hierzu auch Raumordnungsbericht 2011 des deutschen Bundestages, BT-Drs. 17/8360 vom 13.01.2012, S. 119, 122, abrufbar unter: http://dipbt.bundestag.de/dip21/btd/17/083/1708360.pdf (Abruf am: 09.08.2015).

Abstimmungsprobleme schon programmiert und ein gerechter Ausgleich scheint in der Praxis nur schwerlich zu gelingen. So ist im Folgenden zu untersuchen, in welchem Umfang unterschiedliche Belange auf dieser Planungsebene berücksichtigt werden können.

C. Verhältnis des Raumordnungsrechts zur Bauleitplanung

Die Planung von Windenergie erfolgt in der Regel nicht nur über das Raumordnungsrecht, sondern in der Praxis wird **mehrstufig** geplant.[1039] Das bedeutet, dass verbindliche Vorgaben zur Windenergienutzung im Plangebiet sowohl über das Raumordnungsrecht als auch über die Bauleitplanung gemacht werden können, die jeweils auf der Einzelzulassungsebene Wirkung entfalten. Die Raumordnungsplanung nimmt – wie bereits oben aufgezeigt – über den Planvorbehalt des § 35 III 3 BauGB Einfluss auf die Entscheidung über die Zulässigkeit von WEA.[1040] Damit werden über das Raumordnungsrecht bereits auf überörtlicher Ebene verbindliche Vorgaben zur Nutzung des Raumes von Windenergie gemacht, die einerseits im Bauleitplanungsrecht und andererseits in einem späteren Genehmigungsverfahren zu berücksichtigen sind.

Bei der Planung von Windenergie besteht eine starke Verzahnung zwischen den Vorgaben auf Raumordnungsebene und der Bauleitplanung. Die raumordnungsrechtlichen Vorgaben können auf die (gleichzeitige oder sich später anschließende) Bauleitplanung unmittelbare Auswirkungen haben. Gem. § 1 IV BauGB sind die Bauleitpläne den Zielen der Raumordnung anzupassen.[1041] Die **Anpassungspflicht** gilt sowohl für die Flächennutzungs- als auch für die Bebauungsplanung.[1042] So soll eine materielle Kongruenz zwischen überörtlicher und kommunaler Planung erzielt werden.[1043] Aus diesem Grunde sind Ziele der Raumordnung unüberwindbar und daher nicht der Abwägung nach § 1 VII BauGB zugänglich.[1044] Die Gemeinden sind hiernach auch zur inhaltlichen Anpassung bzw. Änderung oder Aufhebung in einem angemessenen Zeitraum ihrer bereits bestehenden Bauleitpläne verpflichtet,[1045] sobald und soweit dies zur Verwirklichung der Ziele der Raumordnung erforderlich ist:

1039 Zu den verschiedenen Planungsstufen siehe auch *Dörr/Yamato*, in: Ehlers/Fehling/Pünder, Besonderes Verwaltungsrecht, Bd. 2, § 38, Rn. 3.

1040 Siehe hierzu bereits oben unter 1. Teil, 2. Abschnitt, B. 3.

1041 Zu den Zielen der Raumordnung siehe sogleich unter 2. Abschnitt, B. I.

1042 BVerwG, Urteil vom 17.09.2003, Az.: 4 C 14/01, Rn. 31 – zitiert nach *juris*. Dem folgend *Kohls*, in: Danner/Theobald, Energierecht, XIII. B 1, Rn. 207; *Mitschang/Schwarz/Kluge*, in: UPR 2012, 401 (403).

1043 So auch *Scheidler*, in: ZNER 2012, 124 (125). Vgl. ausführlich zu der Anpassungspflicht auch *Schrödter*, in: ZfBR 2013, 535 ff.

1044 OVG Berlin-Brandenburg, Beschluss vom 24.04.2009, Az.: OVG 10 S 13.08, Rn. 52 – zitiert nach *juris*. *Scheidler*, in: BauR 2011, 1103 (1107).

1045 VGH Kassel, Beschluss vom 10.09.2009, Az.: 4 B 2068/09, Rn. 4 – zitiert nach *juris*. *Battis*, in: Battis/Krautzberger/Löhr, BauGB, § 1, Rn. 39; *Schrödter*, in: ZfBR 2013,

„Die gemeindliche Planungspflicht setzt folglich ein, wenn die Verwirklichung der Raumordnungsziele bei Fortschreiten der städtebaulichen Entwicklung auf unüberwindbare (tatsächliche oder rechtliche) Hindernisse stoßen oder wesentlich erschwert würden, denn nur so kann der Regelungszweck des § 1 Abs. 4 BauGB nämlich die ‚Gewährleistung umfassender materieller Konkordanz' zwischen der übergeordneten Landesplanung und der gemeindlichen Bauleitplanung erreicht werden.“[1046]

Aus der Anpassungspflicht folgt ein sog. **aktivplanerisches Gebot zur Umsetzung**, wonach die Ziele der Raumordnung bei der Bauleitplanung zu übernehmen, fortzuentwickeln und zu integrieren sind.[1047] Die Ziele der Raumordnung haben somit eine **Determinierungs- und Programmierungsfunktion** für die nachfolgende Bauleitplanung.[1048] Den Gemeinden sind bei ihrer kommunalen Planung demnach Grenzen gesetzt. Die verbleibenden Möglichkeiten können sie voll ausschöpfen, die Vorgaben durch die Raumordnung hingegen grundsätzlich nur noch verfeinern oder ausdifferenzieren, nicht aber im Wege der Abwägung überwinden.[1049] Der Gemeinde verbleiben demnach nur gewisse **Konkretisierungsmöglichkeiten**:

„Die Anpassungspflicht nach § 1 IV BauGB bedeutet, dass die Gemeinden die Ziele der Raumordnung zwar je nach deren Aussageschärfe konkretisieren und ausgestalten, sich über sie aber nicht im Wege der Abwägung hinwegsetzen dürfen. An die Ziele der Raumordnung sind die örtlichen Planungsträger strikt gebunden. Planungen, die einem geltenden Ziel der Regionalplanung widersprechen, haben sie zu unterlassen. Legt ein [...] Ziel der Raumordnung fest, dass innerhalb eines bestimmten Gebiets eine bestimmte Art der Nutzung stattfinden soll, muss die Gemeinde bei einer Überplanung des Gebiets diese beachten und darf den Verlauf nur innerhalb des [...] nicht parzellenscharf vorgegebenen Bereichs näher festlegen (BVerwG, B. v. 07.02.2005 - 4 BN 1/05 -NVwZ 2005, 584). Eine Überplanung des Windfeldes unter Beachtung des Anpassungsgebots ist nur möglich, wenn der Bauleitplan die raumordnerische Entscheidung [...] im Grundsatz akzeptiert und seine Aufgabe nur in einer ‚Feinsteuerung' zum innergebietlichen Interessenausgleich der

---

535 (542 f); *Wickel*, in: Ehlers/Fehling/Pünder, Besonderes Verwaltungsrecht, Bd. 2, § 40, Rn. 129. AA *Waechter*, in: DÖV 2010, 493 (495 ff), der davon ausgeht, dass der Bauleitplan kraft Gesetzes unwirksam wird.

1046 VG Magdeburg, Beschluss vom 25.09.2012, Az.: 9 B 120/12, Rn. 35 – zitiert nach *juris*. Nach VGH Kassel, Beschluss vom 10.09.2009, Az.: 4 B 2068/09, Rn. 4 – zitiert nach *juris* können Darstellungen im Flächennutzungsplan gegenüber einem geänderten Regionalplan keinen *„bauleitplanerischen Bestandsschutz“* beanspruchen. Vgl. hierzu auch *Schrödter*, in: ZfBR 2013, 535 (541) zu den Auswirkungen neuer Ziele der Raumordnung auf bestehende Bauleitpläne.

1047 OVG Berlin-Brandenburg, Beschluss vom 24.04.2009, Az.: OVG 10 S 13.08, Rn. 52 – zitiert nach *juris*. Siehe auch *Scheidler*, in: BauR 2011, 1103 (1108).

1048 OVG Berlin-Brandenburg, Beschluss vom 24.04.2009, Az.: OVG 10 S 13.08, Rn. 52 – zitiert nach *juris*.

1049 OVG Berlin-Brandenburg, Beschluss vom 24.04.2009, Az.: OVG 10 S 13.08, Rn. 52 – zitiert nach *juris*.

Windenergieprojekte, aber auch gegenüber anderen Nutzungen innerhalb und außerhalb des Plangebiets liegt."[1050]

Ein Bauleitplan kann bei einem Verstoß gegen das Anpassungsgebot des § 1 IV BauGB rechtswidrig und nichtig sein, wenn also die Vorgaben der übergeordneten Regionalplanung bei seiner Aufstellung nicht beachtet wurden.[1051] Jedoch gilt die Anpassungspflicht nicht unbedingt und bis in alle Ewigkeit. Von dieser Pflicht kann entweder eine **Ausnahme** nach § 6 I ROG erteilt werden oder gegebenenfalls durch eine **Zielabweichung** nach § 6 II ROG im Einzelfall von den Festsetzungen abgewichen werden.[1052] Letzteres ist dann möglich, wenn die Abweichung unter raumordnerischen Gesichtspunkten vertretbar ist und die Grundzüge der Planung nicht berührt werden.[1053] Soweit ein Zielabweichungsverfahren die Grundzüge der Planung berühren würde, kann alternativ auch eine **Änderung des Raumordnungsplans** nach § 7 VII ROG selbst in Frage kommen, um so die erforderliche Kongruenz der jeweiligen Planziele herstellen zu können.

Die Anpassungspflicht des § 1 IV BauGB ist im Kontext mit der in § 4 I ROG enthaltenen strikten **Beachtenspflicht**[1054] für die Ziele der Raumordnung bei späteren Planungs- und Zulassungsentscheidungen zu sehen.[1055] Inhaltlich geht die Anpassungspflicht weiter als die Beachtenspflicht, da die Gemeinde keine „*eigene Windenergiepolitik*" mehr betreiben darf, soweit auf Raumordnungseben bereits entsprechende Festsetzungen getroffen wurden.[1056] Denn wurden Konzentrationszonen für Windenergie bereits auf überörtlicher Ebene festgelegt, kann auf kommunaler Ebene nicht davon abgewichen werden.

Das Raumordnungsrecht kann durch seine starke Bindungswirkung auf die nachgelagerten Planungs- und Zulassungsentscheidungen eine wichtige Rolle bei der Steuerung von Windenergie übernehmen. Durch die Aufnahme von Regelungen

---

1050 OVG Greifswald, Urteil vom 09.04.2008, Az.: 3 L 84/05, Rn. 45 – zitiert nach *juris* unter Hinweis auf die Rechtsprechung des BVerwG, Beschluss vom 07.02.2005, Az.: 4 BN 1/05, Rn. 7 – hier zitiert nach *juris* und Urteil vom 19.02.2004, Az.: 4 CN 16/03, Rn. 21 – hier zitiert nach *juris*. Zustimmend *Schrödter*, in: ZfBR 2013, 535 (536).

1051 *Bringewat*, in: ZUR 2013, 535 (536) m.w.N.; *Kohls*, in: Danner/Theobald, Energierecht, XIII. B 1, Rn. 207.

1052 *Schrödter*, in: ZfBR 2013, 535.

1053 Das Zielabweichungsverfahren ist landesrechtlich zu regeln, da hierfür keine bundesrechtliche Vorgabe vorhanden ist, vgl. *Runkel*, in: Ernst/Zinkahn/Bielenberg/Krautzberger, BauGB, § 1, Rn. 62.

1054 Siehe hierzu sogleich.

1055 *Runkel*, in: Ernst/Zinkahn/Bielenberg/Krautzberger, BauGB, § 1, Rn. 62 f. Diese Pflicht lässt sich ferner untergliedern in eine generelle Unterlassenspflicht, eine spezielle Handlungspflicht und eine allgemeine Rücksichtnahmepflicht Vgl. zu den verschieden Zielrichtungen dieser Pflichten *Runkel*, in: Ernst/Zinkahn/Bielenberg/Krautzberger, BauGB, § 1, Rn. 63.

1056 *Gatz*, in: Windenergieanlagen in der Verwaltungs- und Gerichtspraxis, Rn. 61, 63.

für den Klimaschutz zeigt sich, dass es auch aus gesetzgeberischer Sicht gewollt ist, über die Raumordnung die Belange der Energiewende zu fördern.

2. Abschnitt: Materielle Fragestellungen vor naturschutzrechtlichem Hintergrund

Im Folgenden werden die wesentlichen materiellen Fragestellungen bei der Planung von Windenergienutzung über das Raumordnungsrecht vor naturschutzrechtlichem Hintergrund behandelt. Ziel ist die Untersuchung des vorhandenen rechtlichen Rahmenwerks bei der Konzentrationsflächenplanung unter Berücksichtigung der bereits dargestellten Konfliktlagen mit naturschutzrechtlichen Belangen. Hierbei ist die einschlägigen Rechtsprechung und Verwaltungspraxis zu berücksichtigen. Zu überprüfen ist, ob und in welchem Umfang naturschutzrechtliche Konflikte von der Genehmigungsebene auf die Planungsebene hochverlagert werden können, um so die Zulassungsebene einfacher und rechtssicherer zu gestalten.

Die rechtsverbindliche Steuerung von WEA mittels der Konzentrationsflächenplanung über das Raumordnungsrecht kommt grundsätzlich nur in Betracht, soweit WEA als raumbedeutsame Vorhaben einzuordnen sind. Die Anforderungen an das Tatbestandsmerkmal der Raumbedeutsamkeit werden kurz skizziert (**A.**). Sodann sind die Instrumente der Raumordnungsplanung zur Entwicklung der Gebiete und Bestimmung von Bereichen für die Errichtung von WEA durch die Festlegung von Zielen und Grundsätzen der Raumordnung darzustellen (**B.**). Hierbei wird beleuchtet, welche Ansätze zur frühzeitigen Lösung potenzieller Nutzungskonflikte vor allem im Verhältnis zu naturschutzrechtlich geschützten Interessen verfolgt werden.[1057] Die Grundlage hierfür bietet das von der Rechtsprechung maßgeblich beeinflusste schlüssige gesamträumliche Konzept als Grundlage für die Konzentrationsflächenplanung, auf welches in diesem Abschnitt der inhaltliche Schwerpunkt gesetzt wird (**C.**). Aber nicht nur die Planung von Neustandorten auf Ebene der Raumordnungsplanung wird untersucht. Auch die rechtlichen Regelungsmöglichkeiten zum Umgang mit vorhandenen Altstandorten und geplanten Neuanlagen im Wege des Repowerings werden überprüft. Hierbei wird näher beleuchtet, ob und wie Festsetzungen für das Repowering auf Raumordnungsebene getroffen werden können (**D.**).

A. Raumbedeutsamkeit

Grundvoraussetzung für die überörtliche planerische Steuerung von Windenergienutzung im Raum über das Raumordnungsrecht ist zunächst, dass es sich bei WEA um **raumbedeutsame Vorhaben** handelt.[1058] Dieses Kriterium ist nicht nur

---

1057 *Kohls*, in: Danner/Theobald, Energierecht, XIII. B 1, Rn. 191.

1058 Soweit diese darüber hinaus überörtliche Bedeutung haben, soll gem. § 1 S. 1 ROV sogar ein Raumordnungsverfahren durchgeführt werden (Raumordnungsverordnung vom 13.12.1990 (BGBl. 2766) in der aktuellen Fassung).

für die Anwendbarkeit des Raumordnungsgesetzes bedeutsam, sondern ebenfalls für die Frage der Anwendbarkeit der § 35 III 2, 3 BauGB.[1059] Zwar ist das Merkmal der Raumbedeutsamkeit nur in § 35 III 2 BauGB ausdrücklich genannt, aber es muss im Wege eines erst-recht-Schlusses[1060] auch als Vorgabe für den § 35 III 3 BauGB gelten.[1061] Nach dem Bundesverwaltungsgericht ergibt sich die Annahme der Raumbedeutsamkeit nicht nur aus dem gesetzessystematischen Zusammenhang mit der vorangehenden Regelung des § 35 III 2 BauGB, sondern auch aus der Eigenart der raumordnerischen Ziele, welche in § 3 Nr. 2 ROG (1998)[1062] als *„verbindliche Vorgaben [...] zur Entwicklung, Ordnung und Sicherung des Raums"* legaldefiniert sind.[1063]

Ob ein Vorhaben als raumbedeutsam eingestuft werden kann, ist zunächst anhand des bestehenden Regelwerks zu beantworten. **Raumbedeutsame Anlagen** sind in § 3 I Nr. 6 ROG legaldefiniert, namentlich als Anlagen, durch welche *„[...] Raum in Anspruch genommen oder die räumliche Entwicklung oder Funktion eines Gebietes beeinflusst wird [...]"*. Darüber hinaus findet sich eine konkrete einschlägige Vorschrift, wonach **Windparks** über **§ 1 S. 3 Nr. 1 ROV** als raumbedeutsam einzustufen sind, soweit sie im Außenbereich gem. § 35 BauGB errichtet werden, einer Genehmigung nach § 4 BImSchG bedürfen und unter die Ziffer 1.6 (Windfarm) der Anlage 1 zum Umweltverträglichkeitsgesetz fallen.[1064] Sollten diese Voraussetzungen nicht vorliegen, ist die Raumbedeutsamkeit von WEA gem. § 3 I Nr. 6 ROG über eine **Einzelfallbetrachtung** positiv festzustellen.[1065]

In der Literatur werden drei maßgebliche Kriterien zur Beurteilung formuliert, namentlich die relevante Raumbeanspruchung durch WEA, die Raumbeeinflussung

1059 Diese Voraussetzung gilt lediglich bei der Raumordnungsplanung, nicht aber bei Aufstellung eines Flächennutzungsplans im Hinblick auf die Festsetzung von Konzentrationszonen von Windenergienutzung auf dieser Ebene, vgl. *Scheidler*, in: VerwArch 2012, 587 (606).

1060 So *Kindler/Lau*, in: NVwZ 2011, 1414 (1415), mit der Begründung, dass § 35 III 3 BauGB gleichzeitig auch die Darstellungsmöglichkeit in einem Flächennutzungsplan regelt. Ebenso *Mitschang*, in: BauR 2013, 29 (33).

1061 Vgl. auch § 15 I ROG, wonach nur bei raumbedeutsamen Planungen und Maßnahmen ein Raumordnungsverfahren durchzuführen ist.

1062 Nunmehr enthalten in § 3 I Nr. 2 ROG.

1063 BVerwG, Urteil vom 13.03.2003, Az.: 4 C 4/02, Rn. 10 – zitiert nach *juris*. Vgl. hierzu auch *Gatz*, in: Windenergieanlagen in der Verwaltungs- und Gerichtspraxis, Rn. 143 ff, der die Kritik an der vorgenannten Rechtsprechung als unberechtigt verwirft und den Ansatz des BVerwG umfänglich folgt.

1064 Zur Genehmigungsbedürftigkeit nach BImSchG oben unter 1. Teil, 1. Abschnitt, A.

1065 BVerwG, Urteil vom 13.03.2003, Az.: 4 C 4/02, Rn. 11 – zitiert nach *juris*; OVG Lüneburg, Beschluss vom 12.10.2011, Az.: 12 LA 219/10, Rn. 10 – zitiert nach *juris*; Urteil vom 15.09.2011, Az.: 12 LB 218/08, Rn. 35 – zitiert nach *juris*; Urteil vom 10.01.2008, Az.: 12 LB 22/07, Rn. 50 – zitiert nach *juris*.

und die Standortbedeutung.[1066] Wichtig für die Gesamtbetrachtung ist, inwieweit das Vorhaben über den Nahbereich hinauswirkt.[1067] Die **Dimension bzw. Größe der (Einzel-)Anlagen** kann indiziell für die Raumbedeutsamkeit sein, soll aber nicht zwingend alleiniges Entscheidungskriterium sein. Das OVG Lüneburg erteilte der pauschalen Annahme, wonach die Raumbedeutsamkeit erst ab einer Gesamthöhe von 100 Metern beginne, eine Absage und bewertete diese als zu starr und schematisch.[1068] Derselbe Weg wird nun auch in der Verwaltungspraxis beschritten. So wird beispielsweise im Windenergieerlass NRW aus dem Jahr 2011, welcher als Verwaltungsvorschrift zwar keine unmittelbare Bindungswirkung entfaltet, aber zur Norminterpretation herangezogen werden darf,[1069] unter Ziffer 3.2.3 bei 100 m Höhe die Raumbedeutsamkeit als **Regelfall** angenommen. In Rheinland-Pfalz wird im Rundschreiben Windenergie[1070] unter Ziff. B. 1. die Raumbedeutsamkeit bereits ab 50 m Höhe der Einzelanlagen in der Regel bejaht. Die Höhe der Einzelanlage ist demnach ein wichtiger Faktor bei der Bestimmung der Raumbedeutsamkeit, weiterhin sind aber sämtliche Umstände des Einzelfalls bei der Beurteilung miteinzubeziehen.

Neben der Anzahl und Höhe der Einzelanlagen[1071] und des Rotordurchmessers[1072] können daher auch das Geländeprofil der Umgebung[1073] sowie der Charakter und die Funktion der Landschaft bei der Entscheidung miteinzubeziehen sein.[1074] So

---

1066 *Mitschang/Schwarz/Kluge*, in: UPR 2012, 401 (402). Vgl. beispielhaft auch LEP Bayern vom 22.08.2013 unter Erläuterung zu Ziff. 6.2.2, wonach WEA in der Regel auf Grund ihrer Größe, ihres Flächenbedarfs, ihrer Auswirkungen auf das Landschaftsbild sowie ihrer Emissionen als überörtlich raumbedeutsam einzuordnen sind.

1067 *Kindler/Lau*, in: NVwZ 2011, 1414 (1415).

1068 OVG Lüneburg, Urteil vom 11.07.2007, Az.: 12 LC 18/07, Rn. 43 – zitiert nach *juris*.

1069 *Rectanus*, in: NVwZ 2009, 871 (874); *Scheidler*, in: GewArch Beilage WiVerw Nr. 03/2011, 117 (122).

1070 Vom 28.05.2013.

1071 So wurde die Raumbedeutsamkeit bejaht im Falle von Einzel-WEA mit Nabenhöhe von 114,09 m und einer Gesamthöhe von 149,09 m nebst der Gesamtzahl der beantragten WEA unter Berücksichtigung, dass sich zum Zeitpunkt der Antragstellung in der Nähe des vorgesehenen Anlagenstandortes weitere acht Anlagen befanden, vgl. OVG Lüneburg, Urteil vom 28.05.2008, Az.: 12 LB 64/07, Rn. 38 f – zitiert nach *juris*. Ebenso ging das VG Augsburg bei einer Gesamthöhe einer WEA von 180 m, einer Nabenhöhe von 139 m und einem Rotordurchmesser von 81 m von der Raumbedeutsamkeit des Vorhabens aus, Urteil vom 23.01.2013, Az.: Au 4 K 12.654, Rn. 54 – zitiert nach *juris*.

1072 *Mitschang*, in: BauR 2013, 29 (34).

1073 Nach *Rojahn*, in: NVwZ 2011, 654 (656) sollen bei Windenergieanlagen in einem flachen Küstenland eher die Schwelle zur Raumbedeutsamkeit überschritten sein als in einer bewaldeten Mittelgebirgslandschaft.

1074 OVG Münster, Urteil vom 06.09.2007, Az.: 8 A 4566/04, Rn. 93 – zitiert nach *juris*. Vgl. auch *Kindler/Lau*, in: NVwZ 2011, 1414 (1415); *Mitschang/Schwarz/Kluge*, in: UPR 2012, 401 (402).

kann beispielsweise die Nähe zu nach Bundesnaturschutzgesetz geschützten Örtlichkeiten und Bereiche wie Naturdenkmäler, Brut- und Rastplätzen von WEA schlaggefährdeten Tierarten und die Flugrouten von Fledermäusen im Einzelfall zur Bejahung Raumbedeutsamkeit des Vorhabens führen.[1075] Schließlich kann auch die Vorbelastung des Gebiets durch bestehende Bebauung bzw. vorhandene WEA mit zu berücksichtigen sein und so im Einzelfall zur Annahme der Raumbedeutsamkeit führen.[1076] Denn die Errichtung einer (zusätzlichen) Anlage in einem bereits durch weitere WEA vorbelasteten Gebiet kann nennenswerte Wirkungen auf die räumliche Entwicklung oder Funktion des betroffenen Gebietes entfalten, wodurch diese bauliche Maßnahme als raumbedeutsam eingestuft werden kann.

Abschließend ist festzuhalten, dass große Windparks als raumbedeutsam anzusehen sind. Bei Einzelanlagen bzw. kleinen Windparks ist dies im Wege einer Einzelfallbetrachtung zu beurteilen, wobei die Annahme der Raumbedeutsamkeit der Regelfall sein wird.

B. Instrumente der Raumordnung

Dem Plangeber stehen nach dem Raumordnungsgesetz zur Erfüllung seiner Aufgabe aus § 1 ROG – wie bereits dargestellt – unterschiedliche Planungsinstrumente zur Verfügung. Zunächst stehen die **Raumordnungspläne** gem. § 3 I Nr. 7 ROG als zusammenfassende, überörtliche und fachübergreifende Pläne zur Raumordnung zur Verfügung. In den Raumordnungsplänen sollen gem. § 8 V 1 ROG Festlegungen zur Raumstruktur erfolgen. Zur verbindlichen Steuerung von Windenergie bedient sich der jeweils zuständige Plangeber der Festlegung von verbindlichen Zielen der Raumordnung (**I.**). Aber auch die Grundsätze der Raumordnung (**II.**) als weiteres Erfordernis der Raumordnung i.S.d. § 3 I Nr. 1 ROG stehen als planerische Instrumente zur Verfügung, wobei diese bei der späteren rechtlichen Beurteilung von WEA lediglich zu berücksichtigen sind. Darzustellen sind die unterschiedlichen Folgen jeweils von Zielen und Grundsätzen der Raumordnung auf spätere Entscheidungen. Es soll aufgezeigt werden, inwieweit der Plangeber durch bestimmte Festlegungen die erwünschte innergebietliche und/oder außergebietliche Bindungswirkung erzielen kann. In diesem Zusammenhang soll dargestellt werden, inwieweit es bereits auf Raumordnungsebene geboten sein kann, verbindlichen Mindestvorgaben an die Windenergienutzung zu formulieren (**III.**). Schließlich sind die dem Plangeber zur Verfügung stehenden unterschiedlichen Festlegungsmöglichkeiten durch die Auswahl des Gebietstyps zu beleuchten und zu diskutieren, die sich für die verbindliche Festlegung von Windenergiestandorten eignen können (**IV.**).

1075 *Kindler/Lau*, in: NVwZ 2011, 1414 (1415).

1076 OVG Lüneburg, Beschluss vom 12.10.2011, Az.: 12 LA 219/10, Rn. 10 – zitiert nach *juris*. Ebenso *Scheidler*, in VerwArch 2012, 587 (608).

I. Ziele der Raumordnung

Ziele der Raumordnung enthalten gem. § 3 I Nr. 2 ROG *„verbindliche Vorgaben in Form von räumlich und sachlich bestimmten oder bestimmbaren, vom Träger der Raumordnung abschließend abgewogenen (§ 7 Abs. 2) textlichen oder zeichnerischen Festlegungen in Raumordnungsplänen zur Entwicklung, Ordnung und Sicherung des Raums"*. Grundlage der Festlegung eines Ziels der Raumordnung ist das Ergebnis eines umfassenden **Abwägungsvorgangs**, durch welchen gem. § 7 II 1 Hs. 2 ROG landesplanerische Konflikte bewältigt werden sollen. Die Zielbestimmung stellt somit eine abschließende Letztentscheidung des Plangebers dar.[1077] Abschließend abgewogen ist eine raumordnungsplanerische Aussage mit Zielqualität dann, wenn diese auf landesplanerischer Ebene keiner weiteren Ergänzung bedarf und somit geeignet ist Rechtsklarheit zu schaffen.[1078] Aus diesem Grund sind die Ziele der Raumordnung einer weiteren Abwägung insbesondere im Rahmen der Bauleitplanung als nachgeordneter Planungsstufe nicht mehr zugänglich.[1079]

Zu beachten ist, dass nicht die Bezeichnung allein über die Zielwirkung entscheidet, sondern auf den **materiellen Gehalt** der Planaussage abzustellen ist.[1080] Die Kennzeichnung als *„Ziel"* kann als Indiz für die Zielqualität der Festlegung gewertet werden. Um eine entsprechende Verbindlichkeit zu erreichen, ist aber eine hinreichend **inhaltliche Bestimmtheit bzw. Bestimmbarkeit** der Planaussage sowohl in räumlicher als auch sachlicher Sicht notwendig.[1081] Ob eine Festlegung tatsächlich Zielqualität aufweist, ist im Wege der Auslegung zu ermitteln. Außer Acht zu lassen ist dabei der tatsächliche Wille des Plangebers. Sind die tatbestandlichen Voraussetzungen – vor allem die erforderliche Bestimmtheit oder Bestimmbarkeit – nicht erfüllt sind, so ist die Planaussage nicht geeignet, die normative Wirkung

---

1077 BVerwG, Urteil vom 16.12.2010, Az.: 4 C 8/10, Rn. 8 – zitiert nach *juris*; Urteil vom 20.08.1992, Az.: 4 NB 20/91, Rn. 17 – zitiert nach *juris*; OVG Bautzen, Urteil vom 20.01.2014, Az.: 4 A 622/10, Rn. 52 – zitiert nach *juris*; OVG Lüneburg, Urteil vom 08.12.2011, 12 KN 208/09, Rn. 23 – zitiert nach juris. Siehe auch *Scheidler*, in: VerwArch 2012, 587 (609); *ders.*, in: GewArch Beilage WiVerw Nr. 03/2011, 117 (123).

1078 *Wahlhäuser*, in: UPR 2014, 166 (168).

1079 BVerwG, Urteil vom 16.12.2010, Az.: 4 C 8/10, Rn. 7 – zitiert nach *juris*; Beschluss vom 20.08.1992, Az.: 4 NB 20/91, Rn. 13 ff – zitiert nach *juris*; OVG Bautzen, Urteil vom 20.01.2014, Az.: 4 A 622/10, Rn. 52 – zitiert nach *juris*. Siehe hierzu auch sogleich.

1080 BVerwG, Beschluss vom 15.04.2003, Az.: 4 BN 25/03, Rn. 4 – zitiert nach *juris*; OVG Lüneburg, Urteil vom 18.12.2011, Az.: 12 KN 208/09, Rn. 22 – zitiert nach *juris*. Vgl. auch *Dörr/Yamato*, in: Ehlers/Fehling/Pünder, Besonderes Verwaltungsrecht, Bd. 2, § 38, Rn. 34.

1081 *Mitschang/Schwarz/Kluge*, in: UPR 2012, 401 (402); *Wahlhäuser*, in: UPR 2014, 166 (168).

eines Ziels der Raumordnung zu entfalten.[1082] Gegebenenfalls kann in diesen Fällen eine Umdeutung in einen Grundsatz der Raumordnung erfolgen.[1083] Schließlich haben Ziele der Raumordnung auch dem Grundsatz der **Verhältnismäßigkeit** zu genügen, um rechtliche Wirksamkeit entfalten zu können. Daher müssen die Ziele der Raumordnung zur Erreichung eines legitimen Ziels geeignet, erforderlich und angemessen sein.[1084]

Nach dem Bundesverwaltungsgericht können auch Planvorgaben, die eine Regel-Ausnahme-Struktur aufweisen, die Merkmale einer „*verbindlichen Vorgabe*" oder einer „*landesplanerischen Letztentscheidung*" bzw. einer „*abschließenden landesplanerischen Abwägung*" erfüllen. Voraussetzung hierfür ist, dass der Plangeber neben der Regel auch die Voraussetzungen der Ausnahme mit ausreichender tatbestandlicher Bestimmtheit oder doch wenigstens Bestimmbarkeit selbst festlegt.[1085] Auch landesplanerische Aussagen in Gestalt einer Soll-Vorschrift können als Ziel der Raumordnung eingeordnet werden,[1086] soweit deren Voraussetzungen im Wege der Auslegung auf der Grundlage des Plans bestimmt oder zumindest bestimmbar sind.[1087] Der Adressat des Ziels muss auf Grundlage des Inhalts und gegebenenfalls durch Auslegung in der Lage sein, festzustellen, was er bei seinen raumbedeutsamen Planungen und Maßnahmen als verbindliche Vorgaben der Raumordnung zu beachten hat.[1088]

Gem. § 4 I ROG entfalten die Ziele der Raumordnung **Bindungswirkung** gegenüber öffentlichen Stellen. Darüber hinaus finden sich auch in weiteren Fachgesetzen Hinweise auf die Notwendigkeit der Beachtung von Zielen der Raumordnung. Grundsätzlich gilt gem. § 4 II ROG die Beachtenspflicht des § 4 I ROG nicht direkt für WEA relevante immissionschutzrechtliche Genehmigung. Daraus folgt, dass die Ziele der Raumordnung nach Maßgabe der für diese Entscheidung geltenden Vorschriften lediglich zu berücksichtigen wären. Dennoch haben Ziele der Raumordnung bei der Erteilung einer immissionsschutzrechtlichen Genehmigung direkte Auswirkung, nämlich durch die sog. **Raumordnungsklauseln**.[1089] Bei diesen handelt es sich um Aussagen zur Bindungswirkung von Erfordernissen der

1082 BVerwG, Beschluss vom 01.07.2005, Az.: 4 BN 26/05, Rn. 4 – zitiert nach *juris*; Beschluss vom 07.03.2002, Az: 4 BN 60/01, Rn. 11 – zitiert nach *juris*. Vgl. auch *Wahlhäuser*, in: UPR 2014, 166 (168).

1083 *Runkel*, in: Spannowsky/Runkel/Goppel, ROG, § 3, Rn. 22.

1084 BVerwG, Urteil vom 10.11.2011 Az.: 4 CN 9/10, Rn. 5 – zitiert nach *juris*. Vgl. Diskussion bei *Wahlhäuser*, in: UPR 2014, 166 (170) hinsichtlich der Zulässigkeit von pauschalen Schutzabständen insbesondere zur Wohnbebauung.

1085 BVerwG, Urteil vom 16.12.2010, Az.: 4 C 8/10, Rn. 8 – zitiert nach *juris*.

1086 BVerwG, Urteil vom 16.12.2010, Az.: 4 C 8/10, Rn. 9 – zitiert nach *juris*; OVG Bautzen, Urteil vom 20.01.2014, Az.: 4 A 622/10, Rn. 53 – zitiert nach *juris*.

1087 OVG Bautzen, Urteil vom 20.01.2014, Az.: 4 A 622/10, Rn. 53 – zitiert nach *juris*.

1088 *Runkel*, in: Spannowsky/Runkel/Goppel, ROG, § 3, Rn. 22.

1089 *Dörr/Yamato*, in: Ehlers/Fehling/Pünder, Besonderes Verwaltungsrecht, Bd. 2, § 38, Rn. 33; *Köck*, in: DVBl. 2012, 3 (7); *Kohls*, in: Danner/Theobald, Energierecht, XIII. B 1, Rn. 206.

Raumordnung auf raumbedeutsame Planungen und Maßnahmen.[1090] Im immissionsschutzrechtlichen Genehmigungsverfahren ist durch die Maßgabe des § 6 I Nr. 2 BImSchG die Beachtung und Einhaltung anderer öffentlich-rechtlicher Vorschriften geboten. Diese Norm ist als Raumordnungsklausel zu werten, da über diese Einbruchsstelle auch der § 35 III 3 BauGB im immissionsschutzrechtlichen Zulassungsverfahren anwendbar ist, der wiederum zu einer zwingenden Beachtenspflicht der Ziele der Raumordnung führt.[1091] Hierdurch erhalten die Ziele der Raumordnung im Genehmigungsverfahren ein entscheidendes Gewicht.[1092] Neben der Ausstrahlungswirkung auf die Zulassungsebene haben die Ziele der Raumordnung, wie eingangs dargestellt, auch eine Bindungswirkung auf die Bauleitpläne gem. § 1 IV BauGB. Hiernach sind die Bauleitpläne den Zielen der Raumordnung anzupassen.[1093]

II. Grundsätze der Raumordnung

Bei **Grundsätzen der Raumordnung** handelt es sich gem. § 3 I Nr. 3 ROG um *„Aussagen zur Entwicklung, Ordnung und Sicherung des Raums als Vorgaben für nachfolgende Abwägungs- oder Ermessensentscheidungen"*, die durch Gesetz oder als Festlegungen in einem Raumordnungsplan (§ 7 I, II ROG) aufgestellt werden. Anders als die Zielfestlegungen sind Grundsätze der Raumordnung gem. § 4 I 1 a.E. ROG in Abwägungs- oder Ermessensentscheidungen lediglich zu berücksichtigen.

§ 2 II ROG enthält einen nicht abschließenden Katalog von Grundsätzen der Raumordnung. Auch die Förderung des Klimaschutzes ist als Grundsatz benannt. Diese sind bei der Planung von WEA mit zu berücksichtigen.[1094] Nach § 2 II Nr. 4 S. 5 ROG gilt allgemein folgender Grundsatz im Raumordnungsrecht: *„Den räumlichen Erfordernissen für eine kostengünstige, sichere und umweltverträgliche Energieversorgung einschließlich des Ausbaus von Energienetzen ist Rechnung zu tragen."*[1095] Dieser Grundsatz ist im Zusammenhang mit demjenigen des § 2 II Nr. 6 S. 8, 9 ROG zu sehen,[1096] wonach

> *„den räumlichen Erfordernissen des Klimaschutzes Rechnung zu tragen* [ist], *sowohl durch Maßnahmen, die dem Klimawandel entgegenwirken, als auch durch solche, die der Anpassung an den Klimawandel dienen. Dabei sind die räumlichen Voraussetzungen für den Ausbau der Erneuerbaren Energien, für eine sparsame Energienutzung sowie für*

1090 *Runkel*, in: Spannowsky/Runkel/Goppel, ROG, § 4 Rn. 121.

1091 *Beckmann*, in: Hoppenberg/de Witt, Handbuch des öffentlichen Baurechts, Bd. 2, Kap. N, Rn. 116. Siehe hierzu auch *Dörr/Yamato*, in: Ehlers/Fehling/Pünder, Besonderes Verwaltungsrecht, Bd. 2, § 38, Rn. 32, 33.

1092 *Runkel*, in: Spannowsky/Runkel/Goppel, ROG, § 4 Rn. 169.

1093 Siehe hierzu ausführlich unten bei der Bauleitplanung unter 3. Teil, 2. Abschnitt, A. II.

1094 Vgl. ausführlich zu den Klimaschutzzielen im Raumordnungsrecht *Klinger/Wegner*, in: NVwZ 2011, 905 (906).

1095 Anm.: Hervorhebung durch die Verfasserin.

1096 *Spannowsky*, in: Spannowsky/Runkel/Goppel, ROG, § 2, Rn. 105.

den Erhalt und die Entwicklung natürlicher Senken für klimaschädliche Stoffe und für die Einlagerung dieser Stoffe zu schaffen."[1097]

Hieran wird deutlich, dass der allgemeine Klimaschutz im Hinblick auf den forcierten Ausbau der erneuerbaren Energien auch für das Raumordnungsrecht eine besondere Bedeutung gewonnen hat. Zu beachten ist, dass die vorgenannten Grundsätze jedoch gerade nicht zu einer Ausweitung der Konzentrationszonen für WEA verpflichten.[1098]

Neben den Zielen sind auch die Grundsätze der Raumordnung bei der Entscheidung über die bauplanungsrechtliche Zulässigkeit von WEA als Außenbereichsvorhaben zu beachten, nämlich als **ungeschriebener öffentlicher Belang** im Sinne des § 35 III 1 BauGB. Dies hat anders als bei den strikt zu beachtenden Zielen der Raumordnung zur Folge, dass die Grundsätze der Raumordnung im Wege der Abwägung überwunden werden können.[1099]

III. Verbindliche Mindestvorgaben für Windenergie

Aktuell stellt sich die Frage, inwieweit zur Absicherung des weiteren Ausbaus von Windenergie in Deutschland verbindliche Vorgaben bereits auf Raumordnungsebene getroffen werden könnten. Nach der hier vertretenen Ansicht ist es erforderlich die Raumordnungsplanung zu stärken und einen Teil der Verantwortung auf die übergeordnete Planungsebene zu verlagern. So kann den Bedürfnissen der Energiewende durch Absicherung des Flächenbedarfs besser Rechnung getragen werden, als wenn diese Aufgabe auf die untere kommunal gesteuerte Planungsebene verlagert wird. Denn in der Praxis zeigt sich in Teilen, dass kommunale Plangeber stark von lokalen Interessen beeinflusst sind und politischer sowie wirtschaftlicher Druck auf den Planungsprozess ausgeübt wird. Diese (un-)mittelbare Einflussnahme kann ein reales Hindernis für den Ausbau von Onshore-WEA in den Kommunen darstellen.

So wäre grundsätzlich denkbar, über das bundesgesetzliche Raumordnungsrecht **Mindestvorgaben** für die Nutzung erneuerbarer Energien als weiteren **Grundsatz der Raumordnung** in das ROG aufzunehmen.[1100] Möglich wäre beispielsweise die

---

1097 Anm.: Einfügung und Hervorhebung durch die Verfasserin.

1098 *Antweiler/Gabler, in*: BauR 2012, 39 (40); *Spannowsky*, in: Spannowsky/Runkel/Goppel, ROG, § 2, Rn. 143.

1099 *Fellenberg/Schiller*, in: Gerstner, Kap. 2 B., Rn. 209. Wie bereits oben dargestellt, ist auch ein in Aufstellung befindliches Ziel als unbenannter öffentlicher Belang einzuordnen wurde, der somit einer positiven Genehmigungsentscheidung über eine WEA im Außenbereich entgegenstehen kann. BVerwG, Urteil vom 01.07.2010, Az.: 4 C 4/08, Rn. 32 – zitiert nach *juris*; Urteil vom 27.01.2005, Az.: 4 C 5/04, Rn. 26 – zitiert nach *juris*. Ebenso VGH München, Urteil vom 18.06.2014, Az.: 22 B 13.1358, Rn. 41 – zitiert nach *juris*; Beschluss vom 28.04.2014, Az.: 22 ZB 12.1075, Rn. 33 – zitiert nach *juris*. Vgl. hierzu bereits oben unter 1. Teil, 2. Abschnitt, B. I. 3.

1100 Alternativ könnte dies auch über einen textlichen Raumordnungsplan nach § 17 I ROG erreicht werden. Vgl. auch *Hermes*, in: ZUR 2014, 259 ff.

Festlegung einer konkreten Mindestfläche als Grenzwert für Windenergie, sei es entweder über Größenangaben als Orientierungswerte oder in Form einen verbindlichen prozentualen Gebietsanteils.[1101] In der Literatur wird zudem auch die Formulierung von Mengenzielen in Form von zu erbringender Stromleistung vorgeschlagen.[1102] Als Grundsatz der Raumordnung wären diese Vorgaben dann gem. § 4 I 1 a.E. ROG mit in die Abwägungsentscheidung bei einer späteren Aufstellung von Bauleitplänen miteinzubeziehen. Dennoch verbliebe dem kommunalen Plangeber im Rahmen der eigenen Abwägung eine Abweichungsmöglichkeit von dem Grundsatz der Raumordnung. Dadurch ist kein Verstoß gegen die kommunale Selbstverwaltungsgarantie aus Art 28 II GG zu befürchten. Vorteilhaft hieran ist die verbleibende Flexibilität trotz steigender Verantwortung im Hinblick auf den erforderlichen Ausbau der erneuerbaren Energien. Darüber hinaus wird eine gewisse Transparenz durch die Raumordnungsplanung geschaffen, welche sich positiv auf die Rechtsanwendung durch die Existenz klarer Angaben auswirkt.[1103] Denn alle Beteiligte, namentlich die Vorhabenträger, Behörden, aber auch weitere Interessenträger haben Anhaltspunkte für den Umfang der gewollten Umsetzung für Windenergie im Planungsraum. So kann für alle eine gewisse Planungssicherheit geschaffen werden.

Rechtlich wirksam können solche Vorgaben nur sein, soweit sie auch dem **Gleichbehandlungs- und Verhältnismäßigkeitsgrundsatz** entsprechen. Jede Region darf nur im Rahmen ihrer Möglichkeiten anteilig in gleicher Art und Weise verpflichtet werden.[1104] Dies ist über eine konkrete bundesrechtliche Regelung schwer möglich, da kaum den jeweiligen Besonderheiten der Länder Rechnung getragen werden kann. Denn nicht jedes Bundesland weist denselben Umfang an geeigneten Flächen für Windenergie – vor allem im Hinblick auf die vorhandene Windhöffigkeit – auf. Stattdessen könnte der Bundesgesetzgeber eine Rahmenbedingung für die Länder in das ROG aufnehmen. Auf Grundlage dessen müssten entsprechende Regelungen mit Mindestvorgaben, sei es hinsichtlich der zu nutzenden Fläche oder des zu erzielenden Stromertrags, durch den jeweiligen Landesgesetzgeber geschaffen werden. Hierzu könnten verbindliche Vorgaben in die jeweiligen Landesplanungsgesetzen bzw. den darauf basierenden Regelwerken wie den Landesentwicklungsplänen integriert werden. Hinsichtlich der konkreten

---

1101 *Von Seth*, in: DÖV 2011, 915 (919). Ähnlich *Bovet/Kindler*, in: DVBl. 2013, 488 (493). Vgl. Kritik von *Hermes*, in: ZUR 2014, 259 (268).

1102 *Köck*, in: DVBl. 2012, 3 (8).

1103 Vgl. in diesem Zusammenhang auch die Vorschläge von *Bosch & Partner* im Auftrag des BfN im Abschlussbericht zum Forschungsvorhaben *„Vernetzung der Forschung zu den Auswirkungen von Erneuerbaren Energien auf Natur und Landschaft"* vom 20.12.2013, S. 11: *„Für die Erstellung von qualifizierten regionalen Energiekonzepten aus Naturschutzsicht sind zunächst übergeordnete Zielvorgaben festzulegen. Es gilt Ausbauziele unter Berücksichtigung von Effizienzpotenzialen zu definieren und den dafür nötigen Raumbedarf zu verdeutlichen."* Vgl. auch Zusammenfassung bei *Raschke*, in: NVwZ 2014, 414 (417).

1104 Vgl. insoweit auch *von Seth*, in: DÖV 2011, 915 (919).

Ausgestaltung der Mindestvorgaben könnte sich der Landesgesetzgeber an den einschlägigen Potenzialstudien orientieren,[1105] die unterschiedliche Möglichkeiten der Windenergienutzung berechnet haben. Die Werte der vorgenannten Studien sind aber kritisch auf ihre Richtigkeit der Angaben hin zu überprüfen.[1106]

Anschaulich werden die möglichen Festsetzungen an praktischen Beispielen verdeutlicht. Das Bundesland Sachsen hat eine entsprechende Vorgabe (mit Abweichungsmöglichkeit) in Form eines Ziels der Raumordnung im aktuellen Landesentwicklungsplan aus dem Jahr 2013 unter Ziff. 5.1.3. gemacht, die jedoch noch weiterer Konkretisierung bedarf:

> *„In den Regionalplänen sind die räumlichen Voraussetzungen zum Erreichen des für die Nutzung der Windenergie geltenden Zieles der Sächsischen Staatsregierung in der jeweils geltenden Fassung entsprechend dem Flächenanteil der jeweiligen Planungsregion an der Gesamtfläche des Freistaates Sachsen (regionaler Mindestenergieertrag) zu sichern."*[1107]

Auch in Niedersachsen werden im LROP Stand 2012 in der Anlage 1, Ziff. 4.2 04 S. 2 Mindestvorgaben formuliert, welche sogar eine konkrete Aussage hinsichtlich des Leistungsertrages in den Landkreisen enthalten.[1108] Auch hierbei handelt es sich textlich um ein verbindliches Ziele der Raumordnung:

> *„In den besonders windhöffigen Landesteilen muss dabei der Umfang der Festlegungen als Vorranggebiete Windenergienutzung mindestens folgende Leistung ermöglichen: Landkreis Aurich, 250 MW, Landkreis Cuxhaven, 300 MW, Landkreis Friesland, 100 MW, [...]."*[1109]

Eine ähnliche Regelung ist aktuell nach der Änderung des LEP[1110] IV im Jahr 2013 auch im Bundesland Rheinland-Pfalz zu finden, wobei hier nur mit Grundsätzen der Raumordnung operiert wurde.[1111] Solche Festsetzungen wurden wie folgt formuliert:

> *„G 163 a Um einen substanziellen Beitrag zur Stromerzeugung zu ermöglichen, sollen mindestens zwei Prozent der Fläche des Landes Rheinland-Pfalz für die Windenergienutzung bereitgestellt werden. [...].*

1105 So die aktuelle Potenzialstudie des UBA.

1106 Vgl. insoweit auch *von Seth*, in: DÖV 2011, 915 (919).

1107 Anm.: Hervorhebung durch die Verfasserin.

1108 Ziel der Raumordnung - Vorranggebiete für die Windenergienutzung: *„Entsprechend der Zielsetzung, bis 2020 mindestens 15 % der nordrhein-westfälischen Stromversorgung durch Windenergie und bis 2025 30% der nordrhein-westfälischen Stromversorgung durch Erneuerbare Energien zu decken, sind proportional zum jeweiligen regionalen Potenzial ausreichende Flächen für die Nutzung von Windenergie festzulegen."*

1109 Anm.: Hervorhebungen durch die Verfasserin.

1110 = Landesentwicklungsplan.

1111 Vgl. Rundschreiben Windenergie Rheinland-Pfalz vom 28.05.2013, S. 3.

G 163 c Landesweit sollen mindestens zwei Prozent der Fläche des Waldes für die Nutzung durch die Windenergie zur Verfügung gestellt werden."[1112]

Ähnlich formuliert auch das Land Schleswig-Holstein als Ziel der Raumordnung im Landesentwicklungsplan 2010 unter Ziff. 3.5.2 3 Z, wonach circa 1,5 % der Landesfläche in den Regionalplänen als Eignungsgebiete für die Windenergienutzung festzusetzen sind.

An diesen Beispielen wird deutlich, dass auch Landesgesetzgeber erkannt haben, dass solche Mengenziele förderlich sind, um die Energiewende zu beschleunigen. Bisher haben aber nicht alle Landesgesetzgeber den vorgenannten Möglichkeiten Gebrauch gemacht.

IV. Festlegung von Gebietstypen

Um Windenergie verbindlich steuern zu können, stehen den überörtlichen Plangebern verschiedene Festsetzungsmöglichkeiten zur Verfügung. Zunächst kann hierzu auf die bundesrechtlich geregelten Gebietstypen des § 8 VII ROG zurückgegriffen werden (**1.**), wobei diese als nicht abschließend eingeordnet werden (**2.**). Neben verbindlichen Festlegungen ist es den Plangebern unbenommen, mit sog. „*weißen Flächen*" zu operieren, die kurz dargestellt werden sollen (**3.**).

1. Gebietstypen nach § 8 VII ROG

Zur Steuerung von Windenergie im Planungsraum stehen dem Plangeber zunächst über den nicht abschließenden Katalog des § 8 VII ROG[1113] verschiedene Instrumentarien zur Verfügung,[1114] namentlich die Festlegung folgender Gebiete:

– **Vorranggebiete** gem. § 8 VII 1 Nr. 1 ROG	*„die für bestimmte raumbedeutsame Funktionen oder Nutzungen vorgesehen sind und andere raumbedeutsame Nutzungen in diesem Gebiet ausschließen, soweit diese mit den vorrangigen Funktionen oder Nutzungen nicht vereinbar sind"*
– **Vorbehaltsgebiete** gem. § 8 VII 1 Nr. 2 ROG	*„in denen bestimmten raumbedeutsamen Funktionen oder Nutzungen bei der Abwägung mit konkurrierenden raumbedeutsamen Nutzungen besonderes Gewicht beizumessen ist"*

1112 Anm.: sämtliche Hervorhebungen durch die Verfasserin.

1113 Vgl. ausführlich zu den unterschiedlichen landesrechtlichen Ausgestaltungen in den teilweise neu erlassenen Landesplanungsgesetzen *Krappel/von Süßkind-Schwendi*, in: ZfBR 2012, 65 (67 ff). Zum Rechtszustand der unterschiedlichen landesrechtlichen Ausgestaltung im Jahr 2011 insbesondere in den Ländern Hessen und Sachsen-Anhalt vgl. Ausführungen bei *Ehlers/Böhme*, in: NuR 2011, 323 (325 ff).

1114 *Schmidt-Eichstädt*, in: ZfBR 639 (641) nennt diese Liste „*Instrumentkasten*".

– **Eignungsgebiete** gem. § 8 VII 1 Nr. 3 ROG	*„in denen bestimmten raumbedeutsamen Maßnahmen oder Nutzungen, die städtebaulich nach § 35 des Baugesetzbuchs zu beurteilen sind, andere raumbedeutsame Belange nicht entgegenstehen, wobei diese Maßnahmen oder Nutzungen an anderer Stelle im Planungsraum ausgeschlossen sind“*
– und gem. § 8 VII 2 ROG	**Vorranggebiete** für raumbedeutsame Nutzungen **mit Wirkung von Eignungsgebieten**

Die vorgenannten Gebietstypen des § 8 VII ROG werden hinsichtlich ihrer Zielqualität unterschiedlich beurteilt, so dass nicht jeder der Gebietstypen in der Praxis für die Planung von Windenergie in Frage kommt. Nur wenn der gewählte Gebietstyp Zielqualität hat, kann durch die Festlegung eines solchen als abschließende raumordnerische Entscheidung die Wirkung des Planvorbehalts gem. § 35 III 3 BauGB aktiviert werden.[1115]

Zur verbindlichen Steuerung von Windenergie ist demnach das **Vorbehaltsgebiet** nach § 8 VII I Nr. 2 ROG nur beschränkt geeignet, da dieses nach dem Bundesverwaltungsgericht bloß als Grundsatz der Raumordnung zu werten ist.[1116] Dies wird überzeugend mit der gesetzgeberischen Konzeption des § 8 VII ROG und dem Wortlaut der Norm (*„bei der Abwägung [...] besonderes Gewicht beizumessen“*) begründet.[1117] Als Grundsatz der Raumordnung ist die Ausweisung eines Vorbehaltsgebiets lediglich in die Abwägung miteinzubeziehen und tritt hinsichtlich konkurrierender raumbedeutsamer Funktionen oder Nutzungen gegebenenfalls zurück.[1118] Das Vorbehaltsgebiet hat nicht die starke Wirkung eines Ziels der Raumordnung,[1119] so dass auf diesem Wege keine Konzentration der Windenergienutzung erreicht

---

1115 BVerwG, Urteil vom 13.03.2003, Az.: 4 C 3/02, Rn. 23 – zitiert nach *juris*. Vgl. auch *Scheidler*, in: UPR 2012, 58 (59).

1116 BVerwG, Urteil vom 13.03.2003, Az.: 4 C 4/02, Rn. 43 – zitiert nach *juris*; OVG Magdeburg, Urteil vom 11.12.2008, Az.: 2 K 235/06, Rn. 32 – zitiert nach *juris*. AA *Hermes*, in: Schneider/Theobald, Recht der Energiewirtschaft, § 7, Rn. 83, der die Zielqualität des Vorbehaltsgebiets bejaht.

1117 Vgl. hierzu auch *Gatz*, in: Windenergieanlagen in der Verwaltungs- und Gerichtspraxis, Rn. 154.

1118 Siehe dazu auch *Bovet/Kindler*, in: DVBl. 2013, 488 (494 f); *Mitschang*, in: BauR 2013, 29 (36); *Scheidler*, in: GewArch Beilage WiVerw Nr. 03/2011, 117 (123). AA *Goppel*, in: Spannowsky/Runke/Goppel, ROG, § 8, Rn. 82 mit der Begründung, dass es sich auch hierbei um eine Vorgabe des Normgebers handelt, wonach einer bestimmten raumbedeutsamen Funktion oder Nutzung ein besonderes Gewicht beizumessen ist und daher eine abschließend abgewogene Festlegung bedeutet, die als solche in nachfolgenden Abwägungen nicht mehr zur Disposition steht.

1119 Vgl. beispielhaft LEP Bayern vom 22.08.2013 unter Ziff. 6.2.2, wonach im Rahmen von regionsweiten Steuerungskonzepten Vorranggebiete für die Errichtung von Windkraftanlagen festzulegen sind und ergänzend auf Vorbehaltsgebiete für die Errichtung von Windkraftanlagen zurückgegriffen werden soll.

werden kann.[1120] Vorbehaltsgebiete können aber in einem späteren Genehmigungsverfahren als ungeschriebener öffentlicher Belang über den § 35 III 1 BauGB berücksichtigt werden.[1121]

Anders hingegen das **Vorranggebiet**, bei welchem durch die Zuweisung einer bestimmten Nutzungsart, wie beispielsweise der Raumnutzung durch Windenergie, eine nicht abwägbare, unüberwindbare Endentscheidung getroffen wurde.[1122] Es handelt sich hierbei um das *„stringenteste raumordnerische Instrument zur Sicherung bestimmter raumbezogener Nutzungen oder Funktionen"*.[1123] Vorranggebiete sind als Ziele der Raumordnung einzuordnen und entfalten daher strenge Bindungswirkung.[1124] Durch die Festlegung des Vorrangs in dem entsprechenden Gebiet ist nur eine bestimmte Nutzung zulässig. Aus dem Wortlaut des § 8 VII 1 Nr. 1 ROG ist zu schließen, dass nur eine innergebietliche Wirkung erzielt werden kann, nicht hingegen eine außergebietliche.[1125] Somit kann der Plangeber lediglich verbindliche Festlegungen hinsichtlich einer Positiventscheidung zugunsten von WEA treffen, nicht aber auch eine Negativwirkung.

1120 VGH München Urteil vom 14.08.2008, Az.: 2 BV 07.2226, Rn. 14 – zitiert nach *juris*. Ebenso *Ehlers/Böhme*, in: NuR 2011, 323 (324).

1121 *Fellenberg/Schiller*, in: Gerstner, Kap. 2, B. Rn. 212.

1122 In diesem Zusammenhang sei beispielhaft auf die Regelung im baden-württembergischen LplG nach der Änderung im Jahr 2012 verwiesen, welches in § 11 VII, 2. Hs. vorsieht, dass Standorte für regional bedeutsame Windkraftanlagen ausschließlich als Vorranggebiete festgelegt werden können. Vgl. ausführlich zur Rechtslage in Baden-Württemberg nach der Änderung des Landesplanungsgesetzes *Schlarmann/Conrad*, in: VBlBW 2013, 164 ff. In Niedersachsen sind nach dem aktuellen LROP (Stand 2012) für WEA entweder Vorrang- oder Eignungsgebiete auszuweisen, vgl. Ziff. 4.2 04 S. 1. Nach der landesgesetzgeberischen Vorstellung soll in diesen Gebieten keine Höhenbegrenzung für Windenergie vorgesehen werden, vgl. Ziff. 4.2 04 S. 5. In Rheinland-Pfalz sind nach der Änderung des LEP IV 2013 als Ziel der Raumordnung Vorranggebiete für Windenergie auszuweisen, vgl. Z 163 b. Im Bundesland Sachsen ist im aktuellen LEP 2013 als Ziel der Raumordnung gem. Ziff. 5.1.3 die Festlegung von Vorrang- und Eignungsgebieten für WEA vorgesehen (vgl. insoweit auch Rundschreiben Windenergie Rheinland-Pfalz vom 28.05.2013, S. 4, Ziff. B. 2.1). Ebenso ist diese Kombination im aktuellen LEP 2025 des Landes Thüringen unter Ziff. 5.2.13 V vorgesehen.

1123 *Goppel*, in: Spannowsky/Runke/Goppel, ROG, § 8, Rn. 73.

1124 *Dörr/Yamato*, in: Ehlers/Fehling/Pünder, Besonderes Verwaltungsrecht, Bd. 2, § 38, Rn. 34; *Fellenberg/Schiller*, in: Gerstner, Kap. 2 B., Rn. 212; *Gatz*, in: Windenergieanlagen in der Verwaltungs- und Gerichtspraxis, Rn. 151. Vgl. hierzu auch *von Seht*, in: DÖV 2011, 915 (918), der fordert, dass dieses Instrument auf Bundesebene aufgrund seiner Eignung bei der Windenergienutzung vorzugswürdig im Vergleich zu den anderen Kategorien des § 8 VII ROG heranzuziehen sei.

1125 *Gatz*, in: FS Stüer, S. 183; *Goppel*, in: Spannowsky/Runke/Goppel, ROG, § 8, Rn. 73 m.w.N.; *Mitschang*, in: BauR 2013, 29 (35); *Scheidler*, in: UPR 2012, 58 (59).

Um auch letztere Wirkung zu ermöglichen, ist auf die Möglichkeit des § 8 VII 2 ROG durch die Kombination von **Vorranggebiet mit Ausschlusswirkung eines Eignungsgebiets** zurückzugreifen.[1126] Denn nur so kann die Nutzung von Windenergie im übrigen Plangebiet ausgeschlossen werden und dabei auch die Wirkungen des § 35 III 3 BauGB eintreten.[1127] Dadurch wird eine rechtliche Außenwirkung gegenüber dem Vorhabenträger dergestalt bewirkt, dass Vorhaben außerhalb der Konzentrationszonen für WEA in der Regel unzulässig sind.[1128] Die Zielbestimmungen finden somit in einem späteren Genehmigungsverfahren unmittelbar Anwendung bei der Beantwortung der Frage der Genehmigungsfähigkeit.[1129] Die Außenwirkung dieser Festsetzungen ist für den Bauherrn daher vergleichbar zu denjenigen des Bebauungsplans.[1130]

Bei einer Gegenüberstellung zeigt sich, dass dies nicht für die **Eignungsgebiete** gilt.[1131] Dieser Gebietstyp hat nur dahingehend Bindungswirkung, als dass eine Ausschlusswirkung mit Hinblick auf eine bestimmte Nutzung Geltung bewirkt. Insoweit entfaltet die Festsetzung eines Eignungsgebiets außergebietliche Wirkung.[1132] Umstritten ist die innergebietliche Wirkung durch die Festlegung von Eignungsgebieten.[1133] Um aber in jedem Fall die gegebenenfalls erwünschte umfassende Bindungswirkung erzielen zu können, bietet sich auch hier an, auf die

---

1126 OVG Lüneburg, Urteil vom 08.12.2011, Az.: 12 KN 208/09, Rn. 26 – zitiert nach *juris*. Siehe auch in der Literatur u.a. *Goppel*, in: Spannowsky/Runkel/Goppel, ROG, § 8, Rn. 47; *Köck*, in: DVBl. 2012, 3 (7); *Scheidler*, in: VerwArch 2012, 587 (609); *Tigges*, in: ZNER 2012, 127 (130). Vgl. hierzu *von Seth*, in: DÖV 2011, 915 (918), der diese Option bei Windenergienutzung für weniger geeignet hält, als die Festlegung eines Vorranggebietes. Er begründet dies damit, dass das Vorranggebiet weit stärkere innergebietliche Wirkung entfaltet als die Ausweisung eines Vorbehalts- oder Eignungsgebiets. Diese Option ist im Land Sachsen-Anhalt verbindlich im aktuellen Landesentwicklungsplan 2011 festgelegt. So ist die Festlegung von Vorranggebieten als Ziel der Raumordnung unter Ziff. Z 110 vorgesehen und flankiert die Möglichkeit der Festlegung von Eignungsgebieten (vgl. Grundsatz der Raumordnung G 82).

1127 VGH München, Urteil vom 14.08.2008, Az.: 2 BV 07.2226, Rn. 17 – zitiert nach *juris*.

1128 BVerwG, Urteil vom 01.07.2010, Az.: 4 C 6/09, Rn. 14 – zitiert nach *juris*; Urteil vom 13.03.2003, Az.: 4 C 4/02, Rn. 14 – zitiert nach *juris*.

1129 *Scheidler*, in: VerwArch 2012, 587 (610).

1130 *Scheidler*, in: UPR 2012, 58 (59).

1131 Zur rechtshistorischen Entwicklung siehe ausführlicher *Schmidt-Eichstädt*, in: LKV 2012, 481 (484).

1132 *Fellenberg/Schiller*, in: Gerstner, Kap. 2 B., Rn. 212.

1133 So geht *Goppel*, in: Spannowsky/Runke/Goppel, ROG, § 8, Rn. 85 von der doppelten Steuerungswirkung aus, namentlich der innergebietlichen und außergebietlichen Wirkung. So auch in den Hinweisen des Landes Mecklenburg-Vorpommern zur Festlegung von Eignungsgebieten für Windenergieanlagen vom 22.05.2012, S. 1, Ziff. II. Vgl. hierzu auch *Mitschang/Schwarz/Kluge*, in: UPR 2012, 401 (402); *Schmidt-Eichstädt*, in: LKV 2012, 481 (484).

Kombination von Vorranggebieten mit Wirkung von Eignungsgebieten nach § 8 VII 2 ROG zurückzugreifen, um sowohl den Vorrang einer bestimmten Nutzung im Gebiet festzulegen als auch diese Nutzung in der Umgebung auszuschließen.[1134]

2. Weitere landesrechtliche Festsetzungsmöglichkeiten

Zu beachten ist, dass der Katalog des § 8 VII 1 ROG nicht abschließend ist,[1135] sondern die Länder grundsätzlich die Möglichkeit haben, weitere nicht durch Bundesrecht geregelte Typen einzuführen.[1136] Die Länder haben eine gewisse Freiheit bei den Gestaltungsmöglichkeiten der Festlegungen sowohl bei der Konzentrationsflächenplanung mit Wirkung des § 35 III 3 BauGB[1137] als auch beim Repowering.[1138] Der Katalog des § 8 VII ROG ist materiell-rechtlich lediglich ein Ausgangspunkt, so dass **weitere Festlegungsmöglichkeiten und -kombinationen** für die Länder bestehen. So sind alle Festlegungen rechtmäßig, deren Eignung und Erforderlichkeit zur Verfolgung eines sachlich legitimierten Ziels bejaht werden können.[1139] Schmidt-Eichstädt formuliert die folgenden Grundvoraussetzungen für Ziele, die über den Katalog des § 8 VII ROG hinausgehen:[1140]

– das Ziel entspricht grundsätzlich und abstrakt den Leitvorstellungen und Grundsätze der Raumordnung und den Vorgaben des § 4 ROG, insbesondere dem Bestimmtheitsgrundsatz,
– die Verknüpfung steht nicht im Widerspruch mit den vordefinierten Instrumenten,
– die Festlegung stellt keinen Verstoß gegen höherrangiges Recht dar und
– die Zielfestlegung ist im konkreten Einzelfall abwägungsfehlerfrei.

Hierbei ist beispielhaft auf das Land Mecklenburg-Vorpommern zu verweisen, welches grundsätzlich nur Eignungsgebiete für Windenergie ausweist.[1141] Im Falle der Neufestlegung von Eignungsgebieten haben diese aber den Anforderungen von

1134 So auch *Ehlers/Böhme*, in: NuR 2011, 323 (324); *Gatz*, in: FS Stüer, S. 183.

1135 Vgl. Wortlaut des § 8 VII 1 ROG: *„Die Festlegungen [...] können auch Gebiete bezeichnen, [...]"*.

1136 *Dörr/Yamato*, in: Ehlers/Fehling/Pünder, Besonderes Verwaltungsrecht, Bd. 2, § 38, Rn. 34; *Goppel*, in: Spannowsky/Runke/Goppel, ROG, § 8, Rn. 71.

1137 *Gatz*, in: FS Stüer, S. 184 f; *Schlarmann/Conrad*, in: VBlBW 2013, 164.

1138 *Schmidt-Eichstädt*, in: ZfBR 2013, 639 (642), der im Vergleich zu anderen Stimmen in der Literatur über den nicht abschließenden Katalog des § 8 VII ROG eine Möglichkeit zur planerischen Gestaltung des Repowerings auf Ebene der Raumordnung sieht. Vgl. hierzu ausführlicher unten unter D.

1139 *Schmidt-Eichstädt*, in: ZfBR 2013, 639 (641).

1140 *Schmidt-Eichstädt*, in: ZfBR 2013, 639 (642).

1141 Vgl. Hinweise zur Festlegung von Eignungsgebieten für Windenergieanlagen vom 22.05.2012, S. 1.

Ausschluss- und Restriktionsgebieten zu entsprechen.[1142] An dieser Stelle gehen die landesrechtlichen Vorgaben materiell-rechtlich zulässig über die bundesrechtlichen hinaus und modifizieren die inhaltlichen Grundlagen.

Bedeutsam ist die rechtliche Einordnung der materiell-rechtlichen Reichweite des § 8 VII ROG nicht nur bei der Erstausweisung von Flächen für Windenergie, sondern kann Grundlage für ein rechtliches Rahmenwerk für Festsetzungen im Hinblick auf das Repowering auf Raumordnungsebene bilden.[1143] Es zeigt sich, dass die Bundesländer regelmäßig von den im ROG vorgesehenen Typen Gebrauch machen und in der Planungspraxis tendenziell Vorranggebiete mit Ausschlusswirkung und Eignungsgebiete zur Steuerung der Windenergienutzung zum Einsatz kommen.[1144]

3. „Weiße Flächen"

Neben der ausdrücklichen Festlegung der dargestellten Gebietskategorien findet man in der Planungspraxis teilweise die bewusste Entscheidung für sog. „***weiße Flächen***". Bei solchen Flächen hat der Plangeber nach seinem eigenen Selbstverständnis bewusst auf eine abschließende raumordnerische Entscheidung verzichtet.[1145] Es hat insoweit weder eine positive Zuweisung noch ein Ausschluss von Windenergie stattgefunden. Folge ist, dass eine Verlagerung der Endentscheidung bezüglich der konkreten Teilfläche auf den Bauleitplangeber stattfindet. Dieses Vorgehen ist grundsätzlich als rechtlich zulässig zu werten, wobei auch hier die Prämisse gilt, dass der Windenergie im Ergebnis substanziell Raum zu verschaffen ist.[1146] Das Bundesverwaltungsgericht hat klargestellt, dass für den Fall, dass bei Auswahl und dem entsprechenden Zuschnitt von Vorranggebieten der Nutzung von Windenergie substanziell Raum verschafft wurde, unbeplante weiße Flächen der gewollten Ausschlusswirkung nicht entgegen stehen.[1147] Denn die Ausschlusswirkung erstreckt sich nur auf diejenigen Flächen, die der Plan als Ausschlusszone festschreibt. Nicht

---

1142 Vgl. Hinweise zur Festlegung von Eignungsgebieten für Windenergieanlagen vom 22.05.2012, S. 2, Ziff. III. Bei Ausschlussgebieten handelt es sich nach der Beschreibung um harte Tabuzonen, namentlich solche Bereiche, in denen Windenergie aus rechtlichen Gründen unmöglich ist. Restriktionsflächen können nach der Beschreibung mit weichen Tabuzonen verglichen werden. Denn diese sollen auf solchen Kriterien basieren, die zwar grundsätzlich gegen die Festlegung eines Eignungsgebiets sprechen, jedoch im Einzelfall durch das Überwiegen begünstigender Belange Windenergie zugelassen werden kann.

1143 Siehe hierzu sogleich unter D. zur Frage der rechtlichen Absicherung des Repowerings.

1144 *Mitschang/Schwarz/Kluge*, in: UPR 2012, 401 (402) m.w.N.

1145 BVerwG, Urteil vom 13.03.2003, Az.: 4 C 3/02, Rn. 23 – zitiert nach *juris*. Zur Klärung des missverständlichen Leitsatz des vorgenannten Urteils *Gatz*, in: Windenergieanlagen in der Verwaltungs- und Gerichtspraxis, Rn. 164.

1146 *Scheidler*, in: VerwArch 2012, 587 (610). Siehe zu diesen Vorgaben der Rechtsprechung ausführlich sogleich unter C. II.

1147 BVerwG, Beschluss vom 28.11.2005, Az.: 4 B 66/05, Rn. 7 – zitiert nach *juris*.

erfasst sind die unbeplanten Flächen, denn bei diesen hat keine abschließende raumordnerischen Entscheidung des Trägers der Raumordnung stattgefunden.

V. Fazit

Das Raumordnungsrecht als Planungsinstrument hat in der Praxis besondere Relevanz für die Windenergienutzung, vor allem durch die planerischen Steuerung von WEA im Hinblick auf die Wirkung des Planvorbehalts des § 35 III 3 BauGB. Regelmäßig werden hierüber verbindliche Aussagen über die mögliche Nutzung im Raum bzw. den Ausschluss von WEA getroffen, die sich sowohl auf die Bauleitplanungs- als auch auf die Zulassungsebene durchschlagen (können).

Um vom Anwendungsbereich des Raumordnungsrechts erfasst zu sein, müssen die von der Planung umfassten WEA als raumbedeutsam eingeordnet werden. Hiervon ist regelmäßig auszugehen, da durch die beachtliche Höhe von Einzelanlagen sowie die Gesamtwirkung von Windparks auf den Planungsraum WEA als raumbedeutsame Vorhaben zu qualifizieren sind.

Dem Plangeber stehen diverse Planungsinstrumente zu Verfügung, durch die überörtlich verbindliche Festlegungen im Raum getroffen werden können. Praktisch für WEA relevant sind vor allem die landesweiten Raumordnungspläne und die Regionalpläne. In diesen überörtlichen Planwerken können verbindliche Aussagen in Form von Zielen der Raumordnung getroffen werden, die entweder direkt oder mittelbar durch Raumordnungsklauseln bei der Bauleitplanung und der Zulassung zu beachten sind. Hinsichtlich der Zielqualität kommt es gerade nicht auf die Bezeichnung, sondern vielmehr auf den Inhalt der Planaussage an, welcher durch Auslegung zu ermitteln ist. Darüber hinaus können über Grundsätze der Raumordnung abwägungserhebliche Aussagen zu geschützten Belangen gemacht werden, die nur in beschränkten Maße auf die untergeordneten Ebenen durchschlagen.

Um die Zielerreichung der Energiewende zu unterstützen, ist es nach der hier vertretenen Auffassung geboten, gewisse Mindestvorgaben in die Raumordnungsplanung zu integrieren. Hierbei sind reale, v.a. durch die jeweils in einem Bundesland für Windenergie zur Verfügung stehenden Flächen, sowie rechtliche Grenzen zu beachten. Hierfür sollte der Bundesgesetzgeber die rechtlichen Rahmenbedingungen im ROG schaffen. Auf Grundlage dessen könnte der Landesgesetzgeber einen der späteren Abwägung zugänglichen Grundsatzes der Raumordnung schaffen. Alternativ kann auch an eine Vorgabe in den Landesentwicklungsplänen gedacht werden, wie es nun bereits in manchen Bundesländern geschehen ist.

Im § 8 VII ROG hat der Bundesgesetzgeber einen nicht abschließenden Katalog verschiedener Gebietstypen geschaffen, welche üblicherweise in den überörtlichen Planwerken herangezogen werden. Diese Gebietstypen haben unterschiedliche Bindungswirkung, je nachdem, ob sie als Ziel oder Grundsatz der Raumordnung qualifiziert werden. Eine einheitliche Linie, welche Gebietstypen im Rahmen der Konzentrationsflächenplanung von den Bundesländern genutzt werden, ist nicht feststellbar. Grundsätzlich ist das Vorbehaltsgebiet mangels Bindungswirkung nicht für die Konzentrationsfläche für Windenergie geeignet. Hierfür wird in der Praxis oftmals das Vorranggebiet bzw. die Kombination von Vorranggebiet mit Ausschlusswirkung eines Eignungsgebiets herangezogen, da diese anerkanntermaßen hinreichend Bindungswirkung entfalten und somit auch für die Planung von WEA geeignet sind. Durch die Offenheit des Katalogs der Gebietstypen sind die Länder frei in der Bestimmung weiterer Gebietstypen bzw. in der Kombination der vorhandenen. Ein solches Vorgehen ist rechtlich nicht zu beanstanden, so lange bestimmte Voraussetzungen eingehalten werden. Künftig könnten weitere Gebietstypen entwickelt und unter anderem beim Repowering genutzt werden.

Anerkannt ist, dass es dem Plangeber unbenommen bleibt, keine verbindliche Festlegung eines Gebietstyps vorzunehmen, sondern erkennbar mit weißen Flächen zu operieren und so die Endentscheidung auf die nachfolgenden Planungsebenen zu verlagern. Voraussetzung ist hierbei lediglich, dass das Planungskonzept insgesamt der Windenergie substanziell Raum verschaffen kann.

C. Konzentrationsflächenplanung

Um eine gezielte Steuerung von WEA über die Raumordnung mit der Wirkung des § 35 III 3 BauGB zu erreichen, nämlich der „***Konzentrationswirkung***", ist nach ständiger Rechtsprechung ein schlüssiges gesamträumliches Planungskonzept erforderlich (**I.**). Um der Leitvorstellung des § 1 II ROG Genüge zu tun und die wesentlichen Aufgaben des Raumordnungsrechts zu erfüllen, darf der überörtliche Plangeber hierüber keine (verkappte) Negativplanung betreiben (**II.**). Hierbei sind die Schwierigkeiten in der planerischen Praxis näher zu beleuchten.

I. Erstellung eines schlüssigen gesamträumlichen Konzepts

Zur Aktivierung der Steuerungswirkung des Planvorbehalts des § 35 III 3 BauGB ist ein **schlüssiges gesamträumliches Konzept** erforderlich, durch welches der privilegierten Windenergienutzung substanziell Raum verschafft wird.[1148] Dieses Postulat umfasst eine Mehrzahl an Vorgaben. Einerseits hat der Plangeber einen gründlichen Abwägungsprozess am allgemein gültigen Maßstab des § 7 II 1 ROG durchzuführen.[1149] Im Rahmen dieses Vorgangs ist nicht nur erkennbar und ausführlich zu begründen, weshalb eine positive Standortzuweisung getroffen wurde, sondern auch, warum der übrige Planungsraum von WEA freizuhalten ist.[1150] Die

1148 BVerwG, Urteil vom 17.12.2002, Az.: 4 C 15/01, Rn. 29, 36 – zitiert nach *juris*; OVG Berlin-Brandenburg, Urteil vom 14.09.2010, Az.: 2 A 1.10, Rn. 34, 35 – zitiert nach *juris*.

1149 Vgl. ausführlich dazu *Schink*, in: UPR 2012, 369 f.

1150 Sogenanntes Postulat der „*Spiegelbildlichkeit und Wechselbezüglichkeit*", vgl. *Tigges*, in: ZNER 2012, 127 (131). BVerwG, Beschluss vom 15.09.2009, Az.: 4 BN 25/09, Rn. 8 – zitiert nach *juris;* Urteil vom 17.12.2002, Az.: 4 C 15/01, Rn. 36 – zitiert nach *juris*; OVG Münster, Urteil vom 08.05.2012, Az.: 20 A 3779/06, Rn. 68 – zitiert

Flächenauswahl muss dementsprechend nachvollziehbar und transparent sein.[1151] Die ausreichende Begründung und Dokumentation der für das Planungskonzept maßgeblichen Entscheidungsgrundlagen ist erforderlich, um unter anderem die gerichtliche Überprüfbarkeit der Auswahlentscheidung sicherzustellen.[1152]

Zur Entwicklung eines schlüssigen Planungskonzepts für den gesamten Außenbereich des Plangebiets ist eine umfangreiche höchstrichterliche Rechtsprechung ergangen.[1153] Diese hat ein abschnittsweises mehrstufiges Vorgehen für die Planungspraxis (**1.**) vorgegeben.[1154] Es wird vertieft auf die sog. Ausschlussmethode des Bundesverwaltungsgerichts eingegangen, wobei besonderes Augenmerk auf die Berücksichtigung naturschutzrechtlicher Belange gelegt werden wird. Zu prüfen ist ferner, ob alternative Methoden zur Erstellung eines schlüssigen gesamträumlichen Konzepts denkbar sind (**2.**). Es wird dazu Stellung genommen werden, ob das Vorgehen über die Ausschlussmethode zwingend ist.

1. Ausschlussmethode

Im Folgenden wird zunächst das vom Bundesverwaltungsgericht entwickelte mehrstufige Verfahren dargestellt, welches auf die Sicherstellung einer sachlich nachvollziehbaren Auswahlentscheidung abzielt.[1155] Mittels dieser **Ausschlussmethode**[1156] werden in mehreren Schritten (**a**) bis **d**) Flächen über die im Folgenden

---

nach *juris*; OVG Berlin-Brandenburg, Urteil vom 24.02.2011, Az.: 2 A 2/09, Rn. 40 – zitiert nach *juris*.

1151 Vgl. VGH Kassel, Urteil vom 10.05.2012, Az.: 4 C 841/11.N, Rn. 39 – zitiert nach *juris*; OVG Lüneburg, Urteil vom 31.03.2011, Az.: 12 KN 187.08, Rn. 22 – zitiert nach *juris*.

1152 Unter anderem OVG Berlin-Brandenburg, Urteil vom 14.09.2010, Az.: 2 A 1.10, Rn. 46 – zitiert nach *juris*. Siehe hierzu sogleich noch ausführlicher.

1153 Grundsatzurteile des BVerwG vom 13.03.2003, Az.: 4 C 4/02, Rn. 15 – zitiert nach *juris* und vom selben Tage, Az.: 4 C 3/02, Rn. 20 – zitiert nach *juris*. Dieser Rechtsprechung folgend und konkretisierend durch weitere Entscheidungen, u.a. BVerwG, Beschluss vom 18.01.2011, Az.: 7 B 19/10, Rn. 14 – zitiert nach *juris*; Urteil vom 01.07.2010, Az.: 4 C 6/09, Rn. 14 – zitiert nach *juris;* Beschluss vom 29.03.2010, Az.: 4 BN 65/09, Rn. 5 – zitiert nach *juris*; Beschluss vom 23.07.2008, Az.: 4 B 20/08, Rn. 9 – zitiert nach *juris*; OVG Magdeburg, Urteil vom 26.10.2011, Az.: 2 L 6.09, Rn. 39 – zitiert nach *juris*; OVG Schleswig, Beschluss vom 20.04.2011, Az.: 1 MR 1.11, Rn. 3 – zitiert nach *juris*; OVG Lüneburg, Urteil vom 28.01.2010, Az.: 12 KN 65/07, Rn. 36 – zitiert nach *juris*; OVG Koblenz, Urteil vom 02.10.2007, Az.: 8 C 11412.06.OVG, Rn. 41 – zitiert nach *juris*.

1154 Diese Vorgaben gelten auch für die Aufstellung eines Flächennutzungsplans, siehe unten unter 3. Teil bei der Konzentrationsflächenplanung.

1155 VGH Kassel, Urteil vom 17.03.2011, Az.: 4 C 883/10, Rn.34 – zitiert nach *juris*; OVG Koblenz, Urteil vom 02.10.2007, Az.: 8 C 11412/06, Rn. 36, 39 – zitiert nach *juris*.

1156 Teilweise auch „*Abzugs- oder Subtraktionsmethode*“ genannt, so *Bovet/Kindler*, in: DVBl. 2013, 488 (491). Alternativ wird dieses Vorgehen auch als „*Abschichtungsverfahren*“ bezeichnet, siehe *Frey*, in: DÖV 2013, 547 (549).

zu erörternden Kriterien ausgeschlossen, bis zuletzt Flächen übrig bleiben, die für die Windenergienutzung herangezogen werden.[1157]

a) Schritt 1: Bestimmung von Tabuzonen

In einem ersten Schritt sind durch den Plangeber **Tabuzonen** zu ermitteln, welche mangels Eignung nicht für die Windenergienutzung zur Verfügung stehen. Diese werden von der Rechtsprechung in zwei verschiedene Kategorien unterteilt, namentlich harte und weiche Tabuzonen (**1**). Im Folgenden wird grundsätzlich erörtert, weshalb eine restriktive Handhabung von harten Tabuzonen geboten ist (**2**). Darauf folgt die Untersuchung der anerkannten Fallgruppen von Tabuzonen und der aktuellen Tendenzen in der Planungspraxis. So werden Siedlungsflächen und deren Umgebung (**3**) regelmäßig als Tabuzone qualifiziert. Differenzierter fällt die Bewertung naturschutzrechtlicher Belange (**4**) und die Heranziehung von Waldflächen für Windenergie bei der Einordnung als Tabuzone aus (**5**).

(1) Kategorien der Tabuzonen

Die Rechtsprechung unterscheidet zunächst zwischen harten Tabuzonen und weichen Tabuzonen.[1158] **Harte Tabuzonen** sind solche Bereiche im zu überplanenden Gebiet, in denen die Errichtung und der Betrieb von WEA aus **tatsächlichen und/ oder rechtlichen Gründen** schlechthin ausgeschlossen sind.[1159] Eine harte Tabuzone aus tatsächlichen Gründen ist beispielsweise bei fehlender Windhöffigkeit des zu überplanenden Gebiets und der möglicherweise daraus folgenden Unwirtschaftlichkeit des Standortes anzunehmen.[1160] Ferner kann die fehlende Verfügbarkeit der zu überplanenden Grundstücke zur Heranziehung für Windenergie als relevantes tatsächliches Hindernis eine harte Tabuzone begründen. Ein Beispiel hierfür ist die konkrete Weigerung der Eigentümer, ihre Grundstücke für WEA an etwaige

---

1157 Zum Begriff *Mitschang*, in: BauR 2013, 29 (32) m.w.N.

1158 BVerwG, Urteil vom 11.04.2013, Az.: 4 CN 2/12, Rn. 5 – zitiert nach *juris*; Beschluss vom 15.09.2009, Az.: 4 BN 25/09, Rn. 8 – zitiert nach *juris*. Der Rechtsprechung des BVerwG u.a. folgend OVG Bautzen, Urteil vom 20.01.2014, Az.: 4 A 622/10, Rn. 64 – zitiert nach *juris;* OVG Lüneburg, Urteil vom 17.10.2013, Az.: 12 KN 277/11, Rn. 63 – zitiert nach *juris*; Urteil vom 28.08.2013, Az.: 12 KN 22/10, Rn. 22 – zitiert nach *juris;* Urteil vom 28.08.2013, Az.: 12 KN 146/12, Rn. 26 – zitiert nach *juris*. Zur Differenzierung vgl. auch DStGB Dokumentation Nr. 111 *„Kommunale Handlungsmöglichkeiten beim Ausbau der Windenergie – unter besonderer Berücksichtigung des Repowering*", Stand: September 2012; S. 61 ff.

1159 BVerwG, Beschluss vom 15.09.2009, Az.: 4 BN 25/09, Rn. 8 – zitiert nach *juris*.

1160 OVG Münster, Urteil vom 01.07.2013, Az.: 2 D 46/12, Rn. 52 – zitiert nach *juris* mit Urteilsbesprechung von *Niedzwicki*, in: KommJur 2014, 92 ff; OVG Berlin-Brandenburg, Urteil vom 24.02.2011, Az.: OVG 2 A 2.09, Rn. 60 – zitiert nach *juris*. Siehe auch *Scheidler*, in: KommJur 2012, 367 (369); *Schlarmann/Conrad*, in: VBlBW 2013, 164 (167).

Vorhabenträger zur Verfügung zu stellen.[1161] Nicht ausreichend sind bloße Zweifel oder zukunftsimmanente Unsicherheiten, sondern es müssen genügend Nachweise hierüber vorliegen. Neben tatsächlichen Gründen können auch rechtliche Gründe die Annahme einer harten Tabuzone begründen. So wird eine solche beispielsweise im Falle vorhandener Wohnbebauung angenommen. Folge ist, dass solche Wohnflächen und deren Nachbarschaft von Windenergienutzung freizuhalten ist.[1162]

Weiche Tabuzonen sind diejenigen zu überplanenden Gebietsteile, in denen Windenergie zwar tatsächlich und rechtlich möglich wären, aber **nach dem Willen der Gemeinde** aus unterschiedlichen Gründen von der Errichtung von WEA von vornherein abgesehen werden soll.[1163] Der Plangeber schließt nach selbst gesetzten, abstrakten und bestimmten für den gesamten Planungsraum geltenden und einheitlich anzuwendenden Kriterien die Windenergienutzung im Planungsraum aus.[1164] Taugliches Abgrenzungskriterium der weichen von den harten Tabuzonen ist das Vorhandensein eines voluntativen Elements.[1165] So sind all solche Lebenssachverhalte von den harten Tabuzonen erfasst, auf die der Plangeber keinen maßgeblichen Einfluss hat. Im Übrigen können Einzelaspekte nach dem Willen des Plangebers als weiche Tabuzone behandelt werden.

Durch das Vorhandensein eines voluntativen Elements bei der weichen Tabuzone bestehen Zweifel an der Richtigkeit der Wahl der Begrifflichkeit. Denn ein Tabu kennzeichnet einen Sachverhalt, der einer Willensentscheidung nicht mehr zugänglich ist, welche bei der Auswahl einer weichen Tabuzone aber gerade stattfindet.[1166] Alternative Synonyme für ein Tabu sind Begriffe wie die Unantastbarkeit

---

1161 Vgl. BVerwG, Urteil vom 24.01.2008, Az.: 4 CN 2/07, Rn. 18 – zitiert nach *juris*. *Schlarmann/Conrad*, in: VBlBW 2013, 164 (167). Dieser Aspekt wird regelmäßig aber erst eine Rolle bei der Bestimmung von Konzentrationsflächen auf kommunaler Ebene über den Flächennutzungsplan spielen können, vgl. *Werner/Würfel*, in: NVwZ 2013, 263 (264).

1162 Siehe hierzu sogleich ausführlicher unter (3). Regelmäßig bestimmen sich die Schutzabstände nach den Vorgaben der Windenergieerlasse, welche als Verwaltungsvorschriften aber grundsätzlich nur indiziell herangezogen werden dürfen und nicht als zwingendes Recht einzuordnen sind, vgl. hierzu auch *Raschke*, in: ZfBR 2013, 632 (636 f); *Scheidler*, in: KommJur 2012, 367 (369).

1163 BVerwG, Beschluss vom 15.09.2009, Az.: 4 BN 25/09, Rn. 8 – zitiert nach *juris*; OVG Münster, Urteil vom 01.07.2013, Az.: 2 D 46/12.NE, Rn. 34 – zitiert nach *juris*.

1164 Arbeitshilfe Regionalplanung und Windenergie Niedersachsen vom 15.11.2013, S. 5.

1165 VG Hannover, Urteil vom 24.11.2011, Az.: 4 A 4927/09, Rn. 65 – zitiert nach *juris*; OVG Berlin-Brandenburg, Urteil vom 24.02.2011, Az.: OVG 2 A 2.09, RN. 58 – zitiert nach *juris*. Dieser Ansatz wurde in der Literatur erheblich kritisiert, vgl. *Bovet/Kindler*, in: DVBl. 2013, 488 (492); *Lau*, in: LKV 2012, 163 (165).

1166 Vgl. zur Kritik an der Wahl des Begriffs der Tabuzone als solcher auch *Bovet/Kindler*, in: DVBl. 2013, 488 (492).

oder Unverletzlichkeit.[1167] Hieraus ist zu schließen, dass eine Willensentscheidung nicht mehr möglich ist. Zutreffender ist stattdessen der Begriff der „***Vorwegausscheidungsfläche***" zu verwenden,[1168] wobei zwischen **anfänglicher** (also die harte Tabuzone aufgrund tatsächlicher oder rechtlicher Hindernisse) und **nachträglicher** (also die weiche Tabuzone durch den späteren Willensakt des Plangebers) zu differenzieren ist.

Wie bereits aufgezeigt, hat sich der Plangeber den Unterschied zwischen harten und weichen Tabuzonen bewusst zu machen und dies entsprechend nachvollziehbar zu dokumentieren. Ein solches Vorgehen ist neben Rechtsschutzgesichtspunkten auch aus dem Grunde erforderlich, da die harten und weichen Tabuzonen jeweils einem unterschiedlichen rechtlichen Regime unterliegen.[1169] Bei den harten Tabuzonen findet keine Abwägung zwischen den Belangen der Windenergienutzung und widerstreitenden Belangen statt. Weiche Tabuzonen hingegen sind Ergebnis einer Abwägungsentscheidung.[1170] Diese bewusste Entscheidung der Einordnung für eine harte oder weiche Tabuzone setzt jedoch voraus, dass der Plangeber im Vorfeld erkannt hat, dass ein Bewertungsspielraum zu seinen Gunsten vorhanden ist und er aufgrund dieser Erkenntnis das erforderliche Abwägungsmaterial zusammengetragen und ausgewertet hat.[1171] Dadurch trägt der Plangeber die Darlegungs- und Beweislast für die harten Tabukriterien.[1172]

Sollte eine solche notwendige Differenzierung zwischen den Kategorien der Tabuzonen bei der Erstellung eines schlüssigen gesamträumlichen Konzepts nicht erfolgt sein, führt bereits dies zu einem **Fehler im Abwägungsvorgang**, der unter bestimmten Voraussetzungen erheblich sein kann.[1173] Gem. § 12 III 2 ROG i.V.m. § 28 II 1, Hs. 1 ROG ist dies immer dann der Fall, wenn der Mangel offensichtlich war und auf das Abwägungsergebnis von Einfluss gewesen ist. Ein Mangel ist dann offensichtlich, wenn er auf objektiv feststellbaren Umständen beruht und ohne Ausforschung der Entscheidungsträger über deren Planungsvorstellungen für den

1167 Vgl. Nachweis Duden online, abrufbar unter: http://www.duden.de/rechtschreibung/Tabu (Abruf am: 09.08.2015).

1168 So von *Gatz*, in: FS Stüer, S. 175 vorgeschlagen.

1169 BVerwG, Urteil vom 11.04.2013, Az.: 4 CN 2/12, Rn. 6 – zitiert nach *juris*; vgl. auch Urteil vom 13.12.2012, Az.: 4 CN 1/11, Rn. 11 – zitiert nach *juris* zum Flächennutzungsplan. Dieser Rechtsprechung haben sich die Oberverwaltungsgerichte angeschlossen, u.a. OVG Münster, Urteil vom 01.07.2013, Az.: 2 D 46/12.NE, Rn. 36 – zitiert nach *juris*; OVG Lüneburg, Beschluss vom 16.05.2013, Az.: 12 LA 49/12, Rn. 41 – zitiert nach *juris*. Vgl. auch *Scheidler*, WiVerw 2014, 56 (61); *Schlarmann/Conrad*, in: VBlBW 2013, 164 (168).

1170 BVerwG, Urteil vom 11.04.2013, AZ.: 4 CN 2/12, Rn. 6 – zitiert nach *juris*.

1171 *Wiggers*, in: NJW-Spezial 2013, 556 (557).

1172 *Stüer/Garbrock*, in: DVBl. 2013, 1134 (1136).

1173 Vgl. hierzu auch Ausführungen bei *Hendler/Kerkmann*, in: DVBl 2014, 1369 (1374); *Scheidler*, in: NuR 2013, 869 (872).

Rechtsanwender erkennbar ist.[1174] Auf das Abwägungsergebnis von Einfluss gewesen ist der Mangel immer dann, wenn nach den Umständen des jeweiligen Falles die konkrete Möglichkeit besteht, dass ohne ihn die Planung anders ausgefallen wäre, d.h. dass mehr und/oder größere Vorrang- und Eignungsgebiete für die Windenergienutzung ausgewiesen worden wären.[1175]

Der Plangeber hat oftmals in der Praxis die Schwierigkeit zutreffend und rechtssicher zu beurteilen, ob die Voraussetzungen für eine harte Tabuzone vorliegen. Empfehlenswert ist es im Zweifelsfall, den Sachverhalt als weiche Tabuzone zu behandeln und eine Abwägung durchzuführen.[1176] Denn wenn die Einordnung als harte Tabuzone fehlerhaft ist, kann die gesamte Planung wie ein Kartenhaus in sich zusammenfallen.

(2) Restriktive Handhabung von harten Tabuzonen

Es lässt sich feststellen, dass den Ausschluss- und Auswahlkriterien eine grundlegende Bedeutung zukommt, da durch die Einordnung als harte Tabuzone die Fläche ohne weitere Voraussetzung für Windenergie nicht zur Verfügung steht.[1177] Bei genauerer Betrachtung zeigt sich neben den aufgezeigten Beurteilungsschwierigkeiten eine gewisse Missbrauchsgefahr durch die Einordnung als harte Tabuzone. Denn auf diese Weise kann der Plangeber die erfassten Belange bereits frühzeitig – anders als bei der Einordnung als weiche Tabuzone – einer Abwägungsentscheidung entziehen. Dadurch erhalten die von der harten Tabuzone erfassten Belange faktisch eine höhere Gewichtung als andere Interessen. Im Falle, dass beispielsweise naturschutzrechtliche Belange grundsätzlich von den harten Tabuzonen erfasst werden, können andere Belange wie auch die Interessen der Energiewende im Verhältnis dazu überhaupt nicht mehr berücksichtigt werden, da gar keine Abwägung durchgeführt wird. Soweit der Plangeber pauschal bestimmten Lebenssachverhalten einen Vorrang einräumt, ist dies rechtlich nicht immer unbeanstandet zu lassen.[1178] Der Plangeber macht durch die Ausweisung einer harten Tabuzone eine Abwägung ohne vertiefte Prüfung unmöglich, durch welche andernfalls gleichwertige Belange einander gegenüber gestellt hätten werden können und die planerische Entscheidung ganz anders ausgefallen wäre.

Zu fordern ist daher zunächst ein Mindestmaß an Ermittlung, um das positive Vorliegen der notwendigen Voraussetzung für die Einordnung als Tabuzone nachzuweisen. Es ist eine hinreichend sicherere Prognose anzustellen, ob das tatsächliche und/oder rechtliche Hindernis für die Realisierung der Planung dauerhaft nicht

---

1174 Urteil vom 11.04.2013, Az.: 4 CN 2/12, Rn. 9 – zitiert nach *juris*; Urteil vom 21.08.1981, Az.: 4 C 57.80, Rn. 23 ff – zitiert nach *juris*.

1175 BVerwG, Urteil vom 11.04.2013, Az.: 4 CN 2/12, Rn. 9 – zitiert nach *juris*.

1176 *Gatz*, in: jurisPR-BVerwG 7/2013 Anm. 6 unter D.; *Raschke*, in: ZfBR 2013, 632 (634).

1177 *Schink*, in: UPR 2012, 369.

1178 *Schink*, in: UPR 2012, 369 (374).

überwunden werden kann.[1179] Nur wenn dies der Fall sein sollte, darf eine harte Tabuzone angenommen werden. Schon vor der Festlegung harter Tabuzonen hat der Plangeber demnach die eigene Planung kritisch dahingehend zu hinterfragen, ob noch substanziell Raum für die Windenergienutzung verbleibt.[1180]

Grundsätzlich ist daher Zurückhaltung bei der Festlegung einer harten Tabuzone geboten.[1181] Denn ein solch frühzeitiger Ausschluss von Windenergienutzung über harte Tabuzonen auf Raumordnungsebene birgt die Gefahr, dass Ausschlussentscheidungen verfrüht getroffen werden und nicht erst auf der konkreteren Planungsebene der Bauleitplanung beispielsweise unter Berücksichtigung tatsächlicher erheblicher Beeinträchtigung eines Schutzgebietes.[1182] Deutlich wird hieran, dass zumindest die Raumordnungsebene nur beschränkt geeignet ist, potentielle Konflikte schon frühzeitig sachgerecht unter Berücksichtigung aller (auch zukünftiger) Belange lösen zu können.

(3) Siedlungsflächen

Als harte Tabuzone werden insbesondere[1183] **Siedlungsflächen** und die angrenzenden Gebiete beurteilt.[1184] Unproblematisch gilt dies für den Bereich der Wohnbebauung selbst. Hinsichtlich des **Umgebungsschutzes** fehlt es an verbindlichen bundesrechtlichen grundsätzlich Vorgaben, welche Schutzabstände von WEA einzuhalten

---

1179 So auch *Hendler/Kerkmann*, in: DVBl 2014, 1369 (1371). Siehe dazu sogleich ausführlicher unter (4) zum FFH-Gebiet.

1180 *Wiggers*, in: NJW-Spezial 2013, 556 (557).

1181 OVG Münster, Urteil vom 01.07.2013, Az.: 2 D 46/12.NE, Rn. 47 – zitiert nach *juris* zur Bauleitplanung, wobei dies auch auf die Konzentrationsflächenplanung über das Raumordnungsrecht Anwendung findet. Vgl. auch Urteilsanmerkung von *Stüer/Garbrock*, in: DVBl. 2013, 1134 ff. In diesem Sinne auch *Hendler/Kerkmann*, in: DVBl 2014, 1369 (1374); *Kindler/Lau*, in: NVwZ 2011, 1414 (1416); *Krautzberger/Stüer*, in: BauR 2014, 1403 (1410); *Lau*, in: LKV 2012, 163 (166). AA *Niedzwicki*, in: KommJur 2014, 92.

1182 Ähnliche Kritik auch *Kindler/Lau*, in: NVwZ 2011, 1414 (1416). Sich ebenfalls für eine restriktive Handhabung von harten Tabuzonen aussprechend *Raschke*, in: Rechtsfragen kommunaler Klimaschutzmaßnahmen, S. 162.

1183 Der Vollständigkeit halber sei darauf hingewiesen, dass weitere Schutzbereiche wie beispielsweise Flughäfen, militärische Schutzbereiche und Stromleitungen sowie Verkehrswege auch als harte Tabuzonen behandelt werden, vgl. *Scheidler*, in: KommJur 2012, 367 (370) m.w.N. Zu der Bewertung pauschaler Schutzabstände als Ziele der Raumordnung im LROP Niedersachsen 2012 *Wahlhäuser*, in: UPR 2014, 166 ff.

1184 *Scheidler*, in VerwArch 2012, 587 (612); *ders.*, in: KommJur 2012, 367 (369). Das OVG Berlin-Brandenburg beurteilt auch Splittersiedlungen im Außenbereich als harte Tabuzone, vgl. Urteil vom 24.02.2011, Az.: OVG 2 A 2.09, Rn. 60 – zitiert nach *juris*. Vgl. ausführlich zur Bestimmung der Schutzabstände *Raschke*, in: ZfBR 2013, 632 (634 ff).

sind.[1185] Aus diesem Grunde ist eine Einzelfallentscheidung hinsichtlich der Einordnung als harte Tabuzone geboten, die sich insbesondere an rechtsverbindlich festgesetzten Lärmschutzwerten orientiert.

Praktisch für die Einzelfallbewertung besonders relevant sind die Vorgaben der Länder durch Verwaltungsvorschriften, die in der Regel **pauschale Schutzabstände** vorsehen. So ist beispielsweise im Windenergieerlass Schleswig-Holstein ein pauschaler Mindestschutzabstand zu Siedlungen von 800 m vorgesehen.[1186] Diese Schutzabstände erleichtern zwar die Rechtsanwendung und basieren auf gewissen Erfahrungswerten. Dennoch ist beim ungeprüften Abstellen auf pauschale Schutzabstände mit Blick auf die Abwägungsgrundsätze besondere Vorsicht geboten.[1187] Die Windenergieerlasse als Verwaltungsvorschriften sind nicht zwingendes Recht und daher nur indiziell heranzuziehen.[1188] Der Plangeber hat eine eigene Beurteilung unter Berücksichtigung des Vorsorgegrundsatzes zu treffen.[1189] Aus diesen Gründen kann im Einzelfall auch ein geringerer, aber auch ein größerer Schutzabstand zu WEA geboten sein.

Das OVG Koblenz hat hierzu entschieden, dass ein pauschaler Abstand von 800 m zu Siedlungsflächen zur Vermeidung von unzumutbaren Immissionen in der Regel nicht zwingend als hartes Tabukriterium gewertet werden kann.[1190] Zutreffend hält das Gericht fest, dass es auf einen **konkret feststellbaren Verstoß** gegen

---

1185 Siehe hierzu den neuen § 249 III BauGB, sog. Länderöffnungsklausel bereits oben im Rahmen des 1. Teils, 2. Abschnitt, B. 3. Vgl. hierzu kritische Auseinandersetzung bei *Raschke*, in: NVwZ 2014, 414 ff, der durch die zusätzliche Privilegierung des Föderalismus eine Ausbremsung der Energiewende befürchtet. Zu der neuen Norm und dem Gesetzesentwurf in Bayern *Fülbier/Grüner/Sailer/Wegner*, Die Länderöffnungsklausel im BauGB und ihre Umsetzung in Bayern, Würzburger Berichte zum Umweltenergierecht Nr. 8 vom 29.07.2014; *Scheidler*, in: UPR 2014, 214 ff.

1186 WKA Erlass Schleswig-Holstein vom 26.11.2012, Ziff. 3.1. Vgl. u.a. Rundschreiben Windenergie Rheinland-Pfalz vom 28.05.2013, S. 25, Ziff. E.1, wonach ebenfalls zu allgemeinen Wohngebieten ein Schutzabstand von 800 m einzuhalten ist. Ebenso Hinweise des Landes Mecklenburg-Vorpommern zur Festlegung von Eignungsgebieten für Windenergieanlagen vom 22.05.2012, S. 3, Ziff. IV a). Im Windenergieerlass des Landes Baden-Württemberg vom 09.05.2012, Ziff. 4.3 ist nur ein Schutzabstand von 700 m zum Wohnen vorgesehen. In Sachsen ist sogar ein Mindestabstand von 1.000 m einzuhalten, vgl. Windenergieerlass Sachsen vom 12.07.2013 unter Ziff. II.

1187 Vgl. *Söfker* für die Bauleitplanung, in: ZfBR 2013, 13 (14). Selbiges gilt auch für die Raumordnungsplanung.

1188 Vgl. hierzu schon die Ausführungen zur rechtlichen Einordnung von Windenergieerlassen oben unter 1. Teil, 3. Abschnitt, B. II. 3.

1189 Vgl. ausführlicher *Raschke*, in: ZfBR 2013, 632 (636 f); *Scheidler*, in: KommJur 2012, 367 (369). Zu den Schutzabständen bei optisch bedrängender Wirkung vgl. Ausführungen bei *Niedzwicki*, in: KommJur 2014, 92 (93).

1190 Urteil vom 16.05.2013, Az.: 1 C 11003/12, Rn. 33 f – zitiert nach *juris*.

immissionschutzrechtliche Anforderungen ankommt,[1191] beispielsweise durch die Nichteinhaltung der Werte der normkonkretisierenden Verwaltungsvorschrift der TA Lärm.[1192] Denn nur wenn schädliche Umwelteinwirkungen durch WEA wahrscheinlich sind, ist die Annahme einer harten Tabuzone gerechtfertigt. Auch aus dem umweltrechtrechlichen Vorsorgegrundsatz ergibt sich nicht zwingend ein anderes Ergebnis. Ein solch restriktiver Ansatz bei der Beurteilung der Umgebung von Siedlungsflächen als harte Tabuzone ist zu befürworten. Wenn tatsächlich die Beeinträchtigung von Anwohnerinteressen zu befürchten ist, besteht ein Schutzinteresse hinsichtlich der Einhaltung bestimmter Abstände zur Wohnbebauung. Im Übrigen ist es vor dem Hintergrund der geplanten Energiewende nicht geboten, mehr Raum als notwendig von WEA freizuhalten.

Aber nicht nur bestehende Siedlungen können bei der Tauzonenplanung berücksichtigt werden, sondern auch sich **in Planung befindliche Siedlungsflächen**. So findet sich beispielsweise in dem Windenergieerlass Nordrhein-Westfalens aus dem Jahr 2011 der Hinweis, dass bereits die konkrete Manifestation zukünftiger Siedlungsflächen zur Berücksichtigung im Rahmen der Regionalplanung ausreichend ist.[1193] Hierbei ist es erforderlich, dass eine solche Bebauung durch die Bauleitplanung verbindlich vorgesehen werden soll, eine bauliche Festsetzung muss aber noch nicht erfolgt sein.[1194] Die Schutzwürdigkeit dieser Flächen rechtfertigt sich dadurch, dass Regionalpläne aufgrund der Höherrangigkeit Bauleitpläne steuern und gegebenenfalls korrigieren können, aber einen später rechtsverbindlich zustande gekommenen Bauleitplan aufgrund der kommunalen Planungshoheit nicht verwerfen dürfen. Ein anderes ist nur dann anzunehmen, wenn die Rechtsunwirksamkeit offensichtlich erkennbar ist. In solchen Fallgestaltungen ist kein Verstoß gegen den Gewaltenteilungsgrundsatz zu befürchten.[1195] Denn der überörtliche Plangeber ist durch die Bindung an Recht und Gesetz nach Art 20 III GG nicht an einen künftigen rechtswidrigen Bebauungsplan gebunden und kann diesen somit bei offensichtlichen Fehlern als unwirksam behandeln und bei der eigenen Planung unbeachtet lassen. Hiervon ist auszugehen, wenn der Fehler jedermann ins Auge springen würde, wobei der Mangel von Beginn an unheilbar vorlag oder wenn durch die tatsächliche Entwicklung in dem zu beplanendem Gebiet ein Zustand eingetreten ist, welcher die Verwirklichung der Bauleitplanungsziele auf Dauer behindert und keine offensichtlichen Vertrauensschutzaspekte entgegenstehen.[1196] In solchen

1191 Urteil vom 16.05.2013, Az.: 1 C 11003/12, Rn. 38 – zitiert nach *juris*.

1192 Vgl. hierzu *Erbguth/Schlacke*, in: Umweltrecht, § 6, Rn. 18. Zu der Bindungswirkung siehe bereits oben beim 1. Teil, 2. Abschnitt, A.

1193 Erlass für die Planung und Genehmigung von Windenergieanlagen und Hinweise für die Zielsetzung und Anwendung (Windenergie-Erlass) vom 11.07.2011, S. 39, Ziff. 8.1.1.

1194 *Schmidt-Eichstädt*, in: LKV 2012, 481 (482).

1195 *Schmidt-Eichstädt*, in: LKV 2012, 481 (483).

1196 *Schmidt-Eichstädt*, in: LKV 2012, 481 (483).

krassen Ausnahmefällen scheidet die Annahme einer Tabuzone bei ausgewiesenen, aber noch nicht bebauten Siedlungsflächen aus.

(4) Naturschutzrechtliche Belange

Nicht abschließend geklärt ist, wann die Einordnung als harte Tabuzone aus naturschutzrechtlichen Gründen zu erfolgen kann. Einigkeit besteht zumindest dahingehend, dass bestimmte Schutzgebiete von vornherein für die Windenergienutzung ausscheiden und daher als Tabuzone einzuordnen sind. Hierunter fallen insbesondere:[1197] **Nationalparke** nach § 24 BNatSchG, rechtsverbindlich festgesetzte **Naturschutzgebiete** gem. § 23 BNatSchG, **Kernzonen von Biosphärenreservaten** nach § 25 BNatSchG[1198] und gesetzlich geschützte **Biotope** gem. § 30 BNatSchG.

Unter Zugrundelegung der Annahme, dass harte Tabuzonen aus den unter (2) dargestellten Gründen grundsätzlich nur zurückhaltend angenommen werden sollen, ist vor allem bei den Verbotstatbeständen des Bundesnaturschutzgesetzes Vorsicht geboten. Eine harte Tabuzone ist im Lichte des strengen **Artenschutzrechts** möglicherweise dann anzunehmen, wenn durch die Planung und die voraussichtliche Umsetzung und den Betrieb von WEA ein Verbotstatbestand nach § 44 BNatSchG berührt sein könnte.[1199] Die potenzielle Tatbestandsmäßigkeit allein

---

1197 Leitfaden WKA Hessen vom 29.11.2012, S. 21, Ziff. 4.1; Staatliche Vogelschutzwarte für Hessen, Rheinland-Pfalz und das Saarland, in: Naturschutzfachlicher Rahmen zum Ausbau der Windenergienutzung in Rheinland-Pfalz, Artenschutz (Vögel, Fledermäuse) und NATURA 2000-Gebiete, Stand: 13.09.2012, S. 5; Windenergieerlass Baden-Württemberg vom 09.05.2012, Ziff. 4.2.1. Siehe auch OVG Münster, Urteil vom 01.07.2013, Az.: 2 D 46/12, Rn. 52 – zitiert nach *juris*; OVG Berlin-Brandenburg, Urteil vom 24.02.2011, Az.: OVG 2 A 2.09, Rn. 60 – zitiert nach *juris*. *Scheidler*, in: KommJur 2012, 367 (370).

1198 Dies gilt zumindest für die Kern- und ggf. für die Pflegezone, nicht aber zwingend für die Entwicklungszone, vgl. Potenzialstudie des UBA S. 23 f. Als Kernzone (core area) wird derjenige Bereich eines Biosphärenreservats bezeichnet, welcher dem langfristigen Naturschutz gemäß den Schutzzielen dient. Pflegezone (buffer zone) ist der Bereich, der regelmäßig an die Kernzone angrenzt und der Erhaltung und Pflege von Ökosystemen dient, welche durch Nutzung entstanden oder beeinflusst sind. Als Entwicklungszone (transition area) ist der Bereich zu fassen, der die Pflegezone umschließt und in dem eine nachhaltige Entwicklung stattfinden soll. Zu diesen Begrifflichkeiten siehe Homepage des BfN, abrufbar unter: http://www.bfn.de/0308_zonen.html, Stand: 21.07.2010 (Abruf am: 09.08.2015). Dieser differenzierende Ansatz ist mit dem unterschiedlichen Schutzstatus verschiedener Zonen und der teilweise großflächigen Ausweisung von Biosphärenreservate zu begründen. Siehe hierzu auch das Ziel der Raumordnung im aktuellen LEP IV des Landes Rheinland-Pfalz (Stand: Mai 2013) unter Z 163 d.

1199 Vgl. hierzu ausführliche Darstellung oben unter 1. Teil, 3. Abschnitt, C. Zu beachten ist, dass das Artenschutzrecht dadurch nur mittelbar auf die Raumordnung Auswirkung hat.

vermag noch nicht die Annahme einer harten Tabuzone begründen, sondern es ist in einem weiteren Schritt überschlägig zu prüfen, ob nicht prognostisch die Tatbestandsvoraussetzungen einer Ausnahme- oder Befreiungslage nach §§ 45 VII, 67 BNatSchG vorliegen könnte.[1200] Mit einer gewissen Wahrscheinlichkeit stünde der WEA als Vorhaben im Rahmen einer künftigen Zulassung das Artenschutzrecht somit nicht entgegen. Dadurch scheidet die Festlegung einer Tabuzone aus.[1201] Eine andere Beurteilung ist in denjenigen Fallgestaltungen geboten, in denen ohne weiteres prognostisch ein signifikant erhöhtes Tötungsrisiko[1202] zu Lasten einer windenergiesensiblen Vogel- oder Fledermaus feststellbar ist, welches nicht im Wege einer Ausnahme- oder Befreiungsentscheidung überwunden werden kann. In diesen Fällen ist eine harte Tabuzone anzunehmen. Auch hierbei gesteht die Rechtsprechung dem Plangeber eine **naturschutzfachliche Einschätzungsprärogative** zu.[1203]

Eine restriktive Handhabung bei der Einordnung naturschutzrechtlicher Belange unter die Kategorie der Tabuzone ist gerade auch vor dem Hintergrund sinnvoll, dass zwischen dem Erlass eines Raumordnungsplans und der Einzelgenehmigung von WEA oftmals mehrere Jahre liegen. In der Praxis zeigt sich, dass es naturschutzfachlich kaum feststellbar ist, wie sich die konkrete artenschutzrechtliche Situation auf dem zu beplanenden Gebiet über die Jahre entwickeln wird. Denn Arten können abwandern, andere sich hingegen neu ansiedeln. Daneben können einzelne Bereiche für die Tierarten unattraktiv werden bzw. andere Flächen beispielsweise als Brutplatz in Frage kommen. Hieran zeigt sich, dass sich die naturschutzrechtliche Situation für die Zukunft nicht mit Sicherheit fixieren lässt. Es ist anerkannt, dass vertiefende Untersuchungen zum Konfliktpotenzial auf Raumordnungsebene grundsätzlich nicht erforderlich sind.[1204] Auch vor dem Schutzzweck des Artenschutzrechts ist keine andere rechtliche Beurteilung gerechtfertigt. Denn schließlich soll

---

1200 Vgl. auch *Niedzwicki*, in: KommJur 2014, 92 (93).

1201 Zu der vergleichbaren Situation auf Ebene der Flächennutzungsplanung OVG Münster, Urteil vom 01.07.2013, Az.: 2 D 46/12. NE, Rn. 69, 72, DVBl. 2013, 1129 (1132). Siehe auch *Scheidler*, in: KommJur 2012, 367 (369); *Söfker*, in: ZfBR 2013,13 (15). Zurückhaltender *Kindler/Lau*, in: NVwZ 2011, 1414 (1416). AA *Portz/Richter*, in: KommJur 2014, 2 (4), die ohne weitere Prüfung die Annahme einer harten Tabuzone befürworten.

1202 Zu diesem Begriff und der Prüfung des Tötungsverbots nach § 44 I BNatSchG siehe ausführlich unten unter 1. Teil, 3. Abschnitt, C.

1203 OVG Münster, Urteil vom 19.07.2013, Az.: 10 D 107/11.NE, Rn. 87 – zitiert nach *juris*. *Hendler/Kerkmann*, in: DVBl 2014, 1369 (1371) kritisch zu den teilweise nicht hinreichenden behördlichen Untersuchungen mangels genügender personeller, sachlicher und finanzieller Ausstattung. Zu der Kritik an der naturschutzfachlichen Einschätzungsprärogative vergleiche ausführlich oben unter 1. Teil, 3. Abschnitt, C. II. 3.

1204 U.a. Leitfaden WKA Hessen vom 29.11.2012, S. 31, Ziff. 5.1.1. Anders ist dies auf Bauleitplanungsebene zu beurteilen, s.u. bei 3. Teil, 2. Abschnitt, A. III. 1.

das Raumordnungsrecht nur unüberwindbare Konflikte regeln. Soweit aber keine abschließende Beurteilung hinsichtlich der Einschlägigkeit der artenschutzrechtlichen Verbote und der daran anschließenden Ausnahmen getroffen werden kann, soll dieser Konflikt entweder auf die Bauleitplanungsebene oder die Zulassungsebene verlagert werden. Bei naturschutzrechtlichen Fragestellungen zeigt sich, dass die Hochverlagerung auf die Raumordnungsebene mangels Prognosesicherheit aus Schutzgesichtspunkten oftmals nicht möglich ist. Auch wenn die Einordnung als Tabuzone gewisse Rechtssicherheit bieten kann, ist diese zumindest bei den dynamischen Prozessen auf Ebene des Naturschutzrechts auf Raumordnungsebene nicht geboten.

Vergleichbar ist die aktuelle Diskussion zur rechtlichen Einordnung von **Natura 2000-Gebieten**.[1205] Diese Gebiete werden teilweise ohne weitere Differenzierung als harte Tabuzonen eingeordnet.[1206] In der neueren Rechtsprechung und Literatur sowie der Verwaltungspraxis[1207] zeigt sich aber eine Abkehr von einer solchen strikten rechtlichen Bewertung. So hält das OVG Koblenz die Lage in einem FFH-Gebiet in der Regel nicht für ein hartes Tabukriterium, soweit keine nähere Befassung mit dem Einzelfall stattgefunden hat.[1208] Ähnlich wie beim Artenschutzrecht ist eine differenzierende Betrachtung geboten.[1209] Denn ein kategorischer Ausschluss über Tabuzonen berücksichtigt nicht das im Bundesnaturschutzgesetz gestaffelte Schutzsystem, soweit bloß der potenziell einschlägige Verbotstatbestand prognostisch überprüft wird. Daher ist die Planung im Hinblick auf die in der Zukunft liegende Errichtung und den Betrieb von WEA in einem Natura 2000-Gebiet an den rechtlichen Vorgaben des § 34 ff BNatSchG zu messen.[1210] Hierfür ist eine

1205 Vgl. zu dem Begriff und den rechtlichen Vorgaben oben unter 1. Teil 3. Abschnitt, B. II. 1. Zu beachten ist, dass das Natura 2000-Recht unmittelbar auf die Raumordnung anzuwenden ist, vgl. §§ 34, 36 BNatSchG, § 7 VI ROG. Selbiges gilt im Übrigen auch für die Bauleitplanung, vgl. § 1 a IV BauGB.

1206 Vgl. Rechtsprechung des OVG Berlin-Brandenburg, Urteil vom 24.02.2011, Az.: 2 A 2.09, Rn. 63 – zitiert nach *juris*, welches diesen Ansatz wohl tendenziell befürwortet. Ebenso *Portz/Richter*, in: KommJur 2014, 2 (4); *Scheidler*, in: KommJur 2012, 367 (370).

1207 Vgl. u.a. Rundschreiben Windenergie Rheinland-Pfalz vom 28.05.2013, S. 6, Ziff. B. 2.2. Vgl. auch Leitfaden WKA Hessen vom 29.11.2012, S. 23 f, Ziff. 4.2, wobei unterschiedliche Prognosekriterien angelegt werden, die lediglich erste Indizfunktion haben.

1208 Urteil vom 16.05.2013, Az.: 1 C 11003/12, Rn. 43 ff – zitiert nach *juris*. Ebenso *Kindler/Lau*, in: NVwZ 2011, 1414 (1416).

1209 So auch *Söfker*, in: ZfBR 2013, 13 (15).

1210 Zu beachten ist, dass in den Fällen, in denen ein Gebiet von gemeinschaftlicher Bedeutung oder ein europäisches Vogelschutzgebiet in seinen für die Erhaltungsziele oder den Schutzzweck maßgeblichen Bestandteilen erheblich beeinträchtigt werden kann, schon auf Raumordnungsebene eine FFH-Verträglichkeitsprüfung durchzuführen ist gem. § 7 VI ROG.

raumordnerische Verträglichkeitsprüfung durchzuführen.[1211] Selbst wenn prognostisch feststellbar ist, dass der Betrieb von WEA als erhebliche Beeinträchtigung eines FFH-Gebietes zu werten wäre, kann das Vorhaben dennoch unter bestimmten Voraussetzungen – schließlich im Wege einer Ausnahme – zukünftig zugelassen werden.[1212] Daher ist grundsätzlich eine Einzelfallbeurteilung unter Berücksichtigung der jeweiligen Schutzziele und Gebietsart geboten.[1213] Ein anderes hat aber dann zu gelten, wenn der Plangeber „*im Wege einer willkürfreien Typisierung unter Rückgriff auf Erfahrungswerte eine Prognose mit dem Ergebnis anstellt, dass Errichtung und Betrieb einer WEA in einem bestimmten FFH-Gebiet praktisch ausgeschlossen ist*".[1214] In solchen Fallgestaltungen ist die Annahme einer harten Tabuzone gerechtfertigt.

Neben artenschutz- und habitatschutzrechtlichen Gründen kann sich bei Windenergienutzung regelmäßig auch eine Konfliktsituation mit den Interessen des **Landschaftsschutzes** auf Raumordnungsebene abzeichnen. Auch hier werden unterschiedliche Ansichten vertreten, wie diese Konfliktlage raumordnungsrechtlich zu behandeln ist, insbesondere ob die Annahme einer (harten) Tabuzone in Frage kommt. Die voraussichtliche Beeinträchtigung des Landschaftsbildes durch WEA in einem Landschaftsschutzgebiet wird nunmehr überwiegend nicht zwingend als Tabukriterium gewertet,[1215] sondern es soll eine umfassende Abwägung erst auf zweiter Stufe[1216] im Rahmen der Einzelfallbetrachtung erfolgen.[1217]

1211 *Hermes*, in: Schneider/Theobald, Recht der Energiewirtschaft, § 7, Rn. 89. Zu der FFH-Verträglichkeitsprüfung ausführlich oben unter 1. Teil, 3. Abschnitt, B. II. 2 c).

1212 So auch *Hendler/Kerkmann*, in: DVBl 2014, 1369 (1371). Zum Begriff der erheblichen Beeinträchtigung und der Möglichkeit einer Ausnahme zugunsten einer WEA siehe unten unter 1. Teil, 3. Abschnitt, B. II. 4.

1213 So auch *Kindler/Lau*, in: NVwZ 2011, 1414 (1416).

1214 OVG Koblenz, Urteil vom 16.05.2013, Az.: 1 C 11003/12, Rn. 46 – zitiert nach *juris*.

1215 Anders in Mecklenburg-Vorpommern, vgl. Hinweise zur Festlegung von Eignungsgebieten für Windenergieanlagen vom 22.05.2012, S. 11, wonach Windenergie in Landschaftsschutzgebieten grundsätzlich als unzulässig gewertet wird. In der Tendenz ebenso in Baden-Württemberg, vgl. Windenergieerlass vom 09.05.2012, Ziff. 4.2.3.1, wonach Landschaftsschutzgebiete den Restriktionsflächen zuzuordnen sind und in der Regel Windenergie unzulässig sein soll.

1216 Siehe sogleich unter b).

1217 OVG Magdeburg, Beschluss vom 16.03.2012, Az.: 2 L 2/11, Rn. 14 – zitiert nach *juris*. AA *Scheidler*, in: NuR 2013, 869 (872); *ders*., in: KommJur 2012, 367 (370), der ohne weitere Differenzierung die Lage im Landschaftsschutzgebiet als hartes Tabukriterium wertet. Ebenso *Portz/Richter*, in: KommJur 2014, 2 (4), die ohne weitere Prüfung die Annahme einer harten Tabuzone befürworten. Auch *Fischer-Hüftle*, in: BayVBl. 2012, 709 (713) hält die Lage in einem Landschaftsschutzgebiet für ein Tabukriterium, wobei er für die Flächennutzungsplanung Vorschläge formuliert, wie dieser Konfliktlage rechtlich wirksam begegnet werden kann, wobei er Augenmerk auf das Zusammenwirken verschiedener Kompetenzträger legt.

So hält der BayVerfGH die Ausweisung von Konzentrationsflächen im Landschaftsschutzgebiet nicht für per se unzulässig.[1218] Sollte der Landschaftsschutz nicht konform gehen mit den Planungsabsichten, ist im Rahmen einer Abwägung zu entscheiden, ob die in der Schutzerklärung genannten Belange zum Schutz der Landschaft den Ausschluss von Windenergie im Plangebiet rechtfertigen können.[1219] Soweit die Belange des Landschaftsschutzes zugunsten von WEA zurücktreten müssen, schlägt das Gericht die teilweise oder vollständige Aufhebung einer Schutzgebietsverordnung als „*actus contrarius*" vor,[1220] um so den Erlass des Raumordnungsplans vorzubereiten.[1221] Anders aber das OVG Berlin-Brandenburg, welches die grundsätzliche Annahme einer harten Tabuzone bei Landschaftsschutzgebieten unbeanstandet lässt. Ein anderes gilt nach dem Gericht dann, wenn ausnahmsweise die Ausweisung einer Konzentrationsfläche für die Windenergienutzung in Landschaftsschutzgebieten zulässig ist, soweit kein Widerspruch zum Schutzzweck anzunehmen ist.[1222] Wie bereits dargestellt,[1223] wird letzteres regelmäßig der Fall sein, so dass eine Ausnahme kaum denkbar ist.

Aus den bereits auf Zulassungsebene dargestellten Gründen, vor allem im Hinblick auf die notwendige Förderung der Belange der Energiewende, ist es notwendig, die teilweise großzügig ausgewiesenen Landschaftsschutzgebiete für die Nutzung von Windenergie rechtlich verfügbar zu machen, um der Windkraft substanziell Raum verschaffen zu können.[1224] Gegebenenfalls sind die Schutzverordnungen kritisch darauf hin zu überprüfen, ob der Schutzbereich zu großflächig bemessen ist. Sollte dies der Fall sein, sind möglicherweise die zugrunde liegende Verordnung zu ändern oder anzupassen.[1225] Daher ist die erste Ansicht vorzugswürdig, wonach bei einem besonderen Schutzbedürfnis des Landschaftsschutzgebiets die Einordnung als weiche Tabuzone gerechtfertigt sein kann, im Übrigen aber keine Tabuzone anzunehmen ist. Die endgültige Entscheidung wird somit auf die nächste Ebene verlagert.

1218 BayVerfGH, Urteil vom 27.09.2013, Az.: Vf. 15-VII-12, Rn. 83 – zitiert nach *juris*.

1219 BVerwG, Beschluss vom 18.12.1987, 4 NB 1.87, Rn. 24 – zitiert nach *juris*.

1220 BayVerfGH, Urteil vom 27.09.2013, Az.: Vf. 15-VII-12, Rn. 75 – zitiert nach *juris*. Vgl. auch *Gellermann*, in: Landmann/Rohmer, UmweltR, § 26 BNatSchG, Rn. 22.

1221 BVerwG, Urteil vom 11.12.2003, Az.: 4 CN 10/02, Rn. 18 – zitiert nach *juris*.

1222 OVG Berlin-Brandenburg, Urteil vom 24.02.2011, Az.: OVG 2 A 2.09, Rn. 63 – zitiert nach *juris*. Diesem Ansatz im Grundsatz folgend *Scheidler*, in KommJur 2012, 367 (370). So auch *Frey*, in: VBlBW 2013, 241 für die Flächennutzungsplanung. AA *Fest*, in: NVwZ 2012, 1129 (1133).

1223 Vgl. hierzu ausführlich oben im Rahmen des 1. Teils, 3. Abschnitt, B. I. 2.

1224 Ebenso *Fest*, in: NVwZ 2012, 1129 (1133).

1225 In diesem Sinne auch *Frey*, in: VBlBW 2013, 241 für die Flächennutzungsplanung.

(5) Wald

Wie bereits aufgezeigt, gibt es nun teilweise verstärkte Bestrebungen dahingehend, Wald als Standort für die Windenergienutzung heranzuziehen.[1226] So wurde im aktuellen LEP IV in Rheinland-Pfalz sogar ein Grundsatz der Raumordnung dahingehend formuliert, dass 2 % des Waldes für die Windenergienutzung zur Verfügung gestellt werden sollen.[1227] Da Deutschland mit durchschnittlich ca. 30 % einen hohen Waldanteil hat, wird aufgrund der nunmehr technisch umsetzbaren Höhe von mehr als 200 m je Einzelanlage in der Nutzung von Waldflächen für den weiteren Ausbau der Windenergie großes Potenzial gesehen, welches bisher nur in geringem Umfang erschlossen ist.[1228] Bei der Frage von Windenergie im Wald bestehen nicht nur Besonderheiten hinsichtlich der Genehmigungsfähigkeit, sondern auch im Hinblick auf die planerische Steuerung. Diese kann in besonderem Maße geboten sein, um vorausschauend den potenziellen Konfliktsituationen wirksam begegnen zu können. Zu beachten ist nämlich, dass es sich beim Wald im Vergleich zu Brachflächen um ein komplexeres und bisher weniger erforschtes Ökosystem handelt.

Zunächst lässt sich festhalten, dass auch im Wald die schutzgebietsbezogenen und artenschutzrechtlichen Ge- und Verbote Anwendung finden können und die Einhaltung der einschlägigen Normen, wie unter (4) dargestellt, bei der Planung zu berücksichtigen ist. In Bezug auf Wälder in FFH- und Vogelschutzgebieten ist festzustellen, dass je nach Bestand und Gebiet unterschiedliche Konfliktpotenziale mit Blick auf Vorkommen windkraftempfindlicher Arten zu beobachten sind.[1229] Soweit aber in eine Ausnahme- bzw. Befreiungslage hineingeplant werden kann, ist aus diesen Gründen noch keine Tabuzone anzunehmen.

Unabhängig von der rechtlichen Beurteilung hinsichtlich des Gebiets- und Artenschutzes, wird die Lage von WEA im Wald auf Planungsebene unterschiedlich beurteilt. Die Einschlägigkeit einer harten Tabuzone wird nunmehr weit überwiegend verneint und Windenergienutzung auf Waldflächen nicht grundsätzlich als ausgeschlossen erachtet.[1230] Bei der Beurteilung sind vorhandene Abstandskrite-

---

1226 So u.a. *Hendler/Kerkmann*, in: DVBl 2014, 1369 (1375).Anders in Sachsen: Im aktuellen LEP 2013 soll nach dem Grundsatz der Raumordnung gem. Ziff. 5.1.5 die Nutzung von Waldgebieten für Windenergie grundsätzlich vermieden werden.

1227 Vgl. G 163 c. Vgl. auch das Rundschreiben Windenergie Rheinland-Pfalz vom 28.05.2013, S. 6, Ziff. B. 2.2.

1228 Vgl. Potenzialstudie des UBA, S. 24.

1229 Naturschutzfachlicher Rahmen zum Ausbau der Windenergienutzung in Rheinland-Pfalz Artenschutz (Vögel, Fledermäuse) und NATURA 2000-Gebiete erstellt von der Staatlichen Vogelschutzwarte für Hessen, Rheinland-Pfalz und das Saarland und dem Landesamt für Umwelt, Wasserwirtschaft und Gewerbeaufsicht Rheinland-Pfalz (Mainz), S. 6, Stand 30.09.2012, abrufbar unter: http://www.mulewf.rlp.de/fileadmin/mufv/img/inhalte/natur/Gutachten-Windenergienutzung_in_RLP_13.09.12.pdf (Abruf am: 09.08.2015).

1230 OVG Weimar, Urteil vom 08.04.2014, Az.: 1 N 676/12, Rn. 89 – zitiert nach *juris*; OVG Lüneburg, Urteil vom 23.01.2014, Az.: 12 KN 285/12, Rn. 19 – zitiert nach *juris*.

rien für bestimmte Schutzbereiche nicht ohne weiteres auf Windenergie im Wald übertragbar. Denn die ökologische Gesamtsituation ist im Vergleich zu WEA auf freien Flächen eine andere und darüber hinaus naturschutzfachlich noch nicht hinreichend erfasst. Problematisch ist der Umstand, dass es an ausreichenden naturschutzfachlichen Erkenntnissen hinsichtlich der möglichen Wirkungen von WEA auf das Ökosystem Wald fehlt.[1231] Dies ist ein deutlich erkennbares Defizit, auch für die zutreffende rechtliche Einordnung als Tabuzone. Erste wichtige Schritte sind demnach grundlegende Untersuchungen und die genaue Beobachtung vorhandener WEA-Standorte im Wald vor allem durch ein Monitoring.[1232]

Aufgrund der aktuellen Prognoseunsicherheiten ist es geboten, die vergleichsweise besonders schutzwürdigen Waldflächen vorerst der Kategorie der weichen Tabuzonen zuzuordnen.[1233] Hierzu kann auf die verschiedenen **Kategorien** der Waldfunktionenkartierung zurückgegriffen werden.[1234] Diese bilden grundsätzlich unterschiedliche Schutzniveaus der verschiedenen Nutzungsarten des Waldes ab. Wald wird über den § 1 BWaldG in bestimmte Kategorien unterteilt, so beispielsweise der Schutzwald nach § 12 BWaldG oder Erholungswald nach § 13 BWaldG. Insgesamt gibt es 47 verschiedene Waldfunktionen.[1235] Je nach Schutzwürdigkeit

---

Siehe auch *Kindler/Lau*, in: NVwZ 2011, 1414 (1416); *Scheidler*, in KommJur 2012, 367 (370). Vgl. hierzu auch Niedersächsischer Landkreistag e.V. (NLT) und Niedersächsisches Ministerium für Ernährung, Landwirtschaft und Verbraucherschutz (ML): *„Arbeitshilfe zur Steuerung der Windenergienutzung mit Ausschlusswirkung in Regionalen Raumordnungsprogrammen (Kategorisierung harte und weiche Tabuzonen)“*, S. 26, Stand: 15.11.2013. Differenzierend die Vorgaben im Windenergieerlass Baden-Württemberg vom 09.05.2012, Ziff. 4.2.1, wonach zumindest Bann- und Schonwälder nach § 32 LWaldG (Waldgesetz für Baden-Württemberg (Landeswaldgesetz) vom 31.08.1995 (GBl. S. 685) in der aktuellen Fassung) den Tabuzonen zuzuordnen sind. Weitere Waldkategorien, wie beispielsweise der Bodenschutzwald nach § 30 LWaldG und Schutzwälder gegen schädliche Umwelteinwirkungen nach § 31 LNatSchG BW, können grundsätzlich für Windenergienutzung herangezogen werden.

1231 Vgl. Feststellungen im Rahmen der Fachtagung des BMU und DNR zum Thema Windenergie im Wald, 13.09.2011, Tagungsband S. 48, abrufbar unter: http://www.wind-ist-kraft.de/wp-content/uploads/Fachtagung-Windenergie-im-Wald_Mappe-web.pdf (Abruf am: 09.08.2015).

1232 Vgl. Positionspapier des BfN zu *„Windkraft im Wald“*, Juli 2011, S. 2, abrufbar unter: http://www.bfn.de/fileadmin/MDB/documents/themen/erneuerbareenergien/bfn_position_wea_ueber_wald.pdf (Abruf am: 09.08.2015).

1233 *Scheidler*, in: KommJur 2012, 367 (370). In diese Richtung ist auch der sächsische Grundsatz der Raumordnung unter Ziff. 5.1.5 im LEP 2013 zu verstehen.

1234 Vgl. insoweit auch Potenzialstudie des UBA, S. 26 f. Siehe auch OVG Berlin-Brandenburg, Urteil vom 24.02.2011, Az.: OVG 2 A 2.09, Rn. 69 – zitiert nach *juris*. Zu der Waldfunktionenkartierung *Geßner/Genth*, in: NuR 2012, 161 (163).

1235 *Geßner/Genth*, in: NuR 2012, 161 (163).

kann bestimmt werden, ob eine Windenergienutzung schon frühzeitig durch die Einteilung als weiche Tabuzone ausscheidet:[1236]

Wald	**Ausschluss**
Wald in Bundesländern mit einem Waldanteil von unter 15 %	Ja
Bodenschutzwald	Ja
Sichtschutzwald	Ja
Klimaschutzwald (lokal und regional)	Nein
Erholungswald (Stufe I und II)	Ja, < 75%[1237]
Immissionsschutzwald	Nein
Lärmschutzwald	Nein

Bei Bundesländern mit einem Waldanteil von unter 15 % und den Kategorien Bodenschutzwald und Sichtschutzwald ist die Einordnung als Tabuzone gerechtfertigt. Anders in den Klima-, Immissions- und Lärmschutzwäldern. In solchen forstwirtschaftlich intensiv genutzten Wälder ist Windenergie grundsätzlich denkbar und nicht zwingend als Tabuzone auszuschließen.[1238] Im Erholungswald ist zu differenzieren und gegebenenfalls auch die Bejahung einer Tabuzone gerechtfertigt.[1239] Grundsätzlich kann die vorgenannte, von dem Umweltbundesamt vorgeschlagene Einteilung indiziell herangezogen werden, darf aber aufgrund der unterschiedlichen landesrechtlichen Vorgaben nicht alleinige Gültigkeit besitzen. Mangels bundeseinheitlicher Waldkategorien ist eine Einzelfallprüfung unentbehrlich ist. Ziel muss es daher sein, einheitliche Kategorien zu entwickeln und aufgrund der durchzuführenden Beobachtungen gewisse Standards zu entwickeln, um Windenergie im Wald rechtsicher planen zu können.

1236 Quelle: Potenzialstudie des UBA, S. 27.

1237 Im Übrigen wird davon ausgegangen, dass Erholungswald auch als Potenzialfläche eingeordnet werden kann (max. 25 %).

1238 Vgl. auch Positionspapier des BfN zu „*Windkraft im Wald*“, Juli 2011, S. 5.

1239 Nach dem OVG Weimar, Urteil vom 08.04.2014, Az.: 1 N 676/12, Rn. 89 – zitiert nach *juris* ist die Heranziehung von Erholungswald durch die Schutzfunktion des § 9 I Thüringer Waldgesetz (vom 18.09.2008, GVBl. 2008, 327) unzulässig. Dasselbe gilt für den Schutzwald. Im Übrigen darf Wald für Windenergie herangezogen werden.

b) Schritt 2: Potenzialflächen und Abwägung

Diejenigen Flächen, die schließlich nach Abzug der Tabuzonen verbleiben, sind als sog. **Potenzialflächen**[1240] grundsätzlich für die Darstellung als **Konzentrationszone**[1241] für Windenergie geeignet.[1242] Dafür sind die Potenzialflächen zunächst zu den konkurrierenden Nutzungen in Beziehung zu setzen. Im Wege einer wertenden Betrachtung sind die unterschiedlichen Belange gem. § 7 II 1 ROG gegeneinander abzuwägen. Eine rechtsstaatliche Planung setzt eine gerechte Abwägung der von der Planung berührten öffentlichen und privaten Belange voraus.[1243] Ergebnis dieses Abwägungsvorgangs ist in der Regel ein Vorschlag für die Festlegung von Konzentrationsflächen für die Windenergienutzung.[1244]

Im Vergleich zur Bauleitplanung zeigt sich, dass der **Abwägungsprozess** bei raumordnerischen Zielen regelmäßig grobmaschiger ausfällt und die berührten Belange dadurch oftmals pauschaler bewertet werden. Denn Ziele der Raumordnung sind oftmals auf die weitere Konkretisierung durch die Bauleitplanung angewiesen, um entsprechende Festlegungen für einzelne raumbedeutsame Maßnahmen rechtsverbindlich zu erzielen.[1245] Ein anderes gilt aber im Anwendungsbereich des § 35 III 3 BauGB. Denn wie bereits dargestellt können sich die einzelnen Festlegungen der Raumordnungsebene sogar auf die Einzelzulassung durchschlagen. Dadurch besteht ein erhöhter Konkretisierungsbedarf vor allem im Hinblick auf Inhalt und Bestimmtheit der Festlegungen für WEA. Dies ist auch aus Gründen der Rechtssicherheit geboten.[1246] Daher sind auch erhöhte Anforderungen an die durchzuführende Abwägung zu stellen.

Im Rahmen der Abwägung ist zunächst festzustellen, welche Belange durch die geplante Ausweisung einer Konzentrationszone für WEA berührt sein können. Bei der **Zusammenstellung des Abwägungsmaterials** muss der Plangeber nur diejenigen Tatsachen beifügen, die sich aufdrängen.[1247] Es können öffentliche Belange relevant sein, sowohl diejenigen, die für, als auch diejenigen, die gegen die Ausweisung eines bestimmten geschützten Gebiets als Konzentrationszone sprechen. Hierbei sind neben dem öffentlichen Interesse an der Förderung der Ziele der Energiewende stets auch die gesetzgeberische Entscheidung zu berücksichtigen, dass durch die Privilegierung von WEA über den § 35 Abs. 1 Nr. 5 BauGB der Windenergienutzung an geeigneten

---

1240 Auch „*Suchflächen*“ genannt, vgl. *Schmidt-Eichstädt*, in: LKV 2012, 481 (482).

1241 Vgl. hierzu anschaulich die Darstellungen bei *Mitschang*, in: BauR 2013, 29 (44 f) sowohl zur erstmaligen Ausweisung von Konzentrationszonen als auch zur Änderung bestehender Steuerungsmodelle.

1242 *Scheidler*, in: KommJur 2012, 367 (369).

1243 BVerwG, Urteil vom 20.10.1972, Az.: IV C 14.71, Ls. 1 – zitiert nach *juris*.

1244 *Schmidt-Eichstädt*, in: LKV 2012, 481 (482).

1245 OVG Lüneburg, Urteil vom 26.03.2009, Az.: 12 KN 11/07, Rn. 21 – zitiert nach *juris*.

1246 *Scheidler*, in: VerwArch 2012, 587 (610).

1247 *Köck*, in: ZUR 2013, 269 (273) unter Hinweis auf die Rechtsprechung des BVerwG, Beschluss vom 09.11.1979, Az.: 4 N 1/78, 4 N 2/79, 4 N 3/79, 4 N 4/79, Rn. 52 – hier zitiert nach *juris*.

Standorten eine reelle Chance zu geben ist.[1248] Auch gemeindliche Interessen im Hinblick auf die kommunale Bauleitplanungshoheit sind zu berücksichtigen,[1249] wobei sich diese Interessen im Raumordnungsrecht schon aufgrund des Gegenstromprinzips gem. § 1 III ROG zu berücksichtigen sind.[1250] In die Abwägung miteinzustellen sind zudem private Interessen an der Windenergienutzung, soweit sie Planungsrelevanz haben.[1251]

Nicht in die Abwägung miteinzustellen sind anderweitige Energiegewinnungsmöglichkeiten. Windenergie darf nicht aus dem Grunde ausgeschlossen werden, dass andernorts im Plangebiet auf andere Weise klimafreundlich Energie erzeugt wird,[1252] beispielsweise durch Photovoltaik oder Biomasseanlagen. Der Gesetzgeber hat für einen solchen Ansatz keine Vorgaben formuliert. Denn die Privilegierung in § 35 I BauGB zeigt, dass die Windenergie als solche unabhängig von anderen Energiegewinnungsmöglichkeiten wie beispielsweise der Solarenergie oder Wasserkraft ist. Der § 35 III 3 BauGB enthält ebenfalls keinen Hinweis auf die Entwicklung eines Gesamtenergiekonzeptes, sondern ist ein Steuerungsinstrument für die jeweils privilegierte Nutzung nach § 35 I Nr. 2 ff BauGB.[1253] Soweit das zu beplanende Gebiet bereits durch die Nutzung von anderen erneuerbaren Energiegewinnungsmöglichkeiten in Anspruch genommen wird, kann dies bei der Gesamtbetrachtung der Belastung des Gebietes im Rahmen der Abwägung berücksichtigt werden. Abwägungsrelevant kann zudem sein, wenn auf dem zu überplanenden Gebiet bereits WEA vorhanden sind. Die vorhandene Bebauung durch WEA steht einer Konzentrationsflächenplanung nicht grundsätzlich entgegen, sondern ist bei der Abwägungsentscheidung miteinzubeziehen:

> *„Werden Grundstücke mit vorhandenen Windenergieanlagen beim Zuschnitt der Konzentrationsflächen nicht berücksichtigt, sind die Betreiber auf den Bestandsschutz für ihre Anlagen beschränkt. Der Planungsträger hat daher das Interesse der Betreiber, ältere Anlagen durch effizientere neue Anlagen zu ersetzen und diese dabei gegebenenfalls auch neu anzuordnen (Repowering), in der Abwägung zu berücksichtigen. [...] Die Beschränkung der Nutzungsmöglichkeiten eines Grundstücks muss vom Planungsträger als ein wichtiger*

1248 VGH Mannheim, Urteil vom 12.10.2012, Az.: 8 S 1370/11, Rn. 52 – zitiert nach *juris.*

1249 OVG Weimar, Urteil vom 19.03.2008, Az.: 1 KO 304/06, Rn. 95 – zitiert nach *juris.*

1250 *Scheidler,* in: VerwArch 2012, 587 (610); *Wickel,* in: Ehlers/Fehling/Pünder, Besonderes Verwaltungsrecht, Bd. 2, § 40, Rn. 128. Das Gegenstromprinzip verpflichtet aber nicht zu einer ungeprüften Übernahme in Form eines *„eins zu eins"*, vgl. Hinweise zur Planung und Genehmigung von WKA vom 20.12.2011, Ziff. 2.1 unter Hinweis auf die Rechtsprechung des OVG Lüneburg, Urteil vom 28.01.2010, Az.: 12 KN 65/07, Rn. 43 – hier zitiert nach *juris.*

1251 Vgl. § 7 II 1 ROG: *„Bei der Aufstellung der Raumordnungspläne sind die öffentlichen und privaten Belange, soweit sie auf der jeweiligen Planungsebene erkennbar und von Bedeutung sind, gegeneinander und untereinander abzuwägen; bei der Festlegung von Zielen der Raumordnung ist abschließend abzuwägen"*.

1252 *Kindler/Lau,* in: NVwZ 2011, 1414 (1417).

1253 *Kindler/Lau,* in: NVwZ 2011, 1414 (1417).

Belang privater Eigentümerinteressen in der Abwägung der öffentlichen und der privaten Belange beachtet werden [...]. Bei der Bewertung der privaten und der öffentlichen Belange und der Frage, welchem Belang der Vorzug zu geben ist, ist dem Planungsträger aber ein weiter planerischer Gestaltungsspielraum eingeräumt. Insbesondere ist er nicht dazu verpflichtet, Standorte für die Windenergienutzung dort festzulegen, wo Windkraftanlagen bereits vorhanden sind. Der Gesetzgeber sieht es als berechtigtes öffentliches Anliegen an, die Windenergienutzung zu kanalisieren und Fehlentwicklungen gegenzusteuern.“[1254]

Nach der Feststellung des relevanten Abwägungsmaterials ist der **Abwägungsprozess** nach den allgemeinen Regeln durchzuführen. Im Rahmen des Abwägungsprozesses ist eine sachlich nachvollziehbare Auswahlentscheidung zu treffen, die vom Plangeber **hinreichend dokumentiert** werden muss.[1255] Eine Abwägungsentscheidung ist nämlich nur beschränkt gerichtlich überprüfbar, soweit sich **Abwägungsfehler** nachweisbar sind. Hierbei bestehen keine nennenswerten Besonderheiten im Falle der Planung von Windenergie. Überprüfbar ist eine Verletzung des Gebots gerechter Abwägung dann, wenn eine sachgerechte Abwägung überhaupt nicht stattfindet (sog. „*Abwägungsausfall*“), wenn in die Abwägung Belange nicht eingestellt wurden, die berücksichtigt hätten werden müssen (sog. „*Abwägungsdefizit*“) oder wenn die Bedeutung der betroffenen Belange verkannt und dadurch die Gewichtung verschiedener Belange in ihrem Verhältnis zueinander in einer Weise vorgenommen wird, durch welche die objektive Gewichtigkeit eines dieser Belange völlig verfehlt wurde (sog. „*Abwägungsfehleinschätzung*“).[1256]

Auch hier gilt, dass kein Belang pauschalen Vorrang vor dem anderen hat. Beispiel für einen gerichtlich überprüfbaren Abwägungsfehler ist das einseitige Abstellen des Plangebers auf bestimmte Abstandsempfehlungen zu naturschutzrechtlich geschützten Bereichen, beispielsweise in den Windenergieerlassen der Bundesländer.[1257] Denn ein solches Vorgehen berücksichtigt nicht in gebotener Weise die für die Windenergienutzung sprechenden Belange. Auch wenn den Abstandsempfehlungen eine Konfliktvermeidungsstrategie zugrunde liegt, kann der Rückgriff auf solche den Plangeber nicht von einer Abwägungsentscheidung anhand einer Einzelfallprüfung entbinden. So sehen die Windenergieerlasse beispielsweise bestimmte Schutzabstände zum Horst eines Rotmilans vor. Aus naturschutzfachlicher Sicht

---

1254 BVerwG, Beschluss vom 29.03.2010, Az.: 4 BN 65/09, Rn. 9 – zitiert nach *juris* u.a. unter Hinweis auf Urteil vom 24.01.2008, Az.: 4 CN 2/07, Rn. 17 – hier zitiert nach *juris*.

1255 BVerwG, Urteil vom 11.04.2013, Az.: 4 CN 2/12, Rn. 6 – zitiert nach *juris* mit Anmerkung von *Gatz*, in: jurisPR-BVerwG 13/2013 Anm. 1; Urteil vom 13.12.2012 zum Flächennutzungsplan, Az.: 4 CN 1/11, Rn. 11 – zitiert nach *juris* mit Anmerkung *Gatz*, in: jurisPR-BVerwG 7/2013 Anm. 6; VGH Kassel, Urteil vom 17.03.2011, Az.: 4 C 883/10, Rn. 34 – zitiert nach *juris*.

1256 U.a. OVG Koblenz, Urteil vom 02.10.2007, Az.: 8 C 11412/06, Rn. 38 – zitiert nach *juris*.

1257 *Kindler/Lau*, in: NVwZ 2011, 1414 (1416); *Raschke*, in: ZfBR 2013, 632 (636).

ist es aber dennoch geboten zu prüfen, ob Vorgaben der Empfehlungen tatsächlich Anwendung finden. Denn je nach konkreter Beanspruchung des Raumes durch die jeweils geschützte Tierart ist festzustellen, ob eine zu vermeidende Gefährdung durch Ausweisung eines Windenergiegebiets vorliegt und daher ein bestimmter Abstand gerechtfertigt ist. Folglich kann im Vergleich zu dem im Windenergieerlass aufgeführten sowohl ein geringerer als auch ein größerer Abstand im Einzelfall einzuhalten sein.

c) Schritt 3: Abschließende Überprüfung der Abwägungsentscheidung

Der erörterte Abwägungsprozess ist nicht in jedem Falle der letzte Schritt im Abwägungsvorgang für WEA. Denn sind kaum geeignete Flächen für die Windenergie durch die Ausschlussmethode verblieben, ist das Plankonzept noch einmal vom Plangeber selbst dahingehend zu überprüfen, ob der Windenergienutzung hinreichend Raum verschafft wurde. Wird deutlich, dass diesen Anforderungen durch die bisherige Planung nicht gerecht geworden ist, ist gegebenenfalls das Konzept zu ändern und die Abwägung nochmals durchzuführen.[1258] Die Einschätzung, ob der Windenergie substanziell Raum verschafft worden ist, ist das Ergebnis einer wertenden Betrachtung.[1259] Je kleiner die Fläche für die Windenergienutzung ausfällt, desto eher hat der Plangeber seine Planmethode kritisch zu hinterfragen und nachzuprüfen, ob beispielsweise mit geringeren Schutzabständen operiert werden kann.[1260] Für den Fall, dass in den besten Windlagen keine ausreichend großen Flächen für die Windenergienutzung gefunden werden konnten, muss der Plangeber in eine vertiefte Prüfung – selbst im Hinblick auf windtechnisch weniger geeignete Gebietsabschnitte – eintreten, um den Belangen der Windkraftnutzung gerecht werden zu können.[1261]

d) Schritt 4: Festsetzung von Konzentrationsflächen

Um eine rechtliche Bindungswirkung zu erzielen, weist der Plangeber in einem abschließenden Schritt die Konzentrationsflächen und (gegebenenfalls) die Ausschlussflächen für die Windenergienutzung aus. Erstere können im Hinblick auf § 35 III 2 BauGB beispielsweise als Vorranggebiete mit der Wirkung von Eignungsgebieten gem. § 8 VII 2 ROG festgesetzt werden.[1262] Entscheidend für die Aktivierung

---

1258 BVerwG, Beschluss vom 15.09.2009, Az.: 4 BN 25/09, Rn. 8 – zitiert nach *juris*; OVG Berlin-Brandenburg, Urteil vom 14.09.2010, Az.: 2 A 1.10, Rn. 33 – zitiert nach *juris*. Siehe auch *Schmidt-Eichstädt*, in: LKV 2012, 481 (482).

1259 BVerwG, Urteil vom 20.05.2010, Az.: 4 C 7/09, Rn. 28 – zitiert nach *juris*. *Krautzberger/Stüer*, in: BauR 2014, 1403 (1410) nennen diesen Schritt *„Prüfprogramm substanzielle Nutzung"*.

1260 *Scheidler*, in: KommJur 2012, 367 (371) m.w.N.

1261 OVG Münster, Urteil vom 15.03.2006, Az.: 8 A 2672/03, Rn. 80 – zitiert nach *juris*.

1262 Siehe zu der Bindungswirkung und der Auswahl der jeweiligen Festsetzung oben unter B.

der Wirkung des Planvorbehalts ist – wie oben dargestellt[1263]– der Zielcharakter des jeweils gewählten Gebietstypen.

Der Ablauf der Festlegung von Konzentrationszonen mittels der von der Rechtsprechung entwickelten Ausschlussmethode ist anhand der zusammenfassenden Übersicht zu überblicken:[1264]

PRÜFSCHEMA ALLGEMEIN

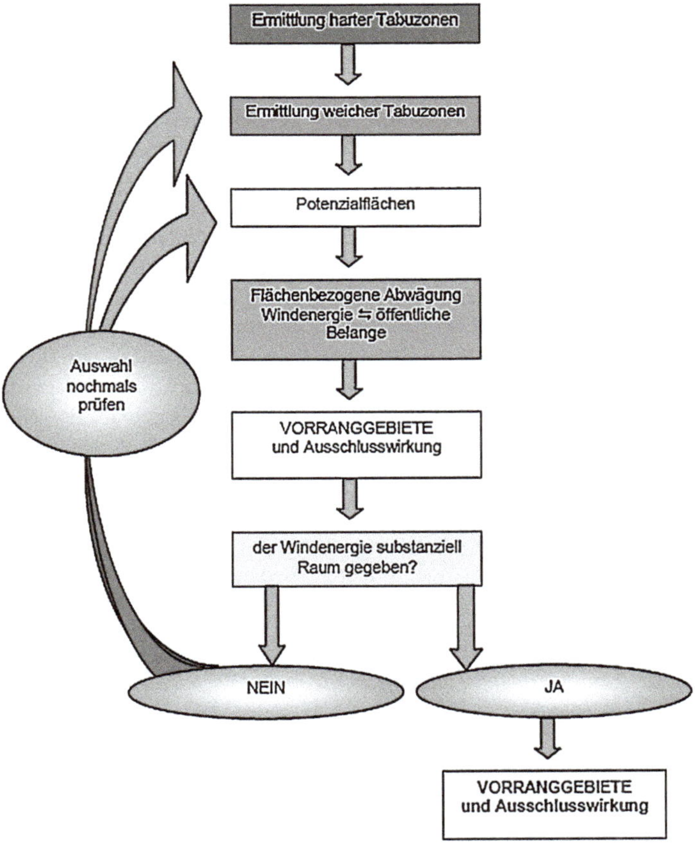

Quelle: Arbeitshilfe Regionalplanung und Windenergie Niedersachsen[1265]

1263 Siehe oben unter B. IV. 1.

1264 Vgl. u.a. die Ausführungen von *Schmidt-Eichstädt*, in: LKV 2012, 481 ff; *Wiggers*, in: NJW Spezial 2013, 556 ff.

1265 Vom 15.11.2013, S. 6.

2. *Alternativen zur Ausschlussmethode*

Das OVG Berlin-Brandenburg hat in einem Urteil im Jahre 2010 die vom Bundesverwaltungsgericht entwickelte beschriebene stufenweise Prüfungsreihenfolge als zwingend erachtet.[1266] Das Bundesverwaltungsgericht bestätigte zwar grundsätzlich die Entscheidung des OVG Berlin-Brandenburg, hat aber die Frage des zwingenden stufenweisen Vorgehens bewusst nicht entschieden: „*Offen bleiben kann damit, ob in dem Beschluss des Bundesverwaltungsgerichts die dargestellte Prüfungsreihenfolge als zwingend und nicht nur als eine sachgerechte unter mehreren zu einem schlüssigen Planungskonzept führende Methode verstanden wird.*“[1267]

Entgegen der Ansicht des OVG Berlin-Brandenburg ist diese Prüfungsabfolge aus rechtlichen Gesichtspunkten keinesfalls für den Plangeber zwingend, sondern allenfalls als **empfehlenswert** einzustufen.[1268] Es ist nicht Aufgabe der Rechtsprechung, das Vorgehen für einen raumordnungsplanerischen Entscheidungsvorgang bindend vorzugeben und die Verfahrensschritte alternativlos zu bestimmen. Denn dem Plangeber kommt insoweit ein Abwägungs- und Ermessensspielraum zu.[1269] Die Rechtsprechung ist grundsätzlich im Nachgang auf die Überprüfung der Richtigkeit der Entscheidung hin beschränkt.[1270] Gerichtlich überprüfbar ist im Ergebnis, ob der Windenergie substanziell Raum verschafft wurde, nicht aber, auf welchem Wege der Plangeber dieses Ziel erreicht hat. Ausreichend ist es, wenn sich die Erwägungen des Planungsgebers zur Ermittlung der Konzentrationsflächen im Rahmen der gerichtlichen Kontrolle durch die Begründung des Plans, durch eine Erläuterung der Planung etwa in der mündlichen Verhandlung oder in anderer Weise durch die Verfahrensakten nachweisen lassen.[1271] Nur wenn sich das gewählte Verfahren bei

---

1266 OVG Berlin-Brandenburg, Urteil vom 24.02.2011, Az.: OVG 2 A 2.09, Rn. 40 – zitiert nach *juris*. Unbeanstandet durch die Revision vor dem BVerwG, Urteil vom 13.12.2013, Az.: 4 CN 1.11, 2.11, Rn. 11 f – zitiert nach *juris*. Nunmehr wohl auch OVG Lüneburg, Urteil vom 23.11.2014, Az.: 12 KN 285/12, Rn. 17 – zitiert nach *juris* und Urteil vom 28.08.2013, Az.: 12 KN 146/12, Rn. 26 – zitiert nach *juris*: „*[...] muss sich die Ausarbeitung des Planungskonzepts in folgenden Abschnitten vollziehen: [...].*“

1267 BVerwG, Beschluss vom 18.01.2011, Az.: 7 B 19/10, Rn. 36 – zitiert nach *juris*. Diese Entscheidung aufgrund der fehlenden wünschenswerten Konkretisierungen zu Recht kritisiert von *Raschke*, in: Rechtsfragen kommunaler Klimaschutzmaßnahmen, S. 164 f.

1268 Ebenso OVG Bautzen, Urteil vom 19.07.2012, Az.: 1 C 40/11, Rn. 45 – zitiert nach *juris*. *Kindler/Lau*, in: NVwZ 2011, 1414 (1415); *Mitschang*, in: BauR 2013, 29 (32); *Scheidler*, WiVerw 2014, 56 (59 f); *ders.*, in: NuR 2013, 869 (871); *ders*, in: KommJur 2012, 367 (368); *Söfker*, in: ZfBR 2013, 13 (15). Siehe ebenfalls Arbeitshilfe Regionalplanung und Windenergie Niedersachsen vom 15.11.2013, S. 13.

1269 *Scheidler*, in: KommJur 2012, 367 (368).

1270 So auch *Bovet/Kindler*, in: DVBl. 2013, 488 (491).

1271 OVG Bautzen, Urteil vom 19.07.2012, Az.: 1 C 40/11, Rn. 45 – zitiert nach *juris*.

der Aufstellung *„als unzulängliches oder gar ungeeignetes Mittel zur Abarbeitung der gesetzlichen Vorgaben erweist“*,[1272] unterliegt es der vollen gerichtlichen Kontrolle.

Soweit mittels Ausschlussmethode Konzentrationszonen bestimmt werden, hat ein solches Vorgehen den Vorteil, dass sich dadurch die Abwägung logisch strukturieren lässt und dadurch eine gewisse Rechtssicherheit in der Rechtsanwendung geschaffen werden kann.[1273] Indes handelt es sich auch bei der Ausschlussmethode lediglich um eine Ausprägung der *„normalen“* raumordnungsplanerischen Abwägungsentscheidung. Trotz der Vorteile der Ausschlussmethode ist der Umstand kritisch zu sehen, dass hierüber sehr früh Flächen ausgeschlossen werden, die sich entgegen der ersten Beurteilung im Laufe der Zeit für die Windenergie als geeignet herausstellen können. Teilweise wird die Ausschlussmethode daher als einer *„der am stärksten hemmenden Faktoren des Windenergieausbaus“* angesehen.[1274] Aus diesem Grunde darf es dem Plangeber nicht verwehrt sein, flexiblere Kriterien bei der Bestimmung der Konzentrationszonenflächenplanung heranzuziehen.[1275] So werden alternativ zur Ausschlussmethode in der Praxis nun auch die Konzentrationszonen für Windenergie positiv bestimmt.[1276] Der Ablauf erfolgt in die gegensätzliche Richtung zur Ausschlussmethode. Demnach werden zuerst diejenigen Flächen ausgewählt, die ein geringes Konfliktpotenzial aufweisen und darüber hinaus aufgrund der örtlichen Gegebenheiten, beispielsweise wegen der vorhandenen Windhöffigkeit, besonders für die Nutzung von Windenergie geeignet sind. So kann sich der Plangeber durch eine positive Bestimmung weitere Flächen noch offen halten und diese gegebenenfalls zur Sicherheit als weiße Fläche für zukünftige Entscheidung freihalten.[1277] Ein solches Vorgehen kann ebenso, wenn nicht sogar besser, geeignet sein, Konzentrationsflächen für Windenergie zu bestimmen. Bisher fehlt es aber an den entsprechenden Erfahrungen und zu der Ausschlussmethode durch die Rechtsprechung formulierten vergleichbaren Vorgaben, weshalb viele Plangeber auf die bekannte Methode zurückgreifen werden.

1272 *Kindler/Lau,* in: NVwZ 2011, 1414 (1416).

1273 *Scheidler,* in: NuR 2013, 869 (871).

1274 *Bovet/Kindler,* in: DVBl. 2013, 488 (491). Auch *Bosch & Partner* et al. in dem Abschlussbericht vom 31.03.2009 zu dem vom BMU in Auftrag gegebenen Untersuchung unter dem Titel *„Abschätzung der Ausbaupotenziale der Windenergie an Infrastrukturachsen und Entwicklung von Kriterien der Zulässigkeit“* deuten auf S. 90 Bedenken hinsichtlich der Tauglichkeit dieser Methode, abrufbar unter: https://www.yumpu.com/de/document/view/7541045/abschatzung-der-ausbaupotenziale-der-windenergie-erneuerbare- (Abruf am: 09.08.2015).

1275 So auch bei *Söfker,* in: ZfBR 2013, 13 (15) angedeutet.

1276 *Bovet/Kindler,* in: DVBl. 2013, 488 (491) m.w.N.

1277 Siehe zu der rechtlichen Einordnung der *„weißen Flächen“* bereits oben unter B. IV. 3.

II. Verbot der Negativ- bzw. Verhinderungsplanung

Unabhängig von der Methodenwahl ist für die Rechtmäßigkeit der Konzentrationsflächenplanung entscheidend, ob der Plangeber die gesetzgeberische Entscheidung zur Privilegierung von WEA im Außenbereich beachtet und der Windenergienutzung **in substanzieller Weise Raum** verschafft hat.[1278] Das bedeutet, dass der Plangeber keine gezielte – also rein negative – **Negativ**- bzw. **Verhinderungsplanung** im Hinblick auf die Windenergie betreiben darf.[1279] Denn die negativen und die positiven Komponenten der festgelegten Konzentrationszonen bedingen einander. Somit ist der Ausschluss von WEA auf Teilen des Plangebiets nur dann gerechtfertigt, wenn der Plan sicherstellt, dass sich die betroffenen Vorhaben an anderer Stelle gegenüber konkurrierenden Nutzungen durchsetzen können.[1280] Ebenso unzulässig ist die ***„Feigenblattplanung“***, bei welcher der Plangeber eine zu kleine Fläche für die Windenergie ausweist, die im Ergebnis auf eine verkappte Verhinderungsplanung hinausläuft.[1281] Ferner ist dem Plangeber eine ***„Alibiplanung“*** verwehrt, bei welcher der Plangeber zwar positiv Flächen für Windenergie ausgewiesen hat, diese sich aber tatsächlich und/oder rechtlich nicht für eine solche Nutzung eignen.[1282]

Es bestehen in der Praxis gewisse Schwierigkeiten die vorgenannten unzulässigen Planungsmethoden zu identifizieren und führt in der Rechtsanwendung zu Unsicherheit. Fest steht, dass die Festlegung von Konzentrationszonen im Ergebnis zu einer Art **Kontingentierung** führt, die aber noch nicht per se als verbotene Verhinderungsplanung zu werten ist.[1283] So kann der Plangeber bei der Planaufstellung nicht immer einschätzen, was ihm erlaubt ist und was unter die verbotene Negativplanung fällt. Bisher existieren keine allgemeinverbindlichen Aussagen dahingehend, wann die Grenze der Substanzialität erreicht ist und keine verbotene

---

1278 BVerwG, Urteil vom 11.04.2013, Az.: 4 CN 2/12, Rn. 6 – zitiert nach *juris* mit Anmerkung von *Gatz*, in: jurisPR-BVerwG 13/2013 Anm. 1.; Urteil vom 24.01.2008, Az.: 4 CN 2.07, Rn. 15 – zitiert nach *juris*. In diesem Sinne auch *Scheidler*, in: NuR 2013, 869 (871).

1279 U.a. BVerwG, Urteil vom 24.01.2008, Az.: 4 CN 2/07, Rn. 11 – zitiert nach *juris*; Urteil vom 13.03.2003, Az.: 4 C 3/02, Rn. 20 – zitiert nach *juris*; Urteil vom 17.12.2002, Az.: 4 C 15/01, Rn. 29 – zitiert nach *juris*. Vgl. auch *Erbguth/Schlacke*, in: Umweltrecht, § 16, Rn. 69.

1280 OVG Lüneburg, Urteil vom 08.12.2011, Az.: 12 KN 208/09, Rn. 36 – zitiert nach *juris*.

1281 BVerwG, Urteil vom 13.12.2012 zum Flächennutzungsplan, Az.: 4 CN 2/11, Rn. 20 – zitiert nach *juris;* OVG Greifswald, Urteil vom 03.04.2013, Az.: 4 K 24/11, Rn. 73 – zitiert nach *juris*; VG Hannover, Urteil vom 24.11.2011, Az.: 4 A 4927/09, Rn. 66 – zitiert nach *juris*.

1282 *Kindler/Lau*, in: NVwZ 2011, 1414 (1416) mit Hinweis auf BVerwG, Urteil vom 13.03.2003, Az.: 4 C 4/02.

1283 BVerwG, Beschluss vom 18.01.2011, Az.: 7 B 19/10, Rn. 30 – zitiert nach *juris*; OVG Lüneburg, Urteil vom 12.12.2012, Az.: 12 KN 311/10, Rn. 20 – zitiert nach *juris*; VGH Mannheim, Urteil vom 12.10.2012, Az.: 8 S 1370/11, Rn. 55 – zitiert nach *juris*.

Verhinderungsplanung vorliegt.[1284] Anhand der einschlägigen Rechtsprechung lassen sich keine klaren Aussagen zur Verhinderungsplanung herausarbeiten, nach welchen die offene Frage beantwortet werden kann, wann eine Planung eine noch zulässige Kontingentierung von WEA darstellt.[1285] Denn feste Abgrenzungskriterien, beispielsweise über quantitative Schwellenwerte, wurden von der Rechtsprechung nicht formuliert. Das Bundesverwaltungsgericht legt keine strikt zu beachtenden Kriterien fest, sondern verlagert die Bewertung der Substanzialität auf die Ebene der Instanzgerichte.[1286] Nur wenn die Instanzgerichte bei der Beurteilung auf Kriterien zurückgreifen, die „*von einem Rechtsirrtum infiziert sind, gegen Denkgesetze verstoßen oder ansonsten für die Beurteilung des Sachverhalts schlechthin ungeeignet sind*", kann das Urteil wegen eines solchen Fehlers aufgehoben werden.[1287]

Über einzelne Faktoren kann noch nicht beurteilt werden, ob eine unzulässige Verhinderungsplanung vorliegt. Eine Bestimmung allein über eine konkrete Anzahl von WEA, installierter Leistung[1288] oder die Zahl der Konzentrationszonen ist weder ausreichend noch zielführend.[1289] Denn hierbei werden weder die örtlichen Besonderheiten wie die Lage im Raum noch die Windhöffigkeit in ausreichendem Maße gewürdigt. Festzuhalten ist, dass der Flächenanteil von Konzentrationsflächen im Plangebiet nicht alleinige Entscheidungsgrundlage bei der Bewertung sein darf,[1290] ob eine verbotene Verhinderungsplanung betrieben wurde.[1291] Jedoch können diese

1284 Zur Problematik *Bovet/Kindler*, in: DVBl. 2013, 488 (492); *Brand/Pöhlmann*, in: ZNER 2010, 476; *Lau*, in: LKV 2012, 163 (167); *Mitschang*, in: BauR 2013, 29 (32); *Wiggers*, in: NJW-Spezial 2013, 556 (557).

1285 *Lau*, in: LKV 2012, 163; *Scheidler*, in: GewArch Beilage WiVerw Nr. 03/2011, 117 (128).

1286 BVerwG, Beschluss vom 29.03.2010, Az.: 4 BN 65.09, Rn. 5 – zitiert nach *juris*.

1287 BVerwG, Urteil vom 13.12.2013, Az.: 4 CN 1.11, 2.11, Rn. 18 – zitiert nach *juris* unter Hinweis auf Urteil vom 11.10.2007, Az.: 4 C 7/07, Rn. 22 – hier zitiert nach *juris*.

1288 So aber OVG Magdeburg, Urteil vom 26.10.2011, Az.: 2 L 6/09, Rn. 38 – zitiert nach *juris*: „*Der REP Halle verschafft der Nutzung der Windenergie in substanzieller Weise Raum. Diese Voraussetzung ist nach der Rechtsprechung des Senats (vgl. Urt. v. 14.05.2009) dann erfüllt, wenn bei der vorzunehmenden Gesamtbetrachtung die ausgewiesenen Konzentrationsflächen nach ihrer Zahl und Größe einen beachtlichen Teil der potenziell für die Windkraftnutzung in Betracht kommenden Fläche ausmachen und mit hinreichender Sicherheit zur Errichtung von Windkraftanlagen führen, die nach ihrer Anzahl und Energiemenge auch mit Blick auf den Bundesdurchschnitt geeignet sind, einen gewichtigen und den allgemein anerkannten energiepolitischen Zielsetzungen nicht offensichtlich widersprechenden Beitrag zur Erhöhung des Anteils regenerativer Energien an der Gesamtenergieerzeugung zu leisten.*"

1289 So auch *Mitschang*, in: BauR 2013, 29 (32).

1290 So beispielsweise OVG Berlin-Brandenburg, Beschluss vom 09.09.2009, Az.: OVG 2 S 6.09, Rn. 19 – zitiert nach *juris*.

1291 Vgl. obiter dictum des BVerwG, Urteil vom 13.12.2012 zum Flächennutzungsplan, Az.: 4 CN 1/11, Rn. 18 – zitiert nach *juris*; Beschluss vom 12.07.2006, Az.: 4 B 49/06, Rn. 6 f – zitiert nach *juris*.

Werte indiziell herangezogen werden. Denn umso kleiner der Anteil der Konzentrationsflächen im Plangebiet ist, desto gewichtiger müssen die gegen eine weitere Ausweisung von Vorranggebieten sprechenden Belange sein.[1292]

Folglich bietet sich im Einzelfall eine **Gesamtbetrachtung aller Umstände** unter Berücksichtigung des erreichbaren Leistungspotenzial an Stromgewinnung[1293] und des prozentualen Anteils der Konzentrationsfläche an.[1294] So kann selbst bei einem prozentualen Anteil von unter 1 % die Substanzialität noch bejaht werden.[1295] Nicht in substanzieller Weise wurde der Windenergie nach Ansicht des OVG Bautzen in einer Fallgestaltung Raum verschafft, in der acht Vorrang-/Eignungsgebieten für etwa 25 WEA mit einem Flächenanteil von nur 0,02566 % auf einer Gesamtfläche von 2.554 km^2 ausgewiesen wurde, wobei aber *„im Grundsatz"* insgesamt ein größeres technisch nutzbares Windpotenzial vorhanden war. Die zugrunde liegende planerische Entscheidung wurde demnach als abwägungsfehlerhaft eingeordnet.[1296] Verschafft der Plangeber der Windenergie durch sein Konzept offensichtlich nicht hinreichend Raum, so kann er alternativ von einer planerischen Steuerung der Windenergie absehen und die Entscheidung bewusst auf die Bauleitplanung bzw. die Genehmigungsebene bspw. durch die Ausweisung weißer Flächen verlagern.

III. Fazit

Die wesentliche Aufgabe des überörtlichen Plangebers bei der Planung von Windenergienutzung ist die Erstellung eines schlüssigen gesamträumlichen Konzepts. Durch dieses soll der Windenergie im Plangebiet substanziell Raum verschafft werden. Dem schlüssigen gesamträumlichen Konzept hat ein umfänglicher und rechtsfehlerfreier Abwägungsvorgang zugrunde zu liegen. Dieser Abwägungsvorgang ist nachvollziehbar zu dokumentieren und zu begründen.

Nach der Rechtsprechung soll das schlüssige gesamträumliche Konzept schrittweise über die Ausschlussmethode entwickelt werden. In einem ersten Arbeitsschritt sind diejenigen Bereiche als Tabuzonen zu ermitteln, die für die Nutzung der Windenergie mangels Eignung nicht zur Verfügung stehen. Die Tabuzonen werden seitens der Rechtsprechung in harte und weiche Tabuzonen unterteilt. Harte

---

1292 *Wiggers*, in: NJW-Spezial 2013, 556 (557) mit Hinweis auf BVerwG, Urteil vom 13.12.2012, Az.: 4 CN 2/11, Rn. 20 – zitiert nach *juris*. *Scheidler*, in: VerwArch 2012, 587 (611) m.w.N. zu der hierzu ergangenen Rechtsprechung.

1293 OVG Lüneburg, Urteil vom 17.06.2013, Az.: 12 KN 80/12, Rn. 44 – zitiert nach *juris*.

1294 *Mitschang*, in: BauR 2013, 29 (32).

1295 Vgl. hierzu insbesondere die Rechtsprechung des OVG Lüneburg, welches in folgenden Einzelfällen kein Verstoß gegen das Verbot der Negativplanung durch das Hinzutreten weiterer Umstände annahm: Urteil vom 17.06.2013, Az.: 12 KN 80/12, Rn. 44 – zitiert nach *juris* (0,77%); Urteil vom 28.01.2010, Az.: 12 KN 65/07, Rn. 45 – zitiert nach *juris* (0,61%); Urteil vom 09.10.2008, Az.: 12 KN 35/07, Rn. 23 – zitiert nach *juris* (0,51%). Siehe auch Angaben bei *Scheidler*, in: VerwArch 2012, 587 (611).

1296 OVG Bautzen, Urteil vom 19.07.2012, Az.: 1 C 40/11, Rn. 39 – zitiert nach *juris*.

Tabuzonen sind solche Gebietsteile im Planbereich, in denen die Errichtung und der Betrieb von WEA aus tatsächlichen und/oder rechtlichen Gründen schlechthin ausgeschlossen sind. Weiche Tabuzonen sind diejenigen zu überplanenden Gebietsteile, in denen Windenergie zwar tatsächlich und rechtlich möglich wäre, aber nach dem Willen der Gemeinde aus unterschiedlichen Gründen die Errichtung von WEA von vornherein ausgeschlossen werden soll. Der Unterschied zwischen den harten und weichen Tabuzonen ist, dass erstere zwingend, zweitere hingegen durch ein voluntatives Element geprägt sind. Denn bei den harten Tabuzonen ist eine Abwägung zwischen den Belangen der Windenergienutzung und widerstreitenden Belangen unzulässig, wohingegen weiche Tabuzonen zu den Flächen zu rechnen sind, die einer Berücksichtigung im Rahmen der Abwägung zugänglich sind. Bei genauer Betrachtung zeigt sich, dass die Verwendung des Begriffs des Tabus bei den weichen Tabuzonen unzutreffend ist. Stattdessen wird die Verwendung des Begriffs der Vorwegausscheidungsfläche vorgeschlagen.

Aufgrund der erheblichen Folgen der Einordnung bestimmter Flächen als harte Tabuzone ist es nach der hier vertretenen Auffassung grundsätzlich geboten, gewisse Vorsicht bei der Annahme einer solchen Kategorie aus rechtlichen Gründen walten zu lassen. Denn die Prognoseunsicherheiten bei naturschutzfachlich zu beurteilenden Sachverhalten und die zeitlichen Diskrepanzen zwischen Planung und Einzelzulassung machen es oftmals notwendig, die endgültige Entscheidung auf die nachfolgenden Ebenen zu verlagern. Der Annahme einer harten Tabuzone aus tatsächlichen Gründen wie beispielsweise fehlender Windhöffigkeit stehen grundsätzlich keine Bedenken entgegen.

Ebenfalls rechtlich unbedenklich ist die Annahme einer Tabuzone bei Siedlungsflächen und den angrenzenden Gebieten. Die Einhaltung gewisser Schutzabstände ist notwendig. Hierbei wird oftmals mit festgelegten pauschalen Schutzabständen beispielsweise in den Windenergieerlassen der Länder operiert. Dies ist nur so lange rechtmäßig, wie der Plangeber die Anwendbarkeit im Einzelfall prüft. So können geringere, aber auch größere Schutzabstände im Einzelfall geboten sein. Die Beachtung von Schutzabständen in der planerischen Entscheidung ist nicht nur bei bestehenden Siedlungen zu bejahen, sondern auch dann, wenn konkret absehbar ist, dass im betroffenen Gebiet eine Siedlung geplant ist und entstehen wird.

Bei naturschutzrechtlich geschützten Interessen gilt grundsätzlich große Zurückhaltung bei der Annahme einer (harten) Tabuzone. Zwar können aufgrund der hohen Schutzwertigkeit die folgenden Gebiete als harte Tabuzone bewertet werden, namentlich Nationalparke, rechtsverbindlich festgesetzte Naturschutzgebiete, Kernzonen von Biosphärenreservaten und gesetzlich geschützte Biotope. Differenzierter hat die Bewertung jedoch bei Landschaftsschutzgebieten auszufallen. Wie bereits auf Zulassungsebene dargestellt, sind diese Schutzgebiete nach der hier vertretenen Auffassung nicht zwingend für Windenergie gesperrt, sondern gegebenenfalls die zugrundeliegenden Schutzerklärungen an die aktuellen Bedürfnisse der Energiewende anzupassen. Auch bei dem Schutz artenschutzrechtlicher Belange ist tendenziell keine Tabuzone anzunehmen. Denn zum Zeitpunkt der Erstellung eines Raumordnungs- bzw. Regionalplans ist oftmals noch nicht absehbar, wie sich die ökologische Situation vor Ort entwickeln wird. Daher ist eine überschlägige Prüfung hinreichend, ob künftig die Voraussetzungen für eine Ausnahme- bzw. Befreiungslage vorliegen werden. Dasselbe gilt auch bei der Behandlung von Natura 2000-Gebieten auf Raumordnungsebene. Bei der Frage der Heranziehung von Waldflächen ist ebenfalls eine differenzierende Betrachtung geboten. Je nach Schutzwürdigkeit bestimmter Waldkategorien kann die Annahme als (weiche) Tabuzone geboten sein, im Übrigen kann die rechtliche Einordnung auf die nachrangigen Ebenen verlagert werden.

Nach Abzug der harten und weichen Tabuzonen verbleiben die Potenzialflächen. Bei diesen Flächen sind in einem weiteren Schritt die konkurrierenden und konfligierenden Nutzungen zueinander in Beziehung zu setzen. Hierbei sind die öffentlichen Belange, die gegen die Ausweisung eines Teilgebiets als Konzentrationszone sprechen, mit dem Anliegen abzuwägen, der Windenergienutzung an geeigneten Standorten eine Chance zu geben, um der gesetzgeberischen Privilegierung von WEA nach § 35 I Nr. 5 BauGB gerecht zu werden.

Wesentlicher Vorgang zur Bestimmung einer Konzentrationszone ist der Abwägungsprozess. Erster Schritt hierfür ist die Zusammenstellung des Abwägungsmaterials. Überschlägig festzustellen sind die potentiell betroffenen Belange. Hierbei sind auch etwaige Vorbelastungen des gesamten Plangebiets mitaufzunehmen. In einem zweiten Schritt ist der eigentliche Abwägungsprozess durchzuführen. Dieser muss frei von Abwägungsfehlern sein. So darf die Abwägung insbesondere nicht einseitig ausfallen. Weder naturschutzrechtlichen Belangen noch den Interessen an der Förderung der Ziele der Energiewende darf nicht ohne weitere Prüfung der Vorrang vor anderen Interessen eingeräumt werden.

Im Anschluss an die Abwägung hat der Plangeber das eigene gesamträumliche Konzept noch einmal kritisch daraufhin zu überprüfen, ob der Windenergie substanziell Raum verschafft wurde. Sollte die Überprüfung negativ ausfallen, hat der Plangeber die Richtigkeit des eigenen Konzepts zu hinterfragen und gegebenenfalls nochmals in die Abwägung einzusteigen und die bisher angewandten Parameter zu verändern. Letzter Schritt des Prozesses ist die Ausweisung von Konzentrationszonen durch Festlegung eines bestimmten Gebietscharakters. Um die Wirkung des Planvorbehalts nach § 35 III 3 BauGB zu erreichen, muss die jeweils gewählte Gebietsart die Wirkung eines Ziels der Raumordnung haben.

Die von dem Bundesverwaltungsgericht entwickelte Ausschlussmethode ist nach der hier vertretenen Auffassung keinesfalls zwingend, allenfalls empfehlenswert. Aus den dargestellten Gründen kann die Planung mittels Tabuzonen ein Hemmnis für den weiteren Ausbau von Windenergie darstellen, ohne dass eine Notwendigkeit insbesondere aus naturschutzrechtlichen Gründen bestünde. Wie dies in der Praxis zum Teil bereits geschieht, kann auch genau gegensätzlich vorgegangen werden, um Konzentrationszonen positiv zu bestimmen und rechtswirksam festzusetzen.

Unabhängig von der Wahl der Methode ist es dem Plangeber verwehrt, eine gezielte Negativplanung zu betreiben. Um der Windenergie substanziell Raum zu verschaffen, darf keine Verhinderungsplanung in Form einer Feigenblatt- oder Alibiplanung betrieben werden. Allgemeingültige Kriterien, wann dies der Fall ist, können aufgrund der großen Unterschiede der Einzelfälle nicht herausgearbeitet werden. Es verbleibt bei einer Einzelfallentscheidung der Instanzgerichte.

D. Fragen des Repowerings auf Raumordnungsebene

Das Repowering spielt auch auf raumordnungsrechtlicher Ebene eine Rolle. Um möglichst weitreichende rechtssichere Zustände zu schaffen, ist eine sinnvolle und vorausschauende planerische Steuerung für das Repowering unverzichtbar.[1297] Denn wie bereits aufgezeigt, sind auf Zulassungsebene trotz der Vorteile des Repowering die Ersatzanlagen rechtlich genauso zu behandeln wie die Erstanlagen. Das hat vor allem zur Folge, dass der passive Bestandsschutz bei einem Abbau entfällt.[1298] Sollte sich die planerische Grundentscheidung geändert haben und der überörtliche Plangeber in Teilen des Plangebiets nun Windenergie rechtsverbindlich ausgeschlossen haben, gilt diese Änderung des Planwerks auch für die künftig geplanten Ersatzanlagen und steht der Vorhabenzulassung entgegen.[1299] Daraus folgt, dass selbst im Falle der bisherigen rechtlichen Zulässigkeit von Windenergie auf dem entsprechenden Gebiet dies nicht mehr durch die Änderung des Regionalplans für Neuanlagen im Wege des Repowerings gilt.

Teilweise wird kritisiert, dass der Bundesgesetzgeber[1300] bisher darauf verzichtet hat, auf Raumordnungsebene erforderlichen Vorgaben für das Repowering – wie beispielsweise den § 249 BauGB[1301] für die Bauleitplanung – zu schaffen.[1302] Es fehle durch die nur beschränkten Festsetzungsmöglichkeiten für das Repowering auf Raumordnungsebene eine notwendige planerische Absicherung. Zwar sei es möglich, Konzentrationszonen für die Windenergienutzung so festzulegen, dass bestimmte Flächen ausschließlich oder überwiegend für das Repowering zu nutzen sind.[1303] Solche Festlegungen sollen aber nicht ausreichend sein, da hiermit keine Rückbauverpflichtung für den Vorhabenträger verbunden ist und

1297 Zur Planung des Repowerings über Flächennutzungsplan und Bebauungsplan siehe unten unter 3. Teil, 2. Abschnitt, D.

1298 *Gatz*, in: Windenergieanlagen in der Verwaltungs- und Gerichtspraxis, Rn. 497; *Scheidler*, in: UPR 2012, 411 (412).

1299 *Kindler/Lau*, in: NVwZ 2011, 1414 (1418); *Köck*, in: ZUR 2010, 507 (510).

1300 Anders zum Teil die Landesgesetzgebung in Sachsen und Thüringen. In diesen Bundesländern ist ausdrücklich die Möglichkeit vorgesehen, dass Festsetzungen mit Bedingungen verbunden werden, so beispielsweise auch der Rückbau von Altanlagen, vgl. § 2 I 1 SächsLPlG: *„Festlegungen in Raumordnungsplänen können mit Bedingungen oder Befristungen versehen werden“* und § 2 I 1 ThürLPlG: *„In einem Raumordnungsplan kann festgelegt werden, dass bestimmte der in ihm geregelten raumbedeutsamen Funktionen oder Nutzungen nur […] bis zum Eintritt bestimmter Umstände vorgesehen oder nicht vorgesehen sind.“*

1301 Zum Inhalt und Bedeutung dieser Norm bei der Flächennutzungsplanung siehe unten beim 3. Teil, D.

1302 *Kindler/Lau*, in: NVwZ 2011, 1414 (1419).

1303 *Köck*, in: ZUR 2010, 507 (511).

rein vertragliche Verpflichtungen/Vereinbarungen mit dem Vorhabenträger nicht gleich effektiv sind.[1304]

Bei genauer Betrachtung der Regelungsmöglichkeiten über das Raumordnungsrecht zeigt sich, dass eine solche Lücke nicht besteht und damit eine besondere Ermächtigung nicht erforderlich ist.[1305] Denn über den § 8 VII ROG als nicht abschließende Regelung[1306] kann eine entsprechende Bedingung inhaltlich vergleichbar zu § 249 II BauGB mit aufgenommen werden und somit die als notwendig erachtete Ausschlusswirkung herbeigeführt werden.[1307] Festlegungen können entsprechend der Grundaufgabe des Raumordnungsrechts[1308] auch für die zukünftige Bodennutzung durch das Repowering getroffen werden. Hiervon wird in der planerischen Praxis teilweise schon Gebrauch gemacht. So hat das Land Thüringen im aktuellen Landesentwicklungsplans 2025 folgende Vorgaben formuliert:

> *„1 In den Regionalplänen sollen zur stärkeren Konzentration der raumbedeutsamen Windenergieanlagen und zur Effektivitätssteigerung Vorranggebiete ‚Repowering Windenergie' als nicht substanzieller Teil des Gesamtkonzepts für die Nutzung der Windenergie bestimmt werden.*
> *2 Diese Gebiete sollen nur für Repoweringprozesse zur Verfügung stehen.*
> *3 Insofern können die Vorranggebiete ‚Repowering Windenergie' nur bei vorherigem bzw. gleichzeitigem Abbau von Anlagen an anderer Stelle in Anspruch genommen werden."*[1309]

Die Grundvoraussetzungen für das Repowering können demnach schon wirksam auf Raumordnungsebene geschaffen werden und ist somit für die Erfordernisse der Energieversorgung und des Klimawandels förderlich, vgl. die Grundsätze des § 2 II Nr. 4 und Nr. 6 ROG. Entsprechend der von ihm entwickelten Voraussetzungen zu den materiellen Abweichungsmöglichkeiten vom Katalog des § 8 VII ROG[1310] geht Schmidt-Eichstädt zutreffend davon aus, dass hierfür auch auf Ziele der Raumordnung zurückgegriffen werden können, um entsprechende Festlegungen

1304 *Gatz*, in: Windenergieanlagen in der Verwaltungs- und Gerichtspraxis, Rn. 500; *Kindler/Lau*, in: NVwZ 2011, 1414 (1418).
1305 *Schmidt-Eichstädt*, in: ZfBR 2013, 639 (642).
1306 Vgl. Stellungnahme hierzu bereits oben unter B. IV. 2.
1307 *Schmidt-Eichstädt*, in: ZfBR 2013, 639 (642 f). In diesem Sinne auch *Mitschang/Reidt*, in: Battis/Krautzberger/Löhr, BauGB, § 249, Rn. 12.
1308 Vgl. § 1 I ROG.
1309 Vgl. hierzu LEP 2025 des Landes Thüringen vom 15.05.2014 unter Ziff. 5.2.14 V. Vgl. hierzu auch das Ziel der Raumordnung im Landesentwicklungsplan Sachsen-Anhalt 2011 unter Ziff. Z 113: *„Repowering ist nur in Vorranggebieten mit der Wirkung von Eignungsgebieten sowie in Eignungsgebieten für die Nutzung von Windenergie zulässig. Raumordnerisches Ziel ist dabei eine Verbesserung des Landschaftsbildes und eine Verminderung von belastenden Wirkungen."* (Anm.: Hervorhebungen durch die Verfasserin.)
1310 Siehe Tabelle oben unter B. III. 1.

zu erzielen.[1311] Aufgrund der höheren Wertigkeit von Zielen der Raumordnung im Vergleich zu den Festsetzungen in einem Flächennutzungsplan[1312] bedarf es daher richtigerweise nicht der (analogen) Anwendung des § 249 II BauGB.[1313] Nicht ausreichend wäre der Rückgriff auf den raumordnerischen Vertrag nach § 13 II Nr. 1 ROG,[1314] da eine solche Vereinbarung nicht die notwendige weitreichende Wirkung hat, um das Repowering rechtlich abzusichern.

Nach der hier vertretenen Ansicht bietet das Raumordnungsrecht genügend Möglichkeiten für Festsetzungen zugunsten des Repowerings. Es ist daher keine weitere Ermächtigung im ROG für das Repowering notwendig.[1315] Die bestehenden Festsetzungsmöglichkeiten über den Katalog des § 8 ROG sind geeignet, um eine Grundlage für ein qualitatives Wachstum der Windenergie durch Repowering zur Förderung der Energiewende schaffen zu können.

1311 *Schmidt-Eichstädt*, in: ZfBR 2013, 639 (642).

1312 So auch *Mitschang*, in: BauR 2013, 29 (45).

1313 Für eine analoge Anwendung sprechen sich u.a. *Battis/Krautzberger/Mitschang/Reidt/Stüer*, in: NVwZ 2011, 897 (903) und *Mitschang/Reidt*, in: Battis/Krautzberger/Löhr, BauGB, § 249, Rn. 12 aus. Vermittelnd *Scheidler*, in: WiVerw 2014, 56 (71), welcher vorschlägt, dass in solchen Konstellationen zumindest der Rechtsgedanke des § 249 I hilfsweise heranzuziehen ist.

1314 *Mitschang*, in: BauR 2013, 29 (45).

1315 So auch *Schmidt-Eichstädt*, in: ZfBR 2013, 639 (643).

3. Teil: Belange des Naturschutzrechts bei Planung von Windenergieanlagen durch das Bauleitplanungsrecht

Auch die Bauleitplanung spielt für die Planung von Windenergienutzung eine wichtige Rolle. Dieses Planungsinstrument vermag ebenfalls konfligierende Interessen wie naturschutzrechtliche Belange im Verhältnis zu der geplanten Windenergie zu berücksichtigen und im besten Fall in schonenden Ausgleich zu bringen. Daher wird der Bauleitplanung neben der Raumordnung eine wesentliche Rolle bei der Förderung von erneuerbaren Energien und dem damit verbundenen Beitrag zur Energiewende zugesprochen.[1316]

Zunächst wird die Bedeutung der Bauleitplanung für die Windenergie und das Verhältnis der einzelnen Planinstrumente zueinander kurz dargestellt (**1. Abschnitt**). Wie die Ziele der Raumordnung können auch bauleitplanerische Entscheidungen im Rahmen eines Flächennutzungs- oder Bebauungsplans bei einer späteren Zulassungsentscheidung über ein Einzelvorhaben Bindungswirkung entfalten. Um eine solche Steuerungs- und Bindungswirkung herbeizuführen, sind die jeweiligen materiellen Vorgaben des Planungsrechts einzuhalten, sei es für den Flächennutzungsplan oder den Bebauungsplan (**2. Abschnitt**).

1. Abschnitt: Bedeutung der Bauleitplanung für die Windenergienutzung

Um der Aufgabe der Bauleitplanung nach § 1 I BauGB, namentlich der Vorbereitung der baulichen und sonstigen Nutzung der Grundstücke in der Gemeinde, gerecht werden zu können, stehen dem kommunalen Plangeber[1317] als bauleitplanerische Instrumente gem. § 1 II BauGB zum einen der **Flächennutzungsplan**[1318] als vorbereitender Bauleitplan, zum anderen der **Bebauungsplan** als verbindlicher Bauleitplan zur Verfügung. Durch diese Planungsinstrumente kann der kommunale Plangeber konkrete Vorgaben machen, wie das zu beplanende Gemeindegebiet genutzt werden soll. Diese entfalten gegebenenfalls Bindungswirkung für die nachfolgenden Zulassungsentscheidungen.

Praktisch besonders bedeutsam ist die Möglichkeit der Steuerung der Windenergienutzung über einen Flächennutzungsplan. Über den Flächennutzungsplan kann neben der Raumordnungsplanung die Grundlage für die Windenergienutzung im

1316 *Busse/Dirnberger/Pröbstl-Haider/Schmid*, in: Die Umweltprüfung in der Gemeinde, S. 355.

1317 Planungsbefugt ist die jeweilige Gemeinde, § 1 III BauGB.

1318 Vgl. § 5 I BauGB.

Außenbereich mit der Wirkung des Planvorbehalts gem. § 35 III 3 BauGB geschaffen werden. Grundunterschied zwischen Raumordnungs- und Flächennutzungsplanung ist das jeweils handelnde Organ.[1319] Für die Flächennutzungsplanung ist die Gemeinde gem. § 2 I BauGB zuständig, während bei der Raumordnungsplanung gem. § 8 ROG grundsätzlich die Bundesländer und ihre Behörden nach Maßgabe des ROG und den jeweiligen Landesplanungsgesetzen tätig werden.[1320] Diese beiden Planinstrumente stehen weder in einem Alternativverhältnis zueinander noch ist der Flächennutzungsplan zwingend zeitlich nachgelagert. Grundsätzlich können die beiden Aufstellungsverfahren sogar nebeneinander betrieben werden, wobei im Falle der parallelen Durchführung der Verfahren eine umfassende Abstimmung erforderlich ist.[1321] Es ist nicht Aufgabe der Raumordnung konkrete Vorgaben für bestimmte Nutzungen im Plangebiet zu machen, d.h. auch nicht parzellenscharf die Standorte für die Windenergienutzung festzulegen.[1322] Die Erfüllung dieses Auftrags obliegt vielmehr der Bauleitplanung durch den Flächennutzungsplan.[1323]

Weit überwiegend wird angenommen, dass – anders als bei den in Aufstellung befindlichen Zielen der Raumordnung[1324] – ein Flächennutzungsplan nur dann rechtliche Wirkungen (mit Blick auf die Wirkung des Planvorbehalts nach § 35 III 3 BauGB) entfalten kann, wenn dieser bereits wirksam zustande gekommen ist.[1325] Inwieweit eine sonstige Vorwirkung eines in Aufstellung befindlichen Flächennutzungsplans denkbar ist, hat das Bundesverwaltungsgericht ausdrücklich offen gelassen.[1326] Zum Teil wird vorgeschlagen, die Vorgaben der Planreife nach § 33 I Nr. 1 BauGB analog auch auf den Flächennutzungsplan anzuwenden, wodurch geplante Festsetzungen eine gewisse rechtliche Vorwirkung entfalten können. Einem solchen Ansatz kann bereits aus dem Grunde nicht gefolgt werden, weil die Voraus-

---

1319 *Portz/Richter*, in: KommJur 2014, 2 (5).

1320 Wie bereits im 2. Teil angesprochen kann der Bund gem. § 17 ROG auch Raumordnungspläne für den Gesamtraum der BRD aufstellen.

1321 *Mitschang*, in: BauR 2013, 29 (39); *Mitschang/Schwarz/Kluge*, in: UPR 2012, 401 (405 f).

1322 *Rojahn*, in: NVwZ 2011, 654 (659).

1323 *Schlarmann/Conrad*, in: VBlBW 2013, 164 (165) m.w.N.

1324 Wie bereits dargelegt, können in Aufstellung befindliche Ziele als unbenannte öffentliche Belange über § 35 III 1 BauGB für die Genehmigungsfähigkeit entscheidend sein, vgl. oben im 1. Teil, 2. Abschnitt, B. I. 3.

1325 BVerwG, Urteil vom 13.03.2003, Az.: 4 C 3/02, Rn. 30 – zitiert nach *juris*; VGH Kassel, Urteil vom 25.03.2009, Az.: 6 A 630.08 Rn. 120 – zitiert nach *juris*. *Mitschang*, in: BauR 2013, 29 (40); *Rieger*, in: ZfBR 2012, 430; *Scheidler*, in: ZfBR 2012, 123.

1326 BVerwG, Urteil vom 20.05.2010, Az.: 4 C 7/09, Rn. 49 – zitiert nach *juris*, wonach eine „*Vorwirkung*" aber jedenfalls für die Fälle ausscheiden soll, in denen die künftigen Ausschlussflächen nach dem aktuellen Flächennutzungsplan noch in einer Konzentrationsfläche liegen. Vgl. hierzu Besprechung dieses Urteils durch *Brand/Pöhlmann*, in: ZNER 2010, 476 (478); *Sydow*, in: NVwZ 2010, 1534 ff. Eine Vorwirkung befürwortend *Frey*, in: DÖV 2013, 547 (554); *Mitschang*, in: BauR 2013, 29 (39).

setzungen für eine analoge Anwendung mangels planwidrige Regelungslücke nicht vorliegen.[1327] Der Gesetzgeber hat sich nämlich durch die nachträgliche Einfügung des § 15 III BauGB, durch welchen die Zurückstellungsmöglichkeit auf bis zu zwei Jahren über den Satz 4 verlängert wurde, dem offensichtlichen praktischen Problem genähert, namentlich der potentiellen Beeinträchtigung der bauleitplanerischen Absichten durch die Erteilung einer Zulassung. Würde man eine Vorwirkung der Festsetzungen eines in Aufstellung befindlichen Flächennutzungsplans anerkennen, würde man in unzulässiger Weise die gesetzgeberische Entscheidung umgehen, wonach der Plangeber ein Vorhaben maximal 2 Jahre zurückstellen lassen kann.[1328] Der § 15 III BauGB liefe durch eine anderweitig konstruierte Vorwirkung eines in Aufstellung befindlichen Flächennutzungsplans leer. Eine Analogie des § 33 I BauGB ist demnach nicht angezeigt.

Das Planungsinstrument des Bebauungsplans bietet schließlich die Möglichkeit, konkrete Vorgaben für die bauliche Nutzung nur für Teile des Gemeindegebietes zu formulieren. Hierüber kann die Windenergienutzung umfassend und genau gesteuert werden.[1329] Der Bebauungsplan ist gem. § 8 II 1 BauGB aus dem Flächennutzungsplan zu entwickeln, so dass durch das Anpassungsgebot des § 7 BauGB dem Flächennutzungsplan eine mittelbare Bindungswirkung zukommt und in der Folge bloß mehr eine Feinsteuerung zulässig ist.[1330] Im Vergleich zu dem Bebauungsplan ist der Flächennutzungsplan als vorbereitender Bauleitplan als *„grobmaschig"* zu bewerten,[1331] d.h. es werden keine abschließenden Vorgaben gemacht, sondern die Grundlage für einen etwaigen darauf basierenden Bebauungsplan geschaffen.

2. Abschnitt: Materielle Fragestellungen vor naturschutzrechtlichem Hintergrund

Zur wirksamen Steuerung von Windenergie über die Bauleitplanung müssen deren materielle Vorgaben eingehalten werden, welche im Folgenden unter Berücksichtigung des Naturschutzrechts untersucht werden. Zunächst sind die allgemeinen materiellen Anforderungen an die Bauleitplanung zu beleuchten, die sowohl für die Flächennutzungs- als auch die Bebauungsplanung Anwendung finden (**A.**). Danach sind auf die jeweiligen Besonderheiten der beiden Instrumente bei der Planung von Windenergie einzugehen. Bei der Flächennutzungsplanung zeigen sich Parallelen zu den Vorgaben des Raumordnungsrechts, vor allem bei der Erstellung eines schlüssigen gesamträumlichen Konzepts für Windenergie über die Konzentrationsflächenplanung

---

1327 Ähnlich *Scheidler*, in: GewArch Beilage WiVerw Nr. 03/2011, 117 (147).

1328 So auch *Scheidler*, in: GewArch Beilage WiVerw Nr. 03/2011, 117 (147).

1329 *Kohls*, in: Danner/Theobald, Energierecht, XIII. B 1, Rn. 232.

1330 *Kohls*, in: Danner/Theobald, Energierecht, XIII. B 1, Rn. 228; *Mitschang*, in: BauR 2013, 29 (50).

1331 *Krautzberger*, in: Ernst/Zinkahn/Bielenberg/Krautzberger, BauGB, Vorb. zu §§ 1–13 a, Rn. 12.

(**B.**). Die materiellen Besonderheiten des Bebauungsplans (**C.**) sind nur knapp darzustellen, da dieses Planungsinstrument in der Praxis eher selten zur Schaffung verbindlicher Vorgaben für WEA genutzt wird. Schließlich sind die rechtlichen Eigenheiten für das Repowering auf Bauleitplanungsebene zu erörtern (**D.**).

A. Allgemeine materielle Anforderungen an die Bauleitplanung

Grundsätzlich gelten bei der Bauleitplanung im Hinblick auf die zukünftige Windenergienutzung dieselben allgemeinen materiell-rechtlichen Anforderungen wie in jedem anderen Fall der verbindlichen kommunalen Planung. Die Darstellung beschränkt sich auf die Prüfpunkte, die regelmäßig eine Rolle bei der Planung von Windenergie auf Bauleitplanungsebene spielen können. So haben sowohl der Flächennutzungsplan als auch der Bebauungsplan dem Erforderlichkeitsgebot gem. § 1 III BauGB (**I.**) und dem Anpassungsgebot nach § 1 IV BauGB (**II.**) zu genügen. Darüber hinaus haben beide Bauleitpläne das Ergebnis einer fehlerfreien Abwägung unter Berücksichtigung widerstreitender Interessen zu sein (**III.**). Schließlich wird noch auf die Bedeutung und inhaltliche Reichweite der städtebaulichen Eingriffsregelung eingegangen (**IV.**).

I. Erforderlichkeit der Planung

Gem. § 1 III BauGB sind Bauleitpläne aufzustellen, sobald und soweit dies für die städtebauliche Entwicklung notwendig ist. Das **Erforderlichkeitsgebot** findet nicht nur Anwendung bei der erstmaligen Aufstellung eines Bauleitplans zur Steuerung der Windenergie im Gemeindegebiet, sondern auch bei der Modifikation bestehender Planwerke, insbesondere in Form einer Ergänzung. Grundsätzlich hat die Kommune ein weites planerisches Ermessen bei der Beurteilung der Erforderlichkeit.[1332] Im Einzelfall kann sich aus dem Gebot sogar eine Pflicht zur Planung ergeben.[1333] Durch die Großflächigkeit der Windenergienutzung wird bei großen Windparks im Regelfall die Erforderlichkeit der Planung im Sinne des § 1 III BauGB zu bejahen sein.

Auch wenn der Plangeber ein Planungsermessen hat, darf er über die Bauleitplanung keine Negativplanung zu Lasten der Windenergie betreiben. Das **Verbot der Negativplanung** gilt ebenso für die Bauleitplanung wie für das Raumordnungsrecht, folgt aber bereits aus dem Gebot der Erforderlichkeit.[1334] Hiernach ist es dem Plangeber verwehrt, den Bauleitplan lediglich als Verhinderungsinstrument

1332 *Gatz*, in: Windenergieanlagen in der Verwaltungs- und Gerichtspraxis, Rn. 56.

1333 *Kment*, in: DÖV 2013, 17 (19). Nach *Battis*, in: Battis/Krautzberger/Löhr, BauGB, § 1, Rn. 26 findet die abschließende Beantwortung der Frage der Gebotenheit regelmäßig auf Ebene der Abwägung im Rahmen des § 1 VII BauGB statt.

1334 Vgl. auch *Wickel*, in: Ehlers/Fehling/Pünder, Besonderes Verwaltungsrecht, Bd. 2, § 40, Rn. 125.

einzusetzen und diesen nicht wie geboten zur Verwirklichung positiver Planungsvorstellungen heranzuziehen.[1335] So führt das Bundesverwaltungsgericht aus, dass

> „*solche Bauleitpläne nicht erforderlich* [sind], *die einer positiven Planungskonzeption entbehren und ersichtlich der Förderung von Zielen dienen, für deren Verwirklichung die Planungsinstrumente des Baugesetzbuchs nicht bestimmt sind. Davon ist auszugehen, wenn eine positive Zielsetzung nur vorgeschoben wird, um eine in Wahrheit auf bloße Verhinderung gerichtete Planung zu verdecken.*"[1336]

Unter anderen Umständen kann die Planung von Windenergienutzung gerade nicht geboten, sondern unter bestimmten Voraussetzungen im Hinblick auf den Inhalt der Planung sogar verboten sein. Nicht erforderlich nach § 1 III BauGB ist nach Rechtsprechung des Bundesverwaltungsgerichts ein Bauleitplan nämlich immer dann, wenn seiner Verwirklichung auf unabsehbare Zeit **rechtliche oder tatsächliche Hindernisse** im Weg stehen.[1337] Ein Beispiel für ein relevantes **tatsächliches Hindernis** für WEA ist die Fallgestaltung, dass offensichtlich und zweifelsfrei feststeht, dass die Grundstückseigentümer des zu überplanenden Gebiets nicht bereit sind, ihre Grundstücke etwaigen Vorhabenträgern für die Windenergienutzung zur Verfügung zu stellen.[1338] Auch die fehlende Windhöffigkeit am jeweiligen Standort kann als tatsächliches Hindernis einer Planung für WEA entgegenstehen.[1339] Relevante **rechtliche Hindernisse** liegen unter anderem dann vor, wenn die geplante Errichtung von WEA auf den zu beplanenden Flächen für Windenergie an den Anforderungen anderer (Fach-) Gesetze scheitern würde.[1340] Im Falle der Flächennutzungsplanung sind dies eben jene Fälle, in denen die Annahme einer harten Tabuzone gerechtfertigt ist.[1341]

1335 *Dirnberger*, in: BeckOK BauGB, § 1, Rn. 38.

1336 BVerwG, Urteil vom 20.05.2010, Az.: 4 C 7/09 Rn. 14 – zitiert nach *juris* (Anm.: Einfügung durch die Verfasserin). Zu Negativplanung in einem Bebauungsplan führte das BVerwG in einem Beschluss vom 18.12.1990, Az.: 4 NB 8/90, Rn. 12 – zitiert nach *juris*, aus: „*Festsetzungen in einem Bebauungsplan sind als ‚Negativplanung' nicht schon dann wegen Verstoßes gegen § 1 Abs. 3 BauGB nichtig, wenn ihr Hauptzweck in der Verhinderung bestimmter städtebaulich relevanter Nutzungen besteht. Sie sind nur dann unzulässig, wenn sie nicht dem planerischen Willen der Gemeinde entsprechen, sondern nur vorgeschoben sind, um eine andere Nutzung zu verhindern.*"

1337 BVerwG, Urteil vom 18.03.2004, Az.: 4 CN 4.03, Rn. 9 – zitiert nach *juris*; Urteil vom 30.01.2003, Az.: 4 CN 14/01, Rn. 12 – zitiert nach *juris*; Urteil vom 12.08.1999, Az.: 4 CN 4/98, Rn. 24 – zitiert nach *juris*.

1338 *Werner/Würfel*, in: NVwZ 2013, 263 (164).

1339 *Gatz*, in: Windenergieanlagen in der Verwaltungs- und Gerichtspraxis, Rn. 57; *ders.*, in: FS Stüer, S. 172.

1340 *Gatz*, in: Windenergieanlagen in der Verwaltungs- und Gerichtspraxis, Rn. 58; *ders.*, in: FS Stüer, S. 172.

1341 Zu der Bestimmung von harten Tabuzonen vergleiche Ausführungen bei der Raumordnungsplanung, oben unter 2. Teil, 2. Abschnitt, C. 1. a). Für die Flächennutzungsplanung siehe sogleich unter B. I. 1.

Beispielhaft kann sich die fehlende Erforderlichkeit aus der Einschlägigkeit der Zugriffsverbote des § 44 I BNatSchG[1342] oder der Betroffenheit der sich aus der FFH-RL und VRL geschützten Rechtsgüter[1343] durch den Bau und Betrieb auf der zu überplanenden Fläche ergeben.[1344] An dieser Stelle existiert ein **Einfallstor für naturschutzrechtliche Fragestellungen** bei der Bauleitplanung gegeben.[1345] Hier ist vom kommunalen Plangeber zu überprüfen, ob das rechtliche Hindernis hinreichend wahrscheinlich überwunden werden kann, beispielsweise durch die positive **Prognose** über die Möglichkeit der Erteilung einer Ausnahme oder Befreiung nach dem jeweiligen Fachrecht. Soweit in eine Ausnahme- oder Befreiungslage hineingeplant werden kann, ist der Erforderlichkeit nach § 1 III BauGB genüge getan.[1346] So ermöglicht bereits die Möglichkeit der Festsetzung von vorgezogenen Ausgleichsmaßnahmen nach § 44 V 3 BNatSchG[1347] die Umsetzbarkeit der Planung.[1348] Fällt die Prognose negativ aus, kann der Plan in der Zukunft nicht realisiert werden und die Erforderlichkeit ist zu verneinen. Somit verfehlt der Plangeber *„seinen städtebaulichen Gestaltungsauftrag."*[1349]

Wie bereits bei der Raumordnungsplanung ausgeführt, kann es sich in der Praxis mehr als schwierig gestalten, ex ante die ökologischen Gegebenheiten im Plangebiet konkreter bestimmen zu können.[1350] Dennoch ist nicht die bloße gesetzgeberisch vorgesehene Möglichkeit einer Ausnahme oder Befreiung ausreichend, um der Planung zur Erforderlichkeit zu verhelfen. Zumindest muss der kommunale Plangeber die Voraussetzungen der jeweiligen Tatbestände anhand des Einzelfalls überschlägig prüfen und zu einem für die WEA positiven Ergebnis kommen.[1351] Wenn hierbei ein

1342 Zu den für die Windenergienutzung relevanten Tatbestandsvarianten des § 44 I BNatSchG vergleiche ausführlich die Darstellungen unter 1. Teil, 3. Abschnitt, C. I.

1343 *Gatz*, in: FS Stüer, S. 172.

1344 BVerwG, Beschluss vom 25.08.1997, Az.: 4 NB 12/97, Rn. 13 – zitiert nach *juris*; VGH Kassel, Urteil vom 29.03.2012, Az.: 4 C 694/10.N, Rn. 36 – zitiert nach *juris*; OVG Koblenz, Urteil vom 13.02.2008, Az.: 8 C 10368/07, Rn. 29 – zitiert nach *juris*.

1345 *Mitschang/Wagner*, in: DVBl. 2010, 1457 (1459).

1346 Vgl. BVerwG, Urteil vom 17.12.2002, Az.: 4 C 15.01, Rn. 20 – zitiert nach *juris*. So auch *Mitschang/Wagner*, in: DVBl. 2010, 1457 (1459); *Otto*, in: DVBl. 2011, 936 (937, 940), der auf die Möglichkeit der Ausnahme nach § 45 VII BNatSchG hinweist; *Reidt*, in: NVwZ 2010, 8 (10).

1347 Zu den materiell-rechtlichen Anforderungen an diese. *„CEF-Maßnahmen"* siehe oben unter 1. Teil, 3. Abschnitt, C. III. 3.

1348 *Otto*, in: DVBl. 2011, 936 (937).

1349 Vgl. *Lau*, in: Der Naturschutz in der Bauleitplanung, Rn. 165 unter Hinweis auf OVG Koblenz, Urteil vom 22.10.2010, Rn. 64 – hier zitiert nach *juris*; *Mitschang/Wagner*, in: DVBl. 2010, 1457 (1459).

1350 So auch *Frey*, in: DÖV 2013, 547 (548).

1351 Zurückhaltender *Gatz*, in: Windenergieanlagen in der Verwaltungs- und Gerichtspraxis, Rn. 60; *ders.*, in: FS Stüer, S. 172. Im Falle der möglichen Einschlägigkeit von Verboten aufgrund von Landschaftsschutzverordnungen geht Gatz davon aus,

offensichtlich unüberwindbares, beispielsweise artenschutzrechtliches Hindernis der Vollzugsfähigkeit des Bauleitplans zu Tage tritt, ist die Erforderlichkeit nach § 1 III BauGB nicht gegeben.[1352]

Liegen nicht behebbare rechtliche oder tatsächliche Hindernisse vor, bedeutet dies für die planerische Praxis, dass der Bauleitplan vollzugsunfähig ist.[1353] Für den Flächennutzungsplan folgt daraus ferner, dass aus diesem kein Bebauungsplan entwickelt werden kann.[1354] Ist ein Bauleitplan nicht erforderlich, liegt diesem ein erheblicher materieller Fehler zugrunde, der durch einen Rückschluss aus § 214 I BauGB als beachtlich gilt.[1355] Die Beachtlichkeit des Fehlers führt zur **Unwirksamkeit** des Planwerks.[1356]

II. Anpassungsgebot

Aufgrund der engen Verzahnung von Raumordnungs- und Bauleitplanung bei der Windenergienutzung ist materiell-rechtlich in besonderem Maße auf die Einhaltung des **Anpassungsgebots** nach § 1 IV BauGB zu achten. Hiernach sind die Bauleitpläne den Zielen der Raumordnung anzupassen. Materiell-rechtlich korreliert die Anpassungspflicht mit der **Beachtenspflicht** des § 4 I 1 ROG.[1357]

„***Anpassen***" im Sinne des § 1 IV BauGB bedeutet, dass die Ziele der Raumordnung und Landesplanung in der Bauleitplanung je nach dem Grad ihrer Aussageschärfe konkretisierungsfähig sind, aber nicht im Wege der Abwägung nach § 1 VII BauGB überwunden werden können.[1358] Grundvoraussetzung ist, dass das Ziel

---

dass eine Ausnahme oder Befreiung nicht ausreichend ist, sondern erforderlich sei, dass das betroffene zu beplanende Gebiet frühzeitig aus dem Geltungsbereich der Schutzverordnung herausgenommen wird. Zur notwendigen Sachverhaltsermittlung siehe sogleich ausführlicher unter III. 1.

1352 Vgl. BayVerfGH, Urteil vom 03.12.2013, Az.: Vf. 8-VII-13, Rn. 35 – zitiert nach *juris*; OVG Koblenz, Urteil vom 13.02.2008, Az.: 8 C 10368/07, Rn. 29 – zitiert nach *juris*.

1353 *De Witt*, in: Hoppenberg/de Witt, Handbuch des öffentlichen Baurechts, Band 1, Kap. E. Rn. 613; *Mitschang*, in: BauR 2013, 29 (40).

1354 *Lau*, in: Der Naturschutz in der Bauleitplanung, Rn. 112.

1355 *De Witt*, in: Hoppenberg/de Witt, Handbuch des öffentlichen Baurechts, Band 1, Kap. E. Rn. 613; *Lau*, in: Der Naturschutz in der Bauleitplanung, Rn. 112.

1356 *Mitschang*, in: BauR 2013, 29 (40); *Söfker*, in: Ernst/Zinkahn/Bielenberg/Krautzberger, BauGB, § 1, Rn. 31.

1357 *Battis*, in: Battis/Krautzberger/Löhr, BauGB, § 1, Rn. 32. Siehe hierzu auch *Wickel*, in: Ehlers/Fehling/Pünder, Besonderes Verwaltungsrecht, Bd. 2, § 40, Rn. 129, nach dem § 1 IV BauGB die Beachtenspflicht des § 4 I Nr. 1 ROG konkretisiert und erweitert.

1358 BVerwG, Beschluss vom 20.08.1992, Az.: 4 NB 20/91, Rn. 13 – zitiert nach *juris*; OVG Greifswald, Urteil vom 09.04.2008, Az.: 3 L 84/05, Rn. 45 – zitiert nach *juris*.

der Raumordnung[1359] bereits rechtmäßig festgelegt ist[1360] und soweit bestimmt ist, wodurch seine Wertung auf die Bauleitplanung übertragen werden kann.[1361] Diese Pflicht erstreckt sich aber nicht nur auf künftige Bauleitpläne, sondern auch auf bereits bestehende.[1362] Der kommunale Plangeber ist gegebenenfalls zur inhaltlichen Anpassung, d.h. Änderung oder Aufhebung, der bestehenden Bauleitpläne verpflichtet, sofern die aktuellen Festsetzungen den Zielen eines nachträglich in Kraft getretenen Raumordnungsplans widersprechen.

Regelmäßig werden zur Windenergie – wie bereits ausführlich im 2. Teil dargestellt – schon auf Raumordnungsebene verbindliche Aussagen zur Windenergienutzung durch die Ausweisung von Konzentrationszonen mit Zielcharakter getroffen. Hierauf aufbauend müssen auf Ebene der Bauleitplanung entsprechende Festsetzungen dahingehend getroffen werden, dass raumbedeutsame WEA innerhalb derjenigen Flächen anzusiedeln sind, die bereits im Raumordnungsplan als Konzentrationszonen ausgewiesen wurden. Von der Konzentrationsflächenplanung auf Raumordnungsebene darf daher im Wege der Bauleitplanung grundsätzlich nicht abgewichen werden.[1363] Ein Verstoß gegen das Anpassungsgebot führt sogar zur **Unwirksamkeit** der Planung[1364] und damit zur Nichtigkeit der Bauleitplans.[1365] Denn die Entscheidungen der Regionalplanung dürfen nicht durch die spätere Bauleitplanung ausgehöhlt werden.[1366] So ist es unzulässig, wenn die Bauleitplanung im Abgleich mit den raumordnungsplanerischen Festsetzungen im Ergebnis auf eine **verkappte Verhinderungsplanung** hinausläuft.[1367]

Die Anpassungspflicht wird aber nur dann aktiviert, wenn und soweit die Ziele der Raumordnung hinreichend bestimmt, jedenfalls aber bestimmbar, und rechtmäßig

---

1359 Zu der Bindungswirkung von Zielen der Raumordnung siehe Ausführungen oben unter 3. Teil, 2. Abschnitt, B. I.

1360 BVerwG, Beschluss vom 25.06.2007, Az.: 4 BN 17.07, Rn. 9 – zitiert nach *juris*; Urteil vom 17.09.2003, Az.: 4 C 14.01, Rn. 34 – zitiert nach *juris*; OVG Lüneburg, Urteil vom 08.12.2011, Az.: 12 KN 208/09, Rn. 30 – zitiert nach *juris*. Vgl. auch *Battis*, in: Battis/Krautzberger/Löhr, BauGB, § 1, Rn. 40; *Schrödter*, in: ZfBR 2013, 535.

1361 *Kohls*, in: Danner/Theobald, Energierecht, XIII. B 1, Rn. 256. Vgl. Darstellungen bei *Schrödter*, in: ZfBR 2013, 535 (541 f) zu den Auswirkungen neuer Ziele der Raumordnung auf bestehende Bauleitpläne und den rechtlichen vorgesehenen Möglichkeiten zur Anpassung.

1362 VGH Kassel, Beschluss vom 10.09.2009, Az.: 4 B 2068/09, Ls., Rn. 4 – zitiert nach *juris*; *Wickel*, in: Ehlers/Fehling/Pünder, Besonderes Verwaltungsrecht, Bd. 2, § 40, Rn. 129. Wie weit diese Verpflichtung zeitlich reichen soll, ist nicht abschließend geklärt, vgl. auch *Mitschang/Schwarz/Kluge*, in: UPR 2012, 401 (405) m.w.N.

1363 *Gatz*, in: FS Stüer, S. 172.

1364 BVerwG, Urteil vom 17.10.2013, Az.: 4 C 14.01, Rn. 33 – zitiert nach *juris*. Vgl. auch *Gatz*, in: FS Stüer, S. 174.

1365 *Battis*, in: Battis/Krautzberger/Löhr, BauGB, § 1, Rn. 42; *Bringewat*, in: ZUR 2013, 535 (536).

1366 *Gatz*, in: FS Stüer, S. 174.

1367 *Scheidler*, in: ZNER 2012, 124 (125 f).

sind.[1368] Regelmäßig bedürfen Ziele der Raumordnung einer weiteren **Konkretisierung** durch nachgelagerte Planungen.[1369] Unbenommen sind dem kommunalen Plangeber daher die Konkretisierungsmöglichkeiten zumindest hinsichtlich des „*Wie*".[1370] So ist die Überplanung eines Windfeldes unter Beachtung des Anpassungsgebots dann möglich, wenn der kommunale Plangeber die raumordnerische Entscheidung im Grundsatz akzeptiert und bloß eine „***Feinsteuerung***" zum innergebietlichen Interessenausgleich der Windenergieprojekte vornimmt.[1371]

Jedoch ist nach Ansicht der Rechtsprechung auch diese Möglichkeit begrenzt, soweit Konzentrationszonen zur Windenergienutzung im Sinne von § 35 III 3 BauGB ausgewiesen wurden. In diesen Fällen verengt sich die Anpassungspflicht hinsichtlich der Ziele der Raumordnung.[1372] Denn wie bereits dargestellt, sind Windenergievorhaben aufgrund des Planvorbehalts grundsätzlich nur in den ausgewiesenen Konzentrationszonen zulässig und im übrigen Plangebiet ausgeschlossen, wobei sich der Ausschluss nur dann rechtfertigt, wenn und soweit der Windenergie in den hierfür festgesetzten Vorranggebieten in substantieller Weise Raum geschaffen wurde. Zu beachten ist, dass durch die großflächigen Raumordnungsplanungen sogar ganze Gemeindegebiete gezielt von der Windenergienutzung ausgenommen werden können. Das bedeutet, dass innerhalb des Gemeindegebiets keine Konzentrationsflächen liegen und aufgrund der Wirkung des § 35 III 3 BauGB Windenergie in diesen Bereichen ausgeschlossen ist. Eine solche Festsetzung darf nicht ohne weiteres durch die Bauleitplanung verändert werden, selbst wenn ein vollständiger Ausschluss von Windenergie im Gemeindegebiet besteht und die betroffene Gemeinde dennoch Windenergie in ihrem Gebiet ausweisen möchte.[1373]

Somit verbleiben nur **geringfügige Feinsteuerungsmöglichkeiten** im Falle der Konzentrationsflächenplanung über das Raumordnungsrecht, wie z.B.[1374] städtebaulich vertretbare Höhenbegrenzungen,[1375] Festlegungen hinsichtlich der Anzahl

---

1368 BVerwG, Urteil vom 17.10.2013, Az.: 4 C 14.01, Rn. 34 – zitiert nach *juris*; Urteil vom 17.09.2003, Az.: 4 C 14/01, Rn. 34 – zitiert nach *juris*; OVG Lüneburg, Urteil vom 08.12.2011, Az.: 12 KN 208/09, Rn. 22 – zitiert nach *juris*. Siehe auch *Battis*, in: Battis/Krautzberger/Löhr, BauGB, § 1, Rn. 40.

1369 *Kohls*, in: Danner/Theobald, Energierecht, XIII. B 1, Rn. 257; *Runkel*, in: Ernst/Zinkahn/Bielenberg/Krautzberger, BauGB, § 1 Rn. 50 e: „*Auf Konkretisierung angelegt zu sein, ist ein Wesensmerkmal der Raumordnungsplanung, das nicht von sich aus gegen den Zielcharakter einer Festlegung spricht.*"

1370 *Mitschang*, in: BauR 2013, 29 (38).

1371 OVG Mecklenburg-Vorpommern, Urteil vom 09.04.2008, Az.: 3 L 84/05, Rn. 45 – zitiert nach *juris*. Vgl. auch *Schrödter*, in: ZfBR 2013, 535 (536).

1372 OVG Rheinland-Pfalz, Urteil vom 21.01.2011, Az.: 8 C 10850/10, Rn. 42 – zitiert nach *juris*.

1373 Vgl. hierzu ausführlich *Mitschang/Schwarz/Kluge*, in: UPR 2012, 401 (404 f).

1374 Vgl. Aufzählung bei *Schrödter*, in: ZfBR 2013, 535 (536).

1375 VG Stade, Urteil vom 14.09.2011, Az.: 2 A 866/10, Rn. 46 – zitiert nach *juris*.

zulässiger WEA in Form von Baufenstern[1376] und die Bestimmungen einzuhaltender Schutzabstände für Hochspannungsfreileitungen, zu öffentlichen Straßen und Wirtschaftswegen und zu benachbarten WEA.[1377]

Um sich von dieser Pflicht zu lösen, verbleibt dem kommunalen Plangeber zum einen die Möglichkeit, ein Verfahren zur **Änderung des Raumordnungsplans** nach § 7 VII ROG anzustreben.[1378] Zum anderen kann er auch ein **Zielabweichungsverfahren** nach § 6 II ROG – konkretisiert durch die entsprechenden landesrechtlichen Regelungen[1379] – durchführen.[1380] In der Folge ist die Kommune in ihren gestalterischen Möglichkeiten wieder freier und kann auch andere Gebiete zugunsten von Windenergie festsetzen bzw. weitere von WEA freihalten.

III. Abwägungsgebot

Auch bei der Bauleitplanung ist eine umfangreiche Abwägung durchzuführen. Sowohl für den Flächennutzungsplan als auch für den Bebauungsplan gilt das **Abwägungsgebot** nach § 1 VII BauGB, wonach die öffentlichen und privaten Belange gegeneinander und untereinander gerecht abzuwägen sind.[1381] Hierfür müssen zunächst alle betroffenen Belange ermittelt und dann zutreffend bewertet werden, § 2 III BauGB. Zunächst ist darauf einzugehen, in welchem Umfang naturschutzrechtliche Belange auf Bauleitplanungsebene zu ermitteln sind (**1.**). Im Anschluss daran werden die Besonderheiten des Abwägungsvorgangs nebst Fehlerfolgen beleuchtet (**2.**).

1. Erforderliche Sachverhaltsermittlung naturschutzrechtlicher Belange

Bei der Aufstellung der Bauleitpläne sind gem. § 2 III Alt. 1 BauGB zunächst die Belange, die für die Abwägung von Bedeutung sind (**Abwägungsmaterial**), zu ermitteln. Notwendiges Abwägungsmaterial sind alle (privaten) Belange, die *„nach*

1376 OVG Koblenz, Urteil vom 21.01.2011, Az.: 8 C 10850/10, Rn. 27 – zitiert nach *juris.*

1377 OVG Koblenz, Urteil vom 09.04.2008, Az.: C 11217/07, Rn. 23 – zitiert nach *juris.*

1378 *Mitschang*, in: BauR 2013, 29 (38).

1379 z.B. § 8 NdsROG, § 16 SächsLPlG.

1380 Vgl. ausführlich zu den Möglichkeiten des kommunalen Plangebers *Schrödter*, in: ZfBR 2013, 535 f.

1381 Zu den besonderen Anforderungen an den Abwägungsvorgang bei der Planung von Konzentrationsflächen über den Flächennutzungsplan siehe sogleich unter B. I. Im Folgenden soll auf die für die Planung von WEA wesentlichen Aspekte im Rahmen der Abwägung nach § 1 VII BauGB eingegangen werden. Verwiesen werden soll auf die umfangreiche Darstellung zur bauleitplanerischen Abwägung im Rahmen der Dissertation von *Bach* unter dem Titel *„Die Abwägung gemäß § 1 Abs. 7 BauGB nach Erlass des EAG Bau"*, 1. Auflage, Frankfurt am Main, 2011.

Lage der Dinge" in die Abwägung miteinzustellen sind.[1382] Die Beanspruchung des Raums durch die geplanten WEA berührt eine Mehrzahl von zu berücksichtigenden Belangen, die u.a. in § 1 V, VI BauGB aufgeführt sind. Hierbei sind insbesondere die Planungsgrundsätze des § 1 V BauGB[1383] zu beachten:

> *„Die Bauleitpläne sollen eine nachhaltige städtebauliche Entwicklung, die die sozialen, wirtschaftlichen und umweltschützenden Anforderungen auch in Verantwortung gegenüber künftigen Generationen miteinander in Einklang bringt, und eine dem Wohl der Allgemeinheit dienende sozialgerechte Bodennutzung gewährleisten. Sie sollen dazu beitragen, eine menschenwürdige Umwelt zu sichern, die natürlichen Lebensgrundlagen zu schützen und zu entwickeln sowie den Klimaschutz und die Klimaanpassung, […], zu fördern, […].*"[1384]

Bei der geplanten Nutzung des Plangebiets durch Windenergie können, wie bereits im 1. Teil ausführlich dargestellt, eine Mehrzahl naturschutzrechtlicher Belange berührt sein, die auch in der Bauleitplanung zu beachten sind. So können durch WEA unter anderem die **Belange des Umweltschutzes** inklusive des Natur- und Landschaftsschutzes gem. § 1 VI Nr. 7 BauGB negativ betroffen sein. Auch **artenschutzrechtliche Belange** können im Rahmen der Bauleitplanung Beachtung finden, da sie vom Schutzgebot für Tier- und Pflanzenarten von § 1 VI Nr. 7 a) BauGB erfasst sind. An diesen Beispielen wird die naturschutzrechtliche Komponente des Baurechts deutlich. Es zeigt sich, dass Bauleitplanung zugleich auch Umweltplanung sein kann.[1385]

Für eine Positivplanung zugunsten von Windenergie spricht unter anderem das in § 1 VI Nr. 8 e) BauGB genannte Interesse an der **Versorgung des Plangebietes mit Energie**, das ebenfalls durch das Berücksichtigungsgebot bei der Aufstellung der Bauleitpläne einzubeziehen ist. Schließlich hat der Plangeber gem. §§ 1 VI Nr. 7 f), 1a

---

1382 BVerwG, Beschluss vom 09.11.1979, Az.: 4 N 1/78, 4 N 2/79, 4 N 3/79, 4 N 4/79, Rn. 45 – zitiert nach *juris*.

1383 Durch die sog. Klimaschutznovelle, namentlich das „*Gesetz zur Förderung des Klimaschutzes in den Städten und Gemeinde*" vom 22.07.2011 (BGBl. I 1509), sollte der Klimaschutz mit den Mitteln des Bauplanungsrechts gefördert werden, vgl. BR-Drs. 344/11, S. 2. Dieses Gesetz war Bestandteil des Gesetzespakets zur Durchsetzung der Energiewende. So wurden an verschiedenen Stellen umweltrechtliche Aspekte ins Baugesetzbuch eingefügt, welche die Bedürfnisse der Energiewende durch Nutzung erneuerbarer Energien stützen sollen. So hat der Klimaschutz als neues Ziel der Bauleitplanung gem. § 1 V 2 BauGB Einzug gefunden und steht gleichberechtigt neben dem Umweltschutz, vgl. *Otting*, in: REE 2011, 125. Der allgemeine Klimaschutz hat hierdurch eine eigenständige Rolle im Rahmen der Bauleitplanung erhalten, vgl. *Antweiler/Gabler*, in: BauR 2012, 39 (41); *Söfker*, in: ZfBR 2011, 541 (542).

1384 Anm.: sämtliche Hervorhebungen durch die Verfasserin.

1385 *Scheidler*, in: ZfBR 2014, 125. Vgl. hierzu auch *Meßerschmidt*, in: Ehlers/Fehling/Pünder, Besonderes Verwaltungsrecht, Bd. 2, § 45, Rn. 8.

V BauGB auch die **Nutzung der erneuerbaren Energien**[1386] und die **Erfordernisse des Klimawandels** bei der Bauleitplanung zu bedenken.

Bei der Ermittlung des Abwägungsmaterials drängt sich die Frage auf, welcher **Prüfaufwand** auf Ebene der Bauleitplanung im Falle der möglichen Betroffenheit eines Verbots nach Bundesnaturschutzgesetz angemessen bzw. geboten ist.[1387] Hierbei gesteht das Bundesverwaltungsgericht den Plangebern gewisse Beurteilungsspielräume und Einschätzungsprärogativen zu.[1388] Grundsätzlich sind naturschutzrechtliche Fragen erst im Baugenehmigungsverfahren abschließend zu prüfen.[1389] Artenschutzrechtliche Verbote, wie diejenigen des § 44 I BNatSchG, werden nämlich erst durch die Umsetzung eines Vorhabens erfüllt, nicht bereits durch die Planung.[1390] Dennoch ist eine **frühzeitige und umfassende Prüfung** nicht nur sinnvoll, sondern gar notwendig, um sicherzustellen, dass in einem späteren Baugenehmigungsverfahren die Umsetzung der planerischen Konzeption des Bauleitplans erreicht werden kann.[1391] Diese Forderung rechtfertigt sich vor allem bei der Flächennutzungsplanung hinsichtlich der Konzentrationsflächenplanung für WEA dadurch, dass in der Praxis häufig keine weitere Konkretisierung durch einen Bebauungsplan erfolgt, d.h. kein Zwischenschritt vor der Einzelzulassung gemacht wird.[1392]

Aus diesen Gründen ist in der Praxis bei der Sachverhaltsermittlung und -bewertung besondere Vorsicht geboten. Zu differenzieren ist zwischen der Sachverhaltsermittlung auf Flächennutzungs- und Bebauungsplanebene. Teilweise ist bei der **Flächennutzungsplanung** zu beobachten, dass in nicht ausreichendem Maße die naturschutzrechtlich relevanten Belange ermittelt werden. So wird ein solcher Bauleitplan auf einer Grundlage aufgestellt, die möglicherweise rechtlich nicht tragfähig ist und durch einen beachtlichen Abwägungsfehler bzw. mangels Erforderlichkeit der Planung schlimmstenfalls sogar unwirksam sein könnte.[1393] Soll im Geltungsbereich eines solchen Flächennutzungsplans später eine Einzelzulassung für WEA erteilt werden, wird spätestens dann durch die vertieften Prüfungen

---

1386 Beachtlich ist, dass der Gesetzgeber an diversen Stellen im BauGB den Begriff der *„Erneuerbaren Energien“* verwendet (vgl. §§ 1 IV Nr. 7 f), 5 II Nr. 2 b), 9 I Nr. 12 und Nr. 23 b), 11 I 2 Nr. 4, 148 II 1 Nr. 5 BauGB.), diesen aber selbst nicht definiert und somit den Bedeutungsgehalt somit offen lässt, vgl. auch Söfker, in: Danner/Theobald, Energierecht, XIV. B 2, Rn. 3.

1387 Siehe ausführlich zu den möglicherweise beim Bau und Betrieb von WEA einschlägigen Verbotstatbeständen nach BNatSchG im Rahmen des 1. Teils.

1388 Vgl. hierzu Anmerkungen von *Stüer* zu BVerwG, Urteil vom 13.12.2013, Az.: 4 CN 1.11, 2.11, in: DVBl. 2013, 509 (510).

1389 *Frey*, in: DÖV 2013, 547 (550).

1390 *Otto*, in: DVBl. 2011, 936 (937).

1391 In diesem Sinne auch *Otto*, in: DVBl. 2011, 936 (943).

1392 *Frey*, in: DÖV 2013, 547 (548).

1393 Vgl. zu der möglicherweise fehlenden Erforderlichkeit durch die drohende Vollzugsunfähigkeit oben unter A. I.

deutlich, dass aufgrund der Verstöße gegen naturschutzrechtliche Vorgaben keine Einzelzulassung erteilt werden kann und der Flächennutzungsplan möglicherweise sogar unwirksam ist.

Hieran zeigt sich, dass es zum einen nicht lohnenswert ist, auf Bauleitplanungsebene nicht vertieft die in der Zukunft durch die Vorhabenumsetzung möglicherweise betroffenen naturschutzrechtlichen Belange zu ermitteln. Zum anderen wird deutlich, welche Verantwortung der kommunale Plangeber trägt. Auf Raumordnungsebene kann nämlich eine solche Überprüfung durch die Grobmaschigkeit der Planung nicht gewährleistet werden. Eine vertiefte Prüfung erst auf Zulassungsebene kann zu spät sein und birgt die vorgenannten Gefahren. Die unterschiedlichen Anforderungen an die Prüfungstiefe auf den unterschiedlichen Ebenen können zu einer nicht unerheblichen Planungssicherheit sowohl für die Entscheidungsträger als auch die Vorhabenträger führen. Daher muss im Rahmen der Flächennutzungsplanung soweit wie möglich ermittelt und geprüft werden, ob naturschutzrechtliche Belange durch WEA potentiell so gefährdet sein können, dass auch nicht durch eine Ausnahme oder Befreiung über die Einschlägigkeit des Verbots hinweggeholfen werden kann. So wurden teilweise entsprechende Vorgaben in der Verwaltungspraxis über Windenergieerlasse formuliert, um solch offensichtlichen Gefahren zu begegnen.[1394] Weiterer Vorteil an einer vorzeitigen und inhaltlich weitergehenden Prüfung naturschutzrechtlich relevanter Fragen ist neben der Bestimmung von Tabuzonen und tauglichen Standorten für WEA, dass bereits Alternativen im Flächennutzungsplan festgehalten werden können, auf die beispielsweise später im Rahmen einer artenschutzrechtlichen Ausnahmegenehmigung für vorgezogene Ausgleichsmaßnahmen zurückgegriffen werden kann.

Ähnliches gilt für die Anforderung an die Sachverhaltsermittlung auf **Bebauungsplanebene**. Grundsätzlich sind insbesondere die Verbote des § 44 I BNatSchG ebenso wie beim Flächennutzungsplan bei der Aufstellung von Bebauungsplänen nicht zwingend zu prüfen, da sie nur mittelbare Wirkung entfalten. Soweit aber erkennbar ist, dass die Verbotstatbestände möglicherweise berührt sind, ohne dass prognostisch eine Ausnahme oder Befreiung erteilt werden kann, steht der Plangeber vor dem Problem, dass der Bebauungsplan aus diesem Grunde unwirksam sein könnte. Denn die Verbote des BNatSchG können nicht im Wege der Abwägung überwunden werden.[1395] Demzufolge wäre der Bauleitplan dann vollzugsunfähig und folglich aufgrund der fehlenden Erforderlichkeit nach § 1 III BauGB

1394 So bereits im Windenergieerlass des Landes Baden-Württemberg vom 09.05.2012, Ziff. 4.2.5.2. Die Vorgaben werden flankiert durch die baden-württembergischen Hinweise für den Untersuchungsumfang zur Erfassung von Vogelarten bei Bauleitplanung und Genehmigung für Windenergieanlagen vom 01.03.2013 und den Hinweisen zur Untersuchung von Fledermausarten bei Bauleitplanung und Genehmigung für Windenergieanlagen vom 01.04.2014.

1395 Zu den Verbotstatbeständen des § 44 I BNatSchG ausführlich unten unter 1. Teil, 3. Abschnitt, C. I.

unwirksam.[1396] Um eine solche Folge zu vermeiden, ist eine frühzeitige Ermittlung artenschutzrechtlicher Belange notwendig.[1397] Plant die Behörde bei Vorliegen artenschutzrechtlicher Bedenken bereits in eine Ausnahme- oder Befreiungslage hinein, ist die Vollzugsfähigkeit in der Regel gesichert.[1398]

2. Abwägungsvorgang und Fehlerfolgen

Nach der Ermittlung der Belange ist in einem weiteren Schritt die Abwägung durchzuführen, § 1 VII BauGB. Soweit die ermittelten Interessen konfligieren, sind sie möglichst schonend in Ausgleich zu bringen.[1399] Hierbei handelt es sich um das wesentliche Element der planerischen Entscheidung, gerade auch bei der Ausweisung von Konzentrationszonen für Windenergie. Grundsätzlich gelten dieselben Vorgaben wie bei der Aufstellung eines jeden anderen Bauleitplans auch.[1400]

Die Abwägungsentscheidung muss in ihrer Gesamtheit fehlerfrei sein. Nach dem Bundesverwaltungsgericht liegen **Abwägungsfehler** immer dann vor, wenn eine (sachgerechte) Abwägung gar nicht stattfindet, in die Abwägung an Belangen nicht eingestellt wurde, was nach Lage der Dinge hätte eingestellt werden müssen, die Bedeutung der betroffenen privaten Belange verkannt, oder der Ausgleich zwischen den von der Planung berührten öffentlichen Belangen in einer Weise vorgenommen wird, der zur objektiven Gewichtigkeit einzelner Belange außer Verhältnis steht.[1401]

Abwägungsfehler können bei der Planung von Windenergienutzung beispielsweise durch die fehlende oder unzureichende Ermittlung naturschutzrechtlicher Belange denkbar sein. Ferner können Verstöße gegen die verfahrensrechtliche Vorgabe der Umweltprüfung gem. § 2 IV i.V.m. Anlage 1 zum BauGB ein **Abwägungsdefizit** durch unzureichende Ermittlung des Abwägungsmaterials begründen. Eine **Abwägungsfehleinschätzung** kann auch dann angenommen werden, wenn die naturschutzrechtlichen Belange nur ungenügend gewichtet wurden, deren Bedeutung also verkannt wurde. Hierbei ist zu beachten, dass den Belangen des Umwelt- und Naturschutzes keine pauschale Priorität vor anderen Belangen zukommt.[1402]

Abwägungsfehler im Planungsvorgang führen aber nicht automatisch zu der Unwirksamkeit des konkreten Bauleitplans, sondern zunächst sind die Planerhaltungsvorschriften der **§§ 214 f BauGB** zu prüfen. Gem. § 214 I 1 Nr. 1 BauGB

1396 *Schmidt-Eichstädt*, in: UPR 2010, 401 (402) m.w.N.

1397 *Mitschang/Wagner*, in: DVBl. 2010, 1457 (1461). Zurückhaltend und ohne weitere Konkretisierung hinsichtlich der Anforderungen Leitfaden WKA Hessen vom 29.11.2012, S. 31, Ziff. 5.1.1.

1398 Siehe hierzu bereits ausführlich oben unter A. I.

1399 *Kohls*, in: Danner/Theobald, Energierecht, XIII. B 1, Rn. 260.

1400 *Gatz*, in: FS Stüer, S. 175. Jedoch sind die besonderen Anforderungen bei der Flächennutzungsplanung zu beachten, die im Folgenden ausführlich unter B. I. darstellt sind.

1401 BVerwG, Urteil vom 12.12.1969, Az.: IV C 105.66, Rn. 29 – zitiert nach *juris*.

1402 *Söfker*, in: Ernst/Zinkahn/Bielenberg, BauGB, § 1, Rn. 105.

liegt ein beachtlicher Fehler nur dann vor, wenn entgegen der Vorgaben des § 2 III BauGB die von der Planung berührten Belange, die der Gemeinde bekannt waren oder hätten bekannt sein müssen, in wesentlichen Punkten nicht zutreffend ermittelt oder bewertet worden sind und wenn der Mangel offensichtlich und auf das Ergebnis des Verfahrens von Einfluss gewesen ist. Nach § 214 III 2, Hs. 1 BauGB können Mängel, die Gegenstand der Regelung in Absatz 1 Satz 1 Nr. 1 sind, nicht als Mängel der Abwägung geltend gemacht werden. Durch die Fehlerhaftigkeit des Verfahrens der Abwägung ist die Fehlerhaftigkeit der Abwägung indiziert.[1403] Im Übrigen sind Mängel im Abwägungsvorgang gem. § 214 III 2, Hs. 2 BauGB nur erheblich, wenn sie offensichtlich und auf das Abwägungsergebnis von Einfluss gewesen sind. Daher ist im konkreten Fall zu überprüfen, welche Qualität der Fehler hat und ob die Behörde bei Kenntnis der Umstände die planerische Entscheidung anders gefällt hätte. Beispielsweise qualifizierte das VG Minden einen Bekanntmachungsfehler bei der Änderung eines Flächennutzungsplans im Hinblick auf die Veränderung der bestehenden Konzentrationszonen als erheblich.[1404] Durch den fehlenden Hinweis auf die Änderung der Konzentrationszone und die damit einhergehende Erstreckung der Ausschlusswirkung des Planvorbehalts gem. § 35 III 3 BauGB konnte der mit der Bekanntmachung des Flächennutzungsplans verfolgte Hinweiszweck nicht erreicht worden sein. Dieser Fehler wurde als beachtlich im Sinne des § 214 I 1 Nr. 1 BauGB beurteilt.[1405] Formelle Abwägungsfehler können nur innerhalb einer **Jahresfrist** geltend gemacht werden, § 215 BauGB. Außerdem könnte gem. § 214 IV BauGB entsprechende Mängel gegebenenfalls durch ein **Ergänzungsverfahren** geheilt werden.

IV. Städtebaurechtliche Eingriffsregelung

Wie bereits im 1. Teil dargestellt, haben sich WEA als Vorhaben auf Zulassungsebene grundsätzlich an den Vorgaben der Eingriffsregelung nach §§ 14 ff BNatSchG messen zu lassen. Ein anderes gilt nach **§ 18 II 1 BNatSchG** aber dann, wenn und soweit die Aspekte der Eingriffsregelung bereits im **Bebauungsplanverfahren** abgehandelt wurden.[1406] Rechtliches Einfallstor hierfür ist der § 1a III BauGB: *„Die Vermeidung und der Ausgleich voraussichtlich erheblicher Beeinträchtigungen des Landschaftsbildes sowie der Leistungs- und Funktionsfähigkeit des Naturhaushalts in seinen in § 1 Abs. 6 Nr. 7 Buchstabe a bezeichneten Bestandteilen (Eingriffsregelung nach dem Bundesnaturschutzgesetz) sind in der Abwägung nach § 1 Abs. 7 zu berücksichtigen.“*

1403 *Battis*, in: Battis/Krautzberger/Löhr, BauGB, § 214, Rn. 20.
1404 VG Minden, Urteil vom 26.03.2014, Az.: 11 K 1108/13, Rn. 64 – zitiert nach *juris*.
1405 VG Minden, Urteil vom 26.03.2014, Az.: 11 K 1108/13, Rn. 64 – zitiert nach *juris*.
1406 Siehe hierzu schon die Ausführungen oben unter 1. Teil, 3. Abschnitt, A. I.

Grundvoraussetzung der Anwendung der Eingriffsregelung auf Bauleitplanebene.[1407] ist zunächst, dass gem. § 18 I BNatSchG entsprechende **Eingriffe zu erwarten** sind. Insoweit ist eine Prognose anzustellen, ob mit der Bauleitplanung Eingriffe in Natur und Landschaft verbunden sein werden.[1408] Durch den Klammerverweis in § 1a III S. 1 BauGB[1409] wird geschlossen, dass grundsätzlich auf die Begrifflichkeiten des BNatSchG zurückzugreifen ist, soweit das BauGB keine spezielleren Regelungen vorsieht.[1410] Demnach ist auch auf dieser Ebene der **Eingriffsbegriff des § 14 I BNatSchG** zugrunde zu legen.[1411] Durch die Planung selbst wird zwar zunächst weder die Gestalt noch die Nutzung des Plangebiets verändert. Nichtsdestotrotz kann bereits zu diesem Zeitpunkt der Eintritt eines relevanten Eingriffs in der Zukunft hinreichend wahrscheinlich sein, soweit der Bauleitplan der Vorbereitung eines Eingriffs dient.[1412] Hiervon kann regelmäßig dann ausgegangen werden, wenn verbindlich Flächen für die Windenergienutzung in einem Bebauungsplan ausgewiesen werden sollen.

Soweit ein Eingriff zu bejahen sein wird, richtet sich bei der städtebaulichen Eingriffsregelung gem. § 18 I 1 BNatSchG das Rechtsfolgenregime nach den Vorschriften des BauGB. Nach dem Wortlaut des § 1a III BauGB unter Bezugnahme auf § 1 VII BauGB zeigt sich, dass – anders als die strikte Beachtenspflicht im Rahmen der naturschutzrechtlichen Eingriffsregelung – die **Vermeidung** Teil der Abwägung ist.[1413] Im Rahmen der bauleitplanerischen Abwägungsentscheidung kann daher auch die vorzugswürdige Planungsalternative gewählt werden, wobei sich die Entscheidung daran zu orientieren hat, welche Alternative die geringstmögliche Eingriffsintensität aufweist.[1414]

Soweit die Vermeidung nicht möglich ist, ist die nicht vermeidbare Beeinträchtigung auszugleichen.[1415] Dem BauGB liegt ein umfassender Begriff des **Ausgleichs**

1407 Siehe hierzu ausführlich *Tophoven*, in: *„Die naturschutzrechtliche Eingriffs- und Ausgleichsregelung im Bauplanungsrecht – Zur konditionalen Verknüpfung von Eingriffs- und Ausgleichsbebbauungsplan“*, 1. Auflage, Berlin 2003.

1408 *Lütkes*, in: Lütkes/Ewer, BNatSchG, § 18, Rn. 8.

1409 *„Eingriffsregelung nach dem Bundesnaturschutzgesetz“*.

1410 *Lütkes*, in: Lütkes/Ewer, BNatSchG, § 18, Rn. 9.

1411 Vgl. bereits die Ausführungen oben unter 1. Teil, 3. Abschnitt, A. II.

1412 *Lau*, in: Der Naturschutz in der Bauleitplanung, Rn. 251; *Lütkes*, in: Lütkes/Ewer, BNatSchG, § 18, Rn. 1.

1413 *Lau*, in: Der Naturschutz in der Bauleitplanung, Rn. 255; *Lütkes*, in: Lütkes/Ewer, BNatSchG, § 18, Rn. 2; *Mühlbauer*, in: Lorz/Konrad/Mühlbauer/Müller-Walter/Stöckel, Naturschutzrecht, § 18 BNatSchG, Rn. 1.

1414 OVG Lüneburg, Urteil vom 12.01.2011, Az.: 1 KN 28/10, Rn. 146 – zitiert nach juris.

1415 *Gierke*, in: Brügelmann, BauGB, § 1 a, Rn. 94.

zugrunde, wobei Ausgangspunkt der § 1a BauGB ist.[1416] So heißt es etwa in § 200a BauGB[1417] als Konkretisierung zu § 1a III BauGB:

> *„Darstellungen für Flächen zum Ausgleich und Festsetzungen für Flächen oder Maßnahmen zum Ausgleich im Sinne des § 1a Abs. 3 umfassen auch Ersatzmaßnahmen. Ein unmittelbarer räumlicher Zusammenhang zwischen Eingriff und Ausgleich ist nicht erforderlich, soweit dies mit einer geordneten städtebaulichen Entwicklung und den Zielen der Raumordnung sowie des Naturschutzes und der Landschaftspflege vereinbar ist."*[1418]

Das bedeutet, dass – anders als bei der vorhabenbezogenen naturschutzrechtlichen Eingriffsregelung[1419] – bei der baurechtlichen Eingriffsregelung nicht zwischen Ausgleichs- und Ersatzmaßnahme differenziert wird.[1420] Der Begriff des Ausgleichs ist einheitlich ausgestaltet, ein Vorrang von Ausgleich oder Ersatz existiert nicht.[1421] Ferner bedarf es nicht eines unmittelbaren räumlichen Zusammenhangs, vgl. insoweit §§ 1 a III 3, 200a 2 BauGB. Hiernach können Darstellungen und Festsetzungen zum Ausgleich von zu erwartenden Eingriffen auch an anderer Stelle als am Eingriffsort erfolgen. Ferner ist die Eingriffsfolgenkaskade[1422] nicht anwendbar, sondern die Eingriffsregelung wird in die Abwägung miteinbezogen. Da die städtebauliche Eingriffsregelung **Teil der Abwägung** ist, finden demnach auch die allgemeingültigen Vorgaben an eine solche Entscheidung Anwendung. Bei der Windenergienutzung hat die planaufstellende Gemeinde die Belange des Natur- und Landschaftsschutzes in besonderem Maße im Rahmen der Abwägungsentscheidung zu beachten. Das Bundesverwaltungsgericht geht insoweit davon aus, dass diese Belange in der Abwägung zwar nicht unüberwindbar sind, *„denen nach der programmatischen Wertung des Gesetzgebers jedoch erkennbar ein erhöhtes inneres Gewicht zukommen soll."*[1423] Die besondere Gewichtigkeit der Belange des Natur- und Landschaftsschutzes ist aber nicht im Sinne eines geltenden Optimierungsgebots zu deuten.[1424] Die Auswahl der festzusetzenden Vermeidungs- und Ausgleichsmaßnahmen hat sich wie bei jeder anderen Abwägungsentscheidung auch am Grundsatz der **Verhältnismäßigkeit** zu orientieren.[1425]

1416 *Beutling/Schwartmann*, in: Frenz/Müggenborg, BNatSchG, § 18, Rn. 3.
1417 Bei dieser Norm handelt es sich um eine bundesrechtlich abschließende Regelung, die nicht Gegenstand der Verordnungsermächtigung sein soll, vgl. *Mitschang*, in: BauR 2011, 33 (50).
1418 Anm.: sämtliche Hervorhebungen durch die Verfasserin.
1419 Zur Differenzierung bei der naturschutzrechtlichen Ausgleichsregelung siehe oben unter 1. Teil, 3. Abschnitt, A. V.
1420 *Battis*, in: Battis/Krautzberger/Löhr, BauGB, § 1a, Rn. 16.
1421 *Lau*, in: Der Naturschutz in der Bauleitplanung, Rn. 257.
1422 Vgl. hierzu die Ausführungen und Übersicht oben bei 1. Teil, 3. Abschnitt, A. III.
1423 BVerwG, Beschluss vom 31.01.1997, Az.: 4 NB 27/96, Rn. 27 – zitiert nach *juris*.
1424 BVerwG, Beschluss vom 31.01.1997, Az.: 4 NB 27/96, Rn. 20 – zitiert nach *juris*.
1425 *Mitschang*, in: BauR 2011, 33 (51).

V. Fazit

Bei der Bauleitplanung, namentlich der Flächen- und Bebauungsplanung, gelten die *„normalen“* Vorgaben einer jeden kommunalen verbindlichen Planung. Bei der Planung von Windenergienutzung ergeben sich Besonderheiten in der Ausprägung der jeweiligen materiellen Voraussetzung. So gilt das Erforderlichkeitsgebot nach § 1 III BauGB, wonach Bauleitpläne aufzustellen sind, sobald und soweit dies für die städtebauliche Entwicklung notwendig ist. Von der Erforderlichkeit ist bei großen WEA regelmäßig auszugehen, da solche baulichen Anlagen erhebliche Auswirkungen auf rechtlich geschützte Belange mit sich bringen, die einer planerischen Steuerung bedürfen. Nur wenn nicht zu beseitigende tatsächliche oder rechtliche Hindernisse einer geplanten Windenergienutzung entgegenstehen, fehlt es der Planung an der Erforderlichkeit. Auf Ebene der Bauleitplanung folgt das Verbot der Negativplanung bereits aus dem Erforderlichkeitsgebot, da die Bauleitplanung nicht zu Lasten der Windenergie missbraucht werden darf.

Des Weiteren ist dem Anpassungsgebot des § 1 VI BauGB zu entsprechen, d.h. die Bauleitpläne sind den Zielen der Raumordnung anzupassen. Voraussetzung hierfür ist, dass die rechtsverbindlichen Ziele der Raumordnung hinreichend bestimmt sind und entsprechend auf die Bauleitplanung übertragen werden können. Diese Pflicht erstreckt sich nicht nur auf künftige, sondern auch auf bestehende Bauleitpläne, so dass sie angepasst werden müssen, soweit die raumordnerischen Zielsetzungen verändert wurden und nicht mehr mit den bauleitplanerischen Festsetzungen übereinstimmen. Soweit die Ziele der Raumordnung noch weiter konkretisierungsfähig sind, haben die kommunalen Plangeber gewisse Spielräume hinsichtlich des *„Wie“* der Ausgestaltung der Windenergienutzung.

Ebenfalls bedeutsam ist die Einhaltung des Abwägungsgebots nach § 1 VII BauGB. Hierfür muss zunächst das relevante Abwägungsmaterial ermittelt werden, um überhaupt eine Abwägungsentscheidung treffen zu können. Anders als bei der Raumordnungsplanung ist es nach der hier vertretenen Ansicht notwendig, eine umfangreiche Sachverhaltsermittlung vor allem im Hinblick auf potentiell betroffene naturschutzrechtliche Belange durchzuführen, um die Planung rechtssicher zu gestalten. Die Bauleitplanung trifft hier die besondere Verantwortung, auch für die kommenden Zulassungsverfahren, weitestgehend eine Entscheidungsgrundlage zu schaffen. Eine zu oberflächliche Sachverhaltsermittlung kann mangels Erforderlichkeit der Planung bzw. als beachtlicher Abwägungsfehler sogar zur Unwirksamkeit der Planung führen. So erfüllt die Bauleitplanung eine wichtige Aufgabe zur Vorbereitung einer möglichen späteren Einzelzulassung.

Die öffentlichen und privaten Belange sind rechtsfehlerfrei gegeneinander und untereinander gerecht abzuwägen. In die Abwägungsentscheidung ist die Einhaltung der Vorgaben der städtebaulichen Eingriffsregelung nach § 1a III BauGB zu integrieren. Diese ist im Vergleich zu den vorgegebenen konkreten Rechtsfolgen der vorhabenbezogenen Ausgleichsregelung weniger streng. Im Rahmen der Abwägung können die Belange der Energiewende Berücksichtigung finden, genießen im Vergleich zu naturschutzrechtlich geschützten Interessen keinen pauschalen Vorrang.

B. Besondere Anforderungen an die Flächennutzungsplanung im Hinblick auf die Windenergienutzung

Besondere praktische Relevanz bei der kommunalen Steuerung von Windenergie für das gesamte Gemeindegebiet hat der Flächennutzungsplan. Durch die Wirkungen des Planvorbehalts des § 35 III 3 BauGB hat der Flächennutzungsplan – soweit Konzentrationsflächen für Windenergie ausgewiesen sind – eine dem Bebauungsplan vergleichbare Funktion.[1426] Nach der unter A. erfolgten Darstellung der allgemeinen materiell-rechtlichen Anforderungen an die Bauleitplanung für Windenergienutzung sind nun die Besonderheiten der Flächennutzungsplanung für die Windenergienutzung konkreter zu untersuchen. Festsetzungen zur Steuerung der Windenergie durch den Flächennutzungsplan können nur dann wirksam getroffen oder geändert werden, wenn der Konzentrationsflächenplanung ein schlüssiges gesamträumliches Konzept zugrunde liegt (**I.**). In diesem Zusammenhang ist auf die Möglichkeit des Teilflächennutzungsplans einzugehen, wonach die Planung von Windenergie inhaltlich und räumlich auf Teile des Gemeindegebiets beschränkt werden kann (**II.**). Ferner sind die Zurückstellungsmöglichkeiten zur Sicherung der Flächennutzungsplanung zu beleuchten (**III.**). Schließlich sind die Darstellungsmöglichkeiten zur verbindlichen Steuerung von Windenergie aufzuzeigen (**IV.**).

I. Konzentrationsflächenplanung

Auch der Flächennutzungsplan bietet die Möglichkeit, über die Festsetzung von Konzentrationszonen Standorte für WEA zu bestimmen und somit Windenergienutzung im Gemeindegebiet verbindlich festzulegen. Durch die Wirkung des Planvorbehalts des § 35 III 3 BauGB steht nicht nur den Raumordnungsplanern, sondern auch den kommunalen Plangebern ein Instrument zur Verfügung, um WEA als Außenbereichsvorhaben zu steuern und auf diese Weise die städtebauliche Entwicklung in Bezug auf die Windenergienutzung in gewünschte Bahnen zu lenken.[1427] Die Vorschrift dient auf dieser Ebene neben dem Außenbereichsschutz auch der Sicherung der gemeindlichen Planungshoheit.

Um wirksam Positiv- und auch Negativfestlegungen hinsichtlich der Windenergienutzung erreichen zu können, ist Grundvoraussetzung, dass der **Windenergie in substanzieller Weise Raum verschafft** wird. Es ist im Vorfeld, ebenso wie bei der Raumordnungsplanung, ein **schlüssiges Planungskonzept für den gesamten Außenbereich** zu erstellen, durch welches verbindliche Auskunft darüber gegeben wird, inwieweit eine Standortzuweisung für WEA bzw. ein Ausschluss

1426 BVerwG, Urteil vom 20.05.2010, Az.: 4 C 7/09, Rn. 49 – zitiert nach *juris*; Urteil vom 26.04.2007, Az.: 4 CN 3/06, Rn. 16 – zitiert nach *juris*.

1427 OVG Lüneburg, Beschluss vom 25.02.2014, Az.: 12 LA 105/13, Rn. 12 – zitiert nach *juris*.

dieser Anlagen gerechtfertigt ist.[1428] Nur so kann der Plangeber die Wirkungen des Planvorbehalts des § 35 III 3 BauGB auslösen.[1429]

Durch eine „***Mehr-Ebenen-Steuerung***" von Windenergie über die Raumordnungs- und die Flächennutzungsplanung sind diverse **Parallelen** und Überschneidungen an verschiedenen Stellen erkennbar.[1430] Zunächst einmal erfassen beide Planungsinstrumente **denselben Planungsraum**, wobei der Flächennutzungsplan nur einen Teilausschnitt der Raumordnungsplanung erfasst. Dadurch ist der Detaillierungsgrad höher. Bei Flächennutzungsplänen beträgt der Maßstab regelmäßig zwischen 1:5.000 bis 1:50.000.[1431] Der Maßstab regionaler Raumordnungspläne, Gebietsentwicklungspläne und Regionalpläne beträgt hingegen in der Regel 1:50.000 bis 1:100.000.[1432] Ferner ist die **Planungsmethodik** bei der Konzentrationsflächenplanung durch die Raumordnung und durch die Flächennutzungsplanung im Vorgang dieselbe.

Ein **Unterschied** zwischen Raumordnung und Flächennutzungsplanung ist dahingehend vorhanden, dass es dem kommunalen Plangeber verwehrt ist, über den Flächennutzungsplan eine gesamtheitliche Entscheidung gegen Windenergienutzung treffen, WEA also vollständig für die Zukunft in dem zu beplanenden Gebiet auszuschließen.[1433] Eine solche Möglichkeit besteht bei sachlicher Rechtfertigung

---

1428 Grundlegende Entscheidung des BVerwG zur Flächennutzungsplanung, Urteil vom 17.12.2002, Az.: 4 C 15/01, Rn. 36 f – zitiert nach *juris.* Weitere Konkretisierungen dieses Urteils erfolgten durch das BVerwG selbst u.a. durch Urteil vom 13.12.2013, Az.: 4 CN 1.11, 2.11, Rn. 9 – zitiert nach *juris*; Urteil vom 31.01.2013, Az.: 4 CN 1/12, Rn. 16 – zitiert nach *juris*; Urteil vom 24.01.2008, Az.: 4 CN 2/07, Rn. 11 – zitiert nach *juris*; Urteil vom 26.04.2007, Az.: 4 CN 3/06, Rn. 23 – zitiert nach *juris*; Beschluss vom 12.07.2006, Az.: 4 B 49/06, Rn. 6 – zitiert nach *juris.* Der Rechtsprechung des Bundesverwaltungsgericht folgen unter anderem OVG Lüneburg, Urteil vom 23.01.2014, Az.: 12 KN 285/12, Rn. 17 – zitiert nach *juris*; OVG Berlin-Brandenburg, Urteil vom 24.02.2011, Az.: OVG 2 A 2.09, Rn. 40 – zitiert nach *juris*; OVG Lüneburg, Urteil vom 21.04.2010, Az.: 12 LB 44/09, Rn. 27 – zitiert nach *juris.*

1429 BVerwG, Urteil vom 13.12.2013, Az.: 4 CN 1.11, 2.11, Rn. 9 – zitiert nach *juris.*

1430 Hierzu ausführlich *Mitschang/Schwarz/Kluge*, in: UPR 2012, 401 (404 f).

1431 Angaben auf der Seite des UBA, Stand 06.11.2014, abrufbar unter: http://www.umweltbundesamt.de/themen/nachhaltigkeit-strategien-internationales/planungsinstrumente/planungsebenen-planungsraeume-stufen-der (Abruf am 09.08.2015). Zum Vergleich: Beim Bebauungsplan ist der Maßstab in der Regel 1:5.000.

1432 Angaben auf der Seite des UBA, Stand 06.11.2014, abrufbar unter: http://www.umweltbundesamt.de/themen/nachhaltigkeit-strategien-internationales/planungsinstrumente/planungsebenen-planungsraeume-stufen-der (Abruf am: 09.08.2015).

1433 BVerwG, Urteil vom 17.12.2002, Az.: 4 C 15/01, Rn. 28 – zitiert nach *juris* unter folgendem Hinweis: „*Ein solcher generell.er Ausschluss mag der Regionalplanung oder der Regelung durch gemeinsame Flächennutzungspläne benachbarter Gemeinden auf der Grundlage des § 204 Abs. 1 BauGB vorbehalten sein*". Siehe auch *Mitschang*, in: BauR 2013, 29 (31); *Scheidler*, in: KommJur 2012, 367 (372).

lediglich über die Raumordnungsplanung oder gegebenenfalls durch gemeinsame Flächennutzungspläne benachbarter Gemeinden auf der Grundlage des § 204 I BauGB.[1434]

Soweit also die Gemeinde eine planungsrechtliche Steuerung von Windenergienutzung über den Flächennutzungsplan wählt, wird nach der Rechtsprechung ihr Vorgehen nach der Ausschlussmethode in mehrere Einzelschritte unterteilt, wobei in einem ersten Schritt die Tabuzonen zu bestimmen sind (**1.**). Diese Prüfungsabfolge ist im Wesentlichen identisch zu demjenigen bei der Raumordnungsplanung.[1435] Daher sind die weiteren Schritte ähnlich wie bei der Raumordnung ausgestaltet, wobei einige Besonderheiten bei der Flächennutzungsplanung festzustellen sind (**2.**).

1. Schritt 1: Bestimmung von Tabuzonen

Auch bei der Flächennutzungsplanung sind nach der Rechtsprechung über die bereits dargestellte nicht zwingende, sondern allenfalls empfehlenswerte **Ausschlussmethode** durch ein schrittweises Vorgehen Konzentrationsflächen für Windenergie zu bestimmen. Dieses Vorgehen gliedert sich nach dem Bundesverwaltungsgericht auch bei der Flächennutzungsplanung wie folgt.[1436] In einem **ersten Arbeitsschritt** sind diejenigen Bereiche als **harte bzw. weiche Tabuzonen** zu ermitteln, die für die Nutzung der Windenergie nicht zur Verfügung stehen. Die **Potenzialflächen**, die nach Abzug der harten und weichen Tabuzonen übrig bleiben, sind in einem **weiteren Arbeitsschritt** zu den auf ihnen konkurrierenden Nutzungen in Beziehung zu setzen, d.h. die öffentlichen Belange, die gegen die Ausweisung eines Landschaftsraums als Konzentrationszone sprechen, sind mit dem Anliegen **abzuwägen**, der Windenergienutzung an geeigneten Standorten eine Chance zu geben, die ihrer Privilegierung nach § 35 I Nr. 5 BauGB gerecht wird.

Grundsätzlich kann für die inhaltlichen Anforderungen an die planerische Entscheidung auf die bisherigen Ausführungen bei der Raumordnungsplanung verwiesen werden.[1437] Denn die von der Rechtsprechung entwickelten Leitlinien sind parallel auf die Flächennutzungsplanung anwendbar.[1438] Kleine Unterschiede zwischen den verschiedenen Planungsinstrumenten sind bei der rechtlichen Herleitung zu erkennen. So bemisst sich die Auswahl der **harten Tabuzonen** bei der Bauleitplanung an den Anforderungen des **Erforderlichkeitsgebots** nach § 1 III BauGB, welches bei der Raumordnungsplanung vom Gesetzgeber nicht vorgesehen ist:

1434 BVerwG, Urteil vom 17.12.2002, Az.: 4 C 15/01, Rn. 28 – zitiert nach *juris*.

1435 *Söfker*, in: ZfBR 2013, 13 f.

1436 BVerwG, Urteil vom 13.12.2012, Az.: 4 CN 1/11, Rn. 10 – zitiert nach *juris*.

1437 Siehe hierzu bereits ausführlich die Darstellungen oben unter 2. Teil, 2. Abschnitt, C.

1438 Vgl. beispielhaft zur fehlenden Unterscheidung zwischen den „*harten*“ Ausschlusskriterien und den einer Abwägung zugänglichen „*weichen*“ Kriterien bei der Ermittlung der Potenzialflächen im Rahmen der Flächennutzungsplanung OVG Lüneburg, Urteil vom 23.01.2014, Az.: 12 KN 285/12, Rn. 22 – zitiert nach *juris* m.w.N.

„Danach haben die Gemeinden die Bauleitpläne aufzustellen, sobald und soweit es für die städtebauliche Entwicklung und Ordnung erforderlich ist. Nicht erforderlich ist ein Bauleitplan, wenn seiner Verwirklichung auf unabsehbare Zeit rechtliche oder tatsächliche Hindernisse im Wege stehen. Harte Tabuflächen sind einer Abwägung zwischen den Belangen der Windenergienutzung und widerstreitenden Belangen (§ 1 VII BauGB) entzogen.“[1439]

Eine Bauleitplanung ist wie bereits unter A. I. dargestellt nur dann erforderlich, wenn der Verwirklichung der Darstellungen und Festsetzungen eines Bauleitplans nicht an den Anforderungen anderer Gesetze, wie beispielsweise am Naturschutzrecht,[1440] scheitern würde und somit aus rechtlichen Gründen vollzugsunfähig wäre.[1441]

Wie auch schon bei der Raumordnung, ist eine hinreichende **Transparenz und Dokumentation** der planerischen Entscheidung bei der Auswahl der Konzentrationszonen notwendig.[1442] Es gilt als beachtlicher Fehler, wenn sich der Plangeber nicht den Unterschied zwischen harten und weichen Tabuzonen bewusst gemacht hat[1443] und diese Erkenntnis entsprechend dokumentiert wurde.[1444] Das Bundesverwaltungsgericht führt insoweit aus:

„Während harte Tabuzonen kraft Gesetzes als Konzentrationsflächen für die Windenergienutzung ausscheiden, muss der Plangeber eine Entscheidung für weiche Tabuzonen rechtfertigen. Dazu muss er aufzeigen, wie er die eigenen Ausschlussgründe bewertet, d.h. kenntlich machen, dass er - anders als bei harten Tabukriterien - einen Bewertungsspielraum hat, und

---

1439 BVerwG, Urteil vom 13.12.2012, Az.: 4 CN 1/11, Rn. 12 – zitiert nach *juris* (Anm.: sämtliche Hervorhebungen durch die Verfasserin).

1440 Zu der Problematik der Planung von Konzentrationszonen in Landschaftsschutzgebieten am Beispiel des Bundeslandes Baden-Württemberg ausführlich *Frey*, in: VBlBW 2013, 241 ff.

1441 *Söfker*, in: ZfBR 2013, 13 (14).

1442 So wird auch bei der Flächennutzungsplanung gefordert, dass der Plangeber ausdrücklich zwischen harten und weichen Tabuzonen zu unterscheiden hat, u.a. OVG Lüneburg, Urteil vom 23.01.2014, Az.: 12 KN 285/12, Rn. 18 f – zitiert nach *juris*. Siehe hierzu auch VG Minden, Urteil vom 26.03.2014, Az.: 11 K 1108/13, Rn. 73 – zitiert nach *juris*: *„Den Unterschied zwischen harten und weichen Tabuzonen muss sich die Gemeinde bewusst machen und ihn dokumentieren. Es ist schon aus sich heraus abwägungsfehlerhaft, wenn die Gemeinde entgegen der sie insofern treffenden Dokumentationspflicht keine Unterscheidung zwischen harten und weichen Tabuzonen dokumentiert hat, obwohl diese in der spezifischen vorliegenden Planungssituation materiell-rechtlich geboten ist. […]So bleibt im Unklaren, ob und in welchem Umfang bereits auf der ersten Stufe des Planungsprozesses, in der Phase der Suchraumfindung, abwägerische Entscheidungen gefordert waren. Damit kann die Gemeinde auch ihre (weitere) Abwägung über die Auswahl und den Zuschnitt von Konzentrationszonen im Rahmen der zweiten Planungsphase nicht rechtmäßig steuern und nicht hinreichend präzise, schlüssig-ausgewogen entscheiden, ob sie der Windenergie tatsächlich substantiell Raum verschafft.“*

1443 BVerwG, Urteil vom 13.12.2012, Az. 4 CN 1.11, Rn. 16 f – zitiert nach *juris*. Vgl. hierzu Ausführungen von *Scheidler*, WiVerw 2014, 56 (60).

1444 Vgl. hierzu auch *Scheidler*, in: NuR 2013, 869 (872).

die Gründe für seine Wertung offen legen. Andernfalls scheitert seine Planung unabhängig davon, welche Maßstäbe an die Kontrolle des Abwägungsergebnisses anzulegen sind, schon an dem fehlenden Nachweis, dass er die weichen Tabukriterien auf der Stufe der Abwägung in die Planung eingestellt hat."[1445]

Auch bei der Flächennutzungsplanung ist aus den bereits erörterten Gründen eine restriktive Handhabung bei der Bestimmung von harten Tabuzonen geboten. Soweit für den Plangeber ersichtlich ist, dass die Tabuzonen zu großflächig bestimmt wurden und dadurch kaum oder keine Flächen für Windenergie verbleiben, ist der Plangeber verpflichtet, seine eigene planerische Entscheidung zu überprüfen und zu überdenken.[1446] Gegebenenfalls hat der Plangeber dann Teilbereiche aus dem Einzugsbereich der Tabuzonen zu entlassen, wodurch der Planvorbehalt des § 35 III 3 BauGB nicht mehr greift und die Zulässigkeit von WEA auf dem betroffenen Gebiet im Einzelfall geprüft werden muss.[1447] Dies ist der Gemeinde trotz ihrer kommunalen Planungshoheit zuzumuten, da andernfalls keine Möglichkeit besteht, der gesetzgeberischen Entscheidung zur Privilegierung von WEA im Außenbereich zu entsprechen und der Windenergie substanziell Raum zu verschaffen.

2. *Schritt 2–4: Bestimmung der Potenzialflächen, Abwägung, Überprüfung der planerischen Entscheidung und Festsetzungen von Konzentrationsflächen*

Nach Ermittlung der harten und weichen Tabuzonen verbleiben wie bereits ausgeführt die **Potenzialflächen**, welche in einem zweiten Schritt zu den konkurrierenden Nutzungen in Beziehung zu setzen sind. Diese Abwägungsentscheidung hat alle Belange zu berücksichtigen, die für und gegen die Windenergienutzung auf dem zu beplanenden Gebiet sprechen, vgl. § 1 VII BauGB. Hieran wird deutlich, dass im Rahmen der Flächennutzungsplanung das von der Rechtsprechung entwickelten Ausschlussmethode nicht mehr oder weniger ist als eine *„normale"* Abwägungsentscheidung, deren Vorteil das besonders strukturierte Vorgehen sein mag.[1448] Der kommunale Plangeber hat insoweit eine sachlich nachvollziehbare Auswahlentscheidung zu treffen, die entsprechend dokumentiert werden muss.[1449]

So kommen auch umweltschützende Belange in Betracht, die mit in die **Abwägung** einzustellen sind. Die Gemeinde hat gem. § 1a V BauGB den Erfordernissen des Klimawandels Rechnung zu tragen. Über die sog. ***„Klimaschutzklausel"***[1450]

1445 BVerwG, Urteil vom 13.12.2012, Az. 4 CN 1.11, Rn. 13 – zitiert nach *juris*. *Scheidler*, WiVerw 2014, 56 (60) bezeichnet diese Fortentwicklung als grundlegend.

1446 *Scheidler*, in: VerwArch 2012, 587 (600).

1447 BVerwG, Urteil vom 24.01.2008, Az.: 4 CN 2/07, Rn. 15 – zitiert nach *juris*.

1448 Ebenso *Kment*, in: DÖV 2013, 17 (19); *Scheidler*, WiVerw 2014, 56 (60).

1449 Vgl. *Scheidler*, in: NuR 2013, 869 (871) unter Hinweis auf VGH Kassel, Urteil vom 17.03.2011, Az.: 4 C 883/10, Rn. 34 – hier zitiert nach *juris*.

1450 BR-Drs. 344/11, S. 11. Siehe hierzu u.a. *Antweiler/Gabler*, in: BauR 2012, 39 (41); *Battis*, in: Battis/Krautzberger/Löhr, BauGB, § 1 a, Rn. 37; *Erbguth/Schlacke*, in: Umweltrecht, § 16, Rn. 68.

des § 1a V BauGB[1451] sind die Erfordernisse des Klimaschutzes in der Abwägung zu berücksichtigen, wobei auch dieser Belang nur gleichberechtigt – nicht aber vorrangig – ins Verhältnis zu anderen Belangen zu setzen ist.[1452] Es handelt sich hierbei nicht um ein Optimierungsgebot,[1453] sondern um einen „***bloßen Planungsgrundsatz***".[1454] Daher ist sind die Belange des Klimaschutzes nach den jeweiligen Umständen des Einzelfalls auch überwindbar, da keine „*allgemeine Klimaschutzpolitik*" betrieben werden muss.[1455] Ferner ist gem. § 1 VI Nr. 7 f BauGB die Nutzung erneuerbarer Energien als Belang des Umweltschutzes bei der Aufstellung eines Bauleitplans zu berücksichtigen. Auch hieraus folgt kein Fördergebot, wodurch die vorgenannten Belange im Vergleich zu weiteren – öffentlichen und privaten – Interessen schwerer zu gewichten wären.[1456] Es wäre sogar abwägungsfehlerhaft,[1457] wenn sich die planende Gemeinde soweit gebunden fühlt, dass sie andere, notwendigerweise in die Abwägung miteinzustellende Belange unbeachtet lässt.[1458]

Die mögliche Fehlerfolge eines **Abwägungsfehlers** bestimmt sich nach § 214 ff BauGB.[1459] Ein stets beachtlicher Fehler in diesem Sinne liegt vor, wenn der Windenergie feststellbar nicht substanziell Raum verschafft wurde.[1460] Hieraus kann sogar die Unwirksamkeit der gesamten Planung zur Folgen haben. So „*zerplatzt das gesamte Steuerungssystem wie ein mit einer feinen Nadel angestochener Luftballon*".[1461]

Im Hinblick auf die geplante Steuerungswirkung des Planvorbehalts nach § 35 III 3 BauGB und die für Windenergienutzung bedeutsame Ausschlusswirkung zeigen sich die weitreichenden Folgen von beachtlichen Fehlern bei der Festsetzung von Konzentrationsflächen. Denn ist der Flächennutzungsplan unwirksam, können die Wirkungen des Planvorbehalts nicht aktiviert werden und es gilt der „*normale*"

1451 „*1 Den Erfordernissen des Klimaschutzes soll sowohl durch Maßnahmen, die dem Klimawandel entgegenwirken, als auch durch solche, die der Anpassung an den Klimawandel dienen, Rechnung getragen werden. 2 Der Grundsatz nach Satz 1 ist in der Abwägung nach § 1 Absatz 7 zu berücksichtigen.*"

1452 *Otting*, in: REE 2011, 125 (126).

1453 U.a. *Otto*, in: ZfBR 2013, 434 (436).

1454 *Antweiler/Gabler*, in: BauR 2012, 39 (42); *Söfker*, in: ZfBR 2011, 541 (542).

1455 *Antweiler/Gabler*, in: BauR 2012, 39 (42).

1456 *Frey*, in: DÖV 2013, 547 (549); *Mitschang*, in: BauR 2013, 29 (31).

1457 Zu den verschiedenen Abwägungsfehlerkategorien siehe bereits Ausführungen oben unter 1. Teil, 2. Abschnitt, C. I. 1. b).

1458 OVG Berlin-Brandenburg, Urteil vom 14.09.2010, Az.: 2 A 1.10, Rn. 40 – zitiert nach *juris*; OVG Magdeburg, Urteil vom 14.05.2009, Az.: 2 L 255.06, Rn. 50 – zitiert nach *juris*; *Scheidler*, in: KommJur 2012, 367 (371); *ders.*, in: VerwArch, 2012, 587 (599) mit Hinweis auf OVG Münster, Urteil vom 15.07.2002, Az.: 7 A 860/01, Rn. 130 – zitiert nach *juris*.

1459 Siehe hierzu Ausführungen bei dem Abwägungsgebot nach § 1 VII BauGB oben unter A. III.

1460 *Gatz*, in: FS Stüer, S. 180.

1461 *Battis/Krautzberger/Mitschang/Reidt/Stüer*, in: NVwZ 2011, 897 (903); *Stüer*, in: DVBl. 2013, 509.

Rechtszustand im Außenbereich. Somit sind WEA im Außenbereich dann als privilegiertes Vorhaben gem. § 35 I Nr. 5 BauGB grundsätzlich an jedem Ort zulässig.[1462]

Um eine solch erhebliche Fehlerfolge zu umgehen, wird in der Literatur die Möglichkeit diskutiert, Flächennutzungspläne so vorausschauend zu planen, dass im schlimmsten Fall nur die Konzentrationszonenausweisung unwirksam und der Flächennutzungsplan nur teilungültig ist. Im Übrigen soll die gesamträumliche Planung erhalten bleiben und nicht das gesamte Planwerk in sich zusammenfallen.[1463] Voraussetzung hierfür soll sein, dass der Flächennutzungsplan von Beginn an so aufgestellt wird, dass ungeachtet der festgelegten Konzentrationszonen für Windenergie der Plan im Übrigen eine unabhängige Gesamtplanung zum Inhalt hat.[1464]

Es bestehen erhebliche Zweifel daran, dass ein solches Vorhaben in der Planungspraxis überhaupt umgesetzt werden kann. Denn vor dem Hintergrund, dass der Konzentrationsflächenplanung ein schlüssiges gesamträumliches Planungskonzept zugrunde liegen soll, sind die Ausweisungen zugunsten der Windenergienutzung nicht unabhängig von den weiteren Nutzungen im Plangebiet, da auf Grundlage der gesamträumlichen Gegebenheiten geplant wurde. Bereits aus diesem Grunde vermag die Überlegung einer möglichen Teilbarkeit des planerischen Gesamtgefüges nicht zu überzeugen. Ein weiteres Argument gegen die vorgenannte Überlegung ist systematischer Art. Der Gesetzgeber hat den sachlichen und örtlichen Teilflächennutzungsplan (hierzu sogleich ausführlich unter II.) vorgesehen, um Einzelräume zu überplanen. Hiermit steht dem Plangeber ein Instrument zur Verfügung, bei welchem das Risiko für die gesamte Planung überschaubar ist, da dieser selbstständig – und vor allem unabhängig vom Gesamtflächennutzungsplan – wirksam und gerichtlich anfechtbar ist.[1465] Demzufolge ist es für den Plangeber sinnvoll, sachliche und örtliche Teilflächennutzungspläne für WEA im Plangebiet aufzustellen, damit das Risiko im Falle des Vorhandenseins beachtlicher Fehler überschaubar bleibt.[1466]

II. Teilflächennutzungsplan

Grundsätzlich ist gem. § 5 I 1 BauGB ein Flächennutzungsplan für das gesamte Gemeindegebiet aufzustellen. Der Gesetzgeber hat 2011 im Rahmen der Klimaschutznovelle[1467] den § 5 IIb BauGB neugefasst und dadurch die Möglichkeit eines **räumlichen und sachlichen Teilflächennutzungsplans** für den kommunalen

1462 Vgl. BVerwG, Urteil vom 13.03.2003, Az.: 4 C 4.02, Rn. 15 – zitiert nach *juris.*

1463 *Frey*, in: DÖV 2013, 547 (551).

1464 *Frey*, in: DÖV 2013, 547 (551).

1465 Zur selbstständigen Anfechtbarkeit BVerwG, Beschluss vom 15.09.2009, Az.: 4 BN 25/09, Rn. 5 f – zitiert nach *juris.*

1466 In diesem Sinne *Mitschang*, in: Battis/Krautzberger/Löhr, BauGB, § 5, Rn. 35 e.

1467 Gesetz zur Stärkung der klimagerechten Entwicklung in den Städten und Gemeinden vom 30.07.2011 (BGBl. I 1509).

Plangeber erweitert.[1468] Dieses Instrument wurde mit Blick auf die Förderung des Klimaschutzes geschaffen, das die Praxis unterstützen und den Handlungsspielraum der Gemeinden vor allem im Hinblick auf die Ausweisungsmöglichkeiten von Konzentrationszonen von Windenergie erweitern sollte.[1469] Neben dem § 15 III BauGB (hierzu sogleich) verstärkt der § 5 IIb BauGB die Steuerungswirkung des § 35 III 3 BauGB.[1470] § 5 IIb BauGB darf aber nicht dahingehend verstanden werden, dass der kommunale Plangeber auf den Teilflächennutzungsplan zurückgreifen muss, um die Rechtswirkungen des § 35 III 3 BauGB erzielen zu können.[1471]

Beim Teilflächennutzungsplan handelt es sich um gegenüber dem Gesamt-Flächennutzungsplan **eigenständiges Planungsinstrument**.[1472] Dadurch hat die Gemeinde die Möglichkeit, Standorte für die Windenergienutzung rechtlich unabhängig vom Gesamtflächennutzungsplan zu bestimmen, sei es durch Neuplanung oder Änderung der bestehenden planerischen Entscheidungen im Gesamtflächennutzungsplan.[1473] Letzterer existiert neben einem sachlichen Teilflächennutzungsplan fort und bleibt in den eigenen Festsetzungen unberührt.[1474] Es ist gem. § 5 II b BauGB auch möglich, mehrere Teilflächennutzungspläne im Gemeindegebiet aufzustellen, die nebeneinander Geltung haben können.[1475] Hieran wird deutlich, dass die Gemeinde nicht zwingend eine Planungsentscheidung nebst Abwägung im Hinblick auf die Windenergienutzung für das gesamte Gemeindegebiet treffen muss, sondern sich auf Teilbereiche beschränken darf.[1476]

Der Teilflächennutzungsplan hat dieselbe Rechtsnatur wie der *„normale“* Flächennutzungsplan.[1477] Daher finden sowohl die verfahrensrechtlichen als auch

---

1468 Die Norm wurde aber bereits 2004 durch das EAG Bau (Europarechtsanpassungsgesetz Bau (*„EAG Bau“*) mit Wirkung zum 20.07.2004 (BGBl. I 1359) neu geschaffen.

1469 Gesetzesbegründung BT-Drs 17/6076, S. 6. Vgl. auch *Wickel*, in: Ehlers/Fehling/Pünder, Besonderes Verwaltungsrecht, Bd. 2, § 40, Rn. 256, wonach durch den sachlichen Teilflächennutzungsplan die Schaffung von Konzentrationszonen erleichtert wird.

1470 *Unruh*, in: Hk-VerwR, § 47 VwGO, Rn. 36.

1471 *Bringewat*, in: NVwZ 2013, 984 (985).

1472 *Söfker*, in: ZfBR 2013, 13 (17).

1473 *Portz/Richter*, in: KommJur 2014, 2 (6). Zu den unterschiedlichen Anwendungsfällen ausführlicher *Mitschang*, in: Battis/Krautzberger/Löhr, BauGB, § 5, Rn. 35 f-h; *Söfker*, in: ZfBR 2013, 13 (17 ff). Soweit eine Änderung der planerischen Entscheidung durch den Teilflächennutzungsplan herbeigeführt werden soll, hat gegebenenfalls eine Änderung des Gesamtflächennutzungsplan zu erfolgen, *Söfker*, in: ZfBR 2013, 13 (17).

1474 Vgl. hierzu auch die Hinweise zur Planung und Genehmigung von WKA Bayerns vom 20.12.2011, Ziff. 5.1: *„Mit dem sachlichen Teilflächennutzungsplan schneidet die Gemeinde quasi einen Regelungsbereich aus dem Gesamtflächennutzungsplan heraus und regelt ihn in einem eigenen Planwerk.“*

1475 *Scheidler*, in: GewArch Beilage WiVerw Nr. 03/2011, 117 (141).

1476 *Scheidler*, in: GewArch Beilage WiVerw Nr. 03/2011, 117 (141).

1477 *Mitschang*, in: Battis/Krautzberger/Löhr, BauGB, § 5, Rn. 35 e.

die materiell-rechtlichen Anforderungen des Flächennutzungsplans entsprechend bei der Aufstellung des Teilflächennutzungsplans Anwendung.[1478] Hieraus folgt, dass auch beim Teilflächennutzungsplan hinsichtlich der Windenergienutzung ein **schlüssiges gesamträumliches Konzept** zu entwickeln ist und die Vorgaben zur Substanzialität eingehalten sein müssen. Nicht möglich ist eine pauschale Beantwortung der Frage, welche Anforderungen an Größe, Qualität und Zuschnitt zu stellen sind.[1479] Vielmehr gelten grundsätzlich die unter A. dargestellten allgemeinen Anforderungen, insbesondere das Erforderlichkeits- und Abwägungsgebot, deren Einhaltung im Einzelfall zu prüfen ist.

Durch die Aufstellung können die Rechtswirkung des Planvorbehalts nach § 35 III 3 BauGB in dem überplantem Gebiet in gleichem Maße wie beim Gesamtflächennutzungsplan aktiviert werden, vgl. § 5 II b BauGB.[1480] Diese Norm ist aber nicht dahingehend zu verstehen, dass Teilflächennutzungspläne nur aufgestellt werden könnten, wenn sie ausschließlich Darstellungen im Sinne des § 35 III 3 BauGB enthalten.[1481] Außerdem führen Festsetzungen im Teilflächennutzungsplan nicht dazu, dass eine Ausschlusswirkung von Windenergie im übrigen Gemeindegebiet eintritt.[1482]

Vorteil des Teilflächennutzungsplans ist das vergleichsweise geringere Risiko (s.o.), insbesondere wegen der von dem Gesamtflächennutzungsplan unabhängigen Wirksamkeit und die isolierte Anfechtungsmöglichkeit.[1483] Außerdem ist die schnellere Aufstellungsmöglichkeit durch den Verzicht auf die Durchführung eines umfassenden Verfahrens für die Neuaufstellung eines Gesamtflächennutzungsplans für den Plangeber attraktiv. Hierdurch ist die Schwelle für die Bereitschaft zur Aufstellung von Flächennutzungsplänen zugunsten von Windenergie gesunken.[1484]

III. Zurückstellungsmöglichkeit

In der planerischen Praxis kann das Problem auftauchen, dass die Gemeinde sich in der Phase der Aufstellung oder Änderung eines Flächennutzungsplans befindet und nun durch ein beantragtes Vorhaben zu befürchten ist, dass die Durchführung der Planung durch das Vorhaben unmöglich gemacht oder zumindest wesentlich erschwert wird. Um die Steuerungsmöglichkeit des § 35 III 3 BauGB zu erhalten

1478 *Scheidler*, in: GewArch Beilage WiVerw Nr. 03/2011, 117 (142).
1479 *Tigges*, in: ZNER 2012, 127 (132).
1480 *Söfker*, in: ZfBR 2013, 13 (17). Ausführlich *Kley*, in: *„Der Teilflächennutzungsplan“*, 1. Auflage, Hamburg, 2009.
1481 Gesetzesbegründung, BT-Drs 17/6076, S. 9.
1482 *Scheidler*, in: GewArch Beilage WiVerw Nr. 03/2011, 117 (141) m.w.N.
1483 Vgl. Ausführungen unter II. zu der Frage der Unwirksamkeit von Flächennutzungsplänen.
1484 *Kment*, in: DVBl. 2012, 1125 (1127); *Scheidler*, in: GewArch Beilage WiVerw Nr. 03/2011, 117 (141).

und die entsprechenden Planungsabsichten der Gemeinde vorläufig zu sichern,[1485] hat der Gesetzgeber im Jahr 2004 die Regelung des § 15 III in das Baugesetzbuch eingefügt.[1486] Auf Grundlage dieser Norm kann die Genehmigungsbehörde eine Entscheidung über die Zulässigkeit von Vorhaben nach § 35 I Nr. 2 – 6 BauGB für einen Zeitraum von bis zu einem Jahr aussetzen, wenn die Gemeinde beschlossen hat, einen Flächennutzungsplan aufzustellen, zu ändern oder zu ergänzen, mit dem die Rechtswirkungen des § 35 III 3 BauGB erreicht werden sollen. Das bedeutet, dass der künftige Flächennutzungsplan Darstellungen für Konzentrationszonen enthalten muss.[1487] Anerkanntermaßen ist § 15 III BauGB auch im immissionsschutzrechtlichen Genehmigungsverfahren anwendbar.[1488]

Die **Zurückstellungsmöglichkeit** kann nur unter der weiteren Voraussetzung in Anspruch genommen werden,[1489] dass andernfalls zu befürchten ist, dass die Durchführung der Planung durch das beantragte Vorhaben unmöglich oder wesentlich erschwert wird, § 15 III 1, Hs. 1 BauGB.[1490] Wie konkret der **Planungsstand** zur Bejahung der Zurückstellungsmöglichkeit sein muss, wird unterschiedlich beurteilt. Nach der Rechtsprechung ist eine Zurückstellungsmöglichkeit nur in den Fällen zu bejahen, in denen der Windenergienutzung durch die Planung absehbar

---

1485 BayVGH, Beschluss vom 11.12.2013, Az.: 22 CS 13.2122, Rn. 13 f – zitiert nach *juris*. *Frey*, in: DÖV 2013, 547 (551). Ausführliche Abgrenzung zu anderen Sicherungsinstrumenten *Scheidler*, in: ZfBR 2012, 123.

1486 Gesetz zur Anpassung des Baugesetzbuchs an EU-Richtlinien vom 24.06.2004, BGBl. I 1359. Zum neuen § 15 III 4 BauGB vgl. *Battis/Mitschang/Reidt*, in: NVwZ 2013, 961 (964); *Rieger*, in: ZfBR 2012, 430 (431 f); *Scheidler*, in: WiVerw 2014, 56 (62).

1487 *Mitschang*, in: Battis/Krautzberger/Löhr, BauGB, § 15, Rn. 14.

1488 Die Vorschrift nennt nur die Baugenehmigungsbehörde als Entscheidungsträger. Die Vorschrift muss aber über einen erst-recht-Schluss auch für Verfahren mit Konzentrationswirkung wie das immissionsschutzrechtliche Genehmigungsverfahren über § 13 BImSchG gelten. Denn in diesen Fällen trifft die Baugenehmigungsbehörde selbst gar keine Entscheidung, sondern die nach Immissionsschutzrecht zuständige Behörde. Daher ist § 15 III BauGB auch in den Genehmigungsverfahren nach § 4 BImSchG anwendbar, vgl. VG Ansbach, Urteil vom 30.07.2014, Az.: AN 11 K 14.00328, Rn. 19 – zitiert nach *juris*; VG Augsburg, Beschluss vom 19.05.2014, Az.: Au 4 S 14.242, Au 4 S 14.243, Rn. 60 – zitiert nach *juris*; BayVGH, Beschluss vom 05.12.2013, Az.: 22 CS 13.1757, Rn. 19 – zitiert nach *juris*; OVG Rheinland-Pfalz, Urteil vom 10.02.2010, Az.: 8 B 1652/09.AK, Rn. 31 – zitiert nach *juris*; VG Stade, Beschluss vom 02.06.2008, Az.: 2 B 475/08, Rn. 6 – zitiert nach *juris*. So auch *Frey*, in: DÖV 2013, 547 (551); *Rieger*, in: ZfBR 2012, 430 (432) m.w.N.; *Scheidler*, in: ZfBR 2012, 123 (124 f).

1489 Ausführlich zu den einzelnen Tatbestandsvoraussetzungen des § 15 III BauGB *Rieger*, in: ZfBR 2012, 430 (433 f); *Scheidler*, in: ZfBR 2012, 123 (125 f).

1490 Zum Meinungsstand, wann eine inhaltliche Gefährdung der Konzentrationszonenplanung anzunehmen ist, *Frey*, in: DÖV 2013, 547 (552) m.w.N.

substanziell Raum verschafft werden kann.[1491] Dies kann im Abgleich mit den realen planerischen Möglichkeiten nicht überzeugen. Denn kaum eine Gemeinde kann zu Beginn der Planungen absehen, welche Hindernisse im Rahmen der Planung auftauchen bzw. ob sie überwunden werden können. Eine solche Prognose ist schwerlich möglich, so dass die Messlatte für die Tatbestandsmäßigkeit des § 15 III BauGB nicht derart hoch angelegt werden darf.[1492] Deutlich wird dies an einem Beispiel zum Artenschutzrecht. Nur durch umfangreiche Gutachten, welche regelmäßig einen nicht unerheblichen Zeitfaktor beanspruchen, lässt sich beurteilen, ob artenschutzrechtliche Verbote einschlägig sind und gegebenenfalls in eine Ausnahme- oder Befreiungslage hineingeplant werden kann und demnach eine Bauleitplanung gem. § 1 III BauGB erforderlich ist oder nicht.[1493] Solche Prognoseunsicherheiten zu Beginn der Planung rechtfertigen nicht die Versagung der Anwendbarkeit des § 15 III BauGB. Ausreichend ist es, wenn zumindest die Möglichkeit besteht, den fachrechtlichen Anforderungen nach aktuellem Planungsstand gerecht werden zu können. So muss Gemeinde zumindest der erforderliche Raum gegeben werden, die Grundlagen für die planerische Entscheidung schaffen zu können, soweit keine offensichtlichen Belange der Erforderlichkeit der Flächennutzungsplanung nach § 1 III BauGB entgegenstehen.

Soweit **besondere Umstände** es erfordern, kann die Behörde gem. § 15 III 4 BauGB auf Antrag die Entscheidung sogar noch um ein weiteres Jahr aussetzen.[1494] Die Einführung der verlängerten Frist mit der Baurechtsnovelle 2013 ist Ergebnis der bekannten praktischen Erfahrungen, wonach ein Jahr gerade bei der Planung von Konzentrationszonen für Windenergienutzung mit der Wirkung des § 35 III 3 BauGB regelmäßig zu kurz ist:

> *„Eine Konzentrationsflächenausweisung erfordert in der Regel ein transparentes und komplexes Verfahren mit entsprechender Öffentlichkeits- und Behördenbeteiligung sowie die Einholung von (Wind-)Gutachten und Standortanalysen, um den Ansprüchen der aktuellen Rechtsprechung zu genügen (‚dem Wind substantiell Raum verschaffen'). Ein Jahr kann für eine gründliche, abgewogene Planung oft zu kurz sein.“*[1495]

1491 VGH München, Beschluss vom 20.04.2012, Az.: 22 CS 12.310, Rn. 16 – zitiert nach *juris*; Beschluss vom 22.03.2012, Az.: 22 CS 12.349, 22 CS 12.356, Rn. 10 – zitiert nach *juris*. Das VG Ansbach, Urteil vom 30.07.2014, Az.: AN 11 K 14.00328, Rn. 20 – zitiert nach *juris* hält dafür positive Darstellungen für Windenergie für erforderlich.

1492 So auch *Rieger*, in: ZfBR 2012, 430 (433). Vgl. zu der Bewertung der möglicherweise fehlenden Grundstücksverfügbarkeit *Werner/Würfel*, in: NVwZ 2013, 263 (265).

1493 Siehe hierzu Ausführungen oben unter A. I.

1494 Dieser Satz 4 wurde mit der *„Innenentwicklungsnovelle“* im Jahr 2013 eingefügt, um den praktischen Schwierigkeiten bei der Planung von Flächennutzungsplänen zu begegnen, da diese regelmäßig länger als ein Jahr dauern, vgl. *Mitschang*, in: Battis/Krautzberger/Löhr, BauGB, § 15, Rn. 16; *Scheidler*, in: WiVerw 2014, 56 (62).

1495 Stellungnahme des Bundesrates, BT-Drs. 17/11468, S. 21.

Besondere Umstände[1496] im Sinne des § 15 III 4 BauGB können beispielsweise ein notwendigerweise einzuholendes ornithologisches Gutachten sein, durch welches die artenschutzrechtliche Situation auf dem zu beplanenden Gebiet mit Blick auf die Zugriffsverbote des § 44 I BNatSchG festgestellt werden soll. Insgesamt ist es positiv zu bewerten, dass durch eine unbeeinträchtigte Konzentrationsflächenplanung mehr Flächen für WEA zur Verfügung gestellt werden können und diese Zurückstellungsmöglichkeit somit mittelbar förderlich für die Belange der Energiewende ist.

IV. Darstellungsmöglichkeiten für Windenergienutzung

Dem BauGB selbst sind unterschiedliche **Darstellungsmöglichkeiten** für die geplante Windenergienutzung zu entnehmen, wobei die Gemeinde die Wahl- und *„Darstellungshoheit“* hat.[1497] Die folgenden Darstellungsmöglichkeiten nach **§ 5 II BauGB**[1498] kommen hierfür im Flächennutzungsplan in Betracht:[1499]

– *Nr. 1: die für die Bebauung vorgesehenen Flächen nach der allgemeinen Art ihrer baulichen Nutzung (Bauflächen), nach der besonderen Art ihrer baulichen Nutzung (Baugebiete) sowie nach dem allgemeinen Maß der baulichen Nutzung*
– *Nr. 2b: die Ausstattung des Gemeindegebiets mit [...] Anlagen, Einrichtungen und sonstigen Maßnahmen, die dem Klimawandel entgegenwirken, insbesondere zur dezentralen und zentralen Erzeugung, Verteilung, Nutzung oder Speicherung von Strom [...] aus erneuerbaren Energien*
– *Nr. 2c: die Ausstattung des Gemeindegebiets mit Anlagen, Einrichtungen und sonstigen Maßnahmen, die der Anpassung an den Klimawandel dienen,*
– *Nr. 4: Flächen für Versorgungsanlagen*

1496 Vergleiche hierzu auch die nicht abschließende Aufzählung im Muster-Einführungserlass zur BauGB-Novelle 2013 vom 20.09.2013, S. 13. Hiernach sind beispielhaft folgende Sachverhalte als besondere Umstände zu werten: Gutachten zu Umweltauswirkungen sind nicht abgeschlossen, Stellungnahmen beteiligter Behörden liegen wegen erforderlicher, insbesondere auch rechtlicher Maßnahmen noch nicht vor, die Öffentlichkeitsbeteiligung nach § 3 II BauGB und § 4a III BauGB (erneute öffentliche Auslegung) und deren Auswertung sind noch nicht abgeschlossen, die interkommunale Zusammenarbeit nach § 2 II BauGB erfordert eine umfangreichere Abstimmung und damit einen erhöhten Zeitaufwand.

1497 Vgl. insoweit *Gatz*, in: Windenergieanlagen in der Verwaltungs- und Gerichtspraxis, Rn. 111.

1498 Zu der Änderung und Ergänzung des § 5 II BauGB siehe ausführlicher *Antweiler/Gabler*, in: BauR 2012, 39 (42).

1499 *Frey*, in: DÖV 2013, 547 (548); *Mitschang*, in: BauR 2013, 29 (40); *Mitschang/Schwarz/Kluge*, in: UPR 2012, 401 (403). (Anm.: Sämtlicher Hervorhebungen durch die Verfasserin.)

Der Katalog des § 5 II BauGB ist durch die Verwendung des Wortes „*insbesondere*“ nicht abschließend. Hieraus folgt, dass **weitere Darstellungen** möglich sind, von denen die Praxis auch Gebrauch macht. Analog zur Raumordnungsplanung wird auf die Kategorien der Vorrang- und Eignungsflächen zurückgegriffen.[1500] Grundbedingung ist hierbei, dass die gewählten Darstellungen auch in einem späteren Bebauungsplans festgesetzt werden können. Der § 9 I BauGB begrenzt insoweit die Festsetzungsmöglichkeiten.[1501]

V. Fazit

Der Flächennutzungsplan ist ein praktisch bedeutsames Planungsinstrument zur Schaffung verbindlicher Vorgaben für die künftige Windenergienutzung auf dem Gemeindegebiet. Die Bestimmung von Konzentrationsflächen vollzieht sich nach der Rechtsprechung ebenfalls über die Ausschlussmethode, die auch in diesem Zusammenhang nicht als zwingend, sondern allenfalls empfehlenswert einzuordnen ist. Demnach gelten die Ausführungen auf Raumordnungsebene zu dem schrittweisen Vorgehen ebenso für die Flächennutzungsplanung. So sollten harte Tabuzonen auch im Rahmen der Flächennutzungsplanung nur restriktiv festgelegt werden.

Nach der Bestimmung der Tabuzonen verbleiben die Potenzialflächen. Im Rahmen einer umfassenden Abwägung nach § 1 VII BauGB sind die konkurrierenden Belange zueinander in Beziehung zu setzen und möglichst in schonenden Ausgleich zu bringen. Der Gesetzgeber hat durch die Klimaschutznovelle einige Regelungen eingefügt, wonach Bedeutung und Notwendigkeit von erneuerbaren Energien in die Abwägungsentscheidung einzubeziehen sind. Hieraus folgt aber kein pauschaler Vorrang vor anderen Belangen wie beispielsweise den naturschutzrechtlichen Interessen. Wurden Fehler im Rahmen der Abwägung gemacht, ist zu prüfen, ob diese Mängel auch beachtlich sind und dadurch zur Unwirksamkeit der Gesamtflächennutzungsplans führen. Eine vorausschauende Planung zur Vermeidung der Gesamtunwirksamkeit bei Fehlern in der Planung kann nach der hier vertretenen Ansicht nicht gelingen. Denn einzelne Bereiche können bei einem schlüssigen gesamträumlichen Konzept kaum ausgeklammert werden. Ferner hat der Gesetzgeber unter anderem für die Konstellationen der Konzentrationsflächenplanung für Windenergie den sachlichen und räumlichen Teilflächennutzungsplan nach § 5 IIb BauGB geschaffen, der das Risiko erheblicher Folgen im Falle der Unwirksamkeit vermindern kann. Im Übrigen bleiben die weiteren Planungen im Gemeindegebiet von der Beachtlichkeit der Fehler unberührt. Der räumliche und sachliche Teilflächennutzungsplan dient der zeitnahen Planung von Windenergie und ist somit ein Förderinstrument für die Belange der Energiewende.

1500 *Mitschang*, in: BauR 2013, 29 (40); *Mitschang/Schwarz/Kluge*, in: UPR 2012, 401 (403).

1501 BVerwG, Urteil vom 18.08.2005, Az.: 4 C 13/04, Rn. 28 – zitiert nach *juris*. Vgl. auch *Kment*, in: DÖV 2013, 17 (21).

Ein weiteres, für die vorausschauende Planung von Windenergie besonders geeignetes Instrumentarium ist die Zurückstellungsmöglichkeit von Baugesuchen nach § 15 III BauGB. Durch die teilweise komplexen und langwierigen Aufstellungsverfahren von Flächennutzungsplänen gerade im Hinblick auf die Ausweisung von Konzentrationszonen für Windenergie kann die Planung, soweit sie durch etwaige Bauvorhaben gefährdet sein sollte, über die Zurückstellung gesichert werden. Nicht erforderlich ist, dass schon ein schlüssiges gesamträumliches Konzept ausgearbeitet wurde. Ausreichend ist vielmehr, dass die Planung nicht offensichtlich gegen das Erforderlichkeitsgebot verstößt. Bei der Planung von Windenergienutzung auf dem Gemeindegebiet kann ein Baugesuch gem. des neuen § 15 III 4 BauGB sogar zwei Jahre zurückgestellt werden, um der Komplexität in besonderen Fällen des Aufstellungsverfahrens gerecht zu werden.

C. Besondere Anforderungen an die Bebauungsplanung im Hinblick auf die Windenergienutzung

Auch über den Bebauungsplan können zur Windenergienutzung im Plangebiet verbindliche Aussagen gemacht werden.[1502] Durch dieses Planungsinstrument kann der kommunale Plangeber im Vergleich zu den übergeordneten Planungsebenen der Raumordnung und Flächennutzungsplanung umfassender, feiner und konkreter Windenergie im Plangebiet steuern.[1503] Grundsätzlich kann ein Bebauungsplan mit Festsetzungen zu Windenergie aufgestellt werden, wenn bisher keine Konzentrationszonen über einen Flächennutzungsplan festgesetzt worden sind.[1504] Sollten aber bereits über den Flächennutzungsplan positiv Aussagen mit der Wirkung des § 35 III 3 BauGB zur Windenergienutzung im Plangebiet gemacht worden sein, ist der kommunale Plangeber bei der Bebauungsplanung nicht vollkommen frei (**I.**). Denn der Bebauungsplan ist grundsätzlich aus dem Flächennutzungsplan gem. § 8 II BauGB zu entwickeln. Die Gemeinde hat verschiedene zur Verfügung stehende Festsetzungsmöglichkeiten mit Blick auf die Windenergienutzung, welche näher

1502 Hierbei könnte auch auf den vorhabenbezogenen Bebauungsplan nach § 12 I BauGB zurückgegriffen werden, bei dem beispielsweise der Vorhabenträger eines großen Windparks stark in die Aufstellung und in das Verfahren einbezogen ist. Vgl. zu den Besonderheiten und Anforderungen *Kohls*, in: Danner/Theobald, Energierecht, XIII. B 1, Rn. 240 ff.

1503 *Kment*, in: DÖV 2013, 17 (23); *Kohls*, in: Danner/Theobald, Energierecht, XIII. B 1, Rn. 232. Vgl. hierzu auch das Rundschreiben Windenergie Rheinland-Pfalz vom 28.05.2013, S. 13, Ziff. C. 5.1. Hierbei kann auch der § 249 I 3 BauGB eine Rolle spielen.

1504 In diesem Fall ist möglicherweise der Flächennutzungsplan zu ändern, vgl. *Scheidler*, in: WiVerw 2014, 56 (70). Hierzu kann ein Parallelverfahren nach § 8 III BauGB durchgeführt werden, vgl. *Scheidler*, in: GewArch Beilage WiVerw Nr. 03/2011, 117 (147).

beleuchtet werden (**II.**). Schließlich ist im Überblick auf die FFH-Verträglichkeitsprüfung bei der Bebauungsplanung einzugehen (**III.**).

I. Verhältnis zur Konzentrationsflächenplanung über den Flächennutzungsplan

Anders als bei der Raumordnungs- und Flächennutzungsplanung kann über Festsetzungen im Bebauungsplan kein Ausschluss von Windenergie andernorts im Plangebiet erreicht werden. Dadurch ist **keine gesamträumliche Steuerung** möglich.[1505] Soweit bereits über einen Flächennutzungsplan Konzentrationszonen zugunsten für Windenergie ausgewiesen wurden, kann die Gemeinde im Rahmen bestimmter Grenzen über den Bebauungsplan detaillierter feinsteuern.[1506] Hieran wird die im BauGB angelegte Zweistufigkeit der Bauleitplanung deutlich.[1507] Grundsätzlich hat der Plangeber die über den Flächennutzungsplan getroffene Entscheidung über die Umsetzbarkeit von Windenergie im Plangebiet entsprechend des **Entwicklungsgebots** nach § 8 II 1 BauGB zu respektieren und dementsprechend die Inhalte des Bebauungsplans daran auszurichten.[1508] Hierbei spielt der § 249 I 3 BauGB[1509] eine Rolle, durch welchen gewährleistet werden soll, dass Änderungen oder Ergänzungen durch Bebauungspläne nicht das Planungskonzept des vorhergehenden Flächennutzungsplans in Frage stellen.

Daher ist es im Rahmen der Bebauungsplanung grundsätzlich unzulässig, über den Flächennutzungsplan ausgewiesene Konzentrationsflächen räumlich einzuschränken[1510] bzw. ein Vorranggebiet faktisch zu verkleinern.[1511] Nur in **Ausnahmefällen** können im Bebauungsplan anderweitige abweichende Festsetzungen

---

1505 *Mitschang/Schwarz/Kluge*, in: UPR 2012, 401 (403).

1506 Vgl. BVerwG, Urteil vom 20.05.2010, Az.: 4 C 7/09, Rn. 49 – zitiert nach *juris*; OVG Münster, Urteil vom 14.04.2011, Az.: 8 A 320/09, Rn. 121 – zitiert nach *juris*; OVG Berlin-Brandenburg, Urteil vom 25.02.2010, Az.: OVG 2 A 18.07, Rn. 36 – zitiert nach *juris*. Siehe auch *Scheidler*, in: WiVerw 2014, 56 (69); *ders.*, in: VerwArch 2012, 587 (603); *ders.*, in: BauR 2011, 1103 (1104 f).

1507 *Wickel*, in: Ehlers/Fehling/Pünder, Besonderes Verwaltungsrecht, Bd. 2, § 40, Rn. 36.

1508 *Scheidler*, in: VerwArch 2012, 587 (603).

1509 § 249 I BauGB: „*Werden in einem Flächennutzungsplan zusätzliche Flächen für die Nutzung von Windenergie dargestellt, folgt daraus nicht, dass die vorhandenen Darstellungen des Flächennutzungsplans zur Erzielung der Rechtswirkungen des § 35 Absatz 3 Satz 3 nicht ausreichend sind. Satz 1 gilt entsprechend bei der Änderung oder Aufhebung von Darstellungen zum Maß der baulichen Nutzung. Die Sätze 1 und 2 gelten für Bebauungspläne, die aus den Darstellungen des Flächennutzungsplans entwickelt werden, entsprechend.*“

1510 OVG Berlin-Brandenburg, Urteil vom 17.12.2010, Az.: OVG 2 A 1.09, Rn. 45 – zitiert nach *juris*.

1511 OVG Münster, Urteil vom 14.04.2011, Az.: 8 A 320/09, Rn. 139 – zitiert nach *juris*.

getroffen werden.[1512] So sind die Windenergienutzung einschränkende Festsetzungen ausnahmsweise dann zulässig, wenn und soweit die Aufstellung des Bebauungsplans für die städtebauliche Entwicklung und Ordnung im Sinne des § 1 III BauGB erforderlich war und die von ihm berührten öffentlichen und privaten Belange gegeneinander und untereinander nach § 1 VII BauGB gerecht abgewogen worden sind.[1513]

Auch im Rahmen der Bebauungsplanung gelten die Vorgaben der Rechtsprechung, wonach der **Windenergie substanziell Raum zu verschaffen** ist.[1514] Eine (verkappte) Verhinderungsplanung ist ebenso wie bei den vorgeschalteten Planungsebenen verboten.[1515] Insoweit ist der Plangeber in seiner Abwägungsentscheidung eingeschränkt und der Bebauungsplan kann aufgrund eines erheblichen Abwägungsfehlers möglicherweise unwirksam sein.

§ 35 III 3 BauGB entfaltet nach Erlass eines Bebauungsplans keine Wirkung mehr, da durch entsprechende Festsetzungen im Bebauungsplan eine WEA bereits nach § 30 BauGB zulässig ist und daher die Vorschrift für den Außenbereich nicht mehr anwendbar ist. Dies stellt keinen Verstoß gegen das Entwicklungsgebot des § 8 II 1 BauGB dar.[1516] Denn über den Bebauungsplan durften die Vorgaben des Flächennutzungsplans nur konkretisiert, aber nicht verändert werden.

II. Festsetzungsmöglichkeiten für Windenergienutzung

Im Bebauungsplan können verschiedene Aspekte zur Windenergienutzung verbindlich geregelt werden, wobei Festsetzungen im Hinblick auf Art und Maß der baulichen Nutzung besonders relevant sind. Ausgangspunkt der rechtlichen Zulässigkeit mit Blick auf die **Art der baulichen Nutzung** ist § 9 BauGB i.V.m. mit den Vorgaben der BauNVO. So kann der Plangeber gem. §§ 9 I Nr. 1 BauGB i.V.m. § 11 II 2 BauNVO ein für die Windenergienutzung geeignetes Baugebiet als **sonstiges Sondergebiet** ausweisen: „*Als sonstige Sondergebiete kommen insbesondere in Betracht [...] Gebiete für Anlagen, die der Erforschung, Entwicklung oder Nutzung erneuerbarer Energien, wie Wind- und Sonnenenergie, dienen*". Grundsätzlich kann diese Festsetzung mit der Zweckbindung „***Windfarm***" versehen werden.[1517] Auch die Festlegung als **Versorgungsflächen** für Windenergie nach § 9 I Nr. 12 BauGB

1512 Vgl. OVG Koblenz, Beschluss vom 11.03.2004, Az.: 8 A 10189/04, Rn. 10 – zitiert nach *juris*. Siehe auch *Scheidler*, in: WiVerw 2014, 56 (69).

1513 OVG Berlin-Brandenburg, Urteil vom 17.12.2010, Az.: OVG 2 A 1.09, Rn. 44 – zitiert nach *juris* unter Hinweis auf Rechtsprechung des BVerwG, Beschluss vom 25.11.2003, Az.: 4 BN 60/03; Urteil vom 25.02.2010, Az.: OVG 2 A 18.07, Rn. 40 – zitiert nach *juris*.

1514 BVerwG, Beschluss vom 25.11.2003, Az.: 4 BN 60/03, Rn. 13 – zitiert nach *juris*.

1515 *Scheidler*, in: WiVerw 2014, 56 (69).

1516 *Söfker*, in: ZfBR 2013, 13 (19).

1517 Vgl. *Fehling*, in: Schneider/Theobald, Recht der Energiewirtschaft, § 8, Rn. 170 zu weiteren theoretischen Festsetzungsmöglichkeiten für die Windkraft, die aber bei

kommt in Betracht.[1518] Hierfür ist es notwendig, dass es sich bei der WEA als geplantes Vorhaben um eine Energieerzeugungsanlage handelt, die der Versorgung der Allgemeinheit dient und nicht nur den privaten Interessen Einzelner.[1519]

Ferner können über den Bebauungsplan gem. § 16 II BauNVO verbindliche Aussagen zum **Maß der baulichen Nutzung** getroffen werden. Soweit über den Bebauungsplan die Feinsteuerung der über den Flächennutzungsplan ausgewiesenen Konzentrationsflächen erreicht werden soll, wird in der Praxis auf die Möglichkeiten der Festsetzung bestimmter **Schutzabstände1520** durch Festlegung von Baugrenzen gem. § 23 III BauNVO oder **Höhenbeschränkungen** gem. § 16 II Nr. 4 BauNVO[1521] zurückgegriffen.[1522] Bei der Festsetzung bestimmter Höhenbegrenzungen ist durch die mögliche Betroffenheit der Baufreiheit des Vorhabenträgers darauf zu achten, dass diese von einer *„**legitimen planerischen Zielsetzung**“* getragen sind.[1523] An die Abwägung sind erhöhte Anforderungen zu stellen.[1524] Eine hierdurch resultierende eingeschränkte Wirtschaftlichkeit der WEA muss zumindest in die planerische Abwägungsentscheidung gem. § 1 VII BauGB miteingestellt und berücksichtigt werden.[1525] Aufgrund des technischen Fortschritts und der immer weiter

---

großen Vorhaben rechtlichen Hindernissen wie bspw. einer Höhenbegrenzung praktisch nicht möglich sind.

1518 *Beckmann*, in: KommJur 2012, 170 (171); *Kment*, in: DÖV 2013, 17 (23); *Kohls*, in: Danner/Theobald, Energierecht, XIII. B 1, Rn. 234 f; *Söfker*, in: ZfBR 2013, 13 (19). Zu der Änderung des § 9 I Nr. 12 BauGB siehe *Antweiler/Gabler*, in: BauR 2012, 39 (43). Aktuell ausführlich in der Literatur diskutiert wird die rechtlichen Beurteilung der Festsetzung eines sog. kommunalen Bürgerwindparks in solchen Gebieten, vgl. unter anderem *Bringewat*, in ZUR 2013, 82 ff; *Kruse/Legler*, in: ZUR 2012, 348 ff; *Kümper/Milstein*, in: ZfBR 2013, 742 (746); *Patzelt*, in: ZUR 2014, 89 ff.

1519 *Kohls*, in: Danner/Theobald, Energierecht, XIII. B 1, Rn. 235.

1520 BVerwG, Urteil vom 20.05.2010, Az.: 4 C 7/09, Rn. 49 – zitiert nach *juris*; Urteil vom 21.10.2004, Az.: 4 C 3/04, Rn. 37 f – zitiert nach *juris*. Die Baugrenzen können sich sowohl auf Fundament und Turm als auch auf den Rotor der WEA beziehen, vgl. *Scheidler*, in: VerwArch 2012, 587 (606).

1521 BVerwG, Beschluss vom 25.11.2003, Az.: 4 BN 60/03, Rn. 8 – zitiert nach *juris*; OVG Münster, Urteil vom 14.04.2011, Az.: 8 A 320/09, Rn. 128 – zitiert nach *juris*; OVG Koblenz, Urteil vom 21.01.2011, Az.: 8 C 10850/10, Rn. 47 – zitiert nach *juris*; OVG Lüneburg, Urteil vom 21.12.2010, Az.: 12 KN 71/08, Rn. 29 – zitiert nach *juris*; Beschluss vom 22.07.2003, Az.: 1 LA 238/02, Rn. 12 – zitiert nach *juris*. Siehe auch *Scheidler*, in: VerwArch 2012, 587 (604).

1522 *Mitschang*, in: BauR 2013, 29 (50); *Portz/Richter*, in: KommJur 2014, 2 (6); *Scheidler*, in: WiVerw 2014, 56 (69).

1523 *Scheidler*, in: GewArch 2012, 587 (604).

1524 Vgl. Bayrische Hinweise zur Planung und Genehmigung von WKA vom 20.12.2011, Ziff. 5.1.

1525 VG Minden, Urteil vom 30.08.2011, Az.: 11 K 450/11, Rn. 60 – zitiert nach *juris*. Vgl. hierzu auch das Rundschreiben Windenergie Rheinland-Pfalz vom 28.05.2013, S.11, Ziff. C. 4.2, wonach eine solche nur dann zulässig ist, wenn sie aufgrund der konkreten Situation notwendig und aus städtebaulichen Aspekten begründet ist.

zunehmenden möglichen Höhe von WEA können vorhandene Höhenbeschränkungen ein reales **Hindernis** für die spätere Umsetzbarkeit von WEA im Plangebiet sein. Demnach sind die konfligierende Belange, wie beispielsweise der gegen (zu) hohe WEA sprechende Landschaftsschutz, und die grundrechtlich geschützten Interessen des Vorhabenträgers sowie die Belange der Energiewende gegeneinander gerecht abzuwägen. Im Einzelfall können sich die Belange des Landschaftsschutzes gegenüber der Wirtschaftlichkeit einer Anlage durchsetzen.[1526]

Als weitere zulässige Festlegung erachtet die Rechtsprechung die Bestimmung eines konkreten **Standorts** von WEA innerhalb der Konzentrationszone.[1527] Jedoch dürfen keine verbindlichen Vorgaben zu der Anzahl der WEA im Plangebiet gemacht werden, da eine solche Festsetzung dem der Baunutzungsverordnung zugrundeliegenden System der vorhabenbezogenen Typisierung widerspräche.[1528] Ferner ist eine **Geräuschkontingentierung** im Hinblick auf die notwendig einzuhaltenden immissionschutzrechtlichen Vorgaben im Bebauungsplan zulässig.[1529] Wie bereits dargestellt, hat der kommunale Plangeber bei allen Festsetzungen darauf zu achten, dass das planerische Konzept des Flächennutzungsplan vor allem im Hinblick auf die Substanzialität der Planung durch den Bebauungsplan nicht unterlaufen, sondern bloß weiter konkretisiert werden darf.[1530]

Eine **unzulässige Festsetzung** liegt vor, wenn konkret die Art und Weise des Betriebes der Anlage in Form einer subjektiven Beschränkung der potenziellen Betreiber bzw. Vorhabenträger angeordnet und damit gleichzeitig eine negative Ausschlusswirkung für alle anderen Betreiber bewirkt werden soll, so beispielsweise zum Betrieb von WEA in Form eines sog. **Bürgerwindpark**.[1531] Denn der

---

1526 Beispielhaft OVG Lüneburg, Beschluss vom 22.07.2003, Az.: 1 LA 238/02, Ls.: „*Die Beeinträchtigung des Landschaftsbildes und des Tourismus können es rechtfertigen, die maximal zulässige Gesamthöhe von Windenergieanlagen auf 99,90 m festzusetzen, auch wenn die Höhe von 131 m eine bessere Wirtschaftlichkeit der Anlagen ergibt.*" Dieser Rechtsprechung folgend OVG Bautzen, Beschluss vom 16.03.2012, Az.: 2 L 2/11, Rn. 18 – zitiert nach *juris.*

1527 OVG Lüneburg, Urteil vom 21.12.2010, Az.: 12 KN 71/08, Rn. 29 – zitiert nach *juris.* Vgl. auch *Hermes*, in: Schneider/Theobald, Recht der Energiewirtschaft, § 7, Rn. 170.

1528 OVG Koblenz, Urteil vom 21.01.2011, Az.: 8 C 10850/10, Rn. 27 f – zitiert nach *juris.* Siehe auch *Scheidler*, in: BauR 2011, 1103 (1107).

1529 OVG Münster, Urteil vom 14.04.2011, Az.: 8 A 320/09, Rn. 92 ff – zitiert nach *juris* unter Hinweis auf die Rechtsprechung des BVerwG, Beschluss vom 27.01.1998, Az.: 4 NB 3/97, Rn. 3 – hier zitiert nach *juris.* Vgl. auch BVerwG, Beschluss vom 20.05.2003, Az.: 4 BN 57/02, Rn. 16 – zitiert nach *juris*: „*[...] immissionswirksame flächenbezogene Schallleistungspegel zur Gliederung von Baugebieten nach § 1 Abs. 4 Satz 1 Nr. 2 BauNVO mit der Begründung zugelassen hat, zu den besonderen Eigenschaften von Betrieben und Anlagen gehöre auch ihr Emissionsverhalten [...].*"

1530 *Mitschang*, in: BauR 2013, 29 (50).

1531 OVG Schleswig, Urteil vom 04.04.2013, Az. 1 LB 7/12, Rn. 45 – zitiert nach *juris.* Unter sog. Bürgerwindparks sind Windfarmen zu verstehen, an denen sich orts-

Plangeber hat stets Neutralität gegenüber vorhandener privater Wettbewerbsinteressen zu wahren. Einschlägige Instrumentarien auf kommunaler Ebene bei der Errichtung von WEA durch Bürgerbeteiligungsmodelle sind gegebenenfalls vertragliche Vereinbarungen und Maßnahmen, wie etwa städtebauliche Verträge oder Pachtmodelle.[1532]

III. FFH-Verträglichkeit

Die Fragen des Habitatschutzrechts sind grundsätzlich abschließend auf Ebene des Bebauungsplans abzuarbeiten.[1533] Gem. § 34 VIII BNatSchG[1534] gelten die vorstehenden Absätze I–VII des § 34 BNatSchG nicht für Vorhaben im Sinne des § 29 BauGB in Gebieten mit Bebauungsplänen nach § 30 BauGB. Hieraus folgt, dass auf Ebene der Vorhabenzulassung keine **FFH-Verträglichkeitsprüfung** mehr durchzuführen ist.[1535] Das bedeutet aber nicht, dass eine FFH-VP bei Bebauungsplänen grundsätzlich entbehrlich ist, sondern dass diese bei der Planaufstellung integriert ist.

Daher ist ein weiterer relevanter materieller Aspekt bei der Aufstellung eines Bebauungsplans der Ausgang einer FFH-VP. Der negative Ausgang dieser Prüfung erweist sich als **absolutes Verfahrenshindernis**, welches nicht im Wege der Abwägung nach § 1 VII BauGB überwunden werden kann. Denn aus der Vorgabe des § 34 II BNatSchG folgt für die Bebbauungsplanung, dass das Verbot der Schutzgebietsbeeinträchtigung abwägungsfest ist, d.h. unüberwindbar der Zulässigkeit entgegensteht.[1536] Daher ist auch auf Bebauungsplanebene gegebenenfalls eine Abweichungsprüfung nach § 34 III BNatSchG durchzuführen und – soweit erforderlich – die notwendigen Festsetzungen zur Vermeidung erheblicher Beeinträchtigungen zu treffen.[1537]

Zwar könnte man auf den ersten Blick Zweifel an der Vereinbarkeit mit europarechtlichen Vorgaben haben, da gem. Art 6 III, IV FFH-RL jedes schutzgebietsrelevante Projekt einer Prüfung zu unterziehen ist, eine solche auf Zulassungsebene aber nicht mehr stattfindet.[1538] Unionsrechtliche Bedenken bei § 34 VIII BNatSchG

---

ansässige Bürger konzeptionell und finanziell beteiligen können, vgl. Windenergieerlass NRW vom 11.07.2011, Ziff. 1.4. Vgl. Urteilsanmerkung *Bringewat*, in: ZUR 2013, 535 f. Ebenso *Kümper/Milstein*, in: ZfBR 2013, 742 (747); *Portz/Richter*, in: KommJur 2014, 2 (6).

1532 *Bringewat*, in: ZUR 2013, 82 (86); *Portz/Richter*, in: KommJur 2014, 2 (6). Zur gebotenen restriktiven Handhabung von Einheimischenmodellen vgl. *Kümper/Milstein*, in: ZfBR 2013, 742 (749 f).

1533 *Reidt*, in: Battis/Krautzberger/Löhr, BauGB, § 29, Rn. 31.

1534 Vgl. insoweit auch die parallele Vorschrift zur Eingriffsregelung in § 18 II BNatSchG, *Mühlbauer*, in: Lorz/Konrad/Mühlbauer/Müller-Walter/Stöckel, Naturschutzrecht, § 34, Rn. 37.

1535 Vgl. hierzu bereits oben unter 1. Teil, 3. Abschnitt, B. II. 2. a).

1536 *Hermes*, in: Schneider/Theobald, Recht der Energiewirtschaft, § 7, Rn. 89.

1537 *Reidt*, in: Battis/Krautzberger/Löhr, BauGB, § 29, Rn. 31.

1538 Vgl. insoweit auch *Gellermann*, in: Landmann/Rohmer, UmweltR, § 34, Rn. 60.

bestehen nach der hier vertretenen Auffassung jedoch nicht. Denn aus der FFH-RL lässt sich nicht entnehmen, dass eine Doppelprüfung zwingend erforderlich wäre. Daher ist der § 34 VIII BNatSchG dahingehend auszulegen, dass in den Fallgestaltungen, in denen im Bebauungsplanverfahren eine hinreichende Prüfung über die FFH-Verträglichkeit stattgefunden hat, keine weitere FFH-VP im Rahmen der Entscheidung einer Einzelzulassung notwendig ist. Sollte dies aber nicht der Fall sein, beispielsweise bei „*alten*" Bebauungsplänen, so ist in einem späteren Zulassungsverfahren für WEA eine FFH-VP durchzuführen.[1539] Das bedeutet, dass in der Vergangenheit noch gar keine FFH-VP verbindlich angeordnet war und eine solche demnach nicht durchgeführt worden ist.

IV. Fazit

Die verbindliche Steuerung von Windenergienutzung über den Bebauungsplan hat im Vergleich zum Raumordnungsrecht und der Flächennutzungsplanung eine vergleichsweise praktisch geringe Relevanz. Dadurch kommt der Bebauungsplanung nur eine beschränkte Bedeutung der Förderung von Windenergie und somit den Zielen der Energiewende zu. Soweit aber der Weg über den Bebauungsplan gewählt wird, sind die planerischen Restriktionen durch die Bindung an die übergeordneten Planwerke einzuhalten. Grundsätzlich ist der Bebauungsplan aus dem Flächennutzungsplan zu entwickeln. Hieraus folgt, dass nur in beschränktem Maße eine Feinsteuerung im Rahmen der bisherigen Vorgaben möglich ist. Kritisch zu sehen ist die planerische Möglichkeit der Festsetzung von Höhenbeschränkungen, wodurch moderne WEA aufgrund ihrer beachtlichen Höhen kaum noch genehmigungsfähig wären. Schließlich bleibt festzuhalten, dass auf Ebene des Bebauungsplans notwendigerweise eine FFH-VP durchzuführen ist. Aus naturschutzrechtlichen und unionsrechtlichen Gründen ist es nicht geboten, diese Prüfung sowohl auf Bebauungsplanebene als auch nochmals auf Zulassungsebene durchzuführen. Ausreichend ist eine einmalige Durchführung einer FFH-VP, so lange hierbei die gesetzlichen Voraussetzungen eingehalten wurden. § 34 VIII BNatSchG befreit nämlich nur von unnötigen und daher unzumutbaren Doppelprüfungen.

D. Fragen des Repowerings auf Bauleitplanungsebene

Wie bereits dargestellt, wird dem Repowering zur Erreichung der Ziele der Energiewende eine tragende Rolle zugeschrieben.[1540] Hierzu kann auch die Flächennutzungsplanung einen wertvollen Beitrag leisten, wobei der Gesetzgeber nunmehr

---

1539 *Gellermann*, in: Landmann/Rohmer, UmweltR, § 34, Rn. 60. AA *Mühlbauer*, in: Lorz/Konrad/Mühlbauer/Müller-Walter/Stöckel, Naturschutzrecht, § 34, Rn. 37 zumindest dahingehend, dass keine Bebauungspläne vor 1998 davon tangiert sind, da zum damaligen Zeitpunkt die Vorgaben der FFH-RL bzw. VRL nicht zu beachten war.

1540 Zur Bedeutung und den Vorteilen des Repowerings siehe bereits 1. Teil, 4. Abschnitt.

ausdrückliche Vorgaben in das Baugesetzbuch aufgenommen hat (**1.**). Schließlich sind die Möglichkeiten des Repowerings im Rahmen der Bebauungsplanung zu beleuchten (**2.**).

I. Repowering auf Ebene der Flächennutzungsplanung

Die Flächennutzungsplanung bietet in der Praxis oftmals die richtige Kulisse für Regelungen zum Repowering. Denn hierdurch kann der kommunale Plangeber die **Neuordnung der Standorte** für Windenergie erreichen und die Landschaft *„aufräumen"* sowie die Standorte für die Windenergie optimieren und Fehlentscheidungen in der Vergangenheit bei der Planung von Windenergienutzung korrigieren.[1541] Diese Ziele können dergestalt erreicht werden, dass neue Standorte für moderne und leistungsstarke WEA geplant werden und das Vorhaben an den Rückbau älterer WEA geknüpft ist. Zum anderen können gerade auf Ebene der kommunalen Flächenplanung dann Probleme auftauchen, dass vorhandene bzw. geplante Standorte für WEA nicht mehr vom bisherigen vorhandenen Plankonzept gedeckt sind.[1542] Unter anderem durch die Veränderung der ökologischen Situation können Änderungen des bestehenden Planwerks im Hinblick auf die Konzentrationsflächenplanung geboten sein, die sich negativ auf das Repowering auswirken können. So kann sich beispielsweise die artenschutzrechtliche Situation vor Ort in einer Weise verändert haben, dass bei aktueller Rechtslage Verstöße gegen die Zugriffsverbote gem. § 44 I BNatSchG zu befürchten sind und daher Neuanlagen nun nicht mehr genehmigungsfähig sind.[1543] Dies kann ein Anlass dafür sein, dass eine neue Planung erfolgt bzw. das vorhandene Planwerk geändert wird. Grundsätzlich genießen die bisherigen Anlagen Bestandsschutz, bleiben also von einer veränderten Planungssituation unberührt.[1544] Der passive Bestandsschutz kann aber nicht auf die Fälle des Repowering übertragen werden. Zwar können die Interessen der bisherigen Betreiber auch bei einer verändernden bzw. neuen Planung des Flächennutzungsplans im Rahmen der Abwägung gem. § 1 VII BauGB berücksichtigt werden.[1545] Jedoch ist diesem Interesse nicht zwingend Vorrang gegenüber anderen geschützten Interessen, wie beispielsweise dem Artenschutz, einzuräumen.

Der Gesetzgeber hat im Wege der Klimaschutznovelle 2011 den § 249 BauGB (*„Sonderregelungen zur Windenergie in der Bauleitplanung"*) neu in das Gesetz eingefügt. Durch diese Norm sollten u.a. verbindliche Regelungen zum Repowering geschaffen werden, um Rechtsunsicherheiten im Hinblick auf die neue Darstellung bzw. Neuausweisung von Flächen für das Repowering zu begegnen.[1546] Für die

1541 *Söfker*, in: BeckOK BauGB, § 249, Rn. 9.
1542 Zum Problemaufriss vergleiche Ausführungen bei *Söfker*, in: ZfBR 2013, 13 (16).
1543 Zu der möglichen Einschlägigkeit der Zugriffsverbote siehe ausführlich unten unter 1. Teil, 3. Abschnitt, C. I.
1544 *Söfker*, in: ZfBR 2013, 13 (16).
1545 *Söfker*, in: ZfBR 2013, 13 (16).
1546 BT-Drs. 17/6076, 6, 13.

Flächennutzungsplanung sind die beiden ersten Sätze des ersten Absatzes des § 249 BauGB anwendbar. Hinsichtlich ihrer materiell-rechtlichen Reichweite unterscheiden sich die beiden ersten Absätze der Norm dahingehend, dass Absatz I (**a**) dieser Norm – anders als Absatz II (**b**) – allgemein und nicht ausschließlich für die Fälle des Repowerings gilt.[1547]

1. § 249 I BauGB

§ 249 I 1 BauGB[1548] enthält eine Vermutungsregelung dahingehend, dass bei der Ausweisung weiterer Flächen nicht gefolgert werden kann, dass die bestehenden Darstellungen zur Erzielung von Windenergie als unzureichend zu bewerten sind.[1549] Die Regelung lautet wie folgt:

> *„Werden in einem Flächennutzungsplan zusätzliche Flächen für die Nutzung von Windenergie dargestellt, <u>folgt daraus nicht</u>, dass die vorhandenen Darstellungen des Flächennutzungsplans zur Erzielung der Rechtswirkungen des § 35 Absatz 3 Satz 3 nicht ausreichend sind.*"[1550]

Durch den § 249 I BauGB sollten die bestehenden Unsicherheiten bei der Bauleitplanung dahingehend beseitigt werden, dass durch eine Änderung bzw. Erweiterung des Plankonzeptes nicht zwingend das schlüssige gesamträumliche Konzept des kommunalen Plangebers tangiert ist.[1551] Den kommunalen Plangebern soll die in der Praxis zu beobachtende Befürchtung genommen werden, dass durch die Änderung des Bauleitplans das gesamte zugrundeliegende Planungskonzept obsolet wird, die Festsetzungen rechtswidrig und somit der Flächennutzungsplan sogar unwirksam sein könnte.[1552] Aus verschiedenen Gründen – auch im Hinblick auf das Repowering – kann die Notwendigkeit bestehen, das zugrundeliegende Konzept zu ändern oder zu ergänzen, ohne dass die bisherige Planung in den Grundzügen berührt sein soll.[1553] Diese gesetzliche Vermutung dient der Klarstellung, dass eine erweiternde Planung durch die Neuausweisung von Flächen für Windenergie nicht bedeutet,

---

1547 *Mitschang/Reidt*, in: Battis/Krautzberger/Löhr, BauGB, § 249, Rn. 2.

1548 S. 2 regelt die entsprechende Anwendbarkeit des S. 1 für die Änderung oder Aufhebung von Darstellungen zum Maß der baulichen Nutzung. Hierunter können Vorgaben hinsichtlich der Höhenbegrenzungen fallen, vgl. *Scheidler*, in: WiVerw 2014, 56 (69).

1549 Vgl. hierzu die Ausführungen bei *Mitschang/Reidt*, in: Battis/Krautzberger/Löhr, BauGB, § 249, Rn. 3 zu Planungspraxis bei alter Rechtslage und der daraus resultierenden Unsicherheit.

1550 Anm.: Hervorhebung durch die Verfasserin.

1551 BT-Drs. 17/6076, 12; *Mitschang*, BauR 2013, 29 (42); *Scheidler*, in: WiVerw 2014, 56 (64).

1552 *Scheidler*, in: WiVerw 2014, 56 (65).

1553 Vgl. *Scheidler*, in: WiVerw 2014, 56 (63). Siehe schon Ausführungen oben beim 2. Teil, 2. Abschnitt, D.

dass die bisherige Planung der Windenergienutzung nicht substanziell Raum verschafft hat und daher rechtswidrig ist.[1554]

Der § 249 I 1 BauGB findet für die Ausweisung zusätzlicher Flächen für die Windenergienutzung bei bestehenden Flächennutzungsplänen nur Anwendung, wenn bereits Konzentrationszonen mit der Wirkung des Planvorbehalts des § 35 III 3 BauGB für Windenergienutzung ausgewiesen wurden.[1555] Voraussetzung ist, dass die bereits vorhandenen Darstellungen den Anforderungen des § 35 III 3 BauGB genügen und wirksam sind.[1556] Entscheidend ist demnach, ob der Windenergie bereits substanziell Raum verschafft wurde. Zu beachten ist, dass die Vermutungsregelung nicht dahingehend zu verstehen ist, dass in den Fällen, in denen das bisherige Planungskonzept der Windenergie nicht substanziell Raum verschafft hat, durch eine nachträgliche Änderung „*geheilt*" werden könne.[1557]

Der § 249 I BauGB findet dann Anwendung, wenn **bestehende Konzentrationszonen vergrößert** werden **oder neue Flächen zusätzlich zu den bestehenden ausgewiesen** werden. Eine solche Erweiterung kann entweder durch die Darstellung zusätzlicher Standorte (z.B. durch Festlegung eines neuen Windparks) stattfinden oder durch die Erweiterung bereits dargestellter Flächen für die Windenergie (z.B. durch die räumliche Erweiterung eines bestehenden Windparks).[1558] Nicht vom Anwendungsbereich der Norm erfasst ist die Verkleinerung von Konzentrationszonen.[1559] Die Erweiterung von Konzentrationsflächen im Sinne eines Mehr vermag die Gesamtkonzeption des Plangebers nicht notwendigerweise ins Wanken bringen.[1560] Soweit teilweise vertreten wird, dass auch bei einer Erweiterung der Flächenkulisse für Windenergie eine erneute Gesamtabwägung erforderlich sei,[1561] verkennt den Regelungsgehalt des § 249 I BauGB.[1562] Hieraus geht hervor, dass eine

1554 *Fest*, in: NVwZ 2012, 1129 (1131); *Scheidler*, in: WiVerw 2014, 56 (65); *Tigges*, in: ZNER 2012, 127 (131).

1555 Zur Einordnung zusätzlicher Flächen siehe ausführlicher *Mitschang*, in: BauR 2013, 29 (43); *Mitschang/Reidt*, in: Battis/Krautzberger/Löhr, BauGB, § 249, Rn. 5.

1556 *Scheidler*, in: WiVerw 2014, 56 (65); *Söfker*, in: Ernst/Zinkahn/Bielenberg/Krautzberger, BauGB, § 249, Rn. 5; *ders.*, in: BeckOK BauGB, § 249, Rn. 2.

1557 *Gatz*, in: Windenergieanlagen in der Verwaltungs- und Gerichtspraxis, Rn. 502; *Mitschang*, in: BauR 2013, 29 (43).

1558 *Söfker*, in: BeckOK BauGB, § 249, Rn. 3.

1559 Vgl. *Battis/Krautzberger/Mitschang/Reidt/Stüer*, in: NVwZ 2011, 897 (903); *Scheidler*, in: WiVerw 2014, 56 (65); *Söfker*, in: Ernst/Zinkahn/Bielenberg/Krautzberger, BauGB, § 249, Rn. 6. Anders *Mitschang/Reidt*, in: Battis/Krautzberger/Löhr, BauGB, § 249, Rn. 5, die auch ein Flächenbilanzdefizit in den Anwendungsbereich dieser Norm miteinbeziehen möchten.

1560 So auch *Battis/Krautzberger/Mitschang/Reidt/Stüer*, in: NVwZ 2011, 897 (903).

1561 In diese Richtung *Kment*, in: DVBl. 2012, 1125 (1127); *Wickel*, in: UPR 2011, 416 (419). Siehe zu dieser Fragestellung ausführlich *Scheidler*, in: WiVerw 2014, 56 (65), der die rechtshistorischen Zusammenhänge darstellt. Zum Problem auch *Söfker*, in: Ernst/Zinkahn/Bielenberg/Krautzberger, BauGB, § 249, Rn. 9.

1562 So auch *Scheidler*, in: WiVerw 2014, 56 (67).

erweiternde Planung möglich sein kann, ohne dass die bisherige Gesamtkonzeption im Hinblick auf die Festlegung der Konzentrationsflächen in Frage gestellt wird.[1563] Dies muss zumindest dann gelten, wenn die neu auszuweisenden Flächen nicht in den vormals festgelegten Tabuzonen liegen.[1564] Denn nur dann würde eine neue Entscheidung getroffen werden, die nicht mit dem bisherigen Planungskonzept vereinbar ist und somit die gesamte planerische Entscheidung in Frage stellen würde.

Legt der Plangeber weitere Konzentrationszonen im Plangebiet über die dargestellte Ausschlussmethode fest, so tritt eine weitere planerische Entscheidung neben die bisherige.[1565] Insoweit ist der Plangeber bei dieser Entscheidung nicht von den Vorgaben des § 35 III 3 BauGB befreit. Er hat zu prüfen, ob **noch ein schlüssiges gesamträumliches Konzept** vorliegt, dass der **Windenergie substanziell Raum verschaffen** kann.[1566] Nur wenn das noch weiterhin der Fall ist, ist die Planung zulässig und wirksam. Bei der Ausweisung weiterer Konzentrationsflächen wird der Windenergie offensichtlich mehr Raum verschafft.[1567]

Neben der Änderung des Flächennutzungsplans im Hinblick auf die Konzentrationszonen kann auch die **Änderung des Maßes der baulichen Nutzung** erforderlich werden. So besteht beispielsweise durch restriktive Höhenbeschränkungen in aktuellen Planwerken ein reales Hindernis für das Repowering, welches möglicherweise nach der planerischen Vorstellung beseitigt werden soll.[1568] Wie bereits aufgezeigt, können Höhenbegrenzungen dem Repowering entgegenstehen, da die vergleichsweise höheren Anlagen schon planungsrechtlich unzulässig wären. Für solche Fallgestaltungen gilt die Vermutungsregelung des § 249 I 1 über den Verweis in Absatz I Satz 3.

Der § 249 I BauGB leistet einen Beitrag nicht nur zu der planerischen Absicherung von Repowering, sondern allgemein für die Ausweisung weiterer Konzentrationsflächen. Dadurch wird die Zielerreichung der Energiewende durch die Förderung eines weiteren quantitativen Wachstums der Windenergienutzung unterstützt.

2. § 249 II BauGB

Anders als der allgemeingültige § 249 I BauGB, regelt Absatz II lediglich Aspekte der möglichen Festsetzungen für das Repowering auf Ebene der Bauleitplanung. Dabei gelten S. 1 und 2 zunächst nur für den Bebauungsplan,[1569] wohingegen S. 3 darüber hinaus die Anwendbarkeit der ersten beiden Sätze auf den Flächennutzungsplan

---

1563 In diesem Sinne *Spannowsky*, in: NuR 2013, 773 (784).

1564 *Scheidler*, in: WiVerw 2014, 56 (67).

1565 Bei der Raumordnungsplanung 2. Teil, 2. Abschnitt, C. I. 1., bei der Flächennutzungsplanung vgl. 3. Teil, 2. Abschnitt, B. I.

1566 *Mitschang*, in: BauR 2013, 29 (43).

1567 *Scheidler*, in: WiVerw 2014, 56 (68); *Söfker*, in: Ernst/Zinkahn/Bielenberg/Krautzberger, BauGB, § 249, Rn. 5; *Tigges*, in: ZNER 2012, 127 (131).

1568 Zu der Notwendigkeit der Änderung bestehender Festsetzungen auch *Antweiler/Gabler*, in: BauR 2012, 39 (44).

1569 Siehe sogleich unter II.

anordnet. Durch den § 249 II 3 BauGB wird zunächst klargestellt, dass für den Fall des Ersatzes von Altanlagen in einem Bebauungsplan Festsetzungen nach § 9 II 1 Nr. 2 BauGB[1570] als Bedingung dergestalt getroffen werden können, dass im Zusammenhang mit der Gestattung der Neuerrichtung von WEA Altanlagen innerhalb einer zu bestimmenden **angemessenen Frist**[1571] **zurückzubauen** sind, vgl. § 249 II 1 BauGB.[1572] Auf diese Weise kann der Neubau von Anlagen mit dem Rückbau bestehender Anlagen verknüpft werden. Es handelt sich daher um ein ***„Baurecht auf Zeit"***.[1573] Die Darstellungsmöglichkeit von bedingten Baurechten über den Flächennutzungsplan wird von Stimmen in der Literatur als *„Neuland"* bewertet.[1574]

Durch den § 249 II 3 BauGB werden die Anforderungen an WEA im Außenbereich nach § 35 I Nr. 5 BauGB in Ergänzung zum Planvorbehalt des § 35 III 3 BauGB erweitert.[1575] Aufgrund des Umstandes, dass im § 35 III BauGB selbst weder über Satz 2 noch im Satz 3 Aussagen dahingehend getroffen werden, dass in Konzentrationsflächen WEA nur dann errichtet werden dürfen, wenn in der Umgebung andernorts eine WEA abgebaut wird, füllte der Gesetzgeber eine bestehende Lücke über den § 249 II 3 BauGB.[1576] Der § 249 II 3 BauGB wird daher als *„echte Sonderregelung"* eingeordnet, wonach es gesetzlich zulässig ist, Darstellungen im Flächennutzungsplan mit der Rechtswirkung des § 35 III 3 BauGB so festzusetzen, dass WEA nur errichtet werden dürfen, soweit der Rückbau anderer WEA sichergestellt ist.[1577]

1570 *„Im Bebauungsplan kann in besonderen Fällen festgesetzt werden, dass bestimmte der in ihm festgesetzten baulichen und sonstigen Nutzungen und Anlagen nur bis zum Eintritt bestimmter Umstände zulässig oder unzulässig sind."*

1571 Diese Frist muss nicht kalendermäßig festgesetzt werden. Als ausreichend erachtet wird die Bestimmung eines vom Vorhabenträger einzuhaltenden Zeitrahmens zum Rückbau der Altanlagen, vgl. *Mitschang/Reidt*, in: Battis/Krautzberger/Löhr, BauGB, § 249, Rn. 9. Vgl. zur Angemessenheit der Frist *Scheidler*, in: WiVerw 2014, 56 (72).

1572 Alternativ dazu kann dies auch vertraglich mit dem Vorhabenträger vereinbart werden, vgl. *Scheidler*, in: WiVerw 2014, 56 (71) m.w.N.

1573 *Battis/Krautzberger/Mitschang/Reidt/Stüer*, in: NVwZ 2011, 897 (903).

1574 So *Mitschang*, in: BauR 2013, 29 (51) unter Darstellung der Rechtslage vor der Einführung von § 249 BauGB im Rahmen der Klimaschutznovelle. Ebenso *Scheidler*, in: WiVerw 2014, 56 (71). Anders aber andere Stimmen in der Literatur, so u.a. *Gatz*, in: Windenergieanlagen in der Verwaltungs- und Gerichtspraxis, Rn. 504; *Kment*, in: DÖV 2013, 17 (23); *ders.*, in: DVBl. 2012, 1125 (1127), die davon ausgehen, dass schon vor Einführung des § 249 BauGB entsprechende Regelungen getroffen werden konnten und die Norm daher nur der Rechtsklarheit und Beseitigung von Zweifelsfragen dient.

1575 *Mitschang/Reidt*, in: Battis/Krautzberger/Löhr, BauGB, § 249, Rn. 11.

1576 *Schmidt-Eichstädt*, in: ZfBR 2013, 639 (642). Anders *Mitschang/Reidt*, in: Battis/Krautzberger/Löhr, BauGB, § 249, Rn. 11, die den S. 3 als bloße Klarstellung der Darstellungsmöglichkeiten mit Blick auf den nicht abschließenden Katalog des § 5 II BauGB werten.

1577 *Mitschang*, in: BauR 2013, 29 (51); *Otto*, in: ZfBR-Beil. 2012, 72 (73).

Die abzubauenden Altanlagen können gem. § 249 II 2 BauGB sogar außerhalb des Plan- oder Gemeindegebiets liegen.

Der § 249 II 3 BauGB findet nur Anwendung, wenn im Flächennutzungsplan auch tatsächlich vom Planvorbehalt gem. § 35 III 3 BauGB Gebrauch gemacht worden ist, d.h. die Konzentrationsflächen auch rechtswirksam zustande gekommen sind.[1578] Es gilt auch bei Planungen im Zusammenhang mit dem § 249 II 3 BauGB, dass der Windenergie substanziell Raum zu verschaffen ist. Demnach ist die Auswahl der zurückzubauenden Altanlagen bei der Planung von Konzentrationszonen entsprechend zu berücksichtigen.[1579] Soweit man die bereits dargestellte Ausschlussmethode des Bundesverwaltungsgerichts als vorzugswürdig einordnet,[1580] müssen die vorhandenen Altanlagen in die stufenweise Prüfung miteinbezogen werden und somit in die Abwägung nach § 1 VII BauGB mit anderen Belangen miteingestellt werden. Auch bei Anwendung des § 249 II 3 BauGB gilt, dass Windenergie in der Konzentrationszone in absehbarer Zeit verwirklicht werden kann und keine (verkappte) Verhinderungsplanung betrieben werden darf.[1581]

II. Repowering auf Ebene des Bebauungsplans

Die vorherigen Ausführungen zum § 249 BauGB können grundsätzlich auch auf den Bebauungsplan übertragen werden. § 249 I 3 BauGB ordnet die Anwendbarkeit der ersten beiden Sätze auch für den Bebauungsplan an. § 249 II BauGB geht grundsätzlich von der Anwendung auf den Bebauungsplan aus. Demnach kann der kommunale Plangeber auch über den Bebauungsplan die rechtlichen Rahmenbedingungen zum Repowerings festlegen. Die planungsrechtliche Absicherung kann ebenso wie bei dem Flächennutzungsplan über § 249 II 1 BauGB vollzogen werden, wodurch die Altanlagen mit in die planungsrechtliche Zulässigkeit des neuen Standorts einbezogen werden.[1582] So können Festsetzungen insbesondere nach § 9 II 1 Nr. 2 BauGB dergestalt getroffen werden, dass die im Bebauungsplan festgesetzten WEA nur dann zulässig sind, wenn sichergestellt ist, dass nach der Errichtung der im Bebauungsplan festgesetzten WEA andere im Bebauungsplan zu bezeichnenden WEA – die „*Altanlagen*“[1583] – innerhalb einer im Bebauungsplan zu bestimmenden angemessenen Frist zurückgebaut werden.[1584]

1578 *Mitschang*, in: BauR 2013, 29 (52); *Mitschang/Reidt*, in: Battis/Krautzberger/Löhr, BauGB, § 249, Rn. 11.

1579 *Otto*, in: ZfBR-Beil. 2012, 72 (74).

1580 Siehe hierzu ausführliche Darstellung unter B. I. unter Hinweis auf die Ausführungen bei der Raumordnungsplanung.

1581 *Otto*, in: ZfBR-Beil. 2012, 72 (75).

1582 *Söfker*, in: ZfBR 2013, 13 (16).

1583 Hierbei ist grundsätzlich zu fordern, dass die abzubauenden Altanlagen im Bebauungsplan soweit wie möglich zu bestimmen, d.h. soweit möglich genau zu bezeichnen sind. *Beckmann*, in: UPR 2013, 175 (179); *Scheidler*, in: WiVerw 2014, 56 (72).

1584 Hierin wird eine bloße Konkretisierung der bisherigen planerischen Möglichkeiten gesehen, vgl. *Otto*, in ZfBR-Beil. 2012, 72 (73).

4. Teil: Ergebnisse der Untersuchung und Empfehlungen *de lege lata* und *ferenda*

1. Abschnitt: Ergebnisse und Empfehlungen für die Zulassungsebene

1. Bei großen Windparks bzw. mehreren WEA mit Höhen von mehr als 50 m ist in der Regel ein immissionsschutzrechtliches Genehmigungsverfahren nach § 4 I BImSchG i.V.m. Nr. 1.6 Anhang zur 4. BImSchV durchzuführen.[1585] Die immissionsschutzrechtliche Zulassungsentscheidung umfasst durch die *„formelle Konzentrationswirkung"* gem. § 13 BImSchG die weiteren erforderlichen öffentlich-rechtlichen Entscheidungen.[1586] Hierbei handelt es sich u.a. um Entscheidungen auf dem Gebiet des Bau-, des Naturschutz- und des Waldrechts.[1587]
2. Gem. § 6 I Nr. 2 BImSchG sind im Rahmen der Zulassungsentscheidung für WEA auch die bauplanungsrechtlichen Anforderungen als *„andere öffentlich-rechtliche Vorschriften"* zu erfüllen.[1588] Große WEA werden in aller Regel im Außenbereich errichtet, wo sie gem. § 35 I Nr. 5 BauGB privilegiert sind.[1589] Daher ist eine beantragte WEA gem. § 35 BauGB bauplanungsrechtlich zulässig, wenn öffentliche Belange nicht entgegenstehen und die ausreichende Erschließung gesichert ist. Als entgegenstehende öffentliche Belange sind bei Zulassungsverfahren für WEA gem. § 35 III 1 Nr. 5 BauGB insbesondere die Belange des Naturschutzes und der Landschaftspflege zu beachten. Die Genehmigungsbehörde hat die Einhaltung dieser Norm eigenständig neben den besonderen fachrechtlichen Anforderungen nach Bundesnaturschutzgesetz zu prüfen.
3. Soweit konkrete Aussagen zur Windenergie über Darstellungen im Flächennutzungsplan gemacht oder als Ziele der Raumordnung festgelegt wurden, entfaltet der *„**Planvorbehalt**"* des § 35 III 2, 3 BauGB Wirkung und ist im Rahmen der bauplanungsrechtlichen Zulässigkeit von WEA im Außenbereich zwingend zu beachten.[1590] Durch die Darstellungen im Flächennutzungsplan bzw. der Festlegung von Zielen der Raumordnung wird die Windenergienutzung an ausgewiesenen Orten konzentriert und auf anderen Flächen ausgeschlossen. Grundlage einer Darstellung oder Festlegung ist die Entwicklung eines schlüssigen gesamträumlichen Konzepts bei der *„**Konzentrationsflächenplanung**"*.[1591] Sind

---

1585 Siehe 1. Teil, 1. Abschnitt.
1586 Siehe 1. Teil, 2. Abschnitt, B.
1587 Siehe 1. Teil, 2. Abschnitt, B.; 3. Abschnitt; 4. Abschnitt, A.
1588 Siehe 1. Teil, 2. Abschnitt, B. I.
1589 Siehe 1. Teil, 2. Abschnitt, B. I. 3.
1590 Siehe 1. Teil, 2. Abschnitt, B. I. 3.
1591 Siehe 2. Teil, 2. Abschnitt, C.; 3. Teil, 2. Abschnitt, B. I.

die Darstellungen bzw. Festlegungen rechtswirksam, kann nur in atypischen Fällen von der Ausschlusswirkung des Planvorbehalts abgewichen werden. Befindet sich ein Ziel der Raumordnung noch ***„in Aufstellung“***, kann dieses Ziel als unbenannter öffentlicher Belang über § 35 III 1 BauGB dem Antrag eines Vorhabenträgers gegen die Zulassung einer WEA entgegengehalten werden. Hierfür muss die Planung das Stadium der ***„Verlautbarungsreife“*** erreicht haben. Das ist dann der Fall, wenn nur noch die formellen Verfahrensschritte der Genehmigung, Ausfertigung und Bekanntmachung erfüllt werden müssen. Eine entsprechende Vorwirkung bisher nicht rechtswirksamer Festsetzungen für die Windenergienutzung über den Flächennutzungsplan ist abzulehnen.[1592]

4. Bei WEA als Außenbereichsvorhaben ist das gemeindliche Einvernehmen nach § 36 BauGB einzuholen.[1593] Diese Norm findet gem. § 36 I 2 BauGB auch im immissionsschutzrechtlichen Zulassungsverfahren Anwendung. Danach kann die Gemeinde ihr Einvernehmen aus Gründen des Naturschutzes selbst dann verweigern, wenn diese Belange kein originäres kommunales Interesse darstellen. Die Möglichkeit der Versagung des gemeindlichen Einvernehmens kann zwar ein gewisses Hindernis bei der Zulassung von WEA darstellen, ist aber aus naturschutzrechtlichen Gründen geboten und dient dazu, eine möglichst rechtssichere Entscheidung fällen zu können.
5. Gem. § 18 II 2 BNatSchG sind im Rahmen des Zulassungsverfahrens für eine WEA die Voraussetzungen der vorhabenbezogenen Eingriffsregelung nach §§ 14 ff BNatSchG einzuhalten.[1594] Die Eingriffsregelung steht neben den weiteren naturschutzrechtlichen Vorgaben und zielt auf einen flächendeckenden Mindestschutz für Natur und Landschaft. Die Errichtung von WEA in einer bisher weitgehend durch Bebauung freigehaltenen Umgebung erfüllt den Eingriffstatbestand nach § 14 I BNatSchG, wodurch das Rechtsfolgensystem des § 15 BNatSchG aktiviert wird.[1595] Die Aufstellung von WEA ist mangels zumutbarer Alternativen nach § 15 I 2 BNatSchG regelmäßig als unvermeidbare Beeinträchtigung im Sinne des § 15 I 3 BNatSchG zu werten.
6. Grundsätzlich sind unvermeidbare Beeinträchtigungen von Natur und Landschaft gem. § 15 II 1 BNatSchG vorrangig real zu kompensieren. Hierfür kommen Ausgleichs- oder Ersatzmaßnahmen gem. § 15 II 2, 3 BNatSchG in Betracht.[1596] In der Verwaltungspraxis ist die Annahme verbreitet, dass unvermeidbare Beeinträchtigungen durch die Errichtung von WEA nicht real kompensierbar seien. Dem ist nicht zuzustimmen. Auch bei einem Eingriff in das Landschaftsbild durch die Errichtung von WEA kann Realkompensation in Form von Ausgleich und Ersatz gem. § 15 II BNatSchG geleistet werden, selbst

1592 Siehe 3. Teil, 1. Abschnitt.
1593 Siehe 1. Teil, 2. Abschnitt, B. I. 4.
1594 Siehe 1. Teil, 3. Abschnitt, A. I.
1595 Siehe 1. Teil, 3. Abschnitt, A. II., III.
1596 Siehe 1. Teil, 3. Abschnitt, A. V. 1.

wenn diese Möglichkeit nur in begrenztem Maße zur Verfügung steht.[1597] So kann beispielsweise der Abbau oder Rückbau von großen baulichen Anlagen an anderer Stelle als taugliche Realkompensationsmaßnahme herangezogen werden. Auch das Repowering kann als realkompensierende Ersatzmaßnahme gelten, da hierdurch eine Verringerung der Gesamtanzahl von Anlagen und damit einhergehend eine Entlastung des Landschaftsbilds erzielt werden kann. Eine Realkompensation kann ferner über das Instrument der „*Ökokontierung*“ nach § 16 BNatSchG erreicht werden.[1598] Vorhabenträger können auf diesem Wege schon frühzeitig realkompensierende Maßnahmen durchführen und dadurch über ein Punktesystem unter den Voraussetzungen des § 16 I BNatSchG Punkte für ein späteres Zulassungsverfahren von WEA ansparen. Die Ökokontierung ist aus naturschutzrechtlicher Sicht zu befürworten und kommt dem Ausbau von Windenergie zugute. Denn hierdurch lassen sich trotz der zu leistenden Realkompensation die immissionsschutzrechtlichen Genehmigungsverfahren für WEA beschleunigen. Die vorschnelle Anordnung von Ersatzgeld durch die zuständige Behörde gem. § 15 VI 1 BNatSchG ist aufgrund der vorhandenen Realkompensationsmöglichkeiten naturschutzrechtlich nicht geboten.

7. Kann ein Eingriff weder vermieden noch real kompensiert werden, ist das Vorhaben gem. § 15 V Hs. 1 BNatSchG zunächst unzulässig.[1599] Die Unzulässigkeit kann aber durch eine naturschutzrechtliche Abwägungsentscheidung gem. § 15 V Hs. 2 BNatSchG überwunden werden. Die Abwägung fällt unter Berücksichtigung der Belange der Energiewende oftmals zugunsten des geplanten Baus und Betriebs von WEA aus. In Folge dessen hat der Vorhabenträger zwingend ein Ersatzgeld gem. § 15 VI BNatSchG zu leisten, das zweckgebunden für Maßnahmen des Naturschutzes und der Landschaftspflege einzusetzen ist.[1600]
8. Um den Anforderungen der Energiewende im Rahmen der Eingriffsregelung nach § 14 ff BNatSchG besser gerecht werden zu können und die Grundlage für eine einheitliche Rechtsanwendung in der Praxis zu schaffen, ist der geplante Erlass einer Bundeskompensationsverordnung zu befürworten.[1601]
9. Um weitere Flächen für Windenergie nutzen zu können, sollten Windenergieanlagen in Landschaftsschutzgebieten nicht grundsätzlich ausgeschlossen werden.[1602] Vielmehr sind die Voraussetzungen der §§ 20 II Nr. 4, 22, 26 BNatSchG im Zulassungsverfahren für WEA kritisch vor dem Hintergrund der Energiewende zu prüfen. Soweit in der einem Landschaftsschutzgebiet zugrundeliegende Schutzerklärung ein bestimmter Schutzzweck ausgewiesen ist, dem die Errichtung von WEA zuwiderlaufen würde, ist das geplante Vorhaben gem.

1597 Siehe 1. Teil, 3. Abschnitt, A. V. 2.
1598 Siehe 1. Teil, 3. Abschnitt, A. V. 3.
1599 Siehe 1. Teil, 3. Abschnitt, A. VI.
1600 Siehe 1. Teil, 3. Abschnitt, A. VII.
1601 Siehe 1. Teil, 3. Abschnitt, A. VIII.
1602 Siehe 1. Teil, 3. Abschnitt, B. I. 2.

§ 26 II Alt. 2 BNatSchG unzulässig. Etwas anderes gilt jedoch hinsichtlich des Verbots der Charakterveränderung des Gebiets nach § 26 II Alt.1 BNatSchG. Dieses Tatbestandsmerkmal sollte vor dem Hintergrund der Energiewende und der gesetzgeberischen Privilegierung von Windenergie *de lege lata* weit ausgelegt werden.[1603] Demnach wäre es nach der hier vertretenen Ansicht nicht tatbestandsmäßig, wenn bloß eine erkennbare nachteilige Veränderung (Beeinträchtigung) des Erscheinungsbildes des Gebiets zu befürchten ist. Eine weite Auslegung des Tatbestands des § 26 II Alt.1 BNatSchG wäre bei bestehender Rechtslage eine flexible Möglichkeit, WEA landschaftsschutzrechtlich zuzulassen, sofern sie nicht im Widerspruch zum Schutzzweck der Schutzerklärung stehen. Rechtssicherheit kann aber nur eintreten, wenn die Gerichte eine solche Auslegung in der Rechtsanwendung bestätigen.

10. Neben einer weiten Auslegung des Tatbestandsmerkmals des § 26 II Alt. 1 BNatSchG könnte auch *de lege ferenda* § 26 II BNatSchG dahingehend geändert werden, dass die Vorschrift als Regelfall ausgestaltet oder um ein Erheblichkeitskriterium ergänzt wird, um Windenergie rechtssicher in Landschaftsschutzgebieten zulassen zu können.[1604] Ferner könnte § 26 BNatSchG um eine ausdrückliche Ausnahme erweitert werden, die sich an den inhaltlichen Voraussetzungen der § 34 III bzw. § 45 VII BNatSchG orientiert.
11. Die vorzugswürdige Möglichkeit zur Legalisierung von WEA in Landschaftsschutzgebieten ist die Änderung der vorhandenen Schutzerklärungen.[1605] Dazu wären die in den Schutzerklärungen aktuell ausgewiesenen Schutzzwecke kritisch auf ihre Aktualität und Notwendigkeit zu überprüfen und gegebenenfalls zu ändern. In der Vergangenheit wurden großzügig Landschaftsteile unter Schutz gestellt, wobei dieser Umfang aus heutiger Sicht insbesondere unter Berücksichtigung der Belange der Energiewende nicht mehr geboten ist. Nur eingeschränkt zustimmungswürdig erscheint hingegen die Möglichkeit der Verkleinerung von Landschaftsschutzgebieten durch die Teilaufhebung der Unterschutzstellung. Aus naturschutzrechtlicher Sicht ist eine solche „*Alles-oder-Nichts*"-Lösung nicht überzeugend. Vielmehr sollten Zonierungskonzepte für die Schutzerklärungen gem. § 22 I 3 BNatSchG entwickelt werden.[1606] Dadurch würden bestimmte Bereiche eines Landschaftsschutzgebiets für die Windenergienutzung freigegeben, weitere Flächen blieben hingegen auch in der Zukunft frei von WEA. Durch eine solche flexible Gestaltung könnte den Bedürfnissen des Landschaftsschutzes sowie den Belangen der Energiewende am besten entsprochen werden.
12. Auch in „*Natura 2000*"-Gebieten ist die Windenergienutzung nicht per se ausgeschlossen, wenn das geplante Vorhaben im Zulassungsverfahren die Vorgaben

---

1603 Siehe 1. Teil, 3. Abschnitt, B. I. 2.
1604 Siehe 1. Teil, 3. Abschnitt, B. I. 2.
1605 Siehe 1. Teil, 3. Abschnitt, B. I. 3.
1606 Siehe 1. Teil, 3. Abschnitt, B. I. 3.

des § 34 BNatSchG unter Berücksichtigung der europäischen Richtlinien erfüllt.[1607] Über die *„FFH-Prüfungen"*, d.h. die FFH-Vorprüfung (*„Screening"*) und die *„FFH-Verträglichkeitsprüfung"*, ist festzustellen, ob das konkrete Vorhaben mit den habitatschutzrechtlichen Voraussetzungen vereinbar ist.[1608] Die Durchführung dieser fachrechtlichen Prüfungen kann gegebenenfalls zu einer Verzögerung des Genehmigungsverfahrens führen.[1609] Dennoch sind die FFH-Prüfungen aus habitatschutzrechtlichen Gründen geboten und aufgrund der Wertigkeit der Schutzgüter auch bei Zulassungsverfahren von WEA hinzunehmen. Aufgrund der im Vergleich zur FFH-Verträglichkeitsprüfung geringeren Anforderungen an die FFH-Vorprüfung, die nur einen vorläufigen *„Grobfilter"* darstellt, ist Vorsicht bei der Rechtsanwendung geboten. Die Genehmigungsbehörden dürfen nicht durch eine selektive und unvollständige Auswahl der Prüfungsgegenstände die notwendige Durchführung einer FFH-Verträglichkeitsprüfung umgehen.[1610] Um dies zu vermeiden, sollten allgemeinverbindliche Standards für die Verwaltungspraxis geschaffen werden, beispielsweise durch den Erlass von Verwaltungsvorschriften. Dazu könnte auf bekannte habitatschutzrechtlich relevante Fallgruppen aus der Praxis zurückgegriffen werden. Außerdem sollten konkrete fachwissenschaftliche Anforderungen an die FFH-Vorprüfung formuliert werden.

13. Die FFH-Verträglichkeitsprüfung als Kernstück des Habitatschutzrechts dient der Überprüfung des Vorhabens auf seine Verträglichkeit mit den Erhaltungszielen von Schutzgebieten.[1611] Hierzu ist eine sorgfältige Bestandsaufnahme durchzuführen und auf dessen Basis eine komplexe Wirkungsprognose zu erstellen.[1612] Grundsätzlich sind nur WEA, die in einem Natura 2000-Gebiet errichtet werden sollen, gem. § 34 I 1 BNatSchG auf ihre Verträglichkeit mit den Erhaltungszielen hin zu überprüfen.[1613] Soll die WEA außerhalb, aber in der Nähe eines Natura 2000-Gebiets errichtet werden, sollte der Anwendungsbereich des FFH-Schutzregimes für diese mittelbare Beeinträchtigung des Schutzgebiets nur im Ausnahmefall eröffnet. Andernfalls würden die Zulassungsverfahren für WEA noch weiter erschwert werden, wenn neben der artenschutzrechtlichen Prüfung zusätzlich eine umfangreiche FFH-VP durchzuführen wäre.[1614] Eine Doppelprüfung ist naturschutzrechtlich nicht zwingend geboten. Daher ist in der Rechtsanwendung eine klare Abgrenzung des Anwendungsbereichs des Habitatschutzrechts vom Artenschutzrecht notwendig, um eine unnötig verzögerte Zulassung von WEA vermeiden zu können.

1607 Siehe 1. Teil, 3. Abschnitt, B. II. 2., 3.
1608 Siehe 1. Teil, 3. Abschnitt, B. II. 1. a), 2. a).
1609 Siehe 1. Teil, 3. Abschnitt, B. II. 2., 3.
1610 Siehe 1. Teil, 3. Abschnitt, B. II. 2. b).
1611 Siehe 1. Teil, 3. Abschnitt, B. II. 2. a), c).
1612 Siehe 1. Teil, 3. Abschnitt, B. II. 2. a).
1613 Siehe 1. Teil, 3. Abschnitt, B. II. 2. a).
1614 Siehe 1. Teil, 3. Abschnitt, B. II. 2. a).

14. Kritisch zu bewerten ist, dass die zuständigen Behörden bei der Durchführung einer FFH-Verträglichkeitsprüfung bestimmte Empfehlungen und Arbeitspapiere teilweise ungeprüft auf den Einzelfall anwenden.[1615] Die behördlichen Entscheidungsträger sollten sich im Zulassungsverfahren für WEA aber grundsätzlich vertieft mit dem zugrundeliegenden Sachverhalt beschäftigen und die Arbeitspapiere dabei lediglich als Hilfsmittel nutzen. Auch wenn diese Empfehlungen Rechtsanwendungssicherheit bieten können, zeigt sich, dass die Genehmigungsverfahren von WEA durch ihre Verwendung ungerechtfertigt zeitlich und sachlich aufgebläht und somit verteuert werden. Darüber hinaus sollten veraltete Empfehlungen und Arbeitspapiere an die aktuellen naturschutzfachlichen wissenschaftlichen Erkenntnisse angepasst werden.
15. Ob eine WEA habitatschutzrechtlich unzulässig ist, bestimmt sich gem. § 34 II BNatSchG zunächst danach, ob sie zu einer erheblichen Beeinträchtigung des Gebiets in seinen für die Erhaltungsziele oder den Schutzzweck maßgeblichen Bestandteilen führen kann.[1616] Hierbei kommt der Auslegung des Begriffs der „*Erheblichkeit*" eine große Bedeutung zu.[1617] Die Frage der Erheblichkeit i.S.d. § 34 II BNatSchG ist aus habitatschutzrechtlicher Sicht noch immer die zentrale Hürde für WEA. Es besteht weiterhin Unklarheit über die Reichweite des Begriffs, wobei kritisch zu beobachten ist, dass die Rechtsprechung die Anforderungen an die Tatbestandsmerkmale des § 34 II BNatSchG weiter erhöht hat. Diese Rechtsprechung führt faktisch zu einer Beweislastumkehr zu Lasten des Vorhabenträgers und stellt somit ein Hindernis für die Zulassung von WEA dar. Um einen Interessenausgleich zwischen habitatschutzrechtlichen Belangen und den Erfordernissen der Energiewende zu schaffen, wäre es nach der hier vertretenen Ansicht erforderlich, mit Wahrscheinlichkeitsmaßstäben und der „*Je-desto-Formel*" zu operieren. Auf diese Weise könnte der Schutz besonders schützenswerte Rechtsgüter im Sinne des Habitatschutzrechts selbst bei Zweifeln über das Vorliegen der Erheblichkeit weiterhin erhalten bleiben, ohne dass die Hürden für erneuerbare Energieprojekte wie WEA unverhältnismäßig hoch wären.
16. Im Rahmen der Bewertung des günstigen Erhaltungszustands ist es geboten, durchgeführte „*Schutz- und Schadensvermeidungsmaßnahmen*" auf Tatbestandsebene zu berücksichtigen.[1618] Dies erleichtert die Zulassungsfähigkeit von WEA, weil nicht der Weg über die Ausnahme beschritten werden muss, sondern das Vorhaben gem. § 34 II BNatSchG von Beginn an zulässig ist. Eine Anpassung der zugrunde liegenden Norm in der FFH-Richtlinie böte zwar Rechtssicherheit, ist aber durch die Möglichkeit einer erweiternden Auslegung des entsprechenden Tatbestandsmerkmals nicht zwingend geboten. Um die Wirksamkeit

1615 Siehe 1. Teil, 3. Abschnitt, B. II. 3. b).
1616 Siehe 1. Teil, 3. Abschnitt, B. II. 3.
1617 Siehe 1. Teil, 3. Abschnitt, B. II. 3. b).
1618 Siehe 1. Teil, 3. Abschnitt, B. II. 3. c).

der Schutz- und Schadensvermeidungsmaßnahmen zu kontrollieren, sollte ein *„Monitoring"* angeordnet werden. Das Monitoring ist neben den Schutz- und Vermeidungsmaßnahmen Teil eines gesamtheitlichen Risikomanagements.

17. Die Rechtsprechung nimmt zutreffend einen *„Bagatellvorbehalt"* bei der Beurteilung der Unverträglichkeit nach § 34 II BNatSchG an. Danach kann in dem Fall, dass durch die geplante Errichtung von WEA Flächenverluste eintreten, die Anlage dennoch genehmigt werden, solange sich die geschützten Lebensraumtypen und Arten in einem guten Erhaltungszustand befinden.[1619] Die Annahme eines solchen Bagatellvorbehalts fördert *de lege lata* die Zulassungsfähigkeit von WEA. Bisher konnten keine pauschalen Vorgaben formuliert werden, wann eine Bagatelle vorliegt oder nicht. Dieser Umstand ist auf fehlende hinreichende fachwissenschaftliche Erkenntnisse und mangelnde Vergleichbarkeit mit den bislang ausgeurteilten Fallgestaltungen zurückzuführen. Daher ist in jedem Einzelfall zu entscheiden, ob der Bau und Betrieb der WEA als Bagatelle zu qualifizieren ist und aus diesem Grunde zugelassen werden kann.
18. Ist die geplante WEA gem. § 34 II BNatSchG unzulässig, kann im Genehmigungsverfahren gegebenenfalls gem. § 34 III BNatSchG eine Ausnahme erteilt werden, um das Vorhaben zu legalisieren.[1620] Dazu kann die Windenergienutzung im Einzelfall gem. § 34 III Nr. 1 BNatSchG als *„zwingender Grund des überwiegenden öffentlichen Interesses"* gewertet werden.[1621] Im Rahmen der Ausnahmeentscheidung ist eine Abwägung durchzuführen. Dabei kann sich die Bedeutung der erneuerbaren Energien auch gegen habitatschutzrechtliche Interessen durchsetzen, ohne dass jedoch ein pauschaler Vorrang angenommen werden darf.
19. Neben dem Vorliegen eines Ausnahmegrundes nach § 34 III Nr. 1 BNatSchG ist für die Ausnahmeentscheidung gem. § 34 III Nr. 2 BNatSchG zudem das Fehlen *„zumutbarer Alternativen"* zu prüfen.[1622] Regelmäßig werden beim geplanten Bau und Betrieb von WEA keine zumutbaren Alternativen gegeben sein, da diese Anlagen auf bestimmte windhöffige Standorte angewiesen sind. Die Zumutbarkeitsgrenze für eine Alternative bemisst sich am Verhältnismäßigkeitsgrundsatz, wonach nur beschränkt Abstriche bei der Höhe und Ausführung der Einzelanlagen gemacht werden müssen. Jedoch kann vom Vorhabenträger bis zu einem gewissen Grad erwartet werden, dass er zugunsten des Habitatschutzes finanzielle Mehraufwendungen trägt. Wann die Zumutbarkeitsgrenze überschritten ist, lässt sich nicht pauschal beurteilen. Die Frage der Zumutbarkeit ist immer eine Einzelfallentscheidung, bei der die Wertigkeit der habitatschutzrechtlich geschützten Rechtsgüter ins Verhältnis zum geplanten Bau und Betrieb der WEA gesetzt werden muss.

1619 Siehe 1. Teil, 3. Abschnitt, B. II. 3. d).
1620 Siehe 1. Teil, 3. Abschnitt, B. II. 4.
1621 Siehe 1. Teil, 3. Abschnitt, B. II. 4. a).
1622 Siehe 1. Teil, 3. Abschnitt, B. II. 4. b).

20. Im Zuge der Ausnahmegenehmigung sind gem. § 34 V BNatSchG *„Kohärenzsicherungsmaßnahmen"* anzuordnen.[1623] Die durchzuführenden Maßnahmen sind danach auszuwählen, ob sie mit hoher Wahrscheinlichkeit wirksam sein werden. Dabei ist der zuständigen Behörde eine naturschutzfachliche Einschätzungsprärogative zuzugestehen. Die Kohärenzsicherungsmaßnahmen müssen nicht zwingend vor dem Eingriff durchgeführt werden. Ausreichend ist, dass die Erhaltungsziele nicht irreversibel geschädigt werden. Die Möglichkeit der späteren Durchführung von Kohärenzsicherungsmaßnahmen kann den Bau von WEA beschleunigen, da vor Baubeginn nicht zwingend der Erfolgseintritt der Maßnahme abzuwarten ist.
21. Anerkannte Naturschutzvereinigungen haben bei einem weitem Verständnis des § 63 II Nr. 5 BNatSchG ein Mitwirkungsrecht bei der Entscheidung über eine Ausnahme nach § 34 III BNatSchG.[1624]
22. Eine Befreiung nach § 67 BNatSchG kann bei der Einschlägigkeit des habitatschutzrechtlichen Verbots gem. § 34 II BNatSchG aufgrund der umfassenden Ausnahmeregelung des § 34 III BNatSchG in der Regel nicht mehr erteilt werden.[1625]
23. Das Artenschutzrecht stellt im Rahmen des Zulassungsverfahrens für WEA oftmals ein Hindernis dar.[1626] Besonders das Tötungsverbot nach § 44 I Nr. 1 Var. 4 BNatSchG bereitet in der Rechtsanwendung Schwierigkeiten.[1627] Nach der Rechtsprechung bezweckt das Tötungsverbot einen strikten Individuenschutz für die erfassten Tierarten. Nach der *„Signifikanzrechtsprechung"* des Bundesverwaltungsgerichts sind aber nur solche Tötungen tatbestandsmäßig, die über ein allgemeines Lebensrisiko hinausgehen.[1628] Diese Rechtsprechung ist zur Förderung des Ausbaus erneuerbarer Energien grundsätzlich zu begrüßen, da auf diese Weise die Zulassungsvoraussetzungen für WEA relativiert werden und das Tötungsverbot kein unverhältnismäßiges Planungshindernis darstellt. Problematisch sind jedoch die rechtsdogmatische Herleitung und die Verwendung des Begriffs der Signifikanz. An dieser Stelle ist der Gesetzgeber aufgefordert, *de lege ferenda* klare Verhältnisse zu schaffen.
24. Um die Tötung geschützter Tiere und somit die Einschlägigkeit des Tötungsverbots zu vermeiden, sollten – ähnlich wie im Habitatschutzrecht – *„Vermeidungsmaßnahmen"* durchgeführt werden.[1629] Soweit Vermeidungsmaßnahmen zur Verfügung stehen, müssten sie als Teil eines gesamtheitlichen Risikomanagements zeitnah umgesetzt werden, damit der unerwünschte tatbestandliche Tötungserfolg des artenschutzrechtlich geschützten Tieres wahrscheinlich

1623 Siehe 1. Teil, 3. Abschnitt, B. II. 4. c).
1624 Siehe 1. Teil, 3. Abschnitt, B. II. 4. d).
1625 Siehe 1. Teil, 3. Abschnitt, B. II. 5.
1626 Siehe 1. Teil, 3. Abschnitt, C. I.
1627 Siehe 1. Teil, 3. Abschnitt, C. I. 1.
1628 Siehe 1. Teil, 3. Abschnitt, C. I. 1. a).
1629 Siehe 1. Teil, 3. Abschnitt, C. I. 1. a).

ausbleiben wird. Solche Maßnahmen sind naturschutzrechtlich sinnvoll, wenn nicht sogar notwendig.

25. Auch das Störungsverbot gem. § 44 I 1 Nr. 2 BNatSchG ist regelmäßig in Zulassungsverfahren für WEA zu prüfen. Bei der Bestimmung der inhaltlichen Reichweite des Störungsverbots ist vor unionsrechtlichem Hintergrund eine weite Auslegung geboten, um jegliche schützenswerte Zeiträume erfassen zu können.[1630] Bei der Beurteilung einer tatbestandsrelevanten Störung sollte aufgrund der fehlenden Nachweisbarkeit des Erfolgseintritts mit Wahrscheinlichkeitsmaßstäben gearbeitet werden.[1631] Ob die Störung gem. § 44 I 1 Nr. 2 Hs. 2 BNatSchG auch erheblich ist, bestimmt sich nach dem Erhaltungszustand der lokalen Population.[1632] Unter einer lokalen Population ist die Gesamtheit der Individuen einer Art zu verstehen, die sich während bestimmter Phasen des jährlichen Zyklus anhand ihrer Habitatansprüche in einem abgrenzbaren Raum aufhalten. Unter Berücksichtigung artspezifischer Besonderheiten wie Verteilungsmuster, Sozialstruktur, individuellem Raumanspruch und Mobilität der jeweiligen Art ist die konkrete lokale Population zu bestimmen. Bei der Bewertung der Erheblichkeit sollten Kompensationsmaßnahmen berücksichtigt werden, soweit durch sie mit hinreichender Wahrscheinlichkeit keine Verschlechterung des Erhaltungszustandes der Population eintritt. Die Kompensationsmaßnahmen auf Tatbestandsebene sind aus naturschutzfachlicher Sicht sinnvoll, um eine Erheblichkeit der Störung zu vermeiden. Denn aufgrund der Durchführung einer Kompensationsmaßnahme wird der Erhaltungszustand gewahrt oder sogar verbessert und die WEA kann ohne den Umweg über die Ausnahme nach § 45 VII BNatSchG zugelassen werden.
26. Der Verbotstatbestand des § 44 I Nr. 3 BNatSchG hat für Zulassungsverfahren für WEA eine vergleichsweise geringe Bedeutung und steht diesen Vorhaben daher regelmäßig nicht entgegen.[1633] Aufgrund der gebotenen restriktiven Auslegung der Tatbestandsmerkmale tritt § 44 I Nr. 3 BNatSchG oftmals hinter den beiden vorgenannten Zugriffsverboten des § 44 I Nr. 1 und Nr. 2 BNatSchG bzw. hinter den habitatschutzrechtlichen Vorgaben nach § 34 BNatSchG zurück.[1634]
27. Zur Bewertung der Einschlägigkeit der Zugriffsverbote des § 44 I BNatSchG ist eine umfassende Sachverhaltsermittlung unter Ausschöpfung aller zur Verfügung stehenden Mittel durchzuführen.[1635] Dabei sind sämtliche vorhandene Erkenntnisse zu berücksichtigen. Soweit verfügbar, ist auch das Wissen ehrenamtlicher Naturschützer heranzuziehen. Selbst wenn dies nicht der Verfahrensbeschleunigung dient, kann ein solches Vorgehen dazu beitragen, eine

1630 Siehe 1. Teil, 3. Abschnitt, C. I. 2.
1631 Siehe 1. Teil, 3. Abschnitt, C. I. 2. a).
1632 Siehe 1. Teil, 3. Abschnitt, C. I. 2. b).
1633 Siehe 1. Teil, 3. Abschnitt, C. I. 3.
1634 Siehe 1. Teil, 3. Abschnitt, C. I. 3. b).
1635 Siehe 1. Teil, 3. Abschnitt, C. II. 1.

Zulassung für WEA rechtssicherer zu gestalten und insbesondere das Risiko späterer Anordnungen, wie beispielsweise Abschaltzeiten, zu verringern. Können die notwendigen Erkenntnisse nicht gewonnen werden oder wäre der Untersuchungsaufwand unverhältnismäßig, ist es grundsätzlich möglich, der Zulassungsentscheidung Prognosen und „*Worst-Case-Annahmen*" zugrunde zu legen, soweit diese fachwissenschaftlich fundiert sind.

28. Die Einräumung einer behördlichen naturschutzfachlichen Einschätzungsprärogative ist aufgrund der derzeitig fehlenden bzw. nicht hinreichenden ökologischen Erkenntnisse und Prognoseunsicherheiten nach der Rechtsprechung des Bundesverwaltungsgerichts zulässig.[1636] Es bestehen keine verfassungsrechtlichen Bedenken hinsichtlich der Anwendung der naturschutzfachlichen Einschätzungsprärogative auf die Zugriffsverbote.[1637] Daraus folgt, dass die behördliche Entscheidung durch die Gerichte nur auf ihre Vertretbarkeit hin überprüft wird. Die naturschutzfachliche Einschätzungsprärogative entbindet die Instanzgerichte aber nicht von der Pflicht, das methodische Vorgehen und die notwendige Ermittlungstiefe zu überprüfen.
29. Im Rahmen der erforderlichen Sachverhaltsermittlung sind an die Qualifikation der Sachverständigen und die Qualität der Gutachten hohe Maßstäbe anzulegen.[1638] Zu befürworten ist die Etablierung einer Zertifizierung von Gutachtern sowie die Vereinheitlichung der gebotenen artenschutzrechtlichen Untersuchungen. Zentrale Aufgabe der kommenden Jahre ist es, mehr fachwissenschaftliche Erkenntnisse zu gewinnen, zu sammeln und allgemein zur Verfügung zu stellen, um die Unsicherheiten der Rechtsanwendung in den Genehmigungsverfahren für WEA zu verringern.
30. Trotz der Einschlägigkeit eines Verbotstatbestandes nach § 44 I 1 Nr. 1 oder Nr. 3 BNatSchG kann ein Vorhaben über die Legalausnahme des § 44 V BNatSchG direkt zulassungsfähig sein, ohne dass eine Ausnahme nach § 45 VII BNatSchG erteilt werden muss.[1639] Die „*Privilegierung*" des § 44 V BNatSchG findet für den Regelfall der WEA als Außenbereichsvorhaben Anwendung, wenn gem. § 44 V 1 BNatSchG die Anforderungen der Eingriffsregelung nach § 15 BNatSchG erfüllt werden.[1640] Die Legalausnahme sollte nach der hier vertretenen Ansicht jedoch grundsätzlich nicht für WEA im unbeplanten Innenbereich gelten, weil hier in der Regel keine vorherige Überprüfung der Voraussetzungen der Eingriffsregelung stattgefunden hat. Die sich aus § 44 V 1 BNatSchG und § 18 II BNatSchG ergebende Verweisung auf § 34 BauGB wäre nach der hier vertretenen Ansicht aus Schutzgesichtspunkten insoweit teleologisch zu reduzieren. Ein Vorhaben nach § 34 BauGB wäre im Falle der Einschlägigkeit eines Zugriffsverbots nach

1636 Siehe 1. Teil, 3. Abschnitt, C. II. 2.
1637 Siehe 1. Teil, 3. Abschnitt, C. II. 3.
1638 Siehe 1. Teil, 3. Abschnitt, C. II. 3.
1639 Siehe 1. Teil, 3. Abschnitt, C. III.
1640 Siehe 1. Teil, 3. Abschnitt, C. III. 1.

§ 44 I BNatSchG demnach nur über die Ausnahme nach § 45 VII BNatSchG zulassungsfähig. Etwas anderes sollte dann gelten, wenn auf Antrag nach § 18 IV 2 BNatSchG die Voraussetzungen der Eingriffsregelung bei einem Vorhaben im unbeplanten Innenbereich geprüft worden sind.

31. Im Rahmen eines immissionsschutzrechtlichen Genehmigungsverfahrens kann für eine WEA – trotz Verstoßes gegen die Zugriffsverbote nach § 44 I BNatSchG – grundsätzlich eine Ausnahme gem. § 45 VII BNatSchG erteilt werden, um der Anlage zur Zulassung zu verhelfen.[1641] In der Regel erfolgt dies gem. § 45 VII 1 Nr. 5 BNatSchG wegen eines *„anderen zwingenden Grundes des überwiegenden öffentlichen Interesses*".[1642] WEA als erneuerbare Energiequelle können die Voraussetzungen dieses Ausnahmegrundes erfüllen, weil sie der Erreichung eines öffentlichen Ziels vor dem Hintergrund der Energiewende dienen.
32. Die Ausnahmemöglichkeit des § 45 VII BNatSchG im Falle der Tötung europäischer Vogelarten begegnet keinen unionsrechtlichen Bedenken.[1643] Vielmehr ist es geboten, Art 9 I VRL durch eine weite Auslegung um einen ungeschriebenen Rechtfertigungsgrund der gewichtigen Interessen des Allgemeinwohls zu ergänzen.
33. Selbst bei einem ungünstigen Erhaltungszustand kann eine Ausnahme nach § 45 VII BNatSchG erteilt werden, sofern eine Prognose ergibt, dass sich der Erhaltungszustand der Population einer Art nicht verschlechtert.[1644] Dafür soll es nach der hier vertretenen Ansicht möglich sein, *„artenschutzrechtliche Ausgleichsmaßnahmen*" anzuordnen.[1645] Diese Ausgleichsmaßnahmen zielen auf die Sicherstellung des Ausbleibens einer Verschlechterung des Erhaltungszustands ab. Trotz der fehlenden ausdrücklichen gesetzlichen Anordnung sind diese Maßnahmen vor dem Hintergrund des Schutzzwecks der artenschutzrechtlichen Ausnahme nach § 45 VII BNatSchG gerechtfertigt. Solange sich der Erhaltungszustand nicht verschlechtert, ist das Ziel der Ausnahme nach § 45 VII BNatSchG erreicht. Die Anordnung von Ausgleichsmaßnahmen auf Ebene der Ausnahme fördert auch den gewünschten Ausbau der Windenergie, da WEA andernfalls grundsätzlich nicht ausnahmefähig wären. Um Rechtssicherheit zu schaffen, ist der Gesetzgeber aufgefordert, *de lege ferenda* eine zu der Möglichkeit von Kohärenzsicherungsmaßnahmen im Habitatschutzrecht gem. § 34 V 1 BNatSchG entsprechende Ergänzung in den Ausnahmetatbestand des § 45 VII BNatSchG aufzunehmen und die artenschutzrechtliche Ausgleichsmaßnahme verbindlich anzuordnen. Die Wirksamkeit der Ausgleichsmaßnahme sollte mittels eines *„Monitorings*" überwacht werden.

1641 Siehe 1. Teil, 3. Abschnitt, C. IV.
1642 Siehe 1. Teil, 3. Abschnitt, C. IV. 3.
1643 Siehe 1. Teil, 3. Abschnitt, C. IV. 3. c).
1644 Siehe 1. Teil, 3. Abschnitt, C. IV. 4.
1645 Siehe 1. Teil, 3. Abschnitt, C. IV. 4. b).

34. Nur unter der weiteren Voraussetzung des § 45 VII 2 BNatSchG, dass keine zumutbaren Alternativen zur Verfügung stehen, kann eine Ausnahme erteilt werden. Bei der Beurteilung der Zumutbarkeit kann zum Teil auf die Grundsätze des Habitatschutzrechts zurückgegriffen werden.[1646] Regelmäßig werden mangels anderer möglicher Standorte oder hinreichender Windhöffigkeit keine zumutbaren Alternativen zur Verfügung stehen. Finanzielle Mehraufwendungen zu Lasten des Vorhabenträgers sind nicht grundsätzlich unzumutbar, sondern müssen im Rahmen des Verhältnismäßigkeitsgrundsatzes gegebenenfalls in Kauf genommen werden. Wann die Grenze der Unzumutbarkeit überschritten wird, ist für jeden Einzelfall zu beurteilen.
35. Anders als im Habitatschutzrecht ist die Erteilung einer Befreiung nach § 67 BNatSchG im Artenschutzrecht nicht grundsätzlich abzulehnen.[1647] Dennoch wird im Falle von WEA kaum eine Situation denkbar sein, in der ein Vorhabenträger grundrechtsrelevante Belastungen ins Feld führen kann, dass ein Befreiungsgrund nach § 67 II BNatSchG verwirklicht wird. Demnach handelt es sich um eine bloß theoretische Befreiungsmöglichkeit.
36. Die Zulassung von WEA im und am Wald ist grundsätzlich möglich.[1648] Hierfür sind die allgemeinen fachrechtlichen Anforderungen einzuhalten, d.h. die WEA muss insbesondere den habitatschutzrechtlichen und artenschutzrechtlichen Vorgaben genügen. Darüber hinaus hat die Anlage die spezialgesetzlichen Anforderungen des Bundeswaldgesetzes und des jeweils anwendbaren Landeswaldgesetzes zu erfüllen. Demnach ist in der Regel die Erteilung einer Waldumwandlungsgenehmigung gem. § 9 BWaldG zu beantragen, da durch die Windenergie die Waldnutzung dauerhaft verändert wird und somit kein Wald i.S.d. § 2 I BWaldG mehr vorliegt. Diese Genehmigung ist in der Regel von der formellen Konzentrationswirkung des immissionsschutzrechtlichen Zulassungsverfahrens gem. § 13 BImSchG erfasst. Eine Waldumwandlungsgenehmigung kann nur erteilt werden, wenn die Abwägung gem. § 9 I 2 BWaldG zugunsten der WEA ausfällt. Hierfür müssen sich die Belange der Energiewende und somit das Interesse an der Zulassung von WEA gegenüber den konfligierenden waldrechtlich geschützten Interessen durchsetzen. Auch hier gilt, dass kein Belang pauschal vorrangig gegenüber dem anderen ist, sondern jeder Einzelfall für sich zu beurteilen ist. Damit die Waldumwandlung zulässig sein kann, ist entsprechend der jeweiligen landesrechtlichen Ausgestaltung eine Ausgleichsmaßnahme – in der Regel durch eine Ersatzaufforstung – durchzuführen.
37. Beim *„Repowering"* sind auf Zulassungsebene keine Besonderheiten im Vergleich zu Genehmigungsverfahren für WEA, die neu errichtet werden ohne Altanlagen zu ersetzen, festzustellen.[1649] Durch den Abbau der Altanlagen entfällt der passive

1646 Siehe 1. Teil, 3. Abschnitt, C. IV. 4. a).
1647 Siehe 1. Teil, 3. Abschnitt, C. V.
1648 Siehe 1. Teil, 4. Abschnitt, A.
1649 Siehe 1. Teil, 4. Abschnitt, B.

Bestandsschutz, so dass ein vollumfängliches Genehmigungsverfahren für die Neuanlagen durchzuführen ist und somit alle fachrechtlichen Voraussetzungen nach § 6 BImSchG eingehalten werden müssen.

2. Abschnitt: Ergebnisse und Empfehlungen für die Raumordnung

1. Das Raumordnungsrecht spielt eine wichtige Rolle für den weiteren Ausbau der Windenergie und somit für die Förderung der Energiewende.[1650] Die Raumordnungsplanung entfaltet vor allem durch die Wirkung des Planvorbehalts des § 35 III 3 BauGB eine Bindungswirkung für die Zulassungsentscheidungen für WEA. Daneben sind raumordnungsplanerische Festlegungen auch für die Bauleitplanung insbesondere durch das Anpassungsgebot des § 1 IV BauGB und die Beachtenspflicht gem. § 4 I ROG relevant.[1651] Dem kommunalen Plangeber verbleiben wegen der raumordnerischen Festlegungen für Windenergie grundsätzlich nur Feinsteuerungsmöglichkeiten bei der Bauleitplanung.[1652]
2. Große WEA bzw. Windparks fallen als raumbedeutsame Maßnahmen in den Anwendungsbereich des Raumordnungsrechts.[1653] Durch die Festlegung von *„Zielen der Raumordnung*" gem. § 3 I Nr. 2 ROG kann eine Bindungswirkung für die Zulassungs- und Bauleitplanungsebene hinsichtlich der Windenergienutzung im Plangebiet erreicht werden.[1654] Für die Festlegung als Ziel der Raumordnung reicht die Bezeichnung als Ziel durch den Plangeber nicht aus. Die Festlegung muss vielmehr die Vorgaben an ein Ziel der Raumordnung als abschließende landesplanerische Abwägungsentscheidung erfüllen. Das bedeutet, dass die Festlegung inhaltlich hinreichend bestimmt bzw. bestimmbar sein muss.
3. *„Grundsätze der Raumordnung*" gem. § 3 I Nr. 3 ROG haben keine den Zielen der Raumordnung vergleichbare Bindungswirkung, da sie in einer nachfolgenden Entscheidung lediglich zu berücksichtigen sind und im Rahmen einer Abwägung sogar überwunden werden können.[1655]
4. Über das Raumordnungsrecht kann die Energiewende gezielt gefördert werden, indem verbindliche Mindestvorgaben für die Windenergienutzung geschaffen werden.[1656] Der Bundesgesetzgeber ist dazu aufgefordert, *de lege ferenda* eine entsprechende Rahmenbedingung im ROG zu schaffen. Auf dieser Grundlage könnten die Bundesländer – soweit es bisher noch nicht der Fall ist – entweder

---

1650 Siehe 2. Teil, 1. Abschnitt. B.
1651 Siehe 2. Teil, 1. Abschnitt. B., C.
1652 Siehe 2. Teil, 1. Abschnitt. C.
1653 Siehe 2. Teil, 2. Abschnitt. A.
1654 Siehe 2. Teil, 2. Abschnitt. B. I.
1655 Siehe 2. Teil, 2. Abschnitt. B. II.
1656 Siehe 2. Teil, 2. Abschnitt. B. III.

in den Landesplanungsgesetzen Grundsätze der Raumordnung schaffen oder entsprechende Regelungen in ihre Landesentwicklungspläne aufnehmen. Als Mindestvorgaben könnten beispielsweise Festlegungen einer bestimmten Anzahl von Anlagen, eines konkret zu erreichenden Mindeststromertrags oder eine durch Windenergie zu nutzende Mindestfläche bestimmt werden.

5. Um die Errichtung von WEA planerisch zu steuern, kann der überörtliche Plangeber auf die Festlegungsmöglichkeiten des nicht abschließenden Katalogs von § 8 VII ROG zurückgreifen.[1657] Jedoch sind eine Bindungswirkung und somit die Konzentration bzw. der Ausschluss von Windenergie auf bestimmten Plangebietsbereichen nur über die Kategorien der *„Vorrang“*- oder *„Eignungsgebiete“* gem. § 8 VII 1 Nr. 1 bzw. Nr. 3 ROG und über die *„Vorranggebiete mit Wirkung von Eignungsgebieten“* gem. § 8 VII 2 ROG zu erreichen. Vorranggebiete mit Wirkung von Eignungsgebieten gem. § 8 VII 2 ROG sind nach der hier vertretenen Auffassung am besten geeignet, die gewünschte Steuerung von Windenergienutzung im Plangebiet mit Blick auf die Wirkung des Planvorbehalts nach § 35 III 3 BauGB zu erzielen. Über die Gebietstypen des § 8 VII ROG hinaus haben die Länder grundsätzlich weitere Festlegungsmöglichkeiten, von denen bisher aber kaum Gebrauch gemacht wurde.[1658] Neben der verbindliche Festlegung bestimmter Gebietstypen kann der Plangeber bewusst *„weiße Flächen“* im Raumordnungsplan ausweisen. Hierdurch verzichtet der überörtliche Plangeber bewusst auf eine abschließende raumordnerische Entscheidung und verlagert somit die Letztentscheidungskompetenz auf die Bauleitplanungsebene.[1659] Dadurch wird die Verantwortung aufgrund der Sachnähe bewusst zwischen den jeweiligen Plangebern aufgeteilt. Weiße Flächen dürfen aber nur dann ausgewiesen werden, wenn der Windenergie im Übrigen substanziell Raum verschafft wurde.
6. Grundlage der verbindlichen Steuerung von Windenergie ist die Konzentrationsflächenplanung. Mit Blick auf die Wirkung des Planvorbehalts des § 35 III 3 BauGB ist es erforderlich, dass dieser Planung ein *„schlüssiges gesamträumliches Konzept“* zugrunde liegt.[1660] Nach der Rechtsprechung ist ein solches mittels der *„Ausschlussmethode“* zu erstellen.[1661] Ein positiver Aspekt der Ausschlussmethode ist, dass der Plangeber auf diese Weise eine nachvollziehbare und transparente Entscheidung trifft. Die Ausschlussmethode birgt aber die Gefahr, dass für Windenergie geeignete Flächen zu früh ausgeschlossen werden. Aus diesem Grunde ist die Ausschlussmethode als ein starker hemmender Faktor für den weiteren Ausbau der Windenergie in Deutschland zu sehen. Es bietet sich daher an, *de lege lata* ein alternatives Vorgehen zu entwickeln. Denn rechtlich

1657 Siehe 2. Teil, 2. Abschnitt. B. IV. 1.
1658 Siehe 2. Teil, 2. Abschnitt. B. IV. 2.
1659 Siehe 2. Teil, 2. Abschnitt. B. IV. 3.
1660 Siehe 2. Teil, 2. Abschnitt. C. I.
1661 Siehe 2. Teil, 2. Abschnitt. C. I. 1.

ist das Vorgehen über die Ausschlussmethode keineswegs zwingend. Es ist dem überörtlichen Plangeber unbenommen, gegensätzlich vorzugehen und die für Windenergie geeigneten Flächen positiv zu bestimmen.[1662] Eine solche Methode kann sich positiv auf die Belange der Energiewende auswirken, wenn dadurch mehr Flächen für Windenergie ausgewiesen werden.

7. Soweit der Plangeber das schlüssige gesamträumliche Konzept über die Ausschlussmethode wählt, sind nach der Rechtsprechung in mehreren aufeinander folgenden Schritten die Konzentrationsflächen für Windenergie zu bestimmen.[1663] Zunächst sind *„Tabuzonen"* festzulegen, welche nicht für WEA zur Verfügung stehen. Diese werden in *„harte"* und *„weiche"* Tabuzonen unterteilt. Harte Tabuzonen sind all jene Bereiche, in denen Windenergienutzung aus rechtlichen oder tatsächlichen Gründen von Beginn an nicht möglich ist. Auf weichen Tabuzonen hingegen darf nach dem Willen des Plangebers keine Windenergienutzung stattfinden. Durch das vorhandene *„voluntative Element"* bei weichen Tabuzonen wird deutlich, dass die Verwendung des Begriffs Tabu an sich unpassend ist. Daher erscheint der in der Literatur vorgeschlagene Begriff der *„Vorwegausscheidungsfläche"* vorzugswürdig. Dieser lässt sich nochmals in *„anfängliche"* und *„nachträgliche"* Vorwegausscheidungsflächen unterteilen.
8. Bei der Bestimmung von Tabuzonen ist eine sachlich nachvollziehbare Auswahlentscheidung notwendig, die durch eine entsprechende Dokumentation des Plangebers nachzuweisen ist.[1664] Fehlt es an der Nachvollziehbarkeit der planerischen Entscheidung, kann dies als ein erheblicher Fehler gem. § 12 III 2 ROG im Abwägungsvorgang qualifiziert werden, der sogar die Unwirksamkeit der Planung zur Folge haben kann.
9. Bei der Ausweisung einer harten Tabuzone ist große Zurückhaltung geboten, weil infolge dieser Festlegung überhaupt keine Abwägung mit anderen Belangen stattfindet.[1665] Nur wenn vertieft geprüft wurde, ob erkennbare tatsächliche oder rechtliche Hindernisse prognostisch nicht auf nachgelagerter Planungs- oder Zulassungsebene überwunden werden können, darf eine harte Tabuzone angenommen werden.
10. Der Bereich von Siedlungsflächen selbst ist unproblematisch als harte Tabuzone einzuordnen.[1666] Auch die Umgebung zur Wohnbebauung kann bis zu einem gewissen Grad über die Ausweisung als harte Tabuzone von Windenergie freigehalten werden. Bei der Bestimmung des von der Tabuzone erfassten Schutzbereichs greifen die überörtlichen Plangeber in der Regel auf die in den Windenergieerlassen der Länder vorgesehenen pauschalen Schutzabstände

1662 Siehe 2. Teil, 2. Abschnitt. C. I. 2.
1663 Siehe 2. Teil, 2. Abschnitt. C. I. 1. a) (1).
1664 Siehe 2. Teil, 2. Abschnitt. C. I. 1. a) (1).
1665 Siehe 2. Teil, 2. Abschnitt. C. I. 1. a) (2).
1666 Siehe 2. Teil, 2. Abschnitt. C. I. 1. a) (3).

zurück. Diese bilden jedoch nicht zwingend die tatsächliche Schutzwürdigkeit des Gebiets ab. Nach der hier vertretenen Ansicht sollten diese Schutzabstände daher mit einer gewissen Zurückhaltung angewendet werden. Das Schutzbedürfnis der Umgebung sollte entsprechend des Vorsorgegrundsatzes gem. § 1 I BImSchG im Rahmen einer Einzelfallbeurteilung positiv festgestellt werden. So können geringere, aber auch größere Schutzabstände von WEA zu Siedlungsflächen geboten sein als in den Windenergieerlassen der Länder vorgesehen sind. Die Annahme einer harten Tabuzone kann auch bei Siedlungen, die bisher noch nicht errichtet, aber durch einen in Aufstellung befindlichen Bauleitplan vorgesehen sind, gerechtfertigt sein. Notwendig ist, dass die Planungsabsichten bereits hinreichend manifestiert sind und der Bauleitplan nicht offensichtlich unwirksam sein wird.

11. Harte Tabuzonen können auch aus naturschutzrechtlichen Gründen in Betracht kommen.[1667] Insbesondere bei Nationalparken, Naturschutzgebieten, Kernzonen von Biosphärenreservaten sowie bei geschützten Biotopen ist die Annahme einer harten Tabuzone naturschutzrechtlich geboten. Bei artenschutzrechtlichen und habitatschutzrechtlichen Belangen hingegen ist Zurückhaltung bei der Einordnung eines Gebiets als harte Tabuzone angebracht. Nur wenn nachweisbar in der Zukunft ein Verbotstatbestand eröffnet sein wird und hierfür prognostisch keine Ausnahme oder Befreiung nach dem jeweiligen Fachrecht erteilt werden kann, darf eine harte Tabuzone bejaht werden. Eine solche Prognose kann bei der teilweise erheblichen zeitlichen Diskrepanz von mehreren Jahren zwischen Aufstellung eines Raumordnungsplans und der Einzelzulassung von WEA nur beschränkt erstellt werden. Oftmals kann naturschutzfachlich nicht vorhergesagt werden, wie sich die ökologische Situation auf dem zu beplanenden Gebiet über Jahre entwickeln wird. Daher sollte nur in Ausnahmefällen eine harte Tabuzone angenommen werden. Andernfalls stünde das Artenschutz- und Habitatschutzrecht als unüberwindbares Hindernis der Errichtung von WEA entgegen, ohne dass dies aus naturschutzrechtlichen Gründen zwingend geboten wäre. Insgesamt zeigt sich, dass naturschutzrechtliche Konfliktsituationen oftmals nicht abschließend auf Ebene des Raumordnungsrechts abgearbeitet werden können.[1668]
12. Auch Landschaftsschutzgebiete sollten nicht ohne weitere Sachprüfung als harte Tabuzone qualifiziert werden.[1669] Entscheidend ist der konkrete Schutzzweck, welcher der Ausweisung eines Landschaftsschutzgebiets zugrunde liegt. Zunächst sollte bei der Planaufstellung überprüft werden, ob der Schutzzweck noch dem aktuellen Schutzbedürfnis entspricht oder gegebenenfalls geändert oder angepasst werden muss. Soweit die Schutzerklärung mangels Schutzbedürfnis aufgehoben wird, könnte diese Aufhebung als „*actus contrarius*" den

1667 Siehe 2. Teil, 2. Abschnitt. C. I. 1. a) (4).
1668 Siehe 2. Teil, 2. Abschnitt. C. I. 1. a) (4).
1669 Siehe 2. Teil, 2. Abschnitt. C. I. 1. a) (4).

Erlass des Raumordnungsplans vorbereiten. Ist die Unterschutzstellung aber zeitgemäß oder entsprechend angepasst worden, bietet es sich an, je nach Schutzwürdigkeit des jeweiligen Rechtsguts die Annahme einer weichen Tabuzone zu prüfen. So könnte ein Abwägungsprozess durchgeführt werden, im Rahmen dessen die Belange des Landschaftsschutzes mit den Interessen der Energiewende zueinander ins Verhältnis gesetzt werden. Überwiegt das Interesse am Landschaftsschutz, ist eine weiche Tabuzone festzulegen. Im Übrigen sollte das Gebiet als Potentialfläche für Windenergie ausgewiesen werden.

13. Waldflächen sollten nach der hier vertretenen Ansicht ebenfalls nicht zwingend der Kategorie der harten Tabuzone zugeordnet werden.[1670] Über die fachrechtlichen Anforderungen nach Bundesnaturschutzgesetz hinaus, d.h. insbesondere die Vorgaben des Artenschutz- und Habitatschutzrechts, kann Windenergie entsprechend der konkreten Schutzwürdigkeit einer Waldfunktion nach § 1 Nr. 1 BWaldG ausgeschlossen werden. Ist eine Waldfunktion, wie bspw. der Erholungswald, besonders schutzwürdig, sollte auf die weiche Tabuzone zurückgegriffen werden. Dadurch kann ein interessengerechtes Ergebnis erreicht werden, indem eine Abwägung zwischen den waldrechtlich geschützten Interessen mit den Belangen der Energiewende durchgeführt wird. Jedoch ist zu berücksichtigen, dass derzeit kaum Erkenntnisse über die Auswirkungen von Windenergie im Ökosystem Wald vorhanden sind, um eine rechtssichere Antwort auch für die künftige Zulässigkeit von WEA an einem Standort geben zu können. Im Zweifelsfall sollte die endgültige Beantwortung über die Zulässigkeit von Windenergie auf einer konkreten Waldfläche daher auf die Bauleitplanungs- oder Zulassungsebene verlagert werden.
14. Nach der Festlegung von Tabuzonen sind die übrigen Flächen als *„Potenzialflächen"* in einem weiteren Schritt zu den konkurrierenden Nutzungen ins Verhältnis zu setzen.[1671] Hierfür ist eine Abwägung gem. § 7 II 1 ROG durchzuführen. Diese Abwägung muss rechtsfehlerfrei sein, andernfalls kann sich ein gem. § 12 III 2 ROG beachtlicher Abwägungsfehler auf die Wirksamkeit des gesamten Planwerks durchschlagen. Zunächst ist das Abwägungsmaterial zusammenzustellen, d.h. es sind alle abwägungsrelevanten Belange zu ermitteln. Danach sind im Rahmen des Abwägungsprozesses die Interessen der Energiewende u.a. zu den konfligierenden naturschutzrechtlichen Belangen in Beziehung zu setzen. Grundsätzlich ist keinem Interesse ein pauschaler Vorrang vor den anderen Belangen einzuräumen. Im Einzelfall ist abwägungsfehlerfrei festzustellen, welches Interesse überwiegt, wobei den Interessen der Energiewende an der Förderung der Windenergie und der gesetzgeberischen Privilegierung von WEA im Außenbereich ein nicht unerhebliches Gewicht zuzusprechen ist.
15. Die Entscheidung über die Festlegung von Ausschluss- und Potentialflächen ist vor der endgültigen Festsetzung von Konzentrationszonen in einem weite-

1670 Siehe 2. Teil, 2. Abschnitt. C. I. 1. a) (5).
1671 Siehe 2. Teil, 2. Abschnitt. C. I. 1. b).

ren Schritt noch einmal kritisch daraufhin zu überprüfen, ob der Windenergie hinreichend Raum verschafft wurde.[1672] Sollte dies nicht der Fall sein, muss der Plangeber seine eigene Entscheidung nochmals hinterfragen und gegebenenfalls anpassen. Am Ende dieses Prozesses sind die Konzentrationsflächen für Windenergie festzusetzen. Dabei kann u.a. auf den nicht abschließenden Katalog der Gebietstypen des § 8 VII ROG zurückgegriffen werden.

16. Abwägungsfehlerhaft ist eine „*Negativ*"- bzw. „*Verhinderungsplanung*" insbesondere in Form einer „*Feigenblatt*"- oder „*Alibiplanung*".[1673] Von einer solchen ist auszugehen, wenn der Windenergie nicht substanziell Raum verschafft wurde. In diesem Fall war die Konzentrationsflächenplanung abwägungsfehlerhaft und kann zur Unwirksamkeit der Raumordnungsplanung führen. Eine pauschale Beantwortung der Frage, wann die Grenze von einer zulässigen Kontingentierung von Flächen für WEA zu einer verbotenen Verhinderungsplanung überschritten ist, kann nicht gegeben werden. Stattdessen sind im Einzelfall alle Gesamtumstände zu würdigen, insbesondere die vorhandene Windhöffigkeit, der mögliche Stromertrag sowie der prozentuale Anteil der Konzentrationsfläche im Vergleich zu der Größe des gesamten Plangebiets. Hierbei kann indiziell auf die bisher ausgeurteilten Fälle zurückgegriffen werden.
17. Im Raumordnungsrecht können über den Katalog des § 8 VII ROG als nicht abschließende Regelung die Grundvoraussetzungen für das Repowering auf überörtlicher Planungsebene geschaffen werden.[1674] Festsetzungen zum Repowering können inhaltlich vergleichbar zu der Regelung des § 249 II BauGB in den Raumordnungsplan mit aufgenommen werden.

3. Abschnitt: Ergebnisse und Empfehlungen für die Ebene der Bauleitplanung

1. Die Flächennutzungsplanung spielt neben der Raumordnungsplanung in der Praxis eine erhebliche Rolle zur Schaffung verbindlicher Vorgaben für die Windenergienutzung im Plangebiet.[1675] Ebenso wie das Raumordnungsrecht kann der Flächennutzungsplan über die Konzentrationsflächenplanung die Wirkung des Planvorbehalts des § 35 III 3 BauGB auslösen. Der Flächennutzungsplan und der Raumordnungsplan ergänzen einander im Rahmen einer „*Mehrebenensteuerung*" für die Windenergienutzung. Diese beiden Planungsinstrumente umfassen in unterschiedlichem Umfang dasselbe Plangebiet, wobei keine zwingende zeitliche Abfolge bei der Aufstellung des jeweiligen Plans vorgesehen ist.
2. Auch der Bebauungsplan kann neben der Raumordnung und Flächennutzungsplanung die Windenergienutzung im Plangebiet steuern. Sofern aber bereits

1672 Siehe 2. Teil, 2. Abschnitt. C. I. 1. c).
1673 Siehe 2. Teil, 2. Abschnitt. C. II.
1674 Siehe 2. Teil, 2. Abschnitt. D.
1675 Siehe 3. Teil, 1. Abschnitt.

verbindliche Aussagen zu Windenergie über Ziele der Raumordnung bzw. Festsetzungen im Flächennutzungsplan für das Plangebiet gemacht wurden, kann der kommunale Plangeber über den Bebauungsplan im Rahmen dieser verbindlichen Aussagen nur noch eine Feinsteuerung bzw. Konkretisierung vornehmen.[1676]

3. Die Bauleitpläne müssen grundsätzlich dem „*Erforderlichkeitsgebot*" des § 1 III BauGB entsprechen.[1677] Das Erforderlichkeitsgebot findet sowohl bei der erstmaligen Aufstellung als auch bei der Änderung eines Bauleitplans Anwendung. Aus dem Erforderlichkeitsgebot folgt das Verbot einer Negativ- bzw. Verhinderungsplanung in Bezug auf die Windenergienutzung. Der Bauleitplan darf nur zur Verwirklichung positiver und nach dem Baugesetzbuch zulässiger Zielvorstellung eingesetzt werden, nicht aber zur Verhinderung einer bestimmten Nutzung wie der Windenergie. Aus dem Erforderlichkeitsgebot kann im Falle von WEA auch ein Planungsverbot folgen, soweit offensichtlich unüberwindbare tatsächliche und/oder rechtliche Hindernisse der Bauleitplanung entgegenstehen. Denn kann der Plan prognostisch nicht verwirklicht werden, ist er mangels eines „*städtebaulichen Gestaltungsauftrags*" nicht erforderlich. An dieser Stelle finden auch naturschutzrechtliche Belange Berücksichtigung. Soweit nachweisbar beispielsweise artenschutzrechtliche oder habitatschutzrechtliche Verbote durch die mögliche Umsetzung der Planung berührt sind, ohne dass eine Ausnahme oder Befreiung nach dem jeweiligen Fachrecht erteilt werden kann, steht dem Bauleitplan dauerhaft ein rechtliches unüberwindbares Hindernis entgegen. In diesem Fall ist er nicht „*erforderlich*" i.S.d. § 1 III BauGB, was als beachtlicher Fehler im Sinne von § 214 I BauGB zur Unwirksamkeit des Planwerks führt.
4. Durch die enge Verzahnung von Raumordnungsrecht und Bauleitplanung müssen nach § 1 IV BauGB die Bauleitpläne den Zielen der Raumordnung angepasst werden.[1678] Hieraus folgt, dass rechtmäßige, wirksame und hinreichend bestimmte Ziele der Raumordnung durch die Bauleitplanung zwar konkretisiert werden dürfen, nicht aber im Wege der Abwägung gem. § 1 VII BauGB überwunden werden können. Die „*Anpassungspflicht*" reicht sogar so weit, dass sie nicht nur für zukünftige, sondern auch für bestehende Bauleitpläne gilt. Demnach ist der kommunale Plangeber zur Anpassung oder Aufhebung eines Bauleitplans verpflichtet, wenn eine Kollision mit den Zielen der Raumordnung u.a. im Hinblick auf die Konzentrationsflächenplanung für Windenergie offensichtlich ist. Die Pflicht zur Anpassung der Bauleitpläne gilt nicht mehr, wenn entweder der Raumordnungsplan geändert oder erfolgreich ein Zielabweichungsverfahren gem. § 6 II ROG durchgeführt wurde.

1676 Siehe 3. Teil, 1. Abschnitt.
1677 Siehe 3. Teil, 2. Abschnitt, A. I.
1678 Siehe 3. Teil, 2. Abschnitt, A. II.

5. Auch bei der Bauleitplanung ist ein fehlerfreier Abwägungsvorgang gem. § 1 VII BauGB Grundlage der planerischen Entscheidung. Zunächst ist das notwendige Abwägungsmaterial nach § 2 III BauGB zusammenzustellen, wobei besonderes Augenmerk auf die möglicherweise durch die Windenergienutzung betroffenen naturschutzrechtlichen Belange gerichtet werden sollte. Der kommunale Plangeber sollte – anders als aktuell in der Verwaltungspraxis üblich - vorausschauende und umfassendere Ermittlungen auf Bauleitplanungsebene durchführen, um die möglicherweise betroffenen naturschutzrechtlichen Belange schon frühzeitig zu erkennen und gegebenenfalls Lösungsstrategien entwickeln zu können.[1679] Andernfalls besteht die Gefahr, dass das Planwerk mangels Erforderlichkeit an einem beachtlichen Fehler leidet und dadurch unwirksam sein könnte.
6. Die Anforderungen an die Sachverhaltsermittlungen für die Konzentrationsflächenplanung sollten dennoch verhältnismäßig sein. Zu tiefgreifende Ermittlungen würden andernfalls ein ungerechtfertigt hohes zeitliches Hindernis für den Ausbau erneuerbarer Energien darstellen. Denn auch auf Bauleitplanungsebene ist eine nicht unerhebliche zeitliche Diskrepanz zwischen Planaufstellung und Einzelzulassung von WEA die Regel. In dieser Zeit kann sich die ökologische Situation im Plangebiet signifikant verändern. Hieraus können sich erst zum Genehmigungszeitpunkt naturschutzrechtliche Konflikte ergeben, die vorher nicht feststellbar oder existent waren. Diese Problemstellungen können daher erst auf Zulassungsebene bewältigt werden. Dabei sollte auf die im Rahmen der Bauleitplanung ermittelten Erkenntnisse für die Einzelfallbeurteilung des konkreten Vorhabens zurückgegriffen werden.
7. Die Abwägung nach § 1 VII BauGB muss fehlerfrei sein, andernfalls sind Mängel im Abwägungsvorgang am Maßstab des § 214 f BauGB zu messen und können zur Unwirksamkeit des Planwerks führen.[1680] Abwägungsfehlerhaft ist es beispielsweise, wenn bestimmte Interessen einseitig gewichtet werden. Daher dürfen weder die naturschutzrechtlichen Interessen noch die Belange der Energiewende pauschal Vorrang vor anderen Interessen haben. Andernfalls könnte eine Abwägungsfehleinschätzung oder Abwägungsdisproportionalität vorliegen.
8. Gem. § 1a III BauGB ist bei der Planaufstellung die *„städtebauliche Eingriffsregelung"* zu prüfen.[1681] Diese Eingriffsregelung ist Teil der Abwägung nach § 1 VII BauGB. Die städtebauliche Eingriffsregelung stellt erfahrungsgemäß kein besonderes Hindernis für die Planung von Windenergie dar.
9. Auch bei der verbindlichen Planung der Windenergienutzung über den Flächennutzungsplan geht der kommunale Plangeber – ebenso wie bei der Raumordnungsplanung – in der Regel über die allenfalls empfehlenswerte, aber nicht

1679 Siehe 3. Teil, 2. Abschnitt, A. III. 1.
1680 Siehe 3. Teil, 2. Abschnitt, A. III. 2.
1681 Siehe 3. Teil, 2. Abschnitt, A. IV.

zwingende Ausschlussmethode vor.[1682] Abgesehen von kleineren Unterschieden gelten grundsätzlich dieselben Anforderungen wie bei der Raumordnungsplanung. Bei der Bestimmung von harten Tabuzonen ist der Maßstab des Erforderlichkeitsgebots nach § 1 III BauGB anzuwenden.[1683] Die Auswahl der weichen Tabuzonen richtet sich nach dem Abwägungsgebot des § 1 VII BauGB. Demnach hat der Plangeber das der Abwägungsentscheidung zugrundeliegende Abwägungsmaterial zu dokumentieren und transparent zu machen. Nach Bestimmung der Tabuzonen sind in einem weiteren Schritt die Potenzialflächen zu bestimmen. Hier ist ebenfalls eine Abwägung durchzuführen, wobei die Belange der Energiewende zu konkurrierenden Nutzungen in Beziehung zu setzen sind.[1684]

10. Wurden beachtliche Fehler i.S.v. § 214 BauGB im Abwägungsvorgang gemacht, kann dies dazu führen, dass der Flächennutzungsplan in seiner Gesamtheit unwirksam ist. Um die Gesamtunwirksamkeit der bauleitplanerischen Entscheidung zu vermeiden, kann der kommunale Plangeber einen Teil des Plangebiets unabhängig beplanen. Hierzu kann er auf die Möglichkeit des *„örtlichen und sachlichen Teilflächennutzungsplans“* nach § 5 IIb BauGB zurückgreifen.[1685] Der Teilflächennutzungsplan gilt nur für einen Teilausschnitt des gesamten Plangebiets. Er steht neben einem Gesamtflächennutzungsplan sowie etwaigen anderen Teilflächennutzungsplänen gem. § 5 IIb Hs. 2 BauGB und kann selbst die Wirkung des Planvorbehalts des § 35 III 3 BauGB aktivieren. Vom Instrument des Teilflächennutzungsplans sollte in der kommunalen Planungspraxis verstärkt Gebrauch gemacht werden. Dieses Planungsinstrument kann aufgrund des beschränkten Einzugsgebiets und des schlankeren Planaufstellungsverfahrens im Vergleich zu einem Gesamtflächennutzungsplan zügiger aufgestellt werden und dadurch förderlich für den Ausbau von Windenergie wirken.
11. Ein weiteres sinnvolles Instrument zur Sicherung einer vorausschauenden Konzentrationsflächenplanung ist die Zurückstellungsmöglichkeit nach § 15 III BauGB.[1686] Soweit die Gefahr besteht, dass ein beantragtes Vorhaben die künftigen Konzentrationsflächen für Windenergie beeinträchtigen könnte, darf ein Zulassungsantrag für ein anderes bauliches Vorhaben gem. § 15 III 4 BauGB bis zu 2 Jahren zurückgestellt werden. Das gibt dem Plangeber hinreichend Zeit, die notwendigen und teilweise umfassenden Sachverhaltsermittlungen durchzuführen und unbeeinträchtigt die Konzentrationsflächenplanung zu betreiben. Dadurch können im Interesse der Energiewende ggf. mehr Flächen für Windenergie zur Verfügung gestellt werden.

1682 Siehe 3. Teil, 2. Abschnitt, B. I.
1683 Siehe 3. Teil, 2. Abschnitt, B. I. 1.
1684 Siehe 3. Teil, 2. Abschnitt, B. I. 2.
1685 Siehe 3. Teil, 2. Abschnitt, B. II.
1686 Siehe 3. Teil, 2. Abschnitt, B. III.

12. Über den Bebauungsplan kann keine gesamträumliche Steuerung von Windenergie im Plangebiet erreicht werden. Dem kommunalen Plangeber sind durch einen vorhandenen Flächennutzungsplan Grenzen gesetzt.[1687] Daher hat der Bebauungsplan im Vergleich zur Raumordnungs- und Flächennutzungsplanung für die Planung von Windenergie eine geringe praktische Relevanz. Der Bebauungsplan ist aus dem Flächennutzungsplan gem. § 8 II BauGB zu entwickeln. Es besteht grundsätzlich nur die Möglichkeit, dass der Bebauungsplan die vorhandenen Festsetzungen für die Windenergienutzung konkretisiert bzw. feinsteuert. Bereits ausgewiesene Konzentrationsflächen dürfen weder verkleinert noch anderweitig negativ beeinträchtigt werden.
13. Über den Bebauungsplan können für WEA Festsetzungen hinsichtlich Art und Maß der baulichen Nutzung getroffen werden.[1688] Hierunter fallen auch Höhenbeschränkungen nach § 16 II Nr. 4 BauNVO. Aufgrund restriktiver Höhenbeschränkungen sind moderne und hohe WEA im Geltungsbereich von Bebauungsplänen derzeit kaum zulassungsfähig. Solche Festsetzungen behindern den weiteren Ausbau von WEA im Geltungsbereich von Bebauungsplänen. Der kommunale Plangeber ist daher aufgefordert, im Rahmen einer gerechten Abwägung am Maßstab des § 1 VII BauGB die Belange der Energiewende zumindest hinreichend zu berücksichtigen, um der Windenergie substanziell Raum verschaffen zu können. Soweit tatsächlich eine Schutzbedürftigkeit einer angrenzenden Wohnbebauung festzustellen ist, sind deren Interessen allerdings schwerer zu gewichten und setzen sich im Rahmen der Abwägung gegenüber den Belangen der Energiewende durch. In diesen Fällen sind restriktive Höhenbeschränkungen zulässig.
14. Bei der Aufstellung eines Bebauungsplans ist gem. § 34 VIII BNatSchG notwendigerweise eine FFH-Verträglichkeitsprüfung durchzuführen.[1689] Sämtliche habitatschutzrechtliche Problemstellungen sind – soweit möglich – bereits auf dieser Planungsebene abzuarbeiten. Fällt die FFH-Verträglichkeitsprüfung negativ aus, darf der Bebauungsplan nicht erlassen werden. Denn in diesem Fall steht dem Bebauungsplan ein unüberwindbares rechtliches Hindernis entgegen und das Planwerk ist nicht „*erforderlich*" i.S.d. § 1 III BauGB. Soweit eine umfassende FFH-Verträglichkeitsprüfung im Rahmen des Bebauungsplanverfahrens durchgeführt wurde, besteht auch aus unionsrechtlicher Sicht keine Notwendigkeit, in einem späteren immissionsschutzrechtlichen Genehmigungsverfahren für WEA eine weitere FFH-Verträglichkeitsprüfung durchzuführen. Ein anderes gilt, wenn die WEA im Geltungsbereich eines alten Bebauungsplans liegen soll und in der Vergangenheit noch keine FFH-Verträglichkeitsprüfung verbindlich angeordnet und durchgeführt worden ist.

1687 Siehe 3. Teil, 2. Abschnitt, C. I.
1688 Siehe 3. Teil, 2. Abschnitt, C. II.
1689 Siehe 3. Teil, 2. Abschnitt, C. III.

15. Der Flächennutzungsplan ist aufgrund der Sachnähe des kommunalen Plangebers und des beschränkten Planungsraums ein taugliches Planungsinstrument für die Gestaltung der rechtlichen Rahmenbedingungen für das Repowering.[1690] Über diesen Bauleitplan kann der kommunale Plangeber alte Planungsfehler bereinigen, die Landschaft vorausschauend gestalten und WEA neu ordnen, um einen Rückgang der „*Verspargelung*“ der Landschaft zu erreichen. Ferner kann über den Flächennutzungsplan – soweit erkennbar – auf ökologische Veränderungen sowie daraus resultierende naturschutzrechtliche Problemstellungen reagiert. Dementsprechend können die Konzentrationsflächen angepasst werden. Auch bei der Flächennutzungsplanung für das Repowering gelten die allgemeinen Vorgaben für die Konzentrationsflächenplanung. Die Interessen der Altanlagenbetreiber sind in der notwendigen Abwägungsentscheidung nach § 1 VII BauGB zu berücksichtigen.
16. Der Gesetzgeber hat über den § 249 BauGB konkrete Regelungen zum Repowering für die Ebene der Bauleitplanung geschaffen. § 249 I BauGB enthält eine Vermutungsregelung, welche die planerische Praxis entlastet. Durch diese Vorschrift sollen Zweifel dahingehend ausgeräumt werden, dass bei einer Erweiterung des dem Bauleitplan zugrundeliegenden Planungskonzepts dieses nicht zwingend in Frage gestellt wird und zwingend obsolet ist.[1691] Die Erweiterung vorhandener Konzentrationsflächen für Windenergie erfordert keine vollständige Neubewertung sämtlicher der Planung zugrundeliegenden Umstände, wenn die Neufestlegung mit dem bisherigen Konzept vereinbar ist und der Windenergie substanziell Raum verschafft werden kann. Die Norm ist somit förderlich für den weiteren Ausbau von Windenergie.

1690 Siehe 3. Teil, 2. Abschnitt, D. I.
1691 Siehe 3. Teil, 2. Abschnitt, D. I. 1.

Anlage

Relevante Landesgesetzgebung und Vorgaben für die Verwaltungspraxis im Hinblick auf Windenergie.

Bundesland	**Erlass/Empfehlung/ Hinweispapier/ Rundschreiben**	**Landesnaturschutzgesetze**	**Landesentwicklung/ Regionalplanung/ Flächennutzungsplanung**
Baden-Württemberg	• Windenergieerlass Baden-Württemberg vom 09.05.2012 • Hinweise für den Untersuchungsumfang zur Erfassung von Vogelarten bei Bauleitplanung und Genehmigung für Windenergieanlagen vom 01.03.2013 • Hinweise zur Untersuchung von Fledermausarten bei Bauleitplanung und Genehmigung für Windenergieanlagen vom 01.07.2015	Gesetz des Landes Baden-Württemberg zum Schutz der Natur und zur Pflege der Landschaft (Naturschutzgesetz - NatSchG) vom 23. Juni 2015 (GBl. 2015, 585)	Änderung der Regionalpläne[1692] auf Grundlage des Landesplanungsgesetz (LplG) vom 10.07.2003 (GBl. S. 385) in der aktuellen Fassung
Bayern	Hinweise zur Planung und Genehmigung von Windkraftanlagen (WKA) vom 20.12.2011	Gesetz über den Schutz der Natur, die Pflege der Landschaft und die Erholung in der freien Natur (Bayerisches Naturschutzgesetz - BayNatSchG) vom 23.02.2011 (GVBl S. 82)	Verordnung über das Landesentwicklungsprogramm Bayern (LEP) vom 22.08.2013 (GVBl S. 254, BayRS 230-1-W) auf Grundlage des Bayerischen Landesplanungsgesetzes (BayLplG) vom 25.06.2012 (GVBl S. 254)

1692 Vgl. zu den Änderungen in Baden-Württemberg *Bruckert/Lechleiter*, in: VR 2013, 374 ff.

Bundesland	Erlass/Empfehlung/ Hinweispapier/ Rundschreiben	Landesnaturschutz-gesetze	Landesentwicklung/ Regionalplanung/ Flächennutzungspla-nung
Berlin	• Gemeinsamer Windkrafterlass vom 16.06.2009	Gesetz über Naturschutz und Landschaftspflege von Berlin (Berliner Naturschutzgesetz - NatSchG Bln) vom 29.05.2013 (GVBl. S. 140)	Mangels Sonderregelungen gilt aktuell das Gesetz zur Regionalplanung und zur Braunkohlen- und Sanierungsplanung (RegBkPlG) vom 08.02.2012 (GVBl. I Nr. 13 S. 1) in der aktuellen Fassung
Brandenburg	• Tierökologische Abstandskriterien für die Errichtung von Windenergieanlagen in Brandenburg (TAK) vom 15.10.2012	Brandenburgisches Ausführungsgesetz zum Bundesnaturschutzgesetz (Brandenburgisches Naturschutzausführungsgesetz - BbgNatSchAG) vom 21.01.2013 (GVBl. I Nr. 3, ber. Nr. 21)	
Bremen		Bremisches Gesetz über Naturschutz und Landschaftspflege (BremNatG) vom 27.04.2010 (Brem. GBl. S. 315) in der aktuellen Fassung	Bremisches Klimaschutz- und Energiegesetz (BremKEG) vom 24.03.2015 (Brem.GBl. S. 124)
Hamburg		Hamburgisches Gesetz zur Ausführung des Bundesnaturschutzgesetzes (HmbBNatSchAG) vom 11.05.2010 (HmbGVBl. S. 350, ber. S. 402) in der aktuellen Fassung	Ausweisung von Eignungsgebieten für Windenergieanlagen in Hamburg über Flächennutzungsplan und Landschaftsprogramm in 2014 (HmbGVBl. S. 9 ff)
Hessen	Leitfaden zur Berücksichtigung der Naturschutzbelange bei der Planung und Genehmigung von Windkraftanlagen (WKA) vom 29.11.2012[1693]	Hessisches Ausführungsgesetz zum Bundesnaturschutzgesetz (HAGBNatSchG) vom 20.12.2010 (GVBl. I S. 629) in der aktuellen Fassung	Zweite Verordnung über die Änderung des Landesentwicklungsplans Hessen 2000 vom 27.06.2013 auf Grundlage des Hessischen Landesplanungsgesetz (HLPG) vom 12.12.2012 (GVBl. S. 590)

1693 Im Folgenden als „*Leitfaden WKA Hessen*" abgekürzt.

Bundesland	Erlass/Empfehlung/ Hinweispapier/ Rundschreiben	Landesnaturschutz-gesetze	Landesentwicklung/ Regionalplanung/ Flächennutzungsplanung
Mecklenburg-Vorpommern	Anlage 3 der Richtlinie zum Zwecke der Neuaufstellung, Änderung und Ergänzung Regionaler Raumentwicklungsprogramme in Mecklenburg-Vorpommern - Hinweise zur Festlegung von Eignungsgebieten für Windenergieanlagen vom 22.05.2012	Gesetz des Landes Mecklenburg-Vorpommern zur Ausführung des Bundesnaturschutzgesetzes (Naturschutzausführungsgesetz - NatSchAG M-V) vom 23.02.2010 (GVOBl. M-V S. 66) in der aktuellen Fassung	Geplante Fortschreibung[1694] des Landesraumentwicklungsprogramms für Mecklenburg-Vorpommern (Stand August 2005) auf Grundlage des Gesetzes über die Raumordnung und Landesplanung des Landes Mecklenburg-Vorpommern (Landesplanungsgesetz - LPlG) (GVOBl. M-V S. 503, ber. S. 613) in der aktuellen Fassung
Niedersachsen	• Arbeitshilfe Regionalplanung und Windenergie Arbeitshilfe zur Steuerung der Windenergienutzung mit Ausschlusswirkung in Regionalen Raumordnungsprogrammen (Kategorisierung harte und weiche Tabuzonen), vom 15.11.2013[1695] • Naturschutz und Windenergie - Hinweise zur Berücksichtigung des Naturschutzes und der Landschaftspflege bei Standortplanung und Zulassung von Windenergieanlagen, Stand: Oktober 2014	Niedersächsisches Ausführungsgesetz zum Bundesnaturschutzgesetz (NAGBNatSchG) vom 19.02.2010 (Nds. GVBl. S. 104)	Landes-Raumordnungsprogramm Niedersachsen (LROP) in der Fassung vom 08.05.2008 nebst Änderungen (Stand: September 2012) auf Grundlage des Niedersächsisches Raumordnungsgesetz (NdsROG) vom 18.07.2012 (Nds. GVBl. S. 252)

1694 Vom 29.06.2015 bis zum 30.09.2015 findet die zweite Stufe des Beteiligungsverfahrens statt, Informationen auf der Internetseite der Landesregierung abrufbar unter http://www.regierung-mv.de/cms2/Regierungsportal_prod/Regierungsportal/de/vm/Themen/Landes-_und_Regionalentwicklung/Fortschreibung_Landesraumentwicklungsprogramm/index.jsp (Abruf am: 09.08.2015).

1695 Im Folgenden abgekürzt als „*Arbeitshilfe Regionalplanung und Windenergie Niedersachsen*".

Bundesland	**Erlass/Empfehlung/ Hinweispapier/ Rundschreiben**	**Landesnaturschutzgesetze**	**Landesentwicklung/ Regionalplanung/ Flächennutzungsplanung**
Nordrhein-Westfalen	Erlass für die Planung und Genehmigung von Windenergieanlagen und Hinweise für die Zielsetzung und Anwendung (Windenergie-Erlass) vom 11.07.2011[1696]	Gesetz zur Sicherung des Naturhaushalts und zur Entwicklung der Landschaft (Landschaftsgesetz – LG NRW) vom 21.07.2000 (GV. NRW. S. 568) in der aktuellen Fassung	Geplante Neuaufstellung eines Landesentwicklungsprogramms Nordrhein-Westfalen[1697] auf Grundlage des Landesplanungsgesetzes (LPlG) vom 03.05.2005 (GV. NRW. S. 430) in der aktuellen Fassung
Rheinland-Pfalz	Hinweise für die Beurteilung der Zulässigkeit der Errichtung von Windenergieanlagen (Rundschreiben Windenergie) vom 28.05.2013	Landesgesetz zur nachhaltigen Entwicklung von Natur und Landschaft (Landesnaturschutzgesetz - LNatSchG) vom 28.09.2005 (GVBl. S. 387) in der aktuellen Fassung	Teilfortschreibung des Landesentwicklungsplans LEP IV (Kapitel 5.2.1 Erneuerbare Energien) vom 10.05.2013 (GVBl. S. 66) auf Grundlage des Landesplanungsgesetz (LPLG) vom 10.04.2003 (GVBl. S. 41) in der aktuellen Fassung
Saarland	• Leitfaden zur Windenergienutzung im Saarland vom 16.01.2012 • Leitfaden zur Beachtung artenschutzrechtlicher Belange beim Ausbau der Windenergienutzung im Saarland betreffend die besonders relevanten Artengruppen der Vögel und Fledermäuse vom Juni 2013	Gesetz zum Schutz der Natur und Heimat im Saarland - Saarländisches Naturschutzgesetz (SNG) vom 05.04.2006 (Amtsbl. S. 726)	Änderung des Landesentwicklungsplan, Teilabschnitt „*Umwelt*" (Vorsorge für Flächennutzung, Umweltschutz und Infrastruktur)", am 27.09.2011 in Kraft getreten

1696 Im Folgenden abgekürzt als „*Windenergieerlass NRW*".

1697 Die Landesregierung hat am 28.04.2015 und am 23.06.2015 geplante Änderungen am Entwurf des Landesentwicklungsplans gebilligt, Informationen hierzu abrufbar unter https://land.nrw/de/thema/landesplanung. (Abruf am: 09.08.2015)

Bundesland	Erlass/Empfehlung/ Hinweispapier/ Rundschreiben	Landesnaturschutzgesetze	Landesentwicklung/ Regionalplanung/ Flächennutzungsplanung
Sachsen	Gemeinsamer Erlass des Sächsischen Staatsministeriums des Innern und des Sächsischen Staatsministeriums für Wirtschaft, Arbeit und Verkehr über Mindestabstände zwischen Wohnbebauung und Vorrang- und Eignungsgebieten zur Nutzung der Windenergie vom 12.07.2013[1698]	Gesetz über Naturschutz und Landschaftspflege im Freistaat Sachsen (Sächsisches Naturschutzgesetz - SächsNatSchG) vom 06.06.2013 (SächsGVBl. S. 451)	Landesentwicklungsplan 2013 (LEP 2013) vom 14.08.2013 auf Grundlage des Gesetzes zur Raumordnung und Landesplanung des Freistaates Sachsen (Landesplanungsgesetz - SächsLPlG) vom 11.06.2010 (SächsGVBl. S. 174) in der aktuellen Fassung
Sachsen-Anhalt		Naturschutzgesetz des Landes Sachsen-Anhalt (NatschG LSA) vom 10.12.2010 (GVBl. LSA S. 569)	Landesentwicklungsplan 2010 des Landes Sachsen-Anhalt vom 16.02.2011 auf Grundlage des Gesetzes über den Landesentwicklungsplan des Landes Sachsen-Anhalt (LEP-LSA) vom 23. August 1999 (GVBl. LSA S. 244) in der aktuellen Fassung
Schleswig-Holstein	• Grundsätze zur Planung von und zur Anwendung der naturschutzrechtlichen Eingriffsregelung bei Windkraftanlagen vom 26.11.2012[1699] in der aktuellen Fassung • Empfehlungen für artenschutzfachliche Beiträge im Rahmen der Errichtung von WEA in Windeignungsräumen mit entsprechenden artenschutzrechtlichen Vorbehalten, Juli 2013	Gesetz zum Schutz der Natur (Landesnaturschutzgesetz - LNatSchG) vom 24.02.2010 (GVOBl. Schl.-H. S. 301) in der aktuellen Fassung	Teilfortschreibung der Regionalpläne zur Ausweisung von Eignungsgebieten für die Windenergienutzung 2012 im Hinblick auf die Vorgaben des Landesentwicklungsplans Schleswig-Holsteins 2010 (LEP) vom 04.10.2010 (Amtsbl. Schl.-H. S. 1262) auf Grundlage des Gesetzes über die Landesplanung (Landesplanungsgesetz - LaplaG) vom 27.01.2014 (GVOBl. Schl.-H. S. 8)

1698 Im Folgenden als „*Windenergieerlass Sachsen*" bezeichnet.
1699 Im Folgenden als „*WKA Erlass Schleswig-Holstein*" bezeichnet.

Bundesland	Erlass/Empfehlung/ Hinweispapier/ Rundschreiben	Landesnaturschutz-gesetze	Landesentwicklung/ Regionalplanung/ Flächennutzungspla-nung
Thüringen		Thüringer Gesetz für Natur und Landschaft (ThürNatG) vom 30.08.2006 (GVBl. S. 421) in der aktuellen Fassung	Landesentwicklungs-programm Thüringen 2025 (LEP 2025) vom 15.04.2014 auf Grundlage des Thüringer Landespla-nungsgesetz (ThürLPlG) vom 11.12.2012 (GVBl. 2012, 450)

Literaturverzeichnis

Altrock, Martin/Oschmann, Volker/Theobald, Christian (Hrsg.): Erneuerbare-Energien-Gesetz, Kommentar, 4. Auflage, 2013 (zitiert: *Bearbeiter*, in: Altrock/Oschmann/Theobald, EEG).

Anger, Christoph/Gerhold, Thomas: Klimaschutz und Naturschutz im Konflikt – naturschutzrechtliche Probleme bei der Verwirklichung von EEG-Anlagen in: ZfBR-Beil. 2012, 90 ff.

Antweiler, Clemens/Gabler, Andreas: Klimaschutz durch Bauleitplanung in: BauR 2012, 39 ff.

Attendorn, Thorsten: Berücksichtigung der Belange der Energiewende bei der Anwendung des Naturschutzrechts in: NuR 2013, 153 ff.

–: Die Belange des Klimaschutzes nach Fukushima und der Energiewende in: NVwZ 2012, 1569.

Battis, Ulrich/Krautzberger, Michael/Löhr, Rolf-Peter (Hrsg.): Baugesetzbuch, Kommentar, 12. Auflage, 2014 (zitiert: *Bearbeiter*, in: Battis/Krautzberger/Löhr, BauGB).

Battis, Ulrich/Krautzberger, Michael/Mitschang, Stephan/Reidt, Olaf/Stüer, Bernhard: Gesetz zur Förderung des Klimaschutzes bei der Entwicklung in den Städten und Gemeinden in Kraft getreten in: NVwZ 2011, 897 ff.

Battis, Ulrich/Mitschang, Stephan/Reidt, Olaf: Stärkung der Innenentwicklung in den Städten und Gemeinden in: NVwZ 2013, 961 ff.

Beckmann, Klaus: Der Rückbau von Windenergieanlagen (WEA) – eine rechtliche Herausforderung für die Behörden? in: UPR 2013, 175 ff.

–: Eine Kritik des Regelwerks über den Rückbau entprivilegierter Vorhaben – § 35 Abs. 5 S. 2 u. 3 BauGB versus Bauordnungsrecht – in: KommJur 2013, 161 ff.

–: Windenergieanlagen (WEA) – eine kritische Gesamtschau dieses erneuerbaren Energiesegments in: KommJur 2012, 170 ff.

Beckmann, Martin: Raumordnungsrecht, in: Hoppenberg, Michael/ de Witt, Siegfried (Hrsg.), Handbuch des öffentlichen Baurechts, Band 2, Loseblattsammlung, 29. Ergänzungslieferung, Stand: April 2013 (zitiert: *Beckmann*, in: Hoppenberg/de Witt, Handbuch des öffentlichen Baurechts).

Beier, Arno: Die Beeinträchtigung eines FFH-Gebiets als solchem – Anmerkung zum Urteil des EuGH vom 11. April 2013 (Rs. C-258/11) in: DVBl. 2013, 1497 ff.

–: Neues aus Leipzig zum artenschutzrechtlichen Tötungsverbot - Anmerkung zum Urteil des BVerwG vom 14.07.2011, 9 A 12.10 in: DVBl. 2012, 149 ff.

Beier, Arno/Geiger, Andreas: Die Behandlung des artenschutzrechtlichen Tötungsverbots in der Planfeststellung bei Tierkollisionen in: DVBl. 2011, 399 ff.

Berkemann, Jörg: Bürgerwindpark GmbH & Co. KG – Neue Formen der Partizipation? in: NordÖR 2013, 497 ff.

Bönsel, André/Hönig, Dietmar: Erhöhung der Darlegungslast für FFH-Verträglichkeitsprüfung und Abweichungsentscheidung durch das BVerwG - Anmerkung zum BVerwG, Urteil vom 17.01.2007 - 9 A 20.05 in: NuR 2007, 796 ff.

Bovet, Jana: Ausgewählte Probleme bei der baulichen Errichtung von Kleinwindanlagen in: ZUR 2010, 9 ff.

Bovet, Jana/Kindler, Lars: Wann und wie wird der Windenergie substanziell Raum verschafft? Eine kritische Diskussion der aktuellen Rechtsprechung und praktischen Lösungsansätze in: DVBl. 2013, 488 ff.

Brand, Christoph: Naturschutzrechtliche, insbesondere artenschutzrechtliche Fragestellungen bei der Planung von Windenergieanlagen in: ZNER 2010, 33 ff.

Brand, Christoph/Pöhlmann, Katharina: Konzentrationsplanung von Windkraftanlagen durch Flächennutzungsplan – Wo beginnt die Verhinderungsplanung? Zum Urteil des BVerwG v. 20.05.2010 - 4 C 7.09 in: ZNER 2010, 476 ff.

Brandt, Edmund: Tötungsrisiko und Einschätzungsprärogative in: NuR 2013, 482 ff.

–: Zum Tötungsverbot als Versagungsgrund im Sinne des § 6 I Nr. 2 BImSchG bei der Genehmigung von Windenergieanlagen in: ER 2013, 192 ff.

Bringewat, Jörn: Normenkontrolle von Darstellungen eines Flächennutzungsplans im Anwendungsbereich von § 35 III 3 BauGB in: NVwZ 2013, 984 ff.

–: Reichweite kommunaler Standortsteuerung von Windenergieanlagen – zum Urteil des OVG Schleswig vom 4.4.2013 – 1 LB 7/12 – in: ZUR 2013, 535 ff.

–: Windenergie aus kommunaler Hand – Erwiderung auf ZUR 2012, 348 in: ZUR 2013, 82 ff.

Bruckert, Felix/Lechleiter, Nele: Windenergie – Steuerungsmöglichkeiten badenwürttembergischer Kommunen im Lichte der Bürgerakzeptanz in: VR 2013, 374 ff.

Brügelmann, Hermann (Hrsg.): Baugesetzbuch Kommentar, 89. Ergänzungslieferung, 2014 (zitiert: *Bearbeiter*, in: Brügelmann, BauGB).

Bunge, Thomas: Rechtsfolgen von Verfahrensfehlern bei der Umweltverträglichkeitsprüfung in: NuR 2014, 305 ff.

–: Zur Klagebefugnis anerkannter Umweltverbände, Das Urteil des Bundesverwaltungsgerichts vom 5. September 2013 in: ZUR 2014, 3 ff.

Busse, Jürgen/Dirnberger, Franz/Pröbstl-Haider, Ulrike/Schmid, Werner: Die Umweltprüfung in der Gemeinde - mit Ökokonto, Umweltbericht, Artenschutzrecht, Energieplanung und Refinanzierung, 2. Auflage, 2013 (zitiert: Die Umweltprüfung in der Gemeinde).

Danner, Wolfgang/Theobald, Christian (Hrsg.): Energierecht, Kommentar, Loseblatt, 84. Ergänzungslieferung, Stand: April 2015 (zitiert: *Bearbeiter*, in: Danner/Theobald, Energierecht).

de Witt, Siegfried: Artenschutz, in: Hoppenberg, Michael/ de Witt, Siegfried (Hrsg.), Handbuch des öffentlichen Baurechts, Band 3, Loseblattsammlung, 35. Ergänzungslieferung, Stand: April 2013 (zitiert: *de Witt*, in: Hoppenberg/de Witt, Handbuch des öffentlichen Baurechts).

de Witt, Siegfried/Geisman, Maria: Artenschutzrechtliche Verbote in der Fachplanung - Ein Leitfaden für die Praxis zum neuen Bundesnaturschutzgesetz, 2. Auflage, 2013 online.

Dippel, Martin: Das gemeindliche Einvernehmen gem. § 36 BauGB in der jüngeren Rechtsprechung – alle Fragen schon geklärt? in: NVwZ 2011, 769 ff.

Dörr, Dieter/Yamato, Richard: § 38, Raumordnung und Landesplanung in: Ehlers, Dirk/Fehling, Michael/Pünder, Hermann (Hrsg.), Besonderes Verwaltungsrecht, Band 2: Planungs-, Bau- und Straßenrecht, Umweltrecht, Gesundheitsrecht, Medien- und Informationsrecht, 3. Auflage, 2013 (zitiert: *Dörr/Yamato*, in: Ehlers/Fehling/Pünder, Besonderes Verwaltungsrecht).

Dolde, Klaus-Peter: Artenschutz in der Planung - Die „*kleine*" Novelle zum Bundesnaturschutzgesetz in: NVwZ 2008, 121 ff.

–: Europarechtlicher Artenschutz in der Planung in: NVwZ 2007, 7 ff.

Egner, Margit: Die Systematik des Artenschutzrechts in der Bauleitplanung in: NuR 2011, 758 ff.

Ehlers, Angela/Böhme, Rebekka: Windenergie in der Landesplanung in: NuR 2011, 323 ff.

Ehlers, Dirk/Fehling, Michael/Pünder, Hermann (Hrsg.): Besonderes Verwaltungsrecht, Band 1: Öffentliches Wirtschaftsrecht, 1. Auflage, 2012.

dies. (Hrsg.): Besonderes Verwaltungsrecht, Band 2: Planungs-, Bau- und Straßenrecht, Umweltrecht, Gesundheitsrecht, Medien- und Informationsrecht, 3. Auflage, 2013.

Ekardt, Felix/Henning, Bettina: Chancen und Grenzen von naturschutzrechtlichen Eingriffsregelungen und Kompensationen in: NuR 2013, 694 ff.

Endres, Ewald (Hrsg.): Bundeswaldgesetz Kommentar, 1. Auflage, 2014 (zitiert: *Bearbeiter*, in: BWaldG Kommentar).

Erbguth, Wilfried/Schlacke, Sabine: Umweltrecht, 5. Auflage, 2014.

Erbs, Georg Kohlhaas, Max/Ambs, Fiedrich: Beck'sche Kurzkommentare Band 17 – Strafrechtliche Nebengesetze, 199. Ergänzungslieferung, Stand: Juli 2014 (zitiert: *Bearbeiter*, in: Erbs/Kohlhaas, Strafrechtliche Nebengesetze).

Erichsen Hans-Uwe/Ehlers, Dirk (Hrsg.): Allgemeines Verwaltungsrecht, 14. Auflage, 2010.

Ernst, Werner/Zinkahn, Willy/Bielenberg, Walter/Krautzberger, Michael (Hrsg.): Baugesetzbuch, Kommentar, Loseblatt, 117. Ergänzungslieferung, Stand: Mai 2015 (zitiert: *Bearbeiter*, in: Ernst/Zinkahn/Bielenberg/Krautzberger, BauGB).

Ewer, Wolfgang: Der neuerliche Ausstieg aus der Kernenergie – verfassungskonform und entschädigungsfrei? in: NVwZ 2011, 1035 ff.

Federwisch, Christof/Dinter, Jan: Windenergieanlagen im Störfeuer der Flugsicherung – Berücksichtigung der Auswirkung von Windenergieanlagen auf Flugsicherungseinrichtungen in: NVwZ 2014, 403 ff.

Fehling, Michael/Kastner, Berthold/Strömer, Rainer (Hrsg.): Verwaltungsrecht Handkommentar, VwVfG, VwGO, Nebengesetze, 3. Auflage, 2013 (*Bearbeiter*, in: Fehling/Kastner/Strömer, Hk-VerwR).

Fellenberg, Frank: § 7, Artenschutz, in: Kerkmann, Jochen (Hrsg.), Naturschutzrecht in der Praxis, 2. Auflage, 2010 (zitiert: *Fellenberg*, in: Kerkmann, Naturschutzrecht in der Praxis).

Fellenberg, Frank/Schiller, Gernot: Die Zulassung von Energieanlagen: Windenergieanlagen (onshore und offshore), Wasserkraftanlagen, Photovoltaikanlagen, Biomasseanlagen, Geothermieanlagen und Energieleitungen (Freileitungen und Erdkabel) – Genehmigungsvoraussetzungen und Genehmigungsverfahren, in: Gerstner, Stephan (Hrsg.), Grundzüge des Rechts der erneuerbaren Energien, 1. Auflage, 2013 (zitiert: *Fellenberg/Schiller*, in: Gerstner).

Fellenberg, Frank: Neue Herausforderungen im besonderen Artenschutzrecht: Die Reaktionen der Praxis auf das BVerwG-Urteil zur Ortsumgehung Freiberg in: UPR 2012, 321 ff.

Fest, Phillip: Der Netzausbau im Recht der Energiewende in: NVwZ 2013, 824 ff.

–: Die Errichtung von Windenergieanlagen in Deutschland und seiner Ausschließlichen Wirtschaftszone: Genehmigungsverfahren, planerische Steuerung und Rechtsschutz an Land und auf See, 1. Auflage, 2010 (zitiert: *Fest*, in: Errichtung von WEA).

–: Die Windenergie im Recht der Energiewende in: NVwZ 2012, 1129 ff.

Fischer-Hüftle, Peter: 35 Jahre Eingriffsregelung – eine Bilanz in: NuR 2011, 753 ff.

–: Windenergieanlagen und Landschaftsschutz in: BayVBl. 2012, 709 ff.

Franzius, Claudio: Die Zukunft der naturschutzrechtlichen Eingriffsregelung Eine Bewährungsprobe für die Abweichungsgesetzgebung nach dem Inkrafttreten des neuen Bundesnaturschutzgesetzes in: ZUR 2010, 346 ff.

Frenz, Walter: FFH-relevante Projekte im Spiegel aktueller Judikatur in: NVwZ 2011, 275 ff.

Frenz, Walter/Müggenborg Hans-Jürgen (Hrsg.): Bundesnaturschutzgesetz, Kommentar, 1. Auflage, 2011 (zitiert: *Bearbeiter*, in Frenz/Müggenborg, BNatSchG).

Frey, Michael: Ausbau der Windkraft und Bürgerbeteiligung in: VBlBW 2013, 417 ff.

–: Die Planung von Konzentrationszonen nach § 35 III 3 BauGB in Landschaftsschutzgebieten in: VBlBW 2013, 241ff.

–: Problemkreise bei der kommunalen Windkraftplanung und Lösungsansätze in: DÖV 2013, S. 547 ff.

Frey, Michael/Stiefvater, Fabienne: Befangenheit bei der Flächennutzungsplanung für die Ausweisung von Flächen für Windkraftanlagen in: NVwZ 2014, 249 ff.

Füßer, Klaus/Lau, Marcus: Die systematische Verankerung des Artenschutzrechts im Ordnungsrecht in: NuR 2009, 445 ff.

Gassner, Erich: Aktuelle Umwelt-/Naturschutz-Rechtsfragen in: NuR 2013, 324 ff.

–: Befreiung, Ausnahme, Abweichung – Anmerkungen zu § 34 Abs. 3 und § 63 Abs. II Nr. 5 BNatSchG – in: NuR 2013, 785 ff.

–: Die naturschutzfachliche Einschätzungsprärogative, ein ungerechtfertigtes Vorrecht in: DVBl. 2012, 1479 ff.

–: Die Umweltpflichtigkeit nach Art 20a GG als Pflicht zur Maßstabsbildung in: DVBl. 2013, 547 ff.

–: Landschaftsschutzrecht, 1. Auflage, 2012.

–: Zur Auslegung des Untersagungsgebots nach § 15 Abs. 5 BNatSchG in: NuR 2011, 685 ff.

Gatz, Stephan: Artenschutzrechtliches Verbot als Belang des Naturschutzes i.S.d. § 35 Abs. 3 Satz 1 Nr. 5 BauGB in: jurisPR-BVerwG 21/2013 Anm. 5.

–: Planerische Steuerung von Windenergie, in: Krautzberger, Michael/Rengeling, Hans-Werner/Saerbeck, Klaus (Hrsg.), Festschrift für Bernhard Stüer zum 65. Geburtstag, 1. Auflage, 2013 (zitiert: *Gatz*, in: FS Stüer).

–: Windenergieanlagen, in: Hoppenberg, Michael/ de Witt, Siegfried (Hrsg.), Handbuch des öffentlichen Baurechts, Band 3, Loseblattsammlung, 36. Ergänzungslieferung, Stand: Oktober 2013 (zitiert: *Gatz*, in: Hoppenberg/de Witt, Handbuch des öffentlichen Baurechts).

–: Windenergieanlagen in der Verwaltungs- und Gerichtspraxis, 2. Auflage, 2013.

Geiger, Harald: Die Zulässigkeit unbestimmter Rechtsbegriffe in: SVR 2009, 41 ff.

Gellermann, Martin: Artenschutz und Straßenplanung – Neues aus Leipzig in: NuR 2009, S. 85 ff.

–: Europäischer Gebiets- und Artenschutz in der Rechtsprechung in: NuR 2009, S. 8 ff.

–: Fortentwicklung des Naturschutzrechts – Anmerkung zum Urteil des Bundesverwaltungsgerichts vom 14.07.2011 – 9 A 12/10, Ortsumgehung Freiberg in: NuR 2012, 34 ff.

–: Naturschutzrecht, in: Hansmann, Klaus/Sellner, Dieter (Hrsg.), Grundzüge des Umweltrechts, 4. Auflage, 2012 (zitiert: *Gellermann*, in: Hansmann/Sellner, Umweltrecht).

–: Naturschutzrecht nach der Novelle des Bundesnaturschutzgesetzes in: NVwZ 2010, 73 ff.

–: Zugriffsverbote des Artenschutzrechts und behördliche Einschätzungsprärogative in: NuR 2014, 597 ff.

Gerstner, Stephan (Hrsg.): Grundzüge des Rechts der erneuerbaren Energien, 1. Auflage, 2013.

Gessner, Janko/Genth, Mario: Windenergie im Wald? – Besonderheiten des Genehmigungsverfahrens am Beispiel des brandenburgischen Landesrechts in: NuR 2012, 161 ff.

Halama, Günter: Die FFH-Richtlinie - unmittelbare Auswirkungen auf das Planungs- und Zulassungsrecht in: NVwZ 2001, 506 ff.

Hanschel, Dirk: Klimaschutz contra Umweltschutz? – Rechtliche Zielkonflikte und ihre Lösung bei der Planung und Genehmigung moderner Windenergieanlagen, in: Hecker, Bernd/Hendler, Reinhard/Proelß, Alexander/Reiff, Peter (Hrsg.), Jahrbuch des Umwelt- und Technikrechts 2012, 1. Auflage, 2012.

Hansmann, Klaus/Sellner, Dieter (Hrsg.): Grundzüge des Umweltrechts, 4. Auflage, 2012.

Hecker, Bernd/Hendler, Reinhard/Proelß, Alexander/Reiff, Peter (Hrsg.): Jahrbuch des Umwelt- und Technikrechts 2012, 1. Auflage, 2012.

Hendler, Reinhard/Brockhoff, Sven: Die Eingriffsregelung des neuen Bundesnaturschutzgesetzes in: NVwZ 2010, 733 ff.

Hendler, Reinhard/Kerkmann, Jochen: Harte und weiche Tabuzonen: Zu Misere der planerischen Steuerung von Windenergienutzung in: DVBl 2014, 1369 ff.

Hentschel, Anja: Umweltschutz bei Errichtung und Betrieb von Windkraftanlagen, 1. Auflage, 2010.

Hermes, Georg: Planungsrechtliche Sicherung einer Energiebedarfsplanung – ein Reformvorschlag in: ZUR 2014, 259 ff.

Heselhaus, Sebastian: Europäisches Energie- und Umweltrecht als Rahmen der Energiewende in Deutschland in: EurUP 2013, 137 ff.

Heup, Jürgen: Zwischen Baum und Borke in: Erneuerbare Energie 2012, 62 ff.

Hinsch, Andreas: Windenergienutzung und Artenschutz – Verbotsvorschriften des § 44 BNatSchG im immissionsschutzrechtlichen Genehmigungsverfahren in: ZUR 2011, 191 ff.

Hoppenberg, Michael/ de Witt, Siegfried (Hrsg.): Handbuch des öffentlichen Baurechts, Loseblattsammlung, 41. Ergänzungslieferung, Stand: April 2015.

Hünnekens, Georg: § 11, Das Mandat im Natur- und Landschaftsschutzrecht, in: Johlen, Heribert/Oerder, Michael (Hrsg.), Münchner Anwaltshandbuch Verwaltungsrecht, 3. Auflage, 2012 (zitiert: *Hünnekens*, in: Johlen/Oerder, MAH Verwaltungsrecht).

Jarass, Hans D. (Hrsg.): Bundesimmissionsschutzgesetz Kommentar, 11. Auflage, 2015 (zitiert: *Bearbeiter*, in: Jarass, BImschG).

Johlen, Heribert/Oerder, Michael (Hrsg.): Münchner Anwaltshandbuch Verwaltungsrecht, 3. Auflage, 2012.

Kerkmann, Jochen: § 5, Gebiets- und Objektschutz, in: Kerkmann, Jochen (Hrsg.), Naturschutzrecht in der Praxis, 2. Auflage, 2010 (zitiert: *Kerkmann*, in: Kerkmann, Naturschutzrecht in der Praxis).

–: § 8, Natura 2000, in: Kerkmann, Jochen (Hrsg.), Naturschutzrecht in der Praxis, 2. Auflage, 2010 (zitiert: *Kerkmann*, in: Kerkmann, Naturschutzrecht in der Praxis).

–: *(Hrsg.)*: Naturschutzrecht in der Praxis, 2. Auflage, 2010.

Kindler, Lars/Lau, Marcus: Der Beitrag der Raumordnung zur Intensivierung an Land in: NVwZ 2011, 1414 ff.

Klinger, Remo/Wegener, Henrike: Klimaschutzziele in der Raumordnung Zugleich ein Beitrag zum Entwurf des Klimaschutzgesetzes Nordrhein-Westfalen in: NVwZ 2011, 905 ff.

Kloepfer, Michael: § 44, Allgemeine Grundlagen des Umweltrechts, in: Ehlers, Dirk/Fehling, Michael/Pünder, Hermann (Hrsg.), Besonderes Verwaltungsrecht, Band 2: Planungs-, Bau- und Straßenrecht, Umweltrecht, Gesundheitsrecht, Medien- und Informationsrecht, 3. Auflage, 2013 (zitiert: *Kloepfer*, in: Ehlers/Fehling/Pünder, Besonderes Verwaltungsrecht).

Kment, Martin: Beteiligung von Kommunen und Bürgern an den wirtschaftlichen Erfolgen der Energiewende – eine Analyse des Bauplanungsrechts anhand der Windkraftnutzung in: WiVerw 2014, 49 ff.

–: Die Begleitung der Energiewende durch kommunale Begleitplanung – Schafft das Gesetz zur Förderung des Klimaschutzes bei der Entwicklung in den Städten und Gemeinden neue Optionen? in: DVBl. 2012, 1125 ff.

–: Klimaschutzrecht – Ziele, Instrumente und Strukturen eines neuen Rechtsgebiets in: NVwZ 2011, 641 ff.

–: Windenergie in der Bauleitplanung in: DÖV 2013, 17 ff.

Köck, Wolfgang: Festlegungen zur Anpassung an den Klimawandel durch die Raumplanung, Rechtliche Anforderungen an den Umgang mit Klimaprojektionen in: ZUR 2013, 269 ff.

–: Flächensicherung für erneuerbare Energien durch die Raumordnung in: DVBl. 2012, 3 ff.

–: Planungsrechtliche Anforderungen an die räumliche Steuerung der Windenergienutzung in: ZUR 2010, 507 ff.

Koch, Hans-Joachim: § 4, Die naturschutzrechtliche Eingriffsregelung, in: Kerkmann, Jochen (Hrsg.), Naturschutzrecht in der Praxis, 2. Auflage, 2010 (zitiert: *Koch*, in: Kerkmann, Naturschutzrecht in der Praxis).

Köck, Wolfgang/Bovet, Jana: Zulässigkeit von Kleinwindanlagen in reinen Wohngebieten in: NVwZ 2012, 153 ff.

Köck, Wolfgang/Wolf, Rainer: Grenzen der Abweichungsgesetzgebung im Naturschutz, Sind Eingriffsregelung und Landschaftsplanung allgemeine Grundsätze des Naturschutzes? in: NVwZ 2008, 353 ff.

Krappel, Thomas/Von Süßkind-Schwendi, Benedict: Die planerische Steuerung von Windenergieanlagen – neue Entwicklungen im Planungsrecht der Bundesländer – in: ZfBR.-Beil. 2012, 65 ff.

Kratsch, Dietrich: Neue Rechtsprechung zum Artenschutz – Entscheidungen des BVerwG (Flughafen Schönefeld und Umfahrung Stralsund) und des OVG Sachsen-Anhalt in: NuR 2007, 27 ff.

Krautzberger, Michael/Rengeling, Hans-Werner/Saerbeck, Klaus (Hrsg.): Festschrift für Bernhard Stüer zum 65. Geburtstag, 1. Auflage, 2013.

Krautzberger, Michael/Stüer, Bernhard: Viel Wind für weniger Windenergie? Zur BauGB-Novelle 2014 in: BauR 2014, 1403 ff.

Kruse, Henning/Legler, Dirk: Windparks in kommunaler Regie: Ist das rechtlich möglich? in: ZUR 2012, 348 ff.

Kümper, Boas/Milstein, Alexander: *„Vergesellschaftung des Windes"*? – Ausgewählte Rechtsfragen sog. Bürgerwindparks in kommunaler Hand in: ZfBR 2013, 742 ff.

Kuschnerus, Ulrich: Die naturschutzrechtliche Eingriffsregelung in: NVwZ 1996, 235 ff.

Landmann von, Robert/Rohmer, Gustav (Begr.): Umweltrecht, Kommentar Band IV, Loseblattsammlung, 76. Ergänzungslieferung, Stand: 01.05.2015 (zitiert: *Bearbeiter*, in: Landmann/Rohmer, UmweltR).

Lau, Marcus: Das Urteil des Bundesverwaltungsgerichts zur Ortsumgehung Freiberg – Die *„Westumfahrung Halle"* des Artenschutzrechts? in: SächsVBl. 2012, 101 ff.

–: Der Naturschutz in der Bauleitplanung, 1. Auflage, 2011.

–: Die Kontrolle des Schutzes von Natur und Landschaft in der Bauleitplanung, 1. Auflage, 2012.

–: Die naturschutzrechtliche Eingriffsregelung (Teil 1) in: NuR 2011, 680 ff.

–: Die naturschutzrechtliche Eingriffsregelung (Teil 2) in: NuR 2011, 762 ff.

–: Die Rechtsprechung des BVerwG zum europäischen Naturschutzrecht im Jahr zwei und drei nach seiner Entscheidung zur Westumfahrung Halle in: NVwZ 2011, 461 ff.

–: Fachliche Beurteilungsspielräume in der FFH-Verträglichkeitsprüfung in: UPR 2010, 169 ff.

–: Neues aus Luxemburg zum Artenschutzrecht in: NuR 2013, 685 ff.

–: Substanzieller Raum für Windenergienutzung – Abgrenzung zwischen Verhinderungsplanung und zulässiger Kontingentierung in: LKV 2012, 163 ff.

Lehmann, Paul/Gawel, Erik/Strunz, Sebastian: Abschied von europäischen Ausbauzielen für Erneuerbare? Eine fragwürdige Entscheidung in: ZUR 2014, 193 ff.

Lieber, Tobias: Das Artenschutzrecht im Vollzug von Planfeststellungsbeschlüssen – Zum Umgang mit neuen oder bisher übersehenen Artenvorkommen in: NuR 2012, 665 ff.

Lietz, Franziska: Windenergieanlagen im Wald - Rahmenbedingungen, Nutzungskonflikte und rechtliche Vorgaben des Raumordnungs- und Waldrechts - in: UPR 2010, 54 ff.

Lippert, André/Kindler, Lars: Die Windenergie an Land in der Reform des EEG und des Planungsrechts in: DVBl. 2014, 1235 ff.

Lorz, Albert/Konrad, Christian/Mühlbauer, Hermann/Müller-Walter, Markus/Stöckel, Heinz (Hrsg.): Naturschutzrecht, Kommentar, 3. Auflage, 2013 (zitiert: *Bearbeiter*, in: Lorz/Konrad/Mühlbauer/Müller-Walter/Stöckel, Naturschutzrecht).

Louis, Hans Walter: Die kleine Novelle zur Anpassung des BNatSchG an das europäische Recht in: NuR 2008, 65 ff.

–: Die Zugriffsverbote des § 42 I BNatSchG im Zulassungs- und Bauleitverfahren – unter Berücksichtigung der Entscheidung des BVerwG zur Ortsumgehung Bad Oeynhausen in: NuR 2009, 91 ff.

Lütkes, Stefan: Artenschutz in Genehmigung und Planfeststellung in: NVwZ 2008, 598 ff.

Lütkes, Stefan/Ewer, Wolfgang (Hrsg.): Bundesnaturschutzgesetz, Kommentar, 1. Auflage, 2011 (zitiert: *Bearbeiter*, in Lütkes/Ewer, BNatSchG).

Maunz, Theodor/Dürig, Günther (Hrsg.): Grundgesetz Kommentar, Loseblattsammlung, 73. Ergänzungslieferung, Stand: Dezember 2014 (zitiert: *Bearbeiter*, in: Maunz/Dürig, GG).

Meßerschmidt, Klaus: § 45, Instrumente des Umweltrechts in: Ehlers, Dirk/Fehling, Michael/Pünder, Hermann (Hrsg.), Besonderes Verwaltungsrecht, Band 2: Planungs-, Bau- und Straßenrecht, Umweltrecht, Gesundheitsrecht, Medien- und Informationsrecht, 3. Auflage, 2013 (zitiert: *Meßerschmidt*, in: Ehlers/Fehling/Pünder, Besonderes Verwaltungsrecht).

–: § 46, Immissionsschutz und Klimaschutz in: Ehlers, Dirk/Fehling, Michael/Pünder, Hermann (Hrsg.), Besonderes Verwaltungsrecht, Band 2: Planungs-, Bau- und Straßenrecht, Umweltrecht, Gesundheitsrecht, Medien- und Informationsrecht, 3. Auflage, 2013 (zitiert: *Meßerschmidt*, in: Ehlers/Fehling/Pünder, Besonderes Verwaltungsrecht).

–: Der unbestimmte Rechtsbegriff „erhebliche Beeinträchtigungen“ und Umgang mit Unsicherheiten bei Projekten der erneuerbaren Energie in: NuR 2013, 168 ff.

Michler, Hans-Peter/Möller, Frauke: Änderungen der Eingriffsregelung durch das BNatSchG 2010 in: NuR 2011, 81 ff.

Mitschang, Stephan: Auswirkungen der naturschutzrechtlichen Eingriffsregelung nach § 13 ff BNatSchG auf die kommunale Bauleitplanung in: BauR 2011, 33 ff.

–: Steuerung der Windenergie durch Regional- und Flächennutzungsplanung – eine praxisbezogene Betrachtung in: BauR 2013, 29 ff.

Mitschang, Stephan/Schwarz, Tim/Kluge, Maximilian: Ansätze zur Konfliktbewältigung bei der räumlichen Steuerung von Anlagen erneuerbarer Energien – dargestellt am Beispiel der Windenergie in: UPR 2012, 401 ff.

Mitschang, Stephan/Wagner, Jörg: FFH-Verträglichkeitsprüfung in der Bauleitplanung – planerische und rechtliche Belange in: DVBl. 2010, 1257 ff.

–: Gemeinschaftsrechtlicher Artenschutz in der Bauleitplanung – planerische und rechtliche Belange in: DVBl. 2010, 1457 ff.

Niedzwicki, Matthias: Konzentrationszonen für die Nutzung von Windenergie – Anmerkungen zu OVG NRW, Urteil vom 1.7.2013, Aktenzeichen 2 D 46/12.NE in: KommJur 2014, 92.

Ohms, Martin J.: Recht der Erneuerbaren Energien – Klimaschutz im Wirtschaftsverwaltungsrecht, 1. Auflage, 2014.

Otting, Olaf: Klimaschutz durch Baurecht – Ein Überblick über die BauGB-Novelle 2011 in: REE 2011, 125 ff.

Otto, Christian-W.: Die artenschutzrechtliche Ertüchtigung der Bebauungsplanung – Stand und Perspektiven des Artenschutzes in der Bauleitplanung in: DVBl 2011, 936 ff.

–: Innenentwicklung und Klimaschutz – Besteht ein Vorrang? in: ZfBR 2013, 434 ff.

–: Rückbau und Repowering – Welche Planungsbefugnisse vermittelt § 249 Abs. 2 BauGB? in: ZfBR-Beil. 2012, 72 ff.

Patzelt, Wolfgang: Beteiligung von Gemeinden an Windkraftanlagen über städtebauliche Verträge in: ZUR 2014, 89 ff.

Pauli, Felix: Artenschutz in der Bauleitplanung in: BauR 2008, 759 ff.

Philipp, Renate: Artenschutz in Genehmigung und Planfeststellung in: NVwZ 2008, 593 ff.

Pielow, Johann-Christian: § 22, Energierecht, in: Ehlers, Dirk/Fehling, Michael/Pünder, Hermann (Hrsg.), Besonderes Verwaltungsrecht, Band 1: Öffentliches Wirtschaftsrecht, 1. Auflage, 2012 (zitiert: *Pielow*, in: Ehlers/Fehling/Pünder, Besonderes Verwaltungsrecht).

Portz, Norbert/Richter, Sarah: Planungsrechtliche Steuerung von Windenergieanlagen durch Städte und Gemeinden in: KommJur 2014, 2 ff.

Pünder, Hermann: §§ 13 – 16, Das Verwaltungsverfahren, in: Erichsen Hans-Uwe/Ehlers, Dirk (Hrsg.), Allgemeines Verwaltungsrecht, 14. Auflage, 2010 (zitiert: *Pünder*, in: Erichsen/Ehlers, Allgemeines Verwaltungsrecht).

–: Die Förderung alternativer Energiequellen durch das Stromeinspeisungsgesetz auf dem Prüfstand des europäischen Gemeinschaftsrechts in: NVwZ 1999, 1059 ff.

Raschke, Marcel: Abstände zu Windenergieanlagen – pauschaler Schutz der Anwohner? in: ZfBR 2013, 632 ff.

–: Privilegierter Föderalismus – Länderöffnungsklausel im BauGB? in: NVwZ 2014, 414 ff.

–: Rechtsfragen kommunaler Klimaschutzmaßnahmen – Unter besonderer Berücksichtigung des Bau- und Planungsrechts, 1. Auflage, 2014.

Rectanus, Christopher: Genehmigungsrechtliche Fragen der Windenergieanlagen-Sicherheit in: NVwZ 2009, 871 ff.

Reidt, Olaf: Europäischer Habitat- und Artenschutz in der Bauleitplanung in: NVwZ 2010, 8 ff.

Rieger, Wolfgang: Zurückstellung und Flächennutzungsplanung in: ZfBR 2012, 430 ff.

Rojahn, Ondolf: Umweltschutz in der raumordnerischen Standortplanung von Infrastrukturvorhaben - Gestaltungsmöglichkeiten und Kompetenzgrenzen in: NVwZ 2011, 654 ff.

Säcker, Franz Jürgen (Hrsg.): Berliner Kommentar zum Energierecht, 3. Auflage, 2014 (zitiert: *Bearbeiter*, in: Berliner Kommentar zum Energierecht, Bd.).

Sailer, Frank: Klimaschutzrecht und Umweltenergierecht – Zur Systematisierung beider Rechtsgebiete in: NVwZ 2011, 718 ff.

Scheidler, Alfred: Aktuelle Rechtsfragen zur planerischen Steuerung von Windkraftanlagen in: WiVerw 2014, 56 ff.

–: Das Verfahren zur Genehmigung von Windkraftanlagen in: Immissionsschutz 2013, 21 ff.

–: Das Verhältnis der naturschutzrechtlichen Eingriffsregelung zum Baurecht in: ZfBR 2011, 228 ff.

–: Die naturschutzrechtliche Eingriffsregelung im BNatSchG 2010 in: UPR 2010, 134 ff.

–: Die planerische Steuerung von Windkraftanlagen in: VerwArch 2012, 587 ff.

–: Die Sicherung gemeindlicher Planungen für Windkraftanlagen durch die Zurückstellung von Baugesuchen nach § 15 Abs. 3 BauGB in: ZfBR 2012, 123 ff.

–: Die Sonderregelungen zur Windenergie in der Bauleitplanung im neuen § 249 BauGB in: UPR 2012, 411 ff.

–: Die Tabuzonenproblematik bei der Ausweisung von Konzentrationsflächen für die Windenergienutzung in: NuR 2013, 869 ff.

–: Die Windkraft-Länderöffnungsklausel im BauGB und ihre Umsetzung in Bayern – eine Betrachtung der ersten Gesetzesentwürfe – in: UPR 2014, 214 ff.

–: Die Windkraft-Länderöffnungsklausel im neuen § 249 Abs. 3 BauGB in: NuR 2014, 673 ff.

–: Errichtung und Betrieb von Windkraftanlagen aus öffentlich-rechtlicher Sicht in: GewArch Beilage WiVerw Nr. 03/2011, 117 ff.

–: Errichtung von Windkraftanlagen in naturschutzrechtlich festgesetzten Schutzgebieten in: NuR 2011, 848 ff.

–: Festsetzungen in Bebauungsplänen für Windkraftanlagen in: BauR 2011, 1103 ff.

–: Gemeindliche Steuerung der Windenergienutzung in: KommJur 2012, 367 ff.

–: Genehmigungsvoraussetzungen für Windenergieanlagen in: VR 2012, 397 ff.

–: Pläne des Wasser-, Abfall- und Immissionsschutzrechts als Abwägungsbelang in der Bauleitplanung in: ZfBR 2014, 125 ff.

–: Rechtsschutz gegen die Festsetzung von Vorrangflächen für die Windenergienutzung in Regionalplänen in: UPR 2012, 58 ff.

–: Vorgaben zur Umweltplanung im Raumordnungsgesetz 2009 in: NVwZ 2010, 19 ff.

–: Windräder im Landschaftsschutzgebiet? in: SächsVBl. 2012, 1 ff.

–: Windräder in Natura 2000-Gebieten? in: DVBl. 2012, 216 ff.

Schenke, Wolf-Rüdiger: Rechtschutz gegen Flächennutzungspläne in: NVwZ 2007, 134 ff.

Schifferdecker, Julia: Das Spannungsfeld zwischen Windkraft und Artenschutz auf der Flächennutzungsplanebene in: NuR 2014, 692 ff.

Schink, Alexander: Innenentwicklung und Eingriffsausgleich in: BauR 2013, 861 ff.

–: Planerische Abwägung bei der Festlegung von Vorranggebieten für die Rohstoffnutzung in der Raumordnung in: UPR 2012, 369 ff.

Schlacke, Sabine/Kröger, James: § 50, Naturschutz, in: Ehlers, Dirk/Fehling, Michael/Pünder, Hermann (Hrsg.), Besonderes Verwaltungsrecht, Band 2: Planungs-, Bau- und Straßenrecht, Umweltrecht, Gesundheitsrecht, Medien- und Informationsrecht, 3. Auflage, 2013 (zitiert: *Schlacke/Kröger*, in: Ehlers/Fehling/Pünder, Besonderes Verwaltungsrecht).

Schlacke, Sabine (Hrsg.): Gemeinschaftskommentar zum Bundesnaturschutzgesetz, 1. Auflage, 2012 (zitiert: *Bearbeiter*, in: GK-BNatSchG).

Schlarmann, Hans/Conrad, Sebastian: Windenergie in der Flächennutzungsplanung: Möglichkeiten und Grenzen nach Änderung des Landesplanungsgesetzes in Baden-Württemberg in: VBlBW 2013, 164 ff.

Schmidt-Eichstädt, Gerd: Ausnahme vom gesetzlichen Artenschutz – letzter Ausweg in der Bauleitplanung und bei der Projektgenehmigung? in: UPR 2010, 401 ff.

–: Repowering in der Regionalplanung – Welche Festlegungen sind in Regionalplänen zugunsten des Repowering zulässig oder sogar geboten? in: ZfBR 2013, 639 ff.

–: Zur Methodik und Wirkung der Festlegung von Eignungsgebieten für die Windkraftnutzung durch die Regionalplanung in: LKV 2012, 481 ff.

Schneider, Jens-Peter/Theobald, Christian (Hrsg.): Recht der Energiewirtschaft, Praxishandbuch, 4. Auflage, 2013 (zitiert: *Bearbeiter*, in: Schneider/Theobald, Recht der Energiewirtschaft).

Schoch, Friedrich: Rechtsprechungsentwicklung Schutz der gemeindlichen Planungshoheit durch das Einvernehmen nach § 36 BauGB in: NVwZ 2012, 777 ff.

Schrödter, Wolfgang: Auswirkungen von windkraftbezogenen Zielen der Raumordnung auf Bauleitpläne unter besonderer Berücksichtigung von Haftungs- und Entschädigungsfragen in: ZfBR 2013, 535 ff.

Schütte, Peter/Wittrock, Elith: Aktuelle Entwicklungen im Bundesumweltrecht, Berichtszeitraum: 12.4.2013 bis 12.7.2013 in: ZUR 2013, 504 ff.

–: Aktuelle Entwicklungen im Bundesumweltrecht, Berichtszeitraum: 13.3. bis 3.6.2014 in: ZUR 2014, 437 ff.

–: Der Entwurf der Bundeskompensationsverordnung in: ZUR 2013, 259 ff.

Schumacher, Jochen/Fischer-Hüftle, Peter (Hrsg.): Bundesnaturschutzgesetz, Kommentar, 2. Auflage, 2010 (zitiert: *Bearbeiter*, in Schumacher/Fischer-Hüftle, BNatSchG).

Seifert, Conrad/Samp, Michael: Rechtliche Herausforderungen für die Umsetzung von Repowering-Projekten in: EnWZ 2014, 106 ff.

Sellner, Dieter/Fellenberg, Frank: Atomausstieg und Energiewende 2011 – das Gesetzespaket im Überblick in: NVwZ 2011, 1025 ff.

Simon, Alfons/Busse, Jürgen (Hrsg.): Kommentar zur Bayrischen Bauordnung 2008, 119. Ergänzungslieferung, Stand: Februar 2015 (zitiert: *Bearbeiter*, in: Simon/Busse, BayBO).

Sobotta, Christoph: Artenschutz in der Umweltprüfung in: NuR 2013, 229 ff.

Sodan, Helge/Ziekow, Jan (Hrsg.): Verwaltungsgerichtsordnung Großkommentar, 4. Auflage, 2014 (zitiert: *Bearbeiter*, in: Sodan/Ziekow, VwGO).

Söfker, Wilhelm: Das Gesetz zur Förderung des Klimaschutzes bei der Entwicklung in den Städten und Gemeinden in: ZfBR 2011, 541 ff.

–: Fragen bei der Änderung und Erweiterung der planungsrechtlichen Grundlagen für die Windenergie durch Bauleitplanung in: ZfBR 2013, 13 ff.

Spannowsky, Willy: Der Ausbau erneuerbarer Energien in der Raumordnungs- und Bauleitplanung in: NuR 2013, 773 ff.

–: Steuerung der Windkraftnutzung unter veränderten landespolitischen Vorzeichen in: ZfBR.-Beil. 2012, 53 ff.

Spannowsky, Willy/Runkel, Peter/Goppel, Konrad (Hrsg.): Raumordnungsgesetz Kommentar, 1. Auflage, 2010 (zitiert: *Bearbeiter*, in: Spannowsky/Runkel/Goppel, ROG).

Spannowsky, Willy/Uechtritz, Michael (Hrsg.): Beck'scher Online-Kommentar Öffentliches Baurecht, 29. Edition, Stand: 01.04.2015 (zitiert: *Bearbeiter*, in: BeckOK BauGB).

Sparwasser, Reinhard/Wöckel, Holger: Zur Systematik der naturschutzrechtlichen Eingriffsregelung in: NVwZ 2004, 1189 ff.

Steeck, Sebastian: Wer hat Angst vor dem finnischen Wolf? Die artenschutzrechtliche Ausnahmegenehmigung bei Arten im ungünstigen Erhaltungszustand in: NuR 2010, 4 ff.

Stehlin, Volker/Karlin, Simon: Das artenschutzrechtliche Tötungsverbot im Lichte des *„Freiberg-Urteils"* in: VBlBW 2013, 81 ff.

Stoermer, Nikolas: Der Ortenauer Weg zur Energiewende in: VBlBW 2013, 85 ff.

Stüer, Bernhard: Anmerkung zum Urteil des BVerwG vom 13.12.2013, Az.: 4 CN 1.11, 2.11 in: DVBl. 2013, 509 ff.

- *(Hrsg.)*: Handbuch des Bau- und Fachplanungsrechts, Planung - Genehmigung - Rechtsschutz, 4. Auflage, 2009.

Stüer, Bernhard/Garbrock, Bernhard: Anmerkung zum Urteil des OVG Münster vom 01.07.2013, Az.: 2 D 46/12.NE in: DVBl. 2013, 1134 ff.

Sydow, Gernot: Neues zur planungsrechtlichen Steuerung von Windenergiestandorten in: NVwZ 2010, 1534 ff.

Thomas, Klaus: Das Bundeswaldgesetz in der Wechselbeziehungen zu anderen Normen in: NuR 2013, 855 ff.

Tigges, Franz-Josef: Windkonzentrationsplanung: Gesamtplanung bei Ausweisung zusätzlicher Flächen? in: ZNER 2012, 127 ff.

von Seth, Hauke: Raumordnung für die Windkraftnutzung an Land in: DÖV 2011, 915 ff.

Waechter, Kay: Raumordnungsziele als höherrangiges Recht in: DÖV 2010, 493 ff.

Wahlhäuser, Jens: Sind landesweite Festlegungen in Raumordnungsplänen zur vorsorglichen Bestimmung eines pauschalen Mindestabstands zwischen schutzwürdiger (Wohn-) Bebauung und Höchstspannungsfreileitungen Ziele der Raumordnung? - Anmerkungen zum LROP Niedersachsen 2012 in: UPR 2014, 166.

Weidemann, Clemens/Krappel, Thomas: E=pi/2r^2 p*v^3*t oder: Rechtsfragen der Zulassung von Windkraftanlagen im Spannungsfeld zwischen Klima- und Umweltschutz in: DÖV 2011, 19 ff.

Weisensee, Claudius: Erdkabel als Realkompensation für Windenergieanlagen in: NuR 2013, 789 ff.

Wemdzio, Marcel: Der unbestimmte Rechtsbegriff „erhebliche Beeinträchtigungen" im Spannungsverhältnis Windenergieanlagen und Naturschutz – unter besonderer Berücksichtigung des Rotmilans in: NuR 2012, 459 ff.

–: Die Bedeutung von Sachverständigen und Sachverständigengutachten in Verfahren vor Verwaltungsbehörden und -gerichten in: NuR 2012, 19 ff.

–: Naturschutzrechtliche Belange im Genehmigungsverfahren von Windenergieanlagen in: AUR 2012, 9 ff.

–: Stellenwert von Abstandskriterien für Bürger, Behörden und Gerichte in: AUR 2011, 421 ff.

Wenzel, Joachim: Die Bindung des Richters an Gesetz und Recht in: NJW 2008, 345.

Werner, Kathrin/Würfel, Wolfgang: Die Grundstücksverfügbarkeit in der Bauleitplanung – speziell bei der Konzentrationsflächenplanung für Windkraftanlagen in: NVwZ 2013, 263 ff.

Wickel, Martin: § 40, Bauplanungsrecht, in: Ehlers, Dirk/Fehling, Michael/Pünder, Hermann (Hrsg.), Besonderes Verwaltungsrecht, Band 2: Planungs-, Bau- und

Straßenrecht, Umweltrecht, Gesundheitsrecht, Medien- und Informationsrecht, 3. Auflage, 2013 (zitiert: *Wickel*, in: Ehlers/Fehling/Pünder, Besonderes Verwaltungsrecht).

–: Klimaschutz und Städtebau – Das Gesetz zur Förderung des Klimaschutzes bei der Entwicklung in den Städten und Gemeinden in: UPR 2011, 416 ff.

Wiggers, Christian: Standortplanung für die Nutzung von Windenergie in: NJW-Spezial 2013, 556 ff.

www.ingramcontent.com/pod-product-compliance
Ingram Content Group UK Ltd.
Pitfield, Milton Keynes, MK11 3LW, UK
UKHW021916290926
8980IPUK00015B/1302

9 783631 669990